张 寅

1986 年 6 月生，青海民和人，土族，陕西师范大学教育学部副教授、硕士生导师，中国教育学会教育史分会副秘书长，浙江大学教育学博士，华东师范大学博士后，韩国首尔国立大学教育学院访问学者，研究方向为教育管理史、地方教育史。参加工作以来，先后主持中国博士后科学基金面上一等资助项目一项、国家社科基金教育学青年课题两项、陕西省省级课题两项；先后在《历史档案》《教育研究与实验》《四川师范大学学报（社会科学版）》等刊物发表论文数篇；先后出版《大变局中的省域教育领导者：清末提学使司研究》、《陕甘宁边区教育史料通览》卷六《小学教育（上册）》等著作；研究成果获西安市哲学社会科学优秀成果奖(2020)、陕西高等学校人文社会科学研究优秀成果奖(2021)。

国家社科基金教育学青年课题
"民国时期省级教育行政与地方教育现代化研究（1912—1949）"
（批准号：COA150138）研究成果

张寅 著

民国时期省级教育行政研究

RESEARCH ON PROVINCIAL EDUCATIONAL ADMINISTRATION IN THE REPUBLIC OF CHINA

陕西师范大学优秀著作出版基金资助出版

ZHEJIANG UNIVERSITY PRESS
浙江大学出版社
·杭州·

**图书在版编目(CIP)数据**

民国时期省级教育行政研究 / 张寅著. — 杭州：
浙江大学出版社，2022.12
ISBN 978-7-308-23119-0

Ⅰ. ①民… Ⅱ. ①张… Ⅲ. ①省－教育行政－研究－
中国－民国 Ⅳ. ①G529.6

中国版本图书馆 CIP 数据核字(2022)第 185730 号

**民国时期省级教育行政研究**

张寅 著

| | |
|---|---|
| 策划编辑 | 吴伟伟 |
| 责任编辑 | 陈 翾 |
| 责任校对 | 丁沛岚 |
| 封面设计 | 雷建军 |
| 出版发行 | 浙江大学出版社 |
| | （杭州市天目山路 148 号 邮政编码 310007） |
| | （网址：http://www.zjupress.com） |
| 排 版 | 杭州朝曦图文设计有限公司 |
| 印 刷 | 杭州宏雅印刷有限公司 |
| 开 本 | 787mm×1092mm 1/16 |
| 印 张 | 39.5 |
| 字 数 | 680 千 |
| 版 印 次 | 2022 年 12 月第 1 版 2022 年 12 月第 1 次印刷 |
| 书 号 | ISBN 978-7-308-23119-0 |
| 定 价 | 188.00 元 |

# 序

在多年来学习、研究中国近代教育史的过程中，有一种感受一直萦绕脑际，即无论是晚清还是民国时期，全国各地特别是省区之间教育发展极不平衡。这种不平衡既包括传统教育的改革也包括新式教育的推进，在这两个方面，省区之间不仅差距巨大，而且，"主体角色"还经常变更：某一省区在某个特定历史时期教育改革的步子迈得很大、走得很快，而在另一个时期又会突然停滞不前，甚至出现倒退。对于这种不平衡的现象，学术界有的用"沿海—内陆"的框架作解释，结合西学东渐在中国的整体推进态势，有相当强的诠释力。有的从文化教育传统的制约或支撑的角度来分析，在解释某些特定省区教育发展的曲折进程时，也有相当的说服力。当然，更多的学者着眼于近代中国从皇权到历届中央政府威权逐渐丧失、地方势力坐大的总体趋势，结合不同省区的政治、经济状况进行综合考量，解释的力度会更大些。但是，在研读这些论著的过程中，总有一点缺憾，即这些不同的解释框架中，似乎大都缺乏对各省区教育行政机构在推进和发展省域教育中作用的足够关注。事实上，在20世纪初清政府的新政改革中，各省区即成立了"统辖全省学务"的提学使司；民国以后，从北洋政府到南京国民政府，各省最高教育行政机构的名称虽然多次变更，但是，这一机构及其担负的基本职能却一直延续下来，而且，在近半个世纪的中国教育早期现代化进程中，发挥过无可替代的作用。应该说,缺少了对这一机构的足够关注,在探讨各省区教育发展不平衡的原因时,就难免把一些重要因素遗漏,也很难得出令人信服的、比较全面的结论。张寅副教授的新作《民国时期省级教育行政研究》就是弥补这一缺憾的可贵的尝试。

进入本世纪以来,我对近代教育行政机构的建立、运作机制与实际效能的发挥比较关注,先后建议在读的博士生以"中国近代县级教育行政研究"和"民国前期教育部研究(1912—1928)"为题撰写并完成了相应的博士论文。在和同学们共同探讨论文写作的过程中,进一步认识到省级教育行政机构在我国教育早期现代化进程中承上启下的重要作用,觉得这是一个非常值得关注的课题。所以,当张寅读完学位课程、开始考虑博士学位论文选题时,就建议他考虑一下这个选题,并告诉他,这是一个工作量大、极富挑战性的题目。经过一段时间的文献查阅,张寅很快告诉我,他很喜欢这个题目。为了研究的深入,也是考虑到题目的难度,我们商量决定以"民国时期省级教育行政研究(1912—1937)"为题,把时间段缩小,集中精力先把抗日战争全面爆发前这一段的事弄清楚。接下来的三年时间,张寅全力以赴地投入论文的写作之中,尽管当时的网络资源已经比较丰富,但是,对于这样一个涉及面极广的题目而言,仍然是远远不够的。我现在还清楚地记得,每当他从外地查阅资料回到学校,总是第一时间跑来告诉我,又发现了什么"宝贝"、找到些什么线索,兴奋之情溢于言表。读书期间围绕这个题目将一些阶段性成果先后发表,更激励了他研究的兴趣。经过几年的努力,论文完成并顺利通过答辩,受到与会学者的好评。毕业后离校前,他找我作了一次长谈,具体内容已经记不起来了,但是,临别时说的一句话我还记着,他说:"老师,论文我还想接着做下去,现在觉着好像对这个问题刚入了门,里面的内容太丰富了,够我做个几年。"并表示想申请博士后岗位,再用两到三年的时间把博士论文的题目接着做下去。我听了当然赞成,并推荐他申请去华东师大作博士后研究,请杜成宪老师作指导教授。不久,收到了他的邮件,告诉我一切如愿以偿,和杜老师商定的题目是"清末提学使司研究",把博士论文的题目追根溯源,从时限上往前推至晚清学部成立。之后,他顺利入职陕西师范大学,一身而二任,既是在站博士后,又是一名在职的年轻教师。也许是命运真的要考验一下他的学术定力,入职后不久,接到他的电话,告诉我学校派他去教育部借调一年。一位刚毕业的年轻教师借调去部级机关工作会是个什么状况,大家心里都有数,我着实替他捏了把汗,研究工作估计是要泡汤了。其间我们也常有联系,他也来过杭州一二次,总是来去匆匆。见面或者电话联系的内容,全是他研究中碰到的一些情况,我有时纳闷,他是如何挤出时间思考这些问题的。一晃四年过去了,2019 年 10 月的博士后出站报告,我也应邀参加,报告的内容同样受到与会学者的充分肯定。至今又过去了三年,他在博士论文的基础上反复打磨的《民国时期省级教育行政研究》书稿终于完成。我为他的夙愿实现感到由衷的高兴,更为他近十年的心无旁骛、孜孜以求感到欣慰!

翻阅张寅的这部书稿,我觉得与八年前通过的博士论文相比,在诸多方面有大的提高,在这篇短文中我只想强调两点。第一点是他在文中反复申说的"整体贯通视角"。研究工作中要秉持"整体贯通视角",当然是"古已有之"的治学态度和研究方法,作者的可贵之处在于努力把这样一种态度和方法贯穿于全书的写作实践:"不是仅以省级教育行政为中心的延伸,而是努力回到省级教育行政的历史现场,将其置于民国时期地方政治、经济、社会、教育转型中去做贯通式考察,用整体的历史眼光探究民国时期省级教育行政的渊源流变,并剖析省级教育行政与地方教育现代化之间的互动关系。简言之,将省级教育行政置于复杂多样的近代中国舞台上,一方面探讨作为'因变量'的省级教育行政,比如省级教育行政的部门变迁、人员配置、制度改革等;另一方面还要考察作为'自变量'的省级教育行政，即省级教育行政部门是如何'行政'的。"阅毕全书，我觉得他基本上实现了自己预定的目标，把民国时期省级教育行政机构自身的嬗变与它在不同时段推动各省域地方教育发展的实践这两条线索努力融汇在彼时彼地的政治、经济、社会的转型中考察分析，这样得出来的结论就比较有说服力。第二点要强调的是全书对省级教育行政机构实践活动的深入的考察。平心而论，民国时期即有研究省级教育行政机构的成果陆续问世，但是，这些成果大多着眼于这一机构本身建立、发展、变迁过程的梳理和考察，较少关注它的实际作为。这个特点一直延续下来，似乎成了一种程式，从这层意义上讲，《民国时期省级教育行政研究》一书在宏观布局上颇有新意。全书五分之三的篇幅用来探讨其实际运作，紧紧围绕省级教育行政机构最基本的职能——教育视导的实施、教育财政的管理和地方教育的推进，对于后者，又从义务教育、中学教育、社会教育三个维度展开，并以山西、安徽、浙江、四川、江苏、甘肃等六个省区作为典型个案。这样一种建立在翔实的第一手资料基础之上的分析框架，确实是比较好地实现了作者的预设，对"省级教育行政在民国时期政治、经济、社会、文化、教育急剧转型中是如何应变与调整的？身处错综复杂关系网中的省级教育行政部门是如何运作的？民国时期省级教育行政作为地方教育现代化进程中的一个'自变量'，又是如何具体'行政'的？"这样一些重要问题，做出了自己的回答。

《民国时期省级教育行政研究》的出版，是一位青年学者对中国近代教育行政研究和中国近代区域教育研究的一份稚嫩的贡献。正值大好年华，相信张寅副教授会再接再厉，在今后的教学和研究工作中，慎始敬终、行稳致远，不断有所创获。

是为序。

田正平

壬寅年立冬日于浙江大学西溪校区

# 目　录

绪　言 /1

　　一、选题缘由及意义　/2

　　二、相关概念界说　/4

　　三、学术史回顾与反思　/6

　　四、研究思路与方法　/20

第一章　省级教育行政组织 /23

　　第一节　教育司的创设　/24

　　　　一、从提举学校到提学使司　/24

　　　　二、从提学使司到多样机构　/28

　　　　三、从多样机构到教育司　/31

　　第二节　由教育司到教育科　/36

　　　　一、教育司与教育科并行　/36

　　　　二、裁司改科的全面推行　/38

　　　　三、教育科的后期变动　/40

　　　　四、裁司设科的抗议声与反思　/42

　　第三节　由教育科到教育厅　/48

　　　　一、教育厅制的缘起　/48

　　　　二、教育厅制的建构　/49

　　　　三、教育厅制的实施　/54

　　　　四、教育厅组织结构　/59

第四节　由教育厅到大学区　/62

一、多样共存的省级教育行政部门　/62

二、教育厅的全面设立　/65

三、大学区制的颁布及试点　/67

四、大学区试验的终止　/76

第五节　由大学区到教育厅　/81

一、教育厅的恢复　/81

二、教育厅组织结构　/84

第六节　教育厅的调整　/91

一、全面抗战时期的省教育厅　/91

二、抗战胜利以后的省教育厅　/98

第二章　省级教育行政人员　/103

第一节　省级教育行政人员职名与编制　/104

一、省级教育行政人员的职名　/104

二、省级教育行政人员的编制　/112

第二节　教育厅长群体　/116

一、北京政府时期的教育厅长群体　/116

二、国民政府初期的教育厅长群体　/136

三、国民政府后期的教育厅长群体　/158

第三节　省级教育视导人员群体　/169

一、北京政府时期的省视学群体　/169

二、国民政府初期的省督学群体　/175

三、国民政府后期的省督学群体　/183

第四节　教育厅其他职员　/197

一、北京政府时期的教育厅其他职员　/197

二、国民政府初期的教育厅其他职员　/203

三、国民政府后期的教育厅其他职员　/214

# 第三章　省级教育财政　/227

第一节　北京政府时期省级教育财政　/228

一、省级教育经费来源　/228

二、省级教育经费筹措　/230

三、省级教育经费保管　/232

四、省级教育经费分配　/233

五、省级教育经费独立　/235

第二节　国民政府初期省级教育财政　/247

一、省级教育经费来源　/247

二、省级教育经费筹措　/249

三、省级教育经费管理　/254

四、省级教育经费分配　/262

五、省级教育经费独立　/265

第三节　国民政府后期省级教育财政　/280

一、省级教育经费来源　/280

二、省级教育经费筹措　/283

三、省级教育经费管理　/287

四、省级教育经费分配　/291

# 第四章　省级教育视导　/297

第一节　省级教育视导制度变革历程　/298

一、制度初创期(1912—1927)　/298

二、制度改革期(1927—1937)　/305

三、制度调整期(1937—1949)　/307

第二节　省级教育视导活动及成效　/314

一、视察地方教育事业　/314

二、提出改进与奖惩建议　/317

三、排解地方教育纠纷　/318

四、解决地方教育困难　/319

五、辅导学校改进教育教学　/321

第三节　省级教育视导活动的困境与问题　/325

一、履职的困境　/325

二、自身的问题　/330

第五章　省级教育行政部门与省域义务教育管理　/335

第一节　义务教育制度变迁历程　/336

一、义务教育制度的嬗变　/336

二、国民教育制度的颁行　/339

第二节　山西省级教育行政部门与省域义务教育　/342

一、晋省教育厅与省域义务教育起步　/342

二、晋省教育厅与省域义务教育发展　/348

三、晋省教育厅与省域义务教育顿挫　/356

第三节　安徽省级教育行政部门与省域义务教育　/363

一、皖省教育厅与省域义务教育起步　/363

二、皖省教育厅与省域义务教育调整　/367

三、皖省教育厅与省域义务教育兴起　/373

第四节　晋皖省级教育行政部门管理实践比较　/384

一、行政环境　/384

二、行政能力　/385

## 第六章　省级教育行政部门与省域中学教育管理　/391

### 第一节　中学制度发展历程　/392
一、中学制度的初创　/392

二、中学制度的调整　/394

三、中学制度的改革　/396

### 第二节　浙江省级教育行政部门与省域中学教育　/399
一、浙省教育司与省域中学教育起步　/399

二、浙省教育厅与省域中学教育调整　/401

三、浙江大学区与省域中学教育整顿　/406

四、浙省教育厅与省域中学教育改革　/410

五、浙省教育厅与省域中学教育发展　/418

### 第三节　四川省级教育行政部门与省域中学教育　/433
一、川省教育司与省域中学教育规划　/433

二、川省教育科与省域中学教育停滞　/435

三、川省教育厅与省域中学教育调整　/439

四、川省教育厅与省域中学教育改革　/443

五、川省教育厅与省域中学教育整顿　/449

### 第四节　浙川省级教育行政部门管理实践比较　/463
一、行政环境　/463

二、行政能力　/464

## 第七章　省级教育行政部门与省域社会教育管理　/469

### 第一节　社会教育行政组织嬗变历程　/470
一、社会教育制度的演变　/470

二、省级社会教育行政组织的沿革　/476

第二节　江苏省级教育行政部门与省域社会教育　/479

一、苏省教育司与省域社会教育筹备　/479

二、苏省教育科与省域社会教育发展　/481

三、苏省教育厅与省域社会教育推进　/483

四、第四中山大学区与省域社会教育振兴　/485

五、苏省教育厅与省域社会教育整顿　/490

六、苏省教育厅与省域社会教育调整　/499

第三节　甘肃省级教育行政部门与省域社会教育　/507

一、甘省教育司与省域社会教育初创　/507

二、甘省教育科与省域社会教育发展　/508

三、甘省教育厅与省域社会教育顿挫　/509

四、甘省教育厅与省域社会教育整顿　/512

五、甘省教育厅与省域社会教育改进　/517

第四节　苏甘省级教育行政部门管理实践比较　/527

一、行政环境　/527

二、行政能力　/528

第八章　省级教育行政审思　/533

第一节　省级教育行政的改革逻辑　/534

一、动因逻辑：环境变化与问题需求的驱动　/534

二、目标逻辑：政治目标与教育目标的交错　/535

三、策略逻辑：断裂变迁与路径依赖的嵌套　/537

第二节　省级教育行政的主要特征　/538

一、探寻独立　/538

二、日趋专业　/540

三、渐趋规范　/541

四、管办评一体　/542

第三节　省级教育行政的经验教训　/544

　　一、行政环境的支持是"行政"的基本前提　/544

　　二、组织完整且稳定是"行政"的关键所在　/547

　　三、行政能力是"行政"的必备素质　/548

　　四、"管办评一体"是"行政"的双重模式　/549

　　五、制度建设与监督考核是"行政"的重要基础　/550

第四节　省级教育行政的历史影响　/551

　　一、对民国地方教育的影响　/551

　　二、对延安时期边区教育的影响　/552

　　三、对新中国地方教育的影响　/555

第五节　省级教育行政的当代借鉴　/557

　　一、加强省级教育统筹,引领省域教育发展　/557

　　二、加强行政组织建设,提升教育行政效率　/558

　　三、加强行政能力建设,提升教育治理水平　/558

　　四、理性看待既有模式,逐步促管办评分离　/559

　　五、加强省级教育督导,完善问责奖惩机制　/560


参考文献　/562

附　录　/585

索　引　/607

后　记　/610

图 0-1　本书研究思路　/21

图 1-1　清末提学使司组织　/27

图 1-2　江苏教育司组织　/32

图 1-3　四川教育司组织　/35

图 1-4　江苏教育科组织　/40

图 1-5　福建巡按使公署教育科全体摄影　/42

图 1-6　教育厅组织及与省长公署关系　/57

图 1-7　甘肃省教育厅组织(1927 年 10 月)　/67

图 1-8　第四中山大学区组织　/71

图 1-9　山东省教育厅组织(1932 年)　/90

图 1-10　广东省教育厅组织(1939 年 10 月)　/97

图 2-1　国民政府时期 8 省教育厅职员编制　/115

图 2-2　质疑新教育厅长沈彭年人格问题的公文　/133

图 2-3　1936 年各省教育厅长肖像　/147

图 2-4　四川省教育厅长杨廉被枪决的英文报道　/168

图 2-5　1913 年各省教育司省视学名额　/170

图 2-6　1917 年与 1925 年各省教育厅省视学名额比较　/170

图 2-7　北京政府时期 10 省教育厅其他职员名额　/198

图 2-8　北京政府时期 3 省教育厅其他职员籍贯统计　/199

图 2-9　1935 年 8 省教育厅其他职员员额统计　/204

图 3-1　江苏教育经费管理处公函(1928 年 4 月) 　/258

图 3-2　河南教育款产管理处职员合影　/259

图 4-1　浙江省教育厅训令　/318

图 4-2　江苏省督学召集如皋校馆长谈话留影　/322

图 5-1　安徽教育厅全体职员摄影　/365

图 5-2　安徽省政府教育厅全体职员摄影　/380

图 6-1　四川省行政公署教育司职员摄影　/434

图 6-2　代理四川教育厅长万克明发给川康督办刘湘的电报
　　　　(1926 年 9 月 16 日) 　/443

图 7-1　甘肃省教育厅组织(1932 年) 　/477

图 7-2　江苏第一次省教育行政会议开始式摄影　/479

图 7-3　江苏第二次省教育行政会议摄影　/482

图 7-4　1922 年与 1924 年江苏各县社会教育机关统计　/485

图 7-5　江苏省教育厅陈厅长宣誓就职典礼摄影　/491

图 7-6　甘肃省教育厅全体职员摄影　/515

图 8-1　陕甘宁边区教育厅函(1948 年 10 月 21 日) 　/553

# 表目录

表 1-1　南京临时政府时期 10 省省级教育行政组织概况　/29

表 1-2　1914 年 10 省教育科组织概况　/39

表 1-3　1918 年 12 省教育厅组织概况　/60

表 1-4　北伐时期南方各省省级教育行政组织概况　/63

表 1-5　1927—1929 年 10 省教育厅组织概况　/66

表 1-6　1929—1937 年 10 省教育厅组织概况　/84

表 1-7　全面抗战时期各省教育厅组织结构变化概况　/92

表 1-8　全面抗战时期 5 省教育厅移驻路线　/96

表 1-9　1947 年 35 省教育厅组织结构概况　/99

表 2-1　1929 年 10 省教育厅职名统计　/106

表 2-2　1935 年 10 省教育厅职名统计　/107

表 2-3　1947 年 10 省教育厅职名统计　/110

表 2-4　1917 年各省首任教育厅长概况　/117

表 2-5　1925 年各省在任教育厅长概况　/120

表 2-6　1917 年首任教育厅长名单公布后调整概况　/124

表 2-7　皖系、直系、奉系执政时期军阀控制省份变化简况　/129

表 2-8　北京政府时期各省教育厅长任期　/135

表 2-9　1929 年各省在任教育厅长概况　/137

表 2-10　1936 年各省在任教育厅长概况　/142

表 2-11　国民政府初期各省教育厅长任期　/152

表 2-12　1948 年各省在任教育厅长概况　/158

表 2-13　国民政府后期各省教育厅长任期　/161

表 2-14　1913 年江苏省视学资格概况　/172

表 2-15　1924 年 4 省省视学学历统计　/173

表 2-16　1924 年 4 省省视学工作经历统计　/173

表 2-17　1922 年 3 省省视学任期统计　/174

表 2-18　国民政府初期 10 省省级教育视导人员名额变化概况　/176

表 2-19　1929 年与 1935 年 5 省在任省级教育视导人员学历统计　/177

表 2-20　1929 年与 1934 年 3 省在任省督学工作经历统计　/179

表 2-21　1931 年 21 省省督学在职年数统计　/180

表 2-22　1931 年 21 省省督学月俸统计　/182

表 2-23　1947 年 10 省省级教育视导人员名额统计　/184

表 2-24　1947 年 8 省荐任职省督学学历统计　/187

表 2-25　1947 年 6 省其他省级教育视导人员学历统计　/188

表 2-26　1947 年 8 省荐任职省督学工作经历统计　/189

表 2-27　1947 年 6 省其他省级教育视导人员工作经历统计　/190

表 2-28　1947 年 8 省荐任职省督学任期统计　/192

表 2-29　1947 年 6 省其他省级教育视导人员任期统计　/193

表 2-30　1947 年 6 省荐任职省督学薪俸统计　/194

表 2-31　1947 年 4 省其他省级教育视导人员薪俸统计　/195

表 2-32　北京政府时期 3 省教育厅其他职员年龄统计　/199

表 2-33　1924 年江苏省教育厅其他职员学历统计　/200

表 2-34　1917 年教育厅职员薪俸等级表　/202

表 2-35　1917 年教育厅经费支用标准表　/202

表 2-36　1935 年 6 省教育厅其他职员年龄统计　/205

表 2-37　1935 年 4 省教育厅其他职员学历统计　/207

表 2-38　1935 年 4 省教育厅其他职员工作经历统计　/209

表 2-39  1935 年 4 省教育厅其他职员任职年数统计  /211

表 2-40  1934 年 3 省教育厅其他职员薪俸统计  /213

表 2-41  1947 年 8 省教育厅高级职员员额统计  /215

表 2-42  1947 年 8 省教育厅高级职员年龄统计  /215

表 2-43  1947 年 8 省教育厅高级职员学历统计  /216

表 2-44  1947 年 8 省教育厅高级职员工作经历统计  /218

表 2-45  1947 年 8 省教育厅高级职员任期统计  /219

表 2-46  1947 年 7 省教育厅高级职员薪俸统计  /220

表 2-47  1943—1947 年度浙江省教育厅其他职员奖惩概况  /222

表 2-48  1947 年度江苏省教育厅其他职员考绩统计  /223

表 3-1  1922—1924 年度河南省教育经费分配比例  /234

表 3-2  1922—1925 年度浙江省教育经费分配比例  /235

表 3-3  1934 年 15 省省级教育经费来源概况  /248

表 3-4  1933 年度 15 省省级教育经费分配比例  /263

表 3-5  1933 年度 8 省中等教育各项经费比例  /264

表 3-6  1933 年 17 省省级教育经费独立概况  /268

表 3-7  1939 年各省省级教育经费来源概况  /281

表 3-8  1939—1946 年度陕西省级教育经费之经常费分配情况  /292

表 3-9  1939—1946 年度陕西省级教育经费之临时费分配情况  /292

表 3-10  1937—1947 年江西省级教育经费分配比重  /293

表 3-11  1940 年 9 省省级中等教育经费分配概况  /294

表 4-1  1945—1947 年四川省政府教育厅视导人员工作概况  /316

表 5-1  《山西施行义务教育规程》要点  /343

表 5-2  《山西施行义务教育程序》要点  /345

表 5-3  北京政府时期山西义务教育普及率概况  /348

表 5-4  《山西教育设计方案》中的义务教育规划  /350

表 6-1  1912 年浙江省立中学校概况  /400

表 6-2　1923 年浙江全省中学改组方案　/402

表 6-3　1923 年浙江省《省立中学校改组办法》　/403

表 6-4　1929—1935 年浙江省中学教育行政计划　/410

表 7-1　江苏试行大学区制时期各县社会教育机关统计　/490

表 7-2　1930—1937 年江苏省社会教育行政计划与改进方案　/492

表 7-3　1946—1948 年度江苏省社会教育行政计划　/503

表 7-4　1927—1937 年甘肃省社会教育行政计划与改进方案　/512

表 7-5　1938—1948 年度甘肃省社会教育行政计划　/518

附表 1　民国时期省级教育行政大事记　/585

附表 2　民国时期各省教育厅长名录　/597

# 绪　言

　　省级教育行政是我国教育行政体系的重要组成部分。在风云变幻的民国时期,省级教育行政无论是在教育行政现代化还是在地方教育现代化中,均占据着重要地位,扮演着独特角色。本书在收集报纸、期刊、行政档案、计划、报告、政绩比较表、信件、日记、回忆录、图像等一手史料基础上,运用文献法、个案法、比较法、统计法等研究方法,借鉴行政管理学、社会学、政治学等学科的理论方法,从"整体贯通"的视角,具体考察省级教育行政自身发展演变、省级教育行政与地方教育事业现代化的关系两大维度,重点剖析动词层面的民国时期省级教育行政。

## 一、选题缘由及意义

清末"新政"以降,我国在借鉴日本教育行政经验基础上,逐步建立起现代意义上的中央、省、县三级教育行政体系。虽然这一过程中有过挫折,也有过倒退,但总体来看,我国教育行政在不断摸索中实现了由传统向现代的重大转型。

1912—1949 年是中国近代教育发展史上的一段特殊时期。北京政府时期,从中央层面来讲,皖系、直系、奉系轮番执政。与之相伴,地方军阀混战不已,造成的直接后果是中央政府的威权降低和地方军阀势力的不断膨胀。南京国民政府成立后,全国结束了军阀割据的分裂状态,实现了形式上的统一,然而中央政府与地方实力派之间冲突不断,加之外国势力的侵扰,这一时期的政局亦难言稳定。国民政府后期,全面抗战、内战相继爆发,政局依然不稳。省级教育行政部门作为地方教育事业的枢纽,深受动荡时局的影响。那么,在这个动荡不宁的时代,民国时期省级教育行政部门是如何建立起来的?其建立过程受到了哪些因素的影响?省级教育行政部门建立后遭遇了怎样的困境?这些困境背后又反映了什么问题?如何评价这一时期省级教育行政部门嬗变的得失利弊?省级教育行政部门是如何推进这一时期地方教育事业发展的?其间遭遇了怎样的困境?省级教育行政部门在推进中国地方教育现代化进程中发挥了怎样的作用?研究上述问题,具有重要的学术价值与现实意义。

一是有助于拓宽中国教育行政管理史研究领域。至今,有关中国教育行政管理史的著述相对丰硕。这里面,关于民国时期省级教育行政的研究,主要聚焦于省级教育行政部门的变革,但多为相关政策制度变迁的静态叙述,而对作为"因变量"与"自变量"的省级教育行政鲜有涉及。具体而言,当作为"因变量"时,省级教育行政部门在民国政治、经济、社会、文化、教育的急剧转型中,是如何建立起来的?又是如何调整的?其间蕴藏着怎样的变迁逻辑?当作为"自变量"时,省级教育行政部门在管理实践中,是如何履行各项行政职能的?可以说,从动词层面系统剖析民国时期的省级教育行政,有助于拓宽中国教育行政管理史的研究范围。

二是有助于拓展中国地方教育史研究领域。民国时期,各省政治、经济、文化、自然地理条件差异较大,这种差异对省级教育行政职能的运作产生了深刻影响。鉴于此,具体考察各省省级教育行政部门作为地方教育管理主体,在地方教育事业从传统向现代转型过程中,行使各项教育行政职能的举措,分析其实际的成效与存在的问题,比较省际管理理念、思路与方式的异同,有助于拓展中国地方教育史的研究范围,进而有助于认识中国近代教育史的多样性与复杂性。

三是有助于反思当下省级教育行政管理问题。随着我国教育事业的发展,省际乃至省域内各级各类教育发展不均衡、城乡义务教育资源配置不均衡等问题日渐突出,严重制约着地方教育现代化的进程。解决上述问题,不能仅靠处在最高决策层的教育部,也绝非基层的一市一县所能胜任,而需要由贴近基层教育且具较强行政调控能力的省级教育行政部门统筹。可以说,省级教育行政部门在教育治理体系与地方教育的现代化中,具有独特的优势与地位。然而,目前,我国省级教育行政管理还不尽完善,如:统筹权不足,教育厅与上下级、同级部门之间的联动机制有待完善,省域教育经费筹措与配置能力有待提升,省级教育督导的职能有待加强,政府、学校与社会的互动边界有待廓清,省域教育的"管办评分离"目标有待实现,等等。以上问题不仅影响着省域教育治理体系的建构,还制约着地方教育现代化的发展进程。倘若将视角放在教育现代化的历史长河中,这些现实问题其实多为历史问题。因此,研究民国时期的省级教育行政,可以更好地认识当下我国省级教育行政的组织样态与实践模式,同时可以为解决目前省级教育行政管理中存在的问题提供历史的借鉴与启示。

## 二、相关概念界说

本书涉及以下相关概念,有必要对其进行简要的说明。

### (一)研究时段

本书的研究时段为 1912—1949 年。之所以选择这一时段,主要基于以下考虑:1912 年中华民国成立至 1927 年,全国军阀混战不已,造成中央政权及各省政局的持续动荡。受此影响,省级教育行政部门也急剧调整与变更,大致历经多元机构、教育司、教育科、教育厅等几个阶段。1927 年南京国民政府成立至 1937 年,中央统一政权建立,全国各省区在形式上得到统一,各省省级教育行政部门亦相对统一,多在省政府下设有教育厅。1937 年后,在艰苦卓绝的抗战环境中,各省教育厅遵照中央部署,逐步恢复与发展地方教育事业。截取这一相对完整的历史时期作为研究时段,有助于清晰把握民国时期省级教育行政发展的整体脉络与基本走向。

### (二)省级行政区划

这一时期,我国省级教育行政区划变化较大。1912 年民国肇建至 1926 年底,"全国省级政区共有直隶、奉天、吉林、黑龙江、江苏、安徽、山西、山东、河南、陕西、甘肃、浙江、江西、湖北、湖南、四川、福建、广东、广西、云南、贵州、新疆等 22 省,热河、绥远、察哈尔、西康等 4 个特别区域,以及京兆地方、东省特别行政区、青海、西藏、蒙古等,共 31 个省级行政部门"[①]。

国民政府定都南京后,直隶省改为河北省;热河、绥远、察哈尔、西康等 4 个特别区域于 1928 年 9 月 17 日分别改为热河省、绥远省、察哈尔省、西康省(西康省于 1939 年正式成立省政府),同时成立了青海省、宁夏省;1929 年 1 月,奉天省改为辽宁省。

全面抗战爆发前,"全国省级行政区划有江苏、安徽、江西、湖北、湖南、四

---

① 傅林祥、郑宝恒著:《中国行政区划通史》(中华民国卷),上海:复旦大学出版社,2007 年,第 37 页。

川、西康、云南、贵州、广东、广西、福建、浙江、山东、山西、河南、河北、陕西、甘肃、宁夏、青海、新疆、辽宁、吉林、黑龙江、热河、绥远、察哈尔等28省,南京、上海、北平、天津、青岛、西京等6个院辖市,东省特别行政区、威海卫行政区等2个行政区及外蒙古、西藏地方"[1]。

抗战胜利后,我国省份数量进一步增多。1945年8月,台湾省、东北各省归国民政府管辖。其中,东北省份包括辽宁、安东、辽北、吉林、松江、合江、黑龙江、嫩江、兴安,共9个省。至1947年6月,据国民政府公布的行政区划,"全国共有35个省、12个院辖市和1个西藏地方";1949年4月,"以海南岛及南海诸岛区域置海南特别行政区"。[2]

鉴于省与院辖市、地方、行政区、特别行政区之间的行政区域不同,本书仅涉及以下35个省:直隶(河北)、奉天(辽宁)、山东、河南、山西、江苏、安徽、江西、福建、浙江、湖北、湖南、四川、广东、广西、云南、贵州、陕西、甘肃、新疆、青海、宁夏、绥远、察哈尔、热河、台湾、辽宁、安东、辽北、吉林、松江、合江、黑龙江、嫩江、兴安。应该说,这一样本能够反映民国时期省级教育行政的整体面貌。

### (三)省级教育行政

从教育行政学角度看,"省级教育行政"这一概念,其内涵涉及省级教育行政的主体、客体、职能、目的等内容,而其外延应根据省级教育行政职能进行划分。具体言之,省级教育行政的主体是省教育行政组织及省级教育行政人员;省级教育行政的客体是一省各级各类教育事业与所属机构;省级教育行政的职能是组织、计划、执行、监督、管理;省级教育行政的目的是贯彻国家教育方针与目的;以省级教育行政职能为划分标准,可将省级教育行政分为省级教育行政组织、省级教育行政人员、省级教育财政、省级教育视导、地方教育事业管理。基于上述考虑,本书将"省级教育行政"概念界定为:省级教育行政是国家教育行政的重要组成部分,它是省教育行政机关及省级教育行政人员为贯彻国家教

---

[1]　傅林祥、郑宝恒著:《中国行政区划通史》(中华民国卷),上海:复旦大学出版社,2007年,第67页。

[2]　傅林祥、郑宝恒著:《中国行政区划通史》(中华民国卷),上海:复旦大学出版社,2007年,第68页。

育方针与目的,依法对一省内各级各类教育事业与所属机构进行的领导和管理活动。具体而言,省级教育行政包括省级教育行政组织、省级教育行政人员、省级教育财政、省级教育视导、地方教育事业管理等方面。

## 三、学术史回顾与反思

相关研究成果大致可分为"民国时期省级教育行政自身发展"和"民国时期省级教育行政与地方教育事业间关系"两类。

### (一)关于民国时期省级教育行政自身发展的相关研究

学者们对民国时期省级教育行政自身发展进行了丰富的研究。有关内容散见于教育通史、教育断代史、教育行政管理史等领域的著作中。

#### 1.教育通史类

民国成立至中华人民共和国成立之前,教育通史类著作已形成相当规模,但大部分著作重点研究古代教育史,其中一些著作虽以"中国教育史"命名,然其论述的仅是中国古代教育史。比如,徐式圭撰《中国教育史略》(1931)、余家菊著《中国教育史要》(1934)等。因此,这些书籍还很难称之为严格意义上的教育通史类著作。1925年,王凤喈撰成中国第一部中国教育史通史类著作《中国教育史大纲》。[①] 而且,该书也是第一部涉及省级教育行政相关活动的通史类著作。书中,作者在分析民国新学制的颁布与实施、教育普及诸问题的基础上指出,教育实施受阻的原因很多,其中重要一点是行政组织不完善。就省级教育行政而言,一是地方与中央之权限不清;二是中等以上学校,校长更易频仍,而政府委任多不得人,以致激起学潮,妨碍教育;三是由于用人之不得宜、权小、人少、地广,省视学调查监察不实。[②] 如果说王凤喈的《中国教育史大纲》对省级教育行政稍有涉及,那么他的《中国教育史》则对相关问题进行了较深入的探

---

① 杜成宪、邓明言著:《教育史学》,北京:人民教育出版社,2004年,第37页。
② 王凤喈著:《中国教育史大纲》,上海:商务印书馆,1928年,第344页。

讨,主要表现有三:一是从民初之省区教育行政、1922 年之改革案、1927—1928 年之大学区制、1929 年后之教育厅四个时段对省级教育行政制度演进做了较细致的分析;二是对 30 年间教育行政变迁与学制变迁做了比较,认为我国教育行政制度非全出于模仿,且除短期实行大学区制外,教育行政制度的变革力度不大,较学制变革为小;三是总结了省级教育行政制度存在的问题,如缺乏审议机关、忽略研究工作、忽视视导工作等。① 然而,该书对各省教育行政的动态"行政"过程缺乏关注。20 世纪 30 年代,我国最有影响的教育通史类著作是陈青之的《中国教育史》。该书对 1912—1929 年的省级教育行政有所述及,认为省级教育行政部门历经教育司、教育科、教育厅、大学区等几个时期;1913 年实行军民分治后,教育司隶属于行政公署,无独立地位;1914 年,各省教育司取消,仅在巡按使公署政务厅下设一教育科,其地位更无足轻重;1917 年,在徐世昌时代,始恢复教育独立机关,正式设立教育厅;1927 年后,实行大学区试验;1929 年,因各方反对,大学区试验取消,仍恢复教育厅旧制。② 该书对宏观了解省级教育行政发展脉络不无裨益。

1949 年后,尤其是改革开放以来,教育通史类研究成果颇多,突破了此前将中国教育史大致等同于中国古代教育史的内容框架,视野不断开阔,方法、体例也不断创新。这方面的标志性成果有:一是 1988 年出版的由毛礼锐、沈灌群主编的《中国教育通史》。其中,第四卷与第五卷对民初省级教育行政部门变迁、大学区制、教育视导制度等做了梳理,此外还关注了各地收回教育权运动、教育经费独立运动、会考等。③ 该书为民国时期省级教育行政研究提供了重要的背景线索。二是 2000 年出版的由李国钧、王炳照总主编的《中国教育制度通史》(八卷本)。该书是教育通史方面的又一重大成果,其中,于述胜撰写的《中国教育制度通史》(第七卷)依据政策规章等史料,梳理了民国时期省级教育行政部门变迁、教育视导制度、教育经费制度等内容,对当时省级教育行政中存在

① 王凤喈著:《中国教育史》,南京:商务印书馆,1945 年,第 333—334 页。
② 陈青之著:《中国教育史》,上海:商务印书馆,1936 年,第 666、758 页。
③ 毛礼锐、沈灌群主编:《中国教育通史》(第四、五卷),济南:山东教育出版社,1988 年。

的问题也有述及。①

### 2.教育断代史类

中国教育断代史研究成果主要分为古代、近代、现代三大块。1949 年以前,代表性的研究成果有:陈翊林著《最近三十年中国教育史》(1930),庄俞、贺圣鼐编《最近三十五年之中国教育》(1931),萧恩承著《中国近代教育史》(*The History of Modern Education in China*,1935)等。其中,最具代表性的是陈翊林的《最近三十年中国教育史》。该书作者介绍了辛亥革命以来省级教育行政制度的变迁,指出自教育厅设立后存在的突出问题:1917 年 11 月以省长不能完全不过问教育事宜为由,各省改教育科为第三科,"有的省份移于第二科,而失去设立教育厅的原意,且不免教育厅与第三科争权的坏现象"②。

20 世纪 70 年代以来,大陆地区出版的近现代断代教育史著作主要有:陈景磐著《中国近代教育史》(1979)、熊明安著《中华民国教育史》(1990)、李桂林著《中国现代教育史》(1991)、申晓云主编《动荡转型中的民国教育》(1994)、李华兴主编《民国教育史》(1997)等。其中,熊明安的《中华民国教育史》是 1949 年后出版的第一部民国教育史专著。著者在占有丰富一手史料基础上,以历史阶段演进为纵线,分章论述了南京临时政府建立至败亡各时期的教育方针、教育政策、教育制度、教育管理措施及各级各类教育发展变化的情况,并从横向对民国时期私立学校教育、边疆少数民族教育、华侨教育进行了探讨,还分析了省级教育行政制度改革、各省推行义务教育的实际情况、省教育视导机构变迁、省教育视导实施情况等。③ 此外,申晓云主编的《动荡转型中的民国教育》值得一提。该书将民国教育的研究置于中国近代社会结构、思想、文化大变迁的氛围中考察,评述了民初教育状况、北京政府时期教育状况、白话文的推广和普及、义务教育的推行、收回教育权运动、教育独立运动等,梳理了省级教育行政制度

---

① 李国钧、王炳照总主编,于述胜著:《中国教育制度通史》(第七卷),济南:山东教育出版社,2000 年。

② 陈翊林著:《最近三十年中国教育史》,上海:上海太平洋书店,1930 年,第 211 页。

③ 熊明安著:《中华民国教育史》,重庆:重庆出版社,1990 年。

的变革历程,并对其作出评价,认为"民初省教育行政制度还不完善,特别是受时局的影响,各省无暇对教育予以太多的关注,因而造成省教育的普遍不发达";同时认为,国民政府初期省级教育行政"机构增大、人员增多,职权地位亦有所提升",但存在"受一般行政的干涉""教育经费也常常被截留挪用""多为国民党党棍官僚和政客所把持"等弊病。[①] 此外,该书批判继承以往教育史著作所采用的"革命史范式",并运用"现代化范式"书写民国教育史,持论较客观公允,为后续研究提供了研究范式的启迪。

20 世纪 70 年代以来,台湾地区关于断代教育史的研究成果也颇为丰富。郭为潘 1981 年主编的有关民国教育的著作中,在上卷"教育制度与教育改革"与下卷"教育行政"中对民国时期省级教育行政制度多有论述,认为教育厅制具有特色但也存在一些问题;省大学区制偏重"计划"与"执行"的行政历程而忽视了"考核"的步骤,但使大学具备推动学区教育发展的职能有可取之处。郑世兴著《中国现代教育史》是其中的代表。该书将教育现代化进程分为韧始、盘旋、植基、挫折及确立等五期,北京政府时期、南京国民政府时期分别处于盘旋期与植基期。该书作者认为,在盘旋期,省级教育行政部门的成果是各省有了专设的教育行政部门和参议会,缺点是省公署第三科与教育厅间的职权时有冲突;在植基期,省级教育行政制度变革趋稳,但缺点在于大学区制及其实施模仿、抄袭多。[②] 该书开创了以现代化研究范式全面系统地考察中国现代教育发展进程的局面,为本书的撰写提供了思路与启示。

### 3. 教育行政管理史类

教育行政管理是教育事业中的重要一环。民国成立后,人们逐渐意识到教育行政管理在日趋繁杂的教育事务中所发挥的重要作用,研究介绍国内外教育行政便成为普遍关注的话题。民国初年,有关教育行政管理的论述散见于当时的教育制度、教育制度史等著作中,还没有把教育行政作为独立的研究对象,这

---

① 申晓云主编:《动荡转型中的民国教育》,郑州:河南人民出版社,1994 年,第 68、170—171 页。

② 郑世兴著:《中国现代教育史》,台北:三民书局,1981 年。

一局面的改变出现在 20 世纪 20 年代初。

较早研究教育行政的专著,是蒋维乔讲述、商务印书馆 1924 年出版的《江苏教育行政概况》。在书中,作者描述了江苏省教育行政部门变迁、省视学及道视学、省教育经费来源及消长、地方各类教育等问题。① 蒋维乔作为江苏省第一任教育厅长,是当时江苏省教育事业的规划者、参与者、亲历者。他以讲述者身份撰写的这部著作,成为后来者研究了解民初江苏省级教育行政的一个窗口。1926 年李建勋撰写的《直隶省教育行政组织之改革案》,介绍了直隶省教育厅长、教育厅组织等内容,是了解 1917 年前后直隶省教育行政概况的重要文献,为后续研究提供了重要的史料参考。② 程湘帆编写的《中国教育行政》可谓是 20 世纪 30 年代中国教育行政研究的开拓之作。该书对省级教育行政部门变迁、省区教育行政人员状况等方面有所涉猎。就后者而言,该书认为,由于"各省教育界党系分歧,竞争之烈,前所未有","地方军阀起伏无常",导致"教育人员迭有变更,每次厅长更人,厅内事务人员,亦受影响"。③ 这对了解民国时期省级教育行政的实况与问题具有借鉴意义。常导之编写的《教育行政大纲》1930 年由中华书局出版,该书下册介绍了 1928—1930 年省教育厅、省督学、省教育经费等有关省级教育行政的内容④,是了解 1928—1930 年省级教育行政状况的重要视窗。薛人仰编写的《中国教育行政制度史略》1939 年由中华书局出版。该书以唐虞三代至国民政府时期的教育行政制度变迁为研究对象,介绍了各时期的教育行政制度、教育官吏与学事专官、选士制度、各级教育行政机关等。⑤ 该书的问世标志着教育管理史开始从教育史母体中分离出来,正式成为一个独立的研究领域。然而,受战争影响,独立研究的良好势头未能延续。随后一段时期内,受政治、经济等因素以及苏联教育学的影响,加之学者不够重

① 蒋维乔讲述:《江苏教育行政概况》,上海:商务印书馆,1924 年。
② 李建勋著:《直隶省教育行政组织之改革案》,康绍言译,北京:北京文化学社,1926 年。
③ 程湘帆编:《中国教育行政》,上海:商务印书馆,1930 年,第 310 页。
④ 常导之编:《教育行政大纲》(下册),上海:中华书局,1930 年。
⑤ 薛人仰编:《中国教育行政制度史略》,上海:中华书局,1939 年。

视,中国教育管理史研究趋于停顿。①

1949 年前,期刊论文方面,早在清末"新政"时期,我国已有学者涉足教育行政这一领域,多篇相关文章发表于《教育杂志》《东方杂志》等刊物。不过,这一时期的教育行政类文章以介绍与引进日本、欧美等国家和地区的教育行政概况及理论为主。② 民国成立后,随着新式教育规模的扩大,教育事务日趋繁杂,教育行政自身问题不断暴露,促使学者本着"洋为中用"的目的,从本国实际出发,批判性地借鉴国外教育行政理论与经验,进而反思我国教育行政存在的问题。例如,蒋维乔的《教育行政刍言》一文针对当时各省"风气较开通者,亦不过维持现状"的省级教育行政状况,明确提出应学习与借鉴菲律宾的教育行政经验,认为菲律宾的教育行政具有"制度完善""施政敏活""负责""联络"的优点,进而反思我国教育行政中的问题,指出"反观吾国之教育行政,殆无一不与之相反","非采他国之长参合本国国情固不能奏效也"。③ 进入 30 年代后,教育行政类论文日趋丰富、学者的反思意识增强是这一时期的研究成果最为显著的特征。就研究内容而言,论文集中探讨中国教育行政制度沿革、教育视导制度、教育行政问题及改进办法等方面。具有代表性的研究成果有:张季信的《我国视导制度之改革》,文章回顾了清末以来中央、省、县三级教育视导制度的演变过程,认为我国三级视学制度存在视学资格限制太宽、视学之职务混乱不清、权力太微而难以进行、职责太泛难以专精等问题,进而提出了各级督学人数设置宜适当、督学宜选专家等诸多具有针对性的意见④;吴家镇的《教育行政之改造》,文章认为当时的教育厅长"或为军阀所指派,或为党派所卵翼,奉行故事,虚与委蛇",要克服这一弊端,教育厅长"必须采用教育专家,不得有一例外",同时,"如教育厅长与教育部长,地位愈高,责任愈重,事务亦愈繁;以一日万几之人,

---

① 张寅:《中国教育管理史研究:回眸与前瞻》,《中国社会科学报》,2018 年 11 月 1 日,第 4 版。

② 清末"新政"时期,代表性的教育行政类期刊论文如:杜亚泉:《论今日之教育行政》,《教育杂志》,1911 年第 3 卷第 6 期。《教育杂志》社:《英国教育行政》,《教育杂志》,1911 年第 3 卷第 5 期。杨恩湛:《美国教育行政制度》,《教育杂志》,1912 年第 4 卷第 2 期。

③ 蒋维乔:《教育行政刍言》,《教育杂志》,1917 年第 9 卷第 4 期,第 75—78 页。

④ 张季信:《我国视导制度之改革》,《大学杂志》,1933 年第 1 卷第 2 期,第 216—218 页。

欲求目察四方,眼观四方,实断乎其不可",因此,"教育行政事业应征求各方专家意见"。①

1949 年后,受国内政治、经济以及苏联教育学等因素的影响,我国师范院校不开设教育行政课程,教育行政管理学著作几乎没有,我国教育行政管理学的研究处于长时间的停顿状态。改革开放以来,在相对宽松的环境下,教育行政管理史研究遂重获光明。其中,为满足高等学校教学需要而出版的教育管理史教材逐渐增多。"据统计,1989—2003 年,大陆出版的中国教育管理(行政)史著作约 13 种,奠定了新时期中国教育管理史的叙述框架。"②这一时期,台湾及大陆出版的相关著作有:雷国鼎著《中国近代教育行政制度史》③、程斯辉编《中国近代教育管理史》④、江铭主编《中国教育督导史》⑤、熊贤君著《中国教育行政史》⑥、孙培青主编《中国教育管理史》⑦、商丽浩著《政府与社会:近代公共教育经费配置研究》⑧等。这些著作从断代史、通史、专题史等角度,探讨了中国自古以来的教育行政管理制度、学校管理、管理思想、教育财政、教育视导等,形成了改革开放以来我国学者研究中国教育行政管理史的基本框架。这里对雷国鼎、江铭、孙培青、商丽浩的著作进行评述,四书均具有代表性。雷国鼎的《中国近代教育行政制度史》以历史发展年代为线索梳理了清末民国中央、省、县三级教育行政制度的变迁历程,认为制度变迁之失在于大学区制试验失败,制度变迁之得在于教育厅行政组织、员额编制、职权与地位均有较大程度的优化与提高。江铭主编的《中国教育督导史》梳理了民国以来省级教育督导制度的变迁,对省级教育督导工作中存在的问题有所涉及,但缺乏对督导活动的考察。孙培青主编的《中国教育管理史》从政策变迁视角介绍了辛亥革命爆发至

---

① 吴家镇:《教育行政之改造》,《中华教育界》,1934 年第 21 卷第 7 期,第 62—64 页。
② 张寅:《中国教育管理史研究:回眸与前瞻》,《中国社会科学报》,2018 年 11 月 1 日,第 4 版。
③ 雷国鼎著:《中国近代教育行政制度史》,台北:教育文物出版社,1983 年。
④ 程斯辉编:《中国近代教育管理史》,武汉:武汉工业大学出版社,1989 年。
⑤ 江铭主编:《中国教育督导史》,北京:人民教育出版社,1994 年。
⑥ 熊贤君著:《中国教育行政史》,武汉:华中理工大学出版社,1996 年。
⑦ 孙培青主编:《中国教育管理史》,北京:人民教育出版社,2001 年。
⑧ 商丽浩著:《政府与社会:近代公共教育经费配置研究》,石家庄:河北教育出版社,2001 年。

1949 年的省级教育行政组织结构、人员资格、省督学制度等,对其中存在的困境与问题也有论及,如民初设立的教育厅因省公署第三科争权而意义全失、大学区制因党政派系斗争而终止等。商丽浩的《政府与社会:近代公共教育经费配置研究》细致剖析了近代省级教育财政职能变化、管理制度、经费独立运动中的角色置换、经费增长格局诸方面,为进一步思考省级教育行政部门管理教育经费的举措提供了基础。

改革开放以来,教育行政史方面的期刊论文、硕博士学位论文逐步增多。越来越多的来自不同学科的学者参与其中,进行跨学科研究。因此,运用多学科方法、拓展研究领域是这一时期教育行政管理史研究的主要特征。南京师范大学刘建的博士学位论文《中国近代教育行政体制研究》,运用制度分析法梳理了 1898—1949 年我国教育行政体制的变迁历史,总结并归纳了我国近代教育行政体制的特征,揭示并分析了我国近代教育行政体制的得失。就民国时期省级教育行政体制而言,该论文将其发展历程分为"混乱中的秩序"(1912—1926)、"统一中的理想"(1927—1928)、"转型中的规范"(1929—1949)三个阶段,分析了各时期省级教育机构的沿革、教育厅设立时中央层面的争论、大学区制兴废等问题。[①] 尽管论者对省级教育行政部门变迁动因、省级教育行政职能变迁、省级教育行政人员面貌等问题尚未涉及,但相较于已有的研究成果,无疑把民国时期省级教育行政研究向前推进了一步。浙江大学刘崇民的博士学位论文《中国近代县级教育行政研究》[②]和阎登科的博士学位论文《民国前期教育部研究(1912—1928)》[③],以丰富的一手史料,从教育行政部门自身沿革及与教育事业的关系两个层面深入探讨了民国时期处于中央和基层两级的教育部和县级教育行政部门。刘文对省级教育行政部门整顿地方教育行政有所涉及,阎文论及北京政府时期教育部对省级教育行政部门的改造。这两篇论文为本书了解民国时期教育部和县级教育行政部门的行政活动与行为,打开了一扇窗。

①　刘建:《中国近代教育行政体制研究》,南京师范大学博士学位论文,2008 年。
②　刘崇民:《中国近代县级教育行政研究》,浙江大学博士学位论文,2009 年。
③　阎登科:《民国前期教育部研究(1912—1928)》,浙江大学博士学位论文,2012 年。

## (二)关于民国时期省级教育行政与地方教育事业间关系的研究

既有研究对民国时期省级教育行政与地方教育事业间关系有一定论述,但相较于该时期省级教育行政自身发展方面的成果,有关论述偏少。

1949 年以前,学者对地方教育史研究有所涉及。大多以反思某一时段内省域教育为目的,数量少、研究分散、没有形成系统是这一时期地方教育史研究的总体特征。其中,具有代表性的研究成果介绍如下:孙芾侯著《浙江教育史略》,时任浙江省教育厅长张道藩认为该书"有裨于研究浙省教育问题及改进浙省教育事业者甚多"①。该书从教育行政、教育经费、高等教育、中等教育、初等教育、社会教育、学术团体等方面梳理了 1912—1931 年浙江教育发展概况,并介绍了民初以来浙江省级教育行政部门的变迁、教育厅长的更换情况、各级各类教育的发展状况,从而有助于了解这一时期浙江省教育厅的工作要点。同时也应看到,该书述多于论,未涉及浙江省级教育行政实践中存在的问题。1935年,时任陕西省教育厅长周学昌撰写的《陕西教育之过去与今后》一书,本着"特将陕省教育最近三年中之设施更革择其荦荦大者,综述数事"的撰写原则,回顾了 1932—1935 年陕西省教育厅改进地方教育行政、厉行视察指导、召集教育会议、奖助国内外留学生、豁免中小学学杂费、增加省教育经费等工作要项。② 在此基础上,该书提出了改进陕西省教育厅工作的建议,有助于笔者明晓民国时期陕西省教育厅的工作重点。甘肃省教育厅 1945 年编写的《抗战期间之甘肃教育》一书,回顾了 1937—1945 年甘肃省高等教育、中等教育、初等教育、社会教育等各级各类教育事业发展情况③,为笔者了解该阶段甘肃省教育厅的工作重点提供了一个窗口。但该书同样存在述多于论的缺陷,对甘肃省教育厅如何履行各项行政职能以及推进地方教育事业的过程与存在的问题,均缺乏细致探讨。

---

① 孙芾侯著:《浙江教育史略》,杭州:浙江省教育厅,1931 年,第 1 页。
② 周学昌著:《陕西教育之过去与今后》,西安:陕西省教育厅,1935 年,第 1 页。
③ 甘肃省政府教育厅编:《抗战期间之甘肃教育》,兰州:甘肃省政府教育厅,1945 年,第 1—47 页。

　　1949 年后,地方教育史的研究一度中断。直至 20 世纪 90 年代,相关研究成果陆续问世。具有代表性的研究成果如刘海峰、庄明水主编的《福建教育史》,该书简要梳理了福建省级教育行政机关的变迁、教育行政方针的制定、教育经费的筹措与使用等内容。就教育经费而言,该书认为,1929 年后,福建省教育厅虽相继成立省教育经费保管委员会、省教育经费稽核委员会等组织,但实行效果不佳。此外,该书对 1928 年后出掌闽省教育厅长的程时煃、郑贞文在任期间所付出的努力予以充分肯定,认为两位教育厅长任职虽有先后,但他们均按原定方针,用人行政多本旧贯,切实整顿地方教育,使福建教育取得了一定成效。[①] 关于地方教育史研究,值得一提的是全国哲学社会科学规划国家级重点课题"中国地方教育史研究"。该课题从 1997 年启动,先后有 22 个省市承担子课题。这是中国地方教育史研究领域前所未有的一项大工程。21 世纪以来,《云南教育史》《湖南教育史》《甘肃教育史》《河南教育通史》《贵州教育史》《福建教育史》《浙江教育史》等大批成果陆续出版,故在很大程度上填补了该领域的空白。以张彬主编的《浙江教育史》为例,书中介绍了民国成立以后,浙江省级教育行政部门的演变、省视学制度与辅导制度、整顿地方教育行政部门及推动地方教育事业等内容,为进一步了解民国时期浙江省教育行政概况提供了基本线索。这些著作对所涉省份的省级教育行政部门组织的变迁均有论述,对省级教育行政机关整顿与推行各级各类教育的举措亦有不同程度的介绍,但以叙述相关史实为主,未深入剖析存在的问题及其成因。

　　近年来,历史学者亦积极涉足地方教育史研究。他们的研究视角和问题意识值得借鉴。如周宁的《地缘与学缘:一九二〇年代的安徽教育界(1920—1926)》,著者开篇即指出:"与以往的地方教育史研究不同,笔者更多关注的是教育界的主体——知识分子之间的关系与活动。"[②]据此,该书就迎拒教育厅长风潮、省立学校校长大规模撤换、新学制改革等方面,详细考察了旅外皖籍知识

①　刘海峰、庄明水主编:《福建教育史》,福州:福建教育出版社,1996 年,第 379 页。
②　周宁著:《地缘与学缘:一九二〇年代的安徽教育界(1920—1926)》,合肥:合肥工业大学出版社,2010 年,第 1 页。

分子和省内教育界精英的互动、省级教育界舞台上的学系之争、省级教育界舞台上的地方主义之争等问题,向读者展现了一幅20世纪20年代安徽教育界复杂而生动的图景——学系林立、地方利益纠葛严重、省内外教育人士共同参与。就1920年皖省迎拒教育厅长事件而言,该书重点剖析了直皖战争后赵宪曾担任皖省教育厅长而引起的教长风潮过程,以及在此过程中旅京、旅沪皖事改进会所作出的艰辛努力,其目的在于说明国家名流与省级名流间并不存在严格的"隔离"与"分工",在地方史研究中应更多注意国家名流与省级名流的沟通及其对家乡事务的关注。可以说,这在为笔者提供了重要史实线索的同时,更给予了笔者思路上的点拨与方法论上的启示。此外,有关的历史类论文对本书的写作也有很大帮助。许小青的《南京国民政府初期中央大学区试验及其困境》围绕中央大学区改名风潮、"国学"与"省学"经费之争、易长风潮三方面,探究了中央大学区制试验中的矛盾与问题实质。① 严海建的《南京国民政府初期北平大学区风潮论析》以北平大学区的试行及由此引发的围绕北方教育界领导权、蔡元培与李石曾两派的矛盾和斗争等一系列风潮为中心,考察北平大学区试行前后的各种矛盾表现及问题实质。② 浙江大学原静文的硕士学位论文《国民政府时期大学区制在浙江的试行》主要分析了大学区制的理念内涵及制度特色、大学区制在浙江的实践及对浙江教育的影响,并将浙江大学区与江苏、北京等试行区进行了比较。③ 总体来讲,前两篇文章聚焦于大学区与政府间的"派系纷争",但未关注大学区的内部运作及其在地方教育发展中所起的作用;最后一篇文章介绍了浙江大学区推行地方教育的措施,但限于篇幅未具体展开,而且对浙江大学区存在的问题亦缺乏系统考察。

---

① 许小青:《南京国民政府初期中央大学区试验及其困境》,《近代史研究》,2007年第2期。
② 严海建:《南京国民政府初期北平大学区风潮论析》,《南京大学学报(哲学·人文科学·社会科学)》,2009年第1期。
③ 原静文:《国民政府时期大学区制在浙江的试行》,浙江大学硕士学位论文,2011年,第68—75页。

### （三）已有研究成果评述

回顾近百年来的学术史可知：相关研究成果是相当丰富的，其取得的成就主要体现在研究内容与研究方法上。具体而言，一是研究内容颇为丰富。民国时期，学者梳理与探讨了 1912—1949 年省级教育行政制度的变革、省级教育行政人员的资格、省级教育行政人员的任命及权限、省级视导机构等内容。1949年后，学者不仅梳理了民国时期省级教育行政政策层面的变迁，亦考察了省级教育财政等新问题，为笔者了解民国时期省级教育行政概况提供了重要基础。二是研究方法较为多元。民国时期，学者在主要采用文献研究方法的同时，也积极采用比较法、个案法等研究方法探讨相关问题。1949 年后，在国内外教育研究者、历史研究者的积极参与下，教育行政管理史研究逐步改变了历史文献研究法独占鳌头的局面，开始借鉴社会学、政治学、法学、行政管理学等相关学科的研究方法，使研究方法呈现出多元化的趋势。

同时也应看到，以往的研究成果还有诸多不足，主要表现在如下方面：一是相关概念较为模糊。已有研究成果并未对省级教育行政的内涵作全面探讨，也未对省级教育行政的外延作确切界定，从而制约了研究的深入开展。二是研究内容多有重复。已有研究多借助政策文本及统计数据，复述省级教育行政机构变革及地方教育发展概况，但缺乏对省级教育行政运作过程、职能行使过程，以及省级教育行政与地方教育事业现代化关系的实证研究。此外，既有研究多关注民国时期一省省级教育行政的情况，缺乏对全国各省情况的考察，导致难以从整体上把握民国时期省级教育行政职能运作的多样性与不平衡性。三是研究视野较为狭窄。已有研究大多"就行政论行政""就教育论教育"，行政与教育，乃至于与教育外部系统，均被人为割裂。在此视野下，看不到省级教育行政作为"自变量"在地方教育现代化进程中所发挥的作用。四是线性进步的研究范式遮蔽了历史的复杂性。相关成果大抵遵循着"制定政策—执行政策"的模式，从而形成"中央政府与教育部颁布相关政策、地方接受并大力推行、为省级教育事业发展提供保障"的三部曲。易言之，中央政策与各省政府及教育行政人员的认同是一种必然的逻辑关系。显然,这样的认知忽略了特殊历史时期中央权力与各省军阀、中央权力与各省自治间的复杂关系;遮蔽了省级教育行政部门设立中的障碍与困难;弱化了中国各省区政治、经济、文化发展的不平衡性。五是研究史料较为单一。已有研究大都采用中央或地方政策文本,而未能有效挖掘省级教育行政运作过程、省级教育行政管理地方教育事业等方面的一手生动史料。

### (四)本书理论问题澄明

已有研究成果中存在的问题,为后续研究提供了宽广的思考空间。鉴于此,有必要对本书的研究视角、研究理论方法、研究取材范围、研究问题域等进行澄明与阐释。

#### 1.研究视角

在以往研究中,学者深受西方学术话语体系下"二元对立"思维模式的影响,形成了"就行政论行政"和"就教育论教育"的泾渭分明的研究格局。平心而论,这种西方学术思维模式对我国教育史研究影响甚大、危害至深。这是因为,在"两张皮"的研究视角下,行政和教育缺乏互动和联系,因而很难看到民国时期省级教育行政部门如何管理省域教育事业的生动历史图景。一言以蔽之,既有研究中,"二元对立"思维盛行,而"互动关系"思维缺失,以致动词层面的民国时期省级教育行政多处于"失语"和"遮蔽"状态。有鉴于此,本书拟从"整体贯通"视角,考察民国时期省级教育行政,试图实现视域融合。这一视角的基本内涵是:本书不是仅以省级教育行政为中心的延伸,而是努力回到省级教育行政的历史现场,将其置于民国时期地方政治、经济、社会、教育转型中去做贯通式考察,用整体的历史眼光探究民国时期省级教育行政的渊源流变,并剖析省级教育行政与地方教育现代化之间的互动关系。简言之,将省级教育行政置于复杂多样的近代中国舞台上,一方面探讨作为"因变量"的省级教育行政,比如省级教育行政的部门变迁、人员配置、制度改革等;另一方面还要考察作为"自变量"的省级教育行政,即省级教育行政部门是如何"行政"的。这就需要深入考察省级教育财政、省级教育视导、省级教育行政管理地方教育事业的实践等内容。

**2.研究理论方法**

既有成果缺乏相关理论的运用,故很难解释复杂的历史现象及史实所反映的根本问题。鉴于此,本书借鉴政治学、社会学、行政管理学等学科的理论方法。具体言之,在考察省级教育行政部门变迁时,运用政治学中的历史制度主义理论、路径依赖理论等,重点探讨制度变迁的过程与逻辑;在考察省级教育行政组织时,采用社会学中马克斯·韦伯的官僚制理论,系统剖析组织样态;在分析省级教育行政运作时,运用社会学中皮埃尔·布尔迪厄的场域理论,阐释地方部门权力的运作实践;在分析省级教育行政与地方教育事业的关系时,运用行政管理学中的决策理论,揭示二者复杂的互动关系。一言以蔽之,本书试图通过多层面运用相关学科理论方法,揭示民国时期省级教育行政运作背后的深层次问题。此外,民国时期省级教育行政的建构与实践,与当时的政治、经济、社会、文化状况息息相关,亦与大小军阀、党政派系、教育界派系紧密相连。因而,本书还要借鉴行政管理学、政策学、政治学、社会学等学科的相关理论方法,以期最大限度地再现省级教育行政在民国社会发展中的多重面目。

**3.研究取材范围**

很显然,从"因变量"和"自变量"两个维度考察民国时期的省级教育行政,仅靠当时的政策制度史料是无法"近真"的。因此,若将研究对象置于"整体贯通"的视角下,本书所要挖掘的史料范围将大大拓宽:一是收集典型省份的省级教育行政档案史料。档案史料颇为细琐,但其可以提供其他公开史料无法给予的内部决策信息,比如人事任免考核、制度规章决策、行政管理规划、教育经费决策等内部信息。可以说,实地查阅代表性省份的档案史料,有助于更加真切地进入"历史内部现场",进而有助于移情地理解民国时期省级教育行政的生动性、多样性与复杂性。二是收集《政府公报》《教育公报》《国民政府公报》《教育部公报》,以及省级教育行政期刊、省级教育行政计划与报告、省级政府公报、省级政府职员录、官方来往函件等相关史料。三是收集《申报》《大公报》《晨报》

《民国日报》《中央日报》等民间与官方报纸中的相关史料。四是收集民国时期省级教育行政场域的相关行动者的文章、日记、信件、自传、访谈录、回忆录、图像等一手史料。五是收集英国、日本、韩国等国家的近代地方教育行政史料。通过多层面收集新史料，试图重现民国时期省级教育行政复杂多样的生动面貌。

### 4. 研究问题域

在"整体贯通"的视角下，本书的问题域将得到拓展：省级教育行政在民国时期政治、经济、社会、文化、教育急剧转型中是如何应变与调整的？身处错综复杂关系网中的省级教育行政部门是如何运作的？民国时期省级教育行政作为地方教育现代化进程中的一个"自变量"，又是如何具体"行政"的？民国时期省级教育行政有何内在的改革逻辑与显著的历史特征？民国时期省级教育行政在长期的管理实践中积累了哪些经验教训？其对民国地方教育、中国共产党领导下的边区教育，乃至新中国地方教育的发展有何影响？民国时期省级教育行政对反思与破解当前省级教育行政存在问题与管理模式有何借鉴？总之，这些在以往研究中鲜有涉及的核心问题，有必要深入考察与探析。

## 四、研究思路与方法

### （一）研究思路

本书在综合运用文献法、个案法、比较法、统计法等研究方法的基础上，采用行政管理学、政治学、社会学等学科的理论方法，遵循从理论到实践的研究思路，从"整体贯通"的研究视角，全方位透析民国时期省级教育行政发展史（见图 0-1）。

```
┌─────────────┐                    ┌─────────────┐
│  研究方法    │                    │  理论分析工具 │
└──────┬──────┘                    └──────┬──────┘
       ↓                                  ↓
┌─────────────┐                    ┌─────────────────┐
│文献法、个案法、│                    │历史制度主义理论、官僚│
│比较法、统计法 │                    │制理论、场域理论    │
└──────┬──────┘                    └──────┬──────────┘
       └───────────────┬──────────────────┘
                       ↓
           ┌────────────────────┐    ┌─────────────────┐
           │理论部分：如何做？    │───→│研究视角、理论方法、│
           └──────────┬─────────┘    │取材范围、问题域   │
                      ↓              └─────────────────┘
           ┌────────────────────┐
           │实践部分：做什么？    │
           └──────────┬─────────┘
```

┌───────────────┐  ┌──────────────┐  ┌──────────────────┐
│省级教育行政主体 │  │省级教育行政   │  │省级教育行政与      │
│                │  │职能开展       │  │地方教育事业现代化   │
└───────┬───────┘  └──────┬───────┘  └────────┬─────────┘
        ↓                 ↓                   ↓
┌───────────────┐  ┌──────────────┐  ┌──────────────────────────┐
│组织：变迁、职能、│  │省级教育财政   │  │个案：考察山西、安徽、浙江、四川、│
│运作机制        │  │省级教育视导   │  │江苏、甘肃6省省级教育行政部    │
│人员：群体      │  │              │  │门是如何"行政"的            │
│                │  │              │  │比较：行政环境与行政能力      │
└───────┬───────┘  └──────┬───────┘  └────────┬─────────────────┘
        └─────────────────┼───────────────────┘
                          ↓
           ┌──────────────────────────────────┐
           │改革逻辑、主要特征、经验教训及历史影响  │
           └──────────────┬───────────────────┘
                          ↓
           ┌──────────────────────────────────┐
           │民国时期省级教育行政的当代借鉴         │
           └──────────────────────────────────┘

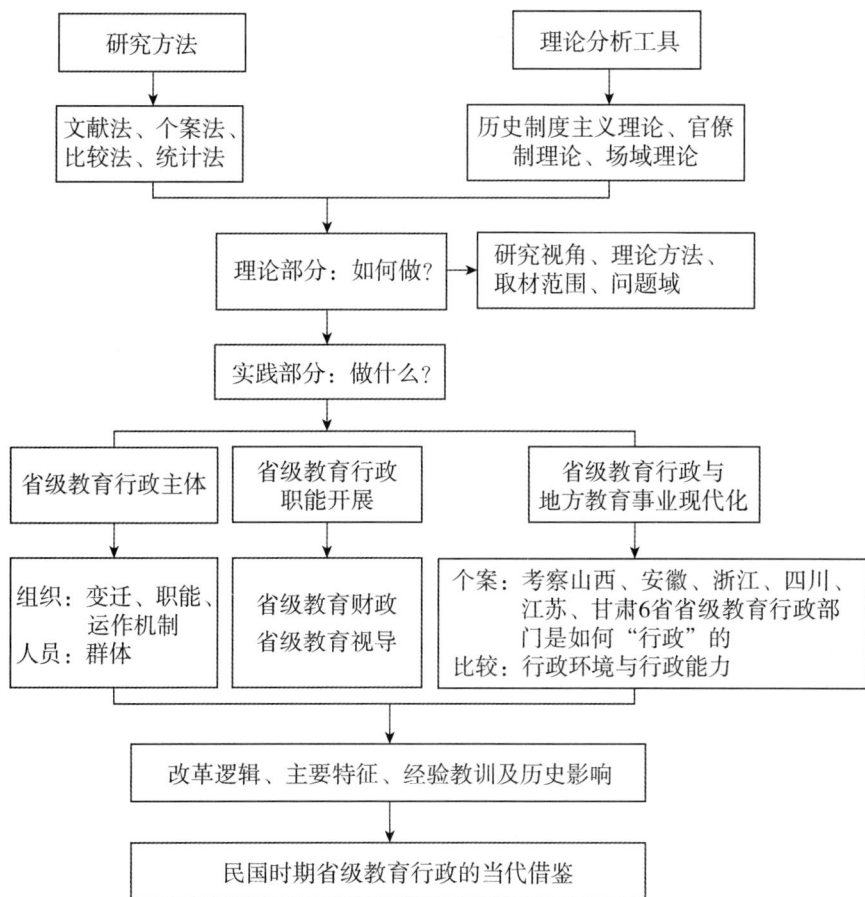

**图 0-1　本书研究思路**

## (二)研究方法

本书主要采用以下四种研究方法。

### 1. 文献法

文献法是历史研究中最基本的研究方法之一,即通过挖掘特定教育现象或教育问题产生、发展、演变的相关史料,对其加以系统整理与科学分析,以期揭示其历史本来面目的一种研究方法。本书在利用1912—1949年的中央教育法令、省级教育法规等史料基础上,通过挖掘多层面的一手史料,并对之进行贯通考察与比勘,旨在再现民国时期省级教育行政的丰富样态。

### 2.个案法

个案法是根据一定标准从研究对象中精选富有代表性的个案进行深入研究,从而对研究对象形成整体性认识。从研究对象来看,民国时期省级教育行政千头万绪、错综复杂。从研究省份来看,民国时期全国有 35 个省。由于这些省份的政治、经济、教育、自然条件等差异较大,导致省际省级教育行政部门的行政环境、行政理念、行政思路、行政重点、行政方式、行政能力等各不相同。因此,若将每个省份的省级教育行政实况逐个梳理清楚,是一项难以在短时间内完成的浩繁工程。鉴于此,本书拟在通盘考量各省政治局势、经济概况、地域分布等因素以及省级教育行政在各历史阶段工作重点的基础上,从全国 35 个省中选取若干代表性省份,具体考察其省级教育行政的实况,可以大致把握该时期全国省级教育行政的真实样态。

### 3.比较法

比较法是历史研究中较为常用的一种研究方法,即通过剖析研究对象之间的异同,以期多层面、多角度认识研究对象。在纵向上,将清末"新政"时期、北京政府时期、国民政府初期、全面抗战时期、战后复员时期的省级教育行政状况进行比较,以明晓民国时期省级教育行政发展变化的整体脉络。在横向上,一方面,进行省际比较,探讨各省省级教育行政部门统筹推进地方教育现代化进程的行政环境与行政能力的异同,以展现民国时期省级教育行政复杂多样的生动面貌;另一方面,与近代东西方主要国家的省(州)级教育行政进行比较,以凸显其与民国时期省级教育行政的联系与区别。

### 4.统计法

统计法是自然科学研究中最常用的研究方法。近些年,随着学者跨学科研究意识的增强,统计法广泛应用于人文社会科学研究中。统计法即在赋予研究对象形式化符号基础上,通过分析数据,直观、准确地揭示研究对象。民国时期省级教育行政的文字史料,包括档案史料,均蕴藏着极为丰富的数据资料和统计图表,对其进行细致的量化处理,不仅能够准确把握省级教育行政发展变化的概况,也有助于揭示其他研究方法无法洞悉的研究问题之间的关联性。

# 第一章

# 省级教育行政组织

    进入 20 世纪,新式学堂在各省蓬勃兴起,孕育了中国省级教育行政组织的萌芽。从 1906 年学部饬令各省设立提学使司至 1949 年中华人民共和国成立,省级教育行政组织一直处于复杂多变的状态。透析这一时期省级教育行政组织的变化轨迹,有助于认识中国教育行政现代化的艰难历程,也有助于洞悉省级教育行政组织变迁的趋势与逻辑。

# 第一节　教育司的创设

从近代教育发展史来看,民初省教育司创设之前,我国已经积累了建设省级教育行政组织的经验。因此,在考察省教育司创设以前,有必要简要梳理传统社会省级教育行政组织的流变历程。考察这一问题,有助于把握民国时期省级教育行政组织样态的承继与创新。

## 一、从提举学校到提学使司

中国教育史上,相当于省一级的教育行政"议创于唐职,则始宋"①。唐代,李栖筠等人曾议请于十道大郡置太学馆,遣博士出外,兼领郡官,以教生徒,"然议不行"②。北宋元符二年(1099),"诸路选监司一员提举学校"③。崇宁二年(1103),各路改设提举学事司,简称提举司或提学司,"掌一路州县学政,岁巡所部,以察师儒之优劣、生员之勤惰,而专举刺之事"④。宣和三年(1121),提举学事司被撤销。至北宋绍兴年间,各路又恢复提举学事司。金代,各路设有提举学校官,以试补学生。元初,各路沿用金代官制,设有提举学校官。至元二十四年(1287)起,随着行省制度的实施,江浙、湖广、江西、陕西、四川等各行省设立儒学提举司,总摄各路儒学。明初,各行省沿用元代官制,设有儒学提举司。明

---

① ［清］张之洞撰:《(光绪)顺天府志》(卷七十九·官师志八),清光绪十二年(1886)刻十五年(1889)重印本。

② ［清］张之洞撰:《(光绪)顺天府志》(卷七十九·官师志八),清光绪十二年(1886)刻十五年(1889)重印本。

③ ［元］脱脱撰:《宋史》(卷一百五十七·选举志第一百一十),清乾隆武英殿刻本。

④ ［元］脱脱撰:《宋史》(卷一百六十七·职官志第一百二十),清乾隆武英殿刻本。

英宗正统元年(1436)，各行省改设提学道，负责人称为提学。提学"与督抚平移，而官止道员，仍受督抚之节制"①。清初，各行省沿用明代提学道制，办理本省科举考试事宜②，但与明制有所不同，提学人选"自京官部院至翰詹皆可简放，不拘于道员之品级"，致使提学"于督抚有所顾忌，遇事而不敢言"③。清雍正年间，提学道改为提督学院，负责人改称提督学政(简称学政)，专司全省科举考试。但与清初提学不同的是，各省学政地位大大提升。具体而言，学政是皇帝钦命的官员，而非地方官员，故不受督抚节制，致使"学政于督抚为敌体，诸事既不便于禀承；于地方为客官，一切更不灵于呼应"④。

至 19 世纪末，在"开民智"观念的激荡下，各省纷纷举办新式学堂，以培育新人。显然，在这种新形势下，提督学政因其职权所限，已无法适应新式教育发展的需求。因此，设立专门的省级教育行政部门来管理省域学务已迫在眉睫。

到 20 世纪，"兴学堂"是清末"新政"时期的主要内容。为了适应地方兴学需要，一些先进省份先于中央，创设了省级教育行政组织。1901 年 8 月，湖广总督张之洞考虑到"现在学堂极多，学务日型殷繁，亟应添设总汇之所"，便在总督衙门"首先设立学务处"。⑤ 根据张之洞意见，学务处的职员要选聘"名公巨卿，夙负时望者"⑥，职责在于"所有关涉学务之章程、经费、委员衔名、学生人数、功课年限、时刻图表、考课题目，均须汇总随时呈览，以备考核而觇进退"⑦。当时，湖北学务处"内设总办、提调、坐办、委员、参议等官"⑧。由此来看，湖北学务处已初具省级教育行政组织的形态。1902 年 5 月后，山西、湖南、江苏、安徽等

① 《再论教官稽察州县事》，《申报》，1882 年 4 月 8 日，第 1 版。

② 程湘帆编：《中国教育行政》，上海：商务印书馆，1934 年，第 50 页。

③ 《再论教官稽察州县事》，《申报》，1882 年 4 月 8 日，第 1 版。

④ 《学部政务处会议裁撤学政请设直省提学司折》，《申报》，1906 年 5 月 2 日，第 3 版。

⑤ 湖北省教育厅：《湖北省教育行政史略》，湖北省档案馆藏：《湖北省教育厅档案》，LS10-001-0052。

⑥ 《请求学务》，《申报》，1901 年 7 月 31 日，第 2 版。

⑦ 张之洞：《札委学务处总办等》，载苑书义、孙华峰、李秉新主编：《张之洞全集》第六册（公牍），武汉：武汉出版社，2008 年，第 4108—4109 页。

⑧ 湖北省教育厅：《湖北省教育行政史略》，湖北省档案馆藏：《湖北省教育厅档案》，LS10-001-0052。

省模仿"湖北经验",陆续设立了本省学务处。①

此外,1902年8月,直隶总督袁世凯意识到,"直隶省会及各府、厅、州、县遍立学堂,端绪纷繁,必须有总司学务者,乃能若网在纲,有条不紊"②。因此,他下令在保定创立直隶学校司,组织架构为"督办一员,以董其成";并设专门教育处、普通教育处、编译处三个部门,"各置总办一人,分理其事"。③ 与湖北学务处相比,直隶学校司初具"分处办事"的组织形态。

1904年1月13日,清政府颁布实施了由张百熙、荣庆、张之洞共同拟订的《学务纲要》。该纲要规定:"各省府厅州县遍设学堂,亦须有一总汇之处,以资管辖,宜于省城各设学务处一所,由督抚选派通晓教育之员总理全省学务,并派讲求教育之正绅参议学务。"④很明显,这一规定充分吸收了由张之洞主导探索的"湖北经验"。自此,各省统一设立了归督抚管辖的学务处。而且,这时的学务处组织分工较以往明晰。以湖北省为例,1904年,湖北学务处进行了组织调整:"梁总提调鼎芬,于处内设审计、普通、专门、实业、游学、会计六科,各司其事。是为本省教育行政机构分科之始。"⑤

然而,各省学务处运转未及两年,便遭遇前所未有的大变局。1905年9月2日,清廷宣布废除科举制。顷刻间,各省学政遭遇尴尬的身份危机。为化解身份危机,9月4日,清廷谕令:"所有各省学政,均着专司考察学堂事务,会同督抚经理。"⑥由是,各省形成学务处和学政共同管理省域教育的"双轨体制"。但问题在于,这一体制在管理实践中暴露出严重弊端,制约着各省新式教育的推广。一是多头指挥。与学务处归督抚管辖的情形不同,调整职能后的学政对地

---

① 《山西学务处所订学堂章程》,《申报》,1902年5月16日,第2版;《光绪二十八年七月初一日京报全录》,《申报》,1902年8月17日,第12版;《江苏学务》,《申报》,1904年8月17日,第2版;《安徽全省学堂调查表》,《申报》,1905年3月21日,第9版。

② 袁世凯:《省城设立学校司片》,载天津图书馆、天津社科院历史研究所编:《袁世凯奏议》,天津:天津古籍出版社,1987年,第598页。

③ 袁世凯:《省城设立学校司片》,载天津图书馆、天津社科院历史研究所编:《袁世凯奏议》,天津:天津古籍出版社,1987年,第598页。

④ 张百熙、荣庆、张之洞:《学务纲要》,《四川官报》,1904年第9册,第7页。

⑤ 湖北省教育厅:《湖北省教育行政史略》,湖北省档案馆藏:《湖北省教育厅档案》,LS10-001-0052。

⑥ 《上谕》,《申报》,1905年9月8日,第2版。

方而言仍是客官，且与督抚平级，不归其节制，从而在管理实践中造成多头指挥的弊端。二是政出多门。各省学务处成立以来，设有查学员、视学官等职，负责视察本省学堂。问题在于，学政的新职责同样是考察学堂事务，在管理实践中难免出现政出多门的问题。三是两者难有作为。在管理实践中，督抚握有一省教育的人事权与经费权。在此情况下，各省学务处实质是承督抚之命办理全省学务的事务部门，致使其作为空间有限。与此同时，学政大都"不谙学务"[①]，因而在实践中也难有作为。由上表明，在科举已废、学堂待兴的大变局中，调整学政职能的低成本办法无法收到推广新式教育的效果，因而亟须进行大幅度的改制。

就此，学务大臣、地方督抚、学政等站在各自的立场提出不同的意见。总体来讲，各方的意见主要有：保留学政、恢复提学道、由督抚办理学务、移植域外的视学官或监学等。1905 年 12 月学部成立后，主导舆论趋向，主张裁撤学政，并试图找寻兼采古今经验、协调各方利益的改制方案。历经一年的博弈，1906 年 5 月 15 日，学部颁发《各省学务详细官制及办事权限章程》，要求各省废除原有的"双轨体制"，统一设立提学使司（见图 1-1）。

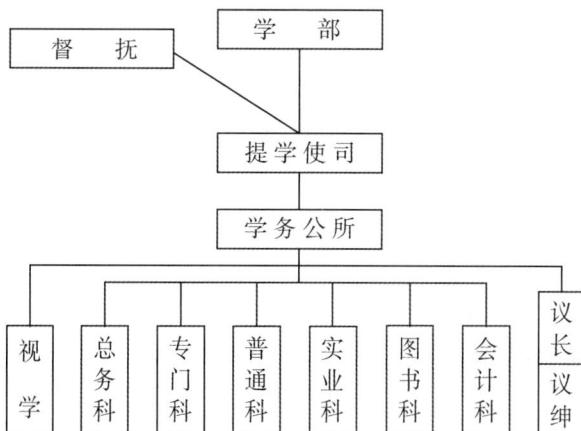

**图 1-1　清末提学使司组织**

注：鉴于"课"字不若"科"字通行明晰，1908 年 9 月 14 日，学部令各省将学务公所六课改称六科。

图片来源：程湘帆编：《中国教育行政》，上海：商务印书馆，1934 年，第 52 页。

---

① 《论学务处亟宜归并学政（续廿二日稿）》，《申报》，1905 年 9 月 29 日，第 2 版。

该章程的主要内容有以下几点：(1)关于提学使选任。提学使司设提学使一员,秩正三品,任期三年,为督抚属官,归其节制,由学部任免,但由督抚和学部共同考核。(2)关于提学使权责。提学使的职责是总理全省学务,考核所属职员功课;其职权有任免属员、札派劝学所总董、考核地方官兴学考成、筹划全省学款等。(3)关于提学使司组织。提学使司由提学使衙门和学务公所构成。其中,提学使衙门由学政衙门改设,是提学使日常起居之地;学务公所由学务处改设,为提学使督率属员办公之处。(4)关于学务公所架构。学务公所由六个业务课(包括总务课、专门课、普通课、实业课、图书课、会计课)、议长议绅、省视学、教育官练习所等部门组成;职员编制为各课课长一人、各课副长一人、各课课员若干人、议长一人、议绅四人、省视学六人。其中,课长、副长、课员、议绅由提学使选派,议长由督抚咨明学部任命。(5)关于学务公所职责分工。六个业务课分别负责总务、专门教育、普通教育等各类行政事宜;议长和议绅的职责是协助提学使筹划教育,并向督抚提供咨询;省视学的职责是根据提学使指示,督查地方教育;教育官练习所负责向全省办学人员提供教育培训。[①]

由上述制度内容来看,较之以往的学政和学务处,提学使司有着显著的不同:不仅具有行政领导、决策咨询、监督考核、培训研究等职能,同时具有相当的人事、经费等职权,已经具备了现代意义上的省级教育行政部门的基本属性。可以说,此项章程颁布后,各省相继设立了提学使司,由其管理省域教育事业[②],开启了地方教育现代化的历史征程。

## 二、从提学使司到多样机构

1911 年 10 月,武昌起义爆发后,革命浪潮迅速席卷了全国大多数省份。由是,湖南、陕西、江西等省次第宣告脱离清政府而实行独立。在这种缺乏全国

---

① 《各省学务详细官制及办事权限章程》,《学部官报》,1906 年第 2 期,第 23—25 页。
② 关于清末提学使司的"行政"过程,详见张寅著:《大变局中的省域教育领导者:清末提学使司研究》,杭州:浙江大学出版社,2019 年。

统帅机关的局势下,光复各省或自定省官制,或自选官吏,从而分别建立起属于自己的省级政权体系。总体来讲,南方各省均建立了军政合一的军政府。如,1911 年 9 月,湖北军政府设都督一人,执行军政一切事宜;下设军令、参谋、军务、内务、外交、理财、交通、司法、编制九部,各部部长"暂由都督委任";停战后,湖北军政府增设教育、实业两部,就教育部而言,"以苏成章为教育部长,查光佛副之"。[①] 此外,北方光复省份仿照南方行政体制,亦设立了军政府。如 1911 年 12 月,陕西省成立军政府,内置军事、财政、外交、实业、学务、司法等部。[②]

1912 年 1 月 1 日,中华民国临时政府成立。此时,光复各省均已建构新政权。关于各省省级教育行政部门的组织概况,见表1-1。

表 1-1　南京临时政府时期 10 省省级教育行政组织概况

| 省份 | 隶属机构 | 名称 | 成立时间 | 组织 |
|---|---|---|---|---|
| 湖北 | 都督府 | 教育部 | 1911 年 9 月 | 部长 1 人,副部长 1 人 |
| | 都督府 | 教育司 | 1912 年 3 月 | 司长 1 人,内分第一、二、三、四 4 科 |
| 浙江 | 民政部 | 教育课 | 1911 年 9 月 | 课长 1 人,课员若干人 |
| | 都督府 | 教育司 | 1912 年 2 月 | 司长 1 人,副司长 1 人 |
| 江苏 | 民政司 | 教育科 | 1911 年 10 月 | 科长 1 人,助理员 1 人;1912 年 3 月,增设科员 1 人,省视学 6 人 |
| 福建 | 政务院 | 教育部 | 1911 年 10 月 | 部长、次官、秘书官各 1 人;分专门、普通 2 科,各科设科长 1 人,副科长 1 人 |
| 云南 | 军政部 | 学政司 | 1911 年 11 月 | 司长 1 人,副司长 1 人;原学务公所改为学政公所,下设总务、普通、专门实业、图书、会计 5 科;每科设科长 1 人,科员 1 人,另设司视学 6 人 |
| 贵州 | 都督府 | 学务部 | 1911 年 11 月 | 部长 1 人,副部长 1 人 |
| | 都督府 | 教育司 | 1912 年 5 月 | 司长 1 人,副司长 1 人 |
| 湖南 | 民政部 | 学务司 | 1911 年 10 月 | 司长 1 人 |

---

① 《中华民国鄂军政府改订暂行条例》,载张国淦编著:《辛亥革命史料》,上海:龙门联合书局,1958 年,第 92—93 页。

② 《陕西都督府布告三秦同胞文》,《申报》,1911 年 12 月 26 日,第 1 张第 4 版。

续　表

| 省份 | 隶属机构 | 名称 | 成立时间 | 组织 |
|------|----------|------|----------|------|
| 江西 | 政事部 | 教育局 | 1911 年 11 月 | 局长 1 人 |
| | 都督府 | 教育司 | 1912 年 2 月 | 司长 1 人,副司长 1 人 |
| 奉天 | 行省公署 | 提学使司 | 1906 年 9 月 | 提学使 1 人;下设学务公所,内分总务、专门、普通、实业、图书、会计 6 科,每科设科长 1 人,副科长 1 人,课员若干人 |
| 甘肃 | 行省公署 | 提学使司 | 1906 年 5 月 | 提学使 1 人;下设学务公所,内分总务、图书、普通、专门 4 科,每科设科长 1 人,副科长 1 人,科员若干人;全省分东、西、南、北 4 路,每路设省视学 1 人 |

　　资料来源:《中华民国鄂军政府改订暂行条例》,载张国淦编著《辛亥革命史料》,上海:龙门联合书局,1958 年,第 92—93 页;《黎副总统电》,《申报》,1912 年 3 月 4 日,第 1 张第 2版;郭孝成编:《中国革命纪事本末》,上海:商务印书馆,1912 年,第 15 页;杨世骥著:《辛亥革命前后湖南史事》,长沙:湖南人民出版社,1958 年,第 229 页;《赣军政府改订官制》,《申报》,1912 年 2 月 12 日,第 2 张第 6 版;李烈钧:《我在辛亥革命时期》,载政协江西文史资料研究委员会编:《江西文史资料选辑》(第三十九辑·辛亥革命在江西),南昌:江西人民出版社,1991 年,第 35 页;教育司编译处编:《云南教育概况》,昆明:云南教育司编译处,1923 年,第 5—6 页;孔令中主编:《贵州教育史》,贵阳:贵州教育出版社,2004 年,第 275—276 页;虚缘:《民国纪元后江苏教育行政概览》,《江苏文献》1944 年第 1 卷第 3—4 期,第 1 页;《杭州都督府现状》,载浙江省辛亥革命史研究会、浙江省图书馆编:《辛亥革命浙江史料选辑》,杭州:浙江人民出版社,1981 年,第 531 页;《浙省政界新人才》,《申报》,1912 年 2 月 13 日,第 2 张第 6 版;《都督府之改组》,载中国国民党福建省执行委员会文化事业委员会主编:《福建辛亥光复史料》,连城:建国出版社,1940 年,第 144 页;辽宁省教育厅编:《辽宁省教育概况》,沈阳:辽宁省教育厅,1947 年,第 2 页;甘肃教育厅编审委员会编:《甘肃教育概览》,兰州:甘肃省教育厅编审委员会,1936 年,第 1 页。

　　由表 1-1 可知,民国初建时,各省省级教育行政部门具有以下特征:其一,新旧杂糅。总体来看,光复各省均创建了有别于清末提学使司的教育行政部门,而未独立省份均沿用清末提学使司。其二,多样杂陈。其表现有三:(1)名称繁多。这一时期,省级教育行政部门的名称有教育部、学务司、教育局、学政司、教育司、学务部、教育课等。(2)组织混乱。有的省份仅设省级教育行政长官职位,如湖北、陕西、江西等;有的以改换名称的方式使用清末提学使司组织,如云南;还有的保留了提学使司组织,如奉天、甘肃等。(3)隶属关系混乱。独立省份,有的直隶于都督府,如湖北、贵州等;有的隶属于都督府下设的民政机构,如湖南、江苏等;也有的隶属于都督府下设的军政机构,如云南。而未独立省份,其省级教育行政部门直隶于行省公署,如奉天、甘肃等。其三,路径依赖。辛亥革命后,有些省份虽标榜独立,其所设立的省级教育行政部门名称及隶属关系亦有别于提学使司,然而从其组织形态来看,清末提学使司所确立的"分科办事"的组织理念基本得到承继与落实。

## 三、从多样机构到教育司

历经混乱的多元机构时期后,南方省份和北方省份先后遵照中央规定,设立了教育司。

### (一)南方省份改设教育司

民国成立后,有些已独立省份实行"部改司",如湖北、福建等省将教育部改组为教育司。究其原因,"现中央政府设立九部,省军政府自不便设立部名,致与中央政府名目相混"①。而北方未独立省份仍沿用清末提学使司。1912 年 2月,东三省发表声明称:"查行政机关,一日不容间断,无论用何种政体,皆不能废止官制。"②并强调:"东三省用人行政绝不更改。"③对此,袁世凯表示赞成,并通电北方各省:"在新官制未定以前,一切暂仍旧惯。"④

1912 年 5 月,鉴于各省省级教育行政部门"名称纷歧"的事实,教育部电饬各省:"凡本部通行公事,有称教育司者,所有主管全省之教育长官,无论名称是否相符,均应一律遵照,以专责成,希即专知。"⑤这说明教育部已意识到政令不畅的症结及统一省级教育行政部门的重要性。该通电发出后,南方省份给予响

---

① 《赣军政府改定官制》,《申报》,1912 年 2 月 12 日,第 2 张第 6 版。

② 《宣布共和后之吉林》,《申报》,1912 年 3 月 6 日,第 2 张第 6 版。

③ 《宣布共和后之吉林》,《申报》,1912 年 3 月 6 日,第 2 张第 6 版。

④ 《袁世凯维持各省秩序电二》,《申报》,1912 年 2 月 21 日,第 2 张第 6 版。

⑤ 教育部:《教育部电饬各省教育长官名称均应改归一律》,《教育杂志》,1912 年第 4 卷第 4 号"记事",第 23 页。

应。截至 1912 年 12 月,除已设教育司的省份外,其他省份,如湖南、安徽、山东、山西、福建、四川、云南、江苏等省亦相继建立教育司。以江苏为例,1912 年 3 月,临时省议会议决《都督府暂行官制十三条》,设外交、实业、财政、民政、教育、提法六司。"嗣以教育、实业事简,仍隶于民政司;与总务、警务、统计、选举、交通并称科。"①12 月,江苏实施军民分治。由此,省行政公署设立教育司,内置四科,即第一、第二、第三、第四科(见图 1-2)。与之不同,袁世凯控制下之北方诸省则无动于衷。其原因是,早在本年 3 月 17 日,袁世凯曾下令:"所有东三省总督改为东三省都督,直隶总督改为直隶都督,陕甘总督改为甘肃都督,其河南、山东、吉林、黑龙江、新疆等巡抚亦均改称都督。惟官名虽更,职权仍旧,所有各省文武属官照旧供职,官制、营制概不更动,其应行之政务、应司之职掌,仍当继续进行,一俟官制厘定,再布遵照。此令。"②有此法令作保障,故北方诸省仍合法沿用清末提学使司。

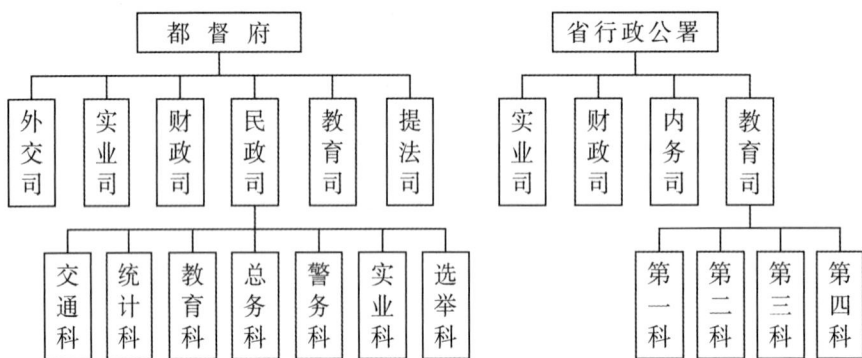

**图 1-2　江苏教育司组织**

注:左图组织时期为 1912 年 3 月至 1912 年 11 月;右图组织时期为 1912 年 12 月至 1914 年 6 月。

图片来源:程湘帆编:《中国教育行政》,上海:商务印书馆,1934 年,第 54 页。

---

① 程湘帆编:《中国教育行政》,上海:商务印书馆,1934 年,第 53 页。
② 《临时大总统改东三省等地区总督为都督令》,载中国第二历史档案馆编:《中华民国史档案资料汇编》(第三辑·政治一),南京:江苏古籍出版社,1991 年,第 78 页。

### （二）《画一令》的出台与北方省份教育司的设立

众所周知,南京临时政府是被迫将权力让与袁世凯的,因而南方各省都督对北京政府缺乏认同感。同时,袁世凯政府对南方独立各省亦无直接的控制权。无疑,南方省份这种各行其是的政权体系,不利于袁世凯政府的统治。因此,如何建构一套兼顾中央集权与南北各省利益的省官制,是摆在袁世凯政府面前的一大难题。就此,1912 年 6 月 10 日,法制局起草的《省官制草案》提交国务会议讨论;7 月 5 日,此案在稍做修改后提交参议院议决。其主要内容有:(1)将清代省、道府、厅州、县四级简化为省、县两级;(2)我国数千年来之历史,均是单一制国家,而美、德等国之联邦制万难采取;(3)军政、民政急应区分;(4)各省设总监、秘书、司长、佥事、主事等职员,其中总监为中央简任官;(5)总监公署设内务、财政、教育、实业四司。

然而,《省官制草案》一经公布,"各省纷纷来电反对"①,主要反对军民分治和简任民政总监两点,要求军民合治、民选民政总监。另外,参议院议员中,同盟会、统一共和党议员亦持反对意见,"主张总监应由人民公举"②。在各方反对下,此草案"撤回修正"③。此后半年多时间里,上述草案几经修正,但因各方反对,终未能形成兼顾南方省份各方利益的省官制。因此,该草案以"难产"而告终。

此外,初建不久的北京政府还未得到世界各国的广泛认可。袁世凯对此问题颇为重视。1913 年 1 月 2 日,他接见法、美、日三国公使时,"法使曾进忠告以各国承认并无障碍,惟贵国各省于形式上尚未统一,如官制之互异与权限之参差是也,恐将来因此之故必为窒碍云云。大总统甚以为然,乃即交令国务院赶

---

① 《外官制大争论之开始》,《申报》,1912 年 8 月 7 日,第 1 张第 2—3 版。
② 《外官制大争论之开始》,《申报》,1912 年 8 月 7 日,第 1 张第 2—3 版。
③ 《外官制大争论之开始》,《申报》,1912 年 8 月 7 日,第 1 张第 2—3 版。

即厘定此项办法颁行"①。显然,对袁世凯而言,省官制争执不休、久延不决的状态既不利于其统治,更不利于开展国际外交。因此,同年1月8日,袁绕开参议院,以省制久延不决为由,擅自发布《画一现行各省地方行政官厅组织令》(以下简称《画一令》)。就其条款来看,第一条为"已设民政长省份,以民政长为该省行政长官。未设民政长省份,以都督兼任民政长为该省行政长官";第四条为"各省行政公署,除各设一总务处外,画一现行分司之名称:一内务司,二财务司,三教育司,四实业司";第六条为"各省行政公署之各司,画一现行设官之名称:一司长,二科长,三科员";另规定,上述诸项"限民国二年三月以前,一律办齐"。② 很明显,这一法令绕开此前争议较大的省行政长官任命方式、政体等问题,仅规定了省级行政部门的名称、人员等内容。

平心而论,从省官制纠结的修订过程来看,各方对教育司其实并无异议。然而,教育司作为省官制中的一个组成部分,深受其影响。易言之,省官制迁延不决,致使教育司的设立连带受阻。《画一令》颁布后,袁世凯政府控制的北方诸省才开始将提学使司改组为教育司。比如,河南、直隶、陕西、奉天、吉林等省于1913年1月设立教育司;黑龙江等省于2月组建教育司。至此,南北各省均设立了教育司。

1913年2月,教育部规定教育司权限,要求各省教育司分四科,每科之职权为:第一科掌文书、会计、统计、教育会议、图书、审查、学校卫生等事;第二科掌中小学校、蒙养院、师范、普通、实业、盲哑等学校学龄儿童就学等事;第三科掌私立公立大学及公立私立各专门学校及外国留学生等事;第四科掌博物馆、图书馆、动物园、美术、文艺、音乐、演剧、古物、通俗教育等事项。③ 上述法令不仅继承了清末提学使司"分科治事"理念,更有着与当时教育部所设之总务处、普通教育司、专门教育司、社会教育司保持上下贯通的考量。此后,南北各省教

---

① 《大总统颁行地方官制之秘因》,《大公报》,1913年1月12日,第1张第4版。
② 《画一现行各省地方行政官厅组织令》,《政府公报》,1913年第243号,第3—5页。
③ 《颁布教育司之权限》,《教育周报》,1913年第8期,第15页。

34

育司均按照部章进行了改组。以四川为例(见图 1-3),是月,四川教育司将"总务、专门、普通、社会教育各科名目依次以第一、第二、第三、第四等科名之,又以二、三、四各科事务单纯,不另分课,惟于第一科分庶务、文牍、图书、会计、统计、档册六课,改八区省视学为查学员"①。

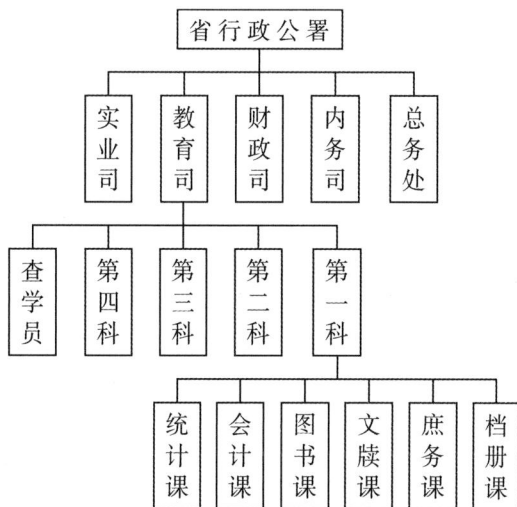

图 1-3　四川教育司组织

注:上图组织时期为 1913 年 3 月至 1913 年 10 月。

图片来源:四川教育司编辑《四川省教育行政报告书》,成都:四川教育司,1914 年,第 3 页。

　　总的来看,教育司的全面设立改变了民初省级教育行政部门名称各异、组织混乱的局面,从而在省级教育行政部门统一的道路上踏出了坚实的一步。

---

① 　四川教育司编辑:《四川省教育行政报告书》,成都:四川教育司,1914 年,第 2 页。

# 第二节　由教育司到教育科

"二次革命"后,受"减政主义"影响,既有的教育司建制突然遭遇危机。在这种局势下,各省省级教育行政组织发生了重大变更。

## 一、教育司与教育科并行

1913 年 3 月 20 日,宋教仁被刺后,南方发动了声势浩大的"二次革命"。为了扑灭"二次革命",袁世凯采取两大措施:一是大量增加军费。这引发了财政危机。为了应对危机,袁世凯倡导"减政主义"。所谓"减政主义",是指"减并官厅,减少官员,减省政务,即减缩政治范围之谓也"①。二是撤换南方省份的军民长官以图削弱南方国民党势力。

1913 年 7 月 27 日,袁世凯免去安徽民政长兼署都督孙多森,任命其亲信倪嗣冲兼署安徽民政长。倪上任伊始即提出:"现在军事吃紧之时,省城旧有各机关概行停办,至财政、内务暂由本署兼办。"②9 月 13 日,倪将"教育、实业两司暂于公署内设立两科,均归内务司管辖"③。"各科委科长一员,其次科员每司用十数人,雇员四五十人,均令十三日一律入署开始办公。"④显然,安徽省级教育行政部门不仅组织变得极为简单,且在整个省级行政系统中的地位亦急剧下降。然而这种减政办法却赢得了袁世凯的肯定与认可。

---

① 杜亚泉:《减政主义》,《东方杂志》,1911 年第 8 卷第 1 号,第 5 页。
② 《倪都督之政见》,《申报》,1913 年 7 月 31 日,第 2 张第 6 版。
③ 《皖省近日之政闻》,《申报》,1913 年 9 月 15 日,第 2 张第 6 版。
④ 《皖省政界消息》,《申报》,1913 年 9 月 16 日,第 1 张第 3 版。

　　1913 年 9 月底,国务院以"财政竭蹶,非实行减政不足以维持"为由,饬令各省:"所属司局,如教育、实业两司,除湖北、广东、江苏、直隶等省仍旧外,余均应照安徽倪都督电开办法,归并为内务司,设立教育、实业两科。"[①]很明显,安徽倪嗣冲的减政办法,为全国各省推行"减政主义"起到了"示范作用"。这从侧面说明,倪的做法的确迎合了袁世凯为镇压革命而减政节费的迫切愿望。该通电发出不久,福建省都督奉命将直隶于行政公署之教育司裁撤,"改隶行政公署内务司教育科"[②]。11 月,国务院又通电各省:"教育、实业两司,除鄂、直、苏、粤存留外,其余如有缺出,暂由各省委人代理,不必请简。其安徽、福建已裁并者,无庸再设。"[③]由此来看,为节省政费,中央政府不仅简化了省级教育行政组织,且省级教育行政长官的任命权亦下放至地方,由各省政府自行委任。

　　事实上,上述两则通电发出后,多数省份并未立即实施"司改科"。其原因是,"反对者多,未能见诸实行"[④]。然而受"减政主义"风气的影响,各省也采取措施以缩小教育司组织:其一,裁汰教育司职员。如 1913 年 11 月,广东省"教育司裁科长一员,科员六员,书记六员"[⑤]。其二,缩减经费。一方面,力减教育司属下各校之教育经费。如湖北省为节省经费,裁减教育经费 30 万元。[⑥] 另一方面,裁减教育司职员薪给。如湖南省为节省政费,自 1913 年 10 月 1 日起,实行"所有各机关人员薪水在六十元以上者,均搭用公债票二成"[⑦]。

　　对于以上措施,教育界人士、部分地方官员等极为反对。如湖北民政长夏寿康,对于"黎公(指黎元洪)拟将教育、实业二司裁并其一,夏氏力争不允,且财政奇绌,而亦无法自筹,遂再自请辞职"[⑧]。不唯如此,时任教育总长蔡儒楷"反对尤力",并为此事谒见袁世凯,请求教育司"只可缩小范围,节减经费,万无名

① 《桂省实行裁司之呈报》,《申报》,1914 年 4 月 24 日,第 2 张第 7 版。
② 丁重宣:《二十四年来之福建教育行政》,《福建文化半月刊》,1936 年第 2 卷第 5 期,第 59 页。
③ 《中国大事记》,《东方杂志》,1914 年第 10 卷第 12 期,第 2 页。
④ 《蔡儒楷反对裁司》,《申报》,1914 年 4 月 28 日,第 2 张第 6 版。
⑤ 《粤省近事纪要》,《申报》,1913 年 11 月 8 日,第 2 张第 6 版。
⑥ 《鄂省三司长辞职之真相》,《申报》,1913 年 11 月 11 日,第 2 张第 6 版。
⑦ 《湘省政界近事》,《申报》,1913 年 9 月 28 日,第 2 张第 6 版。
⑧ 《鄂民政长易人之周折》,《申报》,1913 年 10 月 5 日,第 2 张第 6 版。

为裁并实归消减之理",然而袁对该事"颇不以为然"。①

可以说,上述措施实施后,严重影响了各省省级教育行政部门的运转,具体表现有三:一是造成教育司职员人心惶惶。如1913年10月,湖南省实施减员,教育司等行政机关所易职员系国民党人,"以致该党人物几无容足之地,故日来政界中人甚形恐慌"②。二是致使教育司长辞职。如1913年11月,因教育司裁员过多,莫贵恒辞去奉天省教育司长一职。三是阻碍地方教育事业发展。如湖北省时任教育司长时象晋向来热心教育,但"现因减政,国家教育费又裁去三十万,省城各校万难支持而并校裁班,则学生大起风潮"③。

## 二、裁司改科的全面推行

1914年4月13日,教育总长蔡儒楷向袁世凯上呈《各省教育司长职权》的说帖。蔡在说帖中指出,裁司改科存在督率不专难收划一之效、教育权有旁落之患等弊端。他进而向袁世凯建议:"各省教育司职权亟宜厘定""各省教育司长宜仍参旧制由部请简""各省教育司署组织不妨简略"。④ 然而,蔡不久后去职,故他争取保留各省教育司的努力未起到何种效果。

同年5月23日,北京政府颁布《省官制》。较之《画一令》,《省官制》有如下变动:首先,各省行政长官由"民政长"改称"巡按使",故各省"行政公署"易名为"巡按使公署";其次,由行政公署下设四司改为巡按使署下设政务厅,内置"总务、内务、教育、实业各科";再次,属员任命权下放,即"司长由该省行政长官呈由国务总理呈请简任"变为"各科由巡按使自委";最后,各科组织及职员名称、员额、职权等未作规定。⑤ 无疑,该法令的出台给民国成立以来省级教育行政管理发展的良好势头以致命一击:不仅致省级教育行政部门的地位一落千丈,

---

① 《蔡儒楷反对裁司》,《申报》,1914年4月28日,第2张第6版。

② 《湘省军政两界消息》,《申报》,1913年10月20日,第2张第6版。

③ 《鄂省三司长辞职之真象》,《申报》,1913年11月11日,第2张第6版。

④ 《教育总长呈大总统请规定各省教育司长职权文(附说帖)》,《江苏教育行政月报》,1914年第12号,第5—7页。

⑤ 《省官制》,《政府公报》,1914年5月23日第735号,第343—346页。

而且其组织亦被大大减缩。

表 1-2　1914 年 10 省教育科组织概况

| 省份 | 成立时间 | 内部组织 |
| --- | --- | --- |
| 湖北 | 1914 年 6 月 | 佥事 1 人;内分学校股、社会股;每股主事 2 人;省视学 6 人 |
| 陕西 | 1914 年 7 月 | 科长 1 人;内分若干课;课员 7 人;秘书若干人 |
| 江西 | 1914 年 6 月 | 主任 1 人;内分第一股、第二股;第一股 4 人,第二股 2 人 |
| 江苏 | 1914 年 6 月 | 科长 1 人;内分第一股、第二股;股员共 6 人;省视学 6 人 |
| 安徽 | 1913 年 9 月 | 教育科隶属于行政公署内务司;科长 1 人;科员、雇员若干人。1914 年 7 月成立巡按使公署政务厅,教育科改隶其下;科长 1 人;内设普通股;主任 1 人,股员 2 人 |
| 福建 | 1913 年 9 月 | 教育科隶属于行政公署内务司;科长 1 人;科员 1 人。1914 年 6 月成立政务厅,教育科改隶其下;科长 1 人;科员 2 人;雇员 4 人 |
| 广东 | 1914 年 7 月 | 科长 1 人;科员 4 人;书记 4 人;省视学 6 人 |
| 四川 | 1914 年 6 月 | 科长、副科长各 1 人;内分第一课、第二课、第三课;每课设主任 1 人,科员若干人 |
| 山东 | 1914 年 6 月 | 主任 1 人;内分 2 股;每股设主稿 1 人,委员 3 人;省视学 5 人 |
| 甘肃 | 1914 年 4 月 | 科长 1 人;内分学校股、社会股;科员 5 人;省视学 3 人 |

资料来源:《湖北官事新谭》,《申报》,1914 年 6 月 30 日,第 2 张第 6—7 版;《湖北减政之近观》,《申报》,1914 年 6 月 25 日,第 2 张第 6 版;《陕省通告公署改组情形电》,《申报》,1914 年 7 月 1 日,第 2 张第 7 版;《江西政务厅职员录》,《申报》,1914 年 6 月 10 日,第 2 张第 6 版;《赣省实行新官制之忙碌》,《申报》,1914 年 6 月 15 日,第 2 张第 6 版;《皖省政界消息》,《申报》,1913 年 9 月 16 日,第 1 张第 3 版;《皖省政务厅成立之先声》,《申报》,1914 年 6 月 24 日,第 2 张第 6 版;《巡按署政务厅职员披露》,《申报》,1914 年 7 月 6 日,第 2 张第 7 版;《闽省政界所闻》,《大公报》,1914 年 6 月 4 日,第 3 张第 2 版;《粤省之大减政》,《申报》,1914 年 8 月 30 日,第 2 张第 6 版;广东省政府教育厅编辑股编:《民国以来广东教育行政制度沿革史》,广州:广东省政府教育厅庶务股,1931 年,第 3—4 页;《鲁巡按使公署成立纪》,《申报》,1914 年 6 月 29 日,第 2 张第 6 版;甘肃教育厅编审委员会编:《甘肃教育概览》,兰州:甘肃省教育厅编审委员会,1936 年,第 1 页。

如表 1-2 所示,至 1914 年 7 月,各省基本将教育司裁并为教育科。尽管此时全国省级教育行政部门统一称为"教育科",但省际教育科内部组织、人员名称等千差万别:其一,关于组织架构,与以往"分科治事"的教育司不同,各省教育科有分股者,有分课者,也有未分科室者。即使是教育科分股办事或分课办事的省份,教育科下股或课之组织也极不完整。如设股的省份中,江苏省教育科设第一股和第二股,而安徽省教育科仅设普通股。其二,关于长官名称,与以往各省统称教育司长的情况不同,各省教育科长官名称互异,有称教育科长者,有称佥事者,也有称教育主任者。上述种种表现足以说明,教育科组织的确混乱不堪。可以说,较之教育司,此次各省统一设立的教育科无疑是倒退。

## 三、教育科的后期变动

此后,1914 年 6 月至 1917 年 10 月,教育科组织有所变动,具体表现有三方面。

一是改变隶属机关名称。教育科的隶属机关由各省巡按使公署政务厅易名为省长公署政务厅(见图 1-4)。

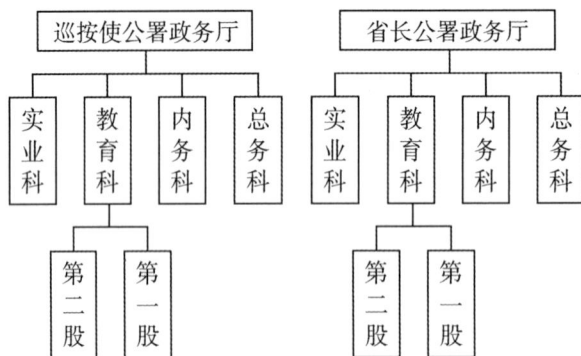

**图 1-4　江苏教育科组织**

注:左图组织时期为 1914 年 6 月至 1916 年 6 月;右图组织时期为 1916 年 7 月至 1917 年 10 月。

图片来源:蒋维乔讲述《江苏教育行政概况》,上海:商务印书馆,1924 年,第 6 页。

二是添设省视学。1914 年 5 月 23 日,北京政府出台《省官制》,规定各省设教育科,但对省视学只字未提。事实上,对于该问题,地方政府的态度颇不一致。多数省份在"废司设科"过程中,以减政裁员为旨归,"合法"地将省视学裁撤,如安徽、江西、甘肃等省。当然,也有些省份对此较为慎重。《省官制》甫一颁布,奉天省即致电教育部,询问省视学的撤废事宜。奉天巡按使张锡銮电称:"新省官制无省视学一职,原有各员应裁应留请速核电示。"[1]省视学撤废问题立即引起教育部的高度重视。6月14日,时任教育总长汤化龙呈请袁世凯仍留各省视学。汤认为:"全省学务每易分歧,必先熟悉情形,始可遍加整顿。故省视学一职,关系于教育之统一,至为重要。前清奏定各省学务官制,特设省视学六人,民国以来沿行不改。现在公布省官制虽无规定明文,而要职所关,未可中辍。况近年乱事频仍,学风日下,将欲振兴教化,尤非先从视察入手,不能统筹并顾,救弊补偏,拟请仍留省视学一职。"[2]他指出,省视学"由各省巡按使慎选宗旨正大、深明教育原理之员委充斯任;其员额即由巡按使酌量地方情形妥为规定,惟至少之数必须四人";进而提议:"如蒙允准,即由本部通咨各省巡按使一律遵行。"[3]鉴于省视学的重要性,中央政府同意各省留省视学一职,并令教育部"商明各省察酌办理"[4]。旋即,教育部通饬各省,规定省视学至少设四人,由巡按使委任。[5] 据此,各省次第添设了省视学人员。

三是调整教育科职位。如1914年6月,福建省巡按使许世英鉴于教育科"事繁,定员不敷"的情况,增设"科员一人,雇员四人"。[6] 又如四川省,1915年8月,即陈宧上任巡按使不久便推行"减政主义",认为教育科事务稍简,故将副科长一缺裁去。[7] 至1916年,福建巡按使公署教育科共有9名职员(见图1-5)。

---

① 《请留省视学》,《申报》,1914年6月15日,第6版。
② 《请留省视学》,《申报》,1914年6月15日,第6版。
③ 《请留省视学》,《申报》,1914年6月15日,第6版。
④ 《请留省视学》,《申报》,1914年6月15日,第6版。
⑤ 《通饬省道县各置视学》,《教育周报》,1914年第48期,第15页。
⑥ 《闽省政界所闻》,《大公报》,1914年6月4日,第2版。
⑦ 《川中政闻》,《申报》,1915年8月21日,第6版。

**图 1-5  福建巡按使公署教育科全体摄影**

图片来源:《福建巡按使公署教育科全体摄影》,《福建省教育行政月刊》,

1916 年第 1 卷第 8 期,第 12 页。

## 四、裁司设科的抗议声与反思

事实上,伴随着裁司设科的推进,各方抗议声不绝于耳。教育部官员、地方教育界人士、中央政府官员、地方政府官员等极力反对各省改设教育科,纷纷提出以下改制方案。

方案一:恢复教育司。1914 年 6 月,就在中央下令各省全面裁司改科之初,教育部便向袁世凯呈规划教育司的说帖,强烈要求保留各省教育司以重事权。① 不久,此案提交政治会议讨论,但未有任何结果。1916 年 11 月,内务部提请中央废除各省教育科,恢复教育司,直隶于教育部。随后,浙江督军兼省长吕公望也呈请中央恢复各省教育司。② 但与内务部建议不同,吕公望要求中央将各省教育司隶属于地方省长公署。

方案二:规复提学使司。1914 年 6 月,即各省全面改设教育科始,直隶教

---

① 《全国教育会请愿教育官厅独立呈文》,《大公报》,1914 年 6 月 23 日,第 4 版。
② 《吕公望请省设四司合署办公之原电》,《大公报》,1916 年 11 月 19 日,第 3 版。

育会会长张佐汉与其他各省教育会会长强烈反对设置教育科,认为"教育科长分位不崇,即使勉力尽职,其实权亦不能稽核地方官吏"[①]。因而,他们联合呈请袁世凯废除教育科,依照清代旧制恢复提学使司。

方案三:设置督学局。1914 年,教育部主事高丕基也呼吁裁撤教育科,认为开民智的前提是教育普及,而欲普及教育,首先要设立独立的地方教育行政部门,因而他建议"各省设置督学局,专管全省学务"[②]。

方案四:改设学务局。1914 年 12 月,即奉天省教育科设立半年后,巡按使张元奇就指出:"教育为立国之本,仅公署之教育科不过附属之事务官,势权不专,难资振作。"[③]鉴于此,他电请中央在各省设置独立的学务局,同时保荐教育科主任莫贵恒为奉天省学务局局长。然而,该提议无疾而终。

方案五:设立教育厅。1914 年 12 月,时任教育总长汤化龙认为:一省学务,"无专任大员主持于上,则教育前途何堪设想"? 他进而向袁世凯提议:"请以各省政务厅中之教育科及视学官等组织教育厅。"[④]然而,袁世凯以经费短缺为由予以拒绝。

以上种种方案表明,此时部分官员及教育界人士在设立何种省级教育行政部门、省级教育行政部门隶属等问题上分歧较大。但从一个侧面反映,他们对教育科存在弊端、省级教育行政与省域教育事业关系、省级教育行政部门隶属关系等核心问题的讨论不断深入,也逐渐意识到设置独立完整的省级教育行政部门之重要性,并为此付出了不懈的努力。这是值得肯定的。

总体来看,教育科变动主要集中在其组建初期,调整内容聚焦在省视学、教育科职位等方面,但调整幅度并不大。1914 年至 1916 年底,各方为废除教育科也作了难能可贵的长期争取和探索,但没能从根本上扭转教育科设立的事实。

---

① 《全国教育会请愿教育官厅独立呈文》,《大公报》,1914 年 6 月 23 日,第 4 版。
② 高丕基:《各省教育行政宜设专管总机关草案》,中国第二历史档案馆藏:《教育部档案》,1057-30。
③ 《地方通信:奉天》,《申报》,1914 年 12 月 22 日,第 7 版。
④ 《教育总长汤化龙请各省组织教育厅》,《教育杂志》,1915 年第 7 卷第 1 期,第 5 页。

　　如上文所述,早在 1913 年 9 月,袁世凯已向各省发出裁司设科令,但至 1914 年 5 月,全国各省实施者寥寥。那么,为何 1914 年 5 月后历时仅一个多月,也就是到 1914 年 7 月裁司设科举措便得到全面实施? 究其原因,主要有三点。其一,有省官制作保障。省官制是指规定中央与地方关系、地方权责范围、省级军政要员任命方式、省级政府组织结构等内容的一项重要制度。民国成立后,袁世凯为了控制南北诸省,曾多次拟订省官制草案,然因地方政府、省议会、国会等多方不满,省官制始终迁延不决。为了打破这种有碍统治的局面,1914 年 2 月始,袁世凯凭着国民党议员捣乱、省官制久不能议决等借口,相继解散国会、各省省议会,省官制的制定顷刻间没有了"阻力"。因此,在政治会议这一袁世凯御用工具的协助下,省官制便于 1914 年 5 月顺利颁布。可以说,省官制的出台使各省教育科的全面设立具有了"强制性"和"合法性"。其二,袁世凯事先拉拢地方实力派。1912 年袁世凯上台后,不断加强中央集权。然而,在加强中央集权的表象下,实则暗藏着各省地方实力派的强大势力,以及中央与地方之间接连不断的矛盾与冲突。为了拉拢地方势力,袁世凯采取了种种措施。如浙江省,1912 年 7 月 23 日,袁世凯任命朱瑞为浙江省都督。"二次革命"爆发后,南北诸省顿成"反袁"与"拥袁"两大阵营。与当时革命党人纷起"反袁"的格调不同,同为革命党人的朱瑞则保持中间立场。不久,袁世凯多次通过授予军衔等手段拉拢握有浙江军政大权的朱瑞。旋即,朱瑞积极支持袁世凯。1913 年 9 月 21 日,朱瑞因病辞去浙省民政长职务后,派内务司长屈映光署理浙省民政长。屈映光上任后与袁世凯暗通款曲,积极奉行其减政方略。1914 年 5 月,《省官制》颁布后,屈着手组建巡按使公署;6 月 8 日,浙江省巡按使公署政务厅下总务、内务、教育、实业四科改组成立。[①] 其三,袁世凯事先任命亲信出任各省都督、民政长。"二次革命"失败后,国民党人丧失了南方各省的军政大权。取而代之的是,袁世凯委派大批亲信占据各省省级军政部门的要职。由此,袁世凯基本控制了南北诸省的军政大权。如江西省,1913 年 9 月 29 日,袁世凯任

----

① 《浙垣政务改组之治人说》,《申报》,1914 年 6 月 11 日,第 6 版。

命心腹李纯为江西省都督。翌年 1 月 21 日,袁世凯任命亲信戚阳为江西省民政长。戚阳上任后,在李纯的助力下,奉行袁世凯的减政政策。1914 年 5 月 15日,他以江西省"三年度地方预算每年租税所入划分未当,而支出各款漫无限制,以致溢出岁入相差甚巨"为由,将内务、财政、教育、实业等费酌量裁减。就教育司经费而言,"核减二十余万"[①]。5 月 23 日,袁世凯颁布《省官制》后,戚阳遂在 6 月 3 日改组成立巡按使公署,裁撤四司,置财务和政务两厅,教育科隶属政务厅。[②]

从理论上讲,《省官制》这类涉及中央与地方权限分配的复杂而敏感的政治性政策,执行难度之大可以想见。然而,在袁世凯事前采取任命亲信出任各省都督及民政长、通过各种手段拉拢地方实力派多措并举的情形下,裁司设科的新制得以顺利推行。如果说《省官制》为裁司设科政策提供了法律依据的话,那么袁世凯事前所采取的种种举措无疑在裁司设科政策落实过程中起到了推波助澜的作用。在此情况下,各省教育科的设立自然无多大阻力。

美国政治学者卢西恩・W. 派伊(Lucian W. Pye)曾言:"发展和现代化方面的问题,都渊源于能否建立起更有效、更灵活、更复杂和更合理的组织。"[③]然而,纵观民初裁司设科的历程,显然与现代化的路径背道而驰。质言之,裁司设科不是源于地方教育界内部需求的改革行为,而是袁世凯以财政支绌为由凭借政治权势强行实施的一项非正常改革行为。可以说,此次改革引发的风潮对民初地方教育事业产生的影响是多方面的。

首先,破坏了三级教育行政体系的连贯性。对中央教育行政部门而言,"教育部因教育司裁去,事实上已与各省交通断绝"[④]。对县级教育行政部门而言,如直隶省,"自改组教育科之令下,劝学所随时消减"[⑤]。

---

① 《江西之财政状况》,《申报》,1914 年 5 月 15 日,第 6 版。
② 《江西政务厅职员名录》,《申报》,1914 年 6 月 10 日,第 6 版。
③ [美]塞缪尔・P. 亨廷顿著:《变化社会中的政治秩序》,王冠华等译,北京:生活・读书・新知三联书店,1989 年,第 29 页。
④ 《自新地方官制颁布后各司均裁》,《申报》,1914 年 6 月 2 日,第 2 版。
⑤ 《直隶省之教育》,《申报》,1914 年 11 月 1 日,第 6 版。

其次，任用私人的恶劣风气盛行。如前所述，教育科长官任免权下放至地方，由巡按使全权委派，因此与巡按使关系的亲疏远近就决定着教育科长官的任免。但问题是，该时期各省巡按使去留无常，以致教育科长官频遭更换，大有"一朝天子一朝臣"之势。以湖北省为例，1914年5月31日，湖北省教育科成立后，巡按使吕调元任命亲信王文芹为教育科佥事。4个月后，局势突变。10月7日，袁世凯任命段书云为湖北巡按使，段上任后大批撤换前任之各类官员。11月9日，段书云任命亲信李文藻为教育科佥事。[①] 在短短几个月时间里，如此频繁地更动教育科长官，实属不正常现象。在这种不良的人事风气下，教育科长的资历毫无保障可言。1915年8月，陈宧赴任四川巡按使后，任命亲信刘念祖为教育科长。舆论反映，刘氏"学识简陋"，且上任以来，"树党营私，败坏学务，舆论哗然，早闻被人控告"，招致此起彼伏的反刘风潮。[②] 此外，该风气还波及教育科内部。1915年1月，李文藻上任湖北教育科佥事后，免去郭万英学校股主事的职务，遗缺由其亲信姚嘉禾充任，原因是郭"与李采卿（文藻）不睦"[③]。

再次，教育科无法有效运转。主要表现有二：一是巡按使独揽省级教育行政大权。这一时期，巡按使除有教育科长官任免权外，还握有其他教育人员任免与考核权、教育经费筹拨权、地方教育法规颁布权等。问题是，该时期，除直隶等少数省份的巡按使较重视教育外，多数省份巡按使或因事务繁杂，或因任期短暂，难以兼顾教育。《申报》有报道称，"各省长官对于教育一端，多不注意，以致学务无有起色"[④]。教育科作为省级教育行政部门，实际所能发挥的作用极为有限。二是许多省份省视学工作未能有效开展。比如，1917年4月，时人侯鸿鉴考察福建教育后透露，因经费困难，省视学以教育科科员兼任，导致"视察上未能切实从事"[⑤]。可以说，教育科在事权不专、人微力轻、决策信息渠道不通畅的行政环境下，很难正常运转，遑论保证高水平的行政效率。

① 《鄂省政界之新状》，《大公报》，1914年1月9日，第1版。
② 《川议会中之戴戮刘念祖》，《申报》，1916年10月2日，第6版。
③ 《湖北政界之新消息》，《申报》，1915年1月10日，第6版。
④ 《地方通信：南京》，《申报》，1914年11月25日，第7版。
⑤ 《考察闽省教育记（三续）》，《大公报》，1917年4月24日，第1版。

最后，致使地方教育事业难以为继。如山东省改设教育科后，"教育经费已暂行停止，教员之川资一律裁撤，各校费用除公立者尚可支持，目前外余均奄奄待毙，虽勉强开课，而学生之上班者实已寥若晨星，胶东各县学生回籍者尤居多数"[1]。更有甚者，安徽、广西两省将教育司改为教育科后，出现了"皖、桂两省小学事实上业已停办"[2]的问题。

以上事实表明，民初取代各省教育司而设立的教育科，从行政部门沦落为事务部门，已不具备领导、组织、筹划地方教育事业发展的主导地位与强大动力，大大延误了中国地方教育现代化的进程。平心而论，中国近代教育史上成功的经验需要继承，但失败的教训也应汲取。这一风潮的教训在于：省级教育行政部门倘若权责不明或权轻责重，不仅会影响省级教育行政职能的运作，也会阻碍地方教育事业的发展。这在我国大力加强省级教育统筹的今天，尤应注意。

---

[1]　《济南通信》，《申报》，1914 年 10 月 4 日，第 6 版。

[2]　《自新地方官制颁布后各司均裁》，《申报》，1914 年 6 月 2 日，第 1 张第 2 版。

# 第三节　由教育科到教育厅

为了改变各省教育科的尴尬处境，一些地方人士、中央官员等付出了艰辛的努力。考察这一过程，不仅有助于了解我国省级教育行政建制的基本走向，也有助于认识地方教育现代化进程艰难曲折的内在原因。

## 一、教育厅制的缘起

早在 1914 年，为革除教育科的弊端及其不良影响，教育部主事高丕基曾拟《各省教育行政宜设专管总机关草案》，呈请大总统批准。他认为："立国之道，首在开通民智；欲开通民智，须力求教育普及；欲谋教育普及，端在整顿地方教育行政之机关。盖各省教育行政，非有专管总机关则不能谋地方教育之发达。"进而提出建议："宜仿他国成例，于各省设置督学局，专管全省学务。各省督学长官必须由教育部遴选请简。"①此外，1914 年 6 月，直隶省教育会会长张佐汉与山东、奉天、山西等省教育会会长，联名呈请大总统设地方教育独立官厅，其理由是："教育科长分位不崇，即使勉力尽职，其实权亦不能稽核地方官吏。"②由上可知，此时教育界人士已经意识到教育科的弊端及其负面影响，并发出了设置独立性质的省级教育官厅的呼声。

半年后，改革教育科的事宜有了转机。1914 年冬，教育部派部视学视察各省教育。他们视察后的一个共同感受是，"一省学务委诸教育科之科长、科员人

① 高丕基：《各省教育行政宜设专管总机关草案》，中国第二历史档案馆藏：《教育部档案》，1057-30。
② 《直隶等省教育会联合呈请设置地方教育行政官厅》，《教育杂志》，1914 年第 6 卷第 4 期，第 33—34 页。

微力轻,呼唤不灵,而巡按使事务冗烦,势又难以兼顾。事关国民教育而无专任大员主持于上,则教育前途何堪设想"①。12月,时任教育总长汤化龙根据部视学所反映的问题,向袁世凯提议:"请以各省政务厅中之教育科及视学官等组织教育厅。"而袁世凯的答复是:"为经费问题所羁束,遂至不能十分进行。"②为了打消中央政府对设立教育厅经费的顾虑,1915年2月,教育部还积极拟订了《设立各省教育厅之计划》,提出"惟现当经费缺乏之际,拟先缩小规模,而采逐渐扩充之办法",并提议教育厅临时费由省自筹,经常费由中央政府分区拨发。③ 显然,教育部是本着"一切从简"和"因地制宜"的原则,来拟订教育厅设立计划的,然而这样的请求依然未得到袁世凯的批准。

总之,面对教育科事权过小及义务教育亟待普及的事实,地方教育界向中央政府提出了设立独立化的省级教育行政官厅的要求。在教育部视学视察各省教育后,各省教育科的弊病及其恶劣影响逐渐进入中央教育决策层的视野,并得到了时任教育总长汤化龙的迫切关注。为了与当时省公署下之政务厅、财政厅等机构在名称和地位上保持一致,汤提出以教育厅命名省级教育行政部门,并对其内部组织提出了初步的设想。

## 二、教育厅制的建构

1915年4月23日,全国教育会联合会大会在天津召开。会议中,代表们提出了设置省级教育行政部门的有关提案,主要有《请设各省教育厅案》与《任用

---

① 《教育部请设教育厅之原因》,《申报》,1915年2月7日,第2张第6版。
② 《教育总长汤化龙请各省组织教育厅》,《教育杂志》,1915年第7卷第1期,第5页。
③ 该计划中,教育厅预计经费数目包括:(甲)临时费,由各省担任,至多不得逾三千元。(乙)经常费,各省教育厅之年支经常费比较各省事务之繁简分为三等:(一)直隶、江苏、湖北、四川、广东等省为一等,每年三万元;(二)河南、山东、山西、奉天、湖南、安徽、江西、浙江、福建等省为二等,每年二万四千元;(三)陕西、甘肃、新疆、吉林、黑龙江、云南、贵州、广西等省为三等,每年一万九千二百元。详见《教育部设立各省教育厅之计划》,《教育杂志》,1915年第7卷第8号,第71页。

教育官厅行政人员案》①。前者从教育的事务性质、责任专属、中国历史及各国通例等四个方面详细论述了设立教育厅的理由，主张教育厅的职权"参酌前清提学使旧制定之，上受巡按使之监督而直接管辖督察各学校及各县知事之教育行政"，并提议教育厅经费"应会商财政厅，详由巡按使及主管部核定办理"②。后者指出，当时的省级教育行政人员"学识短浅，思想腐陈，断难胜任，教育又何能积极进行"？进而建言："拟请大部对于各省教育行政用人一节严限资格，并厘定任用简章，通令各省一律遵照。"③经大会表决，前者正式列为呈请案。可见，设教育厅的提议的确得到了与会代表的一致认可。后者虽未列入13件成立案，但至少表明省级教育行政人员的资格问题已经引起了与会代表的重视。

在地方上，对于设立教育厅一事，少数省份巡按使也跃跃欲试。比如，曾署理教育总长、时任山东省巡按使的蔡儒楷，对于教育事业极为关心，屡向教育部建议："整顿教育非教育厅提前设立不能专其责成，鲁省拟提前设立。"然而，教育部对此并未答复。④又如，云南省巡按使任可澄电请袁世凯添设教育厅。他认为："筹备义务教育，造端宏大，条理纷繁，尤非有特设之官厅，计划难期周密。"在他看来，"教育部呈拟教育厅官制草案简而易行，似无窒碍，窃以财政纵极困难，惟当于他方面力求撙节，要不能以国家根本大计置为缓图，拟请仍下所司议决原案，公布施行"⑤。但是，袁世凯同样没有回应任可澄的请求。

事实上，由于中央政局的持续动荡，教育总长一职频繁更易。汤化龙于1915年10月辞去教育总长一职，故其设立教育厅的种种努力也半路夭折。而其继任者，张一麐、张国淦、孙洪伊等，由于任期短暂，加之中央财政支绌，均无力推进教育厅筹设事宜。

可以说，这一状况直至1916年7月12日北京政府特任范源廉为教育总长

---

① 提案原名为《教育官厅行政人员与学校职教员对调》，经乙组审查会议决，变更议题，取消原案四项资格办法，专就慎选教育行政人员立说。

② 《请设各省教育厅案》，《申报》，1915年5月26日，第2张第6版。

③ 《任用教育官厅行政人员案》，《申报》，1915年5月27日，第2张第6版。

④ 《筹议中之教育两机关》，《申报》，1915年6月30日，第2张第6版。

⑤ 《任可澄电请添设教育厅》，《申报》，1915年8月24日，第2张第6版。

后,才有了转机。范源廉上任不久,就积极与中央政府商讨教育厅设立案。当时,各省首道一职已有裁并之议。范源廉考虑到教育厅设立恐溢出预算,便向中央政府提出"将该道尹公署经费移为设立教育厅之用",但移用此项经费并非易事,因为"此事与官制有关,恐须交法制局切实讨论"①,故此案难于即行。

全国教育界对设立教育厅的关注也有增无减。1916 年 10 月,在北京举行的第二届全国教育会联合会大会上,直隶教育会会长张佐汉等人再次提交《设各省教育厅案》。10 月 23 日,该案经大会议决通过。② 可见,地方教育界对设置教育厅的重要性及紧迫性的认识一直未变。次日,国务会议召开,北京政府教育部将此案提交国会决议,并提议"以首道衙门经费三分之二充教育厅经费"③。议决后,国务会议交给法制局起草。当时《晨钟报》的记者预测:"不日即当咨送国会通过矣。"④然而,教育厅案的审批远非记者所预想的那样顺利。究其原因,据时人反映,"近以国务纠纷无实行日期"⑤。

此外,教育界关于各省设立教育厅的建议,还得到了众议院议员的高度关注。11 月 10 日,由汤松年提出,梁善济、刘鸿庆、蒋凤梧等 18 位众议院议员联合署名的《添设教育厅之建议案》,正式提交众议院例会讨论。汤松年在会上指出,厉行义务教育之时,应请政府速命各省添设教育厅,"教育厅归教育部直辖,受省长监督";至于教育厅经费,"国家税、地方税划分后,应通盘筹算规定教育经费,于预算案内确定成数保持独立,无论如何不得任意减少挪移"。⑥

1916 年 12 月 2 日,大总统黎元洪向众议院提出《教育厅官制案》。当日,众议院议决后表示将其交付审查。⑦ 经教育界人士及参政人员的努力,教育厅制的审批在第二年即 1917 年 8 月终于有了眉目。是年 8 月 22 日,国务会议议决裁去首道及省教育科经费以充教育厅经费。9 月 4 日上午,国务例会召开,讨

---

① 《各省首道与教育厅之关系》,《晨钟报》,1916 年 8 月 26 日,第 1 张第 2 版。
② 《教育联合会乙组审查》,《申报》,1916 年 10 月 24 日,第 1 张第 2 版。
③ 《昨日国务会议之大议案》,《晨钟报》,1916 年 10 月 25 日,第 1 张第 3 版。
④ 《昨日国务会议之大议案》,《晨钟报》,1916 年 10 月 25 日,第 1 张第 3 版。
⑤ 《添设教育厅之建议》,《申报》,1916 年 11 月 10 日,第 2 张第 6 版。
⑥ 《添设教育厅之建议》,《申报》,1916 年 11 月 10 日,第 2 张第 6 版。
⑦ 《总统提出官制三种昨交众议院决议》,《申报》,1916 年 12 月 3 日,第 1 张第 2 版。

论了《教育厅暂行条例》。需要说明的是,此次提案是教育部将之前所拟的教育厅草案重加修正后提出的。① 旋即,会议宣布,该案正式通过。9月6日,《教育厅暂行条例》(教令第十四号)以大总统令正式颁布。至此,教育界期待已久的教育厅官制终于公布于众。其具体内容如下:

第一条　各省教育厅直隶于教育部,设厅长一人,由大总统简任,秉承省长执行全省教育行政事务,监督所属职员暨办理地方教育之各县知事。

第二条　教育厅分设各科,处理各项事务。前项分科之多寡视事务之繁简定之,但至多不得逾三科。

第三条　各科置科长一人,由厅长委任,承厅长之命掌理本科事务。

第四条　各科置科员每科不得逾三员,由厅长委任,承长官之命,助理各科事务。

第五条　教育厅设省视学四人至六人,由厅长委任,掌管视察全省教育事宜。

第六条　教育厅委任科长、科员及省视学,均须呈报教育总长并省长查核备案。

第七条　教育厅为缮写文件,得酌用雇员。

第八条　教育厅处务细则暨各科员额分配俸给数目,由各该教育厅长按照本省情形细拟定,呈请省长,咨由教育总长核定。

第九条　本条例自公布日施行。②

---

① 《教育实业两厅官制将发表》,《晨钟报》,1917年9月5日,第1张第2版。
② 《教育厅暂行条例》,《政府公报》,1917年第590号,第1—2页。

此项条例颁布后,亟须简任各省厅长以期各省成立教育厅。就在条例颁布的第二天,国务例会召开。此次会议主要审议教育厅和实业厅的厅长名单。会上,"教育、农商两部提出两项厅长人员均经审议通过"[1]。通过审议后,教育部于当日发布了21省教育厅长名单。

此后,教育部陆续颁布了有关教育厅的配套法规。1917年11月5日,教育部制定了《教育厅署组织大纲》,规定"教育厅公署内设各科拟分为第一科、第二科、第三科。第一科掌管印信,收发文件,办理机要文牍,整理案卷,综核会计庶务、编制统计报告及不属于他科之各事项。第二科主管普通教育及社会教育;第三科主管专门教育及外国留学事项;各科为办理收发庶务、会计、统计事项及遇有特别繁重事务时得增设事务员。各科仅设两科时得以第三科事项归并第二科办理,并以事务员佐理之"[2]。同日,教育部通咨各省教育厅长的权限:"所有各省教育行政事项,应自各该厅长到任之日起,一律划归教育厅主管,惟关于行政事项,应由各该厅长视其性质之重轻大小,分别呈明省署及本部核准,或即送行处理,呈报备案。其单纯教育事项,与行政上无甚关系者,应即由各该厅长分别办理,径呈本部。至该管县知事关于教育行政事项呈教育厅外,仍应分呈上级官署,以备查核。"[3]与教育科事权过小且不明确的情形相比较,教育厅事权加大且明晰。

从上述介绍可知,教育厅制的建构过程颇为艰难。之所以如此,主要是教育厅制的建构超出了教育界所能驾驭的范围。首先,它涉及省官制调整的问题。省官制的调整意味着中央与地方权限、地方政府内部权限的重新分配。其次,它涉及中央与地方税收的划分问题。当时各方还未对省官制达成共识,因而税收的划分无从谈起。最后,它更受到中央内阁动荡、教育总长频繁易人、国务纠纷不断等不确定因素的干扰。总体来看,尽管教育厅制的建构过程充满曲

---

① 《昨日之国务会议》,《晨钟报》,1917年9月8日,第1张第2版。

② 《教育厅署组织大纲》,载教育部总务厅文书科编:《教育法规汇编》,北京:教育部总务厅文书科,1919年,第7—8页。

③ 《划分教育厅长办理教育行政事权》,《教育杂志》,1917年第9卷第12号,第88—89页。

折,但经地方教育界强烈呼吁及教育总长范源廉、众议院议员等人积极奔走,教育厅制终于在1917年出台了。这一制度的颁布标志着省级教育行政在中国教育行政独立化的道路上迈出了一大步。

## 三、教育厅制的实施

一项制度的出台,不能保证其在实践中顺利实施。事实上,《教育厅暂行条例》及教育厅长名单公布后,便遭到了地方政府及教育界的种种非难。其主要围绕以下几个方面与中央政府展开了激烈的争论。

### (一)教育厅之设立:"人心所向"还是"画蛇添足"

这个争论说到底是对教育厅制合法性的拷问。就在《教育厅暂行条例》颁布后的第4天,直隶督军曹锟通电反对,表示"无设置此项机关之必要","张作霖来电亦复云"。[①] 1917年9月16日,山西督军阎锡山致电中央政府,称:"山西教育近年颇有进步,实无另设教育厅之必要。"[②]9月28日,贵州督军刘显世竟向中央政府发难:"非先将省道官制明白确定,教实两厅不能实行。"[③]一时间,反对教育厅设立的声音此起彼伏。面对质疑,教育总长范源廉在《晨钟报》上公开表明其设立教育厅的理由。范指出:"民国成立以来,地方学务乃少起色,其最重要原因未尝不以无独立教育官厅致成。"并表示:"设厅一节,实为全国办教育者之公言,并非中央单独之私见。"[④]然而一些地方政府对范的解释并不满意。如9月30日,刘显世仍表示"民署原有教育一科,则专厅制度无异画蛇添足"[⑤]。如前所述,在颁布教育厅制前,中央政府既没有对省官制进行相应调整,也没有对中央与地方税收进行划分。这说明,教育厅制是在自身无法律

① 《教实两厅长之反对声》,《申报》,1917年9月20日,第2张第6版。
② 《教育实业两厅之反对声》,《申报》,1917年9月16日,第1张第3版。
③ 《刘显世反对教实两厅电》,《申报》,1917年10月6日,第2张第6版。
④ 《设立教育厅之理由》,《晨钟报》,1917年9月29日,第1张第3版。
⑤ 《江西对于教厅之态度》,《申报》,1917年10月1日,第2张第7版。

保障、外无确定经费来源的情况下，由中央政府颁布的。因此，教育厅制的合法性基础是脆弱的，其公布后难免遭遇非难。

### (二)教育厅之经费："各省筹款"还是"中央拨给"

经教育总长范源廉及众议院议员汤松年等人的努力，1917 年 8 月 22 日，国务会议决定教育厅经费以裁去首道及省教育科经费充之。但问题是，各省首道与教育科在《教育厅暂行条例》颁布前并未裁撤，因此中央政府的此项决定不具有可行性。可以说，这是中央决策层的一大失误。《教育厅暂行条例》公布后，地方政府强烈反对教育厅制的一个重要理由是地方财政入不敷出，无款筹建教育厅。如 9 月 18 日，奉天省督军兼省长张作霖致电中央政府，表示设置教育厅"所需经费如何支付中央自当酌定办法，但以奉省情形言之，财政支绌达于极点"①。在地方政府的反对声中，9 月 20 日，教育部出台了调整教育厅经费的办法：将 22 省按各省教育行政繁简分为 3 类，规定大省每年 4 万元，中省每年 3.4 万元，小省每年 2.8 万元，并指出此项经费直接由中央拨付，各省原有之教育科经费则拨为开办费。② 然而，上述调整措施并未换来地方政府的认同。9 月 24 日，直隶省督军兼省长曹锟致电中央政府，称省公署两科经费本甚支绌，教育厅经费由中央政府"另行筹发"③。鉴于此，10 月 18 日，教育部再次对各省教育厅经费作了详细的安排，以缓和中央与地方政府间的矛盾。④

---

① 《奉省政闻种种》，《大公报》，1917 年 9 月 18 日，第 2 张第 6 版。
② 《教实两厅之经费》，《晨报》，1917 年 9 月 21 日，第 1 张第 2 版。
③ 《新设两厅之经费问题》，《大公报》，1917 年 9 月 25 日，第 1 张第 2 版。
④ 教育部将教育厅经费依各省教育行政之繁简分为大、中、小三类：(一)直隶、奉天、江苏、四川、浙江、广东、山东、湖北、河南九省为大省，每月统计三千元，又调查费每年四千元，合计每年四万元；(二)江西、湖南、陕西、山西、吉林、福建、安徽、云南八省为中省，每月统计二千六百一十元，又调查费每年三千六百八十元，合计每年三万五千元；(三)黑龙江、甘肃、贵州、广西、新疆五省为小省，每月统计二千二百二十元，又调查费每年三千四百八十元，合计每年三万元。关于各省教育厅每月的详细支出计划，详见《各省教育厅之组织及经费》，《晨报》，1917 年 10 月 18 日，第 1 张第 3 版。

### （三）教育厅之职权："独立行使"还是"与科并存"

为使教育厅独立行使职权，1917年9月8日，中央政府公布："现在教育、实业两厅暂行条例业经制定公布，所有省长公署政务厅内依据《省官制》第十四条所设教育、实业两科着即废止。"①然而，此项规定遭到了部分地方政府的强烈反对。9月23日，部分省份的省长向中央政府发电，表示"省公署对于教育、实业两项行政仍有辅助督课之责"，并主张"两科裁撤之后，于公署另设专任秘书数员，以便与各该厅厅长接洽一切"。② 显然，地方政府的要求有违教育部设立教育厅的初衷。为了明确教育厅职权，11月5日，教育部通咨各省规定教育厅权限："所有各省教育行政事项，应自各该厅长到任之日起，一律划归教育厅主管。"③这一规定再次引起了部分地方政府的不满。湖南省于次日明确表示省长公署内教育科仍不裁撤。④ 为了避免与地方政府间的冲突，11月13日，北京政府决定："省官制第十四条总务、内务、教育、实业各科修正为第一、第二、第三、第四各科。"⑤这说明中央政府已在政策层面默认了"第三科"的合法地位，故形成了教育厅与教育科并存的省级教育管理体制（见图1-6）。其中，"教育厅为一省教育之主管官厅，而省公署则为监督指挥之官厅"⑥。事实上，这种体制在管理实践中遭遇掣肘。以浙江为例，"省长公署第三科，时于厅务反多掣肘"⑦，以致省级教育行政效率降低。

---

① 《大总统令》，《政府公报》，1917年第592号，第1页。
② 《教实两厅之经费问题》，《民国日报》，1917年9月24日，第2张第6版。
③ 《划分教育厅长办理教育行政事权》，《教育杂志》，1917年第9卷第12号，第88—89页。
④ 《湘省认拨教实两厅经费》，《民国日报》，1917年11月6日，第1张第2版。
⑤ 《教令第二十三号》，《政府公报》，1917年第657号，第6页。
⑥ 程湘帆编：《中国教育行政》，上海：商务印书馆，1934年，第53页。
⑦ 浙江省教育厅：《浙江省教育厅行政史略》，浙江省档案馆藏：《浙江省教育厅档案》，2120.1。

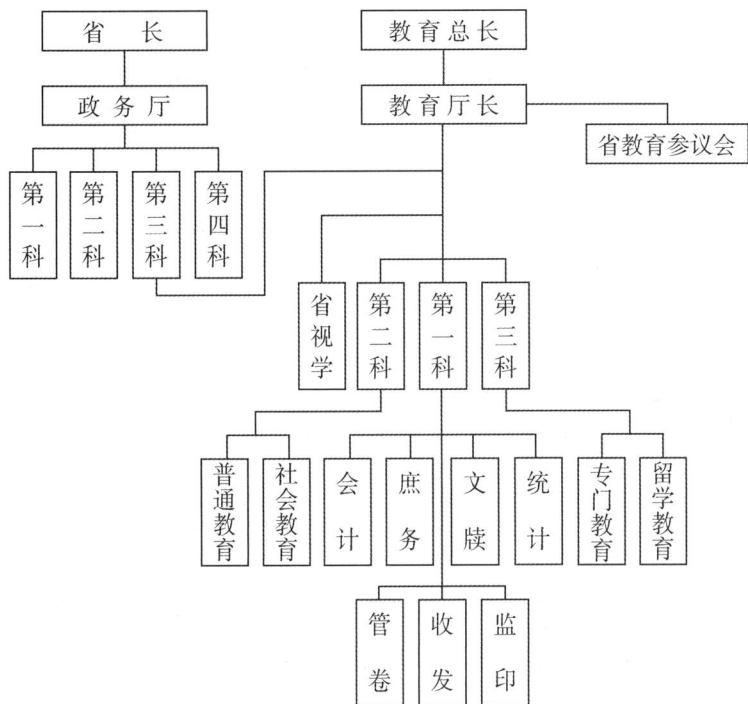

图 1-6 教育厅组织及与省长公署关系

图片来源:程湘帆编:《中国教育行政》,上海:商务印书馆,1934 年,第 57 页。

## (四)教育厅长之任命:"中央任命"还是"地方保荐"

1917 年 9 月 7 日,中央政府正式公布的 21 省教育厅长均是教育总长提名后由大总统简任的。时人曾用"以迅雷不及掩耳之手段"[①]形容教育厅长的任命方式。事实上,教育部突然发布教育厅长名单也是有其考虑的:"恐一经迁延,连动者太多,无法应付,故取此便捷手段,可省许多麻烦。"[②]但是这一做法招致部分地方政府的不满。如 9 月 12 日,直晋等省督军来电反对所任命的教育厅长。[③] 又如 9 月 16 日,黑龙江、吉林、江苏等省督军来电反对所任命的教育

---

① 《教育实业两厅之人物谈》,《申报》,1917 年 9 月 14 日,第 2 张第 6 版。
② 《教育实业两厅之人物谈》,《申报》,1917 年 9 月 14 日,第 2 张第 6 版。
③ 《直晋等省反对教育厅长》,《申报》,1917 年 9 月 12 日,第 1 张第 3 版。

厅长。① 其实,反对教育厅长的主因是,"各厅长之任命事前部中均未与各省接洽"②。与地方督军、省长的反应相似,地方教育界的反应也颇为激烈。如 9 月17 日,安徽教育会开会反对卢殿虎掌安徽教育厅,电请教育部收回成命。③ 再如 9 月 20 日,鄂省教育界"拒熊(崇煦)之运动颇烈"④。如果说地方政府反对教育厅长是因为触动其利益,那么原本赞同教育厅设立的地方教育界为何也反对教育厅长呢? 其中的原因颇为复杂,但重要的一点仍是触动了地方教育界利益。以江西省为例,"教育厅长伍崇学发表后,省道视学与豫章道尹大起恐慌";其原因是,"今阅教育厅官制,视学名额仅四人,本省当裁去五分之四"。⑤ 显然,教育厅长伍崇学对江西教育界既得利益构成了威胁,因此伍遭到了江西教育界的一致反对。在地方政府及教育界的舆论压力下,教育厅长中,有自动辞职者,如直隶教育厅长黄炎培、湖南教育厅长沈恩孚等;有不能去者,如山西教育厅长李步青、浙江教育厅长刘以钟等。鉴于此,自 9 月 21 日起,中央政府逐步对十余省份的教育厅长做了调整,教育厅长任命风潮才得到暂时平息。

由上可知,教育厅制跟中央政府、地方政府、地方教育界利益休戚相关。理论上讲,这种事关各方利益的决策事项,中央政府应允许地方各利益群体共同参与决策过程,但为了避免冲突,教育部没有让地方利益团体参与决策过程,而直接拍板定调。因而,由此种决策方式所产生的《教育厅暂行条例》及教育厅长难免遭到地方利益群体的质疑与反对。在地方各利益群体对教育厅制缺乏普遍认同的情况下,中央政府不得不采取由财政部拨发教育厅部分经费、保留省公署第三科、调整十余省份教育厅长等带有妥协性质的补救性措施来协调各方利益。从教育厅制实施情况看,多数省份于《教育厅暂行条例》颁布一两个月后才逐渐设立教育厅。根据统计,截至 1918 年底,全国 22 省中,仅有 12 省设立了教育厅,后文有述。当然,还有 10 省未设教育厅而沿用此前的教育科,如奉

---

① 《各省教育实业两厅前途》,《申报》,1917 年 9 月 17 日,第 2 张第 6 版。
② 《教育实业两厅之反对声》,《申报》,1917 年 9 月 6 日,第 1 张第 2 版。
③ 《教育会开会反对卢殿虎》,《民国日报》,1917 年 9 月 22 日,第 2 张第 7 版。
④ 《鄂省之政海潮》,《申报》,1917 年 9 月 20 日,第 2 张第 7 版。
⑤ 《赣省各机关长官大更动》,《民国日报》,1917 年 9 月 17 日,第 2 张第 6 版。

天、福建、山东、湖北、四川、云南、贵州、湖南、广东、广西等省。[①]

法国复杂性理论专家埃德加·莫兰(Edgar Morin)曾言:"任何行动一旦发起,就进入了一个在它被实施的环境内部的许多相互作用和反馈作用的游戏之中,这个游戏可能使它脱离它的目标。"[②]这就说明,行动包含着复杂性,且行动的结果是不可预见的。综观教育厅制的决策及其实施过程,也是如此。教育厅制决策者的初衷是省级教育行政部门独立化,而教育厅制在决策及实施过程中受到多方利益的牵制与不确定因素的制约,从而在一定程度上偏离了决策者设立教育厅的初衷。但是,即便如此,教育厅这一现代意义上的省级教育行政部门已经建立起来。

## 四、教育厅组织结构

《教育厅暂行条例》规定:教育厅以"事务之繁简",定科室数量,但至多不得逾3科;各科置科长1人,科员每科不得逾3人;省视学4～6人。那么,当时各省省级教育行政组织实际情况如何呢?(见表1-3)

由表1-3可知:首先,教育厅隶属关系统一。与以往教育科地位低下的情况不同,教育厅直隶于教育部,说明教育厅独立性增强,其地位亦有了实质性的提高。其次,教育厅人事权统一。与此前教育科职员由各省民政长自行任命的情况不同,教育厅长选任全权由教育部负责,而教育厅科长、科员、省视学等统一由各省教育厅长选任,亦说明教育厅长的权限加大。最后,教育厅组织统一。各省教育厅,有设3科者,也有设2科者,但以设3科者居多。此外,各省教育厅基本设置了科长、科员、省视学、办事员等职位,说明各省教育厅在内部机构

---

① 教育厅制颁布一年后,也只有12省组建了教育厅。这一点可以从1918年10月第四届全国教育会联合会大会议案中得到证实。大会上,与会代表提出《请续设各省区教育厅案》,其中指出教育厅"已成立者十有二省,未成立者尚有十省",他们进而向教育部提议"将未设教育厅各省督促成立"。参见《请续设各省区教育厅案》,《新教育》,1919年第1卷第1期,第96页。

② [法]埃德加·莫兰著:《复杂性理论与教育问题》,陈一壮译,北京:北京大学出版社,2004年,第147页。

设置,抑或是在人事配备上,基本遵照教育部的规定执行。

表 1-3 　1918 年 12 省教育厅组织概况

| 省份 | 设立时间 | 组织 |
|---|---|---|
| 直隶 | 1917 年 10 月 | 设 3 科;每科科长 1 人、科员 3 人;设视学处;取消省公署教育科 |
| 甘肃 | 1917 年 10 月 | 设 2 科;每科科长 1 人、科员 3 人;省视学 4 人;事务员 3 人 |
| 陕西 | 1917 年 10 月 | 设 3 科;每科科长 1 人、科员 3 人;省视学 4 人 |
| 吉林 | 1917 年 11 月 | 设 3 科;每科科长 1 人、科员 3 人;省视学 4 人 |
| 黑龙江 | 1917 年 11 月 | 设 3 科;每科科长 1 人、科员 3 人;省视学 4 人 |
| 浙江 | 1917 年 11 月 | 设 3 科;每科科长 1 人、科员 3 人;省视学 5 人;事务员若干人 |
| 江西 | 1917 年 11 月 | 设 3 科;每科科长 1 人、科员 3 人;省视学 5 人;办事员、录事若干人 |
| 河南 | 1917 年 11 月 | 设 3 科;每科科长 1 人、科员 3 人;省视学 6 人 |
| 山西 | 1917 年 11 月 | 设 3 科;每科科长 1 人、科员 5～6 人;视学主任 1 人,省视学 5 人;办事员、事务员、书记员、录事员等 15 人 |
| 江苏 | 1917 年 12 月 | 设 2 科;每科科长 1 人、科员 3 人;省视学 6 人;办事员若干人 |
| 安徽 | 1917 年 12 月 | 设 3 科;每科科长 1 人、科员若干人;省视学若干人;其他雇员若干人 |
| 新疆 | 1918 年 1 月 | 设 1 科;科长 1 人、科员若干人;省视学 1 人 |

资料来源:河北省教育厅编:《河北省教育概况》,天津:河北省教育厅,1935 年,第 2 页;《教实两科之取消》,《大公报》,1917 年 11 月 1 日,第 2 张第 3 页;甘肃教育厅编审委员会编:《甘肃教育概览》,兰州:甘肃省教育厅编审委员会,1936 年,第 1 页;教育部教育年鉴编纂委员会编:《第二次中国教育年鉴》,上海:商务印书馆,1948 年,第 138、142 页;黑龙江省地方志编纂委员会编:《黑龙江省志·教育志》(第四十五卷),哈尔滨:黑龙江人民出版社,1996 年,第 807 页;孙芾侯著:《浙江教育史略》,杭州:浙江省教育厅,1931 年,第 3 页;《江西近事》,《申报》,1917 年 11 月 16 日,第 2 张第 7 版;虚缘:《民国纪元后江苏教育行政概览》,《江苏文献》,1944 年第 1 卷第 3—4 期,第 2 页;安徽省地方志编纂委员会编:《安徽省志·教育志》,北京:方志出版社,1997 年,第 781 页;《新疆通志·教育志》编纂委员会编:《新疆通志·教育志》(第七十四卷),乌鲁木齐:新疆教育出版社,2006 年,第 717 页。

1919 年至 1926 年北伐战争爆发前,山东、奉天、湖北、福建、云南、广东、四川、广西等 8 省相继设立教育厅。当然,其中也有特例。1921 年 1 月 1 日,云南

省始设教育厅。然而，一年后，受联省自治影响，云南省脱离北京政府，于 1922
年 8 月 1 日自行设立云南省政府，下设 8 司，教育司居其一[1]，沿用至 1927 年。
此外，贵州与湖南两省迟迟未设教育厅。就上述已设教育厅的省份来讲，其教
育厅组织基本符合教育部出台的相关规章。

---

[1]　云南教育司编辑处编：《云南教育概况》，昆明：云南教育司编辑处，1923 年，第 16 页。

# 第四节　由教育厅到大学区

　　1925 年起,随着中央与地方关系的急剧变化,一些省份"自主设立"有别于既有建制的省级教育行政部门。南京国民政府成立后,各省逐渐建立起统一的省级教育行政部门。其间,少数省份还独自进行了省级教育行政改制的新探索。考察这一复杂多变的历程,有助于深刻把握省级教育行政建制理念的"变"与"不变"。

## 一、多样共存的省级教育行政部门

　　1925 年 7 月 1 日,广州国民政府宣告成立。同日,广州国民政府颁布《省政府组织法》,规定:"省政府以民政、财政、教育、建设、商务、农工、军事各厅组成之;省政府各厅各设厅长一人,联合组织省务会议,并举一人为主席;各厅长至少每月一次以书面报告其职务经过于省务会议;关于省行政之命令,经省务会议议决完之后由主席及主管厅长署名以省政府名义公布之;省政府于不抵触国民政府命令之范围内,得发布省单行规程;省政府得任免荐任官吏,各厅长得任免委任官吏。"①由此即知,该《省政府组织法》中,废除了北京政府治下的省长制,而改为合议制,即由各厅厅长组成省务会议,推举一人为省政府主席。7 月 3 日,广东省遵照此法令组建了省政府。广东省政府下设民政、财政、教育、建设、商务、农工、军事等厅。就教育厅组织而言,与 1923 年 10 月组建的教育厅大致相同,内置教育厅长 1 人,秘书室(秘书 2 人)、督学室(督学 6 人)、总务科

---

　　① 《省政府组织法》,《民国日报》,1925 年 7 月 11 日,第 1 张第 3 版。

（分文书股、会计股、庶务股）、普通学务科、专门实业学务科，各科科长 1 人，另设留学生主任 1 人。①

1925 年 9 月 5 日，广西省废除省长制，在南宁成立广西民政公署，由黄绍竑出任民政长。广西民政公署下设教育厅。1926 年 3 月，广西省归属于广州国民政府。是年 6 月 1 日，广西省政府成立。省教育厅隶属其下，内置教育厅长 1 人，下设第一科、第二科、第三科，每科科长 1 人，另设秘书 2 人，省视学若干人。② 可以说，两广政权的统一，为北伐战争的发动奠定了政权基石。

北伐战争发动后，相继有湖南、贵州、湖北、江西等省纳入国民政府治下，这些省份纷纷组建起新的省级政权组织。此时，南方省份的省级教育行政组织情况如表 1-4 所示。

表 1-4　北伐时期南方各省省级教育行政组织概况

| 省份 | 组织名称 | 成立时间 | 隶属机关 | 组织内容 |
|---|---|---|---|---|
| 湖南 | 教育厅 | 1926 年 7 月 | 省政府 | 厅长 1 人；秘书 1～3 人；设 3 科；每科科长 1 人，科员、办事员、书记等共 40～70 人；设督学室，督学 8 人 |
| 湖北 | 教育科 | 1926 年 9 月 | 省政务委员会 | 科长 1 人；设专门、普通、社会、编书 4 股；各股股长 1 人、股员若干人 |
| 江西 | 教育科 | 1926 年 11 月 | 省政务委员会 | 科长 1 人；设专门、普通、社会、编审 4 股；各股股长 1 人、股员若干人 |
| 福建 | 教育科 | 1926 年 12 月 | 省政务委员会 | 科长 1 人；设专门、普通、社会、编审 4 股；各股股长 1 人、股员 4 人；设视学 4 人 |
| 四川 | 教育厅 | 1927 年 1 月 | 川康绥抚委员会 | 厅长 1 人；设专门、普通、社会、编译 4 科；各科科长 1 人、科员若干人 |

① 7 月 1 日，广州国民政府任命许崇清为教育厅长，但许因赴沪省亲，未就教育厅长，厅务遂由马洪焕代拆代行。详见广东省政府教育厅编辑股编：《民国以来广东教育行政制度沿革史》，广州：广东省政府教育厅庶务股，1931 年，第 11—12 页。

② 蒙荫昭、梁全进主编：《广西教育史》，南宁：广西人民出版社，1999 年，第 340 页。

续　表

| 省份 | 组织名称 | 成立时间 | 隶属机关 | 组织内容 |
|---|---|---|---|---|
| 浙江 | 教育科 | 1927 年 3 月 | 省临时政务委员会 | 科长 1 人；设总务、高等教育、社会教育、中等教育、初等教育、党化教育 5 股；各股股长 1 人、股员若干人 |
| | 教育厅 | 1927 年 5 月 | 省政务委员会 | 厅长 1 人；设第一、二、三、四科；各科科长 1 人、科员共 16 人；设省视学 12 人、事务员 12 人、书记 6 人 |
| 贵州 | 教育厅 | 1927 年 3 月 | 省政府 | 厅长 1 人；设第一、二科；各科科长 1 人、科员若干人；设省视学 2 人 |
| 云南 | 教育厅 | 1927 年 3 月 | 省政务委员会 | 厅长 1 人；设秘书、督导、会计、统计、人事 5 室；设总务、中等教育、国民教育、社会教育 4 科；设款产管理委员会等 |
| 安徽 | 教育科 | 1927 年 4 月 | 省政务委员会 | 科长 1 人；设专门、普通、社会、编审 4 股；会计 1 人、校对 1 人、管卷员 2 人、收发员 1 人、司书 6 人 |
| 江苏 | 教育厅 | 1927 年 4 月 | 省政务委员会 | 厅长 1 人；设第一、二、三科；各科科长 1 人、科员及雇员若干人；设秘书 2 人；省督学若干人 |

资料来源:湖南省地方志编纂委员会编:《湖南省志·教育志》(第十七卷下册),长沙:湖南教育出版社,1995 年,第 1212 页;萧萧:《北伐军到汉后之鄂政局》,《申报》,1928 年 9 月 15 日,第 2 张第 7 版;《战后之省制与财政》,《大公报》,1925 年 11 月 30 日,第 6 版;《闽垣筹饷声与教育潮》,《晨报》,1927 年 1 月 25 日,第 5 版;《时局中之四川》,《大公报》,1927 年 2 月 10 日,第 6 版;孙弼侯著:《浙江教育史略》,杭州:浙江省教育厅,1931 年,第 4 页;《浙江教育厅新职员》,《申报》,1927 年 5 月 6 日,第 3 张第 10 版;贵州省地方志编纂委员会编:《贵州省志·教育志》,贵阳:贵州人民出版社,1990 年,第 478 页;教育部教育年鉴编纂委员会编:《第二次中国教育年鉴》,上海:商务印书馆,1948 年,第 134 页;《皖教育科成立情形》,《申报》,1927 年 4 月 12 日,第 3 张第 10 版;《苏省教育厅组织条例》,《民国日报》,1927 年 5 月 17 日,第 1 版。

至 1927 年 4 月,南方省份先后归属南京国民政府,但北方诸省仍由地方军阀所控制,有的由冯玉祥掌控,如河南、陕西、甘肃等省;有的由奉系军阀控制,如奉天、吉林、黑龙江、直隶、山东等省;还有的长期由地方军阀统治,如新疆省仍由杨增新控制,山西省则一直由阎锡山掌控。但就北方各省省级教育行政部门而言,均沿用教育厅,隶属于省长公署,组织照旧。

由是观之,南京国民政府成立之初,受各省政局动荡的影响,各省省级教育行政部门继民元前后再次出现各自为政的混乱局面。其主要表现有:首先,名称不一。有的称为教育科,有的称为教育厅,这一点在南方省份中尤为突出。其次,隶属关系不同。纳入国民政府治下的南方省份,其省级教育行政部门隶属于省政务委员会;纳入北京政府治下的北方省份,其省级教育行政部门均隶属于省长公署。最后,组织架构互异。如南方省份中,有分股者,如湖北、江西、福建等省教育科;有分科者,如四川、江苏等省教育厅。而且,即使是设立教育厅的南方省份,其内部组织架构亦不一致。

## 二、教育厅的全面设立

1927 年 6 月 27 日,为了使省级政权纳入国民党党治体系之下,南京国民政府颁布《省政府组织法》。此后,各省纷纷改组成立省政府。《省政府组织法》规定,省政府下设教育厅,然对其组织架构未作规定。[①] 1928 年 4 月 27 日,南京国民政府修订颁布《修正省政府组织法》,规定省政府各厅设秘书 1～3 人,并视厅务之繁简,分科办事,每科设科长 1 人、科员若干人。[②] 当时,全国 10 省教育厅组织架构的实况,详见表 1-5。

由表 1-5 来看,南京国民政府成立后,各省政府基本依据中央规定,设立了省教育厅。而且,省教育厅隶属关系及组织架构大致趋于统一,改变了 1927 年初各省省级教育行政部门名称互异、隶属不一的混乱局面。此时的甘肃省教育厅组织架构,见图 1-7。

---

① 《省政府组织法》,《江苏省政府公报》,1927 年第 10 期,第 2 页。
② 《修正省政府组织法》,《内政公报》,1928 年第 1 卷第 2 期,第 50 页。

表 1-5　1927—1929 年 10 省教育厅组织概况

| 省份 | 设立时间 | 组织 |
|---|---|---|
| 湖北 | 1927 年 4 月 | 隶属省政府;下设秘书室、督学室及第一、二、三科;秘书室分机要、统计、编审等股,第一科分事务、出纳、审核等股,第二科分留学教育、中等教育、初等教育等股,第三科分社会教育、县区教育、职业教育等股;设义务教育委员会 |
| 江苏 | 1927 年 5 月 | 隶属省政府;下设第一、二、三、四、五科;各科科长 1 人,科员及雇员若干人;设秘书 2 人;设省督学若干人 |
| 浙江 | 1927 年 5 月 | 隶属省政府;下设第一、二、三、四科;各科科长 1 人,科员共 28 人;设省视学 9 人;设事务员及书记若干人 |
| 云南 | 1927 年 6 月 | 隶属省政府;下设秘书、督导、会计、统计、人事 5 室,总务、中等教育、国民教育、社会教育 4 科;设款产管理等各委员会 |
| 甘肃 | 1927 年 8 月 | 隶属省政府;下设秘书处、编审处、督学处、总务科、学务科,分 8 股 |
| 山东 | 1928 年 6 月 | 隶属省政府;下设高等教育、普通教育、社会教育 3 科;各科科长 1 人,科员若干人;设秘书处,置秘书 1 人;设省督学若干人 |
| 河北 | 1928 年 7 月 | 隶属省政府;下设秘书处、督学处、编审处及 4 科 |
| 察哈尔 | 1928 年 11 月 | 隶属省政府;下设秘书室(内设秘书主任 1 人,秘书 2 人,科员、办事员 3 人)、督学室(内设督学 2 人,科员 1 人)及第一、二、三、四科;每科置科长 1 人,科员各 3 人,办事员、雇员共 10 人 |
| 吉林 | 1929 年 2 月 | 隶属省政府;下设 4 科,第一科为高等教育,第二科为中等教育,第三科为国民教育及社会教育,第四科为总务科;设秘书 3 人;设督学 4 人 |
| 四川 | 1929 年 3 月 | 隶属省政府;下设秘书室、编审室及第一、二、三科 |

　　资料来源:《江苏教育厅之新组织》,《新闻报》,1927 年 5 月 17 日,第 3 张第 4 版;孙莜侯著:《浙江教育史略》,杭州:浙江省教育厅,1931 年,第 4 页;甘肃教育厅编审委员会编:《甘肃教育概览》,兰州:甘肃省教育厅编审委员会,1936 年,第 1 页;陆兴焕编:《山东省政府教育厅第一次工作报告》,海口:海南书局,1929 年,第 1 页;河北省地方志编纂委员会编:《河北省志·教育志》(第 76 卷),北京:中华书局,1995 年,第 672 页;教育部教育年鉴编纂委员会编:《第二次中国教育年鉴》,上海:商务印书馆,1948 年,第 130—140 页。

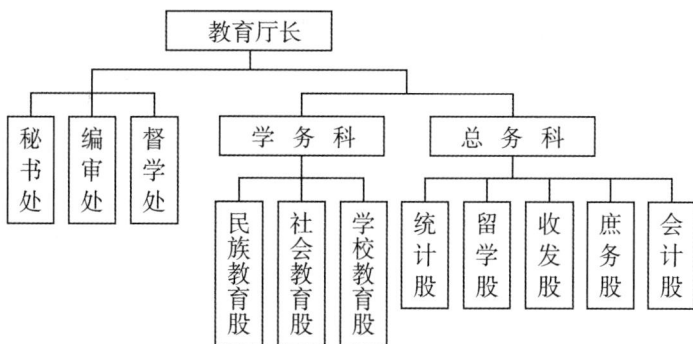

**图 1-7　甘肃省教育厅组织(1927 年 10 月)**

图片来源:甘肃省教育厅:《甘肃省政府教育厅组织系统》,《甘肃教育公报》,

1927 年第 5 期,第 48 页。

# 三、大学区制的颁布及试点

从当今高等教育职能来看,大学具有培养人才、科学研究、服务社会、文化传承创新等四大职能。然而,在我国高等教育发展史上,大学是否还曾有过其他职能?事实上,民国时期,蔡元培等教育家就曾移植法国大学区做法,在我国若干省份开展了大学担负区域教育管理职能的试点。

## (一)大学管理省域教育梦想的追逐

早在清末《奏定学堂章程》颁行前,我国曾有高等学堂管理区域教育的短暂实践。1903 年 5 月,甘肃文高等学堂设立后,不仅具有作育人才的职能,还有管理全省学务的职能。当时,"甘肃省兴办学堂之始,势难责备求全,所有通省学务概归省城文高等学堂综理"①。

然而,1904 年后,受国外教育行政独立和国内废科举后新式学堂规模扩张等因素的影响,高等学堂难以兼顾区域教育,故这种"政教合一"体制淡出历史舞台,而独立性质的省级教育行政体制则逐步建立起来。此后,经地方教育界

---

①　《陕甘总督升奏为添设学务处甘省自宜援照办理以符定章片》,《申报》,1906 年 8 月 2 日,第 20 版。

及教育部等各方多年的不懈努力,1917 年 10 月起,全国多数省份陆续设立了教育厅,隶属于教育部,促使省级教育行政的独立地位得以提升。然而,囿于地方政权独大、军阀混战、教育界派系争斗等因素干扰,各省教育厅的独立地位屡遭挑战。其表现有三:一是各省教育厅长难安其位,处于走马灯似的更换状态,很难有大的作为;二是人事权和财政权不完全归省教育厅所有,省公署第三科与教育厅职权时有冲突;三是各省省教育经费无着的问题突出,致使省域中等和高等教育事业饱受摧残。

为破解上述难题,1921 年 5 月 12 日,蔡元培在爱丁堡学术研究会晚餐席间答词中,首次提出他的"大学管理省域教育"梦想。他主张"另起炉灶","取法国大学区制,由各省设立大学,即由大学办理全省内教育事业"。[①] 当然,他所说的"取法国大学区制",并不是主观盲目地照搬大学区制,而是要客观理性地借鉴大学区制。在他看来,法国大学区以大学校长为关键,"大学校长一方面为大学评议长;一方面为地方教育机关之总理,是也。然全区教育事业,仅以校长一人为相互连贯之关键,尚未尽善"[②]。鉴于此,蔡元培主张:"我意应以全区教育之权,归于大学评议会。评议会中可以收容多数人才:一方面办理大学,一方面筹划普通教育事业。"[③]由是,他断言:此制"必较之现在的教育厅,成效更多。因教育厅长之人才,至多可抵一大学教授,其他科长科员等,自然不及厅长。教育厅办事之困难不问不知。此种意见,游历欧洲各国以后,尚无甚改变"[④]。

1922 年 3 月,他在《教育独立议》中详细阐述了"大学管理省域教育"的主张。他指出:"分全国为若干大学区;每区立一大学;凡中等以上各种专门学术,都可以设在大学里面,一区以内的中小学教育,与学校以外的社会教育,如通信

---

① 于世秀记:《蔡孑民先生在爱丁堡学术研究会晚餐席间答词》,《北京大学日刊》,1921 年 8 月 10 日,第 3 版。

② 于世秀记:《蔡孑民先生在爱丁堡学术研究会晚餐席间答词》,《北京大学日刊》,1921 年 8 月 10 日,第 3 版。

③ 于世秀记:《蔡孑民先生在爱丁堡学术研究会晚餐席间答词》,《北京大学日刊》,1921 年 8 月 10 日,第 3 版。

④ 于世秀记:《蔡孑民先生在爱丁堡学术研究会晚餐席间答词》,《北京大学日刊》,1921 年 8 月 10 日,第 3 版。

教授、演讲团、体育会、图书馆、博物院、音乐、演剧、影戏……与其他成年教育、盲哑教育等等,都由大学办理。"①

1922年7月3日,中华教育改进社第一次年会在山东省议会召开。会上,蔡元培提交了名为《国立大学与省立大学分别设立议》的提案,重申"省立或区立大学,采法国大学区制,以大学为本省或本区各种教育事业之总机关。于特设高等学术机关外,凡本省或本区各种教育事业之计划、布置、监督,均担任之,即以代现有之教育厅"②。

由上可知,蔡元培无疑将省立或区立大学的职能加以扩展,除具有培养人才、学术研究等基本职能外,还被赋予管理全省教育事业的重要职能。然而,在当时,他的"大学区"梦想始终没有实现的机遇。这是因为,北伐战争时期,受军阀混战影响,各省教育行政体制再次出现民初的混乱格局。

南京国民政府成立前后,多数省份依据《省政府组织法》成立省政府,下设教育厅,使各省省级教育行政部门得到了统一,但因地方政局不宁,教育厅的独立地位依然脆弱。1927年4月18日,国民政府定都南京。5月,国民政府任命蔡元培、李煜瀛、褚民谊为教育行政委员会常务委员。旋即,中央教育行政委员会成立。蔡元培上任伊始,便积极筹划大学区事宜。

6月4日,第102次中央执行委员会政治会议上,蔡元培呈请变更教育行政制度,理由是:"一般教育之行政机关,簿书而外,几无他事,其所恃以为判断之标准者法令成例而已。不问学术根据之如何,于是而与学术最相关之教育事业,亦且与学术相分离,岂不可惜!"他进而提议:"宜仿法国制度,以大学区为教育行政之单元,区内之教育行政事项,由大学校长处理之,遇有难题,得由各学院相助以解决之,庶几设施教育得有学术之根据。"基于上述考虑,他提交《大学区组织条例》,主张如下:(1)全国依现有之省份及特别区定为若干大学区,以所在省或特别区之命名之,如浙江大学、江苏大学等;(2)每大学区设校长一人,总理区内一切学术与教育行政事项;(3)大学区设评议会,为本区立法机关;(4)大

---

① 蔡元培:《教育独立议》,《新教育》,1922年第4卷第3期,第318页。
② 蔡元培:《国立大学与省立大学分别设立议》,《新教育》,1922年第5卷第3期,第397页。

学区设秘书处、研究院、高等教育部、普通教育部、扩充教育部等机构,分别管理相关事宜。6月7日,中央执行委员会政治会议决议通过了蔡元培的上述提议。① 6月12日,国民政府批准中央教育行政委员会,在广东、浙江、江苏三省试行大学区制。当时,广东省的"中山大学由广大改办时筹备经年,成立未久,一旦改制,未免变更太速,且现距下学年开学不远,筹备亦恐不及"②。因此,7月6日,经中央政治会议决议,国民政府秘书处批准,决定"大学区新制准先在江浙两省试办,广东省暂缓实行"③。

至此,蔡元培的"大学管理省域教育"已不再是遥不可及的梦想,而成为获得官方认可、可以试点的新管理模式。那么,蔡元培的目的何在?依据前文来看大致有三:一是将省级教育行政组织独立于普通行政外,实现省级教育行政组织独立化;二是独立化的省级教育行政组织加强与学术的沟通,实现省级教育行政组织学术化;三是由学术化的省级教育行政组织管理省域教育,实现省域教育科学化。

### (二)省域教育行政独立的落实

大学区制颁布后,江苏、浙江、河北、热河、北平、天津等省市试行大学区。

### 1.第四中山大学区的成立

1927年6月,江苏省政府委员张乃燕奉命兼任第四中山大学校长后,聘请周鲠生、俞庆棠等27名学者为第四中山大学区筹备委员,并召集他们在江苏教育厅开会7次,计拟定第四中山大学本部组织大纲草案、评议会组织大纲草案、研究院规程草案,以及大学区秘书处、高等教育部、普通教育部、扩充教育部组织条例草案等。与此同时,据张乃燕回忆:"为充实大学计,将原有东南大学及江苏省立专门以上各校,合并改组为第四中山大学(即大学本部)。同时整理省

---

① 高平叔编:《蔡元培全集》(第五卷),北京:中华书局,1988年,第134—135页。
② 《教育行政委员会关于广东暂缓试行大学区制呈》,载中国第二历史档案馆编:《中华民国史档案资料汇编》(第五辑·第一编·教育一),南京:江苏古籍出版社,1994年,第30页。
③ 国民政府秘书处:《为准咨议决大学区新制度先在江浙两省试办广东省暂缓实行致中央政治会议秘书处函》,《国民政府公报》,1927年宁字8号,第77页。

立中等以下学校,开厅务会议,商榷改并原有中等各校及新增各中校,振刷各县地方教育,调查各处社会教育,拟定各项教育人员任用、待遇诸规程。"[①]至 1927年 7 月 1 日,"筹备会议暂告段落"[②]。

事前充分的筹备工作,使江苏省教育厅到第四中山大学的过渡较为顺利。7 月 8 日,国民政府令江苏省政府:"现颁行大学区制,原设之教育厅着即裁撤。所有从前江苏省境内国立省立各大学、专门学校及中学、师范等校,均分别裁并或改组。其各级学校之学生,应依照现行条例,由各学院、学校考核程度,分别编录。"[③]同日,教育厅改组为第四中山大学区行政院,下设高等教育、普通教育、扩充教育 3 部(见图 1-8)。[④] 是月 9 日起,第四中山大学行政院正式办公。[⑤]

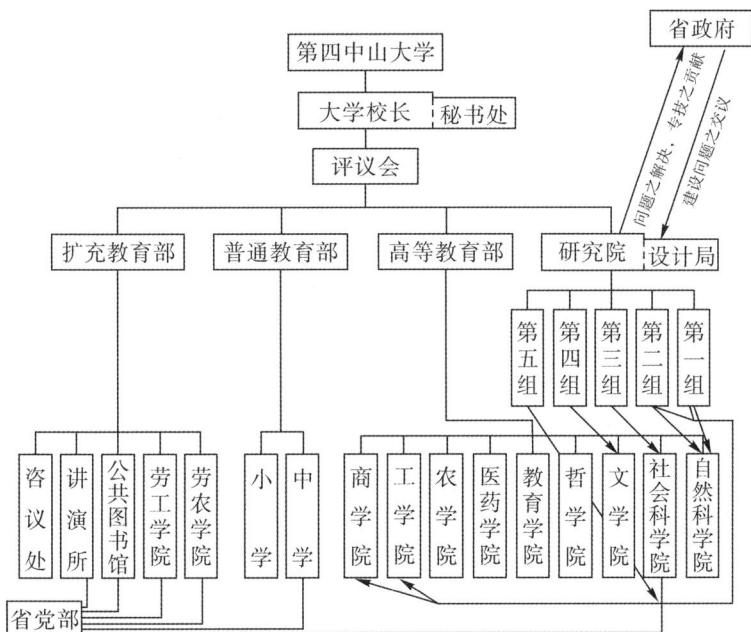

图 1-8　第四中山大学区组织

图片来源:程湘帆编:《中国教育行政》,上海:商务印书馆,1934 年,第 60 页。

---

① 张乃燕:《中央大学区二年工作概况报告》,《国立大学联合会月刊》,1929 年第 2 卷第 7 期,第 2 页。

② 《第四中山大学筹备就绪》,《大公报》,1927 年 7 月 1 日,第 6 版。

③ 《国民政府令》,《国民政府公报》,1927 年第 8 号,第 11 页。

④ 《苏教厅改组属大学区行政院》,《申报》,1927 年 7 月 8 日,第 2 张第 7 版。

⑤ 《裁撤教育厅》,《无锡教育周刊》,1927 年第 1 期,第 16 页。

### 2. 第三中山大学区的成立

1927 年 6 月，浙江省教育厅长蒋梦麟就任第三中山大学校长后，邀请蔡元培等筹备委员共同商议一切。[①] 同时，他筹划撤销浙江省教育厅。8 月 1 日，教育厅正式迁入蒲场巷旧巡按使公署，改组为第三中山大学办事处[②]，这标志着第三中山大学区正式成立。

就第三中山大学区组织而言，大学区综理区内一切教育行政及学术事宜，接收教育厅各项行政职权，除大学本部设劳工学院和劳农学院外，在校长之下，还设有秘书处和普通教育管理处。此外，大学区设省督学若干人，但不设专门人员，而以处员兼任省督学。[③]

较之第四中山大学区，第三中山大学区的组织架构略有不同：其一，第三中山大学区未设高等教育管理处和扩充教育管理处。究其原因，时任秘书长刘大白认为，因"浙江大学区内的高等教育事业和扩充教育事业都不很多，所以不设这两个管理处，而只设扩充教育主任一人，暂属于普通教育管理处"[④]。其二，省督学不是专任，而由处员兼任。据刘大白称，这是因为一切视导工作"由普通教育管理处或秘书处各员随时出发，以免视察和研究、统计、整理、改革等打成两橛之弊"[⑤]。

### 3. 北平大学区的成立

1928 年 6 月初，蒋介石发动"二次北伐"后，逼退奉军，占领平津。6 月 9 日，南京国民政府命令北平九校[⑥]改组为中华大学。6 月 18 日，大学院任命李石曾为中华大学校长，李书华为中华大学副校长。中华大学成立 2 个月后，即在 8 月 18 日大学委员会会议上，李书华秉承李石曾之命提出《北平大学区组织

① 《浙教厅筹改大学区制》，《申报》，1927 年 7 月 2 日，第 3 张第 11 版。
② 《浙教厅八月一日裁撤》，《申报》，1927 年 7 月 26 日，第 2 张第 7 版。
③ 孙苹侯著：《浙江教育史略》，杭州：浙江省教育厅，1931 年，第 6 页。
④ 大白：《国立第三中山大学底八个月》，《浙江大学教育周刊》，1928 年第 1 期，第 3—4 页。
⑤ 大白：《国立第三中山大学底八个月》，《浙江大学教育周刊》，1928 年第 1 期，第 3—4 页。
⑥ 北平九校：北京大学、北京法政大学、北京工业大学、北京农业大学、北京医科大学、北京师范大学、北京女子师范大学、北京女子大学、北京艺术专门学校。

大纲》。会议中,会议主席蔡元培对此极力反对,朱家骅亦表示反对。原因是,江浙试行大学区制已有人反对,现若在北平推行大学区制,恐反对者更多。但是,大学委员会仍通过了是项大纲。[①] 那么,李石曾执意要在北平试行大学区制的原委何在?据李书华回忆,"我们以为首都既在南京,北平应为教育与学术重心。推行大学区的目标,即以北平国立学校与天津北洋大学原有人才和设备,加以充实与扩大,使成为一个完善而合理的大学,负起大学教育与学术研究的责任"[②]。从中可以看出,李石曾和李书华不仅有将北平建成教育学术中心的意图,更有着以北平大学区为平台掌控平津地区高等教育的考量。

9月21日,国民政府会议通过《北平大学区组织大纲》,主要内容有:(1)"大学区以北平政治分会所管辖之区域,即河北、热河两省,北平、天津两特别市为北平大学区";(2)"设大学委员会北平分会,议决本大学区单纯的教育学术上之重要事项";(3)"本大学区设校长一人,副校长一人,秘书长一人,高等教育处长一人,普通教育处长一人,扩充教育处长一人,本大学区设研究院为本大学区研究学术之最高机关,大学各学院之组织总称定名为北平大学本部",设文、理、法、工、农、医、艺术、师范、女子师范等学院,另设文预科和理预科;(4)"本大学区校长兼河北省府委员,本大学院教育行政院设北平,热河设教育行政分院,分院设主任一人,兼为热河省府委员"[③]。此外,《北平大学区组织大纲》详细列出各大学迁移、合并与过渡的办法。总之,该大纲的出台为北平大学区制的试行提供了制度支撑。

然而出人意料的是,《北平大学区组织大纲》甫一颁布,便招致北平教育界的强烈反对。11月29日下午,北京大学约百余名学生手持写有"打倒北平大学""拥护北京大学"等字样的旗帜,"蜂拥入内,将(校长办公室)门窗陈设及一切器用物具全数捣毁,并将门前所悬'国立北平大学校长办公处'及'大学委员

① 《九校问题之经过谈》,《大公报》,1928年10月22日,第8版。
② 李书华:《一年北平大学区》,《传记文学》,1967年第11卷第3期,第10页。
③ 《北平大学区组织大纲全文》,《民国日报》,1928年9月23日,第4版。

会'两牌一律劈碎",并"扬言将火焚李校长煜瀛、李副校长书华私宅"。① 12 月 1 日,北京大学学生会致电国民政府,反对大学区制,认为李书华"居心叵测,手段卑劣,上负政府重托,下拂学生舆论,迭派代表索领我校应领之维持费,屡拒不见,我全体学生冻馁之余,匐匐住宿,乃二李唆使武力,横加摧残,致生等重伤多人,群情愤激,宁为玉碎"②。教育部认为上述情况仅是少数学生所为,并饬令北平大学:"如或执我梗令,即当依法制裁,希即布告周知。"③从上可知,北平学生反对大学区制,主要是北京大学易名为北平大学所致。

如果说北平地区反对大学区制者仅是少数学生,那么河北省反对大学区制者则极为广泛。首先,河北省政府要求取消大学区制。1928 年 12 月 27 日,河北省政府致电国民政府,要求取消大学区,理由如下:(1)大学区制"系根据大学院制而产生,现大学院既已取消,则大学区当然根本不能存在";(2)大学区制在"江浙试验之结果,成绩不见佳,以试验尚无成绩之制度遽施于北方,是为有意贻误北方之青年";(3)"党化教育之目的,更不能容许教育行政脱离整个的政治组织之外"。④ 其次,河北省党务指导委员会反对大学区制。12 月 28 日,该委员会致电国民政府,表达不满:"北平大学区接收河北省教育厅消息传出后,群情惶惑,势如鼎沸。河北全省各级党部、各民众团体、各教育局及各学校群起反对,来敝会询问及请求转呈中央令教厅勿移交者,日数十起。"进而,该委员会向蒋介石提议:"大学区制根本取消,以永断纠纷,而绝未来无穷之患。"⑤这说明大学院的撤废,以及江浙在试行大学区制过程中出现的种种问题,给河北省政府反对大学区制留下了口实。然而,国民政府的答复是:"案经确定,自未便卒

---

① 《北平大学致国民政府电》,载中国第二历史档案馆编:《中华民国史档案资料汇编》(第五辑·第一编·教育一),南京:江苏古籍出版社,1994 年,第 53 页。

② 《北京大学学生会致国民政府电》,载中国第二历史档案馆编:《中华民国史档案资料汇编》(第五辑·第一编·教育一),南京:江苏古籍出版社,1994 年,第 54 页。

③ 《教育部致北平大学电》,载中国第二历史档案馆编:《中华民国史档案资料汇编》(第五辑·第一编·教育一),南京:江苏古籍出版社,1994 年,第 56 页。

④ 《河北省政府致国民政府电》,载中国第二历史档案馆编:《中华民国史档案资料汇编》(第五辑·第一编·教育一),南京:江苏古籍出版社,1994 年,第 50 页。

⑤ 《河北省党务指导委员会致蒋介石电》,载中国第二历史档案馆编:《中华民国史档案资料汇编》(第五辑·第一编·教育一),南京:江苏古籍出版社,1994 年,第 49 页。

予变更。"①最后,河北教育界的"排异反应"亦颇为强烈。1929 年 1 月 7 日,河北第六女师、第十师范、第十七中学、第十八中学、第十九中学等推 17 名代表赴省政府及省党部请愿,"要求保存河北省教育厅,并反对大学区制"②。

然而,各方的反对未能阻止大学区制的试行。事实上,教育部此前曾饬令河北省政府移交教育厅,并迭次催北平大学区接收河北省教育厅。在中央政府的催促下,1 月 14 日晚,河北省政府主席商震、北平特别市市长何其巩与北平大学副校长李书华接洽教育厅接收事宜。经协商决定:教育厅"十五日先由省府接收,再交北大"③。15 日,李书华派秘书处科长刘福汀赴河北省教育厅与教育厅长严智怡会面。当日下午,严智怡约北平大学区普通教育处处长何凤华赴教育厅接收。④ 但因手续上尚待商洽,当日未能顺利接收省教育厅。

其实,河北省教育厅迟迟未加入大学区亦是有多重顾虑的。具体而言,一方面是经费顾虑。河北"全省教育经费除各县小学外,省立中等以上学校向归财厅筹拨,而中等以上学校共计七十余处,每年经费约有二百四十余万,现虽由财政厅临时以筹发,但并无得款,故移交后,如何办法及应拨数均为切要问题"⑤。就此,当日晚,在河北省政府例会上,专门讨论了上述问题。经商讨,省政府允诺教育经费完全独立。另一方面是人事顾虑。河北教育厅职员如何安置? 对此,李石曾向河北省政府保证,普通教育处"事务甚繁,须用职员百余人,拟即就教厅原有人员留用"⑥。经费与人事的疑虑被打消后,接收教育厅的速度加快。1 月 17 日,河北省教育厅已完全撤销。1 月 27 日,北平大学区校长办公处改为北平大学区教育行政院,秘书处、高等教育处、普通教育处均已挂牌成立。

就教育行政院内部组织而言,秘书处下设文书、庶务、出版、会计、统计 5

---

① 《国民政府致行政院指令》,载中国第二历史档案馆编:《中华民国史档案资料汇编》(第五辑·第一编·教育一),南京:江苏古籍出版社,1994 年,第 51 页。

② 《河北学校反对大学区》,《大公报》,1929 年 1 月 8 日,第 2 版。

③ 《北大接收冀教育厅》,《民国日报》,1929 年 1 月 16 日,第 2 张第 2 版。

④ 《北平大学已接收教厅》,《大公报》,1929 年 1 月 16 日,第 2 张第 5 版。

⑤ 《教厅移交与教育经费》,《大公报》,1929 年 1 月 17 日,第 2 张第 5 版。

⑥ 《实现大学区制》,《大公报》,1928 年 1 月 18 日,第 2 张第 5 版。

组,高等教育处设留学教育等组,普通教育处下设初等教育、中等教育、社会教育3组,另设大学区督学6人。3月,教育行政院增设扩充教育处,将普通教育处下的社会教育组分出,归属于扩充教育处。

## 四、大学区试验的终止

1929年6月17日,国民党第三届中央执行委员会第二次全体会议讨论大学区制之存废问题,决议"由教育部定期停止试行大学区制"①。该消息传出后,北平大学区及中央大学区的校长纷纷电请辞职。6月19日,李石曾向国民政府呈请辞职,代理校长李书华亦致电教育部坚决辞职。李书华在辞职书中写道:"前书华迭电求去,未蒙鉴允,勉遵钧命,暂任维持。数月以来,环境恶劣,学风嚣坠,因循坐视,实增惶愧。先学制行将变更,整顿当可彻底,书华何敢以庸劣之才,再忝重任,所有教育行政院事务,已自本日起,分别准备,静候接收,用特电恳钧部,迅准解职,另简贤能,否则北方教育停顿之责,非书华所能负荷。"②由此可知,身为北平大学区代理校长的李书华已心力憔悴,急于解脱大学区纠纷。

6月20日,蒋介石电催蒋梦麟:"取消浙大、中大区,定年底废止。北大事,请与李石曾接洽。"而李石曾此时在上海,教育部长蒋梦麟亲赴沪,"表示挽留意,但李坚决辞职"③。25日,教育部去电极力挽留李书华:"副校长备著勋劳,至深佩慰,一切校务仍赖维持,切盼勉为其难,勿萌去志。"④然而,李书华辞意甚坚,28日电复教育部云:"拟自七月一日起,遵令停止,除赶紧结束外,应如何移交之处,敬乞电示。"⑤7月4日,李书华又电复教育部称:"现教育行政院事务

---

① 《国民政府停止大学区制令》,载中国第二历史档案馆编:《中华民国史档案资料汇编》(第五辑·第一编·教育一),南京:江苏古籍出版社,1994年,第57页。

② 《李书华昨电教部请辞职》,《大公报》,1929年6月20日,第2张第5版。

③ 《大学区制定年底废止》,《大公报》,1929年6月21日,第2张第5版。

④ 《北平大学区即将停止》,《大公报》,1929年6月26日,第2张第5版。

⑤ 《北平大学区七月一日停止》,《大公报》,1929年6月28日,第2张第5版。

已分别结束,听候移转,至经费收支,正造具详细报告,邮送钧部转审计院核销。"①至此,北平大学区大致已结束。

中央大学区校长张乃燕得知年底取消大学区制消息后,颇感庆幸。考虑到"在此半年间,各项计划均无法进行,教授亦无可延聘,尤以十八年度预算案未定,难于着手",故6月21日张回校后,"即嘱各处赶办结束"。②22日,张乃燕正式向教育部提交辞职书,表示急于辞去中央大学区校长及省政府委员职务,拟出洋考察研究,以遂素愿。③但教育部仍力挽张乃燕,称"中央大学区现定于本年年底停止,在未停止期内,江苏省内一切教育行政,仍责成该大学负责办理,其经费应仍照十七年度教育专款实支数支给"④。27日,张乃燕勉强返校,照旧主持一切。

此外,6月20日,蒋梦麟赴杭州结束浙江大学区,拟将该区分为两部:一是设立浙江省教育厅,以中小学校由其管理;二是仍设浙江大学,由教育部直接管理,校长一职由蒋自兼,浙江省教育厅长人选未定。到22日,浙江大学区结束事宜,已由教育部长兼浙江大学区校长蒋梦麟办理完毕。⑤

截至7月初,浙江大学区和北平大学区均告废止。中央大学区支撑残局至9月后亦即取消。综观大学区制的建构,无不饱含着中央教育决策者"教育行政独立化"和"教育行政学术化"的深刻思想。然而大学区制试行仅两年就戛然而止,究其原因,主要有如下几点。

第一,大学区制度自身存在缺陷。我国大学区制本身有诸多问题:(1)无论是大学院颁布之大学区法规,抑或是各大学区颁布的单行规章,均未规定大学区校长、副校长以及各部门人员的选任标准与程序。因此,大学区所选任各员难以服众,无形中削弱了大学区的权威性。比如,江苏教育界反对大学区的一

---

① 《北平大学区已经结束》,《大公报》,1929年7月5日,第2张第5版。
② 《张乃燕辞职呈文》,《中央日报》,1929年6月23日,第3张第1版。
③ 《张乃燕辞职呈文》,《中央日报》,1929年6月23日,第3张第1版。
④ 《教部挽留张乃燕》,《中央日报》,1929年6月27日,第3张第1版。
⑤ 《蒋梦麟返京》,《中央日报》,1929年6月23日,第3张第1版。

个原因是，"所有行政院之职官，品类庞杂、资学低陋、登庸并无标准"①。（2）大学区法定职责范围太广。举凡区内人事任免、初等教育、中等教育、高等教育、扩充教育、编制预算、经费筹措、督察教育、学术等事项，皆由校长及行政院负责管理，导致校长及行政院在履行职责过程中，难免出现顾此失彼的问题。据江苏教育界反映，"大学校长兼理全区之教育行政，而又兼省府委员及其他职务，终日簿书签署，奔走周旋，已不遑宁处，尚何暇谋教育之发展与学术之推求？即凡行政院之各职官，亦帘远堂高，劳形案牍"②，难以充分履行各项职责。

第二，大学区所辖地域范围太广。法国大学区能够顺利实施的一个重要原因是，各大学区所辖地域较为有限。但在中国的情况是，第四中山大学区管辖江苏省、南京特别市、上海特别市三地之教育事业。与之相比，北平大学区之管辖地域则更为宽泛。具体言之，其管辖地域包括河北和热河两省、天津和北平两特别市。平心而论，管理一省教育事业尚且不易，遑论统筹与协调行政地域如此宽泛的各项教育事业。显然，我国在借鉴法国大学区制度时，对试行地域范围的问题有所忽略。

第三，大学区缺乏强有力的领导层。强有力的领导层是一个组织得以生存与运作的前提，大学区亦不例外。试行阶段，大学区缺乏强有力领导层的问题颇为突出。据时任北平大学区校长办公处秘书吴范寰的回忆："校长李石曾从未到校，不是避居西山，就是溜回南京，不肯出面。李书华弄得焦头烂额，于1929年2月5日电南京称病辞职，不肯到校。秘书长成平无法应付，也电李石曾辞职，离平南去。大学委员会分会主席张继感到应付为难，于2月18日电京辞职。大学校长办公处由少数职员办例行承转公事，代领经费。各学院自身也在应付敷衍方面打主意，各自为政，勉强支撑。所谓北平大学本部实际是破碎支离，空有其名而已。"③在领导层成员相互推诿的环境中，大学区组织自然难

---

① 《中校教职会宣言继续反对大学区制》，《申报》，1929 年 4 月 10 日，第 3 张第 11 版。
② 《中校教职会宣言继续反对大学区制》，《申报》，1929 年 4 月 10 日，第 3 张第 11 版。
③ 吴范寰：《李石曾与北平大学区》，载中国人民政治协商会议全国委员会文史资料研究委员会编：《文史资料选辑》（第三十四辑），北京：文史资料出版社，1963 年，第 26 页。

以正常运作。

第四，大学区缺乏各方的认同与支持。大学区实施后，不论是地方教育界，抑或是中央政府、省政府，多不支持大学区。一是教育界反对大学区。以江苏教育界为例，反对大学区的原因是：(1)中高等教育经费分配不公。据教育界反映，"苏省教育经费在改革以前，高等教育部分占全额百分之三十，普通教育经费占百分之五十四"；而试行大学区后，"中小学经费一再削减，几于不克维持。调查大学经费，实已超过普通教育应有经费"。[①] (2)大学评议委员会委员名额分配不公。地方教育界认为，大学评议委员会委员中，大学方面独居多数，"中小学代表仅居最少人数，等于备员，一有决议，无不以少数服从多数"[②]。简言之，江苏中小学教育界反对大学区的根本原因是大学侵占了其实际利益。二是国民党中央不支持大学区。1927年大学区制能够颁行的一大原因是：是年8月蒋介石下野之后，中央政权落入桂系控制的中央特别委员会手中，该委员会对大学区制持支持的态度。然而，1928年，蒋介石重新掌握中央政权后，出于推行党化教育及统一政权的目的，绝不允许逍遥于国民党政权体系之外的大学区存在。三是地方政府反对大学区。除前文提及的河北省政府反对大学区外，江苏省政府亦极力主张取消大学区，认为其存在大学所在地与省政府分离、公文往返之转递稽延、一人一系之把持全省教育、全省教育经费比例变更致中小学教育发展受阻等弊病。[③] 在缺乏各方认同的情况下，大学区制很难继续推进。

第五，大学与教育行政部门毕竟是两种不同职能的机构。时人沈佩弦曾指出：二者"专职各异，行政机关主司行政，大学主司教学"[④]。对此，他形象地运用"生物原理"加以解释："大学与中小学均为主司运动、感觉、消化、呼吸等直接生活之机关，而行政则为调节各机关作用之神经系统。神经系统之中心，为大脑、小脑以至于脊髓，为独立之组织，与直接生活之机关不相混杂，故其调节可为中

① 《中央大学区中等学校联合会之呈文》，《教育杂志》，1928年第20卷第7期，第1页。
② 《中央大学区立中等学校联合会反对大学区制宣言》，《民意周刊》，1929年第2—4期，第63页。
③ 《江苏省政府函教育部即日取消江苏省大学区由》，《江苏党务》，1929年第10期，第5页。
④ 沈佩弦：《大学区制衡议》，《教育杂志》，1928年第20卷第11期，第3页。

正,生活可以平衡。然此仅分化进步之高等动物者有之,至低等动物如水母等,则所有神经皆散布于直接生活之机关,而无特殊之部分。……由是知生物进化之途径,组织之分化实为主要特征,而调节机关之离直接生活机关以独立者,尤为最进化之状态。生物之进化如此,社会亦何独不然?社会事业中之教育有岂独能置诸例外?"①易言之,让"直接生活之机关"的大学,同时发挥作为"神经系统"的行政的调节作用,实则打乱了二者的原有职能。

总之,江苏、浙江、北平大学区的建立与运作,是蔡元培"大学管理省域教育"梦想落地的一次大胆尝试。然而,在当时,受大学区制度自身缺陷、大学区所辖范围太广、大学区缺乏强有力领导层、大学区缺乏各方认同与支持、大学与行政部门职能本不相同等复杂因素的制约,大学区试验便戛然而止。

---

① 沈佩弦:《大学区制衡议》,《教育杂志》,1928 年第 20 卷第 11 期,第 3 页。

# 第五节 由大学区到教育厅

在"省域教育行政组织学术化""省域教育科学化"等努力遭到重创的境遇下，省级教育行政组织到底该何去何从？各方是如何破解省级教育行政建制问题的？其间，各方又遭遇了怎样的困惑？考察这些问题，有助于深入认识这一时期省级教育行政改制的复杂性。

## 一、教育厅的恢复

1929 年 6 月，中央政府决定定期废止大学区制后，教育部①就已着手筹备浙江、江苏、河北、热河等省教育厅的重建事宜。其中首要一点是教育厅长的选任。换言之，教育厅长能否选出将直接决定省教育厅能否顺利成立。就此，6 月 25 日，蒋梦麟在行政会议上提出："请政治会议任命陈布雷为浙江教厅长兼省府委员，沈尹默兼河北教厅长，李元箸兼热河教厅长。"②蒋氏推荐陈布雷出任浙江省教育厅长的原因是，蒋氏原拟请马叙伦出掌浙江省教育厅长，但马极力推辞，称"如调任浙教厅长，彼非但不就，且当辞去教次"③。因而，蒋与浙江省主席张静江相商，由陈布雷任浙江省教育厅长。据陈布雷回忆称："张静江先生提请以余任浙江省教育厅长。"④7 月 1 日，国民政府任命陈布雷为浙江省教育厅长。4 日，国民政府任命沈尹默为河北省教育厅长。不久，国民政府任命张翼廷为热河省教育厅长。

---

① 1928 年 8 月，大学院废除，教育部成立。
② 《蒋梦麟推荐三厅长》，《中央日报》，1929 年 6 月 26 日，第 3 张第 1 版。
③ 《蒋梦麟今日夜车赴平》，《中央日报》，1929 年 6 月 27 日，第 3 张第 1 版。
④ 陈布雷著：《陈布雷回忆录》，北京：东方出版社，2009 年，第 122 页。

国民政府任命教育厅长后,大学区与教育厅的交接工作方有进展。7月28日,陈布雷赴杭州,着手组织教育厅。7月31日,陈布雷即向省务会议提出关于教育厅筹设事宜。经议决:教育厅定于8月10日成立;以平海路原省教育会旧址为教育厅办公地点;浙大移交案卷等事须俟教厅成立后方能接收;教育厅拟设总务、普通教育、初等教育、高等教育等四科。[①] 8月9日,陈布雷派员接收了浙江大学区行政处各科案卷。此外,教育厅各科科长、科员、事务员、书记等职员名单,已提前由陈布雷派定。[②] 经陈布雷连日筹备,10日,浙江省教育厅如期成立。

沈尹默于国府任命令发表后,迭与河北省政府主席商震接洽教育厅筹备事宜。对于教育厅的人事安排,沈氏主张:"除秘书及庶务会计遴选向来随同办事之人外,其他各科科长以下职员均当本人才主义任用,就学识、经验双方并重。"[③]依上述主张,沈尹默对教育厅四科科长、科员、秘书,以及省视学等人员作了安排。7月28日,河北省教育厅筹备处成立。29日,筹备处正式办公。当日,沈尹默派李毓琦、潘厚仲、陈中平、李楚涵等四人,赴北平大学区办公处办理接收手续,并检定所有文件卷宗。至此,北平大学区与河北省教育厅的交接工作方告完竣。

此外,张翼廷出任热河省教育厅长后,裁撤北平大学区教育行政院热河分院,并筹备教育厅重建事宜。经积极准备,热河省教育厅也于7月底宣告成立。

与浙江、河北、热河三省教育厅顺利恢复的情况不同,江苏省教育厅的设立颇为曲折。首先制约江苏省教育厅重建的一大难题是教育厅长人选"难产"。中央大学区即将取消的消息一经传出,教育厅长人选顿成江苏各界关注的焦点。地方教育界认为:"江苏教育厅长之人选,关系苏省教育前途甚巨。"[④]1929年7月15日,中央大学区立中等学校联合会开会,议决江苏教育厅长人选的三条标准:(1)深明党义,人格高尚,身体健全,并对于教育有深切研究,而又能专

---

① 《浙教厅长陈布雷来杭》,《中央日报》,1929年8月2日,第3张第1版。
② 《浙教厅长陈布雷之谈话》,《申报》,1929年8月9日,第3张第12版。
③ 《河北教厅长沈尹默对于河北教育意见》,《大公报》,1929年7月12日,第2张第5版。
④ 《苏教厅将成立前之师生请愿》,《申报》,1929年7月18日,第3张第10版。

职者;(2)对于教育积极努力,确有成绩者;(3)深悉最近江苏教育情形者。[①]次日,中央大学区立中等学校联合会赴行政院、中央党部、教育部等部门,呈教育厅长人选标准的意见,行政院、中央党部等有关负责人"允代达一切"[②]。事实上,行政院、中央党部的答复,不过是权宜之计。19 日,据教育部称:"苏省教厅长人选,须俟中大经费会议之后,始可讨论。因经费不定,任何事业均不能办。"[③]然而,中央大学经费的解决并非易事,因为症结在于,中央大学区撤销后其经费由江苏省负担还是由中央负担。对此,利益相关者各执己见,分歧较大。比如,江苏地方教育机关表示,"两年来省教育事业,因大学当局垄断经费而受摧残",并强调"中央不应就苏省教费内,割肉补疮,危害党国基础教育"。[④] 中央大学各学院院长联名呈请教育部,指定江苏省屠宰税、牙贴税为中央大学经费。[⑤] 此外,教育部与财政部、江苏省政府三方就此项经费解决办法亦未达成共识。25 日,教育部、财政部、江苏省政府三方商讨中央大学经费的会议虽在教育部举行,但会议"所议各点,均属悬案,尚须继续开会讨论,方能决定"[⑥]。因而,中央大学经费问题一拖再拖。

中央大学经费问题既解决无望,有必要提早选出江苏省教育厅长,以免窒碍江苏教育事业发展。事实上,江苏教育界自中大学潮发生以来,不愿以身尝试,心存观望。在教育厅长人选问题上,他们虽提出了种种标准,但表示教育厅长只要"大致不差,总可接任,藉此平息学潮"[⑦]。与此同时,教育部已被中大经费问题弄得精疲力竭,"请愿团日必数起,教育部应接不暇"[⑧]。因此,教育部为避免引起纠纷,表示"绝不提出任何人"[⑨]。既然江苏教育界与教育部均想站在局外人的立场,故教育厅长只好由中央政府负责选任。8 月 14 日,中央执行委

① 《中校长议决人选标准》,《申报》,1929 年 7 月 16 日,第 3 张第 11 版。

② 《苏教厅将成立前之师生请愿》,《申报》,1929 年 7 月 18 日,第 3 张第 10 版。

③ 《苏教长难定》,《申报》,1929 年 7 月 20 日,第 3 张第 11 版。

④ 《江苏省教育机关为省教育费严重宣言》,《中央日报》,1929 年 7 月 25 日,第 3 张第 1 版。

⑤ 《中大师生为经费呼声》,《中央日报》,1929 年 7 月 28 日,第 3 张第 1 版。

⑥ 《中大经费之又一消息》,《中央日报》,1929 年 7 月 26 日,第 3 张第 1 版。

⑦ 《江苏教厅长缓定之原因》,《申报》,1929 年 8 月 4 日,第 3 张第 12 版。

⑧ 《风潮汹涌之教育界》,《中央日报》,1929 年 7 月 31 日,第 3 张第 1 版。

⑨ 《江苏教育界的难题》,《中央日报》,1929 年 8 月 1 日,第 3 张第 1 版。

员会政治会议议决陈和铣兼代江苏省教育厅长。可以说,教育厅长问题的解决,才使中央大学区接收,乃至江苏省教育厅成立等工作得以启动。9 月 3 日,中央大学区行政院由省政府接收完毕。[①] 9 月 13 日,陈和铣宣誓就职,并宣告江苏省教育厅正式成立。

至此,浙江、河北、热河、江苏各省教育厅相继重建。这段艰辛的历程说明:大学区在推行"以党治国"及"党化教育"的时期是行不通的;省级教育行政建制无法脱离政治而"独善其身";各省唯有重建教育厅,使其纳入全国统一的省级政权系统,才能赢得中央与地方的"合法性"地位认可。

## 二、教育厅组织结构

1929 年后,各省均设立了教育厅。就教育厅组织而言,各省教育厅内部组织时有变更。其变更概况,见表 1-6。

表 1-6　1929—1937 年 10 省教育厅组织概况

| 省份 | 改组时间 | 改组情况 |
| --- | --- | --- |
| 河北 | 1929 年 7 月 | 隶属省政府;置教育厅长 1 人,下设第一、二、三、四科,各科分管高等及中等教育、初等教育、社会教育、总务等事项,各科设 2 股,各科科长 1 人,科员若干人,并设秘书处、督学处和编审处,分别设秘书 3 人,督学 4～8 人,编审若干人,另设技正 1 人,视察员、技士、办事员、雇员各若干人;先后设立各种设计委员会、诉讼案件审议委员会、童子军教育推行委员会、体育委员会、军训委员会、通俗书画编审委员会,以及各种临时委员会等 |
| 江西 | 1929 年 10 月 | 隶属省政府;置教育厅长 1 人,秘书若干人,下设第一、二、三、四科,各科分管总务、专门、普通、社会教育等事项,各科科长 1 人,科员若干人,办事员若干人,另设秘书室、督学室、编译处,秘书、督学、编译员各若干人;附设教育基金保管委员会、义务教育委员会、教育行政讨论委员会、民众补习教育委员会、通俗演讲所、体育委员会、教员检定委员会、课程编制委员会等 |

---

① 《苏省府接收中大行政院完毕》,《申报》,1929 年 9 月 5 日,第 5 张第 17 版。

续　表

| 省份 | 改组时间 | 改组情况 |
|---|---|---|
| 江西 | 1932 年 1 月 | 秘书室除设秘书 3 人外，增设科员 6 人；4 个科，办事员增至 14 人，各科科员分别增至 9 人、9 人、6 人、7 人；第一科内设收发、庶务、会计、鉴印等处室，各设科员 1 人，通讯员 1 人；督学室省督学增至 10 人；编译处改称江西省书报编辑处，设处长 1 人，下设 3 股，每股设主任 1 人，编译员 6 人，统计员 1 人，绘图员 1 人，办事员 2 人；增设江西教育经费管理处，内设主任 1 人，会计、出纳、监收、文书等 6 人；添设省会小学区管理委员会等 |
| | 1932 年 9 月 | 裁撤第四科 |
| | 1934 年 12 月 | 撤销督学室，但设省督学 4 人，指导员 5 人；添设推行音乐教育委员会 |
| | 1936 年 12 月 | 省督学减至 3 人；添设图书指导员、收音指导员各 1 人；增设特教股，内置股长 1 人，视导员 6 人，股员 5 人，书记 3 人 |
| 江苏 | 1929 年 9 月 | 隶属省政府；置教育厅长 1 人，下设第一、二、三、四、五科，各科置 2 股、3 股、2 股、3 股、4 股，分别主管高等教育及留学教育、中等教育、社会教育、教育经费预决算、总务等事项，各科科长 1 人，科员若干人，并设秘书 3 人，省督学 4～8 人，编审、技正、技士、雇员各若干人；附设义务教育委员会、小学教员检定委员会、识字运动宣传委员会等 |
| | 1932 年 1 月 | 增设秘书室、督学室、编审室等；添设教育林委员会、教育法规审查委员会等 |
| 安徽 | 1929 年 1 月 | 隶属省政府；置教育厅长 1 人，下设第一、二、三科，各科科长 1 人，科员若干人；设秘书 1～3 人，省督学 3～5 人；设编译处主任 1 人，编辑 2～4 人；附设义务教育委员会等 |
| | 1929 年 7 月 | 增设第 4 科，分管社会教育事项；省督学增至 6 人；添设省会小学管理处 |
| | 1930 年 3 月 | 增设秘书室，秘书增至 6 人；增设督学室；增设缮写室，事务员 1 人，录事 12 人 |
| | 1931 年 3 月 | 秘书室设秘书 4 人，秘书处分第一、二、三股，第一股设主任 1 人，科员 5 人，秘书处设科员 9 人，事务员 3 人，录事 22 人，第二股设主任 1 人、科员 2 人，第三股设主任 1 人，科员 2 人；4 科各分 4 股、2 股、2 股、2 股，各股设主任 1 人，科员、事务员若干人；设工程技师室 |

续　表

| 省份 | 改组时间 | 改组情况 |
|---|---|---|
| 安徽 | 1933 年 5 月 | 裁撤第四科;第一、二、三科分设 3 股、2 股、2 股,每股设主任 1 人,每科科员分别为 5 人、11 人、7 人,各科设事务员、录事若干人;秘书室改称秘书处,置秘书 3 人,委任秘书 2 人,秘书处分 1 股,设主任 1 人、科员 5 人、录事 6 人;附设学产整理处;增设技士室,学校建筑技士 1 人、录事 1 人;另设省会小学指导主任、体育指导员、工艺美术指导员各 1 人;缮写室仅设录事 9 人;废工程技师室 |
| | 1934 年 11 月 | 增设收发室,设主任 1 人;督学减至 4 人;增设教育经费委员会、特种教育处 |
| 山东 | 1929 年 10 月 | 隶属省政府;置教育厅长 1 人,下设第一、二、三科,分别主管高等教育、普通教育、社会教育等事项,各科科长 1 人,科员若干人,并设秘书处秘书 1 人,省督学若干人;附设稽核委员会、周报处、月刊处等 |
| | 1930 年 5 月 | 添设秘书室、督学室、指导室、编译处;秘书室设秘书主任 1 人、秘书 4 人、科员 9 人、事务员 4 人,督学室设省督学 8 人,指导室设指导员 6 人,编译处设编译主任 1 人、干事 1 人、事务员 1 人;增设教育经费稽核委员会、检定小学教员委员会、义务教育委员会、中学及师范学校学生毕业会考委员会等 |
| 广东 | 1928 年 7 月 | 隶属省政府;置教育厅长 1 人,下设第一、二科,各科分管总务、学校教育等事项;各科分若干股,每科科长 1 人,科员若干人,并设秘书处、督学处、总务处,分设主任秘书 1 人及秘书 2 人,省督学 8 人,总务主任 1 人,另设事务员、雇员若干人 |
| | 1931 年 4 月 | 废总务处,改为第一科;教育厅下设第一、二、三、四科,分管总务、初高等及留学教育、中等教育、社会教育等事项;各科科长 1 人,科员若干人,并设秘书处、督学处,分设主任秘书 1 人及秘书 2 人,省督学 8 人,另设雇员若干人 |
| | 1935 年 12 月 | 教育厅增设第五科,分管中高等教育 |
| 广西 | 1929 年 7 月 | 隶属省政府;设教育厅,置教育厅长 1 人,秘书 3 人,下设第一、二、三、四科;各科科长 1 人,科员、省导学、编译员、助理员各若干人 |
| | 1930 年 1 月 | 改设教育科,隶属政务处,设教育科长 1 人 |
| | 1931 年 3 月 | 改设教育处,隶属善后督办公署,设处长 1 人,秘书 1~2 人,下设第一、二、三科;各科科长 1 人,科员、办事员各若干人,另设省督学若干人 |

续　表

| 省份 | 改组时间 | 改组情况 |
|---|---|---|
| 广西 | 1931 年 7 月 | 恢复教育厅，置教育厅长 1 人，秘书处秘书 3 人，省督学 8 人，技士 1 人；下设第一、二、三、四科，各科分管总务、中小学教育、高等教育、统计等事项；各科分 6 股、5 股、6 股、3 股，每科科长 1 人，科员分别有 12 人、8 人、7 人、7 人，另设办事员 8 人；附设教育设计委员会 |
| | 1932 年 3 月 | 教育厅 5 科改为 3 科，每科分 2 股、2 股、1 股，各科科员分别为 14 人、6 人、6 人，办事员分别为 6 人、1 人、1 人，省督学减至 4 人 |
| | 1933 年 5 月 | 教育厅 3 科改为 4 科，省督学增至 6 人；添设分科视察员 6 人；取消教育设计委员会 |
| | 1934 年 8 月 | 省政府合署办公，教育厅 4 科改为 3 科；秘书室除秘书 3 人外，设 2 股，每股主任科员 1 人、科员 1 人、办事员 1 人、雇员 2 人；添设导学室，内置专科视察员 7 人、省督学 2 人，技士、科员各 1 人，办事员、雇员各 2 人；添设编审室，内置编审 5 人、科员 2 人、办事员 1 人、雇员 3 人；增设中学师范毕业会考委员会 |
| | 1936 年 10 月 | 添设第四科 |
| 察哈尔 | 1928 年 12 月 | 隶属省政府；置教育厅长 1 人，设秘书室（内设秘书主任 1 人，秘书 2 人，科员、办事员 3 人）、督学室（内设督学 2 人，科员 1 人）；下设第一、二、三、四科，每科科长 1 人、科员 3 人，办事员、雇员共 10 人 |
| | 1935 年 10 月 | 秘书室增设秘书 2 人，取消科员，办事员仅 1 人；督学室改设督学主任、督学各 1 人；4 科改为 3 科，第一科科长 1 人、科员 1 人、办事员 2 人，第二科科长、科员、办事员各 1 人，第三科科长、科员、办事员各 1 人；添设书记室，内置书记长 1 人、书记 5 人；增设蒙旗教育促进委员会、义务教育委员会等 |
| | 1937 年 1 月 | 添设义务教育视导员 4 人 |
| 甘肃 | 1929 年 5 月 | 隶属省政府；置教育厅长 1 人，下设第一、二科，各科分管总务、学务等事项，共设 8 股，各科科长 1 人，科员若干人，并设秘书 2 人，省督学 4 人；设编审委员会等 |
| | 1931 年 9 月 | 增设第三科，主管社会教育事项，置科长 1 人、主任 2 人、科员 3 人 |

续 表

| 省份 | 改组时间 | 改组情况 |
|---|---|---|
| 甘肃 | 1932 年 5 月 | 3 科各科置 4 股、2 股、2 股,科员共 15 人;添设主任科员 8 人、办事员 7 人、秘书 1 人、书记 20 人;增设秘书室;增设义务教育委员会、检定小学教员委员会、民众教育委员会、体育委员会、健康教育委员会、中学师范教育研究会、初等教育研究会、电影检查委员会、儿童年实施委员会、中小学学生升学及职业指导委员会等 |
| | 1934 年 10 月 | 第一科添设统计股,设主任 1 人、科员 1 人;增设省体育督学 2 人 |
| 宁夏 | 1929 年 11 月 | 隶属省政府;置教育厅长 1 人,秘书处秘书主任、秘书各 1 人;下设第一、二科,第一科管理总务,第二科设学校教育、社会教育、编审 3 股;每科科长 1 人,科员、办事员、书记若干人;未设省督学 |
| | 1933 年 3 月 | 添设导学室,内设省督学 1 人;增设办事员、书记、练习员若干人 |
| | 1935 年 3 月 | 增设秘书 1 人、省督学 2 人、小学巡回指导员 2 人;添设第三科(第二科职能随之变化,第二科主管中等教育和社会教育),分管小学教育与编审等事项;增设小学教员轮流讲习所、暑期训练团等 |

资料来源:河北省教育厅编:《河北省教育概况》,天津:河北省教育厅,1935 年,第 12—16 页;甘肃教育厅编审委员会编:《甘肃教育概览》,兰州:甘肃省教育厅编审委员会,1936 年,第 1—2 页;江西省政府秘书处编:《江西省政府职员录》,南昌:江西省政府秘书处,1934 年,第 25—29 页;江西省政府秘书处编:《江西省政府职员录》,南昌:江西省政府秘书处,1936 年,第 27—31 页;《江苏教育厅制组织法》,《中央日报》,1929 年 9 月 15 日,第 3 张第 4 版;江苏教育厅编审室编:《江苏教育概览》,镇江:江苏省教育厅第五科,1932 年,第 2—6 页;《安徽省政府教育厅职员录》,安徽省政府教育厅编译处编:《一年来之安徽教育》,安庆:安徽省政府教育厅编译处,1930 年,第 1—14 页;《本厅职员一览》,载安徽省政府教育厅编:《民国十九年之安徽教育》,安庆:安徽省政府教育厅,1931 年,第 293—309 页;安徽省政府秘书处编:《安徽省政府职员录》,安庆:安徽省政府秘书处,1933 年,第 29—33 页;安徽省政府秘书处编:《安徽省政府职员录》,安庆:安徽省政府秘书处,1934 年,第 27—36 页;陆兴焕编:《山东省政府教育厅第一次工作报告》,海口:海南书局,1929 年,第 1 页;山东省政府秘书处编:《山东省行政各机关职员录》,济南:山东省政府秘书处,1935 年,第 37—42 页;广东省政府教育厅编辑股编:《民国以来广东教育行政制度沿革史》,广州:广东省政府教育厅庶务股,1931 年,第 13—14 页;《广西省政府教育厅各科分股设置职员及分配职务表》,《广西教育行政月刊》,1931 年第 1 卷第 1 期,第 63—67 页;广西省政府秘书处编:《广西省政府所属各机关职员录》,南宁:广西省政府秘书处,1932 年,第 19—22 页;广西省政府总务处编:《广西省政府职员录》,南宁:广西省政府总务处,1934 年,第 46—54 页;教育部教育年鉴编纂委员会编:《第二次中国教育年鉴》,上海:商务印书馆,1948 年,第 140 页;察哈尔省教育厅编:《察哈尔省教育厅职员录》,张家口:察哈尔省教育厅,1935 年,第 1—5 页;宁夏省政府教育厅编:《宁夏省教育概况》,银川:宁夏省政府教育厅,1940 年,第 5—7 页。

由表 1-6 可以看出：

首先，教育厅隶属关系实现统一。这一时期，省教育厅均隶属于各省省政府，改变了以往省级教育行政部门隶属关系混乱、地位不稳定的状况。

其次，教育厅内部职能部门逐渐统一。从这一时期各省教育厅科室名称来看，大多命名为秘书室、督学室、编审室（编译处）、第一科、第二科、第三科等。教育厅科室处的统一，有利于教育部与省政府统一管理教育厅，也为省级教育行政效率的提升奠定了组织基础。

再次，教育厅主体机构不断完善。其表现有二：一是教育厅科室逐渐增多。比如甘肃省，1927 年 8 月始设教育厅时，仅设有 2 科；1931 年 9 月后，添设第三科，分管全省社会教育；1932 年 5 月，专设秘书室。二是科室内部组织逐步细化。比如安徽省，1931 年前，教育厅均未细分秘书室、4 科等科室；1931 年后，秘书室分 3 股办理，4 科各分 4 股、2 股、2 股、2 股办理。

最后，教育厅附属机构不断增多。这些附属机构中，一是就其性质而论，有的属于研究性质，如甘肃省教育厅之中学师范教育研究会与初等教育研究会；有的属于审议性质，如江苏省教育厅之教育法规审查委员会等。二是就其存续时间而言，有的属于常设机构，如检定小学教员委员会、教育经费稽核委员会等；有的属于临设机构，如特种教育处、小学教员轮流讲习所、暑期训练团等。三是就其设立主体而言，有的是教育部明令各省设立的，如义务教育委员会、毕业会考委员会等；有的是教育厅根据地方实际情况创建的，如江苏省教育厅下的教育林委员会、察哈尔教育厅下的蒙旗教育促进委员会等。简言之，多元附属机构的设立，适应了不同省份教育发展的需求，从而有利于推进省级教育行政决策民主化、科学化，也有助于推动地方教育事业的有序开展。

总体来看，这一时期，为适应省域教育改革发展需求，各省教育厅职能增多、规模较大。以山东省为例，至 1932 年，该省教育厅形成“三室三科一处五会”的组织架构（见图 1-9）。

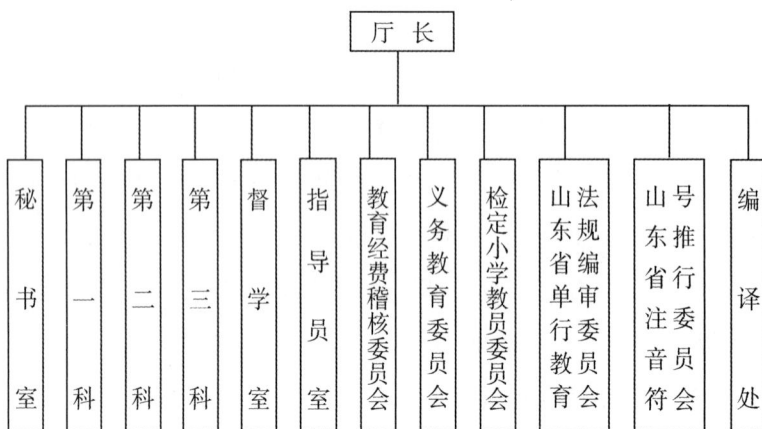

**图 1-9　山东省教育厅组织（1932 年）**

图片来源：山东省教育厅：《山东省政府教育厅第二次工作报告》，

济南：山东省教育厅，1932 年，第 1 页。

# 第六节 教育厅的调整

全面抗战爆发后,国民政府提出"战时须作平时看"的教育总方针。在这一方针的指引下,各省省级教育行政部门在保持稳定的同时,也进行了相应的调整,以适应战时教育发展的特殊需要。

## 一、全面抗战时期的省教育厅

1937 年后,全国各省教育厅并非像一些学者所说的那样,随着局势恶化,缩减为省政务厅下设的教育科。恰恰相反,这一时期,各省教育厅一如既往地维持着基本运作,只是因时、因地调整了内部组织结构(见表 1-7、表 1-8)。

由表 1-7、表 1-8 可知,全面抗战时期,除 1945 年江苏和山东两省因实施战区党政军一元制而将教育厅暂缩为政务厅下的一科或数科外,其余绝大多数时间,全国各省均设有教育厅。较之以往,该时期各省教育厅具有以下特点。

一是组织规模扩大。全面抗战初期,受战争影响,一些战区省份的教育厅组织规模有所缩减,如广东省教育厅的 5 科缩减为 4 科(见图 1-10)。但从全国范围来看,全面抗战以来,应中央要求及省域教育发展需求,大多数省份逐渐设立了秘书室、督学室(或视导室)、会计室、统计室、编审室、第一科、第二科、第三科、第四科等,并设有委员会、研究会、编印机关等。总体来讲,这一时期,各省教育厅的组织规模较以往有了一定扩充。

### 表 1-7　全面抗战时期各省教育厅组织结构变化概况

| 省份 | 组织结构变化 |
|---|---|
| 江苏 | 1937 年 11 月,职员大部分疏散,主任秘书陈天鸥代行厅长职务;<br>1938 年,设秘书室、第一科(掌教育经费)、第二科(掌地方教育行政及初等教育)、第三科(掌中等教育),嗣并第三科于第二科;<br>1939 年 1 月,增督学室和编审室,设驻沪办事处以督导迁沪复课之公私立学校;<br>1940 年 1 月,增设第三科,各科重新分配职能——第一科掌高等教育及中等教育,第二科掌初等教育、社会教育及地方教育行政,第三科掌教育经费,督学、编审员额亦均增加,并于重庆设立驻渝通讯处,掌后方联络事宜,另组织甄用各县教育行政人员考询委员会、图书馆委员会;<br>1940 年 9 月,遵照教育部令增设战区教育指导股,并于沦陷区县份设置教育联络员,隶属于战区教育指导股;<br>1941 年 3 月,增设战地教育委员会、国民教育辅导团,并分设泰东办事处、屯溪办事处,就近督导泰东及苏南各校,裁撤编审室,另于上海设抗战补充教材及民众读物编印委员会;<br>1945 年 2 月,省政府改组,实行战区党政军一元制,改设总务、政务、军事 3 厅,合署办公,教育厅并入政务厅,改设第四科,负责全省教育行政,内置科长 1 人、科员 6 人、督学 4 人、编审 2 人,另于江南行署政务处和淮南行署政务处各设教育科,就近办理各该区内教育行政事宜;<br>1945 年 8 月,江南、淮南两行署及其他临时设置之通讯处、办事处先后裁撤;<br>1945 年 12 月,奉令恢复省教育厅 |
| 浙江 | 1944 年前,设 6 室 4 科,秘书室总核文稿及办理机要事件,第一科掌高等及中等教育,第二科掌社会教育和地方教育行政,第三科掌师范教育和国民教育,第四科办理总务,督学室办理视导教育工作,会计室办理岁计和会计,技术室办理学校建筑修葺,人事室办理人事行政,统计室办理统计,另设电化教育辅导处以推进电化教育;<br>1944 年,撤人事室和统计室,增第五科,共 4 室 5 科,秘书室总核文稿、掌理人事及统计、办理机要事件,第一科办理高等、中等、师范教育,第二科办理地方教育行政,第三科办理社会教育,第四科办理国民教育,第五科办理总务,督学、会计、技术三室职责不变;<br>1945 年 5 月起,因经费和人员紧缩,撤第五科,故教育厅并为 4 室 4 科 |

| 省份 | 组织结构变化 |
|---|---|
| 安徽 | 1938年春,日寇临侵皖,教育几乎全部停顿,厅内组织大加紧缩,义务教育委员会、卫生教育委员会及学产管理处尽行裁撤;<br>1939年,战局渐稳,积极规复较安全地带的各级学校,政务因复增加,除充实各科室及各处会员员额外,并遵照中央规定设立会计室,办理各种经常费及临时费之审计,另设教材编审委员会编印各级学校战时课本;<br>1942年,省级财政归中央财政,故取消省教育经费管理处;<br>1943年,奉令将特种教育并入社会教育办理,复将特种教育股撤销;<br>1944年,编审委员会缩改为编审室;<br>1944年秋,增设经费稽核委员会,恢复省有学产整理委员会 |
| 江西 | 1938年2月,实行各科分股,第一、第二科各设2股,第三科设3股,原义教股改称第一股,各股设股长;<br>1938年9月,设立督导室,以省督学1人,兼主任,负督导规划职责;<br>1940年2月,第三科主管的社会教育划出,另设第四科,每科设2股;<br>1941年2月,以中等学校数量激增,设省督学2人;<br>1942年8月,依照行政三联制实行分属负责,设置秘书主任为幕僚长;<br>1943年,增设第五科,分3股,掌文书、人事与事务管理,并增设会计室主管岁计、会计,又增省督学2人;<br>1944年,复设统计室,主管教育统计,并将各科职掌重新调整:第一科掌高等教育及职业教育,第二科掌中等教育及师范教育,第三科掌国民教育及县市教育经费,第四科掌社会教育,第五科掌省教育文化经费、文书、人事与事务管理,第一、第二科各设2股,第三、第四科各设3股,第五科设4股,所有义教视导员、社教督导员、指导员一律改称视导员 |
| 湖北 | 1937年9月,设第四科,掌社会教育行政事宜;<br>1939年3月,成立会计室;<br>1941年,将师范教育由第二科划归第三科主管,以期与国民教育配合;<br>1942年,将第一科文书股划归秘书室,另设《国教月刊》编辑处及编译馆;<br>1943年,奉令紧缩编制,裁撤编译馆 |
| 湖南 | 1938年6月,呈准增设一科;<br>1938年9月,实施主计制度,遵令增设会计室;<br>1942年5月,遵令增设统计室;<br>1943年1月,增设督导室;此时教育厅共有4科4室:第一科掌经费、建筑设备、文书、出纳、事务,第二科掌市县教育行政、国民教育、小学校长和教员登记考核检定、审核督导报告,第三科掌中学、师范、职业教育及中学教员检定、军训、童训及毕业会考,第四科掌高等教育、社会教育、考选行政;秘书室掌机要、编纂、人事、交际,会计室掌岁计会计,统计室掌统计事宜,督导室掌督导事宜,此外设有各种委员会 |

续　表

| 省份 | 组织结构变化 |
|------|------------|
| 四川 | 1937年,设考检联合办事处,办理各种考试及中小学教员检定事宜;<br>1938年,设电化教育服务处办理全省电影教育及播音教育事宜,设卫生教育委员会办理全省卫生教育事宜,因战区学生来川日众,设立战区员生登记处;<br>1939年,奉令设立会计室;<br>1939年2月,秘书室增设人事股;<br>1940年3月,川省实施新县制,推行国民教育,政务增繁,故增设第四科,裁撤卫生教育督导队和电化教育服务处,并入第四科,裁撤考检联合办事处,并入督学室,第三科增设国民教育股,专司全省国民教育事宜;<br>1942年,增设统计室,原设督学室的考检股另成立考检室;<br>1945年,人事股扩为人事室 |
| 西康 | 1939年1月,建省完成,始设省教育厅,当时组织简单,人员甚少;<br>1941年,奉令实施新县制,故教育厅长下设秘书室、统计室、会计室、督导室及第一、二、三科,另设小学教员检定委员会、国民教育研究会、国民体育委员会、教材编纂委员会、社会教育工作团、边疆教育委员会 |
| 福建 | 1939年2月,增设编译委员会;<br>1940年1月,增设会计室;<br>1941年5月,增设统计室;<br>1942年3月,增设视导室;<br>1943年5月,增设人事管理员室;<br>1944年5月,人事管理员室改称人事室;当时厅设3科6室,即第一科(分3股,掌地方教育行政、国民教育、幼稚及特殊教育)、第二科(分3股,掌中学教育、师范教育、职业教育)、第三科(分3股,掌社会教育、电化教育、高等教育)及秘书、会计室、督学室、人事室、统计室、研究室;另设各种委员会 |
| 云南 | 省教育厅组织变化较小;厅内分为5室(秘书室、督导室、会计室、统计室、人事室)4科(第一科掌总务,第二科掌中等教育,第三科掌国民教育,第四科掌社会教育),另设款产管理委员会等 |
| 贵州 | 省教育厅组织变化较小;教育厅下设秘书室、督导室、会计室、人事管理员及第一、二、三科,各科及会计室分股办理;附设中学教员检定委员会、国民学校教员检定委员会、社会教育机构工作人员检定委员会、专门教育委员会等 |
| 广东 | 1939年1月起,因省政府合署办公,原有5科缩编为4科,第五科军训事项并入第四科办理;<br>1940年4月,增统计股,综理调查统计事宜;<br>1942年9月,统计股扩为统计室;<br>1944年,增设人事室 |

续　表

| 省份 | 组织结构变化 |
|---|---|
| 广西 | 1944 年 9 月前,省教育厅设 4 科、编审室及导学室;<br>1944 年 9 月后,敌侵湘桂,教育厅几经迁址,但仍设 4 科、秘书室、导学室、会计室、电化教育辅导处 |
| 河北 | 1937 年 7 月后,河北沦陷,省教育厅几经迁移;每次迁移,厅内职员多自请遣散;<br>1938 年 6 月,省政府改组时,教育厅剩余 5 人;改组后,教育厅调整为 2 科,第一科掌总务,第二科掌行政,另设主任秘书、秘书各 1 人;<br>1940 年 4 月,省政府改组,教育厅设科长 3 人,科员 10 人,办事员 4 人,雇员 8 人,另设秘书室(设主任秘书 1 人、秘书 2 人)和督学室(督学 2 人) |
| 河南 | 该时期,省教育厅组织为 5 室(秘书室、视导室、会计室、人事室、统计室)4 科(第一科掌省县教育经费,第二科掌中等教育,第三科掌国民教育,第四科掌社会教育) |
| 山东 | 1937 年 7 月至 1939 年 2 月,省教育厅迁移不定,职员极少;<br>1939 年 2 月,教育厅暂设 3 股,第一股掌总务事项,包括会计、庶务、文书,第二股掌各级学校教育事项,第三股掌各县市教育行政及教育经费事项,另有省督学及视察员各 2 人;<br>1940 年 1 月至 1941 年 12 月,教育厅业务渐增,设秘书室、第一科、第二科、第三科及战区教育指导股,其中第一科掌高中等教育及青年救济事项,第二科掌各区县市教育行政及教育经费事项,第三科掌社会教育、小学教育及国民教育事项,战区教育指导股办理该省战时特殊义务教育事项;<br>1942 年 1 月至 1935 年 2 月,教育厅设 3 室(秘书室、会计室、督学室)3 科(第一科掌总务,包括文书、庶务、出纳事项,第二科掌高等、中等教育及青年救济事项,第三科掌国民教育、社会教育、各区县市教育行政与教育经费事宜),战区教育指导股奉教育部令改为战区教育会,仍办理特殊义务教育事项;<br>1945 年 2 月至 1945 年 12 月,省府奉中央命令改组为总务、政务、军事 3 厅,教育、民政、建设 3 厅并入政务厅,改设 4 室 7 科,其中,第三科掌高等和中等教育、青年救济及特殊义务教育事项,第四科掌各区县市教育行政、教育经费、国民教育及社会教育事项,教育视导划归省府视察处办理;<br>1946 年 1 月,省教育厅复员 |
| 陕西 | 1937 年 7 月时,省教育厅组织为秘书室、会计室、统计室、人事股、第一科(掌总务)、第二科(掌中等教育)、第三科(掌初等教育)、第四科(掌社会教育)、省督学、教育指导员;<br>1937 年 7 月后,教育厅成立特种教育处办理战时教育,并设战区教师及学生处办理介绍教师工作和学生借读事宜,又成立小学教师服务团 |

续　表

| 省份 | 组织结构变化 |
|---|---|
| 甘肃 | 1937年,增设省督学2人,义务教育视察员4人;<br>1938年1月,增设第四科,掌边疆教育,并于督学室设主任1人;<br>1938年11月,调整各科工作,第一科掌中等以上教育,第二科掌地方教育行政及初等教育,第三科掌社会教育,第四科掌边疆教育,总务归秘书室办理;<br>1939年10月,会计股扩为会计室;<br>1940年1月,编审委员会改为编审室;<br>1942年6月,平凉设特种教育办事处,专办陇东各县特种教育 |
| 宁夏 | 该时期,省教育厅组织大致为2室(秘书室、视导室)2科(第一科掌高等教育、中等教育、社会教育、边疆教育,第二科掌国民教育) |
| 青海 | 1938年,省政府改组,省教育厅增设第三科,国民教育等8个委员会;<br>1944年1月,省政府改组,省教育厅再度扩充,增加视导室 |
| 察哈尔 | 1937年8月,全省沦陷,国民政府改组省政府,借地办公,省教育厅随之成立;<br>1945年12月,省教育厅复员 |

资料来源:教育部教育年鉴编纂委员会编:《第二次中国教育年鉴》,上海:商务印书馆,1948年,第155—169页;浙江省教育厅:《浙江省教育厅组织概况简表(三十三年度)》,浙江省档案馆藏:《浙江省教育厅档案》,L032-000-2138;浙江省教育厅:《三十五年度全省行政会议浙江省教育厅工作报告》,浙江省档案馆藏:《浙江省教育厅档案》,L032-000-2122。

表1-8　全面抗战时期5省教育厅移驻路线

| 省份 | 移驻路线 |
|---|---|
| 江苏 | 1938年,由江都转江阴;1939年3月,两淮沦陷,迁泰县;1939年5月,迁兴化;1940年5月,迁东台,继迁白驹;1940年9月,迁回兴化;1941年3月,兴化沦陷,省政府迁淮安南乡,以高垆为临时厅址;1943年2月,淮东事变,迁苏南张渚镇;1944年2月,迁皖南屯溪;1944年8月,迁皖北太和;1944年11月,迁阜阳公主桥;1945年8月,迁回镇江 |
| 浙江 | 1937年底,日寇进犯,省会杭州沦陷;全面抗战8年,厅址数迁,先迁永康,而方葳,而云和,而景宁;1945年8月,迁回杭州 |
| 广西 | 1944年9月,敌侵湘桂,迁宜山;1944年11月,迁都安,继迁百色;1945年9月,迁回桂林 |

续 表

| 省份 | 移驻路线 |
|---|---|
| 河北 | 1937年7月,河北沦陷;1937年9月,迁邯郸,嗣迁濮阳,而大名,而东明,而开封,而郑州,而新安,而西安;1938年6月,随军北上,移驻省境;1940年1月,因敌袭击,教育厅随省府移驻洛阳;1944年4月,敌侵中原,教育厅随省府移驻陕西眉县;1945年8月,迁北平;1946年7月,迁保定 |
| 山东 | 1937年底,教育厅撤离省境;1938年,教育厅长何思源率少数职员随省府主席沈鸿烈由曹县入鲁,由鲁西而鲁北,一年间迁移不定;1939年1月,省府自鲁北移驻鲁南蒙阴县鲁村镇,是时何思源留鲁北主持军政厅,厅中职员随省府南下者仅4人,厅务由秘书刘道元代理;1939年2月,迁沂水东里店;1940年1月,迁临朐县孙家庄;1943年10月,因局势恶化,教育厅随省府迁安徽阜阳办公;1946年1月,迁回济南 |

资料来源:教育部教育年鉴编纂委员会编:《第二次中国教育年鉴》,上海:商务印书馆,1948年,第155—166页。

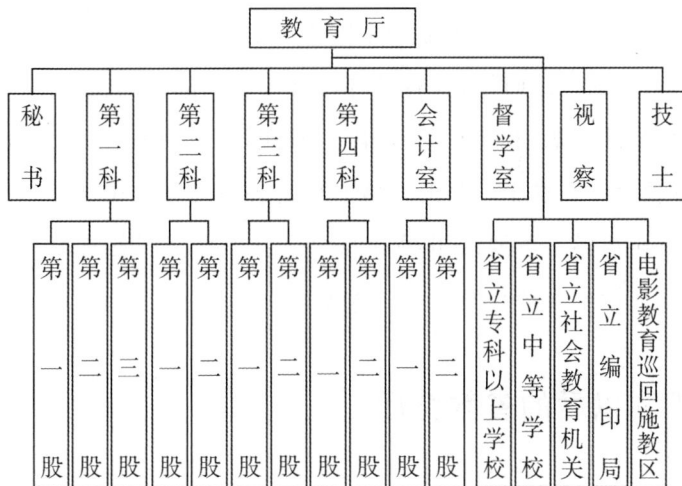

**图1-10 广东省教育厅组织(1939年10月)**

图片来源:《广东省政府教育厅组织系统图》,《广东省统计汇刊》,1939年第1期,第241页。

二是各省教育厅科室职能不一。其突出表现是,全面抗战时期各省教育厅各科职能互异,而且同一个省份教育厅的各科职能在不同阶段也有不同安排,反映该时期各省科室职能的调整具有相当大的灵活性。

三是各省教育厅改组频繁。全面抗战时期,各省教育厅改组的背景颇为复杂,既有连年战争、频繁迁移、经费及人员紧缩等因素的制约,也有省政府改组、教育厅长更易、中央命令、地方教育需求等因素的影响。正是在复杂多变因素的交织作用下,各省教育厅组织变更频仍。而且,从地域上讲,江苏、河北、山东等东南沿海省份及核心战区省份的教育厅改组相对频繁,而西康、云南、贵州、宁夏、青海等西部及边疆省份的教育厅改组则相对较少。显然,由战争、迁移等因素造成的区域性政局动荡,是一些省份教育厅频频改组的主要原因。

四是为举办战时教育,各省教育厅及时设立相应的管理部门。该时期,应教育部要求,1940年江苏、山东等省设立战区教育指导股,办理战区义务教育等事宜。同时,各省根据自身实际,设立战时教育部门。比如,1937年7月后,陕西省教育厅设立战区教师及学生处,办理介绍教师工作和学生借读事宜;1938年,由于来四川的战区学生不断增多,四川省教育厅设立战区员生登记处;1939年,安徽省教育厅增设教材编审委员会,负责编印各级学校战时课本。

总的来看,全面抗战时期,各省教育厅并没有因战争爆发而停废,而是紧紧围绕局势变化及战时教育需要,因时转变职能,不同程度地调整与扩充组织。可以说,各省教育厅在这个动荡的特殊时期为各省乃至全国保存教育火种和发展地方教育事业提供了重要的组织资源。这也正是全国各省教育事业能在艰苦卓绝的抗战环境中维持与发展的一大要因。

## 二、抗战胜利以后的省教育厅

抗战胜利后,国民政府陆续收复沦陷省份,全国省份数量增至35个。这一时期,各省均按国民政府规定成立省政府,下设主管全省教育的教育厅(见表1-9)。

表 1-9　1947 年 35 省教育厅组织结构概况

（单位：个）

| 省份 | 秘书室 | 第一科 | 第二科 | 第三科 | 第四科 | 第五科 | 督学室 | 会计室 | 统计室 | 编审室 | 人事室 |
|---|---|---|---|---|---|---|---|---|---|---|---|
| 江苏 | 1 | 1 | 1 | 1 | 1 | 1 | 1 | 1 | 1 | 1 | 1 |
| 浙江 | 1 | 1 | 1 | 1 | 1 |  | 1 | 1 | 1 |  | 1 |
| 安徽 | 1 | 1 | 1 | 1 |  |  |  | 1 | 1 |  | 1 |
| 江西 | 1 | 1 | 1 | 1 | 1 | 1 | 1 | 1 | 1 |  |  |
| 湖北 | 1 | 1 | 1 | 1 | 1 |  | 1 | 1 | 1 |  | 1 |
| 湖南 | 1 | 1 | 1 | 1 | 1 |  | 1 | 1 | 1 |  |  |
| 四川 | 1 | 1 | 1 | 1 | 1 |  | 1 | 1 | 1 |  | 1 |
| 西康 | 1 | 1 | 1 | 1 |  |  | 1 | 1 | 1 |  |  |
| 河北 | 1 | 1 | 1 | 1 | 1 |  | 1 | 1 |  | 1 | 1 |
| 山东 | 1 | 1 | 1 | 1 | 1 |  | 1 | 1 |  | 1 | 1 |
| 山西 | 1 | 1 | 1 | 1 | 1 |  | 1 | 1 | 1 | 1 | 1 |
| 河南 | 1 | 1 | 1 | 1 | 1 |  | 1 | 1 | 1 |  | 1 |
| 陕西 | 1 | 1 | 1 | 1 | 1 | 1 | 1 | 1 | 1 | 1 |  |
| 甘肃 | 1 | 1 | 1 | 1 | 1 |  | 1 | 1 | 1 | 1 |  |
| 青海 | 1 | 1 | 1 | 1 |  |  | 1 |  |  |  |  |
| 福建 | 1 | 1 | 1 | 1 |  |  | 1 | 1 | 1 |  | 1 |
| 台湾 | 1 | 1 | 1 | 1 | 1 |  | 1 | 1 | 1 |  | 1 |
| 广东 | 1 | 1 | 1 | 1 | 1 | 1 | 1 | 1 | 1 |  | 1 |
| 广西 | 1 | 1 | 1 | 1 | 1 |  | 1 | 1 | 1 |  | 1 |
| 云南 | 1 | 1 | 1 | 1 | 1 |  |  | 1 | 1 |  | 1 |
| 贵州 | 1 | 1 | 1 | 1 |  |  | 1 | 1 | 1 | 1 | 1 |
| 辽宁 | 1 | 1 | 1 | 1 | 1 |  | 1 |  |  |  | 1 |
| 安东 | 1 | 1 | 1 | 1 |  |  | 1 | 1 |  | 1 |  |
| 辽北 | 1 | 1 | 1 | 1 |  |  | 1 | 1 |  | 1 |  |
| 吉林 | 1 | 1 | 1 | 1 | 1 |  | 1 | 1 |  | 1 |  |

续　表

| 省份 | 秘书室 | 第一科 | 第二科 | 第三科 | 第四科 | 第五科 | 督学室 | 会计室 | 统计室 | 编审室 | 人事室 |
|---|---|---|---|---|---|---|---|---|---|---|---|
| 松江 | 1 | 1 | 1 | 1 | | | 1 | 1 | | | |
| 合江 | 1 | 1 | 1 | 1 | | | 1 | 1 | | | |
| 黑龙江 | 1 | 1 | 1 | 1 | | | 1 | 1 | | | |
| 嫩江 | 1 | 1 | 1 | 1 | | | 1 | 1 | | | |
| 兴安 | 1 | 1 | 1 | 1 | | | 1 | 1 | | | |
| 热河 | 1 | 1 | 1 | 1 | 1 | | 1 | 1 | | | |
| 察哈尔 | 1 | 1 | 1 | 1 | 1 | | 1 | 1 | | 1 | |
| 绥远 | 1 | 1 | 1 | 1 | 1 | | 1 | 1 | 1 | | 1 |
| 宁夏 | 1 | 1 | 1 | 1 | | | 1 | 1 | | 1 | |
| 新疆 | 1 | 1 | 1 | | | | 1 | 1 | | 1 | 1 |
| 总计 | 35 | 35 | 35 | 35 | 22 | 4 | 33 | 34 | 18 | 13 | 19 |

资料来源:教育部教育年鉴编纂委员会编:《第二次中国教育年鉴》,上海:商务印书馆,1948年,第1398页。

从表1-9的数据来看,抗战胜利后,各省教育厅组织在前一时期奠定的规模基础上进一步扩充与完善,达到了自1917年各省始设教育厅以来的最辉煌时期。总体而言,1945年后,各省教育厅基本设有秘书室、第一科、第二科、第三科、会计室、督导室,还有一半以上省份设立了第四科、统计室、人事室等,大致形成了"六室五科"的组织结构。与此同时,省际教育厅组织不平衡的问题依然突出,如江苏、江西等东部省份与青海、西康等边疆省份之间差距较大,这从侧面反映该时期各省地方教育发展的需求、规模与水平有着显著差距。

## 小　结

通过以上分析可知,民国时期省级教育行政组织的改革历程极不寻常,大致包括建立多样机构(1911—1912)、统设教育司(1912—1913)、裁教育司设教育科(1913—1917)、创设教育厅(1917—1925)、立废多元机构(1925—1927)、试点与废止大学区(1927—1929)、恢复与调整教育厅(1929—1949)七次改革。纵观这一改革历程,可以得出以下几点看法。

首先,组织改革的主流趋势是建立理性官僚制组织。德国社会学家马克斯·韦伯认为,现代官僚制组织的特征是,"它的经过训练的技能的专业化,它的管辖权的分工,它的规则以及等级制的权威关系"①。省级教育行政自清末创立以来,虽然深受政治、经济、文化、社会等急剧变革的影响,以及机构立废反复、人事频繁变动的干扰,但总体来看,组织层次日趋明朗、职能渐趋专业、权责分工逐渐明晰、规则制度不断健全,等级制权威隶属关系逐渐形成是其基本走向,具有了理性官僚制组织的一些特征。但不可否认,这一组织改革的历程深受传统官僚制的强烈干扰,比如中央决策者和各省掌权者根据其偏好或政治意图随意调整省级教育行政组织,导致其"权责不明"和"被架空"等问题。由此来看,民国时期的省级教育行政组织离现代意义上的理性官僚制组织尚有很大差距。

其次,国家的构建与组织场域的建构相伴而行。法国社会学家皮埃尔·布尔迪厄指出:科层制国家建立以来,政治、经济、文化、军事等资本集中化过程形成了中央集权的元资本。"这种资本通过它的积累,可以使国家对不同场域和在其中流通的不同形式的资本施展权力。"②民国成立以来,中央集权资本在"中央—省"关系调整重塑过程中逐渐形成。可以说,在这一元资本形成与积累过程中,国家对省级教育行政组织改革场域的建构施展了权力。然而,这一场域游戏空间的建构充满了拥有不同形式资本的行动者(中央官员、地方军阀、各省主政者、教育界人士等)彼此持续不断的争斗,争斗的关键在于谁能够支配省级教育行政的主导权与话语权。从一定意义上讲,民国的构建与省级教育行政组织场域的建构相伴而行。

---

① ［德］马克斯·韦伯著:《经济与社会》(第二卷下册),阎克文译,上海:上海人民出版社,2020年,第1887页。

② ［法］布尔迪厄、［美］华康德著:《实践与反思:反思社会学导引》,李猛、李康译,北京:商务印书馆,2015年,第143页。

再次,组织改革是在一定逻辑支配下开展的。易言之,这些改革是受一定动因驱使,为实现阶段目标而采取相应策略的过程。这里面,一是关涉因何改革的动因逻辑。民国时期省级教育行政组织改革既涉及政治、经济、文化等环境变化,又涉及不同阶段供需矛盾冲突、组织困境问题、国家统一规定、地方教育诉求等具体变化,还涉及权力精英偏好等主观原因。二是关涉为何改革的目标逻辑。每次改革的动因复杂多样,导致组织改革的目标复杂多变。可以说,组织改革不完全是为了实现教育层面的目标,还有复杂深刻的政治目标,而且这些目标是交错呈现的。三是关涉如何改革的策略逻辑。由于历次改革的动因复杂多样、目标复杂多变,共同决定民国时期省级教育行政组织改革难以采取渐进式改革方式,故连续的断裂式变迁便成为常态。

最后,官僚制场域的固有惯习维持并强化组织的存续。省级教育行政组织改革的"场域是力量关系——不仅仅是意义关系——和旨在改变场域的斗争关系的地方,因此也是无休止的变革的地方"①。当然,这一组织能够得以存续,有赖于官僚制场域所具有的一些内在固有倾向,即布尔迪厄所说的"惯习"。这是因为,作为历史产物的惯习会引导场域里的行动者体会到一种情境,同时"酝酿出与这种情境相适应的行动路线"②。从这个意义上讲,连续断裂式变迁并非是民国时期省级教育行政组织改革的全部面相。事实上,受官僚制场域惯习的影响,"分课治事"组织样态、中央与省级双重领导体制等在组织改革中得以维持并强化。

---

① [法]布尔迪厄、[美]华康德著:《实践与反思:反思社会学导引》,李猛、李康译,北京:商务印书馆,2015 年,第 130 页。

② [法]布尔迪厄、[美]华康德著:《实践与反思:反思社会学导引》,李猛、李康译,北京:商务印书馆,2015 年,第 171 页。

# 第二章

# 省级教育行政人员

　　较之传统官僚制，理性官僚制组织的建构与运作需要有一定规模的具备专业素养的官员与职员。省级教育行政人员是省级教育行政部门中具有专业素养、履行不同权责的人员，是履行省级教育行政职能活动的主体。他们素质的高下，不仅关系着省级教育行政效率的高低，也关系着地方教育现代化进程的快慢。因此，考察省级教育行政人员的整体面貌，无疑是深入认识省级教育行政组织的一条重要途径。本章将主要探讨省级教育行政人员的种类、数量、年龄、选任、任期、薪俸、考核等内容，以期全方位把握民国时期省级教育行政部门的基本样态。

# 第一节　省级教育行政人员职名与编制

马克斯·韦伯认为,官僚制组织"具体的执行由接受了专业训练并通过不断实践积累了专长的官员分头负责"①。而这首先涉及职位名称与职位编制的基本问题。就省级教育行政组织而言,如果说职位名称反映的是官职等级的基本结构和省级教育行政事务种类的繁简程度,那么职位编制可反映省级教育行政组织架构的规模大小。

## 一、省级教育行政人员的职名

中华民国成立之初,南北各省省级教育行政部门名称繁多。当时,多元并存的各省省级教育行政部门中,职名极不一致。就省级教育行政部门长官名称而言,有的称为教育部长,如湖北、福建、广东等省;有的称为学务司长,如湖南省;有的称为教育局长,如江西省;有的称为教育司长,如山西、广西等省;有的称为学政司长,如云南省;有的称为学务部长,如贵州、四川等省;也有称教育科长者,如江苏省;有称教育课长者,如浙江省;亦有称提学使者,如山东、直隶、新疆、奉天、东三省、甘肃、河南等省。就省级教育行政组织其他职名而言,有的设立了科长、科员、司视学等,如云南省学政司;有的设立了助理员、科员、省视学等,如江苏省教育科;也有的设立了科长、科员、省视学等,如山东、直隶等省提学使司。

为了统一各省职名,1913 年 1 月 8 日,北京政府颁布了《画一现行各省地方行政官厅组织令》(以下简称《画一令》),规定各司职官名称分别为司长、科长、

---

① 〔德〕马克斯·韦伯著:《经济与社会》(第二卷上册),阎克文译,上海:上海人民出版社,2020年,第 1344 页。

科员,另规定各司可酌设技正、技士、雇员。<sup>①</sup> 从各省教育司职名来看,辽宁省教育司置教育司长、科长、科员等职员<sup>②</sup>,四川教育司设教育司长、科长、科员、省视学等职员<sup>③</sup>。以上事例表明,各省教育司主要职名基本得到统一。

1914 年 5 月 23 日,袁世凯政府颁布《省官制》,规定各省巡按使公署政务厅下设总务、教育等科,但未规定各科职名。因此,各省教育科职名至为混乱。就教育科长官而论,有的称为佥事,如湖北、湖南等省;有的称为科长,如陕西、江苏、浙江、广西、东三省等省;有的称为主任,如江西、山东等省。总体来看,教育科长官被命名为教育科长者居多。就教育科其他职员名称而言,有设主事、省视学者,如湖北、江苏等省;有设课员、秘书、省视学者,如陕西省。由上可知,各省教育科中,除省视学这一名称较为一致外,其余职名互不统一。

1917 年 9 月 6 日,北京政府颁布了《教育厅暂行条例》,规定各省教育厅应置教育厅长、科长、科员、省视学、雇员等职员。就设立教育厅的省份而言,教育厅职员名称一律称为教育厅长、科长、科员、省视学。此外,一些设立教育厅的省份,还添置了办事员、事务员、录事、书记、会计、雇员等名目的教育厅辅助人员,如浙江、江西、山西等省。

1927 年 4 月,国民政府定都南京后,各省纷纷组建教育厅。比如 1927 年 5 月,江苏省省政务委员会下设教育厅,内置教育厅长、科长、科员、雇员、秘书、省督学等职位;再如 1928 年 6 月,山东省政府下设教育厅,内置教育厅长、秘书、科长、科员、省督学等职位;又如 1928 年 7 月,河北省政府下设教育厅,置教育厅长、秘书、科长、科员、省督学、编审等职位。由此反映,各省教育厅基本设立了教育厅长、秘书、科长、科员等职位。至 1929 年,各省教育厅职名见表 2-1。

────────────

① 《画一现行各省地方行政官厅组织令》,《政府公报》,1913 年第 243 号,第 5 页。
② 辽宁省教育厅编:《辽宁省教育概况》,沈阳:辽宁省教育厅,1947 年,第 2 页。
③ 四川教育司编辑:《四川省教育行政报告书》(第二编),成都:四川教育司,1914 年,第 1 页。

105

表 2-1　1929 年 10 省教育厅职名统计

| 职名 | 冀 | 浙 | 苏 | 赣 | 皖 | 桂 | 鄂 | 鲁 | 察 | 宁 | 总计 |
|---|---|---|---|---|---|---|---|---|---|---|---|
| 厅长 | ✓ | ✓ | ✓ | ✓ | ✓ | ✓ | ✓ | ✓ | ✓ | ✓ | 100% |
| 秘书主任 |  |  |  |  |  |  |  | ✓ | ✓ |  | 20% |
| 秘书 | ✓ | ✓ | ✓ | ✓ | ✓ | ✓ | ✓ | ✓ | ✓ | ✓ | 100% |
| 科长 | ✓ | ✓ | ✓ | ✓ | ✓ | ✓ | ✓ | ✓ | ✓ | ✓ | 100% |
| 科员 | ✓ | ✓ | ✓ | ✓ | ✓ | ✓ | ✓ | ✓ | ✓ | ✓ | 100% |
| 股长 |  |  |  |  |  |  | ✓ |  |  |  | 10% |
| 省督学 | ✓ | ✓ | ✓ | ✓ | ✓ |  | ✓ | ✓ | ✓ |  | 80% |
| 省导学 |  |  |  |  |  | ✓ |  |  |  |  | 10% |
| 视察员 | ✓ |  |  |  |  |  |  |  |  |  | 10% |
| 体育视察员 |  | ✓ |  |  |  |  |  |  |  |  | 10% |
| 主任委员 |  |  |  |  |  |  |  | ✓ |  |  | 10% |
| 编审 | ✓ | ✓ | ✓ |  |  |  |  |  |  |  | 30% |
| 编译员 |  |  |  | ✓ |  | ✓ |  |  |  |  | 20% |
| 编译处主任 |  |  |  |  | ✓ |  |  |  |  |  | 10% |
| 总编辑 |  |  |  |  |  |  |  | ✓ |  |  | 10% |
| 编辑 |  |  |  |  |  | ✓ |  | ✓ |  |  | 20% |
| 技正 | ✓ |  | ✓ |  |  |  |  |  |  |  | 20% |
| 技士 | ✓ | ✓ | ✓ |  |  |  |  |  |  |  | 30% |
| 干事 |  |  |  |  |  |  |  | ✓ |  |  | 10% |
| 办事员 | ✓ |  |  | ✓ |  |  | ✓ | ✓ | ✓ | ✓ | 60% |
| 事务员 |  | ✓ |  |  |  |  |  |  |  |  | 10% |
| 助理员 |  |  |  |  |  | ✓ |  |  |  |  | 10% |
| 雇员 | ✓ |  | ✓ |  |  |  |  |  | ✓ |  | 30% |
| 书记 |  | ✓ |  |  |  |  |  |  |  | ✓ | 20% |

资料来源:河北省教育厅编:《河北省教育厅职员录》,北平:河北省教育厅,1929 年,第 1 —19 页;浙江省教育厅编:《浙江省三年来教育概况》,杭州:浙江省教育厅,1934 年,第 3—14 页;《苏教厅正式委任职员》,《申报》,1929 年 9 月 29 日,第 3 张第 11 版;江西省政府编:《江西省政府全体职员表》,南昌:江西省政府,1928 年,第 45—52 页;安徽省政府教育厅编译处编:《安徽省教育统计图表》,蚌埠:安徽省政府教育厅编译处,1930 年,第 104 页;《广西省政府教育厅各科分股设置职员及分配职务表》,《广西教育行政月刊》,1931 年第 1 卷第 1 期,第 63—67 页;湖北省政府教育厅秘书办公室编辑:《湖北教育最近概况》,武汉:湖北省政府教育厅秘书办公室,1932 年,第 72 页;《山东省政府教育厅职员录一览表》,载山东省教育厅编:《山东省教育统计》,济南:山东省教育厅,1929 年,第 1 页;教育部教育年鉴编纂委员会编:《第二次中国教育年鉴》,上海:商务印书馆,1948 年,第 140 页;宁夏省政府教育厅编:《宁夏省教育概况》,银川:宁夏省政府教育厅,1940 年,第 5—7 页。

　　由表 2-1 可知:其一,1929 年,各省教育厅职名多达 24 种,说明较以往各省省级教育行政部门,教育厅事务日趋繁杂,同时亦显露出教育厅专业分工意识加强。其二,各省教育厅均设置教育厅长、秘书、科长、科员 4 种职位。其三,多数省份亦设置了办事员、事务员、助理员、技士、雇员、编审等名目的辅助人员,以处理教育厅文件缮写、技术、书刊编辑与审核等具体事务。

　　那么,到 20 世纪 30 年代,各省教育厅职名有无变化呢? 下面以上述 10 省为例,了解 1935 年全国教育厅职名概况(见表 2-1)。

表 2-2　1935 年 10 省教育厅职名统计

| 职名 | 冀 | 浙 | 苏 | 赣 | 皖 | 桂 | 鄂 | 鲁 | 察 | 宁 | 总计 |
|---|---|---|---|---|---|---|---|---|---|---|---|
| 厅长 | √ | √ | √ | √ | √ | √ | √ | √ | √ | √ | 100% |
| 秘书主任 | √ | | √ | | √ | | | √ | √ | √ | 60% |
| 秘书助理 | | | | | | | √ | | | | 10% |
| 秘书 | √ | √ | √ | √ | √ | √ | √ | √ | √ | √ | 100% |
| 委任秘书 | | | | √ | | | | | | | 10% |
| 科长 | √ | √ | √ | √ | √ | √ | √ | √ | √ | √ | 100% |
| 各科主任 | | | | | | √ | | | | | 10% |
| 主任科员 | √ | | | | | | √ | | | | 20% |
| 科员 | √ | √ | √ | √ | √ | √ | √ | √ | √ | √ | 100% |
| 股长 | | | | | | | √ | | | | 10% |
| 省督学主任 | | | | | | | | | √ | | 10% |
| 省督学 | √ | √ | √ | √ | √ | √ | √ | √ | √ | √ | 100% |
| 专科视察员 | √ | √ | | | √ | √ | √ | | | | 60% |
| 指导员 | | | | √ | | | | √ | | | 20% |
| 国民基础教育指导专员 | | | | | | √ | | | | | 10% |
| 中等教育视察团助理员 | | | | | | √ | | | | | 10% |
| 小学巡回指导员 | | | | | | | | | | √ | 10% |
| 工程视察员 | | | | | | | √ | | | | 10% |
| 体育督学 | | | √ | | | | | | | | 10% |

续　表

| 职名 | 冀 | 浙 | 苏 | 赣 | 皖 | 桂 | 鄂 | 鲁 | 察 | 宁 | 总计 |
|---|---|---|---|---|---|---|---|---|---|---|---|
| 设计专员 | | | | | | √ | | | | | 10% |
| 工程员 | | | | | √ | | | | | | 10% |
| 收发室主任 | | | | | √ | | | | | | 10% |
| 主任委员 | | | | | | | | √ | | | 10% |
| 副主任委员 | | | | | | | | √ | | | 10% |
| 委员长 | | | | | √ | | | | √ | | 20% |
| 副委员长 | | | | | √ | | | | √ | | 20% |
| 常务委员 | | | | | | | | | √ | | 10% |
| 委员 | | | | | √ | | | √ | √ | | 30% |
| 编审主任 | | | √ | | | | | | | | 10% |
| 编审 | √ | √ | | | | √ | √ | | | | 40% |
| 特约编审 | | | √ | | | | | | | | 10% |
| 编译员 | | | | √ | | | | | | | 10% |
| 统计股主任 | | | √ | | | | | | | | 10% |
| 统计员 | | | √ | | | | | | | | 10% |
| 教育经费管理处主任 | | | | √ | √ | | | | | | 20% |
| 学产管理处主任 | | | | | √ | | | | | | 10% |
| 音乐教育委员会主任 | | | | √ | | | | | | | 10% |
| 特种教育处处长 | | | | | √ | | | | | | 10% |
| 特种教育处主任 | | | | | √ | | | | | | 10% |
| 会计 | | | | √ | | | | | | | 10% |
| 技正 | | | √ | | | | √ | | | | 20% |
| 技士 | | √ | | | | | | | | | 10% |
| 电影技士 | | | √ | | | | | | | | 10% |
| 干事 | | | √ | √ | | | | | √ | | 30% |
| 录事 | | | | | √ | | √ | | | | 20% |

续　表

| 职名 | 冀 | 浙 | 苏 | 赣 | 皖 | 桂 | 鄂 | 鲁 | 察 | 宁 | 总计 |
|---|---|---|---|---|---|---|---|---|---|---|---|
| 办事员 | √ | | √ | √ | | √ | √ | | √ | √ | 70％ |
| 事务员 | | √ | | | √ | | | √ | | | 30％ |
| 雇员 | | | | √ | | √ | | | | | 20％ |
| 临时雇员 | | | | | | √ | | | | | 10％ |
| 书记 | √ | √ | √ | √ | √ | | | | | √ | 60％ |
| 练(见)习员 | | | √ | | | | | | | √ | 20％ |

资料来源:河北省教育厅编:《河北省教育概况》,天津:河北省教育厅,1935年,第15页;浙江省教育厅编:《浙江省三年来教育概况》,杭州:浙江省教育厅,1934年,第3—14页;江苏省政府编:《江苏省政府职员录》,镇江:江苏省政府,1935年,第40—46页;江西省政府秘书处编:《江西省政府职员录》,南昌:江西省政府秘书处,1934年,第25—29页;安徽省政府秘书处编:《安徽省政府职员录》,安庆:安徽省政府秘书处,1934年,第27—36页;广西省政府总务处编:《广西省政府职员录》,南宁:广西省政府总务处,1935年,第46—56页;《湖北省政府教育厅职员一览表》,载湖北教育厅编审委员会编:《湖北教育概况统计》,武昌:湖北教育厅编审委员会,1934年,第78—83页;山东省政府秘书处编:《山东省行政各机关职员录》,济南:山东省政府秘书处,1935年,第37—42页;察哈尔省教育厅秘书室编:《察哈尔省教育厅职员录》,张家口:察哈尔省教育厅秘书室,1935年,第1—6页;宁夏省政府教育厅编:《宁夏省教育概况》,银川:宁夏省政府教育厅,1940年,第7页。

与1929年相比,1935年各省教育厅职名有以下特点:第一,教育厅职员名称类别多达51种,比1929年增长1倍以上。其中,涨幅较大的有主任、视察人员、书记等类别的职员,说明省级教育行政分工负责的意识加强。第二,视察人员种类亦显著增多。除省督学外,各省教育厅还设立了专科视察员、指导员、体育督学等,反映教育厅分科视察与指导地方教育事业的意识增强。第三,教育厅辅佐人员种类增多。除办事员、事务员、书记、干事,还有录事、会计等,这意味着该时期省级教育行政事务较以往繁杂。通常来讲,由上述辅佐人员分担教育厅文件缮写、书刊编印等具体事务,有助于教育厅长、各科科长等教育厅主管人员抽身于行政繁杂事务,专心思考与规划全省教育决策、地方教育整顿等重大问题,进而有利于提升省级教育行政效率。当然,1929年与1935年各省教育厅职名也有共同点,即厅长、秘书、科长、科员、省督学等职位的设置基本达到

100％,说明这些职位确为各省教育厅所必需。

国民政府后期,各省教育厅职员名称与之前相比有无变动? 对此,以 1947 年全国 10 省教育厅的职位名称情况加以说明(见表 2-3)。

表 2-3　1947 年 10 省教育厅职名统计

| 职名 | 苏 | 浙 | 鄂 | 湘 | 川 | 豫 | 皖 | 鲁 | 热 | 吉 | 总计 |
|---|---|---|---|---|---|---|---|---|---|---|---|
| 厅长 | √ | √ | √ | √ | √ | √ | √ | √ | √ | √ | 100％ |
| 主任秘书 | √ | √ | √ | √ | √ | √ | √ | √ | √ | √ | 100％ |
| 秘书 | √ | √ | √ | √ | √ | √ | √ | √ | √ | √ | 100％ |
| 特务秘书 | | √ | | | | | | | | | 10％ |
| 助理秘书 | | | | | √ | √ | | | | | 20％ |
| 委任秘书 | | | | | | | | √ | | | 10％ |
| 科长 | √ | √ | √ | √ | √ | √ | √ | √ | √ | √ | 100％ |
| 副科长 | | | | | | | | | | √ | 10％ |
| 主任督学/督学主任 | | | √ | √ | √ | √ | √ | | | √ | 60％ |
| (荐任)督学 | √ | √ | √ | √ | √ | √ | √ | √ | √ | √ | 100％ |
| 委任督学 | | | | √ | | | | | | | 10％ |
| 体育督学 | | | | | √ | | | | | | 10％ |
| 专科督学 | | | | | √ | | | | | | 10％ |
| 科室主任 | √ | √ | √ | √ | √ | √ | √ | √ | √ | √ | 100％ |
| 主任科员 | √ | | √ | | | √ | √ | √ | | √ | 60％ |
| 科员 | √ | √ | √ | √ | √ | | √ | | √ | | 70％ |
| 荐任科员 | | √ | | | | | | | | | 10％ |
| 股长 | √ | √ | | √ | √ | √ | | | | | 50％ |
| 股主任 | √ | | | | | | | | | | 10％ |
| 编审 | √ | | | | √ | | | √ | √ | | 40％ |
| 编译 | | | | | | | | | | √ | 10％ |
| 国民教育辅导员 | √ | | | | | | | | | | 10％ |
| 巡回辅导团主任 | | | | | √ | | | | | | 10％ |

续　表

| 职名 | 苏 | 浙 | 鄂 | 湘 | 川 | 豫 | 皖 | 鲁 | 热 | 吉 | 总计 |
|---|---|---|---|---|---|---|---|---|---|---|---|
| 辅导员 | | | | | ✓ | | | | | | 10％ |
| 专门委员 | ✓ | | | | | | | | | | 10％ |
| 专员 | | | | | | | | | | ✓ | 10％ |
| 视导员 | | ✓ | ✓ | | ✓ | | ✓ | | ✓ | | 50％ |
| 视察员 | | ✓ | | | | | | ✓ | | | 20％ |
| 额外视察员 | | ✓ | | | | | | | | | 10％ |
| 指导员 | | | | | | | | ✓ | | | 10％ |
| 侦查员 | | | | | | | | | ✓ | | 10％ |
| 技士 | | | ✓ | ✓ | | | | | | | 10％ |
| 技佐 | | ✓ | | ✓ | | | | | | | 10％ |
| 技正 | | | | ✓ | | ✓ | | | | | 20％ |
| 办事员 | | ✓ | ✓ | ✓ | ✓ | | ✓ | | | | 50％ |
| 干事 | | | | | ✓ | | | | | | 10％ |
| 雇员 | | ✓ | ✓ | | | | | | | | 30％ |
| 书记 | | ✓ | | | ✓ | | | | | | 20％ |
| 录事 | | | | | | | | ✓ | | | 10％ |
| 助理员 | | ✓ | | | | | ✓ | | | | 20％ |

资料来源：教育部：《各省市教育厅职员录（民国36年）》，中国第二历史档案馆藏：《教育部档案》，5-409(2)；湖北省教育厅：《湖北省政府教育厅职员简历册》，湖北省档案馆藏：《湖北省教育厅档案》，LS001-002-1022-0002；浙江省教育厅：《浙江省教育厅职员录（民国36年）》，浙江省档案馆藏：《浙江省教育厅档案》，L056-006-0111；湖南省政府人事室编：《湖南省政府职员录》，长沙：湖南省政府人事室，1947年，第75－90页；四川省教育厅：《四川省政府教育厅职工薪资一览表（民国36年5月）》，四川省档案馆藏：《四川省教育厅档案》，民107-01-0860；安徽省政府教育厅：《安徽教育要览》（第四回），安庆：安徽省政府教育厅，1947年，第93－98页。

由表2-3来看，与1935年相比，这一时期各省教育厅的职员名称情况基本保持一致。当然，其中也有些许变化：一是10省教育厅全部配齐主任秘书和科室主任。显然，这些职位在各省教育厅中占有重要的位置。二是督导人员种类增多。就省督学而言,除去荐任督学外,还设有委任督学、体育督学、专科督学等职位。如果说四川省设体育督学、专科督学是因督导业务种类而增设,那么湖南省所设的委任督学就是突破法定荐任职督学的一种违法行为。无独有偶,1947年9月,教育部督学视察察哈尔省教育行政设施后,发现察省教育厅设有委任督学。对此,教育部下令察省教育厅:"该厅设有委任督学与法不合,应改调其他委任职务,如原有督学人数不敷视导工作之用,可能时调用其他适合人员兼充之。"①就其他省级视导人员而言,设有国民教育辅导员、视导员、视察员、额外视察员、指导员、侦查员等职位,说明为数极少的省督学已无法满足当时视察地方教育的职能运作,还需设置更多的省级教育视导人员来具体负责地方教育的视察与指导任务,以便各省教育厅进行及时、科学、合理的教育决策。三是科员的种类增多。除主任科员、科员外,浙江省教育厅还设有荐任科员。显然,这与科员为委任职的法律规定不合。

## 二、省级教育行政人员的编制

民初,不同省份的省级教育行政部门,其职员编制不一致。南方省份中,如云南学政司职员共计18人,分别为教育司长1人、副司长1人,总务、普通、专门实业、图书、会计5科科长、科员各1人,另设司视学6人;江苏教育科职员共9人,分别置科长、助理员各1人,1912年3月增置科员1人,省视学6人;四川学务部共有23人,分别为学务部长、副部长各1人,总务、普通、实业3司司长各1人,文牍、教务2科科长各1人、科员共14人,另有部视学2人。②北方省份仍沿用清末提学使司。如直隶提学使司职员共66人,分别为提学使1人、议长1人、议绅4人、省视学6人、科长4人、副科长5人、科员13人、额外科员

---

① 《教育部督察视察察哈尔省教育行政设施报告及有关文件》,中国第二历史档案馆藏:《教育部档案》,5-1514。

② 四川教育司编辑:《四川省教育行政报告书》,成都:四川教育司,1914年,第32—34页。

1 人、书记 14 人、写生 17 人。① 由此可知，民国初建时，各省省级教育行政部门职员编制相差悬殊，少者 9 人，多者 66 人。

1913 年 1 月 8 日，北京政府颁发了《画一令》，规定各省应设立教育司，但对各类职员编制并无规定。那么，实际情况如何呢？当时直隶教育司职员有 45 人，分别为司长 1 人、省视学 5 人、科长 2 人、科员 11 人、书记 26 人②；吉林教育司职员共计 21 人，下设教育司长 1 人、科长 4 人，科员 16 人；四川省教育司职员共 43 人，内置教育司长 1 人、科长 4 人、科员 30 人、查学员 8 人③；与此前相比，各省教育司之职员数差距缩小，职员数基本稳定在 36 人左右。

1914 年 5 月起，各省改设教育科后，职员编制多有变动。如湖北教育科，职员共 11 人，分别为教育金事 1 人、学校股主事 2 人、社会股主事 2 人、省视学 6 人④；江苏教育科，职员共 13 人，分别为教育科长 1 人、股员 6 人、省视学 6 人⑤；安徽教育科，职员仅为 4 人，即教育科长 1 人、普通股主任 1 人、股员 2 人⑥；从中可知，各省教育科职员数少者 4 人，多者 13 人，平均亦不过 9 人。与教育司相比，教育科职员编制骤减。

1917 年 9 月 6 日，北京政府颁布《教育厅暂行条例》，规定各省教育厅职员编制，要求各省教育厅置厅长 1 人，下设至多 3 科，各科科长 1 人，科员不得逾 3 人，另设省视学 4～6 人，并规定教育厅为缮写文件得酌用雇员。从各省教育厅实际情况来看，河南教育厅职员编制为 19 人，即教育厅长 1 人、科长 3 人、科员 9 人、省视学 6 人⑦；浙江教育厅职员编制为 18 人，分别为教育厅长 1 人、科长 3 人、科员 9 人、省视学 5 人⑧。总体来讲，多数省份基本遵照教育厅职员编制设

① 直隶教育司编：《直隶教育统计图表》，天津：直隶教育司，1913 年，第 11—12 页。

② 直隶教育司编：《直隶教育统计图表》，天津：直隶教育司，1913 年，第 11—12 页。

③ 四川教育司编辑：《四川省教育行政报告书》，成都：四川教育司，1914 年，第 39—43 页。

④ 《湖北官事新谭》，《申报》，1914 年 6 月 30 日，第 2 张第 6—7 版；《湖北减政之近观》，《申报》，1914 年 6 月 25 日，第 2 张第 6 版。

⑤ 《江苏巡按使署职员一览》，《申报》，1914 年 6 月 11 日，第 1 张第 3 版；《韩巡按预防教育停滞之通饬》，《申报》，1913 年 6 月 14 日，第 2 张第 6 版。

⑥ 《巡按署政务厅职员披露》，《申报》，1914 年 7 月 6 日，第 2 张第 7 版。

⑦ 《豫省政闻种种》，《大公报》，1917 年 11 月 14 日，第 2 张第 2 版。

⑧ 孙蒻侯著：《浙江教育史略》，杭州：浙江省教育厅，1931 年，第 3 页。

立了相关职位。可以说，教育厅职员编制的统一制定，改变了以往各省省级教育行政部门职员编制差别较大的局面，为省级教育行政效率的提升夯实了基础。

1927年4月18日，南京国民政府成立后，各省省政府设立教育厅。浙江省教育厅职员共计52人，分别为教育厅长1人、秘书1人、省视学12人、科长4人、科员16人、事务员12人、书记6人[①]；江苏省教育厅职员共计50人，分别为教育厅长1人、秘书2人、省督学8人、科长5人、科员19人、事务员11人、书记4人[②]。察哈尔省教育厅职员共计36人，分别是教育厅长1人、秘书主任1人、秘书2人、督学2人、科长4人、科员14人，另设办事员、雇员共12人。[③]上述事例说明，较之此前省级教育行政部门，1927年后各省教育厅职员编制显著增加。这亦从一个层面反映教育厅组织在不断恢复与完善。1929年后，各省教育厅编制概况见图2-1。

与此前相比，国民政府时期，全国各省教育厅职员编制已具相当规模，多数省份教育厅职员编制逐渐扩增。一方面，这说明教育厅组织架构在不断完善；另一方面，这反映随着地方教育事业的发展，省级教育行政事务亦增多。同时也应看到，这一时期由于缺乏省教育厅职员编制的统一规定，省际教育厅职员编制相差悬殊。以1947年为例，广西省教育厅职员有155人，而宁夏省教育厅仅有35名职员，二者相差竟达3.4倍。这反映民国时期各省省级教育行政部门的组织规模差距较大。

---

① 《浙江教育厅之新职员》，《申报》，1927年5月6日，第3张第10版。
② 《苏教厅之新组织条例与人员》，《申报》，1927年5月17日，第3张第11版。
③ 教育部教育年鉴编纂委员会编：《第二次中国教育年鉴》，上海：商务印书馆，1948年，第140页。

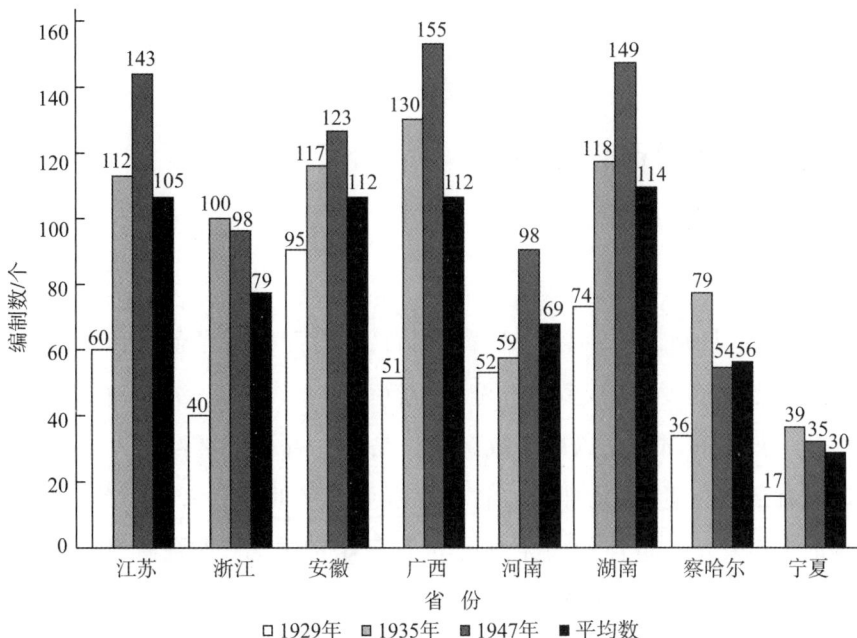

**图 2-1　国民政府时期 8 省教育厅职员编制**

资料来源:《苏教厅尚未组织完全》,《申报》,1929 年 9 月 18 日,第 3 张第 10 版;《苏教厅续委职员》,《申报》,1929 年 9 月 28 日,第 3 张第 11 版;《苏教厅正式委任职员》,《申报》,1929 年 9 月 29 日,第 3 张第 11 版;江苏省政府编:《江苏省政府职员录》,镇江:江苏省政府,1935 年,第 40—46 页;《浙教厅长陈布雷之谈话》,《申报》,1929 年 8 月 9 日,第 3 张第 12 版;《浙江省政府教育厅组织规程》,《申报》,1929 年 8 月 10 日,第 5 张第 17 版;《浙教厅发表省督学》,《申报》,1929 年 9 月 17 日,第 3 张第 11 版;安徽省政府教育厅编译处编:《安徽省教育统计图表》,安庆:安徽省政府教育厅编译处,1930 年,第 104 页;安徽省政府秘书处编:《安徽省政府职员录》,安庆:安徽省政府秘书处,1934 年,第 27—36 页;《广西省政府教育厅各科分股设置职员及分配职务表》,《广西教育行政月刊》,1931 年第 1 卷第 1 期,第 63—67 页;广西省政府总务处编:《广西省政府职员录》,南宁:广西省政府总务处,1935 年,第 46—118 页;河南省教育厅编辑处编:《河南教育特刊》,开封:河南省教育厅编辑处,1929 年,第 7 页;《河南省政府职员人数统计表》,《河南统计月报》,1935 年第 1 卷第 5 期,第 4 页;《湖南省教育厅职员录》,载湖南省政府秘书处编:《民国二十一年湖南省政治年鉴》,长沙:湖南省政府秘书处,1932 年,第 460—461 页;湖南省政府秘书处编:《湖南省政府职员录》,长沙:湖南省政府秘书处,1935 年,第 69—81 页;教育部教育年鉴编纂委员会编:《第二次中国教育年鉴》,上海:商务印书馆,1948 年,第 140、1398 页;察哈尔省教育厅编:《察哈尔省教育厅职员录》,张家口:察哈尔省教育厅,1935 年,第 1—6 页;宁夏省政府教育厅编:《宁夏省教育概况》,银川:宁夏省政府教育厅,1940 年,第 5—7 页。

# 第二节 教育厅长群体

1917 年 9 月 6 日,北京政府教育部颁布《教育厅暂行条例》后,全国省级教育行政长官名称逐步统一,多数省份称为教育厅长。可以说,这种称谓一直延续到中华人民共和国成立以后。教育厅长是在一省之内贯彻中央政府有关教育大政方针的执行者,也是推动一省教育事业发展的领导者。因此,多角度考察民国时期教育厅长群体的多样面貌,有助于丰富对这一时期省级教育行政复杂面相的认知,亦有助于从省级教育行政的视角洞悉这一时期各省地方教育现代化发展不平衡的深层原因。

## 一、北京政府时期的教育厅长群体

这一时期教育厅长群体的面貌,可从选任资格、任命方式、任职期限等方面进行分析。

### (一)教育厅长的选任资格

《教育厅暂行条例》规定:"各省教育厅直隶于教育部,设厅长一人,由大总统简任,秉承省长之命,执行全省教育行政事务,监督所属职员暨办理地方教育之各县知事。"[①]但该条例并未对教育厅长资格作出规定。终至北京政府结束,所有教育法规中亦未明确教育厅长的选任资格。对教育界的这一奇特现象,有学者直言:"大约官做得越大的,越不需要什么资格。"[②]但是,教育厅长作为简任官,其任用资格必然受相关简任文官制度的约束。鉴于此,有必要从相关文

---

① 《教育厅暂行条例》,《政府公报》,1917 年第 590 号,第 1 页。
② 罗廷光著:《教育行政》(上册),上海:商务印书馆,1935 年,第 176 页。

官法令中梳理简任官的选任资格。

1915 年 9 月 30 日,北京政府公布《文职任用令》《简任文职任用程序令》等法令。其中,《文职任用令》规定,简任文职就具有以下各款资格之人中任用:"一、现任简任文职者;二、曾任简任文职,经大总统核准记名,以简任文职任用者;三、现任或曾任最高等荐任文职,经各该长官特保,或期满考绩优叙,由大总统核准以简任文职记名或升用者;四、经文官甄用合格,由铨叙局注册,以简任文职用者。"①该法令虽然对简任官的任前从政级别作了规定,但对简任官的学历、德行、从政年限等概未提及。尽管如此,这一时期教育厅长的选任仍有一定的"潜在"资格。就在《教育厅暂行条例》公布的第二天,北京政府一次性任命了21 省的教育厅长。可以说,这些人的个人经历为考察教育厅长的实际选任资格提供了一个相对完整的样本,详见表2-4。

表 2-4　1917 年各省首任教育厅长概况

| 姓名 | 年龄 | 籍贯 | 任职省份 | 学习及工作经历 |
| --- | --- | --- | --- | --- |
| 黄炎培 | 39 | 江苏 | 直隶 | 举人;曾在南洋公学特班学习;多次赴美国、日本、南洋及内地各省考察教育;历任临时教育会议议员、江苏教育司司长,时任江苏教育会副会长 |
| 许寿裳 | 34 | 浙江 | 奉天 | 曾在浙江求是书院学习;日本东京高等师范学校毕业;时任教育部科长、参事 |
| 钱家治 | 37 | 浙江 | 吉林 | 日本东京高等师范学校毕业;历任临时教育会议议员、浙江第一中学校校长;时任教育部视学 |
| 刘　潜 | 不详 | 直隶 | 黑龙江 | 曾赴日本留学;曾任北京教育会会长;时任京师学务局副局长 |
| 胡家琪 | 47 | 直隶 | 山东 | 举人;日本弘文书院师范科毕业;历任临时教育会议议员、山东教育科科长;时任教育部秘书 |
| 覃寿堃 | 39 | 湖北 | 河南 | 进士;曾任湖北省议会议长;时任教育部参事 |
| 李步青 | 37 | 湖北 | 山西 | 日本东京高等师范学校毕业;历任湖北两湖总师范学堂教习、临时教育会议议员;时任教育部视学 |
| 陈润霖 | 38 | 湖南 | 江苏 | 秀才;曾在岳麓书院学习;日本弘文书院师范科毕业;历任临时教育会议议员、湖南教育司长;时任湖南教育会会长 |

---

① 《文职任用令》,《政府公报》,1915 年第 1221 号,第 39—40 页。

续　表

| 姓名 | 年龄 | 籍贯 | 任职省份 | 学习及工作经历 |
|---|---|---|---|---|
| 卢殿虎 | 37 | 江苏 | 安徽 | 江南高等学堂毕业;时任江苏教育科长 |
| 伍崇学 | 36 | 江苏 | 江西 | 江南陆师学堂毕业;曾赴日本留学;时任教育部普通教育司长 |
| 蒋凤梧 | 44 | 江苏 | 福建 | 庠生;日本弘文书院师范科毕业;历任江苏第二师范校长、教育部秘书、众议院议员 |
| 刘以钟 | 28 | 福建 | 浙江 | 全闽师范学堂师范科毕业;日本东京高等师范学校师范科毕业;历任闽省教育司副司长、临时教育会议议员、北京高等师范教务主任;时任教育部视学 |
| 熊崇煦 | 42 | 湖南 | 湖北 | 附生;日本早稻田大学师范部毕业;曾任教育部佥事;时任湖南教育科长 |
| 沈恩孚 | 53 | 江苏 | 湖南 | 举人;曾赴日本考察教育;历任江苏省公署秘书、江苏民政司长;时任江苏教育会驻会书记 |
| 吴鼎昌 | 不详 | 直隶 | 陕西 | 举人;历任直隶女子师范学校校长、临时教育会议议员;时任国务院佥事 |
| 马邻翼 | 43 | 湖南 | 甘肃 | 举人;日本弘文书院师范科毕业;曾任甘肃教育司长;时任甘凉道道尹 |
| 吴景鸿 | 41 | 湖南 | 四川 | 曾在桃源漳江书院学习;日本明治大学政治经济科毕业;曾任湖南教育司长、参议院议员 |
| 符鼎升 | 38 | 江西 | 广东 | 日本东京高等师范学校数理化科毕业;历任江西教育司长、参议院议员 |
| 吴鼎新 | 41 | 广东 | 广西 | 秀才;京师大学堂师范馆博物科毕业;曾赴日本、菲律宾、美国、加拿大考察教育;历任广东省参议会议员及秘书长、广东高等师范学校教务长及教授、广东省政府教育科长 |
| 陈廷策 | 不详 | 贵州 | 云南 | 学习经历不详;曾任云南政务厅长;时任云南督军署参议 |
| 席聘莘 | 不详 | 云南 | 贵州 | 学习经历不详;曾任云南巡按使署参事 |

　　资料来源:《中央临时教育会员题名单》,《申报》,1912 年 7 月 10 日,第 3 版;《各省教育厅长之略历》,《环球》,1917 年第 3 期,第 10 页;《各省教育厅长之人物》,《晨钟报》,1917 年 9 月 11 日,第 6 版;教育部编审处编:《第一次中国教育年鉴》,上海:开明书店,1934 年;卞孝萱、唐文权编:《民国人物碑传集》,北京:团结出版社,1995 年;中国社会科学院近代史研究所编:《中华民国史资料丛稿·民国人物传》(第一—十二卷),北京:中华书局,1978－2005 年;陈旭麓、李华兴主编:《中华民国史辞典》,上海:上海人民出版社,1991 年;徐友春主编:《民国人物大辞典》,石家庄:河北人民出版社,1991 年。

由表 2-4 可知:(1)教育厅长皆为中青年。其中,年龄最小的为 28 岁,最长者为 53 岁,平均年龄为 40 岁。(2)教育厅长皆用外省人。汉代以来我国就有官员任职回避本籍的做法,至清代已从制度层面对此加以规定。民国成立后,中央虽无明文规定文官任职回避本籍,但从此次任命的教育厅长的实际情况看,北京政府显然继承了回避本籍的传统任官方式,亦说明回避本籍是任用教育厅长的资格之一。(3)有传统功名头衔者 8 人,占此次任命的教育厅长总数的 38%,而获取功名者中,举人居多。(4)留学经历者 13 人,占此次任命的教育厅长总数的 62%,如果把黄炎培、沈恩孚、吴鼎新等有多次出国考察教育经历者包括在内,那么比例达 76%,说明具备国外留学游历经验是教育厅长任职的一条重要资格。而且,这一留学群体均为留日生,说明留日群体在民国初年教育界中占据了主导地位。(5)修习师范的人员占较大比重,说明师范出身是教育厅长出任的资格之一。(6)大部分被任命的教育厅长有教育行政工作经历,其中具有教育部工作经历者 9 人,有省级教育行政工作经历者 12 人,说明具有丰富的教育行政工作经验是第一批教育厅长的重要特征之一,亦是其被选任的基本条件。此外,他们当中有 6 人曾是民国初年临时教育会议代表,能够参加全国临时教育会议说明他们是有一定名望的教育人士,这也是其当选教育厅长的一种重要资本。

那么,籍贯、学识、经验等方面的选任资格在 1917 年后教育厅长选任中是否得以延续? 有无变化? 下面以 1925 年在任教育厅长群体为考察对象就此问题作一分析,见表 2-5。

与 1917 年任命的第一批教育厅长相比,1925 年在任教育厅长的资格状况有以下明显的变化:(1)教育厅长大部分为中年人,平均年龄为 45 岁。(2)教育厅长多为本省籍人。出现这一格局的原因是多方面的,后文将作分析。(3)改变了留日学生"一统天下"的局面,教育厅长的留学国别显现出多元化的趋向。(4)修习专业多样化,与 1917 年不同,1925 年在任教育厅长不仅有修习师范专业的,亦有修习农学、法学、政治经济、冶金、机械的。(5)改变了由教育部职员或省级教育行政长官经历者占主体的格局,教育厅长的任职经历趋于多元,比如曾担任大学校长、大学教授、知府、国会议员、政府秘书、政务厅长、省议会议长等。

表 2-5　1925 年各省在任教育厅长概况

| 姓名 | 年龄 | 籍贯 | 任职省份 | 学习及工作经历 |
|---|---|---|---|---|
| 张　瑾 | 43 | 直隶 | 直隶 | 曾赴德国留学；历任北京政府教育部编纂及佥事、京师学务局局长 |
| 谢荫昌 | 48 | 江苏 | 奉天 | 教育背景不详；曾任奉天省政务厅教育科主任 |
| 周玉柄 | 46 | 四川 | 吉林 | 举人；历任黑龙江巡抚署秘书、嫩江知府、海伦府知府、黑龙江高等审判厅长、吉林政务厅长 |
| 于驷兴 | 47 | 安徽 | 黑龙江 | 增生；历任黑龙江都督府交涉局总办、黑龙江内务司长、黑龙江政务厅长 |
| 王寿彭 | 51 | 山东 | 山东 | 进士（癸卯科状元）；历任湖北提学使兼布政使、北京政府总统府秘书 |
| 路孝植 | 57 | 陕西 | 河南 | 举人；日本高等农业学校农科毕业；历任学部总务司机要科员外郎、教育部佥事、北京农专学校校长 |
| 陈受中 | 46 | 山西 | 山西 | 日本早稻田大学政治经济科毕业；历任山西省立法政专门学校校长、山西省议会议长、国会参议院议员 |
| 胡庶华 | 40 | 湖南 | 江苏 | 秀才；湖南私立明德学校毕业；先后就读于德国矿科大学、柏林工业大学（获铁冶金博士学位）；历任湖南公立工业专门学校教授及事务主任、武昌大学教授及代理校长 |
| 王家驹 | 44 | 江苏 | 安徽 | 举人；日本东京法政大学法科毕业；历任学部科员、教育部佥事、教育部视学、国会众议院议员、国立北京法专校长、代理教育部专门教育司司长 |
| 朱念祖 | 43 | 江西 | 江西 | 先后就读于日本弘文书院师范科、明治大学政治科；历任吉安府知事、抚州知事、国会参议院议员，兼文官高等惩戒委员会委员 |
| 王孝绖 | 不详 | 福建 | 福建 | 福建东文学堂毕业；曾赴日本考察教育；历任福建学务公所普通科科员及科长、福建女子师范学堂副理、中央教育会会员、福建教育司参事、福建行政公署教育司科员、福建内务司教育科长、教育部视学 |

续　表

| 姓名 | 年龄 | 籍贯 | 任职省份 | 学习及工作经历 |
|---|---|---|---|---|
| 计宗型 | 42 | 浙江 | 浙江 | 曾在浙江武备学堂学习；先后就读于日本东京物理学校、美国哥伦比亚大学；曾赴美、欧考察教育；历任嘉兴府中学堂教员、浙江省视学、浙江省立第二中学校长 |
| 范鸿泰 | 46 | 湖北 | 湖北 | 曾在两湖书院学习；日本高等工业学校机械科毕业；历任学部郎中、京师大学堂工科教务提调、教育部技正、教育部司长、教育部参事 |
| 颜方圭 | 不详 | 湖南 | 湖南 | 湖南优级师范学堂毕业；历任湖南省立第三师范学校校长、省参议员；时任湖南教育司长 |
| 王兆荣 | 37 | 四川 | 四川 | 日本东京帝国大学政治经济科肄业；历任北京国立法政专门学校教务长、安徽公立法政专门学校校长 |
| 许崇清 | 37 | 广东 | 广东 | 日本东京帝国大学大学院毕业；历任广州市教育局局长、广东省教育委员会委员、国民党临时中央执行委员会委员 |
| 吴鼎新 | 49 | 广东 | 广西 | 秀才；京师大学堂师范馆博物科毕业；曾赴日本、菲律宾、美国、加拿大考察教育；历任广东省参议会议员及秘书长、广东高等师范学校教务长及教授、广东省政府教育科长 |
| 董泽 | 35 | 云南 | 云南 | 先后就读于日本东京同文书院政治经济科、哥伦比亚大学师范学院（获硕士学位）；曾任云南省公署外交顾问官；时任云南教育司长 |
| 席聘莘 | 不详 | 云南 | 贵州 | 学习经历不详；曾任云南巡按使署参事 |
| 马凌甫 | 39 | 山西 | 陕西 | 曾在陕西大学堂学习；日本明治大学政治经济科毕业；创办西北大学；曾任陕西省议会议长 |
| 李克明 | 不详 | 甘肃 | 甘肃 | 甘肃高等学堂毕业；曾任甘肃宁远县高等小学堂首任堂长 |
| 刘文龙 | 55 | 湖南 | 新疆 | 廪生；曾任职于新疆塔城汪步端参赞大臣属下 |

资料来源：教育部编审处编：《第一次中国教育年鉴》，上海：开明书店，1934 年；丁致聘编：《中国近七十年来教育记事》，上海：商务印书馆，1935 年；敷文社编：《最近官绅履历汇编》，台北：文海出版社，1969 年；卞孝萱、唐文权编：《民国人物碑传集》，北京：团结出版社，1995 年；中国社会科学院近代史研究所编：《中华民国史资料丛稿·民国人物传》（第一—十二卷），北京：中华书局，1978－2005 年；陈旭麓、李华兴主编：《中华民国史辞典》，上海：上海人民出版社，1991 年；徐友春主编：《民国人物大辞典》，石家庄：河北人民出版社，1991 年。

当然,两个时期教育厅长的资格亦有诸多共同之处,主要表现为:(1)中西兼长仍是这个群体教育背景的主要特征;(2)具有留学背景仍是重要的资本;(3)大多有丰富的从教与从政经历。

由表2-5可知,无论是初期还是后期,北京政府时期教育厅长的选任资格始终重视"学识"和"经验"这两点。

### (二)教育厅长的任命方式及其影响因素

选任资格与任命方式是教育厅长选任过程中最基本的两个环节,如果说选任资格是教育厅长任职的前提条件,那么任命方式的恰当与否则直接关系到选任资格是否得到有效保障。北京政府时期,教育厅长的选任方式及其影响因素颇为复杂。

#### 1. 教育厅长的任命方式

1914年12月15日,北京政府颁发的《文官任职令》(教令第148号)规定:"简任职之任命,由大总统就合格人员中简任之,其任命状由大总统署名盖印,国务卿副署之。"[①]为了进一步明确简任官的任职程序,北京政府于1915年9月30日公布了《简任文职任用程序令》,规定:"凡简任缺出,除由大总统特令任用者外","由各该长官就合格人员预保,经大总统核准交政事堂以本缺记名者"。[②] 据此,教育厅长的任用程序为,教育总长预保教育厅长适合人选由大总统简任之。北京政府教育部于1917年9月6日颁布的《教育厅暂行条例》中亦有类似的规定:教育厅长"由大总统简任"[③]。以上是北京政府在制度层面设计的教育厅长任命方式。那么,教育厅长的实际任命情况如何呢?

从1917年9月7日首批教育厅长的实际情况来看,教育厅长的任命大致遵循了法定程序:由教育总长范源廉提名合适人选,由大总统简任之。然而,首批教育厅长的上任并非像教育部及中央政府所预想的那样顺利。如前所述,事实上,首批教育厅长任命名单一经发布,在全国范围内顿时引起了排异效应。

---

① 《文官任职令》,《政府公报》,1914年第940号,第2—3页。

② 《简任文职任用程序令》,《政府公报》,1915年第1221号,第41页。

③ 《教育厅暂行条例》,《政府公报》,1917年第590号,第1页。

最强烈的反对声来自于地方政府："曹锟于令下之第四日即来电反对，谓无设置此项机关之必要。……张作霖来电亦复云然。昨日政府又得鲍贵卿来电。"①9月13日，又有七省督军联合电至中央表示实无设置教育厅之必要。他们反对任命的原因是：一方面，借口教育厅设置之经费由省自筹，而"现在各省政费军费大概不敷，此项设官经费难于筹措"②；另一方面，强调教育厅之房屋设施无法筹措，"年来，财政部搜罗各省官产大卖特卖，各省办公机关平时已苦难于尽得相宜处所，此次新设庞然两大衙门，自是无所处安置"③。其实，以上理由只不过是牵强附会的借口而已，更为深层的原因是"此次突然设此两大位置，各省督军省长之幕府人才孰不欲得其一席，以为扶摇直上之根据，因是中央放人不为各省欢迎"④。假如教育厅长"所用者系各省自保之人，则经费无着、办公无地，该省长官均可为之设法"⑤。因为此次教育部简放之诸厅长"绝未注意上述诸端"⑥，故一时间"各省督军省长迎拒电报频来"⑦。与各省军民两长反应相似，地方教育界的反应亦甚为强烈。如李步青被任命为山西教育厅长后，"为晋人极端拒绝。由教育界联名电京呈请撤换"⑧，"反对风潮一时未易疏通"⑨。在各方僵持不下的情况下，教育部为了缓和矛盾，一方面，由教育总长亲自出面和地方督军、省长协商⑩；另一方面，教育总长、冯国璋代总统、段祺瑞总理相继约见各省教育厅长，面催各厅长尽快出京赴任。然而，在军阀割据、中央政府缺乏威权的年代，以上措施均成效不彰。第一批任命的教育厅长中，有不愿赴任者，如直隶黄炎培、湖南沈恩孚、奉天许寿裳、吉林钱家治等；有不能赴任者，如山西

---

① 《进退维谷之教实两厅厅长》，《民国日报》，1917年9月21日，第2张第6版。
② 《教育实业两厅之波折》，《申报》，1917年9月18日，第2张第6版。
③ 《教育实业两厅之波折》，《申报》，1917年9月18日，第2张第6版。
④ 《教育实业两厅之波折》，《申报》，1917年9月18日，第2张第6版。
⑤ 《教育实业两厅之波折》，《申报》，1917年9月18日，第2张第6版。
⑥ 《教育实业两厅之波折》，《申报》，1917年9月18日，第2张第6版。
⑦ 《两厅厅长迄今尚无赴任》，《晨钟报》，1917年10月9日，第1张第3版。
⑧ 《山西反对教实两厅长》，《民国日报》，1917年9月24日，第2张第7版。
⑨ 《进退维谷之教实两厅厅长》，《民国日报》，1917年9月21日，第2张第7版。
⑩ 详见范源廉复贵州刘显世督军电。《设立教育厅之理由》，《晨钟报》，1917年9月29日，第1张第3版。

李步青"因其为孙洪伊秘书"[1]而颇致地方反对,而浙江刘以钟则"因年轻资浅为浙籍京官所反对"[2]亦不能上任。迫于各方压力,教育部不得不对刚刚任命的教育厅长重新调整。调整情况见表2-6。

**表2-6　1917年首任教育厅长名单公布后调整概况**

| 省份 | 调整前名单 | 调整后名单 | 调整时间 | 备注 |
| --- | --- | --- | --- | --- |
| 直隶 | 黄炎培 | 王玉祜 | 9月21日 | 黄辞职,王新任 |
| 奉天 | 许寿裳 | 谢荫昌 | 9月21日 | 许调赣,谢新任 |
| 吉林 | 钱家治 | 杨乃康 | 9月21日 | 钱辞职,杨新任 |
| 山西 | 李步青 | 虞铭新 | 9月21日 | 李辞职,虞新任 |
| 江西 | 伍崇学 | 许寿裳 | 9月21日 | 伍调浙,许调入 |
| 浙江 | 刘以钟 | 伍崇学 | 9月21日 | 刘调部,伍调入 |
| 广东 | 符鼎升 | 朱念慈 | 11月13日 | 符调苏,朱任教育科长 |
| 江苏 | 陈润霖 | 符鼎升 | 11月13日 | 陈未到,符署理 |
| 湖南 | 沈恩孚 | 李金藻 | 11月13日 | 沈辞职,李新任 |
| 四川 | 吴景鸿 | 杜明燡 | | 吴未到,杜代理 |

注:1917年9月5日,广东省新任省长李耀汉自行任命朱念慈为教育科长。参见《李耀汉接任后之广东》,《申报》,1917年9月14日,第2张第7版。

资料来源:《大总统令》,《政府公报》,1917年第605号,第1—9页;《大总统令》,《政府公报》,1917年第657号,第1页。

　　一般来讲,中央政府对教育厅长做适当调整是正常的行政行为。然而,自第一次任命发布之日起,在不到半个月的时间里,就做出如此大幅度的人事调整,则不能说是正常的行政行为。正是这种偏离常态的情况,折射出这一时期教育厅长的任命方式受到了地方政府与教育界的反对与质疑。与此同时,人事调整亦显露出一个重要信号,即教育厅长的任命事先须与地方政府和教育界商洽。易言之,关于教育厅长任命方式的话语权开始呈现向地方下移的趋势。

---

[1]　《各省教育实业两厅前途》,《申报》,1917年9月17日,第2张第6版。
[2]　《教育厅长易人》,《教育周报》,1917年第175期,第18页。

　　事实上,如果说 1917 年 9 月教育厅长的任命方式较为单一,那么随后 10 年间教育厅长的任命方式则朝着多元方向发展,大致有如下三种方式。

　　第一,经教育总长提名,由大总统简任。"官僚制官员典型地是由上级权威任命的。"[①]袁世凯死后,中国历经皖系、直系、奉系三大军阀执政,但经教育总长提名,由大总统简任的教育厅长任命方式在随后 10 年间仍为主要方式。比如,范源廉第三次掌教育部时任命的安徽教育厅长张继煦,马叙伦执掌教育部时任命的江西教育厅长蒋维乔、江苏省教育厅长沈彭年,胡仁源执掌教育部时任命的安徽省教育厅长洪逵等,都是通过这种方式任命的。以 1920 年安徽省教育厅长任命为例,10 月初,前任教育厅长赵宪曾因舆论压力被迫辞职后,安徽教育厅长人选问题遂成了各方关注的焦点。时任教育总长范源廉通过蔡元培向皖教育界表达了对人选的看法,希望能在教育部参事、司长中择一任命。皖教育界得知此消息后,提出了有条件的让步:在安徽,"一、非高等专门学校以上毕业人,不得任中学以上学校校长;二、罢免现在省议员荐任及公益维持会会员和军人充任之各学校校长"[②]。对此,范源廉表示同意。10 月 12 日,教育总长提名时任教育部普通教育司长张继煦,请国务会议通过。14 日,大总统简任张继煦为安徽省教育厅长。从中可知,北京政府从未放弃由教育总长提名大总统简任的教育厅长任命方式。

　　第二,地方政府保荐或自行任命。10 年间,经地方政府保荐由教育总长提名大总统简任的教育厅长任命方式亦较为普遍。如 1925 年 9 月 7 日,北京政府任命胡庶华为江苏教育厅长。据时任教育部专门教育司司长刘百昭透露,胡庶华"此次得任厅长,确是郑(谦)省长叠电保荐,并称东大善后问题,应俟胡厅长到任后,再谋解决,章总长业复电赞同"[③]。不管北京政府任命胡庶华为江苏教育厅长出于何种考虑,单就其上任方式而言,确是先由省长郑谦"叠电保荐",与教育总长章士钊多次商洽,后经章提请阁议通过,最终由大总统简任。地方

---

　　① 〔德〕马克斯·韦伯著:《经济与社会》(第二卷上册),阎克文译,上海:上海人民出版社,2020年,第 1326 页。

　　② 《皖教厅长易人底经过》,《民国日报》,1920 年 10 月 22 日,第 2 张第 6 版。

　　③ 《刘百昭发表之教育计划》,《申报》,1925 年 9 月 9 日,第 3 张第 9 版。

政府自行任命教育厅长的方式,在北京政府无法掌控的省份亦较普遍。比如,1922年7月5日,吉林督军孙烈臣以省令委任王世选为吉林省教育厅长。吉省教育界闻此消息后,顿时反对声四起,理由是,王世选"学问卑陋""品行卑污",不足为教育厅长。① 那么,王是通过何种方式当上教育厅长的呢?据吉省教育界反映,王氏上任的原因是:"以省教育会长资格,交结历任督军省长,为所欲为,王世选三字,遂以大著。"②面对教育界的反对声,吉省督军孙烈臣亲自出面反驳:"本督军之用王世选,取其省教育会长资格耳,并未究其学识如何,反对何为哉?"③在孙烈臣的力挺下,教育界的反对没有起到什么作用。

第三,地方教育界推荐,经教育总长提名,由大总统简任。地方教育界将一省教育视为地方自治之重要事业,因此对于教育厅长的选任特别重视。地方教育界在推荐教育厅长人选时,一般考虑两方面:一方面,教育厅长须为本省籍人。自民国成立以来,包括教育界在内的地方利益群体中,地缘情结甚为浓厚,而这种地缘情结又突出表现为排他性;另一方面,教育厅长须是一位有担当、有学识、有经验的人士。当中央任命之教育厅长不符合地方教育界上述标准时,地方教育界就会群起反对,迫于舆论压力,教育厅长不得不辞职。而在继任教育厅长人选问题上,教育总长为了避免与地方教育界的矛盾和纠纷激化,亦在一定程度上采纳其意见。如1923年4月9日,江西教育厅长朱念祖迫于教育界舆论压力辞职后,北京政府任命胡家凤代理教育厅长。胡家凤之所以能出任江西教育厅长,原因是地方教育界人士在背后出力甚多。时任江西教育会会长胡薰对胡家凤的学问与人品十分信任,故胡薰在推荐教育厅长人选问题上,极力与旅京同乡会疏通并达成共识,提名本省人胡家凤。④ 在地方教育界及旅京同乡会积极和教育总长彭允彝接洽后,4月9日,大总统简任胡家凤暂代赣省教育厅长。

总之,北京政府时期有法定的教育厅长任命程序,即教育厅长需经教育总

---

① 《吉林发生教长潮》,《申报》,1922年7月14日,第2张第7版。
② 《吉林发生教长潮》,《申报》,1922年7月14日,第2张第7版。
③ 《吉林发生教长潮》,《申报》,1922年7月14日,第2张第7版。
④ 《赣教厅长问题解决》,《申报》,1923年4月13日,第3张第10版。

长提名,由大总统简任之。然而,从 1917 年后近 10 年间教育厅长的实际任命方式看,法定任命程序在实施过程中难以保证,因而呈现出了多种任命方式并存的局面。

**2.影响教育厅长任命的因素**

通过上述分析可知,整个北京政府时期,各省教育厅长大多为具有中西教育背景且有较丰富的从政与从教经历者,但教育厅长的任命方式却不止法定方式一种。那么,究竟是哪些因素在影响着教育厅长的选任呢?

因素一:中央政权更迭频繁。这一时期,制约教育厅长任命的一个基本因素是政局动荡不宁。十几年间,从中央层面来讲,皖系、直系、奉系轮番执政。但中央政局无论怎么变,教育厅长的任命总需经过教育总长。问题在于,教育总长的去留通常受中央执政派系牵制。因此,中央执政派系的频繁更迭决定了教育总长走马灯似的更换,而教育总长的屡屡更换直接影响到教育厅长的任命。

第一,教育总长的政治派系。不同政治派系的教育总长对教育厅长的任命有着重要的影响。民国成立后,在"民主"和"共和"的旗帜下,各阶层力量为实现政治理想纷纷组建政党。教育厅长人选概莫能外。他们中的大多数在任前就已经加入了各种政治派系。1917 年 9 月 7 日北京政府简放的 21 省教育厅长中,"有十七人皆带国民系气味,而十七人中之十四人又似带有国民系激烈派之气味"[①]。时任教育总长范源廉系进步党人。早在 1913 年 5 月 29 日,共和、民主、统一三党改组为进步党,起初与国民党在政见上存在颇多分歧,但到 1914年后,在"反袁"的旗帜下,两党走到了一起,开始在政治和军事上携手合作。可以说,中央任命的首批教育厅长正是两党合作的一个缩影。

第二,教育总长的主观好恶。这对教育厅长任命亦产生了一定程度的影响,主要表现有二:一是关于教育厅长是否需要回避本籍。从 1917 年第一批教育厅长的籍贯分布看,21 省教育厅长均为外省籍人。这与时任教育总长范源

---

① 《教育实业两厅之人物谈》,《申报》,1917 年 9 月 14 日,第 2 张第 6 版。

廉主张"教育厅长皆不用本省人"①的用人观念不无关联。1917年后,继范源廉之后的几位教育总长均未在意教育厅长是否应回避本籍这一问题。直至1925年4月14日章士钊上任教育总长后情况突变。章执掌教部不久就在阁议中提出教育厅长回避本籍案,当时宣言,期在必行。② 地方教育界得知章这一做法后,先后有赣、浙、苏、皖等省教育界致电教育部,表示对此做法"断难承认"③。在强大的地方舆论压力下,章"拟将直隶、山西两教厅长对调"的主张在其任内未能实现。二是教育总长的人际关系亦对教育厅长任命有影响。从第一批教育厅长情况来看,他们中有的与教育总长是同事关系,"此次任命由部中人外放者教育部参事二、司长一、视学三"④;有的与教育总长是同学关系,如时论认为,江西教育厅长伍崇学"因与范总长有同学关系,故得膺此简命"⑤;还有的与教育总长是朋友关系,如"熊(崇煦)本湘省教育科员,与范静生总长交谊素笃"⑥。1917年后情况亦大致如此。如1921年10月,教育部次长马叙伦任命教育部参事蒋维乔为江西教育厅长,其深层原因是蒋遭到马的排挤。就此,蒋维乔在晚年称:1921年,马叙伦在国立大学"索薪"大风潮中受伤,"马氏本和我是旧同事,我们很想帮他忙。不料他别有作用,于我们的好意全不理会,于部务处置失当。我当面斥他,他心中衔恨,就不得我的同意,简任我为江西教育厅长。我不愿干,坚决辞职"⑦。再如1925年2月,马叙伦任命沈彭年为江苏教育厅长的一个重要因素是,沈时任教育部普通教育司长,马与沈为教育部同事关系。⑧

因素二:地方军阀混战不已。北京政府时期,地方军阀混战不已,造成的直接后果是中央政府威权的降低和地方军阀势力的不断膨胀。事实上,1916—1928年,各系军阀控制的省份处于不断变化之中,见表2-7。

---

① 《教育实业两厅之人物谈》,《申报》,1917年9月14日,第2张第6版。
② 《章士钊决实行教厅长回避本籍计划》,《晨报》,1925年9月20日,第2张第4版。
③ 《浙教育会反对教育厅长回避本籍》,《申报》,1925年5月14日,第3张第11版。
④ 《教育实业两厅之人物谈》,《申报》,1917年9月14日,第2张第6版。
⑤ 《赣省各机关长官大更动》,《民国日报》,1917年9月17日,第2张第6版。
⑥ 《鄂省之政海潮》,《申报》,1917年9月20日,第2张第6版。
⑦ 蒋维乔:《我的生平(未完)》,《宇宙风(乙刊)》,1940年第24期,第320页。
⑧ 1924年11月10日,北京政府任命马叙伦为教育部次长。11月24日,北京政府任命王九龄为教育部总长,但王因党派问题一直未就,故教育厅长的提名由马叙伦全权负责。

表 2-7　皖系、直系、奉系执政时期军阀控制省份变化简况

| 省份 | 皖系期 | 直系期 | 奉系期 | 省份 | 皖系期 | 直系期 | 奉系期 |
|---|---|---|---|---|---|---|---|
| 直隶 | 直 | 直 | 皖、奉、冯、奉 | 浙江 | 皖 | 皖、直 | 直 |
| 奉天 | 奉 | 奉 | 奉 | 湖北 | 直 | 直 | 直 |
| 吉林 | 皖、奉 | 奉 | 奉 | 四川 | 川 | 川 | 川 |
| 黑龙江 | 奉 | 奉 | 奉 | 贵州 | 黔 | 黔 | 黔 |
| 河南 | 直 | 直 | 冯、直、皖 | 广西 | 旧桂 | 旧桂、粤、旧桂 | 新桂 |
| 山东 | 皖 | 皖 | 皖、奉 | 广东 | 旧桂 | 旧桂、粤、革命党 | 革命党 |
| 山西 | 晋 | 晋 | 晋 | 云南 | 滇 | 滇 | 滇 |
| 江苏 | 直 | 直 | 直、皖、奉、直 | 湖南 | 湘、皖、湘、皖 | 湘 | 湘 |
| 安徽 | 皖 | 皖 | 皖、奉、直 | 陕西 | 直 | 直 | 直、皖、冯、直 |
| 江西 | 直 | 直 | 直 | 甘肃 | 直 | 直、皖 | 直、冯 |
| 福建 | 皖 | 皖、直 | 直 | 新疆 | 疆 | 疆 | 疆 |

注：皖系时期指 1916 年 6 月—1920 年 7 月；直系时期指 1920 年 8 月—1924 年 10 月；奉系时期指 1924 年 11 月—1928 年 6 月。

资料来源：李剑农著《中国近百年政治史》，蓝田：国立师范学院史地学会，1942 年；朱汉国主编《中华民国史》（第十册·表），成都：四川人民出版社，2006 年。

教育厅长作为中央任命的简任官，其选任原本与各地军阀无关。然而，在地方"军民合治"的政局中，教育厅长的选任无论如何也绕不过地方军阀这一关。而地方军阀的频繁更易，对教育厅长的选任有着直接的影响。如河南省，1922 年 10 月 31 日，北京政府特派张福来督理河南军务善后事宜，张系直系军阀，他上任后不久就更换厅道局长等重要官员，教育厅长一席概莫能外。1923 年 1 月，张多次向中央政府保荐教育厅长王幼侨在内的四个简任职官员，"大有非从速发表不可之势"[①]。在此情况下，北京政府于 2 月 24 日任命王幼侨为河

---

① 《张福来电保财教两厅长》，《申报》，1923 年 1 月 18 日，第 2 张第 6 版。

南教育厅长。1924年10月"北京政变"后,北京政府于11月1日免去张福来督理一职,并于12月6日特任胡景翼督办河南军务善后事宜。胡系冯系军阀,上任后实行"军民合治,凡厅道局长知事,皆可以军务督办职权更动"①。教育厅长自然亦属于更换之列。胡景翼上任不到半个月,便保荐余同甲为教育厅长。12月23日,北京政府遂免去王幼侨教育厅长一职,任命余同甲署河南教育厅长。又如山东省,1924年,因前"教育厅长于元芳与贿选有关,位置早已动摇"②。于是,皖系军阀、山东善后督办郑士琦向中央政府保荐于恩波为山东教育厅长。12月2日,北京政府任命于恩波为山东教育厅长。1925年4月,奉系军阀张宗昌软硬兼施使郑士琦被迫离开济南后,北京政府于4月24日任命张宗昌为山东善后督办。张上任后,更换大批地方官员,教育厅长亦属此列。教育厅长于恩波被迫辞职后,7月2日晚,张宗昌以省令发表执政府秘书王寿彭暂行代理教育厅长,"张素器重王之为人,力为推毂"③。7月3日,王寿彭赴厅接事。④

与上述各系军阀屡屡更迭的省份不同,山西、四川、贵州等省则长期由地方军阀盘踞。如山西省,整个北京政府时期,一直由阎锡山任山西军政长官。1917年9月3日至1929年8月10日,阎锡山还担任山西省省长一职。这一时期,他集军事、行政大权于一身,因而对包括教育厅长在内的晋省官员选任有着直接影响。1917年9月7日,北京政府任命李步青为山西教育厅长后,首先遭到阎锡山的强烈反对,原因是阎锡山不喜欢用外省人。在阎锡山及山西教育界的施压下,9月21日,北京政府改任虞铭新为山西教育厅长。1923年2月,阎保荐时任河东盐运使马骏为教育厅长。2月24日,北京政府准免虞铭新教育厅长职,任命马骏为山西教育厅长。但到1924年12月21日,马因"撤换高等

---

① 《豫胡两大主义之反响》,《申报》,1925年3月22日,第2张第5版。
② 《鲁政界之升沉观》,《申报》,1924年12月8日,第3张第10版。
③ 《鲁张龚交替中之要讯》,《申报》,2025年7月5日,第3张第11版。
④ 《鲁教厅易人》,《晨报》,1925年7月6日,第1张第3版。

及中等学校校长多人,又因调解学生运动事,遭阎猜忌,被调任实业厅长"①。未几,阎锡山又保荐曾任山西省议会议长的陈受中为教育厅长。阎保荐陈的原因是,他惧怕陈在民众中影响,故以懂教育、善办学为由保荐陈。1925年2月3日,北京政府派陈受中暂代山西教育厅长。可以说,10年间山西教育厅长的人选,始终由阎锡山直接控制。

因素三:地方教育界派系争斗。新文化运动以后,知识界及教育界人士觉醒,参与政治的主动性空前高涨,再加上中央威权下降、政令不畅,从而给地方教育界参与政治提供了一定的空间。他们将一省教育看作地方自治的重要事业,故对本省教育厅长的选任格外关注。但问题在于,这一时期各省教育界内部分门别户,派系纷繁芜杂,彼此争斗不已。比如,直隶教育界的北洋系、东洋系、育德系、保高系、促进系、改进系、学务局系②;湖北教育界的两湖书院派③;江苏教育界的江苏省教育会和省立校长联合会④;浙江教育界的北大派与浙派⑤;吉林教育界的省教育派和县教育派⑥;山东教育界的东洋派、师范派及高等派⑦;安徽教育界的高等系、龙门系及两江系⑧;贵州教育界的达德系、师范系、模范小学系⑨。这些地方教育界派系为了维护自身"饭碗",争相插手教育厅长的选任。易言之,各派系都想让"自己人"来当教育厅长,由是或明或暗的争斗从未间断。可以说,教育厅长之位正是一省教育界"各党系势力消长之关键"⑩。比如湖北省,经省长刘承恩会同萧耀南督军向中央保荐,1922年1月11

① 牛毅:《回族首领 爱国志士——马骏生平纪实》,载晋城市政协第一届文史资料研究委员会编:《晋城文史资料》(第二辑),晋城:晋城市政协第一届文史资料研究委员会,1990年,第11页。
② 《直省教育界之新变化》,《申报》,1924年3月29日,第2张第7版。
③ 《鄂教育界反对教育厅长》,《申报》,1922年3月14日,第2张第7版。
④ 蒋维乔:《我的生平(未完)》,《宇宙风(乙刊)》,1940年第24期,第320页。
⑤ 《马叙伦长浙教之风波》,《申报》,1922年7月11日,第3张第10版。
⑥ 《吉林反对教长风潮未平》,《申报》,1922年7月23日,第3张第10版。
⑦ 《鲁教育界派别之新变化》,《申报》,1924年3月11日,第3张第10版。
⑧ 《皖省学系之盛衰消长》,《申报》,1926年6月26日,第3张第11版。
⑨ 桂百铸:《民国初年我经办的贵州教育》,载贵州省政协文史与学习委员会编:《文史资料存稿选编》(第三卷),贵阳:贵州人民出版社,2006年,第298页。
⑩ 《直省教育界之新变化》,《申报》,1924年3月29日,第2张第7版。

日,北京政府任命省署秘书长钱葆青为湖北教育厅长。然而,湖北教育界得知此消息后极力反对,其中一个重要原因是钱受湖北教育界派系的排挤。对此,时人直言不讳:"鄂省教职员富于排外性质,且皆属两湖书院派,若非其同系来任厅长,亦难久于其位。"①事实证明,此番言论是正确的。钱葆青于1922年3月因教育界排挤辞去教育厅长一职后,继任的宗彝和陈鸿书,皆遭到鄂省教育界的强烈反对。直至1925年2月20日,北京政府任命范鸿泰为湖北教育厅长,教长风潮才渐趋平息。范系本省人,前两湖书院学生,又有留日经历,曾任教育部司长等,因此湖北教育界对范表示欢迎。② 再如江苏省,1925年2月10日,北京政府免去蒋维乔教育厅长职务,由沈彭年继任之。据蒋维乔反映:"沈是旧友,又在教育部多年同事,我很盼望他就来。但是江苏教育会首先发电中央,将我挽留;一面电拒沈氏,不可南下就职。省立校长联合会继起电达中央,也是留旧拒新。中央不应,就一次二次电报,打个不休。韩省长也屡电中央留我。"③在这般不受欢迎的境遇中,沈彭年未敢赴任。直至7月,奉军南下,韩国钧辞去省长,郑谦任省长后,"沈彭年方才同来"④。然而,沈氏上任前后,不仅遭到以袁希洛、袁希涛、黄炎培为首的江苏教育会的发难⑤,也遭到省立校长联合会的"绝对否认"⑥,还不断遭到以省立校长为核心的群体断绝公文的威胁⑦(见图2-2)。因而,沈氏上任不过2个月,即被"免职,调部任用"⑧。

① 《鄂教育界反对教育厅长》,《申报》,1922年3月14日,第2张第7版。
② 《鄂省新教育厅长范鸿泰接任记》,《申报》,1925年3月31日,第2张第7版。
③ 蒋维乔:《我的生平(完)》,《宇宙风(乙刊)》,1940年第25期,第391页。
④ 蒋维乔:《我的生平(完)》,《宇宙风(乙刊)》,1940年第25期,第392页。
⑤ 《袁希洛为沈彭年人格问题致省校长电》,《申报》,1925年7月8日,第3张第9版。
⑥ 王汝圻等:《致省教育会函》,南京大学档案馆藏:《江苏法政大学档案》,147.0031。
⑦ 《省校长对于沈氏之态度》,《申报》,1925年7月8日,第3张第9版;《嘉定县教育会来电》,《申报》,1925年8月6日,第3张第9版。
⑧ 《反对更易苏教厅长之昨讯》,《申报》,1925年9月8日,第3张第9版。

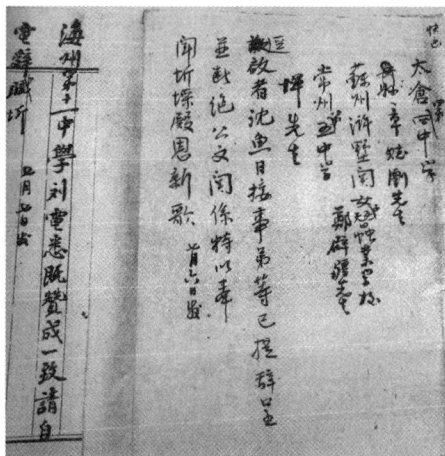

**图 2-2　质疑新任教育厅长沈彭年人格问题的公文**

图片来源:《质疑新教育厅长沈彭年人格问题的公文(1925 年 7 月)》,
南京大学档案馆藏:《江苏法政大学档案》,147.0031。

　　因素四:地方政教界派系争斗。民国成立后,各省陆续成立省议会。省议会是本省咨询与立法机关,具有核定省级法令与人事的权责。因此,本省教育厅长人选自然成为省议会关注的一大焦点。然而问题是,各省省议会内部派系芜杂,并经常与教育界团体争抢本省教育厅长选任的"话语主导权"。北京政府时期,围绕江苏教育厅长选任,各方展开的"拉锯战"尤显激烈。蒋维乔作为亲历者,曾在晚年透露:"这时各省教育厅长,多不能安于位,大都因省议会党派纷歧,见好于甲派,就获罪于乙派,最后不得不去职。而江苏的教育厅长,尤其难做。省教育会,有很大的势力;省议会更分成金陵俱乐部、正谊派两大党。教育会既与省议会水火不相容;省议会两派,也互相攻击。省立各校长,也有联合会。所以做厅长的人,左右为难,自民七以后,或仅做半年,或做一年,少有能做到两年以上的。"[①]

　　从上述分析来看,教育厅长的选任不仅受到中央政局频频更迭的影响,亦不断遭到地方军阀的插手,还受到地方上的教育界派系争斗、政教界派系争斗等不

---

　　①　蒋维乔:《我的生平(未完)》,《宇宙风(乙刊)》,1940 年第 24 期,第 320 页。

确定因素的干扰。一言以蔽之,北京政府时期,影响教育厅长选任的因素兼具复杂性与不确定性。

### (三)教育厅长的任期

那么,在这种选任方式多样化的背景下,各省教育厅长的实际任期如何呢?

从表 2-8 来看,北京政府时期,各省教育厅长中,任期在 3 年以上者仅占 11.3%。与之相比,大部分教育厅长的任期在 2 年以下,占各省教育厅长总数的 74.4%,其中又以任期不足 1 年者居多。无怪乎曾任江苏教育厅长的蒋维乔在晚年打趣称:"计算我任江苏教育厅长,十一年七月就职,十四年七月解职,不折不扣,足足三年,各省教育厅长寿命,都没有我这样长的。"[1]以上事实充分反映,在当时风云变幻的政局下,各省教育厅长更动极为频仍。其因由前文已述,在此不赘。

通过考察北京政府时期教育厅长群体可以看出:首先,整个北京政府时期,中央政府对教育厅长的选任资格无明文规定,但从教育厅长的实际资格来看,他们基本是学识中西兼长、具有丰富从政与从教经历者。其次,从任命程序来讲,北京政府时期有法定的教育厅长任命程序,然而在实践中难以得到保障,出现了经教育总长提名由大总统简任、地方政府保荐经教育总长提名由大总统简任、地方军阀自行任命、地方教育界推荐经教育总长提名由大总统简任等多样任命方式并存的局面。事实上,在北京政府教育总长频繁更迭、各地军阀占山为王、民间教育界力量不断壮大等多种因素的交织作用下,教育厅长的选任是十分复杂的。最后,在上述因素制约下,各省教育厅长难安其位,严重破坏了省级教育行政正常的生态,进而在一定程度上加剧了各省地方教育现代化发展的不平衡。

---

① 蒋维乔:《我的生平(完)》,《宇宙风(乙刊)》,1940 年第 25 期,第 392 页。

表 2-8　北京政府时期各省教育厅长任期

（单位：人次）

| 省份 | 不足1年 | 1～2年 | 2～3年 | 3～4年 | 4～5年 | 5～6年 | 6～7年 | 7年以上 | 总计 |
|---|---|---|---|---|---|---|---|---|---|
| 直隶 | 5 | 1 | 3 | | | | | | 9 |
| 奉天 | 2 | | 1 | | 2 | | | | 5 |
| 吉林 | 4 | | 1 | 1 | 1 | | | | 7 |
| 黑龙江 | 4 | 2 | | | | | | 1 | 7 |
| 山东 | 5 | 4 | 1 | | | | | | 10 |
| 河南 | 6 | 1 | 2 | | | | | | 9 |
| 山西 | 1 | 1 | | 1 | | 1 | | | 4 |
| 江苏 | 4 | 2 | 1 | 1 | | | | | 8 |
| 安徽 | 10 | 4 | 1 | | | | | | 15 |
| 江西 | 6 | 2 | | 1 | | | | | 9 |
| 福建 | 2 | | 2 | 1 | | | | | 5 |
| 浙江 | 2 | | 4 | | | | | | 6 |
| 湖北 | 6 | 2 | 2 | | | | | | 10 |
| 湖南 | 8 | 3 | 1 | | | | | | 12 |
| 四川 | 3 | 3 | 1 | 1 | | | | | 8 |
| 广东 | 5 | 1 | 1 | | | | | | 7 |
| 广西 | 2 | | | | | | | 1 | 3 |
| 云南 | 3 | | | 1 | 1 | | | | 5 |
| 贵州 | 2 | 2 | 1 | 1 | | | | | 6 |
| 陕西 | 3 | 2 | | 1 | | | | | 6 |
| 甘肃 | 2 | 4 | 1 | | | | | | 7 |
| 新疆 | | | | | 1 | | 1 | | 2 |
| 总计 | 85 | 34 | 23 | 9 | 5 | 1 | 1 | 2 | 160 |
| 占比 | 53.1% | 21.3% | 14.4% | 5.6% | 3.1% | 0.6% | 0.6% | 1.3% | 100.0% |

注：本表中的北京政府时期指 1917 年 9 月 7 日北京政府任命首批教育厅长至 1928 年 12 月 29 日国民政府任命东三省教育厅长为止。

资料来源：根据附表 2 中教育厅长任职起止时间统计得来。

## 二、国民政府初期的教育厅长群体

较之前一时期,民国政府初期教育厅长群体面貌发生了显著的变化,主要体现在选任资格、任命方式、任职期限三个方面。

### (一)教育厅长的选任资格

南京国民政府成立后,随着控制区域的扩大、行政事务的繁巨,国民政府亟须引进大批文官人才以增进政府工作效率。鉴于此,1929 年 10 月 30 日,国民政府颁布《现任公务员甄别审查条例》,其中规定简任官须有以下资格之一方为合格:"一、对党国有特殊功劳或致力革命十年以上者;二、在教育部认可之国内外大学毕业且有专门研究者;三、曾在国民政府统治下任简任官一年以上或荐任官二年以上者;四、曾任国立大学教授三年以上者。"①该法令对简任官党籍、学历、从政年限有了明确的规定,并首次将"曾任国立大学教授三年以上"作为资格之一,用法律条文形式加以规定,反映了国民政府对公务员学历、从教经历的重视程度。

为了进一步完善公务员制度,1933 年 3 月 11 日,国民政府颁布《公务员任用法》,规定简任公务员应就具有以下各款资格之一者任用:"一、现任或曾任简任职经甄别审查或考绩合格者;二、现任或曾任最高级荐任职二年以上经甄别审查或考绩合格者;三、曾任政务官一年以上者;四、曾于民国有特殊功劳或致力民国革命十年以上而有功劳者;五、在学术上有特殊之著作或发明者。"法令第五条规定,"公务员之任用除依前三条之规定外并依其学识经验与其所任之职务相当者为限。"②由此可知,《公务员任用法》仍强调简任公务员人选的学识和经验水平。但需要指出的是,该法令是针对整个简任公务员群体设计的,很难顾及省政府各厅长的职务要求。

---

① 《现任公务员甄别审查条例》,《立法院公报》,1929 年第 12 期,第 278—279 页。
② 《公务员任用法》,《教育部公报》,1933 年第 5 卷第 13—14 期,第 22 页。

针对上述问题,1933 年 6 月行政院公布《行政院审查各省政府厅长人选暂行办法》,规定各省政府厅长人选须合于以下各款资格之一:"一、曾任政务官一年以上者;二、现任或曾任简任官一年以上经甄别审查合格得有证书者;三、对党国有特殊功劳或致力国民革命十年以上而有行政经验者;四、曾任县长六年以上或最高级简任官四年以上具有特殊成绩经奖叙有案者;五、曾任教育部立案之专门以上学校教授二年以上、副教授或讲师三年以上并曾任荐任官二年以上或简任官一年以上者;六、在学术上或事业上有特殊著作、经验或贡献者。"①可见,国民政府一方面对公务员的资格规定不断具体化;另一方面,不断提升公务员的准入门槛,极力将教授、副教授等学者引进官员队伍,并明确提出,"各省政府厅长人选除依照前条规定外,其所任之职务并须与其学识、经验相当"②。

至此,省府厅长的选任标准才得以明晰,即厅长选任须以"对党国有特殊功劳""学问""经验"为标准。现以 1929 年各省在任教育厅长为例,考察各省教育厅长的实际资格情况(见表 2-9)。

表 2-9　1929 年各省在任教育厅长概况

| 姓名 | 年龄 | 党籍 | 籍贯 | 任职省份 | 学习及工作经历 |
| --- | --- | --- | --- | --- | --- |
| 沈尹默 | 46 | 国民党 | 浙江 | 河北 | 日本东京帝国大学文科毕业;历任国立北京大学教授、燕京大学教授、中法大学国文教授、北平孔德学院院长;时任北平大学文学院教授、大学委员会北平分会委员 |
| 吴家象 | 28 | 国民党 | 辽宁 | 辽宁 | 北京大学毕业;历任国立东北大学总务长兼教授、国立东北大学代校长、东三省保安司令部秘书、东北政务委员会机要秘书长 |
| 王荩林 | 59 | 国民党 | 吉林 | 吉林 | 举人;历任江苏巡按使署咨议长、吉林政务厅长、江苏苏常道尹 |
| 高家骧 | 51 | 国民党 | 黑龙江 | 黑龙江 | 北京国立法政专门学校法律科毕业;曾任北京政府参议院议员;时任黑龙江省政府委员兼农矿厅长 |

① 《行政院审查各省政府厅长人选暂行办法》,《法令周刊》,1933 年第 159 期,第 1 页。
② 《行政院审查各省政府厅长人选暂行办法》,《法令周刊》,1933 年第 159 期,第 1 页。

续　表

| 姓名 | 年龄 | 党籍 | 籍贯 | 任职省份 | 学习及工作经历 |
|---|---|---|---|---|---|
| 何思源 | 33 | 国民党 | 山东 | 山东 | 北京大学哲学系毕业；先后入美国芝加哥大学研究院、哥伦比亚大学、德国柏林大学、法国巴黎大学等学习政治经济学，其中在美国芝加哥大学研究院获哲学硕士学位；其间赴捷克、奥地利、匈牙利等国考察政治经济；历任广州中山大学教授、经济系代理主任兼图书馆馆长、训育部副主任兼法科主任、直鲁赈灾委员会委员、中央赈灾委员会委员、国民革命军总司令部政治训练部副主任、国民政府军事委员会政治训练部主任、国民党山东省党务整理委员会委员 |
| 李敬斋 | 40 | 国民党 | 河南 | 河南 | 游美肄业馆毕业；后入美国密西根大学学习，先后获工学硕士、文学博士学位；历任中州大学教务长、福中矿务专门学校校长、国民党河南省党部组织部部长、国民党中央党部组织部秘书 |
| 陈守中 | 50 | 国民党 | 山西 | 山西 | 日本早稻田大学政治经济科毕业；历任山西省立法政专门学校校长、山西省议会议长、北京政府参议院议员 |
| 陈和铣 | 36 | 国民党 | 江西 | 江苏 | 法国巴黎大学政治系毕业，获博士学位；历任国立北京政法大学教授、北京政治分会顾问、北伐军总司令部参事、江西省政府驻沪代表、江苏省政务委员会委员兼司法厅长、江苏省政府委员；时任国民政府法官惩戒委员会委员 |
| 程天放 | 44 | 国民党 | 江西 | 安徽 | 复旦大学毕业；先后入美国芝加哥大学哲学系、美国伊利诺伊大学政治系（获硕士学位）、加拿大多伦多大学政治系（获博士学位）学习；历任复旦大学教授、大夏大学教授、国民党江西省党部执行委员兼宣传部部长、江西省政府委员兼教育厅长、中央大学教授、国民政府参事、中央军官团政治总教官兼政治部主任；时任国民政府考试院参事 |

| 姓名 | 年龄 | 党籍 | 籍贯 | 任职省份 | 学习及工作经历 |
|---|---|---|---|---|---|
| 蒋笈 | 37 | 国民党 | 江西 | 江西 | 学习经历不详;历任广东大本营参议、江西省赣东政治部主任、江西省民政厅长、淞沪警备司令部总办公处主任、陆海空军总司令部参事、江西省党部监察委员 |
| 程时煃 | 39 | 国民党 | 江西 | 福建 | 日本东京高等师范学校师范科毕业;后入美国哥伦比亚大学学习教育学,获硕士学位;历任江西省立第一中学校长、国立北京师范大学教务主任、国立北京女子师范大学教育学教授、大夏大学教育学教授;时任中央大学区教育行政院普通教育处处长兼教育学院副教授 |
| 陈布雷 | 39 | 国民党 | 浙江 | 浙江 | 浙江高等学堂毕业;历任浙江宁波效实中学教习、《申报》特约译述员、《商报》编辑主任、商务印书馆交通科第二股股长、修能学社国文教员、通商银行文书员、浙江省政府秘书长、国民党中央党部书记长、《时事新报》主笔等;时任国民党第三届候补中央监察委员 |
| 黄昌谷 | 38 | 国民党 | 湖北 | 湖北 | 北洋大学冶金专业毕业;后入美国哥伦比亚大学冶矿专业学习,获硕士学位;历任石井兵工厂工程师、江西战地度支处长、广州大本营宣传委员、广州大本营会计司司长、广州大本营秘书、广州国民政府秘书、广州国民政府监察院监察委员、武昌市政厅长、武昌市市长;时任立法院第一届立法委员 |
| 黄士衡 | 39 | 国民党 | 湖南 | 湖南 | 美国爱荷华大学毕业;后入美国哥伦比亚大学政治科学习,获硕士学位;历任长沙商业专门学校校长、湖南实业厅长、湖南大学校长、湖南省教育厅长 |
| 向　楚 | 51 | 国民党 | 四川 | 四川 | 举人;历任蜀军政府秘书院院长、四川军政府秘书厅长、四川省行政公署政务厅长、国立成都高等师范学校国文系教授兼主任 |

续　表

| 姓名 | 年龄 | 党籍 | 籍贯 | 任职省份 | 学习及工作经历 |
|---|---|---|---|---|---|
| 许崇清 | 41 | 国民党 | 广东 | 广东 | 先后入东京高等师范学校、东京帝国大学文学部、东京帝国大学研究院学习；历任广州市教育局局长、广东省教育委员会委员、国民党中央执行委员会候补委员、广东省政府委员兼教育厅长、南京国民政府教育行政委员会委员；时任广东省政府委员兼民政厅长 |
| 雷沛鸿 | 41 | 国民党 | 广西 | 广西 | 曾在两广高等实业学堂学习；先后入美国俄亥俄州欧柏林学院学习政治学和教育学并获学士学位、美国哈佛大学学习教育学并获硕士学位；曾赴英、法、德等国考察大学教育；历任广西省长公署教育科科长、广东甲种工业学校校长、上海法政大学经济系主任兼教授 |
| 龚自知 | 33 | 国民党 | 云南 | 云南 | 北京大学毕业；历任云南高等师范学校教授、东陆大学教授、云南教育司参事、昆明市政府教育课长、昆明市立中学校校长、云南省政府秘书长、国民革命军第十三路总指挥部秘书长；时任云南省政府委员 |
| 叶纪元 | 34 | 国民党 | 贵州 | 贵州 | 贵州省模范中学毕业；后从日本明治工业专科学校毕业；后入美国斐士那大学学习；历任财政部监督、浙江省禁烟局局长、浙江省公路局局长、山东青岛电话局局长 |
| 黄　统 | 41 | 国民党 | 陕西 | 陕西 | 曾在开封入客籍学堂学习，后入日本政法学校政治经济专修科学习；历任冯玉祥顾问、陕西省讲演所所长、汉南省督军公署参议、北京政府交通部秘书、北京政府交通部育才科科长、陕西省立中山大学校长 |
| 郑道儒 | 32 | 国民党 | 直隶 | 甘肃 | 曾留学美国；历任北京政府时期甘肃省盐务局局长、甘肃省督办公署交际处处长 |
| 刘文龙 | 59 | 国民党 | 湖南 | 新疆 | 廪生；先后任塔城道尹、北京政府时期新疆教育厅长 |

续　表

| 姓名 | 年龄 | 党籍 | 籍贯 | 任职省份 | 学习及工作经历 |
|---|---|---|---|---|---|
| 刘葆锷 | 35 | 国民党 | 甘肃 | 宁夏 | 兰州中学毕业；后入日本东京帝国大学政治经济系学习；历任吉鸿昌师部秘书兼政治处处长、河北省河间县县长；时任宁夏省政府秘书长 |
| 张　钦 | 42 | 国民党 | 绥远 | 绥远 | 山西法政专门学校法政科毕业；历任山西省内各法院推事、绥远高等法院院长 |
| 郭贵瑄 | 32 | 国民党 | 绥远 | 察哈尔 | 北京大学毕业；曾赴日本考察教育；时任绥远特别区教育厅长 |
| 张翼廷 | 61 | 国民党 | 热河 | 热河 | 日本陆军士官学校骑兵科毕业；历任东三省盐运使、奉天中路观察使、奉天财政司司长、奉天财政厅长、绥远都统署总务处处长、北京政府外交部特派热河交涉员兼赤峰商埠局局长、热河道尹、热河全区印花税处处长、热河特别区政务厅长 |

注：1929 年 1 月，青海省政府成立，下设财政、建设等厅，但未设教育厅，故青海省未列入该表。

资料来源：教育部编审处编：《第一次中国教育年鉴》，上海：开明书店，1934 年；丁致聘编：《中国近七十年来教育记事》，上海：商务印书馆，1935 年；敷文社编：《最近官绅履历汇编》，台北：文海出版社，1969 年；卞孝萱、唐文权编：《民国人物碑传集》，北京：团结出版社，1995 年；中国社会科学院近代史研究所编：《中华民国史资料丛稿·民国人物传》（第一—十二卷），北京：中华书局，1978—2005 年；陈旭麓、李华兴主编：《中华民国史辞典》，上海：上海人民出版社，1991 年；徐友春主编：《民国人物大辞典》，石家庄：河北人民出版社，1991 年。

由表 2-9 可知：(1)各省教育厅长均为国民党籍。说明就任教育厅长的首要条件是国民党党员。可以说，政治面貌明确是与北京政府时期教育厅长选任资格的最大区别。(2)各省教育厅长中，以中青年为主体。(3)多数省份教育厅长为本省籍人。1929 年在任教育厅长中，75％为本省籍人，仅 25％为外省籍人，说明这一时期中央政府对教育厅长应否回避本籍问题并不重视。(4)教育厅长中具有留学经历者占主体。其中，留学欧美人数稍胜于留学日本人数，突破了北京政府时期教育厅长群体中留日者居多的格局，反映国民政府初期留学欧美群体已经在教育界立足。(5)修习专业多样化。1929年在任教育厅长有学习师范专业的,还有学习法律、经济、政治、冶金等专业的。(6)学历有不断提高的趋势。教育厅长中,多数具有学士学位。其中,6人具有硕士学位,2人具有博士学位。这说明多数教育厅长任前在国内外受过正规的大学教育,改变了此前教育厅长群体学历参差不齐的局面。(7)教育厅长任职经历多元。如大学教授、大学校长、中央监察委员、政务厅长、省党部组织部部长及监察委员、县长等,改变了以往由有教育部及省级教育行政工作经验者占主体的局面。26位教育厅长中,具有教育工作经验者共17人。其中,13位具有大学教授及校长、专门学校校长的工作经历,说明中央政府"学者从政"的执政理念初步得到践行。

那么,党籍、学识、经验诸方面的选任资格到20世纪30年代是否得以延续?有无变化?下面以1936年各省在任教育厅长群体为考察对象(见表2-10、图2-3),对此进行分析。

表 2-10　1936年各省在任教育厅长概况

| 姓名 | 年龄 | 党籍 | 籍贯 | 任职省份 | 学习及工作经历 |
|---|---|---|---|---|---|
| 李金藻 | 61 | 国民党 | 河北 | 河北 | 日本弘文书院师范科毕业;历任直隶省教育司司长、北京政府时期湖南省教育厅长、江西省教育厅长、南京国民政府时期江西省政府秘书长及政务厅长、河北省政府秘书、河北省立图书馆馆长、天津市教育局局长 |
| 何思源 | 40 | 国民党 | 山东 | 山东 | 北京大学哲学系毕业;先后入美国芝加哥大学研究院、哥伦比亚大学、德国柏林大学、法国巴黎大学等学习政治经济学,其中在美国芝加哥大学研究院获哲学硕士学位;其间赴捷克、奥地利、匈牙利等国考察政治经济;历任广州中山大学教授、经济系代理主任兼图书馆馆长、训育部副主任兼法科主任、直鲁赈灾委员会委员、中央赈灾委员会委员、国民革命军总司令部政治训练部副主任、国民政府军事委员会政治训练部主任、国民党山东省党务整理委员会委员 |

| 姓名 | 年龄 | 党籍 | 籍贯 | 任职省份 | 学习及工作经历 |
|---|---|---|---|---|---|
| 陈访先 | 41 | 国民党 | 安徽 | 河南 | 安徽法政专门学校法政科毕业；后从日本明治大学毕业；历任国民党安徽党务指导委员兼训练部部长、国民党中央党务组织部干事、国民党东京支部执行委员兼驻日总支部执行委员及秘书长、安徽留学生经理员、国民党河北省党务整理委员兼常务委员、北平文化指导委员会委员；时任国民党第五届候补中央执行委员 |
| 冀贡泉 | 44 | 国民党 | 山西 | 山西 | 日本明治大学法律科毕业；历任南京临时政府教育部主事、北京政府时期山西省立法政专门学校教务长及校长、山西大学法学院院长、山西省立法政专门学校校长、南京国民政府时期山西省政府委员 |
| 周佛海 | 39 | 国民党 | 湖南 | 江苏 | 曾在沅陵辰郡联合中学学习；后从日本京都帝国大学经济系毕业；历任国民党宣传部秘书兼广东大学教授、武昌商科大学教务长、国民革命军总司令部秘书、武昌军事政治学校秘书长兼政治部主任、中央陆军军官学校政治部主任、国民政府训练总监部政治训练处处长、国民革命军总司令部训练主任；时任国民党第四次全国代表大会代表兼中央执行委员 |
| 杨　廉 | 39 | 国民党 | 四川 | 安徽 | 北京大学教育系毕业；后入美国哥伦比亚大学学习教育学，获硕士学位；历任北京政府时期四川省立模范小学教员、四川济川中学教员、川南师范学校教员、北京孔德学院小学部主任及北京大学教授、蚌埠中学校长、浙江第一中学第一部主任、浙江教育厅秘书、浙江县长考试委员会委员、北京市立女子师范科主任、南京国民政府时期教育部专员、北京大学教育系教授、教育部社会教育司司长 |

续 表

| 姓名 | 年龄 | 党籍 | 籍贯 | 任职省份 | 学习及工作经历 |
|---|---|---|---|---|---|
| 程时煃 | 46 | 国民党 | 江西 | 江西 | 日本东京高等师范学校师范科毕业；后入美国哥伦比亚大学学习教育学，获硕士学位；历任江西省立第一中学校长、国立北京师范大学教务主任、国立北京女子师范大学教育学教授、大夏大学教育学教授、中央大学区教育行政院普通教育处处长兼教育学院副教授、福建省政府委员兼教育厅长 |
| 郑贞文 | 45 | 国民党 | 福建 | 福建 | 秀才；曾在乌石山师范学堂修习师范；后入日本东北帝国大学学习理论化学，获学士学位；历任福建省都督府教育部专门科科长、华侨教育视学官、厦门大学教授兼教务长、上海商务印书馆编辑所理化部部长、南京国民政府时期中国化学会理事、商务印书馆译名委员会化学专任编审 |
| 许绍棣 | 36 | 国民党 | 浙江 | 浙江 | 复旦大学商科毕业；历任上海大学讲师、国民革命军后方总政治部秘书、浙江省立高级商业学校校长、国民党浙江省党部执行委员兼宣传部部长、南京国民政府军事委员会委员长长沙行营秘书兼设计委员 |
| 程其保 | 41 | 国民党 | 江西 | 湖北 | 曾在清华学校学习；先后入美国明尼苏达州翰林大学、芝加哥大学、哥伦比亚大学师范学院学习教育学，分别获学士、硕士、博士学位；历任北京政府时期东南大学教授、上海商科大学代理校长、齐鲁大学教务长、南京国民政府时期国立中央大学教育学院教育行政学教授 |
| 朱经农 | 49 | 国民党 | 江苏 | 湖南 | 曾在常州府中学堂学习；先后入日本弘文书院、成城学堂学习；后入美国华盛顿大学、哥伦比亚大学师范学院研究院学习教育学，分别获学士、硕士学位；曾创办中国公学并被推为干事；历任北京政府时期高等实业学堂教员、《民主报》编辑、《东亚新闻》总编辑、北京大学教育系教授、上海商务印书馆总编辑、沪江大学国文系主任、南京国民政府时期上海市教育局局长、大学院普通教育处处长、教育部参事、教育部普通教育司司长、教育部常务次长、齐鲁大学校长、南京国民政府立法院编译处长 |

续　表

| 姓名 | 年龄 | 党籍 | 籍贯 | 任职省份 | 学习及工作经历 |
|---|---|---|---|---|---|
| 蒋志澄 | 39 | 国民党 | 浙江 | 四川 | 北京大学毕业;后入德国柏林大学从事研究;历任浙江专门学校教员、浙江省杭县县长、海宁县县长、军事委员会南昌行营设计委员会专门委员、江西省庐山管理局局长 |
| 黄麟书 | 53 | 国民党 | 广东 | 广东 | 日本东京中央大学经济系毕业;历任广东龙川县县长、广东省政府委员、国民党第五届候补中央监察委员 |
| 雷沛鸿 | 48 | 国民党 | 广西 | 广西 | 曾在两广高等实业学堂学习;先后入美国俄亥俄州欧柏林学院学习政治学和教育学并获学士学位,入美国哈佛大学学习教育学并获硕士学位;曾赴英、法、德等国考察大学教育;历任广西省长公署教育科科长、广东甲种工业学校校长、上海法政大学经济系主任兼教授 |
| 龚自知 | 40 | 国民党 | 云南 | 云南 | 北京大学毕业;历任云南高等师范学校教授、东陆大学教授、云南教育司参事、昆明市政府教育课长、昆明市立中学校校长、云南省政府秘书长、国民革命军第十三路总指挥部秘书长;时任云南省政府委员 |
| 叶元龙 | 38 | 国民党 | 安徽 | 贵州 | 美国威斯康星大学经济学专业毕业,获硕士学位;历任上海大同大学、光华大学经济学教授、国立政治大学经济学教授、上海商科大学经济学教授、国立中央大学教务长、国立中央大学法学院经济系副教授、安徽省政府委员兼教育厅长、安徽省财政厅长、暨南大学经济系教授兼主任 |
| 周学昌 | 39 | 国民党 | 河北 | 陕西 | 北京大学教育系毕业;历任黄埔陆军军官学校教官、北伐军政治部主任、国民政府劳工部调查科主任、国民党党员志愿军团秘书长兼政治部主任、国民党中央党部干事、国民党北平党务指导委员、北平市政府教育局局长 |

续 表

| 姓名 | 年龄 | 党籍 | 籍贯 | 任职省份 | 学习及工作经历 |
|---|---|---|---|---|---|
| 田炯锦 | 37 | 国民党 | 甘肃 | 甘肃 | 北京大学哲学系毕业；后入美国华盛顿大学、密苏里大学、伊利诺伊大学学习政法，并在伊利诺伊大学先后获硕士、博士学位；历任东北大学教授、国民政府监察院监察委员 |
| 张 馨 | 48 | 国民党 | 湖北 | 新疆 | 学习经历不详；历任北京政府时期新疆昌吉县县长、新疆英吉沙县县长、新疆外交署科长、南京国民政府时期新疆省政府参事 |
| 杨希尧 | 51 | 国民党 | 青海 | 青海 | 北京法政专门学校法政科毕业；历任北京政府时期甘肃省立法政专门学校教员，南京国民政府时期青海省蒙藏事务处处长、西宁县县长 |
| 童耀华 | 36 | 国民党 | 江苏 | 宁夏 | 学习经历不详；曾任国民党天津特别市党部整理委员；时任宁夏省党务特派员 |
| 阎 伟 | 39 | 国民党 | 绥远 | 绥远 | 曾留学法国；曾任国民政府实业部技正 |
| 柯昌泗 | 37 | 国民党 | 山东 | 察哈尔 | 北京大学毕业；历任直隶政治研究所所长、东北大学文学院教授、郁文学院国文系主任兼教授、国立北京大学史学系讲师、北平师范大学史学系讲师、辅仁大学讲师、私立中国学院国学系讲师 |

注：1931 年 9 月 18 日后，辽宁、吉林、黑龙江相继沦陷，建立伪满政府，故东三省不列入本表；1933 年 3 月，热河沦陷，建立伪满政府，故热河省也不列入本表。

资料来源：教育部编审处编：《第一次中国教育年鉴》，上海：开明书店，1934 年；丁致聘编：《中国近七十年来教育记事》，上海：商务印书馆，1935 年；敷文社编：《最近官绅履历汇编》，台北：文海出版社，1969 年；卞孝萱、唐文权编：《民国人物碑传集》，北京：团结出版社，1995 年；中国社会科学院近代史研究所编：《中华民国史资料丛稿·民国人物传》（第一—十二卷），北京：中华书局，1978—2005 年；陈旭麓、李华兴主编：《中华民国史辞典》，上海：上海人民出版社，1991 年；徐友春主编：《民国人物大辞典》，石家庄：河北人民出版社，1991 年。

李金藻(河北)　　何思源(山东)　　陈访先(河南)　　冀贡泉(山西)

周佛海(江苏)　杨廉(安徽)　程时煃(江西)　郑贞文(福建)　许绍棣(浙江)

程其保(湖北)　　朱经农(湖南)　　蒋志澄(四川)　　黄麟书(广东)

雷沛鸿(广西)　龚自知(云南)　叶元龙(贵州)　周学昌(陕西)　田炯锦(甘肃)

张馨(新疆)　　杨希尧(青海)　　阎伟(绥远)　　柯昌泗(察哈尔)

**图 2-3　1936 年各省教育厅长肖像**

图片来源:《中央及各省市教育行政长官玉照》,《教育杂志》,1936 年第 26 卷第 7 期,第 1 页。

与 1929 年相比,1936 年教育厅长群体有如下变化:第一,教授数量显著增加。23 位教育厅长中,有 18 位具有教育工作经历,其中 12 位曾是全国知名大学的教授。可以说,教育厅长群体中,教授所占比重如此之高前所未有。而这 12 位教授中,半数为教育学教授,事实上有的教育厅长任前就是研究教育行政学的专家,如湖北省教育厅长程其保,说明中央政府在选拔教育厅长时有了明显的专业化意识。第二,多数教育厅长曾在中央或省政府工作。其中,曾在上级机关从事监察、党务指导等工作者占相当比重。其原因将在下文进行剖析。

与此同时,两时期教育厅长群体也有许多共同点:(1)教育厅长以中青年居多;(2)教育厅长均为国民党党员;(3)本省籍教育厅长占主体;(4)中西兼学、海外留学仍是这个群体的重要特征,亦是他们就任教育厅长的重要资本;(5)教育厅长均有丰富的从教与从政经历。

总体来讲,国民政府初期,教育厅长的选任最重视"党籍""学识""经验"三个方面,与南京国民政府制定的简任官选任标准基本保持一致。

### (二)教育厅长的选任方式

1927 年 6 月 27 日,南京国民政府颁布《省政府组织法》,规定省政府各厅厅长"由国民政府任命省政府委员兼任之"[①]。1928 年 4 月 27 日,中央政府出台《修正省政府组织法》,规定"省政府各厅长之任免得由各主管部院及委员会呈请国民政府核准行之"[②]。1930 年 2 月 3 日,中央政府再次颁布《修正省政府组织法》,规定省政府各厅厅长"由行政院于省政府委员中提请国民政府任命之"[③]。此后,《省政府组织法》于 1931 年 3 月再次修订颁布,但省政府各厅厅长任命方式未变。从中可以推断,法定的教育厅长任命方式经历了由国民政府任命到大学院(不久改称教育部)呈请国民政府任命,再到行政院直接任命这三次大的调整。在实践中,国民政府初期教育厅长的选任方式主要有以下几种。

---

① 《省政府组织法》,《民国日报》,1927 年 6 月 30 日,第 2 版。
② 《修正省政府组织法》,《国民政府公报》,1928 年第 53 期,第 8 页。
③ 《修正省政府组织法》,《立法院公报》,1930 年第 15 期,第 22 页。

### 1.由国民政府任命

这一选任方式在南京国民政府初建时较为普遍。如:1927年7月25日,国民政府任命何世桢为安徽省政府委员兼教育厅长①;1928年2月1日,国民政府任命刘树杞为湖北省政府委员兼教育厅长②;1928年3月8日,国民政府任命韩安为安徽省政府委员兼教育厅长③。

### 2.教育部提请国民政府任命

该时期,经教育部提名、由国民政府任命的选任方式也较为普遍。如1929年6月25日,时任教育部长蒋梦麟鉴于各大学区即将停止试行,故向行政会议提出:"请政治会议任命陈布雷为浙江教厅长兼省府委员,沈尹默兼河北教厅长,李元箸兼热河教厅长。"④7月1日,国民政府任命陈布雷为浙江省政府委员兼教育厅长。7月4日,国民政府任命沈尹默为河北省政府委员兼教育厅长。⑤

### 3.行政院提请国民政府任命

这种选任方式中,教育厅长的提名事宜全权由行政院院长负责。如1934年12月,时任行政院院长蒋介石提名童耀华任宁夏省教育厅长。⑥1935年1月15日,经行政院第一九五次会议议决,任命童耀华为宁夏省政府委员兼教育厅长。⑦

### 4.地方政府保荐

此种任命方式在国民政府初期亦较为普遍。如河南省,1927年12月初,教育厅长张鸿烈因办事棘手遂向省政府提出辞职。12月23日,经省政府会议议决,照准张的辞请,并决定"电请国民政府委任江恒源继任斯职"⑧。省政府

---

① 《安徽省政府八月一日成立》,《民国日报》,1927年7月27日,第2版。
② 《中华民国国民政府令》,《国民政府公报》,1928年第28期,第7页。
③ 《安徽省政府电》,《申报》,1928年3月13日,第2张第8版。
④ 《蒋梦麟推荐三厅长》,《中央日报》,1929年6月26日,第3张第1版。
⑤ 《国民政府令》,《教育部公报》,1929年第1卷第8期,第1页。
⑥ 《王世杰生平大事年表》,载薛毅著:《王世杰传》,武汉:武汉大学出版社,2010年,第231页。
⑦ 《行政院决议》,《申报》,1935年1月16日,第1张第3版。
⑧ 《江恒源将任豫教厅长》,《民国日报》,1928年1月7日,第3张第4版。

推荐江恒源的原因是,他不但具有丰富的从政与从教经历,而且"此次应友人约,来沪考察政治社会情形,曾晋谒沪省政府冯玉祥主席数次,敷陈建设大计,均极扼要,关于教育计划尤为周详,为冯主席所器重"[1]。1928年1月17日,国民政府任命江恒源为河南省政府委员兼教育厅长。

### 5.地方政府自行任命

南京国民政府成立后,表面上多数省份在其管辖范围之内,但因种种矛盾,不少省级政府与中央政府仍处于分庭抗礼的状态,一些省份主政者遂自行任命包括教育厅长在内的省级行政官员。可以说,这种任命方式在地方政局动荡、中央对地方政权无力掌控的时期尤为突出。如甘肃省,1930年,阎锡山、冯玉祥等举起"反蒋"大旗,爆发中原大战。在此期间,冯玉祥先后自行任命郑道儒、张爱松、赵元贞等人出任甘肃省教育厅长。

### 6.经名望人士推荐,由国民政府任命

如1932年11月,蒋光鼐准备组织福建省政府,留教育厅长一席,托时任南京国民政府主席林森物色。经林森推荐,次月7日,国民政府任命郑贞文为福建省政府委员兼教育厅长。据郑贞文晚年回忆称:"林森与我虽是同盟会同志,但却未曾见面,可能以我在学术界工作多年,充教育之职或可胜任,遂愈格介绍,我就这样地当上了福建省的教育厅厅长。"[2]

由上可知,国民政府初期,教育厅长的选任方式较为多样,远远超出了法定选任方式的种类。理论上讲,教育厅长人选应由主管全国教育行政事宜的教育部长提名。然而综观这一时期,教育部长在教育厅长选任问题中所发挥的作用极为有限。究其原因,除时局动荡的因素外,受法定选任方式限制亦是一个重要原因。如1930年后,《省政府组织法》规定:厅长由行政院从省政府委员中提出,由国民政府任命。因此,教育厅长之提名多由行政院院长直接拍板。然而,行政院院长提出的教育厅长人选多是其亲信密荐的。据时人透露:"每遇某个

---

① 《江恒源将任豫教厅长》,《民国日报》,1928年1月7日,第3张第4版。

② 郑贞文:《在福建教育厅任职的回忆》,载中国人民政治协商会议福建省委员会文史资料研究委员会编:《福建文史资料》(第十二辑),福州:福建人民出版社,1986年,第1页。

省市政府全体改组或部分变动时，陈果夫即从 CC 系集团中选其亲信者，密向蒋介石签呈推荐。"①以 1935 年教育厅长为例，江苏的周佛海、浙江的许绍棣、湖北的程其保、山东的何思源、河南的陈访先、陕西的周学昌、宁夏的童耀华等人，无不是"二陈"推荐的 CC 系分子。事实上，CC 系分子早在 1929 年后就在各省党政部门活动。比如，1929 年 7 月上任的河南省教育厅长李敬斋、1933 年 2 月上任的宁夏省教育厅长葛武棨等均为 CC 系分子。据陈果夫和陈立夫称："至于教育部门，我们必须拿到手。这是管理思想的部门。我们天天喊叫党化教育，可是教育部门在人家手里，这还行吗？"②在"二陈"看来，不但要拉拢党务人员、学者、专家从政，而且"由县长可以升为厅长，逐渐就将全国各级政府抓到手中"③。由此不难理解，为什么教育厅长中有一定数量的党务人员、监察委员、县长等人选了。

### (三)教育厅长的任期

与北京政府时期相同，国民政府初期，中央对教育厅长任期同样未作规定。那么，教育厅长的实际任期多久呢？（见表 2-11）

由表 2-11 可知：教育厅长的实际任期以不足 1 年者居多，占 54.5％，任期为 1 年者占 17.6％，两者相加约 72.1％；任期 2 年者占有一定比重，为 15.8％；任期 3 年及以上者占 12.0％。这些数据表明：较之北京政府时期，国民政府初期教育厅长的任期具有一定的稳定性，但任期在 1 年以下者依然居高不下。究其原因，主要有以下三点。

---

① 刘不同：《国民党的魔影——"CC"团》，载中国人民政治协商会议全国委员会文史资料研究委员会编：《文史资料选辑》(第四十五辑)，北京：中国文史出版社，1964 年，第 213 页。

② 刘不同：《国民党的魔影——"CC"团》，载中国人民政治协商会议全国委员会文史资料研究委员会编：《文史资料选辑》(第四十五辑)，北京：中国文史出版社，1964 年，第 213 页。

③ 刘不同：《国民党的魔影——"CC"团》，载中国人民政治协商会议全国委员会文史资料研究委员会编：《文史资料选辑》(第四十五辑)，北京：中国文史出版社，1964 年，第 212—213 页。

表 2-11　国民政府初期各省教育厅长任期

（单位：人次）

| 省份 | 不足1年 | 1~2年 | 2~3年 | 3~4年 | 4~5年 | 5~6年 | 6~7年 | 7年以上 | 总计 |
|---|---|---|---|---|---|---|---|---|---|
| 河北 | 6 | 2 | 2 | | | | | | 10 |
| 辽宁 | 1 | 2 | | | | | | | 3 |
| 吉林 | 2 | | 1 | | | | | | 3 |
| 黑龙江 | 3 | 1 | | | | | | | 4 |
| 山东 | | | | | | | | 1 | 1 |
| 河南 | 10 | 2 | | 1 | | | | | 13 |
| 山西 | 2 | | 1 | | | 1 | | | 4 |
| 江苏 | 1 | | 2 | | | 1 | | | 4 |
| 安徽 | 9 | | 1 | | 1 | | | | 11 |
| 江西 | 6 | 1 | 1 | | 1 | | | | 9 |
| 福建 | 2 | 3 | | | 1 | | | | 6 |
| 浙江 | 2 | 2 | 3 | | | | | | 7 |
| 湖北 | 8 | 3 | 0 | 1 | | | | | 12 |
| 湖南 | 5 | 1 | 1 | | 1 | | | | 8 |
| 四川 | 3 | 1 | 1 | 1 | | | | | 6 |
| 广东 | 4 | 1 | 3 | | | | | | 8 |
| 广西 | 8 | 2 | 2 | | | | | | 12 |
| 云南 | 2 | 1 | | | | | | 1 | 4 |
| 贵州 | 2 | 1 | 3 | | | | | | 6 |
| 陕西 | 2 | 1 | | 1 | 1 | | | | 5 |
| 甘肃 | 6 | 2 | | | 1 | | | | 9 |
| 宁夏 | 3 | 1 | 1 | 1 | | | | | 6 |
| 新疆 | | | | 1 | 1 | | | | 2 |
| 青海 | | | | | | | 1 | | 1 |
| 热河 | | | | 1 | | | | | 1 |

| 省份 | 不足1年 | 1～2年 | 2～3年 | 3～4年 | 4～5年 | 5～6年 | 6～7年 | 7年以上 | 总计 |
|---|---|---|---|---|---|---|---|---|---|
| 察哈尔 | 1 | 2 | 2 | | | | | | 5 |
| 绥远 | 2 | | 2 | 1 | | | | | 5 |
| 总计 | 90 | 29 | 26 | 8 | 7 | 2 | 1 | 2 | 165 |
| 占比 | 54.5% | 17.6% | 15.8% | 4.8% | 4.2% | 1.2% | 0.6% | 1.2% | 100.0% |

注:本表中的国民政府初期指1925年7月1日广州国民政府成立至1937年7月7日全面抗战爆发为止。

资料来源:根据附表2中教育厅长任职起止时间统计得来。

### 1. 地方政局动荡

依该时期有关法令,教育厅长任免应由中央政府全权负责,与各省政府无关。但因地方势力仍很强大,教育厅长去留无论如何也绕不开省级政府。而省级政府主政人员的去留无常,以及省政府的频频改组,无疑对教育厅长的去留有着直接的影响。如安徽省,1927年3月,北伐军攻克安庆后,南京国民政府任命陈调元为安徽省政务委员会主席。陈上任伊始,推定张仲琳为教育科长。[①] 1927年7月,该委员会改组为安徽省政府,管鹏出任省政府主席,由何世桢出任教育厅长,但何迟迟未就职。1927年10月,陈调元出任省政府主席,次月由其任命雷啸岑代理教育厅长。1928年3月,安徽省政府改组,孙启代理省政府主席,由韩安出任教育厅长。此后,至1937年,相继由程天放、李仲公、于恩波、何其巩、叶元龙、朱廷祜、杨廉等人出任皖省教育厅长一职。总体来看,皖省政府每改组一次,"教厅长连带同进退,往往一年之间更易数次,五日京兆,席不暇暖"[②],大有"一朝天子一朝臣"之势。

---

① 《安徽省政府委员就职》,《申报》,1927年4月6日,第2张第8版。
② 刘镜洲:《安徽教育厅实习报告(1933年)》,载南京图书馆编:《二十世纪三十年代国情调查报告》(208),南京:凤凰出版社,2012年,第190页。

### 2.党政派系纠葛

地方党政派系矛盾的症结在于省党部与省政府的纠纷。一般而言,国民政府初期,省党部多由中央组织部控制,而省政府多被地方势力派掌控。一旦中央组织部为了争夺地方政权,将触角伸及省政府,省政府与省党部间难免发生冲突与矛盾。事实上,该时期各省中二者冲突较为普遍。据孙科反映:"各省省党部、各县县党部,没有一个党部不是和同级政府不发生纠纷,不过多少而已。"[①]以山西省为例,1931年8月,因省钞兑现无望,晋省教育界对教育厅长冯司直大为不满。不久,冯提出辞职。此时,阎锡山因在中原大战中反蒋失败后,早已逃往大连,不在山西。借此时机,陈立夫向时任行政院院长蒋介石推荐CC系分子苗培成出任晋省教育厅长。1931年10月3日,中央政府任命苗培成为山西省政府委员兼教育厅长。事实上,早在1924年山西省成立临时党部起,苗就先后担任过山西省党部执行委员兼宣传部长、党务指导委员等职。阎锡山对省党部始终很反感。1930年3月,即中原大战爆发之初,阎下令查封山西省党部,随即省党部被迫迁往天津。1931年1月,省党部又迁回太原。苗培成返回山西后发起了"反阎运动"。1931年12月18日,即苗培成上任教育厅长不到2个月,因其阻止学生抗日,发生冲突,导致"纠察队开枪打死打伤学生多人"[②],酿成震惊全省的"一二·一八惨案"。可以说,这一惨案为不久后重返山西的阎锡山公开反对省党部尤其是CC系分子苗培成留下了口实。因此,苗于1931年10月到任,就任教育厅长7个月后即提出辞职。旋即,阎锡山向国民政府推荐其亲信冀贡泉为教育厅长。1932年4月21日,国民政府任命冀贡泉为山西省政府委员兼教育厅长。

### 3.教育界派系争斗

各省教育界将教育视为地方的重要事业,对主管地方教育事业的最高长官人选颇为关注。与此同时,各省教育界为了维护自身"饭碗",各立门户,不断干

---

① 孙科:《办党的错误和纠正》,《中央党务月刊》,1930年第29期,第259页。

② 贾天佑:《国民党元老苗培成传略》,载晋城市政协第一届文史资料研究委员会编:《晋城文史资料》(第二辑),晋城:晋城市政协第一届文史资料研究委员会,1990年,第55—56页。

预教育厅长的选任事宜。由此，该时期各省教育界派系依然纷繁芜杂：河南教育界的北大派、师大派、武高派、河大派①，湖北教育界的北大系、北高系、武高系②，安徽教育界的北大派、东大派、合肥派、桐城派③，等等。比如河南省，1936年6月，鲁荡平就任教育厅长始，就曾面临教育界党派林立而行政工作难以推动的尴尬处境。1941年，他在给教育部长陈立夫的函件中透露："回忆视事之初，教界党派林立，封建思想浓厚，事业推动异常困难。"④

再如湖北省，据时人反映，湖北教育界历来"有北大、北高、武高三系，彼此各立门户，平分势力范围，每次教厅长有更迭，则各以利害之关系，唱反对拥护之声"⑤。1929年5月4日，中央任命黄昌谷为湖北省政府委员兼教育厅长。他毕业于北洋大学，后赴美国哥伦比亚大学留学，获矿冶硕士学位；曾任武昌市市政厅长、武昌市市长。黄上任不久，湖北旅平学会便致电教育部，要求撤换黄昌谷，理由是"黄氏到任以来，首则唆使其厅内某科长散发匿名传单，大施其挑拨离间之手腕，冀图使吾鄂教界自相疑忌，则可从中取巧，继则欲位置私人，树立羽党。乃强行合并性质各异、学级悬隔之体育专门、男师范、女师范及乡师范四校为师范学院，自兼院长。近又无故撤换成绩素优之省立实验小学第三小学及第七小学各校长。种种鬼蜮行动，实属全国学界人士所鄙视"⑥。事实上，这些不过是湖北旅平学会反对黄昌谷的借口而已，其深层原因是黄昌谷撤换北大派和北高派校长触动了两派利益，引起北大、北高等北平毕业生聚集而成的湖北旅平学会愤恨所致。在他们的抵制下，1930年2月10日，国民政府准免黄昌谷本兼各职，任命黄建中为湖北省政府委员兼教育厅长。黄为北大哲学系出

---

① 王馨斋：《解放前河南教育界的派系斗争》，载中国人民政治协商会议河南省委员会文史资料研究委员会编：《河南文史资料选辑》（第一辑），郑州：河南人民出版社，1979年，第156页。

② 《武汉教潮一瞥》，《大公报》，1932年6月2日，第2张第5版。

③ 钟志鹏：《安徽省教育厅实习报告（1933年）》，载南京图书馆编：《二十世纪三十年代国情调查报告》（208），南京：凤凰出版社，2012年，第418—419页。

④ 鲁荡平：《河南省教育厅长鲁荡平给教育部长陈立夫的函件》，中国第二历史档案馆藏：《教育部档案》，5-651。

⑤ 《武汉教潮一瞥》，《大公报》，1932年6月2日，第2张第5版。

⑥ 湖北旅平学会：《快邮代电》，中国第二历史档案馆藏：《教育部档案》，393-2-102。

身。他上任后,省级教育经费因鄂省财政日趋拮据而大受影响,严重制约省立各校的运作。由此,武高系掌控的省立各校时常拿此为难黄建中。比如 1932 年 3 月 7 日,省立各校教职员以欠薪过巨为由,全体罢课。在此境遇下,黄"坚决辞职"①。是月 22 日,行政院决议改组湖北省政府。经议决,免去黄建中的省政府委员兼教育厅长各职,任命王世杰为省政府委员兼教育厅长。② 然而,时任武汉大学校长王世杰得知消息后,"呈为校务繁重,请辞湖北省政府委员兼教育厅长"③。是月 24 日,经行政院第十五次会议议决,照准王世杰所请,任命黄建中为湖北省政府委员兼教育厅长。④ 黄再次任厅长的消息公布后,便遭到省立各校教职员的强烈反对。4 月 15 日,湖北省立各校教职员开代表会,决定组织教育经费索欠委员会,宣布黄建中罪状,并要求省政府撤换。⑤ 在湖北教育界舆论压力下,黄建中坚辞不就。5 月 6 日,国民政府准免黄建中本兼各职,任命沈志远继任湖北省政府委员兼教育厅长。沈毕业于日本早稻田大学法律专业,北京政府时期曾任北京大学庶务主任兼预科讲师。发布任命这一天,湖北省立各学校师生及各教育馆成员到省府进行大规模请愿。他们认为:沈士远"所学者为法律,并非教育","学识谫陋,经验缺乏,品格卑污,人地不宜"。⑥ 事实上,沈修习法律不过是武汉教育界反对沈的借口罢了,真正原因在于沈不容于武高派。据时人反映:"沈士远之来长教厅,因沈曾任北大教员,北大派多表赞成,武高派则死力反对,北高派则在两可之间。"⑦鉴于武高派以罢课罢教相威胁,故沈士远上任不过 4 个月即提出辞职。9 月 8 日,国民政府批准沈士远辞请。而其继任者夏元瑮、程天放等莫不因湖北教育界派系反对而辞职。1933 年 6 月 20 日,中央政府任命程其保为湖北省政府委员兼教育厅长。程虽非武高出身,但他学识与经验颇为丰富,而且程上任伊始,表示"安定教职员生活及

---

① 《鄂省财政厅长易人》,《申报》,1932 年 3 月 10 日,第 2 张第 6 版。
② 《行政院决议改组鄂省政府》,《申报》,1932 年 3 月 23 日,第 2 张第 5 版。
③ 《行政院第十五次会议》,《申报》,1932 年 3 月 25 日,第 2 张第 6 版。
④ 《行政院第十五次会议》,《申报》,1932 年 3 月 25 日,第 2 张第 6 版。
⑤ 《鄂校教员组索欠会》,《申报》,1932 年 4 月 16 日,第 3 张第 9 版。
⑥ 《教界拒绝沈教厅长》,《申报》,1932 年 5 月 9 日,第 1 张第 2 版。
⑦ 《武汉教潮一瞥》,《大公报》,1932 年 6 月 2 日,第 2 张第 5 版。

保障其地位,并定三年内由省库补助,发展地方教育"①。因而,湖北教育界各派系均默许程的教育厅长地位。

从以上分析可知,国民政府初期教育厅长任期短暂的原因极为复杂。可以说,这种易长频繁的局面所造成的影响是多方面的:一是教育厅职员更动频繁,难安其位。一般而言,教育厅长每更换一次,必对厅内科长、省督学等职员作相应更换,致使职员怀五日京兆之心,难以安心开展工作。二是造成教育行政计划或迟迟不能确定,或频繁更替。如察哈尔省,"因政局关系,(教育)厅长迭次更动,教育发展计划不能确定"②。再如安徽省,"前任(教育厅长)之计划方针,后任(教育厅长)绝不负责。教育行政之中心力量既已失去,而各自为政之风气渐渐养成,一切是非无最后之决定"③。三是地方教育事业大受影响。如湖北省,"教育行政上因迭次改组,各种教育事业直接间接均受重大影响,教育经费亦发生困难,以致教育不能顺利推进"④。总之,该时期教育厅长频繁更换对各省教育事业产生了诸多消极影响。

教育厅长作为一省教育事业之"掌舵者",其学识、经历、任期长短不仅关系到省级教育行政效率的高低,也关系到地方教育发展走向。通过考察南京国民政府初期教育厅长群体可以看出:首先,这一时期中央政府对教育厅长之选任资格有明文规定,即注重教育厅长人选的"对党国有特殊功劳""学识""经验"三个方面,改变了北京政府时期教育厅长选任资格无明文规定的局面。从任职者实际资格来看,除具有北京政府时期教育厅长所具备的"中西兼长""具有丰富从政与从教经历"的特征外,还均为国民党党员,基本贯彻了法定的简任官选任标准。其次,关于选任方式,与北京政府时期相似,国民政府初期有法定的任用方式,但实践中却体现出多样化特点,出现由国民政府任命、行政院提请国民政府任命、地方政府保荐、地方政府自行任命、经名望人士推荐并由国民政府任命

---

① 《新鄂教厅长程其保发表教育施政方针》,《申报》,1933 年 7 月 17 日,第 4 张第 14 版。
② 《察教界到平请愿》,《大公报》,1933 年 8 月 17 日,第 2 张第 4 版。
③ 刘镜洲:《安徽教育厅实习报告(1933 年)》,载南京图书馆编:《二十世纪三十年代国情调查报告》(208),南京:凤凰出版社,2012 年,第 278 页。
④ 《程其保发表改进鄂教育意见》,《中央日报》,1933 年 7 月 16 日,第 1 张第 1 版。

等多样任命方式并存的局面。最后,从任期来看,与北京政府时期比较,此时期教育厅长任期具有一定的稳定性。但因地方政局不稳、党政派系纠葛、教育界派系争斗、地方政教界派系冲突等复杂因素的干扰,教育厅长任期充满变数,仍以不足1年者居多,从而破坏了省级教育行政系统的连贯性,也致使地方教育事业蒙受重创。

## 三、国民政府后期的教育厅长群体

1937—1949年,即国民党政权存续期内,教育厅长群体面貌与前此相比,既有相似性,也有差异性。就此,主要从选任资格和任职期限两个角度加以考察。

### (一)教育厅长的选任资格

全面抗战爆发至国民政府垮台这一时段,关于公务员的任用,继续沿用战前修正公布的《公务员任用法》,未颁布新法规。因此,国民政府初期厘定的"对党国有特殊功劳""学识""经验"这三项要求始终是选拔简任官人选的重要标准(见表2-12)。

表 2-12　1948 年各省在任教育厅长概况

| 姓名 | 年龄 | 党籍 | 籍贯 | 任职省份 | 学习及工作经历 |
|------|------|------|------|----------|----------------|
| 陈石珍 | 56 | 国民党 | 江苏 | 江苏 | 南京高等师范毕业,美国哥伦比亚大学研究院;教授、参事、司长、校长、委员 |
| 李超英 | 50 | 国民党 | 浙江 | 浙江 | 北京大学,英国伦敦大学经济博士;教授、委员 |
| 梁龙光 | 42 | 国民党 | 福建 | 福建 | 上海大学,日本早稻田大学;委员、校长、县长、书记长、参政员 |
| 周邦道 | 48 | 国民党 | 江西 | 江西 | 南京高等师范学校;校长、编审、督学、参事、处长 |
| 翟桓 | 47 | 国民党 | 安徽 | 安徽 | 清华学校,美国芝加哥大学硕士;院长、教授、主任、处长、参事 |

续　表

| 姓名 | 年龄 | 党籍 | 籍贯 | 任职省份 | 学习及工作经历 |
|---|---|---|---|---|---|
| 王凤喈 | 53 | 国民党 | 湖南 | 湖南 | 北京高等师范,美国芝加哥大学教育心理学博士;教务长、教授、教员、系主任 |
| 王文俊 | 47 | 国民党 | 湖北 | 湖北 | 北京大学,德国柏林大学博士;处长、教授、委员、校长 |
| 姚宝献 | 45 | 国民党 | 广东 | 广东 | 广东高等师范,日本东京大学;局长、教授、处长 |
| 黄朴心 | 48 | 国民党 | 广西 | 广西 | 法国巴黎大学,德国富来堡大学,苏联东方大学;教授、院长、所长、专员、顾问 |
| 王　政 | 43 | 国民党 | 云南 | 云南 | 清华大学,美国斯坦福大学博士;委员、系主任、教务长、教授、校长 |
| 傅启学 | 44 | 国民党 | 贵州 | 贵州 | 北京大学,美国加州大学研究院;委员、训导长、教授、主任、委员、处长 |
| 任觉伍 | 47 | 国民党 | 四川 | 四川 | 日本明治大学;社长、少将、科长、干事长、委员、教授、处长、局长 |
| 向理润 | 41 | 国民党 | 四川 | 西康 | 清华学校,美国威斯康星大学政治学博士;教授、厅长、委员长 |
| 薄毓相 | 42 | 国民党 | 山西 | 山西 | 北平师范大学;中学教员、秘书、少将、参事、委员、专员 |
| 高文源 | 45 | 国民党 | 陕西 | 陕西 | 美国威斯康星大学教育学博士;讲师、教授、总务长、系主任 |
| 宋　恪 | 44 | 国民党 | 甘肃 | 甘肃 | 美国密西根大学教育学博士;甘肃学院院长、干事长、干事 |
| 刘呈德 | 47 | 国民党 | 青海 | 青海 | 西宁蒙藏师范学校高师班毕业;连长、营长、副旅长、警察局长、司令、少将参谋长、民政厅长 |
| 杨作崇 | 49 | 国民党 | 甘肃 | 宁夏 | 中央党政学校;特派员、副局长、副处长 |
| 苏　珽 | 41 | 国民党 | 绥远 | 绥远 | 美国印第安纳大学教育学博士;教授、参政员、绥远省政府委员兼建设厅长 |
| 王公度 | 45 | 国民党 | 河南 | 河南 | 北京师范大学毕业;校长、教授、科长、参议员 |

续 表

| 姓名 | 年龄 | 党籍 | 籍贯 | 任职省份 | 学习及工作经历 |
|---|---|---|---|---|---|
| 张伯谨 | 46 | 国民党 | 河北 | 河北 | 日本广岛高等师范学校化学系；美国哥伦比亚大学教育行政硕士，美国康奈尔大学乡村教育博士；校长、教授、委员、参政员、教育厅长、干事长、副市长 |
| 李泰华 | 41 | 国民党 | 河北 | 山东 | 清华大学；美国哥伦比亚大学硕士，英国伦敦大学博士；教授、秘书长、处长 |
| 卞宗孟 | 53 | 国民党 | 辽宁 | 辽宁 | 东京高等师范学校研究员；教授、校长、秘书、视导特派员、书记长 |
| 梁 栋 | 47 | 国民党 | 湖南 | 松江 | 美国密歇根大学；主任委员 |
| 白世昌 | 44 | 国民党 | 辽宁 | 辽北 | 东北大学，英国爱丁堡大学法学硕士；教授、系主任、院长、训导长、教务长 |
| 胡体乾 | 52 | 国民党 | 吉林 | 吉林 | 美国芝加哥大学社会学博士；教授、院长 |
| 仓实忠 | 44 | 国民党 | 黑龙江 | 嫩江 | 东北大学；校长、教授、委员 |
| 张松涵 | 46 | 国民党 | 吉林 | 兴安 | 北京大学；县长、编审、主任、组长 |
| 吴希庸 | 37 | 国民党 | 辽宁 | 安东 | 东北大学，法国南锡大学经济学博士；厅科员、省督学、馆长、教授。 |
| 杨大乾 | 44 | 国民党 | 陕西 | 合江 | 北京大学，莫斯科中山大学；秘书、主任、县长、督导员、处长、党部执行委员、参政员、省政府委员 |
| 刘全忠 | 39 | 国民党 | 松江 | 黑龙江 | 清华大学，美国密西根大学硕士；教授 |
| 赛福鼎·阿滋作夫 | 33 | 国民党 | 新疆 | 新疆 | 苏联中正大学；编辑、教员、局长 |
| 陈方伯 | 38 | 国民党 | 辽北 | 新疆 | 南开大学；校长、县长、专员 |
| 刘廉克 | 46 | 国民党 | 卓盟喀左 | 热河 | 北平民国大学；主任、委员、专员 |
| 胡子恒 | 53 | 国民党 | 察哈尔 | 察哈尔 | 北京大学；校长、科长 |
| 许恪士 | 51 | 国民党 | 安徽 | 台湾 | 北京高等师范大学，德国耶纳大学哲学博士；教授、院长、教务长 |

资料来源：教育部中等教育司四科编制：《全国各省市教育厅局长简历表》，中国第二历史档案馆藏：《教育部档案》，5-407；《人事调查表》，湖北省档案馆藏：《湖北省教育厅档案》，LS067-001-0342-0004。

　　总体来看,与国民政府初期相比,国民政府后期各省教育厅长的资格大同小异,但也有些许变化,主要表现在:一是均在国内外受过正规的高等教育,学历层次显著提高。就出国留学而言,这一时期,36 位教育厅长中,曾赴欧美及日本留学的有 26 人,占比为 72.2%;就学历层次而言,有 10 余位教育厅长曾在美国获得博士学位,有的甚至是教育学博士,比如湖南的王凤喈、甘肃的宋恪、陕西的高文源、绥远的苏珽等。二是曾任教授的人数显著增加,教育工作经历更加凸显。就教授比重来看,全国 35 省中,有 23 省教育厅长曾任大学教授,占比为 65.7%;就工作经历来看,绝大多数教育厅长具备在教育行政部门从政或在各级学校从教的工作经历。这种人事布局说明,该时期国民政府更加看重教育厅长人选的教育专业素养。三是新疆除设有教育厅长外,还设副厅长。这是因为,国民政府颁布的《公务员任用法》规定,简任职必要时得设副阶。显然,这在当时是一种合法的用人安排。

### (二)教育厅长的任期

　　国民政府后期,各省教育厅长的任期呈现何种样态呢? 具体数据见表2-13。

表 2-13　国民政府后期各省教育厅长任期

(单位:人次)

| 省份 | 不足1 年 | 1～2年 | 2～3年 | 3～4年 | 4～5年 | 5～6年 | 6～7年 | 7 年以上 | 总计 |
|---|---|---|---|---|---|---|---|---|---|
| 河北 | 4 | | | | 2 | | | | 6 |
| 辽宁 | 2 | 1 | | | | | | | 3 |
| 辽北 | 1 | 1 | | | | | | | 2 |
| 吉林 | | 1 | | | | | | | 1 |
| 黑龙江 | | 1 | | | | | | | 1 |
| 兴安 | | 1 | | | | | | | 1 |
| 合江 | | 1 | | | | | | | 1 |
| 安东 | 1 | 1 | | | | | | | 2 |

续　表

| 省份 | 不足1年 | 1~2年 | 2~3年 | 3~4年 | 4~5年 | 5~6年 | 6~7年 | 7年以上 | 总计 |
|---|---|---|---|---|---|---|---|---|---|
| 嫩江 | | 1 | | | | | | | 1 |
| 松江 | 1 | 1 | | | | | | | 2 |
| 山东 | 1 | | | 2 | 1 | | | | 4 |
| 河南 | 1 | | | | 1 | | 1 | | 3 |
| 山西 | 1 | | | | 1 | | 2 | | 4 |
| 江苏 | 1 | 2 | 1 | | | | 1 | | 5 |
| 安徽 | 2 | 2 | 1 | 2 | | | | | 7 |
| 江西 | 1 | | 1 | | | | 1 | | 3 |
| 福建 | | | 1 | 1 | | | 1 | | 3 |
| 浙江 | 1 | 1 | | | | | 1 | | 3 |
| 湖北 | 4 | 2 | 1 | | 1 | | | | 8 |
| 湖南 | 1 | | | 1 | | 1 | | | 3 |
| 四川 | 1 | 2 | 1 | | | | 1 | | 5 |
| 西康 | 2 | | 1 | 1 | 1 | | | | 5 |
| 广东 | | | 1 | 1 | | 1 | | | 3 |
| 广西 | | 2 | | 1 | | | 1 | | 4 |
| 云南 | 1 | | | 1 | | | 1 | | 3 |
| 贵州 | | | 1 | 1 | 1 | | | | 3 |
| 陕西 | | 2 | | 1 | | 1 | | | 4 |
| 甘肃 | 2 | | | 1 | | | | 1 | 4 |
| 宁夏 | 6 | | 2 | 1 | | | | | 9 |
| 新疆 | 8 | 9 | 3 | 1 | 1 | | | | 22 |
| 青海 | 1 | | | | | 1 | 1 | | 3 |
| 热河 | | 1 | | | | | | | 1 |
| 察哈尔 | | 1 | | | | | 1 | | 2 |
| 绥远 | | | 1 | 1 | | | 1 | | 3 |

续　表

| 省份 | 不足 1 年 | 1～2 年 | 2～3 年 | 3～4 年 | 4～5 年 | 5～6 年 | 6～7 年 | 7 年 以上 | 总计 |
|------|------|------|------|------|------|------|------|------|------|
| 台湾 | 1 | 1 | 2 | | | | | | 4 |
| 总计 | 44 | 33 | 18 | 16 | 9 | 4 | 8 | 6 | 138 |
| 占比 | 31.9% | 23.9% | 13.0% | 11.6% | 6.5% | 2.9% | 5.8% | 4.3% | 100.0% |

注:本表中的国民政府后期指 1937 年 7 月 7 日全面抗战爆发至 1949 年 12 月 22 日四川省教育厅长任觉五飞离成都为止。

资料来源:根据附表 2 中教育厅长任职起止时间统计得来。

据表 2-13 可知,国民政府后期,教育厅长任期稳定性显著增强。其突出表现是:1 年以下者从 54.5% 下降至 31.9%,而 3 年及以上者从 12.0% 增至 31.2%。通常而言,一些省份的教育厅长在相对稳定的任期内,可以统筹规划与推进特殊时期的省域教育事业。同时也应看到,各省教育厅长中,任期不足 2 年者尽管从 72.1% 下降至 55.8%,但在国民政府后期仍占有相当比重。而且,在新疆等部分省份,这一比重更高。究其原因,主要以下几点。

**1. 地方政局依然不稳**

国民政府后期,地方内部以及中央与地方之间仍冲突不断,以致部分省份的教育厅长长期处于走马灯似的更换状态。以新疆省为例,全面抗战爆发后,实力派人物盛世才在新疆制造"阴谋暴动案",企图剪除异己。1937 年 9 月起,"盛世才就已对他的下属进行大规模的清洗,后来逐渐将矛头对准进步人士,最后将血手伸向共产党"①。事实上,此次"大清洗"就是从新疆省教育厅开始的。"当时,盛世才指使下属制造有人要谋刺督办的舆论,然后便下令逮捕了前精河县县长时为教育厅秘书处主任的张九皋和万某,经严刑逼供后,张、万二人将教育厅长张馨牵涉到案中。"②张馨曾参与"七七政变"与"四一二政变","他对盛世才的专制统治不满,因之被盛世才视为好谋乱、不安分且下毒手逮捕。紧接着

---

① 陈慧生、陈超著:《民国新疆史》,乌鲁木齐:新疆人民出版社,1999 年,第 342 页。

② 陈慧生、陈超著:《民国新疆史》,乌鲁木齐:新疆人民出版社,1999 年,第 342－343 页。

大清洗就从省府开始并扩大到全疆范围"①。

就教育厅长而言,张馨被捕后,1937年9月至1944年8月,先后出任代理教育厅长的马绍武、姜作周、马如龙、李一欧等人陆续被捕,程东白、黄如今等教育厅长也陆续被捕。由是,这些教育厅长的任期多不足一年。1944年8月,蒋介石以任命盛世才为农业部长为名,"令新疆省主席盛世才辞职,以吴忠信继任"②。9月4日,吴忠信与陈果夫共同拟定新省各厅长人选,其中拟以CC系分子许莲溪出任教育厅长。旋即,国民政府任命许莲溪为新疆省政府委员兼教育厅长。10月10日,吴忠信及省府委员宣誓就职。但此后一年多,吴忠信遭到新疆各族人民的抵制,迫使他于1946年3月离开新疆。3个月后,许莲溪也被免去教育厅长一职。为了向新疆渗透中央势力,国民政府与新疆三区革命代表反复谈判后,双方于6月6日在《和平条款》上签字。根据条款,新疆成立新疆省联合政府,其教育厅长由各区人民代表保荐中央任命之,国民政府则直接派定教育厅副厅长。③ 由此,1946年6月18日,国民政府任命赛福鼎·阿滋作夫为教育厅长,蔡宗贤为教育厅副厅长。然而一年后,新疆省联合政府破裂,"蔡宗贤受排斥离职"④。

### 2.党政派系持续争斗

这一时期,各省教育厅长的席位,依然是国民党高层各党派及地方势力派竞相争夺的关键位置。1938年3月7日,CC系首领陈立夫就任教育部长。由此,他"合法地"将一批CC系心腹安插到各省省政府任教育厅长。比照本书附表2中1938年各省教育厅长变动情况可知:是年,新任教育厅长,如河北王承曾、安徽叶元龙、湖北陈剑翛、四川杨廉、甘肃郑通和、青海马绍武、宁夏时子周等,皆为CC系骨干。可以说,"国民党各省的教育厅是由国民党CC头子陈立

---

① 陈慧生、陈超著:《民国新疆史》,乌鲁木齐:新疆人民出版社,1999年,第343页。

② 《重庆的对苏接近》,《申报》,1944年10月30日,第4版。

③ 陈慧生、陈超著:《民国新疆史》,乌鲁木齐:新疆人民出版社,1999年,第406页。

④ 新疆维吾尔自治区地方志编纂委员会、《新疆通志·教育志》编纂委员会编:《新疆通志·教育志》(第74卷),乌鲁木齐:新疆教育出版社,2006年,第718页。

夫、陈果夫弟兄把持的一个阵地"①。当然,这一时期,围绕教育厅长人选问题,CC 系与各方开展的"拉锯战"尤为激烈,且从未间断,主要表现有二。

第一,CC 系与地方实力派之争。从根本上讲,这是中央与地方在争夺省级教育行政领导权。陈立夫就职后,指使 CC 系分子用言论攻击等手段,将地方实力派委派的教育厅长极力排挤出局。与此同时,地方实力派亦使出种种手段,极力将 CC 系分子排挤出局。比如西康省,1938 年 12 月 17 日,国民政府任命韩孟钧为教育厅长。韩为省政府主席刘文辉的秘书,但因"CC 系等攻击他是青年党人"②,1943 年 4 月 13 日被免职。旋即,国民政府任命 CC 系的程其保为教育厅长。由于他"办教育成绩甚微"③,1945 年 7 月 10 日被免职。旋即,CC 系的张先智继任教育厅长。"因张是 CC 分子原在青海的省党部委员,刘文辉知道后大为不满,即电国民政府将其撤职。"④因此,是年 11 月 16 日,国民政府免去了张先智的教育厅长职务。再如宁夏省,CC 系分子葛武棨"因受不了(宁夏省政府主席)马鸿逵的排挤,去北京半年不回来,马鸿逵屡电蒋介石说:'我的教育厅长失踪了。'蒋命教育部长陈立夫立即电马道歉"⑤。1935 年 1 月 15 日,国民政府下令"调回葛武棨,以童耀华接替。童亦属 CC 派,任厅长后,恃宠放肆,财务上露了马脚,给马以攻击口实,被迫辞职"⑥。1938 年 2 月 22 日,国民政府任命时子周为宁夏省政府委员兼教育厅长。然而,时子周于 6 月 20 日才到任,在这之前由省政府秘书长叶森代理教育厅长。"时是国民党天津地方特务、华北 CC 派,到宁夏后,自恃腰杆子硬,对马的一切作风颇不顺从,并拒收马鸿逵所给 200 两大烟土,更引起马的不满。有一次,马鸿逵要用皮鞭打儿子,全

---

① 马廷秀等:《马鸿逵同国民党中央政府的权力之争》,载宁夏回族自治区政协文史资料研究委员会主编:《宁夏三马》,北京:中国文史出版社,1988 年,第 236 页。

② 四川省地方志编纂委员会编:《四川省志·政务志》(上),北京:方志出版社,2000 年,第 132 页。

③ 四川省地方志编纂委员会编:《四川省志·政务志》(上),北京:方志出版社,2000 年,第 132 页。

④ 四川省地方志编纂委员会编:《四川省志·政务志》(上),北京:方志出版社,2000 年,第 133 页。

⑤ 马廷秀等:《马鸿逵同国民党中央政府的权力之争》,载宁夏回族自治区政协文史资料研究委员会主编:《宁夏三马》,北京:中国文史出版社,1988 年,第 236 页。

⑥ 马廷秀等:《马鸿逵同国民党中央政府的权力之争》,载宁夏回族自治区政协文史资料研究委员会主编:《宁夏三马》,北京:中国文史出版社,1988 年,第 236 页。

体军政界头目跪倒一院子求情,时独昂然站立。于是马鸿逵终于寻隙把他赶走。"[1]1939 年 6 月 10 日和 1942 年 1 月 9 日,"国民党中央政府又派来骆美奂、王星舟等,都因受不了马鸿逵的排斥,托故离去"[2]。1945 年 9 月 11 日,国民政府任命杨德翘为宁夏省政府委员兼教育厅长。杨德翘虽不属 CC 系,但"杨夸口能向国民党中央政府要款修建宁夏中学和师范学校。马听说能要钱,即派工兵把两所学校拆倒了。结果,杨一文钱也没有要到手",杨德翘"因此不久又被马赶走"。[3] 鉴于此,"最后国民党中央政府对马鸿逵只好让步,由马保荐杨作荣先行代理"[4]。1946 年 8 月 8 日至 1949 年 5 月 18 日,杨作荣一直代理宁夏省教育厅长。

第二,CC 系和朱家骅之争。1944 年 12 月,国民党中央组织部长朱家骅和教育部长陈立夫对调。12 月 7 日,朱家骅就任教育部长后,逐步撤换教育部及各省教育厅长中的 CC 系分子。比如宁夏省,1945 年 9 月 11 日,CC 系王星舟"呈请辞职"[5],旋由朱家骅的心腹杨德翘继任教育厅长。再如浙江省,1946 年 7 月 2 日,CC 系许绍棣"呈请辞职"[6],由李超英继任教育厅长。李为朱家骅任组织部长时的属下。[7] 又如湖北省,1944 年 9 月,就在陈立夫卸任教育部长前夕,曾与陈果夫密商鄂省教育厅长人选。9 月 24 日,陈立夫致陈果夫的函中透露:"弟已签呈委座,认为钱(云阶)为最宜。"[8]11 月 16 日,国民政府任命钱云阶为鄂省政府委员兼教育厅长。然而一年半后,即 1946 年 7 月 2 日,钱云阶被免去

① 马廷秀等:《马鸿逵同国民党中央政府的权力之争》,载宁夏回族自治区政协文史资料研究委员会主编:《宁夏三马》,北京:中国文史出版社,1988 年,第 236 页。
② 马廷秀等:《马鸿逵同国民党中央政府的权力之争》,载宁夏回族自治区政协文史资料研究委员会主编:《宁夏三马》,北京:中国文史出版社,1988 年,第 236 页。
③ 马廷秀等:《马鸿逵同国民党中央政府的权力之争》,载宁夏回族自治区政协文史资料研究委员会主编:《宁夏三马》,北京:中国文史出版社,1988 年,第 236 页。
④ 马廷秀等:《马鸿逵同国民党中央政府的权力之争》,载宁夏回族自治区政协文史资料研究委员会主编:《宁夏三马》,北京:中国文史出版社,1988 年,第 236 页。
⑤ 《昨政院会议通过五省府委员人选》,《申报》,1945 年 9 月 12 日,第 1 张第 1 版。
⑥ 《行政院会议议决》,《申报》,1946 年 7 月 3 日,第 1 张第 2 版。
⑦ 治平:《朱家骅与陈立夫的明争暗斗》,《文饭》,1946 年第 36 期,第 3 页。
⑧ 《陈立夫致陈果夫函(1944 年 9 月 24 日)》,中国第二历史档案馆藏:《军事委员会委员长侍从室档案》,762-1594。

职务,旋由王文俊任鄂省政府委员兼教育厅长。究其原因,王是教育部长朱家骅力推之人选。任命公布前,朱家骅曾向省政府主席万耀煌去函解释道:"关于鄂省教厅一席,昨始晤辞修兄,商定调中央团部训练处长王文俊兄充任,学识均优,更又干练,必能秉承尊意,栩赞盛业。"①面对这般人事调整,时人就曾感慨道:"现在所有教育界的人事纠纷,全部出发于一个源流,这源流是朱陈之争。朱陈是古代最典型的儿女亲家,但现在却在教育界处处狭路相逢,成了极不相容的冤家对头。"②

**3.教育厅长自身原因与地方派系纠葛**

各省教育厅长任期较短的事实背后还牵涉教育厅长自身原因、地方派系争斗等方面。1939年2月28日,行政院第四〇三次会议讨论决定:"四川省政府委员兼教育厅长杨廉,行为不正,并有违法嫌疑,应予撤职查办,遗缺任命郭有守继任。"③3月3日,国民政府正式发布上述人事调整令。证诸史实,"行为不正"是指,杨廉"畜妾至四人之多,近又与川教厅女职员同居,妻妾赶至蓉城,大闹教厅"④;"违法嫌疑"是指,杨廉"在皖教厅时代,会考经费七千余元发生问题,记大过一次在案。此次在皖移交手续未清,经费上又生纠葛"⑤。

事实上,撤职查办结局的背后,既有杨廉行为不检等个人因素,还有地方派系争斗的"推波助澜"。就此,1939年4月24日,教育部给国民政府军事委员会军法执行总监部发公函,为杨廉伸冤。公函中写道:"皖省教界人士派别分歧,党同伐异,彼此攻讦之风气素盛。此次控案,据该厅长原呈所称:系反党派系之章乃器嫉忌本党工作之进展,而利用童等之所为。"⑥由此来看,"行为不正"和

---

① 朱家骅口中的"辞修兄"指时任国民党中央国防部参谋总长的陈诚。陈诚,字辞修。万耀煌是陈诚的老部下。《朱家骅关于教育厅已商先调王文俊充任的函》,湖北省档案馆藏:《湖北省教育厅档案》,LS001-002-0904-0016。

② 治平:《朱家骅与陈立夫的明争暗斗》,《文饭》,1946年第36期,第3页。

③ 《行政院决议 川教厅长撤职查办》,《申报》,1939年3月1日,第4版。

④ 《川教长杨廉撤职经过》,《申报》,1939年3月19日,第2张第8版。

⑤ 《川教长杨廉撤职经过》,《申报》,1939年3月19日,第2张第8版。

⑥ 《教育部复国民政府军事委员会军法执行总监部公函》,中国第二历史档案馆藏:《教育部档案》,5-378。

“违法嫌疑”，不过是地方派系“扳倒”杨廉的口实罢了。遗憾的是，教育部的辩护并未奏效。军法执行总监部“经呈奉军委会蒋委长批准，于（六月）廿二日（对杨廉）执行枪决”[①]（见图 2-4）。

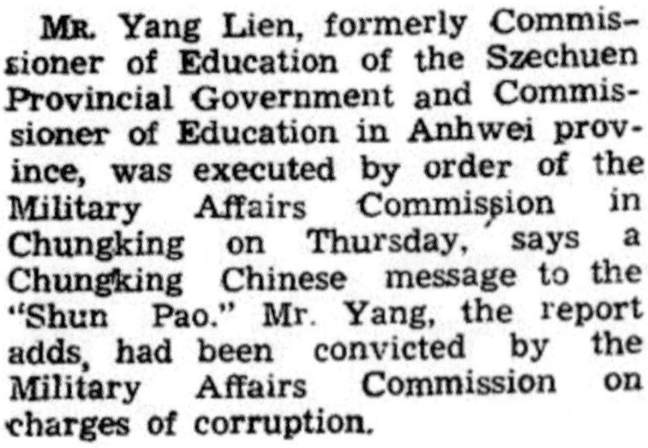

MR. Yang Lien, formerly Commissioner of Education of the Szechuen Provincial Government and Commissioner of Education in Anhwei province, was executed by order of the Military Affairs Commission in Chungking on Thursday, says a Chungking Chinese message to the "Shun Pao." Mr. Yang, the report adds, had been convicted by the Military Affairs Commission on charges of corruption.

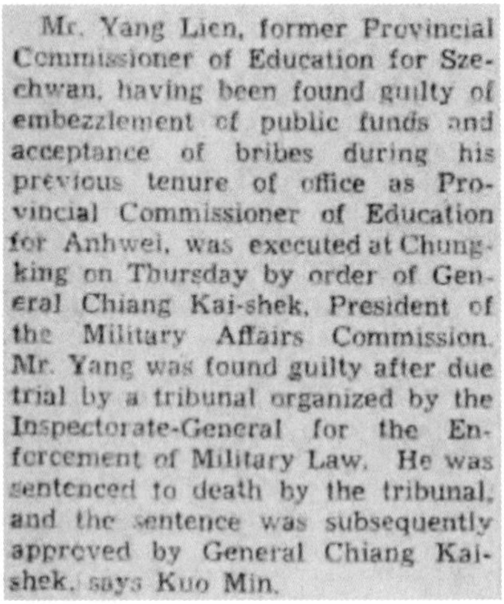

Mr. Yang Lien, former Provincial Commissioner of Education for Szechwan, having been found guilty of embezzlement of public funds and acceptance of bribes during his previous tenure of office as Provincial Commissioner of Education for Anhwei, was executed at Chungking on Thursday by order of General Chiang Kai-shek, President of the Military Affairs Commission. Mr. Yang was found guilty after due trial by a tribunal organized by the Inspectorate-General for the Enforcement of Military Law. He was sentenced to death by the tribunal, and the sentence was subsequently approved by General Chiang Kai-shek, says Kuo Min.

**图 2-4　四川省教育厅长杨廉被枪决的英文报道**

图片来源：“From day to day”，*The North-China Daily News*，1939 年 6 月 24 日，第 9 版；“Notes of the day”，*The Shanghai Sunday Times*，1939 年 6 月 25 日，第 8 版。

概而言之，1937—1949 年，在地方政局依然不稳、党政派系持续争斗、教育厅长自身原因与地方派系纠葛等复杂多变因素的强烈干扰下，各省教育厅长中任期在 2 年以下者仍旧居多。

① 《前川教厅长杨廉枪决》，《申报》，1939 年 6 月 23 日，第 2 张第 8 版。

# 第三节　省级教育视导人员群体

视察与指导地方教育是省级教育行政的一项基本职能。而这一职能的开展需要有一支素质优良、结构合理的省级教育视导人员。考察民国时期省级教育视导人员群体，有助于了解这一群体的实际情况，亦有助于加深对省级教育行政的认识。

## 一、北京政府时期的省视学群体

这一时期，省视学群体的面貌可从名额、资格、任期三方面进行分析。

### （一）省视学名额

北京政府初期，教育部对省视学名额无规定，故各省省视学名额不同。下面以 1913 年为例，说明民国初建时各省省视学名额的情形（见图 2-5）。

从图 2-5 可知，1913 年，多数省份教育司聘用 6 人以上的省视学，说明该时期大多数省份对省教育视导工作较为重视。同时也应看到，各省教育司省视学名额差距较大，少者 2 人，多者 19 人，相差竟达 8 倍以上。

以上省视学名额不一情况，至 1917 年后有了改观。1917 年 9 月，北京政府颁布《教育厅暂行条例》，规定"教育厅设省视学四人至六人"[①]。此外，教育部依省份大小、各省教育事务繁简，规定大省（直隶、奉天、江苏、浙江、四川、广东、山东、湖北、河南）设省视学 6 员，中省（江西、湖南、陕西、山西、吉林、福建、安徽、云南）设省视学 5 员，小省（黑龙江、甘肃、贵州、广西、新疆）设省视学 4 员。[②] 1918 年 4 月，教育部颁布《省视学规程》，亦规定"各省设省视学四人至六人"[③]。

---

① 《教育厅暂行条例》，《政府公报》，1917 年第 590 号，第 1 页。
② 《各省教育厅经费支用标准表》，《教育公报》，1917 年第 4 卷第 15 期，第 3 页。
③ 《省视学规程》，《教育公报》，1918 年第 5 卷第 8 期，第 2 页。

直至北京政府结束,省视学法定名额均未变更。那么,各省教育厅省视学实际名额如何? 不同时期各省省视学名额有无变化?(见图 2-6)

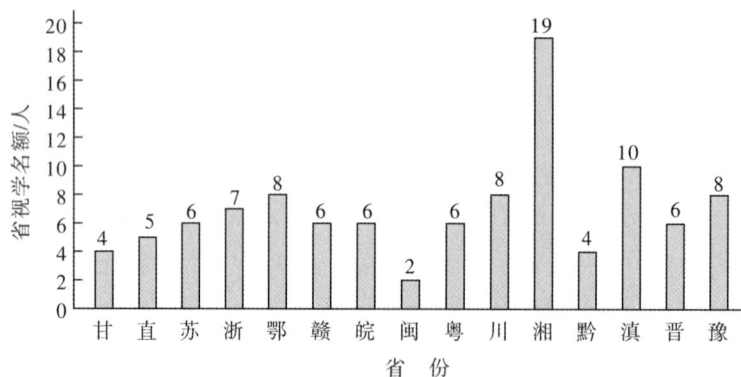

**图 2-5　1913 年各省教育司省视学名额**

资料来源:直隶教育司编:《直隶教育统计图表》,天津:直隶教育司,1913 年,第 11—12 页;四川教育司编辑:《四川省教育行政报告书》,成都:四川教育司,1914 年,第 34—39 页;[日]多贺秋五郎编:《近代中国教育史资料》(民国编·上),台北:文海出版社,1976 年,第 290—314 页。

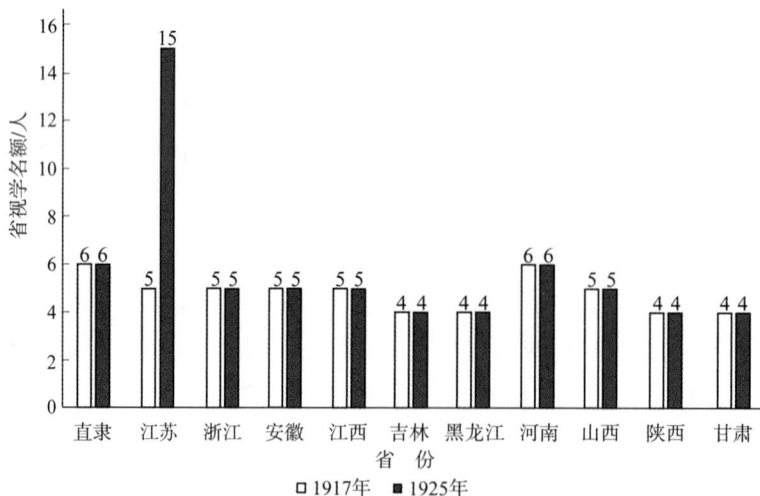

**图 2-6　1917 年与 1925 年各省教育厅省视学名额比较**

资料来源:教育部教育年鉴编纂委员会编:《第二次中国教育年鉴》,上海:商务印书馆,1948 年,第 155—170 页。

比照部定省视学名额,多数省份教育厅基本遵照执行,但少数省份未执行教育部规定,如江苏、浙江、陕西等省。江苏省"依本省五道属为五视察区域,每一区域由视学一人任之"[①]。这说明少数省份依本省实际情形对省视学名额作了变通。同时也应看到,在北京政府后期,多数省份的省视学名额并无变化,仅有江苏一省的省视学名额由 5 人上升至 15 人。这是因为 1924 年,时任江苏教育厅长蒋维乔为谋视察与指导地方教育并进,增设了教育、理科、体育、农业、职业教育、国语、医学、应用化学、电气机械等专科视导员,以进行分科指导。

### (二)省视学资格

1912—1917 年,教育部对省视学资格虽无明文规定,但有的省份对此作了规定,如四川、江苏等省。其中,《四川教育司省视学暂行章程》规定,省视学应为:"一、毕业于师范学校或中学以上各学校任学务职一年以上者;二、曾任师范学校中学校长或教员至三年以上者;三、曾任教育行政职务三年以上确有成绩者。"[②]江苏省规定省视学资格为:"甲、曾任师范学校或中学校校长、教员或各种中等实业学校校长至三年以上者。乙、毕业于中等以上各学校,曾任学务至二年以上者。"[③]由上可知,四川、江苏两省的省视学资格均重视学习经历及从教经验两个方面。那么这一时期,省视学的实际资格如何?因相关史料缺乏,现以 1913 年江苏省视学资格概况为例(见表 2-14),予以说明。

由表 2-14 可见,1913 年,江苏省视学多为清末新式学堂毕业者与留日者。而且,大多具备丰富的从教与从政经历:有的曾为高等小学校及师范学校校长;有的曾为教员;有的曾为县级教育行政长官兼县视学;还有的曾出任省视学。

---

① 蒋维乔编:《江苏教育行政概况》,上海:商务印书馆,1924 年,第 13 页。

② 《四川教育司省视学暂行章程》,载四川教育司编辑:《四川省教育行政报告书》,成都:四川教育司,1914 年,第 17 页。

③ 《江苏暂行视学章程》,《教育杂志》,1912 年第 3 卷第 12 期,第 9 页。

**表 2-14　1913 年江苏省视学资格概况**

| 姓名 | 资格 |
|------|------|
| 侯鸿鉴 | 日本弘文书院师范科毕业；历任无锡竢实高等小学校校长、私立师范学校校长、南菁文科高等学堂鉴学、江西省视学、江苏省视学、中央教育会会员，创办无锡师范学校、模范小学校、单级小学校、竞志女学、手工传习所、理化博物女子讲习所 |
| 邹　楫 | 南通师范学校第一次甲班本科毕业；历任南通师范学校教员、泰兴县劝学所总董兼县视学 |
| 臧　祜 | 两江优级师范学堂农学博物完全科毕业；无工作经历 |
| 郏鼎元 | 南洋公学师范生；历任奉天优级师范学堂监督、中学堂监督、江西省视学 |
| 伍崇宜 | 日本弘文书院普通科毕业、日本大学高等师范部毕业；无工作经历 |
| 张树勋 | 日本弘文书院师范科毕业；历任龙门师范学校监学兼教员、华亭县视学、华亭学务课科长兼县视学 |

资料来源：《江苏教育司职员表》，《江苏教育行政月报》，1913 年第 1 期，第 3 页。

为了改变各省省视学资格不一的局面，1918 年 4 月，教育部颁布《省视学规程》，规定省视学应为："一、大学文科或高等师范学校毕业者；二、师范学校本科毕业者，曾任学务职五年以上著有成绩者；三、曾任师范学校、中学校校长或教员二年以上著有成绩者。遇有特别情形经教育总长核准暂行任用者不在此限。"①显然，省视学资格门槛较以往提高，不仅学历要求提升，而且对工作经历的要求亦显著提高。那么，该时期各省省视学的实际资格情况如何呢？（见表 2-15）

据表 2-15 可知，各省省视学学历较高，均为优级师范学堂及以上毕业者，说明各省教育厅长基本遵照部章资格要求来选聘省视学。

---

① 《省视学规程》，《教育公报》，1918 年第 5 卷第 8 期，第 2 页。

表 2-15　1924 年 4 省省视学学历统计

（单位：人）

| 学历 | 江苏 | 奉天 | 陕西 | 安徽 | 总数 |
|---|---|---|---|---|---|
| 日本弘文书院 | 1 | | | | 1 |
| 日本明治大学 | | | | 1 | 1 |
| 高等学堂 | | | 1 | 2 | 3 |
| 高等师范学校 | 1 | 3 | 1 | | 5 |
| 优级师范学堂 | 1 | | | | 1 |
| 总数 | 3 | 3 | 2 | 3 | 11 |

注：数据不详者，江苏 1 人、奉天 2 人、陕西 2 人、安徽 2 人。

资料来源：主要根据 1924 年《江苏教育公报》《奉天公报》《陕西教育月刊》《安徽教育月刊》相关数据统计而得。

下面再来看省视学的工作经历情况，见表 2-16。

表 2-16　1924 年 4 省省视学工作经历统计

（单位：人）

| 工作经历 | 江苏 | 奉天 | 陕西 | 安徽 | 总数 |
|---|---|---|---|---|---|
| 驻日留学生经理员 | 1 | | | | 1 |
| 省教育会会员 | 1 | | | | 1 |
| 教育厅科员 | 1 | | | | 1 |
| 师范学校校长 | | 3 | | 1 | 4 |
| 中学校长 | | | 1 | | 1 |
| 专门学校教授 | | 1 | | | 1 |
| 师范学校教员 | 1 | | | 1 | 2 |
| 总数 | 4 | 4 | 1 | 2 | 11 |

注：数据不详者奉天 1 人、陕西 3 人、安徽 3 人。

资料来源：主要根据 1924 年《江苏教育公报》《奉天公报》《陕西教育月刊》《安徽教育月刊》相关数据统计而得。

由表 2-16 可知，该时期省视学均具备一定的从教经历，基本符合部定省视学资格要求。

### (三)省视学任期

北京政府时期,无论是教育部颁布的《省视学规程》,还是地方出台的省视学法规,对省视学任期并无规定,因而各省省视学的实际任期互不相同(见表2-17)。

**表 2-17　1922 年 3 省省视学任期统计**

(单位:人)

| 省份 | 1 年以下 | 1～2 年 | 2～3 年 | 总数 |
|---|---|---|---|---|
| 江苏 | 3 | 1 | 1 | 5 |
| 浙江 | 4 | 1 | | 5 |
| 奉天 | | | 3 | 3 |
| 总计 | 7 | 5 | 1 | 13 |

资料来源:根据 1922 年《江苏教育公报》《浙江教育》《奉天公报》中的相关资料统计得出。

总的来看,北京政府时期,省视学在职年限多不足 2 年,说明省视学变动极为频繁。事实上,这与教育厅长更换频繁有关。比如浙江省,1922 年 9 月,马叙伦辞去浙江教育厅长一职,由张宗祥继任。张上任伊始,将原有的 5 名省视学,除 1 人留任外,其余 4 员均予更换。而被更换的省视学,有的被调充省立第十一师范学校校长,有的被调充教育厅科员。[①]

### (四)省视学之月俸

在理性官僚制组织中,职员享有"以货币形式支付的固定薪金"[②]。1912—1917 年,各省省视学的月俸没有统一的标准,因此各省省视学月俸实际所得各不一致。以 1913 年为例,直隶省视学月俸为 148.6 元[③],四川省视学月俸为

---

① 《呈报更委省视学并变更省视学视察区域任务由》,《教育公报》,1922 第 9 卷第 9 期,第 25 页。

② [德]马克斯·韦伯著:《经济与社会》(第一卷),阎克文译,上海:上海人民出版社,2020 年,第 229 页。

③ 直隶教育司编:《直隶教育统计图表》,天津:直隶教育司,1913 年,第 11 页。

140 元①。1917 年 10 月,教育部颁布《各省教育厅经费支用标准表》和《教育厅职员俸薪等级表》,规定了省视学月薪标准:大省 6 员月薪约共 600 元,中省 5 员月薪约共 500 元,小省 5 员月薪约共 400 元②;第一级省视学为 120 元,第二级省视学为 100 元,第三级省视学为 80 元,俸薪等级得由厅长按照各地情形在经费总数内酌量撙节支配。③ 由此来看,省视学的月俸由省份所处的层次等级和厅长所定的俸薪等级共同决定。然而半年后,中央政策发生变化。1918 年 4 月,教育部颁布的《省视学规程》中规定:省视学俸给由省教育行政长官定之。④可以说,这实际废除了前述标准,而给予省级教育行政长官较大的自由裁量权。事实上,北京政府时期,受地方军阀混战的影响,省级教育行政经费常常被移作军饷,故包括省视学在内的所有职员的薪俸时常被打折或拖欠。比如,1922 年,因直奉战争爆发,山东省教育厅经费悉数被挪用,故职员薪俸"欠至六七个月"⑤。在此情况下,省视学工作积极性难免受到影响。

## 二、国民政府初期的省督学群体

国民政府成立后,省视学易名为省督学。该时期省督学群体面貌与前此相比,有了较大变化。这主要体现在名额、资格、任期、月俸等方面。

### (一)省督学名额

1929 年 2 月 2 日,教育部颁布《督学规程》,规定各大学区、各省教育厅设督学四人至八人,并规定各大学区、各省主管教育行政长官"遇必要时,得聘任专门视察员"⑥。1931 年 6 月 16 日,教育部废止此前的《督学规程》,颁布《省市督学规程》。规定:"各省教育厅设督学四人至八人";"各省市主管教育行政长官

---

① 四川教育司编辑:《四川省教育行政报告书》,成都:四川教育司,1914 年,第 32 页。
② 《各省教育厅经费支用标准表》,《教育公报》,1917 年第 4 卷第 15 期,第 3 页。
③ 《教育厅职员俸薪等级表》,《教育公报》,1917 年第 4 卷第 15 期,第 4 页。
④ 《省视学规程》,《教育公报》,1918 年第 5 卷第 8 期,第 4 页。
⑤ 《战局结束后鲁省状况》,《大公报》,1922 年 5 月 18 日,第 1 张第 3 页。
⑥ 《督学规程》,《教育部公报》,1929 年第 1 卷第 3 期,第 74 页。

遇必要时,得聘任专门视察员"。① 由此来看,后者除去掉"各大学区"字样外,基本与前者保持一致。直至全面抗战爆发,上述规定从未变更。现以 1929 年、1935 年为例,比较各时期各省省级教育视导人员名额变化情况(见表 2-18)。

表 2-18　国民政府初期 10 省省级教育视导人员名额变化概况

(单位:人)

| 项目 | 冀 | 苏 | 浙 | 赣 | 皖 | 桂 | 豫 | 湘 | 察 | 甘 |
|---|---|---|---|---|---|---|---|---|---|---|
| 1929 年省督学名额 | 9 | 4 | 4 | 9 | 4 | 8 | 6 | 8 | 2 | 4 |
| 1929 年专门视察员/指导员名额 | 6 | | | | | | | | | |
| 1935 年省督学名额 | 6 | 8 | 7 | 4 | 4 | 7 | 5 | 8 | 2 | 6 |
| 1935 年专门视察员/指导员名额 | 6 | 1 | 4 | 5 | | 10 | | | | |

资料来源:河北省教育厅编:《河北省教育厅职员录》,北平:河北省教育厅,1929 年,第 16－18 页;河北省教育厅编:《河北省教育概况》,天津:河北省教育厅,1935 年,第 15 页;《新委督学易作霖》,《申报》,1929 年 11 月 22 日,第 3 张第 11 版;江苏省教育厅编审室编:《江苏教育概览》,镇江:江苏省教育厅第五科,1932 年,第 95 页;江苏省政府编:《江苏省政府职员录》,镇江:江苏省政府,1935 年,第 42 页;《浙教厅发表省督学》,《申报》,1929 年 9 月 17 日,第 3 张第 11 版;浙江省教育厅编:《浙江省三年来教育概况》,杭州:浙江省教育厅,1934 年,第 6－7 页;江西省政府编:《江西省政府全体职员表》,南昌:江西省政府,1928 年,第 45－46 页;江西省政府秘书处编:《江西省政府职员录》,南昌:江西省政府秘书处,1934 年,第 27－28 页;《皖省督学出发调查》,《申报》,1929 年 1 月 27 日,第 3 张第 12 版;安徽省政府秘书处编:《安徽省政府职员录》,安庆:安徽省政府秘书处,1934 年,第 30 页;《广西省政府教育厅各科分股设置职员及分配职务表》,《广西教育行政月刊》,1931 年第 1 卷第 1 期,第 64 页;广西省政府总务处编:《广西省政府职员录》,南宁:广西省政府总务处,1935 年,第 52－54 页;河南省教育厅编辑处编:《河南教育特刊》,开封:河南省教育厅编辑处,1929 年,第 8 页;《河南省政府职员人数统计表》,《河南统计月报》,1935 年第 1 卷第 5 期,第 4 页;《湖南省教育厅职员录》,载湖南省政府秘书处编:《民国二十一年湖南省政治年鉴》,长沙:湖南省政府秘书处,1932 年,第 461 页;湖南省政府秘书处编:《湖南省政府职员录》,长沙:湖南省政府秘书处,1935 年,第 69－81 页;教育部教育年鉴编纂委员会编:《第二次中国教育年鉴》,上海:商务印书馆,1948 年,第 140 页;察哈尔省教育厅编:《察哈尔省教育厅职员录》,张家口:察哈尔省教育厅,1935 年,第 1 页;甘肃教育厅编审委员会编:《甘肃教育概览》,兰州:甘肃省教育厅编审委员会,1936 年,第 1－7 页。

① 《省市督学规程》,《教育部公报》,1931 年第 3 卷第 23 期,第 48－49 页。

总体来看,国民政府初期,多数省份基本遵照《督学规程》及《省市督学规程》的相关规定设立了名额不等的省督学。当然也有例外,察哈尔及宁夏两省之省督学名额远低于法定名额。此外,省级教育视导人员中,专门视察员、指导员有增加之势,如河北、江苏、浙江、江西、广西等省,说明这些省份已认识到专科视察与辅导地方教育对提升省级教育视导效率的重要性。

### (二)省督学资格

1929 年 2 月和 1931 年 6 月,教育部先后颁布《督学规程》和《省市督学规程》,其中对省督学资格的规定前后一致,要求省督学资格为:"(一)国内外大学教育学院或文学院教育学系毕业,曾任教育职务二年以上著有成绩者;(二)国内外专门以上学校毕业,曾任教育职务三年以上著有成绩者;(三)高中师范科或师范学校毕业,曾任教育职务七年以上著有成绩者。"[1]显然,相较于 1918 年《省视学规程》,省督学资格门槛大幅度提高,不仅看重省督学人选的学历,而且极为看重其教育类工作经验。这一时期,各省省教育视导人员的学历情况见表 2-19。

表 2-19　1929 年与 1935 年 5 省在任省级教育视导人员学历统计

（单位:人）

| 学历 | 1929 年 | | | | | | 1935 年 | | | | | |
| --- | 苏 | 浙 | 皖 | 豫 | 鄂 | 总计 | 苏 | 浙 | 皖 | 豫 | 鄂 | 总计 |
| 日本东京高等师范学校 | 1 | 1 | 1 | | | 3 | 1 | 1 | | | | 2 |
| 日本高等商业学校 | | | | | | 0 | 1 | | | | | 1 |
| 美国综合性大学 | | | | | | 0 | | | | | 1 | 1 |
| 国内高等师范学校 | 2 | 1 | | 5 | 4 | 12 | 4 | 2 | | 5 | 4 | 15 |
| 国内地方师范学校 | 1 | | | | 1 | 2 | 1 | | | | 3 | 4 |
| 国内优级师范学校 | | | | | | 0 | | | 1 | | | 2 |
| 国内师范大学 | | 1 | 1 | | 1 | 3 | 1 | 2 | | | 1 | 4 |
| 国内综合性大学教育专业 | | | 1 | 1 | | 2 | 2 | 1 | | | 1 | 4 |
| 国内高等学校理科 | | 1 | | | | 1 | 2 | | | | | 2 |

[1]　《督学规程》,《教育部公报》,1929 年第 1 卷第 3 期,第 72 页。

续 表

| 学历 | 1929 年 | | | | | | 1935 年 | | | | | |
|---|---|---|---|---|---|---|---|---|---|---|---|---|
| | 苏 | 浙 | 皖 | 豫 | 鄂 | 总计 | 苏 | 浙 | 皖 | 豫 | 鄂 | 总计 |
| 国内综合性大学其他专业 | | | 1 | | | 1 | | | | | 3 | 3 |
| 不详 | | | | | | 0 | | | 2 | | | 2 |

资料来源:江苏省教育厅编审室编:《江苏教育概览》,镇江:江苏省教育厅第五科,1932年,第 95 页;江苏省政府编:《江苏省政府职员录》,镇江:江苏省政府,1935 年,第 42 页;《浙教厅发表省督学》,《申报》,1929 年 9 月 17 日,第 3 张第 11 版;浙江省教育厅编:《浙江省三年来教育概况》,杭州:浙江省教育厅,1934 年,第 6—7 页;《安徽省政府教育厅职员一览》,《安徽教育行政周刊》,1929 年第 2 卷第 24 期,第 3 页;安徽省政府秘书处编:《安徽省政府职员录》,安庆:安徽省政府秘书处,1934 年,第 31 页;河南省教育厅编辑处编:《河南教育特刊》,开封:河南省教育厅编辑处,1929 年,第 8 页;《河南省政府职员人数统计表》,《河南统计月报》,1935 年第 1 卷第 5 期,第 4 页;湖北省政府教育厅秘书办公室编辑:《湖北教育最近概况》,武昌:湖北省政府教育厅秘书办公室,1932 年,第 72 页;湖北教育厅编审委员会:《湖北教育概况统计》,武昌:湖北教育厅编审委员会,1934 年,第 82—83 页。

国民政府初期,就省级教育视导人员学历而言,基本符合教育部对省督学学历的有关规定。各省省督学中,大多数曾在国内外师范类院校及综合性大学教育系学习。其中,国内高等师范类院校毕业者不断增多的事实说明,大多数省级教育视导人员任前曾受过专业的高等师范教育,同时亦反映该时期各省教育厅长重视省督学人员的专业素养。

下面再来看省级教育视导人员任前的工作经历,见表 2-20。

从表 2-20 可知,国民政府初期,省级教育视导人员曾任职务多达 20 种,且均与教育相关。易言之,省级教育视导人员在任职前,已具有一定的教育工作经历。这反映教育厅长在选拔省级教育视导人员时极为看重其从教经历。比如浙江省,1929 年 9 月,陈布雷就任教育厅长伊始,"对督学人选,异常慎重"[①]。经他定夺,任命钱家治、冯克书、蔡绍牧、陈龙章为浙江省督学。究其原因,这些人员"均在浙省各教育机关服务甚久"[②]。

---

① 《浙教厅发表省督学》,《申报》,1929 年 9 月 17 日,第 3 张第 11 版。
② 《浙教厅发表省督学》,《申报》,1929 年 9 月 17 日,第 3 张第 11 版。

表 2-20 1929 年与 1934 年 3 省在任省督学工作经历统计

（单位：人）

| 工作经历 | 1929 年 | | | | 1934 年 | | | |
|---|---|---|---|---|---|---|---|---|
| | 苏 | 浙 | 皖 | 总计 | 苏 | 浙 | 皖 | 总计 |
| 教育部视学 | | 1 | | 1 | | | | 0 |
| 教育厅省视学/督学 | | 2 | 1 | 3 | 1 | 2 | | 3 |
| 大学区督学 | 2 | | | 2 | 3 | 1 | | 4 |
| 教育厅科长 | | | | 0 | | 1 | 1 | 2 |
| 教育厅科员 | | 1 | | 1 | | 1 | 1 | 2 |
| 教育厅编辑处主任 | | | 1 | 1 | | | | 0 |
| 市教育局局长 | 1 | | | 1 | 1 | | | 1 |
| 市教育局视察员 | | | | 0 | | 1 | | 1 |
| 市教育指导员 | | | | 0 | | 1 | | 1 |
| 大学教授 | 1 | | | 1 | 1 | | | 1 |
| 大学助教 | | | 1 | 1 | | | | 0 |
| 大学体育教员 | | | | 0 | | 1 | | 1 |
| 体专童子军教练 | | | | 0 | | | 1 | 1 |
| 省立女子师范校长 | | | | 0 | | | | 0 |
| 中学校长 | | | | 0 | | 1 | | 1 |
| 中学师范部主任 | | | | 0 | | | 1 | 1 |
| 中学训育主任 | | | | 0 | | 1 | | 1 |
| 中学教务主任 | | | | 0 | | 2 | 1 | 3 |
| 军校政治教官 | | | 1 | 1 | | | | 0 |
| 省立公共体育场场长 | | | | 0 | | 1 | | 1 |

资料来源：江苏省教育厅编审室编：《江苏教育概览》，镇江：江苏省教育厅第五科，1932年，第 95 页；江苏省政府编：《江苏省政府职员录》，镇江：江苏省政府，1935 年，第 42 页；《浙教厅发表省督学》，《申报》，1929 年 9 月 17 日，第 3 张第 11 版；浙江省教育厅编：《浙江省三年来教育概况》，杭州：浙江省教育厅，1934 年，第 6—7 页；《安徽省政府教育厅职员一览》，《安徽教育行政周刊》，1929 年第 2 卷第 24 期，第 3 页；安徽省政府秘书处编：《安徽省政府职员录》，安庆：安徽省政府秘书处，1934 年，第 31 页。

### (三)省督学任期

省督学在职时间的长短,不仅关系到省督学对地方教育的熟悉程度,亦关系到地方教育各项教育事业的发展。那么,这一时期各省省督学实际在职时间多长呢?(见表 2-21)

表 2-21　1931 年 21 省省督学在职年数统计

(单位:人次)

| 省份 | 1 年以下 | 1～2 年 | 2～3 年 | 3～4 年 | 4～5 年 | 5～6 年 | 6 年以上 | 总计 |
|------|---------|---------|---------|---------|---------|---------|---------|------|
| 江苏 | 7 | 11 | 1 | | | | | 19 |
| 浙江 | 4 | | 6 | | | | | 10 |
| 安徽 | 2 | 4 | 1 | | | | | 7 |
| 福建 | 5 | | | | 1 | 3 | | 9 |
| 广东 | 6 | 1 | | 1 | | | | 8 |
| 广西 | 1 | 7 | | | | | | 8 |
| 湖南 | 1 | 1 | | 1 | 2 | 1 | 2 | 8 |
| 湖北 | 1 | 2 | 1 | 3 | | | | 7 |
| 四川 | 1 | | | 1 | | 3 | 3 | 8 |
| 辽宁 | 2 | 2 | 1 | | | | 1 | 6 |
| 吉林 | | 1 | 2 | | | | | 3 |
| 河北 | 4 | 3 | | | | | | 7 |
| 河南 | 1 | | | | | | 1 | 2 |
| 山东 | 8 | 5 | 1 | | | | | 14 |
| 山西 | 2 | 1 | | 1 | | 1 | 1 | 6 |
| 陕西 | 1 | 1 | | | | | | 2 |
| 甘肃 | 3 | 1 | | | | | | 4 |
| 宁夏 | | 1 | | | | | | 1 |
| 绥远 | | 1 | | | 1 | | | 2 |
| 察哈尔 | | 1 | | 1 | | | 1 | 3 |

续　表

| 省份 | 1年以下 | 1～2年 | 2～3年 | 3～4年 | 4～5年 | 5～6年 | 6年以上 | 总计 |
|---|---|---|---|---|---|---|---|---|
| 热河 | | 2 | 2 | | | | | 4 |
| 总数 | 49 | 45 | 15 | 8 | 4 | 8 | 9 | 138 |
| 占比 | 35.5% | 32.6% | 10.9% | 5.8% | 2.9% | 5.8% | 6.5% | 100.0% |

资料来源:教育部普通教育司编:《中国民国二十年度全国初等教育行政人员统计》,南京:大陆印书馆,1934年,第31—55页。

由此观之,省督学在职时间以不足1年者居多,占总数的35.5%,其次是1～2年者,占总数的32.6%。如果两者相加,其数量占总数的68.1%。这就说明大部分省督学在职时间不足2年。在这种情况下,省级教育视导活动的开展难免受影响。

### (四)省督学月俸

与北京政府时期的情况不同,1927年后,省督学薪俸有了可参考的标准。《督学规程》规定:"督学之待遇应比照科长酌定之。"[①]当时,科长属于荐任职。荐任职有5级,最低200元,最高400元,每级相差50元。1931年6月,《省市督学规程》中明确规定省督学为荐任职。1933年9月,中央对荐任职官员薪俸标准略作调整,荐任职分12级,最低180元,最高400元,每级相差20元。[②] 那么,该时期省督学薪俸实际情况如何呢?(见表2-22)

总的来看,这一时期省督学月俸远低于荐任职公务员的最低月俸标准,月俸在200元以下者居多,占省督学总数的65.9%,致使省督学应享有的"荐任职"待遇变得有名无实。可以说,这种低待遇状况不利于调动省督学的工作积极性。

---

① 《督学规程》,《教育月刊》,1929年第3卷第2期,第12页。
② 立法院编译处编:《中华民国法规汇编》(二),上海:中华书局,1934年,第950—953页。

表 2-22　1931 年 21 省省督学月俸统计

（单位：人次）

| 省份 | 50～99 元 | 100～149 元 | 150～199 元 | 200～249 元 | 250～299 元 |
|---|---|---|---|---|---|
| 江苏 | 15 | | | 4 | |
| 浙江 | | | 2 | | 8 |
| 安徽 | | 1 | | | 6 |
| 福建 | | | 4 | 5 | |
| 广东 | | | | 8 | |
| 广西 | | 8 | | | |
| 湖南 | | | 8 | | |
| 湖北 | | 1 | | 6 | |
| 四川 | | | 8 | | |
| 辽宁 | | 6 | | | |
| 吉林 | | 3 | | | |
| 河北 | 2 | 1 | 4 | | |
| 河南 | | | | 2 | |
| 山东 | | | 6 | 8 | |
| 山西 | 6 | | | | |
| 陕西 | | | 2 | | |
| 甘肃 | 4 | | | | |
| 宁夏 | 1 | | | | |
| 绥远 | 2 | | | | |
| 察哈尔 | 2 | | 1 | | |
| 热河 | | | 4 | | |
| 总数 | 32 | 20 | 39 | 33 | 14 |
| 占比 | 23.2% | 14.5% | 28.3% | 23.9% | 10.1% |

资料来源：教育部普通教育司编：《中国民国二十年度全国初等教育行政人员统计》，南京：大陆印书馆，1934 年，第 31—55 页。

## 三、国民政府后期的省督学群体

较之前一时期,该时期伴随着中央政策的调整,省督学群体面貌具有相似性的同时,也具有明显的差异性。

### (一)省督学名额

1943 年前,教育部在战前颁布的《省市督学规程》依然有效。但至 1943年,是项规程被教育部废除。1943 年 11 月 3 日,教育部发布第五三七二一号训令,规定:"本部民国二十年六月一六日颁布之《省市督学规程》施行已久,其中及多不适用之处,近经奉行政院令予以废止,嗣后各该省市督学之设置及其服务程序应于各该厅局办事细则内订定并送部。"[①]易言之,自此,省督学名额的设置权力下放至各省教育厅,由其自行设置,而教育部不作统一规定。那么,在此情形下,各省省督学的设置有无变化? 下面以 1947 年 10 省情况(见表 2-23)加以说明。

总体来看,《省市督学规程》废止后,各省省级教育视导人员的数量有了明显的增长。其具体表现有:一是除个别省份外,各省教育厅根据本省实际需要,不仅设有一定数量的省督学,还基本设有视导员、视察员等相当数量的其他省级教育视导人员。二是省督学人数增多。比如湖南省,1947 年设有 21 位省督学,而 1935 年仅有 8 位省督学。三是其他省级教育视导人员名额增多。比如四川一省就设有 49 位辅导员、视导员等。四是省际差异较大。比如,四川省省级教育视导人员总数是吉林省的 16.6 倍,二者差距不可谓不大。

---

① 《教育部训令第五三七二一号 令各省市教育厅局》,《教育部公报》,1943 年第 11 期,第 24 页。

表 2-23　1947 年 10 省省级教育视导人员名额统计

（单位：人次）

| 职位 | 苏 | 浙 | 鄂 | 湘 | 川 | 豫 | 皖 | 鲁 | 热 | 吉 | 总计 |
|---|---|---|---|---|---|---|---|---|---|---|---|
| 主任督学/督学主任 | | | | 1 | 1 | 1 | 1 | 1 | | 1 | 6 |
| （荐任）督学 | 7 | 8 | 9 | 11 | 30 | 7 | 5 | 6 | 2 | 4 | 89 |
| 委任督学 | | | | 9 | | | | | | | 9 |
| 体育督学 | | | | | 1 | | | | | | 1 |
| 专科督学 | | | | | 2 | | | | | | 2 |
| 国民教育辅导员 | 6 | | | | | | | | | | 6 |
| 巡回辅导团主任 | | | | | 3 | | | | | | 3 |
| 辅导员 | | | | | 15 | | | | | | 15 |
| 视导员 | | 4 | 4 | | 31 | | 13 | | 3 | | 55 |
| 视察员 | | 3 | | | | | | 10 | | | 13 |
| 额外视察员 | | 2 | | | | | | | | | 2 |
| 指导员 | | | | | | | | 2 | | | 2 |
| 侦查员 | | | | | | | | | 1 | | 1 |
| 总计 | 13 | 17 | 13 | 21 | 83 | 8 | 19 | 19 | 6 | 5 | 204 |

资料来源：教育部：《各省市教育厅职员录（民国 36 年）》，中国第二历史档案馆藏：《教育部档案》，5-409(2)；湖北省政府人事处编：《湖北省政府职员录》，武昌：湖北省政府人事处，1947 年，第 49－51 页；湖北省教育厅：《湖北省政府教育厅职员简历册》，湖北省档案馆藏：《湖北省教育厅档案》，LS001-002-1022-0002；浙江省教育厅：《浙江省教育厅职员录（民国 36 年）》，浙江省档案馆藏：《浙江省教育厅档案》，L056-006-0111；湖南省政府人事室编：《湖南省政府职员录》，长沙：湖南省政府人事室，1947 年，第 85－88 页；四川省教育厅：《四川省政府教育厅职工薪资一览表（民国 36 年 5 月）》，四川省档案馆藏：《四川省教育厅档案》，民 107-01-0860；安徽省政府教育厅：《安徽教育要览》（第四回），安庆：安徽省政府教育厅，1947 年，第 96－97 页。

## （二）省督学资格

《省市督学规程》废止后，教育部对各省省督学及其他教育视导人员的资格无统一的规定，但这并不意味着无法可依。这是因为，省督学作为荐任职公务员的身份未变，而且其他省级教育视导人员作为委任职公务员的身份也未变。

因此,他们的选任资格仍受《公务员任用法》及《边远省份公务员任用资格暂行条例》的约束。

　　鉴于边远省份人才匮乏的实际,1935 年 11 月 14 日,国民政府颁布《边远省份公务员任用资格暂行条例》。其中规定,荐任职公务员任用需满足如下资格之一:"一、在教育部认可之国内外专科以上学校毕业者。二、于本条例施行以前,在当地官署认可与专科以上学校相当之学校毕业者。三、曾任荐任职二年以上者。四、曾任与荐任职相当之军用文官或公立中学以上学校校长三年以上者。五、曾在各该省任委任职五年以上,成绩卓著,有公文书证明者。"委任职公务员任用需满足如下资格之一:"一、在经教育部或教育厅认可之旧制中学、高级中学,或其他相当学校毕业者。二、曾在各该省任委任职二年以上者。三、曾任各该省与委任职相当之军用文官,或公立小学校以上校长三年以上者。四、曾充雇员三年以上者。五、在各该省办理公益事项五年以上,著有成绩,有公文书证明者。"[①]此外,该条例暂定新疆、宁夏、青海、贵州、甘肃、西康六省为适用省份。需要指出的是,此后至中华人民共和国成立前,国民政府先后新增广西(1936 年 12 月 30 日)、云南(1940 年 8 月 11 日)、绥远(1944 年 11 月 28 日)、台湾(1946 年 3 月 28 日)、热河(1947 年 2 月 11 日)、察哈尔(1947 年 9 月 5 日)等6 省为该条例适用省份。

　　1937 年 1 月 26 日,国民政府修正公布《公务员任用法》。其中规定,荐任职公务员资格需满足下列条件之一:"一、经高等考试及格,或与高考考试相当之特种考试及格者。二、现任或曾任荐任职,经铨叙合格者。三、现任或曾任最高级委任职三年以上,经铨叙合格者。四、曾于中华民国有功劳,或致力国民革命七年以上而有成绩,经证明属实者。五、在教育部认可之国内外大学毕业,而有专门著作,经审查合格者。"委任职公务员资格需满足下列条件之一:"一、经普通考试及格,或与普通考试相当之特种考试及格者。二、现任或曾任委任职,经铨叙合格者。三、现充雇员,继续服务三年以上而成绩优良,现支最高薪额者。

---

　　①　国民政府:《边远省份公务员任用资格暂行条例》,《安徽教育周刊》,1935 年第 42 期,第 5—6 页。

四、曾致力国民革命五年以上而有成绩,经证明属实者。五、在教育部认可之专科以上学校毕业者。"①此外,该法规定:公务员的"学识、经验、健康与其所任之职务相当者为限"②。这说明,省督学人选应具备教育方面的学历、经历等。

由上述法规条款可知,国民政府对边远省份荐任职和委任职公务员的任用资格的"门槛"明显要低于其他省份。那么,国民政府后期,省级教育视导人员的实际资格到底呈现何种状态呢?下面基于1947年部分省份的数据加以考察(见表2-24)。

对照两部规章的条款可知,在8省56位荐任职省督学中,毕业于国内外大学者共49位;高考教育行政人员考试及格者计2人。由此来看,绝大多数荐任职省督学的实际学历基本符合法定要求。但是从应具备教育学识的角度来考察,与1935年绝大多数省督学具有教育类学习经历的情况不同,1947年仅有37.5%的省督学具有与教育相关的经历;国内综合性大学其他专业毕业者却显著增多。这一现象表明,《省市督学规程》废止后,各省在选拔荐任职省督学时,并未特别看重其教育方面的学识储备,从而呈现"不拘一格降人才"的用人态势。

比照两部规章对委任职公务员的规定,6省48位其他省级教育视导人员中,大多数符合法定学历要求(见表2-25)。但是也有突破规定的用人行为,比如湖南和安徽的省级教育视导人员中竟有高中毕业者。从应具备教育学识的角度来看,23位曾具有一定的教育类学习经历。同时也应看到,其他省级教育视导人员中还有一半不具备相关学历。

---

① 国民政府:《公务员任用法》,《立法院公报》,1937年第88期,第41—42页。
② 国民政府:《公务员任用法》,《立法院公报》,1937年第88期,第41—42页。

表 2-24　1947 年 8 省荐任职省督学学历统计

（单位：人次）

| 学历 | 苏 | 鄂 | 湘 | 豫 | 皖 | 鲁 | 热 | 吉 | 总计 |
|---|---|---|---|---|---|---|---|---|---|
| 国内高等师范学校 | 1 |  | 1 |  |  | 2 |  |  | 4 |
| 国内师范大学 |  |  | 5 | 2 |  | 2 |  |  | 9 |
| 国内师范大学研究科 |  |  |  |  |  | 1 |  |  | 1 |
| 国内地方师范学校 | 1 | 1 |  |  |  |  |  | 1 | 3 |
| 国内综合性大学教育专业 | 3 |  |  |  |  |  |  |  | 3 |
| 日本高等师范学校教育研究科 |  |  |  |  |  |  |  | 1 | 1 |
| 国内综合性大学其他专业 | 1 | 6 | 3 | 3 | 6 | 2 |  | 3 | 24 |
| 国内中央政治学校高等科 |  |  | 1 |  |  |  |  |  | 1 |
| 国内中央政治学校大学部 |  |  | 1 |  |  |  |  |  | 1 |
| 国内工业专门大学 |  |  |  |  |  |  | 2 |  | 2 |
| 国内专科学校 |  |  |  | 1 |  |  |  |  | 1 |
| 德国综合性大学 | 1 |  |  |  |  |  |  |  | 1 |
| 日本综合性大学 |  |  | 2 |  |  |  |  |  | 2 |
| 高考教育行政人员考试及格 |  |  |  |  | 2 |  |  |  | 2 |
| 中学毕业、普考教育行政人员考试及格 |  |  |  | 1 |  |  |  |  | 1 |

　　资料来源：教育部：《各省市教育厅职员录（民国 36 年）》，中国第二历史档案馆藏：《教育部档案》，5-409（2）；湖北省政府人事处编：《湖北省政府职员录》，武昌：湖北省政府人事处，1947 年，第 49－51 页；湖北省教育厅：《湖北省政府教育厅职员简历册》，湖北省档案馆藏：《湖北省教育厅档案》，LS001-002-1022-0002；湖南省政府人事室：《湖南省政府职员录》，长沙：湖南省政府人事室，1947 年，第 85－88 页；安徽省政府教育厅：《安徽教育要览》（第四回），安庆：安徽省政府教育厅，1947 年，第 96－97 页。

表 2-25　1947 年 6 省其他省级教育视导人员学历统计

（单位：人次）

| 学历 | 苏 | 鄂 | 湘 | 皖 | 鲁 | 热 | 总计 |
|---|---|---|---|---|---|---|---|
| 国内综合性大学教育系 | 1 | | 1 | | | 1 | 3 |
| 国内师范大学教育系 | | | | | 1 | | 1 |
| 国内高等师范学校 | | | | | | 1 | 1 |
| 国立综合性大学其他专业 | | 1 | 2 | 3 | 7 | | 13 |
| 国立综合性大学肄业 | | | | | | 1 | 1 |
| 国内学院毕业 | | | | 1 | 1 | | 2 |
| 国内法政大学毕业 | | | | 1 | | | 1 |
| 国内专科学校毕业 | | 1 | | 1 | | | 2 |
| 日本大学毕业 | | | | | 1 | | 1 |
| 苏联大学毕业 | | 1 | | | | | 1 |
| 国内地方师范学校 | 4 | 1 | 4 | 5 | 2 | | 16 |
| 中训团党政班毕业、地方特种教育视导人员考试及格 | 1 | | | | | | 1 |
| 县立师范毕业、普考教育行政人员考试及格 | | | | 1 | | | 1 |
| 高中毕业 | | | 1 | 2 | | 1 | 4 |

资料来源：教育部：《各省市教育厅职员录（民国 36 年）》，中国第二历史档案馆藏：《教育部档案》，5-409（2）；湖北省政府人事处编：《湖北省政府职员录》，武昌：湖北省政府人事处，1947 年，第 49—51 页；湖北省教育厅：《湖北省政府教育厅职员简历册》，湖北省档案馆藏：《湖北省教育厅档案》，LS001-002-1022-0002；湖南省政府人事室编：《湖南省政府职员录》，长沙：湖南省政府人事室，1947 年，第 85—88 页；安徽省政府教育厅：《安徽教育要览》（第四回），安庆：安徽省政府教育厅，1947 年，第 96—97 页。

总体来看，8 省 56 位省督学中，除 2 位省督学外，其余 54 位省督学均具有丰富的教育工作经历，且基本符合法定要求（见表 2-26）。其中，曾在各级教育行政部门供职者总计 29 人，占比为 51.8%。这里面，绝大多数省督学具备一定的省教育厅工作经历，有的甚至是从委任职督导员、视导员、视察员、指导员中提拔而来的。

表 2-26 1947 年 8 省荐任职省督学工作经历统计

（单位：人次）

| 工作经历 | 苏 | 鄂 | 湘 | 豫 | 皖 | 鲁 | 热 | 吉 | 总计 |
|---|---|---|---|---|---|---|---|---|---|
| 教育部督导员 | | | | 1 | | | | | 1 |
| 省公署文教科长 | | | | | | | | 1 | 1 |
| 教育厅科长 | 1 | 1 | 1 | | | | | | 3 |
| 教育厅秘书 | | | 1 | | | | | | 1 |
| 教育厅编审 | 2 | | | | | | | | 2 |
| 教育厅股长 | | 2 | 1 | | | | | | 3 |
| 教育厅秘书 | | | | 2 | | | | | 2 |
| 教育厅主任科员 | | | | 4 | | | | | 4 |
| 省督学主任 | 1 | | | | | | | | 1 |
| 省督学 | 1 | 1 | 1 | | | | | | 3 |
| 教育厅督导员 | | | 1 | | | | | | 1 |
| 教育厅视导员 | | 1 | | 1 | | | | | 2 |
| 教育厅视察员 | | 2 | | | | | 1 | | 3 |
| 教育厅指导员 | | | | | | 1 | | | 1 |
| 市教育局局长 | | | | | | | | 1 | 1 |
| 县教育局局长 | | | | | | 1 | | | 1 |
| 市教育局科长 | | | | | | 1 | | | 1 |
| 大学教授 | 1 | | | | | | | | 1 |
| 大学副教授 | | | 1 | | | | | | 1 |
| 师范校长 | | | 2 | | | 1 | | | 3 |
| 中学校长 | 1 | 1 | 3 | | 3 | 1 | | 1 | 10 |
| 中学教导主任/训导主任 | | | 1 | | | 1 | | 1 | 3 |

续　表

| 工作经历 | 苏 | 鄂 | 湘 | 豫 | 皖 | 鲁 | 热 | 吉 | 总计 |
|---|---|---|---|---|---|---|---|---|---|
| 中学教员 | | | | | 3 | 1 | 1 | | 5 |
| 西昌行辕处长 | | 1 | | | | | | | 1 |
| 省政府接收员 | | | | | | | | 1 | 1 |

　　资料来源:教育部:《各省市教育厅职员录(民国36年)》,中国第二历史档案馆藏:《教育部档案》,5-409(2);湖北省政府人事处编:《湖北省政府职员录》,武昌:湖北省政府人事处,1947年,第49－51页;湖北省教育厅:《湖北省政府教育厅职员简历册》,湖北省档案馆藏:《湖北省教育厅档案》,LS001-002-1022-0002;湖南省政府人事室编:《湖南省政府职员录》,长沙:湖南省政府人事室,1947年,第85－88页;安徽省政府教育厅:《安徽教育要览》(第四回),安庆:安徽省政府教育厅,1947年,第96－97页。

　　由表2-27可知,在6省48位其他省级教育视导人员中,有37位曾有教育类工作经历。其中,25位曾有一线学校管理或教学经历,占比为67.6%。可以说,这与该时期的省督学的工作经历有着明显的不同。当然,6省中,还有9位不具有任何教育类工作经历,有的甚至不具备任何工作经历,这不利于视察与指导地方教育职能活动的开展。

表2-27　1947年6省其他省级教育视导人员工作经历统计

(单位:人次)

| 工作经历 | 苏 | 鄂 | 湘 | 皖 | 鲁 | 热 | 总计 |
|---|---|---|---|---|---|---|---|
| 省督学 | 2 | | | | | | 2 |
| 教育厅视察员 | | | | | 1 | | 1 |
| 教育厅义务教育视导员 | | | | | 1 | | 1 |
| 教育厅股长 | | | 2 | | | | 2 |
| 教育厅助理秘书 | | 1 | | | | | 1 |
| 教育厅教育款产考查员 | 1 | | | | | | 1 |
| 省社教团主任 | | | 1 | | | | 1 |
| 县教育科科长 | | | 4 | | | | 4 |
| 县督学 | | | 1 | | | | 1 |
| 大学讲师 | | | | | 1 | | 1 |

续 表

| 工作经历 | 苏 | 鄂 | 湘 | 皖 | 鲁 | 热 | 总计 |
|---|---|---|---|---|---|---|---|
| 师范校长 | 1 | | | | | | 1 |
| 师范教员 | 1 | | | | | | 1 |
| 中学校长 | | | | | 2 | | 2 |
| 中学教导主任/训育主任 | | | | | 1 | 1 | 2 |
| 中学教员 | 1 | 1 | | 5 | 3 | 1 | 11 |
| 小学校长 | | 1 | 1 | 5 | | | 7 |
| 党部干事/委员 | | | | 3 | | | 3 |
| 县政府科长 | | | | | 1 | 1 | 2 |
| 西训团上校指导员 | | | | | 1 | | 1 |
| 省保安处少校科员 | | | | | 1 | | 1 |
| 中央及地方机关专员 | | 1 | | | | | 1 |
| 无工作经历 | | | | | | 1 | 1 |

资料来源:教育部:《各省市教育厅职员录(民国36年)》,中国第二历史档案馆藏:《教育部档案》,5-409(2);湖北省政府人事处编:《湖北省政府职员录》,武昌:湖北省政府人事处,1947年,第49—51页;湖北省教育厅:《湖北省政府教育厅职员简历册》,湖北省档案馆藏:《湖北省教育厅档案》,LS001-002-1022-0002;湖南省政府人事室编:《湖南省政府职员录》,长沙:湖南省政府人事室,1947年,第85—88页;安徽省政府教育厅:《安徽教育要览》(第四回),安庆:安徽省政府教育厅,1947年,第96—97页。

### (三)省督学任期

在中央教育法规层面,对省督学和其他省级教育视导人员的任期无明确规定。不过,国民政府于1935年7月16日颁布的《公务员考绩法》曾规定,公务员考绩分为年考和总考两种,其中"总考就各该公务员三年成绩合并考核之"[①]。由此来看,公务员的任期应至少为3年。直至1949年,此项规定从未变更。那么,南京国民政府后期,各省省级教育视导人员的任期是否符合3年的

---

① 《公务员考绩法》,《中央日报》,1935年7月17日,第1张第3版。

法定要求呢？下面仍以 1947 年的相关数据加以说明。

由表 2-28 可知,1947 年的 56 位省督学中,任期在 3 年及 3 年以上者共 15 位。易言之,大多数省督学任期不足公务员法定的 3 年任期。其中,任期不足 2 年者共 34 人,占省督学总数的 60.7%。事实上,这种情形与国民政府初期省督学多不足 2 年的实际任期基本保持一致。这就说明,在整个国民政府时期,省督学任期短暂的问题曾长期存在,始终未得到有效解决。

**表 2-28　1947 年 8 省荐任职省督学任期统计**

（单位：人次）

| 任期 | 苏 | 鄂 | 湘 | 豫 | 皖 | 鲁 | 热 | 吉 | 总计 |
|------|----|----|----|----|----|----|----|----|------|
| 0～1 年 | | | 1 | | 4 | 1 | | | 6 |
| 1～2 年 | 2 | 3 | 5 | 3 | 2 | 6 | 2 | 5 | 28 |
| 2～3 年 | 5 | | 2 | | | | | | 7 |
| 3～4 年 | | 2 | 1 | 2 | | | | | 5 |
| 4～5 年 | | | 1 | | | | | | 1 |
| 6～7 年 | | | | 1 | | | | | 1 |
| 7～8 年 | | | | 1 | | | | | 1 |
| 8～9 年 | | | 1 | 1 | | | | | 2 |
| 10～11 年 | | 2 | | | | | | | 2 |
| 12～13 年 | 1 | | | | | | | | 1 |
| 15～16 年 | | | 1 | | | | | | 1 |
| 17～18 年 | 1 | | | | | | | | 1 |

资料来源:教育部:《各省市教育厅职员录(民国 36 年)》,中国第二历史档案馆藏:《教育部档案》,5-409(2);湖北省政府人事处编:《湖北省政府职员录》,武昌:湖北省政府人事处,1947 年,第 49－51 页;湖北省教育厅:《湖北省政府教育厅职员简历册》,湖北省档案馆藏:《湖北省教育厅档案》,LS001-002-1022-0002;湖南省政府人事室编:《湖南省政府职员录》,长沙:湖南省政府人事室,1947 年,第 85－88 页;安徽省政府教育厅:《安徽教育要览》(第四回),安庆:安徽省政府教育厅,1947 年,第 96－97 页。

由表 2-29 可知,1947 年 48 位委任职省级教育视导人员的实际任期同样不容乐观。其中,任期在 3 年及 3 年以上者共 10 人,不足 3 年者达 38 人。这里面,不足 2 年者居多,共 34 人,占总人数的 70.8%。这一数据比省督学任期不足 2 年者比重超出 10.1%。由此表明,相较于省督学的任期情况,委任职省级教育视导人员的实际任期则更加短暂。

表 2-29　1947 年 6 省其他省级教育视导人员任期统计

(单位:人次)

| 任期 | 苏 | 鄂 | 湘 | 皖 | 鲁 | 热 | 总计 |
|---|---|---|---|---|---|---|---|
| 0～1 年 | | | | 6 | | 3 | 9 |
| 1～2 年 | 6 | 4 | 1 | 1 | 12 | 1 | 25 |
| 2～3 年 | | | 3 | 1 | | | 4 |
| 3～4 年 | | | | 2 | | | 2 |
| 4～5 年 | | | 1 | | | | 1 |
| 5～6 年 | | | 3 | 1 | | | 4 |
| 6～7 年 | | | 1 | 2 | | | 3 |

资料来源:教育部:《各省市教育厅职员录(民国 36 年)》,中国第二历史档案馆藏:《教育部档案》,5-409(2);湖北省政府人事处编:《湖北省政府职员录》,武昌:湖北省政府人事处,1947 年,第 49-51 页;湖北省教育厅:《湖北省政府教育厅职员简历册》,湖北省档案馆藏:《湖北省教育厅档案》,LS001-002-1022-0002;湖南省政府人事室编:《湖南省政府职员录》,长沙:湖南省政府人事室,1947 年,第 85-88 页;安徽省政府教育厅:《安徽教育要览》(第四回),安庆:安徽省政府教育厅,1947 年,第 96-97 页。

### (四)省督学月俸

国民政府时期,公务员的薪俸是按职级支俸的。从中央法令来看,1936 年 9 月 23 日,国民政府修正公布《暂行文官官等官俸表》。其中,委任职公务员的俸级与 1933 年 9 月 23 日公布的《暂行文官官等官俸表》相同,前文中已有详述,在此不赘述。但修正后的法令有两点变化:一是荐任职薪级由以前的 10 级调整为 12 级。由此,最低薪俸由第十级的 220 元下调为第十二级的 180 元,每级相差 20 元,以此递增,最高的第一级荐任官薪俸为 400 元。二是明确规定各省政府所属各厅设有视察员等,比照科长、科员叙俸。[1]　其中,科长属于荐任职,薪俸从第十级的 220 元到第一级的 400 元不等;科员属于委任职,薪俸从第

---

[1]　国民政府:《暂行文官官等官俸表》,《浙江省政府公报》,1938 年第 3095 期,第 6 页。

十五级的 60 元到第一级的 200 元不等。由此,省级教育行政人员中,省督学的待遇为荐任职薪俸,而视察员、督导员等公务员的待遇或为荐任职薪俸,或为委任职薪俸。可以说,此项规定颁布后,基本沿用至国民政府垮台。

由表 2-30 可知,1947 年 41 位在任省督学中,除湖南 1 位省督学的待遇超过荐任职最高俸级外,其他省督学的实际待遇基本在法定的荐任职 12 俸级范围之内。这与前文中考察的 1931 年省督学薪俸待遇相比,有了明显的进步,使得省督学享有名实相符的荐任职待遇。总体看来,1947 年,薪俸在 280 元及以上者最多,占总数的 80.5%。同时也应注意,如果把这样的待遇放置于全面抗战以来物价腾贵、通货膨胀严重、纸币贬值的情境下,对若干个体的处境进行微观考察,或许才能真切地体会作为荐任职公务员的无奈与困境。通过翻阅该时期一些省份教育厅档案中的省督学履历表,可以强烈地感受到这一点。比如,浙江省省督学许明远,荐任八级,薪俸 260 元。1943 年 1 月,他在履历表的"亲属"一览中写着 1 母、1 妻、2 子、1 女,且直言不讳:关于生活费,"母妻无,子女求学,全赖薪给维持,年来物价昂贵,至感困难"。[1]

**表 2-30　1947 年 6 省荐任职省督学薪俸统计**

(单位:人次)

| 月薪 | 苏 | 湘 | 豫 | 鲁 | 热 | 吉 | 总计 |
|---|---|---|---|---|---|---|---|
| 430 元 | | 1 | | | | | 1 |
| 400 元 | 2 | 1 | 1 | | | | 4 |
| 380 元 | | | | | 1 | 1 | 2 |
| 360 元 | | 2 | | 2 | | | 4 |
| 340 元 | | | | 1 | | 2 | 3 |
| 320 元 | 2 | 2 | | 1 | 1 | | 6 |
| 300 元 | | 2 | 1 | 1 | | | 4 |
| 280 元 | 3 | 2 | 3 | 1 | | | 9 |

---

① 浙江省教育厅:《教育厅考试及格人员服务状况调查》,浙江省档案馆藏:《浙江省教育厅档案》,L032-000-3418。

续　表

| 月薪 | 苏 | 湘 | 豫 | 鲁 | 热 | 吉 | 总计 |
|------|----|----|----|----|----|----|------|
| 260 元 |  |  |  |  |  | 1 | 1 |
| 240 元 |  | 1 | 1 | 1 |  |  | 3 |
| 220 元 |  | 1 | 2 |  |  |  | 3 |
| 180 元 |  |  |  |  |  | 1 | 1 |

资料来源:教育部:《各省市教育厅职员录(民国 36 年)》,中国第二历史档案馆藏:《教育部档案》,5-409(2);湖南省政府人事室编:《湖南省政府职员录》,长沙:湖南省政府人事室,1947 年,第 85－88 页;安徽省政府教育厅:《安徽教育要览》(第四回),安庆:安徽省政府教育厅,1947 年,第 96－97 页。

由表 2-31 可知,其他省级教育视导人员的实际薪俸为 120～280 元不等,整体低于省督学的薪酬。比照法定俸级标准,其他省级教育视导人员有的享有委任职第五级到第一级待遇(130～200 元,相当于教育厅一等科员待遇),有的享有荐任职第十二级到第七级待遇(180～280 元,相当于教育厅科长待遇)。这说明,其他省级教育视导人员的薪俸,符合国民政府所制定的省府所属各厅其设有视察员者"应由各该省政府比照科长科员叙俸"[①]的规定。

### 表 2-31　1947 年 4 省其他省级教育视导人员薪俸统计

(单位:人次)

| 省份 | 280 元 | 260 元 | 240 元 | 220 元 | 200 元 | 180 元 | 160 元 | 130 元 | 120 元 |
|------|--------|--------|--------|--------|--------|--------|--------|--------|--------|
| 江苏 | 1 | 1 | 1 | 1 | 2 |  |  |  |  |
| 山东 | 1 |  | 2 | 1 | 5 | 3 |  |  |  |
| 热河 |  |  |  |  | 1 |  |  | 2 | 1 |
| 甘肃 |  |  |  |  |  |  | 10 |  |  |
| 总计 | 2 | 1 | 3 | 2 | 8 | 3 | 10 | 2 | 1 |

资料来源:教育部:《各省市教育厅职员录(民国 36 年)》,中国第二历史档案馆藏:《教育部档案》,5-409(2);教育部:《教育部督学视察甘肃省教育情形报告及教育部提改进意见(1948)》,中国第二历史档案馆藏:《教育部档案》,5-1524(1)。

---

① 《暂行文官官等官俸表说明》,《中央日报》,1946 年 3 月 4 日,第 3 版。

　　国民政府后期,部分省份的其他省级教育视导人员除薪俸外,还有薪俸加成及生活基金。事实上,薪俸加成及生活基金时有时无,毫无保障可言。因而,这些视导人员依然靠薪俸维持生计。问题在于,在物价飞涨的时代,他们所得的薪俸难以维系基本生计。以甘肃省为例,1947 年 12 月,省立兰州师范学校呈请省政府保障视导员待遇:"地方教育视导员仅发薪俸一六〇元,其他薪俸加成及生活基金均未拨发。恳令省府拨支此项经费,以维该员生计,俾安心工作。"[1]这些视导人员的生存境遇,由此可见一斑。

---

　　① 甘肃省政府:《甘肃省政府公函》,中国第二历史档案馆藏:《教育部档案》,5-1524(1)。

## 第四节　教育厅其他职员

　　教育厅除教育厅长、省级教育视导人员等核心成员外，还设有秘书、科长、科员、办事员等名目的职员。可以说，这些职员在处理教育厅日常事务、促进省级教育行政效率方面同样发挥着无可替代的作用。下面对这一群体进行整体分析，以期全方位了解省级教育行政人员的丰富面貌。

### 一、北京政府时期的教育厅其他职员

　　这一时期，教育厅其他职员的名额、年龄、籍贯、学历、任期、薪俸等呈现如下样态。

#### （一）名额与年龄

　　教育厅职员的多寡，直接关系着省级教育行政各项工作的开展。1917 年 9 月，教育部颁布的《教育厅暂行条例》规定，教育厅"各科置科长一人"，"各科置科员，每科不得逾三员"，"教育厅为缮写文件，得酌用雇员"。[①] 次月，教育部颁布《教育厅经费支用标准》，规定了大、中、小三级省份教育厅职员编制。其中，大省（直隶、奉天、江苏、浙江、四川、广东、山东、湖北、河南）教育厅设科长 3 人、科员 9 人，雇员及仆役若干人；中省（江西、湖南、陕西、山西、吉林、福建、安徽、云南）教育厅设科长 3 人、科员 7 人，雇员及仆役若干人；小省（黑龙江、甘肃、贵州、广西、新疆）设科长 2 人、科员 6 人，雇员及仆役若干人。[②] 由此来看，

---

　　① 《教育厅暂行条例》，《政府公报》，1917 年第 590 号，第 1—2 页。
　　② 《教育厅职员俸薪等级表》，《福建教育月刊》，1920 年第 1 卷第 1 期，第 11 页。

教育厅其他职员的员额,大省、中省、小省分别至少应设 12 人、10 人、8 人。那么,该时期各省教育厅其他职员实际名额如何呢?(见图 2-7)

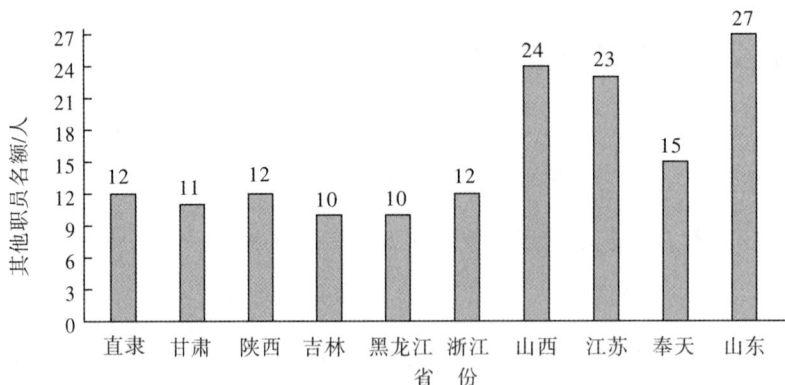

**图 2-7　北京政府时期 10 省教育厅其他职员名额**

资料来源:北省教育厅编:《河北省教育概况》,天津:河北省教育厅,1935 年,第 2 页;甘肃教育厅编审委员会编:《甘肃教育概览》,兰州:甘肃省教育厅编审委员会,1936 年,第 1 页;教育部教育年鉴编纂委员会编:《第二次中国教育年鉴》,上海:商务印书馆,1948 年,第 138 页;吉林教育厅编:《吉林教育近三年间概况》,吉林:吉林教育厅,1921 年,第 1—2 页;黑龙江省地方志编纂委员会编:《黑龙江省志·教育志》(第四十五卷),哈尔滨:黑龙江人民出版社,1996 年,第 807 页;孙蒟侯著:《浙江教育史略》,杭州:浙江省教育厅,1931 年,第 3 页;李东福、宋玉岫、杨进发著:《山西教育史》,太原:山西人民出版社,2010 年,第 508 页;江苏省长公署统计处编:《江苏省政治年鉴》,南京:江苏省长公署统计处,1924 年,第 30 页;袁荣叟编:《山东教育厅第一届周年报告》,济南:山东省教育厅,1920 年,第 69—70 页;辽宁省教育志编纂委员会编:《辽宁教育史志资料》(第二集),沈阳:辽宁大学出版社,1990 年,第 103 页。

总体来看,各省教育厅其他职员名额多在 10 人以上,基本符合部定编制要求。同时,省际差距较大,少者 10 人,多者 27 人。

再看职员年龄结构,见表 2-32。

从吉林、山东、江苏 3 省来看,教育厅其他职员以 30～49 岁的中青年为主体。而且,年龄在 20～29 岁者亦占一定比重。应该说,教育厅其他职员的年龄结构是比较合理的。这是因为,这些职员的主要职责是办理教育厅日常事务,比如各科日常事宜、收发文案、缮写公文、统计各项数据等,由精力旺盛的中青年群体处理上述繁杂事务无疑较为适宜。

表 2-32　北京政府时期 3 省教育厅其他职员年龄统计

（单位：人）

| 省份 | 20～29 岁 | 30～39 岁 | 40～49 岁 | 50～59 岁 | 总计 |
|------|---------|---------|---------|---------|------|
| 江苏 | 2 | 6 | 12 | 3 | 23 |
| 吉林 | 1 | 5 | 3 | 1 | 10 |
| 山东 | 7 | 9 | 8 | | 24 |
| 总计 | 10 | 20 | 23 | 4 | 57 |

注：山东教育厅的 2 名事务员和 1 名科员，年龄不详。

资料来源：江苏省长公署统计处编：《江苏省政治年鉴》，南京：江苏省长公署统计处，1924 年，第 30 页；吉林教育厅编：《吉林教育近三年间概况》，吉林：吉林教育厅，1921 年，第 1－2 页；袁荣叟编：《山东教育厅第一届周年报告》，济南：山东省教育厅，1920 年，第 69－70 页。

### （二）籍贯与学历

这一时期，教育部对各省教育厅职员籍贯与学历未作规定，因而，其籍贯与学历各有特点（见图 2-8）。

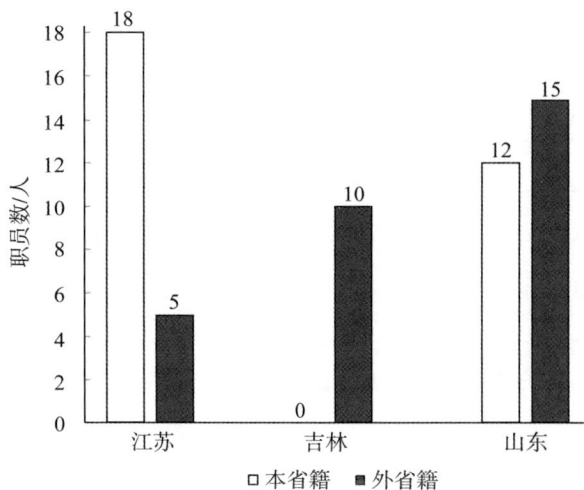

图 2-8　北京政府时期 3 省教育厅其他职员籍贯统计

资料来源：江苏省长公署统计处编：《江苏省政治年鉴》，南京：江苏省长公署统计处，1924 年，第 30 页；吉林教育厅编：《吉林教育近三年间概况》，吉林：吉林教育厅，1921 年，第 1－2 页；袁荣叟编：《山东教育厅第一届周年报告》，济南：山东省教育厅，1920 年，第 69－70 页。

从图 2-8 可知,教育厅其他职员中,江苏教育厅以本省人为主体,而吉林教育厅、山东教育厅以外省人为主体。事实上,这与教育厅长籍贯有一定的关系。一般而言,当教育厅长为本省人时,教育厅其他职员亦多为本省人。如江苏省,1924 年时任教育厅长蒋维乔为本省人,其任用的教育厅职员亦多为本省人。当教育厅长为外省人时,多委外省人任教育厅职员。如吉林省,1921 年时任教育厅长杨乃康为浙江人,教育厅职员基本来自浙江、江苏、安徽 3 省。

关于各省教育厅其他职员的学历,由于现存史料极少,无法进行全面统计。现以江苏省为例(见表 2-33),对此作一简要说明。

表 2-33　1924 年江苏省教育厅其他职员学历统计

（单位:人）

| 学历 | 科长 | 科员 | 办事员 | 统计专员 |
|---|---|---|---|---|
| 清增增生、附生、监生 | | 2 | 3 | |
| 日本弘文书院 | 3 | 1 | | |
| 师范讲习科(传习所) | | | 2 | |
| 师范学校 | | 1 | 1 | |
| 优级师范 | | 1 | | |
| 高等学堂 | | 1 | | |
| 法政学校 | | 3 | | |
| 中学 | | | 2 | |
| 统计讲习所 | | | | 1 |

资料来源:江苏省长公署统计处编:《江苏省政治年鉴》,南京:江苏省长公署统计处,1924 年,第 30 页。

由此观之:(1)江苏教育厅其他职员中,既有有功名头衔者,亦有日本留学者及师范学校、高等学堂毕业者,职员学历呈现出"新旧杂糅"的特点。(2)江苏教育厅其他职员中,具有师范教育背景者占 49%。(3)科长、科员、办事员等人员的学历具有差异性。其中,科长学历高于科员学历,科员学历又高于办事员等人员学历。这反映教育厅中的不同职位,因其权责轻重不同,对职员学历层次的要求亦有一定的差别。

### (三)任期与薪俸

北京政府时期,无论是教育部,抑或是各省教育厅,均未明文规定教育厅职员的任期。那么,教育厅其他职员在职时间情况如何呢?以吉林省为例,1921年该省教育厅职员任期概况如下:1年以下者计2人,1~2年者计1人,2~3年者计2人,3年以上者计5人。[①] 由此来看,吉林教育厅职员的在职时间大多为2年以上,具有一定的稳定性。事实上,这与吉林教育厅长任期的稳定不无关联。杨乃康自1917年11月就任吉林教育厅长以来,到1921年7月辞职,任期长达3年8个月。在此期间,他对教育厅职员未作大的调整。

那么,在各省教育厅长频更时期,教育厅职员的任期是否具有相对稳定性呢?比如江苏省,1925年5月,教育厅长蒋维乔仅对第一科科员、第二科科员、第二科办事员3个职位作了内部调整。[②] 1925年7月,沈彭年就任江苏教育厅长后,对第一科长、第三科办事员作了内部调整。[③] 由此来看,江苏教育厅长并未对教育厅职员进行"大换血",只是对内部人员进行小范围调整。再如山东省,1925年7月,王寿彭莅任教育厅长伊始,因教育厅经费短缺,"持裁员减政主义,以前教育厅每科科员自五六人以至七八人,大事淘汰,每科仅留科长一人、科员三人,其他办事员、顾问、咨议、秘书等差缺一律裁撤,每月减省经费一千余元"[④]。从中可知,山东教育厅因经费困难对科员以下人员进行了裁汰,但科

---

① 吉林教育厅编:《吉林教育近三年间概况》,吉林:吉林教育厅,1921年,第1—2页。

② 1925年5月,教育厅职员调整情况为:第一科科员段圻,业奉江苏全省卷烟营业特税总处委任正主任呈请辞职,遗缺委夏震龙接充;派在第三科办事,调第三科科员周刚仁,在第一科办事;又将第二科办事员岳扬,改为会计员,遗缺委周冕英接充。详见《苏教厅长更委职员》,《申报》,1925年5月10日,第3张第11版。

③ 1925年7月,教育厅职员调整情况为:第一科科长林懿均因国民会议代表在丹阳县籍初选当选,请辞去科长职务,派第一科科员段圻暂行兼代;调第一科办事员黄树藩为第三科办事员。详见《苏教厅职员之更动》,《申报》,1925年9月16日,第2张第7版。

④ 《鲁教厅长王寿彭到任后之设施》,《申报》,1925年7月31日,第3张第9版。

长、部分科员基本未变,且调整后的人员编制亦符合部颁编制。从江苏、山东两省情况可以看出,该时期各省教育厅长虽时有更换,但教育厅职员中,科长、科员之任期具有相对稳定性,从而在一定程度上保证了教育厅日常事务的正常开展。

1917 年 10 月,教育部颁布《教育厅职员俸薪等级表》及《各省教育厅经费支用标准表》,规定了科长、科员的职级和薪俸标准,并规定:"科长以下俸薪等级得由厅长按照各该地方情形在经费总数内酌量撙节支配。"[①]具体标准见表2-34、表 2-35。

表 2-34　1917 年教育厅职员薪俸等级表

(单位:元)

| 职级 | 第一级 | 第二级 | 第三级 |
|---|---|---|---|
| 科长 | 200 | 180 | 160 |
| 一等科员 | 120 | 100 | 90 |
| 二等科员 | 80 | 70 | 60 |

资料来源:《教育厅职员俸薪等级表》,《教育公报》,1917 年第 4 卷第 15 期,第 4 页。

表 2-35　1917 年教育厅经费支用标准表

| 职名 | 大省 | 中省 | 小省 |
|---|---|---|---|
| 科长 | 3 人月薪共 560 元 | 3 人月薪共 520 元 | 2 人月薪共 380 元 |
| 科员 | 9 人月薪共 540 元 | 7 人月薪共 440 元 | 6 人月薪共 380 元 |
| 雇员 | 月薪共 180 元 | 月薪共 140 元 | 月薪共 120 元 |
| 仆役 | 月薪共 80 元 | 月薪共 60 元 | 月薪共 50 元 |

资料来源:《各省教育厅经费支用标准表》,《教育公报》,1917 年第 4 卷第 15 期,第 3—4 页。

上述标准颁布后,各省教育厅最初基本能遵照执行。如江西教育厅成立初,"科长三人,每人月薪百八十元;科员一等、二等、三等各三人,一等月薪八十元、二等六十元、三等四十元;办事员二十四元;录事,一等二十元,二等十六元,

---

三等十元"①。然而,标准实施不久即被持续恶化的政局及地方财政支绌等问题彻底打乱。这一时期,教育厅职员薪俸拖欠、打折的问题极为严重。如广东教育厅,截至1924年7月,"积欠员薪已及四五阅月,经费虽极短缩,亦无从支领"②。再如江苏省,1924年"江浙战争"后,"省库如洗,非减政不足以维持现状"③;1925年5月,经省署公决,教育厅经费由财政厅减发1800元,并裁撤专科指导员经费。鉴于此,时任教育厅长蒋维乔不得不采取打折办法,分发各职员薪俸。具体办法为:"月薪一百元以上者,发给四成;六十元以上者,发给半数;五十元以下、三十元以上者,概发三十元;二十元以上、三十元以下者,减发二十五元或二十元。"④面对如此微薄的薪俸,教育厅职员"叫苦连天,大骂齐燮元不已,际此生活程度之高,各职员区区收入,何能赡家"⑤。经济发达的江苏省尚且如此,其他经济欠发达省份的教育厅职员薪俸可以想见。

在薪俸短少的情况下,难免出现教育厅职员工作积极性差、队伍稳定性降低、在外兼差谋生计等一系列问题。比如1925年2月,山东教育厅针对厅内职员在外兼职的问题,下令禁止厅员兼差。⑥ 概言之,北京政府时期,各省教育厅其他职员的实际所得薪俸偏低。

## 二、国民政府初期的教育厅其他职员

与前一时期相比,该时期教育厅其他职员的名额、年龄、学历、任期、薪俸等方面兼具相似性与差异性。

### (一)名额与年龄

南京国民政府成立后,对省政府各厅职员编制有相关规定。1928年4月27日,国民政府颁布《修正省政府组织法》,规定"省政府各厅处各设秘书一人

---

① 《江西近事》,《申报》,1917年11月16日,第2张第7版。
② 《粤教厅遵令裁员》,《申报》,1924年7月1日,第3张第11版。
③ 《苏教厅职员减薪办法》,《申报》,1925年6月2日,第3张第11版。
④ 《苏教厅职员减薪办法》,《申报》,1925年6月2日,第3张第11版。
⑤ 《苏教厅职员减薪办法》,《申报》,1925年6月2日,第3张第11版。
⑥ 《鲁教厅严禁教育行政人员兼职》,《申报》,1925年2月25日,第3张第11版。

至三人","省政府各厅处视事务之繁简,酌量分科办事,各科设科长一人,科员若干人",另"得酌设技正、技士及视察员,其员数应由该厅厅长提出省政府委员会议定之"。① 1930年2月3日,中央政府再次修订并颁布《修正省政府组织法》。与前者相比,该次修正的最大变化是,明确规定省政府各厅每科设科员4~12人。② 那么,这一时期,各省教育厅其他职员实际员额怎样呢?现以1935年为例(见图2-9),对此进行考察。

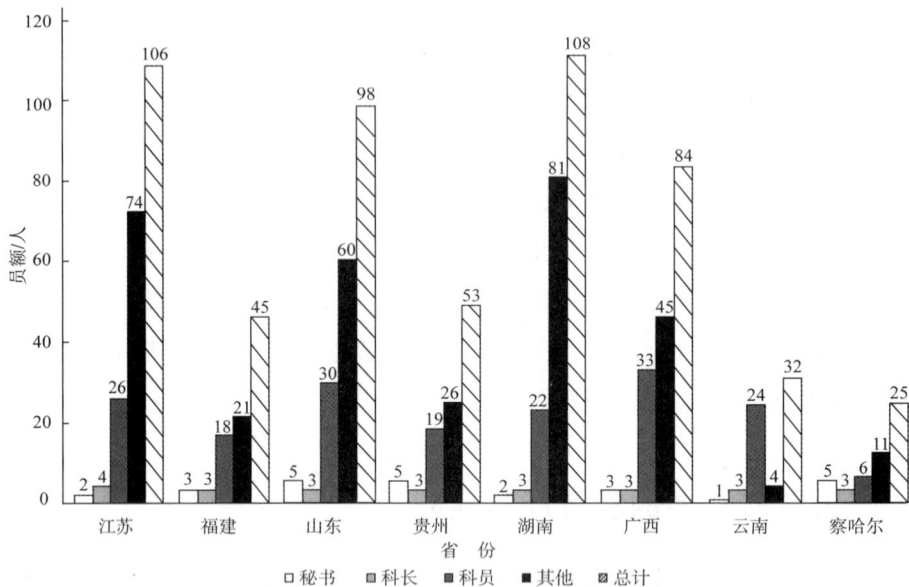

图 2-9　1935年8省教育厅其他职员员额统计

资料来源:江苏省政府秘书处编:《江苏省政府职员录》,镇江:江苏省政府秘书处,1935年,第40—46页;福建省政府秘书处编:《福建省政府职员录》,闽侯:福建省政府秘书处,1935年,第22—24页;山东省政府秘书处编:《山东省行政各机关职员录》,济南:山东省政府秘书处,1935年,第37—40页;贵州省教育厅编:《贵州省教育厅职员录》,贵阳:贵州省教育厅,1935年,第1—8页;湖南省政府秘书处编:《湖南省政府职员录》,长沙:湖南省政府秘书处,1935年,第69—81页;广西省政府总务处编:《广西省政府职员录》,南宁:广西省政府总务处,1935年,第46—56页;云南省政府秘书处编:《云南省各机关职员录》,昆明:云南省政府秘书处,1935年,第11页;察哈尔省教育厅:《察哈尔省教育厅职员录》,张家口:察哈尔省教育厅,1935年,第1—5页。

---

① 《修正省政府组织法》,《内政公报》,1928年第1卷第2期,第50页。
② 《修正省政府组织法》,《行政院公报》,1930年第123期,第7页。

由图 2-9 可知,国民政府初期,各省教育厅其他职员数较前一时期明显增多,但省际差距较大,多者 108 人(湖南),少者 25 人(察哈尔),前者是后者的 4 倍以上。比照中央编制要求,这一时期大多数省份之教育厅职员编制基本符合要求,但少数省份教育厅职员存在超编和缺编的问题。如山东、贵州、察哈尔三省教育厅秘书均超编 2 人;察哈尔省教育厅科员缺编 6 人。

那么,这一时期,教育厅其他职员年龄结构如何呢?(见表 2-36)

### 表 2-36 1935 年 6 省教育厅其他职员年龄统计

(单位:人)

| 年龄 | 江苏 | 山东 | 贵州 | 湖南 | 广西 | 察哈尔 | 总计 |
|---|---|---|---|---|---|---|---|
| 20 岁以下 | 0 | 0 | 0 | 1 | 1 | 0 | 2 |
| 20～29 岁 | 21 | 10 | 24 | 21 | 35 | 5 | 116 |
| 30～39 岁 | 46 | 41 | 13 | 38 | 30 | 27 | 195 |
| 40～49 岁 | 26 | 20 | 5 | 19 | 10 | 22 | 102 |
| 50～59 岁 | 7 | 0 | 4 | 14 | 5 | 9 | 39 |
| 60～69 岁 | 0 | 0 | 0 | 3 | 1 | 2 | 6 |
| 70～79 岁 | 0 | 0 | 0 | 2 | 0 | 0 | 2 |

注:(1)福建、云南两省省政府教育厅职员录未列年龄一栏,故未列入本表。(2)教育厅其他职员年龄不详者,江苏 6 人,山东 27 人,贵州 7 人,湖南 7 人,广西 2 人,察哈尔 1 人。

资料来源:江苏省政府秘书处编:《江苏省政府职员录》,镇江:江苏省政府秘书处,1935 年,第 40－46 页;山东省政府秘书处编:《山东省行政各机关职员录》,济南:山东省政府秘书处,1935 年,第 37－40 页;贵州省教育厅编:《贵州省教育厅职员录》,贵阳:贵州省教育厅,1935 年,第 1－8 页;湖南省政府秘书处编:《湖南省政府职员录》,长沙:湖南省政府秘书处,1935 年,第 69－81 页;广西省政府总务处编:《广西省政府职员录》,南宁:广西省政府总务处,1935 年,第 46－56 页;察哈尔省教育厅:《察哈尔省教育厅职员录》,张家口:察哈尔省教育厅,1935 年,第 1－5 页。

总体来讲,国民政府初期,各省教育厅其他职员年龄主要集中在 20～39 岁。较前一时期,职员年轻化趋势明显。

### (二)学历与经历

南京国民政府成立后,对公务员职别有严格限定。1928 年 4 月 27 日,中央政府颁布《修正省政府组织法》，规定："省政府各厅秘书及科长为荐任职或委任职，科员为委任职。"①1930 年 2 月 3 日，中央政府修订颁布《修正省政府组织法》，规定省政府各厅秘书和科长均为荐任职，科员为委任职。② 不同职别的公务员，其任职资格要求亦极为不同。

1929 年 10 月 30 日，国民政府颁布《现任公务员甄别审查条例》，规定荐任职公务员须有如下资格条件之一方为合格："一、对党国有功劳或致力革命七年以上者。二、在教育部认可之国内外大学或高等专门学校毕业者。三、曾在国民政府统治下任荐任官二年以上者。四、曾在国民政府统治下各地方高等考试及格者。"同时规定委任职公务员须有如下资格条件之一方为合格："一、曾致力革命五年以上者。二、在教育部认可之高级中学或旧制中学以上毕业者。三、曾在国民政府统治下任委任官二年以上者。四、曾在国民政府统治下各地方普通考试及格者。"③该法规强调荐任官及委任官对党国之功劳、学历、工作经历三个方面。1933 年 3 月 11 日，国民政府公布《公务员任用法》，规定荐任职公务员任用资格须满足如下条件之一："一、经高等考试及格或与高等考试相当之特种考试及格者。二、现任或曾任荐任职经甄别审查或考绩合格者。三、现任或曾任最高级委任职三年以上经甄别审查或考绩合格者。四、曾于民国有功劳或致力国民革命七年以上而有成绩者。五、在教育部认可之国内外大学毕业而有专门著作经审查合格者。"同时，规定委任职公务员任用资格须满足如下条件之一："一、经普通考试及格或与普通考试相当之特种考试及格者。二、现任或曾任委任职经甄别审查或考绩合格者。三、现充雇员继续服务三年以上而成绩优良者。四、曾致力国民革命五年以上而有成绩者。第五，在专科学校以上之学校毕业者。"④由此来看，荐任职和委任职公务员来源渠道较为多样，且中央政府仍看重公务员学历及从政经历。下面，先来看该时期教育厅其他职员的实际

① 《修正省政府组织法》，《内政公报》，1928 年第 1 卷第 2 期，第 50 页。
② 《修正省政府组织法》，《行政院公报》，1930 年第 123 期，第 7 页。
③ 《现任公务员甄别审查条例》，《立法院公报》，1929 年第 12 期，第 279 页。
④ 《公务员任用法》，《立法院公报》，1933 年第 47 期，第 5 页。

学历概况(见表 2-37)。

表 2-37　1935 年 4 省教育厅其他职员学历统计

| 学历 | 职员数/人 | | | | 职员总数/人 | 占比/% |
|---|---|---|---|---|---|---|
| | 江苏 | 云南 | 四川 | 青海 | | |
| 国外大学学士 | 7 | | 3 | | 10 | 3.5 |
| 国外大学硕士 | 1 | | | | 1 | 0.3 |
| 国外大学博士 | | | 1 | | 1 | 0.3 |
| 国内综合性大学 | 22 | 4 | 38 | 2 | 66 | 23.0 |
| 国内高等师范学校/大学 | 5 | 4 | 7 | 1 | 17 | 5.9 |
| 师范学校 | 14 | 9 | 6 | 9 | 38 | 13.2 |
| 专门学校 | 8 | 8 | 16 | 3 | 35 | 12.2 |
| 高等教育行政人员考试及格 | 2 | 0 | | | 2 | 0.7 |
| 地方普通教育行政人员考试及格 | 3 | 0 | 5 | | 8 | 2.8 |
| 国内大学肄业 | 1 | 1 | 3 | 1 | 6 | 2.1 |
| 国内高等师范学校/大学肄业 | | | 1 | | 1 | 0.3 |
| 师范学校肄业 | | | 1 | | 1 | 0.3 |
| 专门学校肄业 | | | 1 | 1 | 2 | 0.7 |
| 中学 | 19 | 5 | 26 | 5 | 55 | 19.2 |
| 初中 | | | 6 | 2 | 8 | 2.8 |
| 中学肄业 | 3 | 0 | 4 | 2 | 9 | 3.1 |
| 小学 | | | 2 | 4 | 6 | 2.1 |
| 清代增生 | 1 | 0 | | | 1 | 0.3 |
| 私塾修业 | | | 2 | | 2 | 0.7 |
| 师范传习所 | 1 | 0 | | | 1 | 0.3 |
| 打字学校 | | | 1 | | 1 | 0.3 |
| 军事学校 | 3 | 0 | 5 | 1 | 9 | 3.1 |
| 茶叶讲习所 | | | 1 | | 1 | 0.3 |

续　表

| 学历 | 职员数/人 | | | | 职员总数/人 | 占比/% |
|---|---|---|---|---|---|---|
| | 江苏 | 云南 | 四川 | 青海 | | |
| 电政研究班 | 1 | 0 | | | 1 | 0.3 |
| 审判研究所 | 1 | 0 | | | 1 | 0.3 |
| 教育部收音训练班 | | | 2 | | 2 | 0.7 |
| 财政部讲习所 | 1 | 0 | | | 1 | 0.3 |
| 会计讲习所 | 1 | 0 | | | 1 | 0.3 |
| 总数 | 94 | 31 | 130 | 32 | 287 | 100.0 |

注：数据不详者，江苏 8 人。

资料来源：江苏省政府秘书处编：《江苏省政府职员录》，镇江：江苏省政府秘书处，1935年，第 40－46 页；云南省教育厅编：《云南省二十四年度教育概况》，昆明：云南教育厅，1936年，第 10－13 页；《四川省政府教育厅职员录》，《四川教育》，1937 年创刊号，第 289－301 页；青海省政府编：《青海省政府职员录》，西宁：青海省政府，1937 年，第 39－42 页。

由表 2-37 可知，国民政府初期，各省教育厅其他职员来源较为多样。此外，还有如下特点：一是教育厅其他职员中，以国内外大学毕业生居多，占总数的 32.8%。这反映该时期教育厅其他职员学历较以往有了显著提高。二是教育厅其他职员中，受过正规师范教育者占相当比重，说明该时期各省教育厅长在委任教育厅职员时，较看重其师范教育背景。三是比照中央所规定的资格可知，"地方普通教育行政人员考试及格"以上各栏基本符合要求，占总数的 62.0%；而其以下各栏均不符合要求，占总数的 38.0%。由此来看，这一时期教育厅职员学历整体上虽有提升，但离公务员法定资格要求仍有一定距离。四是省际教育厅其他职员学历差距较大。如江苏省学历合格者达 65.9%，而青海省学历合格者仅占 46.8%。

接着，再来看此时期教育厅其他职员的工作经历情况（见表 2-38）。

表 2-38　1935 年 4 省教育厅其他职员工作经历统计

| 经历 | 职员数/人 | | | | 职员总数/人 | 占比/% |
|---|---|---|---|---|---|---|
| | 江苏 | 云南 | 四川 | 青海 | | |
| 大学学院院长 | 1 | | | | 1 | 0.4 |
| 大学教授 | 2 | | 4 | | 6 | 2.3 |
| 大学教员/讲师/助教 | 3 | | 4 | | 7 | 2.7 |
| 大学秘书长 | | | 1 | | 1 | 0.3 |
| 教育部职员 | | | 1 | | 1 | 0.3 |
| 省视学/督学 | 2 | 3 | 1 | 2 | 8 | 3.0 |
| 省级教育行政部门职员 | 15 | 4 | 12 | 13 | 44 | 16.9 |
| 市教育局局长 | 1 | 1 | | | 2 | 0.7 |
| 市教育局职员 | 2 | | 1 | | 3 | 1.1 |
| 县教育局局长/县教育科科长 | 2 | 1 | 6 | 1 | 10 | 3.8 |
| 县视学 | | | 4 | | 4 | 1.5 |
| 县教育局职员 | 2 | | 4 | | 6 | 2.3 |
| 省教育会职员 | | 1 | | | 1 | 0.3 |
| 师范学校校长 | 1 | 1 | 2 | | 4 | 1.5 |
| 师范学校教员 | 4 | | 2 | | 6 | 2.3 |
| 中学校长 | 3 | 1 | 4 | | 8 | 3.0 |
| 中学教员 | 13 | 5 | 14 | | 32 | 12.3 |
| 专门学校校长 | | | 2 | | 2 | 0.7 |
| 专门学校教员 | | 1 | 2 | | 3 | 1.1 |
| 女子学校教员 | 1 | | | | 1 | 0.3 |
| 教育馆馆长 | 3 | | | | 3 | 1.1 |
| 民众学校教员 | | | 3 | | 3 | 1.1 |
| 小学校长 | 4 | | 2 | | 6 | 2.3 |
| 小学教员 | 3 | | 8 | 3 | 14 | 5.3 |
| 平民教育促进会职员 | | | 2 | | 2 | 0.7 |

续　表

| 经历 | 职员数/人 | | | | 职员总数/人 | 占比/% |
|---|---|---|---|---|---|---|
| | 江苏 | 云南 | 四川 | 青海 | | |
| 行政院干事 | 1 | | | | 1 | 0.3 |
| 中央党部职员 | 2 | | | | 2 | 0.7 |
| 省级政府各厅职员 | 5 | 3 | 11 | 1 | 20 | 7.6 |
| 市政府各局职员 | | | 2 | | 2 | 0.7 |
| 县长 | | 1 | | | 1 | 0.3 |
| 县政府各局职员 | 3 | | 5 | 3 | 11 | 4.2 |
| 县党部书记 | 1 | | | | 1 | 0.4 |
| 军界职员 | 11 | 1 | 17 | 1 | 30 | 11.5 |
| 招商局职员 | | | 1 | | 1 | 0.4 |
| 铁路管理局职员 | 1 | | | | 1 | 0.4 |
| 会计 | 1 | | 1 | | 2 | 0.8 |
| 土地整理委员 | 1 | | | | 1 | 0.4 |
| 造币厂职员 | | 1 | 2 | | 3 | 1.2 |
| 庐山管理局职员 | | | 4 | | 4 | 1.5 |
| 银行办事员 | | | 1 | | 1 | 0.4 |
| 管狱员 | | | | 1 | 1 | 0.4 |
| 总数 | 88 | 24 | 123 | 25 | 260 | 100.0 |

注:数据不详者,江苏14人,云南7人,四川7人,青海5人。

资料来源:江苏省政府秘书处编:《江苏省政府职员录》,镇江:江苏省政府秘书处,1935年,第40—46页;云南省教育厅编:《云南省二十四年度教育概况》,昆明:云南教育厅,1936年,第10—13页;《四川省政府教育厅职员录》,《四川教育》,1937年创刊号,第289—301页;青海省政府编:《青海省政府职员录》,西宁:青海省政府,1937年,第39—42页。

据表2-38可知,教育厅职员的工作经历有以下特点:其一,职员任前工作经历可谓"五花八门",几乎涵盖了当时军、政、学、商各界大小职务,大大超出了中央规定的公务员资格范围,这反映各省教育厅长在任用职员时并未严格遵循中央法规,选人用人具有一定的主观随意性。其二,具有教育行政部门工作经历者约占总数的 30％,其中以曾在省级教育行政部门供职者居多。由这些人员出任省教育厅各个职位,有利于处理教育厅日常事务。其三,具有中学从教经历者亦占相当比重。这可以说明,教育厅的职位,对中学教员确有很大的吸引力。总体来看,这一时期各省教育厅其他职员大多还是来自教育系统,占总数的 68.4％。

### (三)任期与薪俸

国民政府初期,各省教育厅其他职员的任期与薪俸具有一定特点。先看其他职员的任期概况,详见表 2-39。

表 2-39 1935 年 4 省教育厅其他职员任职年数统计

（单位：人）

| 省份 | 不足 1 年 | 1～2 年 | 2～3 年 | 3～4 年 | 4～5 年 | 5～6 年 | 6 以上年 | 总数 |
|------|---------|--------|--------|--------|--------|--------|---------|------|
| 江苏 | 7 | 17 | 7 | 28 | 5 | 7 | 30 | 101 |
| 湖南 | 1 | 6 | 7 | 27 | 2 | 5 | 31 | 79 |
| 广西 | 14 | 19 | 17 | 11 | 20 | | | 81 |
| 云南 | 4 | 3 | 3 | 3 | 2 | 8 | 7 | 30 |
| 总数 | 26 | 45 | 34 | 69 | 29 | 20 | 68 | 291 |

注:数据不详者,江苏 14 人,云南 7 人,四川 7 人,青海 5 人。

资料来源:江苏省政府秘书处编:《江苏省政府职员录》,镇江:江苏省政府秘书处,1935年,第 40-46 页;云南省教育厅编:《云南省二十四年度教育概况》,昆明:云南教育厅,1936年,第 10-13 页;《四川省政府教育厅职员录》,《四川教育》,1937 年创刊号,第 289-301 页;青海省政府编:《青海省政府职员录》,西宁:青海省政府,1937 年,第 39-42 页。

据表 2-39 可知,各省教育厅其他职员中,在职时长在 3 年以上者居多,共186 人,占总数的 63.9％。这就说明,该时期其他职员的实际任期具有相对稳定性。

关于教育厅其他职员薪俸,国民政府定有详细的标准。1929 年 8 月 16 日,国民政府颁布《文官俸给暂行条例》,规定荐任职及委任职俸给标准:(1)荐任职包括科长、秘书、技正、技士等,分 6 级,最低为 220 元,最高为 370 元,每级相差

30 元。(2)委任职分 12 级,最低 40 元,最高 200 元,六级及六级以上每级相差 20 元,六级以下每级相差 10 元。其中,一等科员最低为三级(160 元),最高为一级(200 元);二等科员最低为六级(100 元),最高为四级(140 元);三等科员最低为九级(70 元),最高为七级(90 元);事务员、书记等最低为十二级(40 元),最高为十级(60 元)。该条例规定,"各机关职员初任职者自初级叙起,俟著有劳绩时,按级进叙至最高级为止";并规定,"凡在职满一年有劳绩者酌予进级"。①

1933 年 9 月 23 日,国民政府颁布《暂行文官官等官俸表》,对省政府各厅荐任职和委任职文官薪俸标准再次作了调整:(1)荐任职包括秘书、科长等,分 10 级,最低 220 元,最高 400 元,每级相差 20 元。(2)委任职分 16 级,最低 55 元,最高 200 元。其中,关于科员俸给:一等科员为五级至一级,最低 130 元,最高 200 元,除第五级为 130 元外,其余各级相差 20 元;二等科员为十级至六级,最低 85 元,最高 120 元,除第十级为 85 元外,每级相差 10 元;三等科员为十五级至十一级,最低 60 元,最高 80 元,每级相差 5 元。关于办事员俸给:一等办事员为十级至八级,每级分别为 85 元、90 元、100 元;二等办事员为十三级至十一级,每级分别为 70 元、75 元、80 元;三等办事员为十六级至十四级,每级分别为 55 元、60 元、65 元。该法规还规定,初任人员按最低标准叙起。②

据上述标准可知:(1)不同职别之人员,其薪俸各不相同。一般而言,荐任职职员薪俸高于委任职职员薪俸。(2)相同职位之人员,若职级不同,所得薪俸亦各不相同。那么,这一时期,各省教育厅其他职员实际薪俸如何呢? 现以 1934 年湖北、福建、绥远 3 省为例,对该问题予以说明。

从表 2-40 可以看出:第一,与中央标准相比,各省教育厅对此作了程度不同的调整,但呈现出的一个总特征是各省教育厅职员实得薪俸普遍低于中央标准。第二,省际教育厅职员薪俸差距较大。如教育厅秘书及科长薪俸,福建最低、最高薪俸均是绥远的 2.25 倍。此外,湖北和福建两省教育厅职员薪俸亦存

① 《文官俸给暂行条例》,《考试院月报》,1930 年第 9 期,第 19 页。
② 《暂行文官官等官俸表》,《考试院公报》,1933 年第 9 期,第 22 页。

在一定差距。上述事实折射出国民政府初期各省经济发展不平衡的状况。

表 2-40　1934 年 3 省教育厅其他职员薪俸统计

（单位：元）

| 湖北 | | | 福建 | | | 绥远 | | |
|---|---|---|---|---|---|---|---|---|
| 职名 | 职级 | 薪俸 | 职名 | 职级 | 薪俸 | 职名 | 职级 | 薪俸 |
| 秘书 | 10—1 | 130～300 | 秘书 | 10—1 | 180～360 | 秘书 | 10—1 | 80～160 |
| 科长 | 10—1 | 130～300 | 科长 | 10—1 | 180～360 | 科长 | 10—1 | 80～160 |
| 一等科员 | 5—1 | 110～160 | 一等科员 | 5—1 | 100～160 | 一等科员 | 5—1 | 60～80 |
| 二等科员 | 10—6 | 75～100 | 二等科员 | 10—6 | 70～90 | 二等科员 | 10—6 | 35～55 |
| 三等科员 | 15—11 | 50～70 | 三等科员 | 15—11 | 45～65 | 三等科员 | 15—11 | 22～30 |
| 一等办事员 | 10—8 | 75～85 | 一等办事员 | 10—8 | 70～80 | 一等办事员 | 10—8 | 35～40 |
| 二等办事员 | 13—11 | 60～70 | 二等办事员 | 13—11 | 55～65 | 二等办事员 | 13—11 | 26～30 |
| 三等办事员 | 16—14 | 45～55 | 三等办事员 | 16—14 | 40～50 | 三等办事员 | 16—14 | 20～24 |

注：各省均规定教育厅技正、技士比照科长薪俸划定，技佐等其他人员薪俸比照科员薪俸划定。

资料来源：《湖北省暂行文官官等官俸比较表》，《考试院公报》，1934 年第 2 期，第 19 页；《福建省暂行文官官等官俸比较表》，《考试院公报》，1934 年第 2 期，第 18 页；《绥远省暂行文官官等官俸比较表》，《考试院公报》，1934 年第 2 期，第 17 页。

这一时期，一些省份由于财政困难，时常拖欠教育厅职员的薪俸。由是，"索欠"风潮迭起。比如甘肃省，1935 年 2 月 16 日，《大公报》报道称：该省"教育厅职员以二十三年度所欠维持费，竟达六个月，生活无法维持，近联名呈请主席发放欠薪，以示待遇云"①。

---

① 《甘肃教育厅职员索欠》，《大公报》，1935 年 2 月 16 日，第 3 张第 10 版。

总之，国民政府初期，各省教育厅职员，尤其是边远省份教育厅职员的薪俸偏低，而且时常被拖欠，致使职员生活难以为继。可以说，这不利于调动各职员工作的积极性。

## 三、国民政府后期的教育厅其他职员

1937—1944 年，国民政府沿用全面抗战以前公布的《修正省政府组织法》。因而，这一阶段的教育厅职员配置基本与战前保持一致。1944 年 4 月 28 日，国民政府修正颁布《省政府组织法》。比照以往的条款，此次修正版取消了各厅应设置的职位及员额，仅规定：省政府委员会应议决"关于省政府所属全省荐任以上公务员或其他所属机关主管人员之任免事项"[①]。易言之，此后，各省教育厅的职位与数额不作统一要求。由是，各省教育厅其他职员呈现何种面貌呢？对此，可具体从名额、年龄、学历、经历、任期、薪俸、考绩、奖惩等方面进行考察。

### (一)名额与年龄

关于国民政府后期教育厅其他职员的名额与年龄，以厅中的高级职员情况加以说明（见表 2-41）。高级职员是指委任职主任科员以上的职员，其在省级教育行政管理中负责具体行政事务的处理。

从纵向来看，8 省教育厅中，基本设有相当数量的主任科员、股长、科长、秘书等高级职员。与 1935 年相比，这一时期，多数省份教育厅的科长员额增至 3 人以上，秘书员额增至 3 人以上。这与 1944 年国民政府取消员额的规定息息相关。从横向来看，省际差距依然较大，比如湖南省教育厅高级职员员额是热河省的 2 倍，是合江省的 3 倍以上。

---

① 《省政府组织法》，《法令周报》，1944 年第 1 卷第 21 期，第 2 页。

表 2-41　1947 年 8 省教育厅高级职员员额统计

(单位:人)

| 职名 | 江苏 | 江西 | 湖北 | 湖南 | 河南 | 热河 | 吉林 | 合江 | 总计 |
|---|---|---|---|---|---|---|---|---|---|
| 秘书 | 6 | 3 | 7 | 4 | 4 | 3 | 3 | 2 | 32 |
| 科长 | 5 | 5 | 4 | 4 | 4 | 4 | 4 | 3 | 33 |
| 副科长 | | | | | | | 4 | 1 | 5 |
| 编审/编译 | 7 | | | | | 1 | 1 | 1 | 10 |
| 主任 | 3 | 3 | 2 | 2 | 3 | 1 | 1 | 1 | 16 |
| 股主任 | 3 | | | | | | | | 3 |
| 股长 | 3 | 14 | | 25 | | | | | 42 |
| 专员 | 3 | 4 | | | | | 3 | | 10 |
| 主任科员 | 4 | | 15 | | 11 | 9 | 13 | 3 | 55 |
| 技正/技士 | | | 1 | 1 | | | | | 2 |
| 总计 | 34 | 29 | 29 | 36 | 22 | 18 | 29 | 11 | 208 |

资料来源:教育部:《各省市教育厅职员录(民国 36 年)》,中国第二历史档案馆藏:《教育部档案》,5-409(2);湖北省教育厅:《湖北省政府教育厅职员简历册》,湖北省档案馆藏:《湖北省教育厅档案》,LS001-002-1022-0002。

再来看这些省份教育厅高级职员的年龄分布情况,见表 2-42。

表 2-42　1947 年 8 省教育厅高级职员年龄统计

(单位:人)

| 年龄 | 江苏 | 江西 | 湖北 | 湖南 | 河南 | 热河 | 吉林 | 合江 | 总计 |
|---|---|---|---|---|---|---|---|---|---|
| 20～29 岁 | 1 | 1 | 3 | | | 2 | 2 | 4 | 13 |
| 30～39 岁 | 7 | 11 | 13 | 18 | 7 | 10 | 13 | 4 | 83 |
| 40～49 岁 | 14 | 12 | 10 | 14 | 10 | 6 | 12 | 2 | 80 |
| 50～59 岁 | 10 | 4 | 3 | 4 | | | 2 | 1 | 29 |
| 60～69 岁 | 2 | 1 | | | | | | | 3 |

资料来源:教育部:《各省市教育厅职员录(民国 36 年)》,中国第二历史档案馆藏:《教育部档案》,5-409(2);湖北省教育厅:《湖北省政府教育厅职员简历册》,湖北省档案馆藏:《湖北省教育厅档案》,LS001-002-1022-0002。

整体来看,这一时期,各省教育厅高级职员多为中青年。其年龄段主要分布于 30～39 岁和 40～49 岁,加上 20～29 岁,共 176 人,约占总人数的 84.6%。

## (二)学历与经历

教育厅的荐任职和委任职高级职员属于公务员范围。因此,这些职员的任用受《公务员任用法》《边疆省份公务员任用资格暂行条例》等法令的约束。全面抗战前国民政府颁布的上述法令,基本沿用到了 1949 年。相关法令条款在前一节中已有述及,在此不作赘述。总体来讲,关于学历,法令对荐任职公务员的最低要求是国内外大学毕业,而委任职公务员的最低要求是专科以上学校毕业。1947 年 2 月 11 日,国民政府规定:热河省公务员适用《边疆省份公务员任用资格暂行条例》。根据此项条例,热河省荐任职公务员的最低要求是专科以上学校毕业,而委任职公务员的最低要求是中学毕业。从实践看,各省教育厅高级职员学历结构见表2-43。

### 表 2-43  1947 年 8 省教育厅高级职员学历统计

(单位:人)

| 学历 | 江苏 | 江西 | 湖北 | 湖南 | 河南 | 热河 | 吉林 | 合江 | 总计 |
|---|---|---|---|---|---|---|---|---|---|
| 国外大学学士 | 2 | 1 |  | 1 |  |  | 7 | 3 | 14 |
| 国外大学硕士 |  |  |  |  |  |  | 1 |  | 1 |
| 国内综合性大学 | 13 | 10 | 6 | 5 | 7 | 6 | 11 | 8 | 66 |
| 国内高等师范学校/大学 | 5 | 7 | 4 | 4 | 5 |  | 2 |  | 27 |
| 师范学校 | 7 | 5 | 6 | 11 | 5 | 5 | 4 |  | 43 |
| 专门学校 | 1 | 2 | 5 | 2 | 3 | 2 |  |  | 15 |
| 高等教育行政人员考试及格 |  | 1 |  | 1 |  |  |  |  | 2 |
| 地方普通教育行政人员考试及格 |  |  |  | 2 |  |  |  |  | 2 |
| 省干训团会计班 |  |  | 1 |  |  |  |  |  | 1 |
| 中央干部学校 |  |  |  |  |  |  | 1 |  | 1 |
| 中央政治学校 |  |  |  |  |  | 3 |  |  | 3 |

续　表

| 学历 | 江苏 | 江西 | 湖北 | 湖南 | 河南 | 热河 | 吉林 | 合江 | 总计 |
|------|------|------|------|------|------|------|------|------|------|
| 地方自治训练所 | | | | 1 | | | | | 1 |
| 省党校毕业 | | | | 1 | | | | | 1 |
| 北京军需学校 | | | | 1 | | | | | 1 |
| 国内高等师范学校/大学肄业 | | | 1 | | | | | | 1 |
| 中学 | 4 | 3 | 5 | 7 | 2 | 2 | 3 | | 26 |

注：在原始档案中，江苏省教育厅委任专员 2 人、湖北教育厅主任秘书 1 人缺学历信息。

资料来源：教育部：《各省市教育厅职员录（民国 36 年）》，中国第二历史档案馆藏：《教育部档案》，5-409（2）；湖北省教育厅：《湖北省政府教育厅职员简历册》，湖北省档案馆藏：《湖北省教育厅档案》，LS001-002-1022-0002。

由表 2-43 来看，各省教育厅高级职员中，专门以上学校毕业者占主体，基本符合法定的资格要求。当然，教育厅长"破格"任用职员的问题依然普遍存在。一个表征是：中学毕业者，除热河省符合法定要求外，湖南、湖北等 6 省教育厅普遍录用了不同数量的中学毕业者，显然不符合法定资格要求。

关于工作经历，前述法令也有诸多规定，但有一点非常明确：公务员人选的学识、经验、健康与其所任之职务相当者为限。这说明，教育厅公务员必须具备有关教育方面的学识、经验等。那么，这一时期，实际情形如何呢？下面继续考察 8 省教育厅高级职员的工作经历情况，见表 2-44。

由表 2-44 可知，大多数教育厅高级职员具备相当的教育工作经验，其中具备教育行政经验者居多。无疑，这种职员工作面貌，对推进省级教育行政具体业务、提升省级教育行政效率，具有积极的促进作用。与此同时，教育工作经历不详者依然占一定比重。这表明，一些省份教育厅长在选人时具有一定随意性，并非完全以人选是否具备教育工作经验来定夺。

表 2-44　1947 年 8 省教育厅高级职员工作经历统计

（单位：人）

| 工作经历 | 江苏 | 江西 | 湖北 | 湖南 | 河南 | 热河 | 吉林 | 合江 | 总计 |
|---|---|---|---|---|---|---|---|---|---|
| 大学教职员 | 4 | 2 | 1 | | 2 | | 4 | 4 | 17 |
| 中学教职员 | 8 | 6 | 4 | 2 | | 6 | 11 | 2 | 39 |
| 小学校长 | | 1 | 1 | 1 | | 2 | | | 5 |
| 教育行政经验 | 19 | 10 | 20 | 20 | 17 | 5 | 4 | | 95 |
| 无从教经验 | 1 | 10 | 2 | 13 | 2 | 5 | 10 | 5 | 48 |

注：在原始档案中，江苏省教育厅委任专员 2 人、湖北省教育厅主任秘书 1 人、河南省教育厅主任科员 1 人，均无工作经历的记载，故未计入本表。

资料来源：教育部：《各省市教育厅职员录（民国 36 年）》，中国第二历史档案馆藏：《教育部档案》，5-409（2）；湖北省教育厅：《湖北省政府教育厅职员简历册》，湖北省档案馆藏：《湖北省教育厅档案》，LS001-002-1022-0002。

## （三）任期与薪俸

1937—1949 年，各省教育厅的组织架构基本未变。那么，这是否意味着组织成员具有相当的稳定性呢？

由表 2-45 可知，整体来讲，国民政府后期，各省教育厅高级职员的任期，以不足 1 年者居多，占比为 46.3%，若将不足 2 年者算在内，占比为 73.2%。这说明，大多数教育厅职员的任期具有较强的波动性。但是从具体省份来看，各省存在较大差异。比如江西、湖南等省教育厅高级职员任期相对稳定。再如江苏、热河、吉林、合江等省，教育厅高级职员任期均不足 2 年。

表 2-45　1947 年 8 省教育厅高级职员任期统计

（单位：人）

| 省份 | 不足 1 年 | 1～2 年 | 2～3 年 | 3～4 年 | 4～5 年 | 5～6 年 | 6 年以上 | 总计 |
|---|---|---|---|---|---|---|---|---|
| 江苏 | 15 | 19 | | | | | | 34 |
| 江西 | 10 | 2 | 4 | 1 | 2 | 1 | 9 | 29 |
| 湖南 | 4 | 4 | | 4 | 8 | | 16 | 36 |
| 山东 | 3 | 12 | | | | | | 15 |
| 河南 | 10 | 4 | 2 | 1 | 1 | 1 | 1 | 20 |
| 热河 | 15 | 1 | | | | | | 16 |
| 吉林 | 27 | 2 | | | | | | 29 |
| 合江 | 4 | 7 | | | | | | 11 |
| 总计 | 88 | 51 | 6 | 6 | 11 | 2 | 26 | 190 |

注：在原始档案中，湖北省教育厅主任秘书 1 人缺任职时间信息，热河省教育厅 2 人未到差。

资料来源：教育部：《各省市教育厅职员录（民国 36 年）》，中国第二历史档案馆藏：《教育部档案》，5-409（2）。

与全面抗战前相似，1937—1949 年，各省遵循文官官俸法令，按职别与职级确定教育厅职员的薪俸。从实际情况来看，各省教育厅职员的薪俸呈如下样态（见表 2-46）。

从纵向来看，秘书、科长等荐任职公务员的薪俸，远远高于主任科员等委任职公务员薪俸。从横向来看，同一职位的薪俸在各省有较大差异。以教育厅科长为例，河南的起薪是 220 元，而江苏的起薪是 360 元，热河的薪俸是 380 元，省际差距不可谓不大。事实上，这一时期，受地方财政困难、物价飞涨等不确定因素的干扰，各省教育厅职员的薪俸往往被打折发放，加之物价不断上涨，教育厅职员的生活处境颇为艰难。

表 2-46　1947 年 7 省教育厅高级职员薪俸统计

（单位:元）

| 职名 | 江苏 | 湖南 | 山东 | 河南 | 热河 | 吉林 | 合江 |
|---|---|---|---|---|---|---|---|
| 秘书 | 260~400 | 300~460 | 200~400 | 200~400 | 380~400 | 300~400 | 320~400 |
| 科长 | 360~400 | 300~400 | 300~360 | 220~400 | 380 | 280~380 | 320~360 |
| 副科长 | | | | | | 180~260 | 260 |
| 编审/编译 | 240~320 | | | | 160 | 220 | 240 |
| 主任 | 220~400 | 260~300 | 240~320 | 200~220 | 380 | 340 | 220~300 |
| 股主任 | 180~260 | | | | | | |
| 股长 | 200 | 180~260 | | | | | |
| 专员 | 200~300 | | | | | 380~400 | |
| 主任科员 | 180~200 | | 180~240 | 200~300 | 130~160 | 130~180 | 200~220 |
| 技正/技士 | | 280 | | | | | |

注:在原始档案中记载,热河省教育厅 2 人未到差,故无薪俸。

资料来源:《各省市教育厅职员录(民国 36 年)》,中国第二历史档案馆藏:《教育部档案》,5-409(2)。

由于待遇低下,教育厅其他职员被迫作出不同的选择。有的产生离职的念头。比如 1941 年 12 月,甘肃教育厅委任职电影教员贾禹祖,在他所填的《甘肃省教育厅职员履历表》中写道:"本人月薪八十五元,以维持自生全家赖由生,极感困难。若生活不逼,愿在电教界供职。"[①]有的采取兼营商业的方式维持生存。比如 1947 年 11 月,甘肃省教育厅职员履历表显示:张鹏程自 1941 年 4 月以来任办事员,月薪为 190 元,"有小本生意一处,聊资糊口"[②]。还有的甚至采取自杀的极端方式结束生命。比如 1947 年初,国民党中统局发给教育部的情报中指出:"据报:湘省教育厅管卷室办事员刘云江年三十六岁,常德人,携妻小

---

①　甘肃省教育厅:《甘肃省政府教育厅职员履历表》,甘肃省档案馆藏:《甘肃省教育厅档案》,006-001-0030-0004。

②　甘肃省教育厅:《甘肃省政府教育厅职员履历表》,甘肃省档案馆藏:《甘肃省教育厅档案》,006-003-0285-0020。

在耒阳居住,因待遇太薄,数日不得食,于十一月五日自杀,遗书愿请政府改良公务员待遇及善后其家小云。"[①]总体来讲,1937—1949年,各省教育厅职员的生活处境仍很艰难。

### (四)考绩与奖惩

全面抗战以来,国民政府高度重视公务员的考核奖惩问题。1943年2月26日,国民政府颁布《非常时期公务员考绩条例》。紧接着,11月6日,国民政府颁发《非常时期公务员考绩条例施行细则》。这些制度规定:(1)各机关主管长官平时对于所属公务员,应就其工作操行学识,随时严密考核,根据确实事迹,每月详加记录,并给予以嘉奖、记功、记大功、申诫、记过、记大过。(2)公务员平时记过三次者,考绩时以大功一次论;平时记过三次者,考绩时以大过一次论;有大功一次者,由本机关明令嘉奖;二次者由考试院明令嘉奖;三次者国民政府明令嘉奖;有大过一次者减俸;二次者降级;三次免职。[②](3)公务员考绩满分100分,分为工作50分,操行25分,学识25分;具体评分细目有工作(请假;质量;速度;准确;负责;条理;自动;合作;领导;推进;数量;守时)、操行(奉公;守法;廉洁;勤俭;信守)、学识(学力;才能;言词;进修;识见)[③];总分数80分以上者荐任委任晋两级;70分以上者荐任委任晋一级;60分以上者留级;不满60分者降一级;不满50分者免职;总分60分以上者,若工作不满30分,操行或学识有一不满15分者,仍以不合格论,分别酌予申诫、记过或减俸。(4)公务员考绩分初核、复核,由各机关主管长官就高级职员中指定若干人组织考绩委员会,并以一人为主席,执行初核,主管长官执行复核。[④] 由是,各省教育厅开启了量化奖惩考核所属职员的先河。抗战结束后,此项法规废止。

1945年10月30日,国民政府颁布《公务员考绩条例》。紧接着,11月29

---

　　① 中统局:《中统局关于湖南省教育厅职员刘运江因待遇太低不能维持生活而自杀的情报》,中国第二历史档案馆藏:《教育部档案》,5-338。

　　② 《非常时期公务员考绩条例》,《立法院公报》,1943年第124期,第85页。

　　③ 《非常时期公务员考绩条例施行细则》,《行政院公报》,1943年第6卷第12期,第47页。

　　④ 《非常时期公务员考绩条例》,《立法院公报》,1943年第124期,第86—87页。

日,国民政府颁发《公务员考绩条例实施细则》。较之以往,此次新颁法规变化有二:(1)考核细目因职别而异。其中,关于荐任职公务员考核项目:工作(对于各项工作问题考虑能否周密;对于本机关业务之创建、推动或改进有无特殊之建议;工作是否适合需要;是否负责;工作是否切实可靠;工作是否如限完成;能否与人合作;是否机敏;有无毅力;能否耐劳苦)、操行(是否守法;是否公正;是否廉洁;是否受人敬重;是否诚恳接受指导)、学识(本职之学识或技能;全部业务之学识;对于国家根本法令及政策之研究;见识;进修精神)。关于委任职公务员考核细目:工作(工作是否有条理;工作是否切实可靠;是否负责;是否与人合作;是否机敏;有无恒心;能否确守办公时间;工作迅速;工作数量;能否耐劳苦)、操行(是否守法;是否公正;是否廉洁;是否受人敬重;是否诚恳接受指导)、学识(本职之学识或技能;全部业务之学识;一般智识;理解;进修精神)。(2)平时考核成绩在 80 分以上或不满 60 分者,各机关应于每年 6 月及 12 月底将考核结果并撮举确实事迹列册汇报铨叙机关备查。[①]

根据以上规定,各省教育厅长重视考核所属职员。比如 1943—1947 年,浙江省教育厅长对所属职员进行了奖惩考核,详见表 2-47。

表 2-47　1943—1947 年度浙江省教育厅其他职员奖惩概况

| 姓名 | 职位 | 平时表现 | 奖惩 | 任职时间 |
|---|---|---|---|---|
| 罗迪光 | 第四科科长 | 该员自兼理总理办公厅事务以来,于庶务上应兴应革事宜,颇多建树 | 应予嘉奖 | 1943 年 4 月 15 日 |
| 高　春 | 运河本厅办事处收发员 | 办事疏忽,常致贻误,且默察其平时工作,亦不甚勤奋 | 着先予严重申诫 | 1944 年 2 月 23 日 |
| 周　彬 | 会计员 | 时逾两月,迄未照办 | 先予申诫 | 1944 年 5 月 1 日 |
| 李慎安 | 书记 | 不甚勤奋 | 记过一次 | 1944 年 6 月 22 日 |

---

① 《公务员考绩条例》,《甘肃省政府法令公报》,1945 年第 2 卷第 23 期,第 9—11 页。

| 姓名 | 职位 | 平时表现 | 奖惩 | 任职时间 |
|------|------|---------|------|---------|
| 何人骧 | 科员 | 工作勤奋 | 应予记功一次,另给奖励金五百元 | 1945年4月16日 |
| 何品珏 | 科员 | 平时太不留心 | 应予申诫 | 1945年9月29日 |
| 方浩然 | 书记 | 此次随厅回杭,不守行动规约 | 应予记大过一次,以示惩处 | 1945年11月16日 |
| 程凤鸣 | 荐任科员 | 办理地方教育款产经费案件,擘划周详,处理稳妥,工作努力,殊堪嘉许 | 应记大功一次 | 1947年9月4日 |
| 魏文衡 | 办事员 | 平时工作勤慎精细,颇能称职 | 应记小功一次 | 1947年9月4日 |

资料来源:浙江省教育厅:《教育厅职员奖惩》,浙江省档案馆藏:浙江省教育厅档案,L032-000-3187。

由表 2-47 可知,1943 年起,浙江省教育厅重视所属职员的考核工作,其中既有奖励,也有惩罚。可以说,这种奖惩分明的措施有利于调动教育厅职员的工作积极性。

再来看 1947 年度江苏省教育厅其他职员的量化考核情况,见表 2-48。

表 2-48　1947 年度江苏省教育厅其他职员考绩统计

| 姓名 | 职位 | 职级 | 上半年分数 | 下半年分数 | 平时表现 | 奖惩 | 任职时间 |
|------|------|------|-----------|-----------|---------|------|---------|
| 曹竞成 | 秘书 | 荐任二级 | 83 | 84 | 精干练达 | 晋二级 | 1945年12月 |
| 徐映川 | 秘书 | 荐任六级 | 82 | 82 | 慎敏精密 | 晋一级 | 1945年12月 |
| 吴德霖 | 主任科员 | 委任一级 | 90 | 90 | 循良干练 | 奖 | 1945年12月 |
| 王光泰 | 主任科员 | 委任一级 | 88 | 89 | 诚笃干练 | 奖 | 1945年12月 |
| 史　笔 | 科员 | 委任二级 | 84 | 86 | 沉着 | 晋二级 | 1945年12月 |

| 姓名 | 职位 | 职级 | 上半年分数 | 下半年分数 | 平时表现 | 奖惩 | 任职时间 |
|---|---|---|---|---|---|---|---|
| 洪希融 | 科员 | 委任七级 | 85 | 84 | 精细敏捷 | 晋二级 | 1946 年 12 月 |
| 周　霖 | 科员 | 委任四级 | 84 | 83 | 缜密干练 | 晋二级 | 1945 年 12 月 |
| 潘家栋 | 科员 | 委任二级 | 83 | 83 | 笃实负责 | 晋一级 | 1946 年 1 月 |
| 张怀铎 | 科员 | 委任二级 | 80 | 82 | 纯正 | 晋一级 | 1945 年 12 月 |
| 刘鸿鉴 | 科员 | 委任二级 | 79 | 79 | 温良谨饬 | 晋一级 | 1945 年 12 月 |
| 王全生 | 科员 | 委任七级 | 77 | 79 | 缜密勤爽 | 晋一级 | 1946 年 1 月 |
| 郑希贤 | 办事员 | 委任十一级 | 77 | 75 | 沉静细密 | 晋一级 | 1945 年 12 月 |
| 邰震楼 | 科员 | 委任三级 | 75 | 76 | 忠诚笃实 | 晋一级 | 1945 年 12 月 |
| 毛正方 | 办事员 | 委任九级 | 75 | 77 | 干练勤慎 | 晋一级 | 1945 年 12 月 |
| 李正源 | 办事员 | 委任九级 | 76 | 76 | 干练 | 晋一级 | 1945 年 12 月 |
| 陈咸宁 | 科员 | 委任六级 | 74 | 76 | 勤慎 | 晋一级 | 1945 年 12 月 |

资料来源:江苏省教育厅:《江苏省教育厅乙种考绩表(1947 年度)》,江苏省档案馆藏:江苏省教育厅档案,1006-002-0177-0099;江苏省教育厅:《江苏省教育厅丙种考绩表(1947 年度)》,江苏省档案馆藏:江苏省教育厅档案,1006-002-0177-0113。

据表 2-48 可知,与浙江省教育厅不同,1947 年度,江苏省教育厅对职员表现的考核均为肯定性评语,而且考核结果以晋升职级为主。这从一个层面说明:江苏省教育厅职员积极作为,素养较好,深得教育厅长嘉许。

## 小　结

综上所述,1912—1949 年,省级教育行政人员呈现复杂多样的面貌:首先,无论是北京政府时期,还是国民政府时期,教育厅长通常是学养深厚、经验丰富,并有一定名望的专业人士。然而,这些教育厅长的任期却较为短暂,多不足 1 年。如果说前一时期是由于中央政权更迭、地方军阀混战、教育界派系争斗等因素所致,那么后一时期还添加了党政派系争斗等复杂因素。可以说,在此境遇中,教育厅长席不暇暖,严重影响了省级教育行政组织的稳定性。其次,这一时期,省级教育视导人员多为学历较高、从教经验丰富的专业人员,但由于种种原因,任期较短,且待遇微薄,从而制约了省级教育视导工作的正常开展。最后,民国时期,教育厅其他职员的数量不断增多,来源渠道也不断扩增,远远超出了法定的资格要求范围。这不仅反映省级教育行政事务日趋繁杂,亦反映教育厅长在选任职员时主观随意性较强。此外,1912—1937 年,教育厅其他职员任期相对稳定,但待遇较低;1937 年后,教育厅职员有较强的波动性,生活处境仍很艰难。

以上充分说明,民国时期省级教育行政人员有现代理性官僚制官员的特征,比如职位管理遵循一定的规章制度、各类官员与职员的选用基于法定专业资格、各类官员与人员由上级任命并享有固定薪金报酬等。与此同时,民国时期省级教育行政人员也具有非理性的特征,比如上级只用"自己人"[①]、超越法定资格随意任用官员与职员即为明证。简言之,民国时期省级教育行政人员兼具理性与非理性的复杂面貌,并非严格意义上的理性官僚制官员。

---

① "自己人"是中国人际关系中不容忽视的类型与阶段,大致可分为"既有自己人"和"交往自己人"两类。其中,"既有自己人"指在乡土社会基于血缘关系而形成的自家人;"交往自己人"指在城市社会基于拟血缘关系而形成的"自家人",如亲信等,讲求上下尊卑的交往伦理和报连续循环的交往原则。详见张杰、郭超:《"自己人"还是"自家人"? ——一项关系传播的本土研究》,《新闻与传播研究》,2019年第 3 期,第 28 页。

# 第三章

# 省级教育财政

　　现代理性官僚制组织运作的一个先决条件是,稳定的税收体系所供给的财政经费支持。就省级教育行政组织而言,各项职能的运作,除必须有部门、人员外,还需要有充足、稳定的教育经费。筹措、管理与分配教育经费正是省级教育行政的一项重要职能。省级教育行政部门及人员履行这一职能的行政活动称为省级教育财政。省级教育财政不仅事关省级教育行政效率的高低,亦关系着省域教育事业发展的规模与走向。1912年以来,新式教育的推行需要大量的经费投入,但因政局不稳、财政支绌,省级教育经费的投入严重不足。可以说,各省省级教育行政部门自成立以来,时常陷入"巧妇难为"的窘困境地。为了维持与推进全省教育事业,省级教育行政部门及人员在筹措、管理、分配省教育经费方面,付出了诸多艰辛的努力。

# 第一节　北京政府时期省级教育财政

民国成立以来,各省省级教育经费时常陷入困顿状态。为了纾解经费困难,各省省级教育行政部门曾履行财政职责,积极争取资源,并采取了一定的管理举措,旨在竭力保障省级教育经费。

## 一、省级教育经费来源

民国成立后,省级教育经费主要靠省级财政拨款。而省级财政收入主要来自地方税收,故省教育经费的来源在很大程度上依赖于地方税收。1913 年 11 月 22 日,北京政府财政部订颁《划分国家税与地方税法(草案)》。翌年,财政部对该草案稍事修订,规定地方税包括田赋附加税、商税、牲畜税、粮米税、土膏捐、油捐及酱油税、船捐、杂货捐、店捐、房捐、戏捐、车捐、乐户捐、茶馆捐、饭馆捐、肉捐、鱼捐、屠捐、夫行捐、其他之杂税杂捐。①

然而,国地税划分不到一年,北京政府便收回地方税收权。1914 年 6 月,为了缓解中央财政窘困的局面,袁世凯通令各省取消国家税与地方税名目。该政令一经颁布,各省省教育经费被划归国家预算,由中央政府统一拨款,从而其失去了地方税收这一相对可靠的支柱。比如,吉林"省教育经费本应列作地方支出,惟现在吉省地方收入均已列入国家收入之中,地方已无款可支"②。再如,云南省,自国家税与地方税取消后,"盐课正杂及附加各款悉数被提,存留教

---

① 《国家税与地方税法修正案》,载贾士毅著:《民国财政史》(上册),上海:商务印书馆,1917 年,第 107—110 页。
② [日]多贺秋五郎编:《近代中国教育史资料》(民国编·上),台北:文海出版社,1976 年,第 328 页。

育经费遂受影响,将中等以上各校及留学费悉减为八成领支"①。这种情况直至袁世凯死后才有了改观。1916 年 10 月 21 日,国务会议决定国家税地方税暂订办法。此后,各省自行征收与使用地方税。由是,省教育经费仍由省库拨款。

除地方税收外,各省亦有些许省级教育行政收入,但数额在省级教育费预算中所占比重较小。如江苏省,1913 年省级教育行政收入为省立各校学费,共计 89140 银圆,而 1913 年江苏省级教育经费预算数为 1018206 银圆,省立各校学费收入仅占省教育费预算数的 8.7%。②

1916 年 6 月,袁世凯死后,中国进入皖系、直系、奉系军阀轮番执政时期。这一时期,中央与地方军阀混战不已,各省教育经费因省款多被移作军饷而变得岌岌可危。为争取独立可靠的省级教育经费来源,地方教育界及省级教育行政部门付出了种种努力。总的来看,该时期各省教育税源名目繁多,但大致可归为农业税、商业税、畜牧税等几大类。如四川,1921 年 11 月,经省政治讨论会议决,决定将肉税充作省常年教育经费,"约计每年可得的款一百二十万元左右,不独可供现在省立各校之用,且可以其赢余津贴国内外留学生,即将来设立四川大学亦可在内开支"③。此后,总司令兼省长刘湘明令批准,肉税自 1922 年 4 月 1 日起,正式划作省教育经费。④ 再如河南,1912 年以来,省级教育经费时常被拖欠。1921 年 10 月 13 日,美国教育家孟禄在开封拜访了教育厅长李步青。孟禄问李的首个问题是:"贵省教育经费怎样?"李步青回答道:"省教育经费已有四个月未发,现在困难已极。"⑤可以说,这一问题直到翌年才有了改观。经教育厅与教育界人士的一致力争,河南于 1922 年 7 月成功将全省典卖房地契税划为省教育专款,年入 95 万元。⑥

总之,北京政府时期,各省省教育经费来源大致有省款、国款、省教育行政

---

① [日]多贺秋五郎编:《近代中国教育史资料》(民国编上),台北:文海出版社,1976 年,第 374 页。
② 《中华民国二年度江苏省教育费概算书》,《江苏教育行政月报》,1913 年第 4 期,第 1—2 页。
③ 《川省教育经费独立之先声》,《申报》,1922 年 3 月 28 日,第 3 张第 10 版。
④ 《四川教育经费独立声》,《晨报》,1922 年 5 月 14 日,第 3 版。
⑤ 王卓然编:《中国教育一瞥录》,上海:商务印书馆,1923 年,第 107 页。
⑥ 《豫教育会代表之谈话》,《申报》,1923 年 9 月 19 日,第 3 张第 15 版。

收入、独立教育税源几类,其中省级教育行政收入在省教育经费预算中所占比重较小。因此,该时期各省省级教育经费大多依赖于省款、独立教育税源等项。

## 二、省级教育经费筹措

多渠道筹措省级教育经费是省域教育事业得以发展的物质前提。北京政府时期,省级教育行政部门及人员在筹措省教育经费过程中发挥着重要的角色。

### (一)争取省款补助

北京政府时期,随着地方教育事业的发展,各省所需省级教育经费的数额亦不断增多。因此,省级教育行政部门争取省款以扩充省教育事业,变得至为重要。如安徽省,省教育经费每年约95万元。1921年4月,教育厅长张继煦为了使本省各地学校都从事革新,故向省署提议在原数基础上增加预算40万元。然而,这一请求被财政厅拒绝。安徽教育界对财政厅做法颇为不满,并发起轰轰烈烈的罢教、罢课风潮,试图向省署及财政厅施压。在皖教育界看来,"教育经费非做到实行增加一层不可,决不能维持教育经费原案即行作罢"[1]。此外,教育界亦向省议会发出警告:"省议会如不将此案予以通过,即认为全皖三千万人公敌。"[2]在此情势下,经教育厅与各方多次商洽,省级教育经费预算照教育厅拟定数额通过。在管理实践中,1921年度省级教育经费实支数为120万元,与原95万元相比,稍有增加。[3] 总之,争取省款补助是该时期省级教育经费增加的重要渠道。

---

① 《皖人力争教育经费》,《民国日报》,1921年5月4日,第2张第6版。
② 《皖人力争教育经费》,《民国日报》,1921年5月4日,第2张第6版。
③ 《各省区教育经费消息汇志》,《教育杂志》,1925年第17卷第6期,第11页。

### (二)争取教育税源

军阀混战时期,鉴于省教育费常被移作军饷的事实,各省省级教育行政部门亦竭力争取各种可靠的地方税源。如甘肃省,远处边陲,风气闭塞。民国成立后,甘肃新教育略具萌芽。但至 20 世纪 20 年代初,因财政竭蹶、纸币充斥,原有的教育状况难以为继。基于此,1921 年 2 月,林锡光出任教育厅长以来,与甘肃当局积极筹商办法,争取教育税源以促进甘肃省教育事业发展。他"一面对于学校常款,搭发现金,补救票价之亏损。一面对于留学经费,拨兑赈款,暂谋接济之便利,并指定全省牲畜税收入,作为省会六校之的款,其省外师范、中学各校均由各县征收正款指拨,俾资保障"[①]。在林锡光的努力下,甘肃省教育经费得到暂时的保障。除甘肃省外,其他省份的省教育经费,通过省级教育行政部门、省教育会等多方努力,亦有了相对独立的税源。1922 年 6 月,安徽省教育界奔走各方,省政府批准指拨田赋附加税、芜湖米捐、五粮厘、牲畜屠宰捐共 1545124 元,为安徽省教育专款[②];1922 年 9 月,经陕西教育厅与省公署协商后,决定以全省 35 处商税划作教育基金[③]。

### (三)征收省立各校学费

1912 年 9 月 29 日,教育部颁布《学校征收学费规程》,要求各省教育司统一征收各校学费。其标准为:初等小学校应免征收学费;高等小学校每月至多不得过 1 元(银圆,下同),补习科至多不过 6 角;乙种实业学校每月至多不得过 6 角;中学校每月 1 元至 2 元;甲种实业学校每月 8 角至 1 元 5 角;高等专门学校每月 2 元至 2 元 5 角;大学每月 3 元;师范学校、高等师范学校均免征收学费,但于入学时征收保证金一次,以 10 元为限,除中途自请退学外,毕业日仍照原

---

① 《甘长林锡光维持教育电》,《大公报》,1922 年 9 月 2 日,第 2 张第 3 页。
② 《皖人教育经费独立运动成功》,《晨报》,1922 年 7 月 3 日,第 3 版。
③ 《陕西教育经费独立之庆祝会》,《晨报》,1922 年 10 月 1 日,第 3 版。

数发还。① 根据部章要求,各省教育司出台了本省学费征收文件。如 1913 年,浙江教育司通令各中学校,规定自本年 8 月起,无论新旧各生一概每月征收 1 元,全年以 10 个月计算。② 再如,1926 年 7 月,广西教育厅督促各省立中学校对于本省各属学生一体征收学费。③ 总的来看,此项部颁法令基本沿用至北京政府结束。从该时期省级教育行政收入来看,各省省立各校学费所占比重最高。比如浙江省,1913 年,省级教育行政收入由省立学校学费和图书馆租息两部分构成,其中前者总计 49819 元,后者共计 354 元。④

总体来看,北京政府时期,尽管中央与地方的政局动荡不宁,但省级教育行政部门及人员在宽筹省教育经费过程中仍付出了种种努力,为这一时期各省教育事业的正常开展奠定了一定的物质基础。

## 三、省级教育经费保管

民国以来,省级教育经费与其他行政经费通由各省省级财政机构保管。这种保管方式能够兼顾全省多方面的需要,但会直接影响到省级教育经费的稳定性。比如,云南教育经费"概行由财政机关统收统支,教育经费按月向财政机关请领,经费多寡遂随政局为转移"⑤。可以说,此种经费保管方式,直至 1917 年各省教育厅陆续成立后才稍有改变。1918 年 9 月,教育部为谋省级教育经费统一管理,训令各省将省级教育经费划归本省教育厅主管。该法令颁布后,部分省份奉令照办。如 1918 年 9 月,时任安徽教育厅长董嘉会呈请省长遵照办理,"刻已奉省令核准,并令财政厅查照"⑥。

---

① 《学校征收学费规程》,《教育部编纂处月刊》,1913 年第 1 卷第 3 期,第 33—34 页。
② 《中学校征收学费之统一办法》,《教育周报》,1913 年第 18 期,第 18 页。
③ 《广西教育厅训令各省立中学校对于本省各属学生征收学费同一待遇毋分畛域文》,《广西公报》,1926 年第 4 期,第 22—23 页。
④ 《浙省二年度教育经费岁入预算总册》,《教育周报(杭州)》,1913 年第 14 期,第 35 页。
⑤ 云南省教育经费委员会月报室编:《云南省教育经费历年独立收支概况》,昆明:云南省教育厅第三科,1933 年,第 1 页。
⑥ 《皖省近事》,《申报》,1918 年 9 月 8 日,第 2 张第 7 版。

1921 年后，一些省份实现了省级教育经费独立。为了保障经费独立，各省教育厅次第成立了专门的省级教育经费保管机构。如 1921 年 3 月，湖南教育厅设立省教育经费保管委员会，内分管理、监察二部，保管川粤精盐税附加、省河厘金税及纸烟税等教育专款，"办理数年，尚著成效"①。再如 1922 年 7 月，河南省教育经费独立。次月，河南教育厅成立教育专款委员会，专管契税事宜。

为了规范保管机构人员行为，各省教育厅颁布了相关规程。以江苏为例，1925 年 1 月，教育厅出台了《教育经费管理处组织大纲》。其主要内容有：(1)职责方面，负责管理国税项下之屠宰税、牙税及漕粮附税；对于各县知事及经征屠、牙等税之官吏有征收得力或举行不力者，得请省长分别施以奖惩。(2)组织方面，设处长 1 人，掌管本处事务，由江苏教育经费委员会加倍推举，请省聘任之；设立正副主任各 1 人，由处长聘任，承处长之命，分掌本处事务；设科员 2～6人，承处长及主任之任命，助理本处事务；本处设催征员若干人，由处长临时委派，分赴各县催提税款；设助理员若干人，为缮写文件，得酌用雇员，由处长以考验方法录取之。②

由上可知，北京政府时期，省级教育经费的保管主体历经三次大的变迁：由省级财政机构保管，到各省教育厅自行保管，再到部分省份教育厅设独立机构来保管。就最后一次变迁而言，省教育经费保管机构虽然未能在全国各省普遍设立，成效亦未能尽显，但是省级教育经费保管组织化、制度化的趋势已经凸显，这对国民政府时期省级教育经费保管产生了积极的影响。

## 四、省级教育经费分配

分配教育经费是省级教育行政部门的一项重要职责。那么，北京政府时期，省级教育经费分配结构呈何种样态？省级教育行政部门是如何分配与调整省级教育经费的？现以河南和浙江两省为例，对以上问题加以考察。

---

① 罗廷光著：《教育行政》(上册)，上海：商务印书馆，1943 年，第 280 页。
② 《江苏设立教育经费管理处》，《大公报》，1925 年 1 月 23 日，第 2 张第 5 版。

  据表 3-1、表 3-2 可知,北京政府时期,省级教育经费的支出项目大致包括高等教育经费、中等教育经费、社会教育经费、各学校补助费等。其中,有两点值得注意:其一,中等教育经费所占比重最高,高等教育经费次之,说明该时期省级教育行政部门的施政重心在于中等教育和高等教育。这与当时全国教育政策导向有密切关系。自 1912 年起,教育部相继颁布《小学校令》《中学校令》《专门学校令》《实业学校令》《师范学校规程》等法规,规定小学主要由县及城镇乡办理,而省一级主要设立省立中学校、省立甲等实业学校、省立师范学校、省立专门学校等,从而明确了省级教育财政职能主要是办理需费较多的中等教育和高等教育。其二,每年度各项经费的分配均有调整。一般而言,经费的分配与调整需有一定的标准,以保证各项教育事业统筹发展。然而,该时期中央及各省始终未出台相关标准,故经费调整通常是由省级教育行政部门在参酌前一年度省教育预算分配状况、省级财政现状,以及教育事业现实发展需要的基础上作出的。以浙江省为例,1923 年度省级教育经费分配"根据十一年度议决预算案编列"①。然而,由于当时浙省财政支绌,省教育经费预算被省议会核减。为了实施新学制,教育厅仍尽力保证中等教育经费分配额度。②

表 3-1 1922—1924 年度河南省教育经费分配比例

(单位:%)

| 年度 | 高等教育 | 中等教育 | 小学教育 | 社会教育 | 补助费 | 其他 |
|------|---------|---------|---------|---------|--------|------|
| 1922 | 35.3 | 55.8 | 4.3 | 1.4 | 0.7 | 2.3 |
| 1923 | 39.1 | 50.8 | 4.6 | 1.3 | 1.4 | 2.4 |
| 1924 | 34.8 | 52.2 | 6.1 | 1.4 | 2.5 | 2.8 |

  注:留学经费＋专门以上学校经费＝高等教育经费;中学经费＋师范学校经费＋实业学校经费＝中等教育经费;小学教育经费指省立小学经费;图书馆经费＋讲演社经费＋运动场经费＝社会教育经费;省教育会补助费＋私立学校补助费＝补助费;省教育行政会议经费＋假期讲习会经费＋省教育专款委员会经费＋教育考察费＋中等学校设备费＋教育公报费＋检定教员委员会经费＝其他。

  资料来源:《河南全省教育经费总数及支配一览表》,《教育杂志》,1925 年第 17 卷第 11 期,第 1 页。

---

① 《浙江省十二年度之教育预算》,《教育杂志》,1923 年第 15 卷第 5 期,第 7 页。

② 《浙江省十二年度之教育预算》,《教育杂志》,1923 年第 15 卷第 5 期,第 7 页。

表 3-2 1922—1925 年度浙江省教育经费分配比例

（单位：％）

| 年度 | 高等教育 | 中等教育 | 社会教育 | 补助费 | 其他 |
|------|---------|---------|---------|--------|------|
| 1922 | 42.2 | 52.0 | 1.4 | 3.9 | 0.3 |
| 1923 | 41.8 | 51.1 | 2.1 | 4.4 | 0.3 |
| 1925 | 43.5 | 47.7 | 1.8 | 6.7 | 0.1 |

注：留学经费＋专门以上学校经费＝高等教育经费；中学经费＋师范学校经费＋职业学校经费＝中等教育经费；公众体育场经费＋图书馆经费＋运动会经费＝社会教育经费；补助费指各校会补助费；小学教员奖励金＋省会暑期学校经费＝其他。

资料来源：《浙江省十二年度之教育预算》，《教育杂志》，1923 年第 15 卷第 5 期，第 5—7 页；《各省区教育经费消息汇志》，《教育杂志》，1925 年第 17 卷第 7 期，第 6—7 页。

总的来看，北京政府时期，省级教育行政部门主要将大多数省级教育经费分配于中等教育和高等教育两项。其分配或调整的依据主要是前一年度预算分配情况、各省财政现状，以及教育事业发展的现实需要。

## 五、省级教育经费独立

省级教育经费是一省教育事业发展之命脉。民国成立初期，一省教育经费来源大致有省级财政拨款、省级教育行政收入两种。其中，省级教育行政收入主要为省立中高等学校收取的学费，但其数额在一省教育经费中所占比重极少。如江苏省，1913 年省教育行政收入为省立各校之学费，共计 89140 元，而1913 年江苏省教育经费预算数为 1018206 元，省立各校学费收入仅占省教育经费预算额的8.7％。[①] 因此，一省教育经费主要靠省级财政拨款，而省级财政收入主要来自地方税收，故省教育经费的来源在很大程度上依赖于地方税收，由省级财政机构统一负责征收、保管与分配，主要用来发展需费较多的省域中等教育和高等教育。但问题在于，"由于省教育经费与军政经费未明确划分，因

---

① 《中华民国二年度江苏省教育费概算书》，《江苏教育行政月报》，1913 年第 4 期，第 1—2 页。

此省教育经费时常被各省军政部门挪用"[1]。可以说,这些问题严重威胁着省域中高等教育事业的生存与发展。

面对这般窘境,1920 年 10 月,第六届全国教育会联合会通过了《教育经费独立案》,提请教育部实行裁减军费,将所余之款专充教育经费;筹拨专款作学校基金,并划拨管产作学校产业;商请退回庚子赔款专充教育基金。[2] 该案一经提出,便得到了各省教育界的积极响应。这一点,可由此后的历届全国教育会联合会相关议决案得知。比如,《促进教育经费实行独立案》(1921)、《实行教育经费独立案》(1922)、《各省区宜组织教育经费筹集委员会案》(1923)、《催促各省区实行教育经费独立案》(1925)等,共同的心愿就是通过多种途径与方式争取独立的地方税源以实现并保障各省教育经费独立。

1921 年后,全国有相当数量的省份在积极争取省级教育经费独立,成为 20 世纪 20 年代中国地方教育界一道独特的景致。对于这段历史,相关研究成果已有不少。有关推动独立主体的研究,大多关注地方民间力量在独立运动中发挥的作用,比如杨涛在考察北京政府时期教育经费独立运动时,重点突出地方教育界、学校联合会、知识分子等在教育经费独立运动中的历史作用。[3] 然而,作为领导与管理省域教育事业的省级教育行政部门在此过程中是否发挥作用、发挥何种作用等问题,一直以来较为模糊。可以说,这在一定程度上阻碍了今人对这段历史的丰富认知。下面以江苏和广东两省为中心,剖析北京政府时期省级教育行政部门与省级教育经费独立之间的关系。

## (一)江苏省教育厅与苏省教育经费独立

1923 年初,江苏省教育界就有教育经费独立的提议。这一提议的起因是,江苏省议会削减教育厅所提交的 1922 年省教育经费预算案。1922 年 3 月,时

---

① 田正平、张寅:《南京国民政府初期省级教育行政与省教育经费独立》,《高等教育研究》,2014年第 4 期,第 87 页。

② 《教育经费独立案》,《教育杂志》,1920 年第 12 卷第 12 期,第 2—4 页。

③ 杨涛:《民国北京政府时期教育经费独立运动的历史考察》,《郑州大学学报(哲学社会科学版)》,2015 年第 5 期,第 150—154 页。

任教育厅长胡家祺将预算案交省议会审查。然而事过近一年,省议会仍未议定该案,以致全省学校难以为继。1923年1月,省议会才议决公布了1922年省教育经费预算。比照1921年度预算,省教育经费预算大为削减。与之相反,1922年度省议会经费却从1921年度的144900元跃升至272000元。这一巨大反差招致江苏教育界的强烈不满与反对。王舜成、王伯秋等27名省校校长联名通电江苏父老称,削减教育费是少数议员操纵其间所致,提议"十一年度教育经费照省公署交议案不可有所削减",同时强调"江苏省教育经费必须独立"。[①] 吴研因等8人亦以江苏公民身份向全省各教育团体发出公电,指名道姓地点出,削减教育预算系王景常、刘文铬、吴辅勋等正社派议员所为[②],提议"教育经费独立,仿川陕办法,由本省热心廉正之士,组织教育董事会,处理教育经费之收支,与省议会官厅减少关系,以免牵入政治漩涡"[③]。此外,学商公会致电江苏省长,称核减教育费而增加议员薪水之举,"实属徇私害公"[④]。一时间,江苏各团体声援江苏教育界,置省议会于极为尴尬的境地。在江苏各界的舆论压力下,1923年4月23日,正社派议员为消弭议教风潮,特提出恢复1922年度教育预算,维持1923年度教育预算案及取消议员公旅费日给制案。[⑤]

至此,1922年度教育经费预算问题基本得到解决。然而,江苏教育界关于教育经费独立的争取并未止步。事实上,江苏教育厅以此次风潮为契机,积极争取省级教育经费独立,包括:一方面,教育经费预算独立于各项省预算之外,另列专册;另一方面,经教育厅与省署商洽,指定漕粮附税和教育行政收入为教育经费来源。据时任教育厅长蒋维乔称:"此为江苏省教育经费上之一大

① 《省议会削减教育费之反响》,《申报》,1923年1月12日,第4张第13版。

② 当时,江苏省议会有三大派系:正社、仁社及金陵俱乐部。一般来讲,"凡各项审查会之审查长、理事多数均为正社所产生。如公债案、闸北水电厂案以及十一年度预算案,皆该派一手包揽。仁社方面虽表示反对,但人数较少,加以金陵俱乐部一派或左或右,态度不明,以致夹杂不清,主张终归失败"。详见《苏议员与校长冲突别报》,《申报》,1923年1月11日,第3张第10版。

③ 《苏议员与校长冲突别报》,《申报》,1923年1月11日,第3张第10版。

④ 《省议会削减教育费之反响》,《申报》,1923年1月12日,第4张第13版。

⑤ 《快信:南京》,《民国日报》,1923年4月23日,第2张第7版。

变迁。"①

1923 年 3 月，江苏省议会议决公布 1923 年度省教育经费预算，经常、临时各费共 2699060 元。其中，除以附税及教育行政收入抵充外，尚有不足 1100000 元。这是江苏教育厅"施行新学制，经费骤增"②所致。为了弥补缺额，江苏省教育界提出以货税附捐和亩捐一分交省议会议决。然而该提议未获通过，省议会给出的理由是，"查货税附捐去岁曾经本会议决、省长公布，嗣因商会反对未能执行；亩捐，各县已定为义务教育专款亦断难见诸事实"③。鉴于此，王庆兰等省议员提议创办纸烟营业特税以充本省教育专款。1923 年 6 月，省议会经议决，认为此税可行，遂公布《江苏省征收卷烟营业特税施行大纲》。④

然而问题在于，卷烟营业特税的征收过程实属不易，究其原因：一是遭到烟商的反对。早在"民国八年，全国烟酒事务署汪督办与英美烟公司订定条约载明，在八年以内不再巧立名目加任何卷烟税"⑤。因此，烟商以此为凭据，反驳江苏征收卷烟税，认为"煌煌条文既如此之斩钉截铁，是不能食言而肥"⑥。其实，以上理由不过是烟商的借口而已，其根本原因在于，"卷烟营业以上海为大宗，界分华洋，如果一例征收，自应缴纳。若独征于华界者，售价必分高低，购吸者势必群趋租界，华界烟商，坐守待毙"⑦。由此即知，征收卷烟税对华界烟商的既得利益构成了威胁，故群起反对之。二是遭到英美公使反对。英美公使以通商条约、全国烟酒署与英美烟公司所订章程、关税条例等法规为凭据，先后向江苏省公署及北京政府抗议，声称"江苏不遵前约，骤施纸烟特税，实足妨害将来关税特别会议之进行"⑧。

在英美等国要挟下，1924 年 3 月，全国烟酒事务署召集各省派员到北京开

---

① 《江苏教育经费状况》，《申报》，1924 年 4 月 10 日，第 3 张第 10 版。
② 《创办纸烟税充教育款之提议》，《申报》，1923 年 5 月 25 日，第 4 张第 13 版。
③ 《创办纸烟税充教育款之提议》，《申报》，1923 年 5 月 25 日，第 4 张第 13 版。
④ 《苏省征收卷烟税之议决》，《银行月刊》，1923 年第 3 卷第 6 期，第 21—22 页。
⑤ 《卷烟同业之反对特税会议》，《申报》，1923 年 11 月 7 日，第 4 张第 15 版。
⑥ 《卷烟同业之反对特税会议》，《申报》，1923 年 11 月 7 日，第 4 张第 15 版。
⑦ 《烟兑业反对特税之坚决》，《申报》，1923 年 12 月 20 日，第 4 张第 14 版。
⑧ 《苏省卷烟税之交涉谈续》，《申报》，1924 年 3 月 4 日，第 3 张第 11 版。

会,决定英美烟公司二五税加增以增税拨补各省,而停止卷烟特税。上述做法无疑使刚划定不久的江苏省教育专款化为泡影。对中央停征卷烟税的明令,江苏督军齐燮元绝不服从,依旧督促地方征收卷烟税。8 月 5 日,江苏省教育会、省立学校联合会、省教育经费委员会亦以征卷烟特税为本国内政,无容外人干涉之理,特通电抗争,并声明"此项会议办法,吾民誓不承认"①。在地方政府及教育界的强烈反对下,北京政府取消卷烟特税而增加二五税的办法未能实行。

1924 年 10 月,江浙战事基本结束。旋即,北京政府提议江苏卷烟税由全国纸烟捐务局代征。对此,江苏教育界及省议会议员表示誓不承认,认为代征举措会使卷烟特税名义上无形削减,从而使江苏省教育经费无着落。② 但地方各方的反对未有结果。12 月 5 日,全国纸烟捐务总局总办汪瑞闿发出布告称:江苏省卷烟特税即日实行代征。③

对于代征一事,江苏省财政厅表示绝不服从,并"登报通告照向章征收"④。江苏教育界对代征亦极为不满,强烈要求由教育厅主办。12 月 15 日,江苏省立中等以上各学校校长召开会议讨论卷烟税问题,并议决呈请令财厅移交教育厅办理,免教育费长受影响。⑤ 财政厅长严孟繁对教育界要求深表同情,遂"正式呈请省长划归教厅主持办理,所有隶属(卷烟特税)总处之各科长、科员及各区征收局长一律移交,听其分别去留"⑥。省署同意财政厅长的提请,"令教厅克日接管,并令财厅办理交代,以专责成"⑦。

对于卷烟特税移交事宜,教育厅积极筹备:首先,"各地校长协助调查,遴委一较有经验之员充当办事主任"⑧;其次,"各区征收局长成绩较优者加委留办,并予相当奖励;成绩过劣者即行撤换;大部分暂不更动,俟见觇将来成效,再定

---

① 《苏教育界电争停止卷烟税》,《申报》,1924 年 8 月 7 日,第 4 张第 13 版。
② 《反对代征卷烟税之声浪》,《申报》,1924 年 11 月 23 日,第 4 张 14 版。
③ 《卷烟特税实行归纸烟局代征》,《申报》,1924 年 12 月 5 日,第 4 张第 13 版。
④ 《南京快信》,《申报》,1924 年 12 月 27 日,第 3 张第 10 版。
⑤ 《江苏省立中等学校校长会议》,《申报》,1924 年 12 月 17 日,第 3 张第 10 版。
⑥ 《苏省卷烟特税将移归教厅主办》,《申报》,1925 年 1 月 3 日,第 3 张第 10 版。
⑦ 《苏教厅今日接办卷烟特税》,《申报》,1925 年 1 月 8 日,第 3 张第 11 版。
⑧ 《苏省卷烟特税将移归教厅主办》,《申报》,1925 年 1 月 3 日,第 3 张第 10 版。

去留"①;最后,"至各局因办理松懈,烟商余存凭证甚多,恐整顿后暗将存证参用,以致影响税收,亦拟设法防维"②。经教育厅努力,至 1925 年 1 月 8 日,移交事宜筹备完毕。是日,教育厅正式接办卷烟税。10 日,教育厅下设卷烟营业特税总处。③ 处长由教育厅长蒋维乔兼任。为了独立管理教育经费,经教育厅与财政厅协商,于 16 日在教育厅下成立教育经费管理处,聘任方唯一为处长。该处专管财政厅向管之屠宰税、牙税以及漕粮附税。17 日,韩国钧省长批准国、省教育经费划分事宜,屠牙贴税(约 103 万余元)充国立学校经费;卷烟、漕粮附税(卷烟 120 万元,漕粮 140 万余元)充省教育经费。④ 至此,江苏省教育经费基本独立。

纵观江苏省教育经费的独立过程,历时两年有余,在此过程中,充满了省议会派系、江苏教育界、烟商、中央政府、省行政公署及英美公使等群体间的争斗。江苏省级教育经费独立的提议,是由以省教育会和省立学校校长为代表的江苏教育界发起的。无疑,他们在此过程中发挥了重要的作用。但在此过程中,江苏教育厅所发挥的作用亦不容忽视。比如 1923 年 5 月,在教育厅的努力下,实现了教育预算独立及教育经费来源独立,从而成功试办省级教育经费独立;再如,1924 年 12 月后,在地方教育界卷烟特税由教育厅举办的呼声下,教育厅积极与省公署、财政厅及地方教育界协商相关事宜。经商议,省署批准由教育厅举办卷烟特税。此后,教育厅长蒋维乔采取多种举措整顿地方卷烟特税的同时,亦积极筹设卷烟特税总处及教育经费管理处,实现了省级教育经费独立。总之,教育厅在省级教育经费独立过程中做出了特殊的贡献。除江苏省外,湖南、四川、安徽、河南、陕西等省的省级教育经费亦次第实现了独立。可以说,这些成绩正是各省教育厅与教育界合作争取的结果。

---

① 《苏省卷烟特税将移归教厅主办》,《申报》,1925 年 1 月 3 日,第 3 张第 10 版。
② 《苏省卷烟特税将移归教厅主办》,《申报》,1925 年 1 月 3 日,第 3 张第 10 版。
③ 《苏教厅已组织卷烟营业特税总处》,《申报》,1925 年 1 月 10 日,第 3 张第 11 版。
④ 《国内教育新闻汇编》,《新教育》,1925 年第 10 卷第 2 期,第 339 页。

### （二）广东省教育委员会与粤省教育经费独立

1919 年 8 月，广东省教育会向省议会提出增加 1919 年度教育经费案，认为"吾粤频年政局倥扰，岁入大宗举作军费，而教育费年只二十二万余元，仅得江苏省教育费八分之一"[①]。进而，省教育会要求省议会，"追加八年度预算教育经费至一百万元"[②]。但是，省教育会的提议无疾而终。

1920 年 8 月，粤桂战争爆发。2 个月后，陈炯明攻克广东，成立新政府。11 月初，陈炯明向陈独秀发电，促其来粤主持广东教育委员会。电文云："请促陈先生即日就途，千万，千万。"[③]12 月 16 日，陈独秀向陈炯明提出三大就职条件："一、教育独立，不受行政干涉；二、以广东全省收入的十分之一拨作教育经费；三、行政措施以教育所提倡的学说作同一趋势。"[④]显然，陈独秀欲谋求广东教育行政独立和教育经费独立。对于上述要求，陈炯明表示同意。于是，12 月 29 日，陈独秀抵达广州，开始整顿全省教育事业。陈独秀到粤后，一方面，聘请陈宗岳、廖仲恺、许崇清等人为委员，筹组教育委员会[⑤]；另一方面，制定《广东全省教育委员会组织法》《全省学校系统图》《每年教育经费概算表》等单行法规。就《每年教育经费概算表》而言，规定每年教育预算标准为学校教育费 215 万元、社会教育费 90 万元、特别费 52 万元，共计 357 万元。[⑥] 无疑，与以往相比，广东省教育经费预算增幅较大。

陈独秀上任后，积极整顿广东省各项教育事业，全面推行新文化运动各项成果，为广东教育发展做出了重要贡献。然而，陈独秀自就任委员长以来，大力宣传共产主义，"引起了广东各派的不满和恐慌"[⑦]，而且在教育管理中有措施

① 《广东之教育费与国会费》，《申报》，1919 年 8 月 23 日，第 2 张第 8 版。

② 《广东之教育费与国会费》，《申报》，1919 年 8 月 23 日，第 2 张第 8 版。

③ 陈炯明：《请促陈独秀来粤主持广东教育委员会电》，载段云章，倪俊明主编：《陈炯明集》（上），广州：中山大学出版社，2007 年，第 495 页。

④ 王光远编：《陈独秀年谱》（1879—1942），重庆：重庆出版社，1987 年，第 102 页。

⑤ 1921 年 3 月 8 日，广东教育委员会宣告成立。

⑥ 《改造广东教育》，《民国日报》，1921 年 1 月 3 日，第 3 版。

⑦ 刘娟，袁征：《1921 年广东各界"驱陈"始末》，《学术研究》，2014 年第 4 期，第 97 页。

失当之处,比如强行废除医药学校等,因而遭到广东教育界的强烈抵制与反对。1921年3月,地方各团体在广州等地发起了轰轰烈烈的"驱陈运动"。另外,同年6月,第二次粤桂战争爆发,致使省教育经费悉数被挪用。"尽管陈炯明有约在先,但有关教育经费的支付总是拖延。"①迫于各方面压力,陈独秀于8月离开广州,他拟订的教育经费独立计划亦随之夭折。

1921年10月27日,第七届全国教育会联合会会议在广州举行。会上,有代表提出《促进教育经费实行独立案》,要求各省教育行政机关、省议会及省教育会确定教育专款,并妥筹保管方法,以促进教育经费独立。会后,广东省教育界积极争取教育经费独立。12月8日,陈炯明省长允诺教育经费独立。②事实上,该允诺并未兑现。鉴于省级教育经费无着的局面,1922年10月12日,广东教育委员会委员长陈宗岳召集省立学校、省教育会、财政厅等各方代表,组织成立教育经费独立期成会。此次会议决定,"由本会筹划制定的款,以便政府拨发全省教育经费,并拨交省教育行政机关或教育界公共组织之机关征收管理之"③。此后,经教育经费独立期成会多次商议,呈请陈炯明,要求以九龙、拱北之关税作为省教育费。11月23日,省署回复称:"九龙、拱北关(税)收入为国家税,能否永远指拨亦难确定。复经财政厅宣布制定为维持纸币专款,似应另行筹拨。"④然而,终至1925年7月广东省政府成立前,省署亦未划定教育专款,因此广东省教育经费独立始终未能实现。除广东省外,直隶、山东等省亦在积极谋求省级教育经费独立,但因种种原因均未能实现。

### (三)省级教育行政部门推进省级教育经费独立的困境

如前所述,20世纪20年代,经地方教育界及省级教育行政部门等多方争取,一些省份的省级教育经费实现了独立,当然,多数省份未能实现独立。事实

---

① 程慎元编译:《日本人笔下的中国人和事》,北京:中国国际广播出版社,1992年,第71页。
② 《陈兼省长复教育会》,《民国日报》,1921年12月9日,第3版。
③ 《粤罢课后之经费独立运动》,《申报》,1922年10月13日,第3张第10版。
④ 《粤教育费尚难独立》,《晨报》,1922年11月23日,第6版。

上，已实现省级教育经费独立的省份，独立后不久，亦变得有名无实。那么，其根本原因何在？

### 1. 地方军阀混战

北京政府时期，"在'共和'的招牌下，国家实际陷于军阀割据和长期分裂状态，长期的政治衰退导致近代化迟迟走不上轨道"[1]。如河南省，1924 年 9 月，第二次直奉战争爆发，战火殃及河南。直、奉两军正在激战时，冯玉祥发动北京政变，从而导致直系军队败退。11 月，北京政府任命胡景翼为河南省督办河南军务善后事宜，并任命孙岳为河南省长。胡景翼初到开封，便要求各属军官分赴各县代催教育专款，并饬令政务厅改订教育专款征解办法，即由教育厅中附设的教育专款委员会直接征解，以免被挪作他用。事实上，该款项最终"竞发去军人"[2]。究其原因，各地驻军多不明省教育专款独立的真相而强提税款。[3] 因而，地方军官代催教育专款的措施变相成为军阀筹集军饷的渠道。1925 年，因河南财政厅举办白契免税注册以借筹军饷，省教育专款严重受挫。1926—1927年，又因"军事影响，专款收入锐减"[4]。在这般境遇中，河南省教育经费独立有其名而无其实。再如江苏省，因该省军事影响，省级教育经费独立难有保障。1925 年 6 月，江苏省立学校联合会就称："教育经费虽独立，而各县漕附被挪为军费者比比而是，则独立有无效果可知。"[5]此外，广东、山东、直隶等省教育厅也在争取省级教育经费独立，但因常年军阀混战，一省财政收入常移作军费，故很难实现独立。以上说明，一些省份教育厅为应对军阀混战而争取的省级教育经费独立最终仍难逃军阀混战的"魔掌"。

---

① 马敏：《现代化的"中国道路"——中国现代化历史进程的若干思考》，《中国社会科学》，2016 年第 9 期，第 33 页。

② 《豫军人蹂躏教育界》，《晨报》，1925 年 4 月 19 日，第 5 版。

③ 河南教育款产管理处编：《河南教育专款纪实》，开封：河南教育款产管理处，1934 年，第 5 页。

④ 河南教育款产管理处编：《河南教育专款纪实》，开封：河南教育款产管理处，1934 年，第 14 页。

⑤ 江苏省立学校联合会：《民国十四年度江苏省教育经费收入数疑义质问书》，南京大学档案馆藏：《江苏法政大学档案》，147.0033。

### 2. 教育厅长和财政厅长频易

从理论上讲,推动现代化的首要条件是"需要有一个拥有高度威权与组织能力的政府"[1]。然而,反观民国前期,北京政府"频繁更换各地行政长官,如省长、教育厅长、财政厅长等"[2],致使省级政府的稳定性难有保障,遑论高度的威权及组织能力可言。如安徽省教育经费独立试行不到3个月,即1922年10月30日,杨乃康辞去安徽教育厅长一职,致使省级教育经费独立事项,"教育厅既无负责之人,虽有是议,亦无人督促"[3]。其继任者,江晡出任教育厅长"首以经费独立为条件"[4]。对此,省长许世英表示许可。然而,江晡任教育厅长后,曾积极提倡省教育经费独立之财政厅长朱清华已辞职,"于是又复迟迟不得解决,财厅长马振宪更以金库统一为词,不甚赞同"[5]。消息一经传出,全省学校联合会在省教育会商议解决办法,竭力为江氏做后盾,并推举代表赴省署要求许世英速将教育经费独立提到省政务会议。11月13日,在省政务会议上,江晡说明了省级教育经费独立的迫切性。然而,财政厅长马振宪却指出安徽省教育经费不能独立的三大理由:其一,教育经费独立,则其他实业、司法各机关亦恐援例,实破坏金库统一;其二,一百五十三万九千余元为数太多,恐不能行;其三,所指定者皆各县之丁漕正项,以及各厘金收入,恐牵动国税。对此,江晡起而逐一反驳:第一项,教育关系国家根本,与其他机关不同,各省均有先例,亦未见有援例者;第二项,一百五十余万数目系根据十年度预算案,经省议会议决,万不能少;第三项,根据省议会议决原案,在地方税项下划拨教育专款,现因化零为整起见,始改由国税项下提拨。鉴于江氏反驳各条有理有据,马振宪语气亦稍稍和缓。马称:"办理手续,极为繁重,请教育厅与学校联合会各派委员两人来厅,商议一切手续。"[6]事实上,直至近5个月后,财政厅依然践行"金库统一,关于教育

① 田正平:《关于民国教育的若干思考》,《教育学报》,2016年第4期,第109页。
② 谷秀青:《1925年江苏教育厅长易职风潮》,《理论月刊》,2014年第12期,第78页。
③ 《皖省教育费独立之波折》,《申报》,1922年11月20日,第3张第11版。
④ 《皖省教育费独立之波折》,《申报》,1922年11月20日,第3张第11版。
⑤ 《皖省教育费独立之波折》,《申报》,1922年11月20日,第3张第11版。
⑥ 《皖省教育费独立之波折》,《申报》,1922年11月20日,第3张第11版。

费之收支归该厅主管"①的主张,致使安徽省教育经费独立的根基动摇。由此,
1923年4月1日起,教育厅下设的教育专款经理委员会停止工作。除安徽省
外,江苏、广东、山东、直隶等省教育厅长和财政厅长也因种种原因频繁更易,无
力实现或保障省教育经费独立。

### 3.省级教育经费独立缺乏法律与制度保障

除上述两方面外,缺乏全国统一的保障制度亦是各省省级教育经费独立不
能得到保障的重要原因之一。理论上讲,省教育经费保障制度包括省教育经费
保管机构组织规程、省教育经费来源的确定、省教育经费征解手续的规定等一
系列规章。对于以上方面,教育部始终未出台相关的统一制度,以至于各省相
关情况差别较大。其一,省教育经费保管机构组织混乱。(1)保管组织名称不
一。如湖南省称为省教育经费保管委员会,河南省称为省教育专款监理委员
会,江苏省称为省教育经费管理处。(2)职责不一。河南省教育专款监理委员
会负整理契税全责;江苏省教育经费保管委员会管理国税项下之屠宰税、牙税
及漕粮附税,并对各县知事及经征屠牙等税官吏得力者或不力者,提请省长分
别奖惩。其二,独立税源征解手续时有变更。1922年,四川省教育专款征收程
序是:"各县征收局将肉税移交各县劝学所接收征取。"②但四川教育科对各县
征收局移交劝学所手续、劝学所征收肉税程序等方面未作具体规定,以致"全省
肉税极为散漫,稽征解拨手续至繁"③。以大竹县为例,"肉税划归劝学所征收,
早经通令在案。该县征收局抗令不遵交,改被防军提用"④。鉴于此,1923年8
月,四川省长公署发布训令:"自本年八月份起,所有道属各县劝学所代收之肉
税一律按月汇解四川银行,取具该行收款证,呈缴本署备查。"⑤然而,此项规定

---

① 《芜湖近讯》,《申报》,1923年4月8日,第3张第10版。

② 《四川肉税划作教育经费之进行》,《晨报》,1922年6月13日,第6版。

③ 《四川军人破坏教育经费》,《晨报》,1922年6月26日,第6版。

④ 《四川东川道道尹公署指令 第一三五八号》,四川省档案馆藏:《四川东川道道尹公署档案》,民191-01-1094。

⑤ 《四川省长公署训令 第三五八四号》,四川省档案馆藏:《四川东川道道尹公署档案》,民191-01-1094。

并未奏效，如东川道"各县肉税不被驻军挪拨，即被征局索还，甚或办理人员敷衍因循、汇解遗误"①。至 1923 年 11 月，据四川省教育经费收支处统计：东川道 36 县，仅有 13 县上交肉税，而且上交县份的经费亦时遭侵挪，如永川肉税"十月师部提，十一月第六混成旅行营司令部提"②。总之，在以上各方面均未有明确规定的情况下，省级教育经费独立的地位难免遭到侵蚀。

综上所述，北京政府时期，省级教育行政部门及人员在筹措、保管、分配省教育经费方面付出了艰辛努力。不仅如此，针对地方教育界发出的省级教育经费独立的强烈呼声，省级教育行政部门及人员亦尽力响应，主要通过领导协调、互动沟通、厘定规章、设立机构、监察督促等手段与方式积极参与到省级教育经费独立运动中。不可否认，与省教育会等民间团体相比，省级教育行政部门无论是在争取独立的过程中，抑或是在保障独立的过程中，均发挥着独特且重要的角色。然而，由于地方军阀混战局势、教育厅长和财政厅长频易，加之缺乏法律与制度保障，各省教育厅在争取与保障省教育经费独立中遭遇了重重阻力，一定程度上致使各省或难以实现经费独立，或难以保障经费独立，从而也延误了地方教育早期现代化的进程。这段历史表明，影响一省教育经费的因素固然复杂多样，但不可否认，省级教育行政的稳定程度与职能行使的效率深刻影响着一省教育经费能否得到保障。同时也说明，省级教育经费不能脱离政治、经济等因素而"独善其身"，统一安定的国家、强大的省级政府、高效的省级教育行政组织、完善的省级教育经费筹措与保障机制，皆为一省教育经费得以保障的不可或缺的前提条件。

---

① 《四川东川道道尹公署快邮代电 七八号》，四川省档案馆藏：《四川东川道道尹公署档案》，民 191-01-1094。

② 《四川省教育经费收支处公函 第五八二号》，四川省档案馆藏：《四川省善后督办公署档案》，民 048-01-0097。

# 第二节　国民政府初期省级教育财政

南京国民政府成立后,各省教育经费依然时常遭遇危机。为了缓解危机,推进省域教育事业发展,各省省级教育行政部门采取了诸多举措。

## 一、省级教育经费来源

1927年,各省教育经费来源较为多元。有的省份全部依靠省库款。如河北、山东、浙江、福建、江西、湖北、四川、广东、广西、云南、陕西、山西、甘肃、新疆、青海、察哈尔、热河等省的省教育经费,统一由省库拨给。有的省份以中央解款为主,以省款补助为辅。如安徽省,教育专款原定为卷烟税,但自1927年7月起,各省卷烟税均归中央;后因皖省争之甚力,中央财政会议决定将契税、牙贴、牲畜屠宰等国家税收拨作皖省教育专款,每年得120万元;不敷尚准由地方税收内补充。[①] 还有的省份有独立的教育专款。如江苏省,自1927年7月财政部将卷烟特税收归国税后,江苏教育经费专款由本省田赋抵充。总体来讲,南京国民政府建立之初,多数省份的省级教育经费仍依赖省款。

1928年后,全国省级教育经费来源有些改变。一方面,有些省份划定省教育专款。比如江西省,1928年由省教育厅呈准省级教育经费独立,确定以盐税附捐每年200万元作为省教育专款。再如云南省,省级教育经费自1929年3月实现独立,指定卷烟特捐为省教育专款,不敷之款由省财政厅如数补足。另一方面,有些省份取消省教育专款,变为中央拨款为主,省款补助为辅。如湖南

---

① 《中财会议之皖省部分》,《申报》,1927年7月7日,第2张第7版。

省,自 1930 年中央统一征收盐税后,中央月拨省教育经费 93000 余元,但只能拨发六成,其余不足之数悉由省款补给。

那么,到 20 世纪 30 年代,各省省级教育经费来源结构如何呢?下面以 15 省为例(见表 3-3),对此问题作一说明。

表 3-3　1934 年 15 省省级教育经费来源概况

(单位:元)

| 省份 | 库款 | 田赋及其附加 | 屠宰及牙贴税 | 契税、营业税及杂税 | 基金及学产租息 | 学宿费 | 地方行政收入 | 其他收入及临时拨款 | 总计 |
|---|---|---|---|---|---|---|---|---|---|
| 苏 | | 2810000 | 1350000 | | | | 205684 | 100000 | 4465684 |
| 冀 | 3552796 | | | 1666 | 137360 | | | 8480 | 3700302 |
| 粤 | 4332279 | | | | | | | | 4332279 |
| 鲁 | 3158021 | | | | | | | | 3158021 |
| 桂 | 2702124 | | | | | 70232 | | | 2772356 |
| 皖 | 2687535 | | | | 6000 | 61530 | | | 2755065 |
| 豫 | | | | 2470956 | 66247 | | | 21265 | 2558468 |
| 浙 | 644341 | | 100000 | 1400000 | | 131617 | | | 2275958 |
| 鄂 | 2241878 | | | | | | | | 2241878 |
| 赣 | | | | | 2000000 | | | 102000 | 2102000 |
| 晋 | 1513550 | | | | | | | | 1513550 |
| 黔 | 71402 | | 335482 | | 3921 | 12960 | | | 423765 |
| 察 | 345081 | | | | | | | | 345081 |
| 绥 | 229808 | | | 87065 | | | | | 316873 |

注:库款包括国库款与省库款。

资料来源:教育部统计室编:《二十二、二十三年度全国教育经费统计》,上海:商务印书馆,1937 年,第 12—13 页。

与以往相比,经费来源有以下变化:一是 1934 年各省省级教育经费来源有所扩充。总体来看,各省省级教育经费来源中,由库款拨付者仍占多数,比重达 67%。其中,广东、山东、湖北、山西、察哈尔、青海等 6 省省级教育经费完全由库款拨给。二是江苏、江西、河南、浙江、贵州等省实现省级教育经费独立。三是除库款补助外,多数省份还有数额不等的学产租息、学宿费、地方行政、临时拨款等省级教育行政收入。

## 二、省级教育经费筹措

这一时期,各省教育厅遵循整理与开源相结合的原则,推行具体的行政举措,以期增筹省级教育经费。

### (一)整理省教育款产

一般而言,教育厅对省教育款产的整理主要包括清理省教育款产和整理省教育税源两个方面。

#### 1. 清理省教育款产

这一时期,各省有学田、棉场、鱼塘、房屋等省有学产。但这些学产较为繁杂,必须由省级教育行政部门切实整理。以安徽为例,省有款产有东流八都湖的广丰圩和蔡村曹村坂、繁昌的大沙凸洲等。由于以上学产散落各地,加之当地省立教育机关随意派员征收租金,收租"每年总计又只万余元"[①]。为了整理省教育款产,安徽省教育厅采取如下措施:其一,设立整理委员会。1928 年 2 月,教育厅指定厅员组织省有款产清理委员会,将省有教育款产一律收归厅内自行管理,以杜中饱。[②] 其二,派员调查并收回款产。如 1929 年 10 月,教育厅收回省立第一农校所管的八都湖、大沙凸、来字洲等洲地。其三,招商投标学租与派厅员直接征收学租并举。一方面,1929 年 9 月,时任教育厅长程天放考虑到各项学产多半属于田地,且又散落各处,管理租课,一时难得相当人员,遂采取普通税收办法,招商投标。[③] 另一方面,教育厅委派厅员赴各地直接征收学租。如 1930 年初,教育厅委派本厅科员程仲樵直接会同征收崇文洲学租,计净收洋 516 余元。[④] 经省教育厅整理,省有学产增收明显。如 1929 年仅八都湖、

---

① 《皖教厅整理省有学产》,《观海》,1931 年第 3 期,第 29 页。
② 《皖省教讯》,《民国日报》,1928 年 2 月 3 日,第 4 版。
③ 《省有学产的整理和最近工作概况》,《安徽教育》,1933 年第 1 卷第 1 期,第 12 页。
④ 安徽省政府教育厅编:《民国十九年之安徽教育》,安庆:安徽省政府教育厅,1931 年,第 53 页。

大沙凸、关门洲三处,春秋两季学租合计近万元,与 1927 年相比,增收 6000 余元。[1] 由此可知,安徽省教育厅在整理省有学产方面发挥了积极作用。

### 2. 整理省教育税源

如前所述,这一时期,一些省份有数额不等的省教育专款,其主要依赖若干项国家税及地方税。事实上,这些税收的征收不仅牵涉与地方政府的协调问题,亦涉及征收机构、人员、方式、手续等诸多复杂问题。因此,省级教育行政部门有必要切实整理省教育税源,以裕收入。如江苏省,自 1927 年后,主要以田赋、屠宰、牙贴等税充作省级教育经费。然而其实际征收情况如何呢? 1929年,据省教育经费管理处称:"查十八年度开始已久,各县局解报学款较之上年度实多逊色。"[2]究其原因,"本省教育经费虽经独立,以经征办法只尚未臻完善,致教费仍多被侵挪,事实尤以田赋专款为尤甚。各县经征人员之舞弊,县局长官之侵挪,相习成风"[3]。为了整理税源,教育厅采取如下措施:一是由省教育经费管理处加派得力人员,前往各县,将每日征得专款,直接划出,指定代收机关,另行存储,按月会同驻办督促委员提解。截至 1933 年底,"实施者已有二十余县"[4]。二是从严制定县长及局长报解省教育专款考成办法,以实施惩奖。1929 年 11 月,教育厅颁布《各县财务局长报解省教育专款考成办法》,要求各县财务局长必须按月尽数报解,不得短欠挪用,并将此作为奖惩的依据。[5] 截至 1933 年底,县长和财务局长受记大功等奖励共计 19 人次。[6] 再如,1928 年 8月,因宜兴县短解甚巨,省政府对该县县长记过一次。[7] 通过上述整顿措施,江苏省有教育款产得到增加。如 1934 年省有教育税收收入为 416 万元,与 1928

---

① 有关八都湖、大沙凸、关门洲等地学租数,详见安徽省政府教育厅编译处编:《一年来之安徽教育》,安庆:安徽省政府教育厅编译处,1930 年,第 3 页;安徽省政府教育厅编:《民国十九年之安徽教育》,安庆:安徽省政府教育厅,1931 年,第 54 页。

② 《苏教厅呈请拟定财局解教款考成办法》,1930 年 1 月 13 日,第 3 张第 10 版。

③ 薛钟泰:《江苏教育经费概观及其整理途径》,《江苏教育》,1933 年第 2 卷第 1—2 期,第 153 页。

④ 薛钟泰:《江苏教育经费概观及其整理途径》,《江苏教育》,1933 年第 2 卷第 1—2 期,第 153 页。

⑤ 《苏报解教款考成办法》,《申报》,1929 年 11 月 14 日,第 3 张第 10 版。

⑥ 《江苏五年来征解教费记功之各县县局长》,《申报》,1933 年 11 月 22 日,第 4 张第 14 版。

⑦ 《县长解教育专款》,《民国日报》,1928 年 8 月 18 日,第 3 版。

年相比,增加 104 万元。[①] 从中反映江苏省教育厅整顿教育税收的措施得力,整理效果显著。

### (二)争取可靠税捐

各省教育厅在尽力整顿省有教育款产的同时,亦积极谋求可靠稳定的税捐。这是因为,可靠稳定的税捐是"官僚制长期存在的先决条件"[②]。如浙江省,自 1927 年以来,省教育经费每年为 200 余万元,由全省财政统收统支,但"因财政困难,不能按期发放"[③],全省教育颇受影响。对于省教育经费问题,时任教育厅长陈布雷极为重视。1933 年 11 月 2 日,陈布雷"访财厅长周骏彦、省府秘书长鲁岱磋商独立问题,谈甚久"[④]。然而,箔类税划作教育专款并非易事。据财政厅长周骏彦称:"该税为省库大宗收入,且有一部分业已抵押,故该税拨为教费尚须时日。"[⑤]既然箔类税不能尽数划拨省教育经费,陈布雷便采取"分年分步走"的折中方式争取箔类税。11 月 26 日,经陈布雷与周骏彦切实商讨后,两厅共同拟定《专款保管及支付办法》。至此,省教育经费"大体已经确定"[⑥]。两厅商定的办法为:其一,"指定箔类营业税每年一百二十万元,烟酒附税全数每年约二十万元,屠宰营业税全数每年约六十万元,三项共约二百万元,作为省教育经费专款,专充教育厅主管,各教育机关及文化事业经、临各项经费之用"。其二,省教育专款分三期实行:"第一期,箔类营业税每月拨足九万元,全年计一百零八万元,自二十二年十一月份起实行;第二期,箔类营业税每月拨足十万元,全年计一百二十万元,烟酒附税每年二十万元,两项共一百四十万元,自二十三年七月份起实行;第三期,箔类营业税每月拨足十万元全年一百二十万元,

---

① 1928 年,田赋、屠宰税、牙税、漕粮附税等教育专款实际收入约为 312 万元。详见《苏省地方时期年度岁入教费表》,《申报》,1928 年 9 月 24 日,第 3 张第 11 版。

② [德]马克斯·韦伯著:《经济与社会》(第二卷上册),阎克文译,上海:上海人民出版社,2020 年,第 1336 页。

③ 《浙省教育经费决分两期独立》,《申报》,1933 年 11 月 14 日,第 3 张第 11 版。

④ 《浙教费将独立》,《申报》,1933 年 11 月 3 日,第 4 张第 14 版。

⑤ 《浙教费独立尚待会商》,《申报》,1933 年 11 月 6 日,第 4 张第 13 版。

⑥ 《浙省教育专款保障办法已定》,《申报》,1933 年 11 月 26 日,第 4 张第 16 版。

烟酒附税二十万元,屠宰营业税六十万元,三项共二百万元,自二十四年五月份起实行。"[1]11月29日,省政府第653次委员会议通过此项办法。总之,在陈布雷的努力下,浙江省级教育经费有了可靠的税源。

### (三)争取中央及省款补助

南京国民政府时期,由于各省省有学产数额相对较少,且具有独立教育税源的省份亦为数较少,故多数省份需要争取中央或省款补助,以维持和发展省域教育事业。

#### 1.争取中央补助

国民政府初期,由于地方财政多不稳定,一些省份积极争取相对可靠的中央补助。如湖南省,1928年2月,省务会议决定,"划拨盐税附加每包八角及卷烟捐,作为教育专款"[2]。但2个月后,湘省卷烟捐收归中央,故省级教育经费仅靠全省盐税附加每包8角维系,其年收入不过80余万元。而1929年教育厅拟定的省教育经费预算为320余万元,收支两抵,尚缺240余万元。为了抵补巨大缺额,教育厅迭次呈请行政院,加拨盐税附加每包1.5元。行政院考虑到盐税附加本为湘省地方固有的款,供发展地方事业之用,办法允当,故于1930年4月28日,批准湘省教育厅的请求,表示"已如请令,饬财政部于十九年度开始后实行照数加划,以符定案,而重教育矣"[3]。事实上,财政部并未照办。而且未及半年,湘省盐正税及附税均归中央统一征收,以致省级教育经费无形动摇。后经省教育厅竭力争取,财政部批准从国库每月拨省级教育经费93000元。[4] 至此,湘省有了一笔相对稳定的省级教育经费。

#### 2.争取省款补助

由于该时期多数省份无独立的省教育税源,因此由省教育厅争取尽可能多

---

① 《浙教费专款保管及支付办法》,《申报》,1933年11月30日,第4张第13版。

② 《湘省各校三月一日起恢复》,《申报》,1928年3月9日,第2张第7版。

③ 《指令第一三七四号》,《行政院公报》,1930年第147期,第27页。

④ 教育部:《教育部关于各省市教育经费独立状况的调查报告》,载中国第二历史档案馆编:《中华民国史档案资料汇编》(第五辑·第一编·教育一),南京:江苏古籍出版社,1994年,第109页。

的省款补助变得至为重要。如 1930 年后,甘肃榷运局全部收入划作省教育专款。事实上,该项收入若遇淡季时期,很难收足,以致全省教育事业大受影响。1932 年 5 月,甘省教育厅为维持全省教育现状,一面提请省政府将卷烟特税局收入划作省教育经费,一面会同财政厅议定保障此项省教育专款办法,"经省会议决通过施行,于是历年以积欠弥补之甘省教育经费,始得有的款维持"①。

### (四)收取省校学宿费

收取学宿费,亦是教育厅增加省教育行政收入的一大举措。总体来看,1927—1933 年,多数省份教育厅规定了本省省立学校学生费用项目、数额等内容。如辽宁省,1929 年 7 月,省教育厅规定省立各学校学费数目为,"省立学校初级小学学生每年学费二元,高级小学学生每年学费四元,初级中学学生每年学费六元,高级中学学生每年学费八元,均按现洋数目分两期核收"②。又如河南省,1930 年 4 月,省教育厅规定:"自二十年度起,初中每学期一律征收学费四元,以昭划一;高中以上学校免收学费,每期收宿费五元。"③

1933 年 3 月 18 日,教育部出台了《小学规程》《中学规程》《师范学校规程》《职业学校规程》等规章。以上规章规定:小学、师范不得收取学杂费;中学征收学生费用包括学费、图书费、体育费 3 项,由省教育行政机关视地方生活程度分别酌量规定,呈报教育部备案,但各费总数在生活程度较高地方初级、高级中学分别为 10 元、16 元,在生活程度较低地方初级、高级中学分别为 7 元、10 元④;职业学校以不收学费为原则,但遇必要时,得呈请主管教育行政机关核准征收,初级职业学校每学期以 4 元为度,高级职业学校以 8 元为度⑤。上述规定颁行后,大多数省教育厅参酌教育部标准和本省情形收取了学宿费,如广东、广西、安徽、浙江、贵州等省。以 1934 年为例,广东、广西、安徽 3 省省级教育行政收

---

① 《甘肃教育情形》,《申报》,1934 年 10 月 20 日,第 3 张第 9 版。
② 《辽宁教育厅呈 第一九三号》,《辽宁教育月刊》,1929 年第 1 卷第 7 期,第 105 页。
③ 《训令第六三一号》,《河南教育行政周刊》,1931 年第 1 卷第 31—32 期,第 5 页。
④ 教育部:《中学规程》,《安徽教育行政旬刊》,1933 年第 1 卷第 14 期,第 11—12 页。
⑤ 教育部:《职业学校规程》,《安徽教育行政旬刊》,1933 年第 1 卷第 16 期,第 18 页。

入中,学宿费一项分别占 93%、100%、91%。[①] 也有一些省份,如江苏、云南、河南、江西等省,为减轻省校学生负担,拟定办法,免去学费。但总的来看,收取学宿费仍是该时期省教育厅增加省级教育经费的一条重要途径。

综上所述,国民政府初期,各省教育厅积极履行筹措教育经费的职责,通过整理省教育款产、争取可靠税捐、争取中央及省库补助、收取省校学宿费等多种举措筹集省级教育经费,从而为省域教育事业的正常运转提供了一定的物质保障。

## 三、省级教育经费管理

国民政府初期,各省教育厅不仅注重探索多元经费筹措机制,还加快了规范化管理省级教育经费的进程。

### (一)建立省教育经费管理机构

1927 年后,为了保障省级教育经费,各省陆续建立起相关的管理机构。这一时期,较早设立省级教育经费管理机构的是江苏省。当年 6 月,江苏省在省教育经费委员会下设省教育经费管理处和省教育经费稽核委员会,均采用委员制。其中,省教育经费委员会主要协助省行政长官对于教育经费的收入、支出款额及用途进行相当考查,或筹议整理方法[②];省教育经费管理处负责征收、支付、保管屠宰税、牙税、漕粮附税、田赋等省教育专款[③];省教育经费稽核委员会负责审计教育经费管理处各项收支账目,并盖章于发款通知书[④]。从经费管理体制上讲,上述机构属于分治制。具体而言,这种体制与教育厅无大的关系,省教育经费管理处和省教育经费稽核委员会直接受省教育经费委员会的指挥。在江苏省的带头示范下,1928 年后,江西、福建、云南等省亦先后设立以上三种

---

① 相关数据参见:教育部统计室编:《二十二、二十三年度全国教育经费统计》,上海:商务印书馆,1937 年,第 12—13 页。

② 《江苏教育经费委员会简章》,《申报》,1927 年 11 月 27 日,第 3 张第 10 版。

③ 《教育经费管理处组织大纲》,《民国日报》,1927 年 12 月 2 日,第 3 张第 4 版。

④ 《稽核委员会简则》,《申报》,1927 年 11 月 27 日,第 3 张第 10 版。

机构,其权责、内部架构大同小异,但与江苏省最大区别在于机构隶属关系,即这些省份中,以上三种机构皆隶属于省教育厅。

除上述省份外,其他一些省份建立起综合制的省教育经费管理机构。所谓综合制,是指在省教育厅下,设立集征收、保管、审计于一体的管理机构的省教育经费管理体制。如湖南省,1929 年 4 月,省教育厅下设省教育经费保管委员会,负责保管省政府划拨的盐税教育附加。该会职权有,稽核收支数目及检查簿据、商号或银行之信用调查、教育经费独立计划及建议等事项。[①] 除湖南省外,设立该种机构的还有河北、甘肃等省。

此外,其余多数省份的省级教育经费直接由省教育厅管理,其中有实行经费独立的省份(如浙江、绥远等省),亦包括经费由省库统拨的省份(如广西、山西、青海、宁夏、新疆等省)。如绥远省,据 1933 年教育部调查,该省教育经费"保管机关迄今亦未设立,所有保管、支付、审计等等,仍由教育厅办理"[②]。

除教育厅内设立经费管理机构外,南京国民政府成立后,大多数省教育厅还督促各省立教育机关添设经费稽核机构,以期严密监督各机关经费使用情况。总体来看,分如下几种:(1)有的省份设立稽核委员会。1927 年 10 月,为了实行经济公开,第四中山大学区下令中小学组织稽核委员会,负责稽核校内的收支账目及单据。[③] 设立该种机构的还有山东、安徽、浙江、陕西、福建等省,其组织大同小异。(2)有的省份设立审计委员会。如 1929 年初,湖南省教育厅要求各省立教育机构设立审计委员会,审计校内收支账目。[④] (3)有的省份设立经济委员会。[⑤] 上述各机构虽名称互异,但多采用委员制,且职责大致相同,即审计各教育机关经费收支账目等。

为了改变学校经费稽核机构互不统一的局面,1933 年 3 月 18 日,教育部颁

---

① 《湖南教育厅教育经费保管委员会暂行简章》,《湖南教育》,1929 年第 6 期,第 11 页。

② 教育部:《教育部关于各省市教育经费独立状况的调查报告》,载中国第二历史档案馆编:《中华民国史档案资料汇编》(第五辑·第一编·教育一),南京:江苏古籍出版社,1994 年,第 110 页。

③ 《四中大中小学经济公开办法》,《民国日报》,1927 年 10 月 14 日,第 2 张第 3 版。

④ 《各教育机关审计委员会规程》,载湖南省教育厅编:《湖南省最近三年教育概况总报告》,长沙:湖南省教育厅,1932 年,第 59 页。

⑤ 《江西省立教育机关经济委员会规程》,《江西省政府公报》,1932 年第 17 期,第 11—12 页。

布的《中学规程》《师范学校规程》《职业学校规程》中均规定,学校必须设置"经费稽核委员会,由专任教员公推三人至五人组织之,委员轮流充当主席,负审核收支账目及单据之责,每月开会一次"[①]。此后,各省教育厅遵照部章,督促各教育机关设立了统一的经费稽核委员会。

由上可知,1927 年后,大多数省份从省教育厅到各省立教育机关层面设立了相应的经费管理机构。可以说,上述经费管理体系建立后,取得了一定成效。如山东省,教育厅未设立稽核委员会之前,各省立教育机关每月虽有计算书据,呈厅报销,但大多漏洞百出。1928 年 1 月,"自稽委会成立后,力事整理,以求刷新,即被稽核者,合省县立而言,约计二百余处,其经费总数达五百余万元之巨"[②]。

但不可否认,各省省教育经费管理机构在运行过程中还存在一些问题。这些问题多集中在分治制管理体制和委员制机构中。其一,分治制管理机制难收联络效果。如 1928 年 10 月,福建省教育经费独立前后,省教育厅仿照江苏省设立三种机构,但在实施中发现,"各机关各自分立,难收联络之效,而所有规程自施行以来又多感不便"[③]。鉴于此,1933 年初,闽省教育厅将三种分治机构合并为省教育经费保管委员会。其二,委员制机构难以协调各方意见。比如云南省,1929 年 1 月,省教育厅仿照江苏省设立教育经费管理处后,"实行为时不久,感觉诸多不便,窒碍丛生"[④]。据时任云南省教育厅长龚自知回忆称:"实则我内心上认为委员制不好控制,不如改为局长制,才便于监督掌握。"[⑤]鉴于此,龚自知将委员制的教育经费管理处改为局长制的教育经费管理局,隶属于省教

---

① 参见:教育部:《中学规程》,《四川省教育厅公报》,1933 年第 17 期,第 25 页;教育部:《师范学校规程》,《四川省教育厅公报》,1933 年第 17 期,第 42 页;教育部:《职业学校规程》,《四川省教育厅公报》,1933 年第 17 期,第 25 页。

② 陆兴焕编:《山东省政府教育厅第一次工作报告》,海口:海南书局,1929 年,第 116 页。

③ 福建省教育厅:《福建省教育工作报告》,福州:福建省教育厅,1933 年,第 1 页。

④ 龚自知:《云南教育经费独立经过》,载中国人民政治协商会议云南省委员会文史资料研究委员会编:《云南文史资料选辑》(第三十五辑),昆明:中国人民政治协商会议云南省委员会文史资料研究委员会,1989 年,第 6 页。

⑤ 龚自知:《云南教育经费独立经过》,载中国人民政治协商会议云南省委员会文史资料研究委员会编:《云南文史资料选辑》(第三十五辑),昆明:中国人民政治协商会议云南省委员会文史资料研究委员会,1989 年,第 6 页。

育厅下,专管征收、出纳、保管、岁计等事项。通过上述调整,"特捐收入逐年增加,除经常开支外,历年都有积余。1936 年积存累计,约为新币三百余万元"①。云南省教育厅有关整顿措施的成效由此可见一斑。

总体来讲,国民政府初期,多数省份在教育厅下成立了省级教育经费管理机构,并由教育厅督促各省立教育机关添设了经费稽核机构。这些机构的主要特征有:首先,从经费管理体制来看,分治制与统一制并存;其次,就经费管理机构内部机制而言,委员制与一长制并存;最后,省级教育经费管理逐渐呈现出分治制向统一制、委员制向一长制转型的趋势。

### (二)厘定省教育经费管理办法

这一时期,各省教育厅在省级教育经费管理的各个环节厘定了相应的办法。

#### 1. 征收办法

这一时期,省教育经费实现完全独立,抑或是部分独立的省份,省教育厅均拟有一定的征收手续。而征收手续的制定主要取决于各省省教育专款的征收方式。这一时期,依据专款征收主体不同,征收方式可分为直征和代征两种。直征是指由省级教育经费管理机构直接征取划作省教育专款的税款的一种征税方式。如卷烟特捐作为云南省级教育经费来源,由省教育经费管理局直接征收,凡有收入,限于当日存放指定银行,月终将本月所收款项连同存款息银扫数拨解省教育经费金库。② 采取直征方式的还有河南、江苏等省。从江苏教育经费管理处 1928 年 4 月的公函(见图 3-1)中可略窥一二。代征是指由普通财政机关征收相关税款后报解至省库或省级教育经费管理机构,由省教育厅监督税款的一种征税方式。如盐附加税作为福建省教育专款,由教育经费管理处"按

---

① 龚自知:《云南教育经费独立经过》,载中国人民政治协商会议云南省委员会文史资料研究委员会编:《云南文史资料选辑》(第三十五辑),昆明:中国人民政治协商会议云南省委员会文史资料研究委员会,1989 年,第 10—11 页。

② 省教育经费委员会月报室编:《云南省教育经费历年独立收支概况》,昆明:云南省教育厅第三科,1933 年,第 13 页。

月由盐运使署直接领款","教育经费管理处每十日向盐运公署领款一次,于领款时,由处长出具正式收据,送交盐运公署,一面通知财政厅、教育厅"。[①] 采用代征方式的还有浙江、四川、江西、安徽、河北、甘肃、湖南等省。由上可知,不同的征收方式,征收手续极不相同。

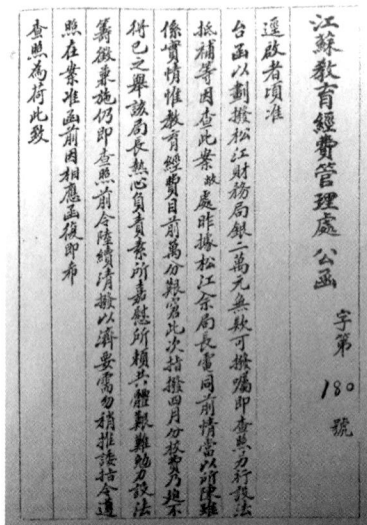

**图 3-1 江苏教育经费管理处公函(1928 年 4 月)**

图片来源:江苏教育经费管理处:《江苏教育经费管理处公函 字第 180 号》,
南京大学档案馆藏:《中央大学区档案》,4563。

### 2.保管办法

1928 年 5 月,全国教育会议上,综合各省教育厅意见而形成的议决案《教育经费独立并保障独立案》指出,各省应设省教育专款管理处保管省级教育经费。事实上,会议前后,相当数量的省教育厅积极设立经费保管机构。如河南省,1928 年 1 月,省教育厅将河南教育专款监理委员会改组为河南教育款产管理处,统一保管教育专款契税和原有学产(见图 3-2)。再如江西省,盐务附捐作为江西省教育专款,由教育基金保管委员会直接向督征盐务附捐处经收后,"以

---

① 《福建省教育经费分配收支保管及稽核暂行办法》,《福建教育厅周刊》,1928 年第 10 期,第 22 页。

江西省教育基金名义存放银行"[①]。采取该种办法的还有福建、江苏、云南、四川、河北、湖南、陕西等省。当然,有的省份由省教育厅自行保管,如安徽、甘肃、绥远等省。此外,还有少数省份由省级财政机构代管,但受教育厅监督。如浙江省教育专款由解款机构解交省金库后,另立存户专款保管;"省金库对于省教育经费专款,应每隔五日将收支情形编制收支报告、表送教育厅备查"[②]。总的来看,这一时期,实现省级教育经费完全独立或者部分独立的省份,经费多由省教育厅或省教育厅添设独立机构加以保管,且省教育厅均拟有具体的经费保管规章,从而一定程度上能够防止拖欠、挪移经费等问题发生。

**图 3-2　河南教育款产管理处职员合影**

图片来源:河南教育款产管理处编:《河南教育专款纪实》,
开封:河南教育款产管理处,1934 年,第 3 页。

### 3.支付办法

这一时期,省级教育经费支付办法主要有三种:一是省教育厅自主支付。该种支付办法多由省级教育经费完全独立的省份采用。如云南省教育经费支付手续为,各机关备具领款单据后,呈送教育厅核办;教育厅接到领款机关请款单据,经主管科核数相符,即由经办科员填写发款通知,呈由科长核明,转呈厅

---

① 《江西省教育基金保管委员会管程》,《大学院公报》,1928 年第 1 卷第 6 期,第 133 页。
② 《浙教费专款保管及支付办法》,《申报》,1933 年 11 月 30 日,第 4 张第 13 版。

长盖章印发;各机关持发款通知与所备总收据,赴省教育经费金库领款。<sup>①</sup> 除云南省外,江苏、四川、河南、福建、江西等省亦采取由省教育厅自主支付的办法。二是省教育厅支付与省库支付并举。该种支付办法多由省级教育经费部分独立的省份采用。如安徽省教育经费中,每月10万元中央补助,由省教育厅教育经费管理处依照预算按月支付给各教育机关,而省库补助款则由财政厅按照教育厅编制的预算按月拨交教育经费管理处,由该处转发各教育机关。采取该种支付办法的还有河北、甘肃、湖南、绥远等省。三是省库支付。该种支付办法为省级教育经费独立的个别省份及省级教育经费未独立的省份所采用。如山东省,1931年以前,由省教育厅向省库总领全年省教育经费后,分发至各教育机关;1931年以后,由教育厅向财政厅总领发款通知书后,分发各教育机关,由各教育机关持支付通知赴省库领款。<sup>②</sup> 采取该种支付办法的还有浙江、湖北、广东、察哈尔、陕西、山西等省。由上可知,尽管各省教育经费支付办法不同,但省教育厅在经费支付过程中始终发挥着重要的监督审查作用。

### 4.会计办法

早在1927年12月24日,国民政府训令各省政府,实行教育会计独立制度。为了落实此项政策,各省教育厅主要采取以下措施:(1)由教育厅直接任免会计人员。如河南省立各教育机关之会计人员,由省教育厅直接任免。<sup>③</sup> (2)规定会计人员资格。如湖南省教育厅规定:会计人员"以曾在国内外专门学校毕业熟习会计或办理会计事务二年以上深明会计原理并有殷实商店担保者为合格"<sup>④</sup>。这说明,湖南省教育厅强调会计人员须具有相当的专业学识及工作经验。(3)通过"训练+考试"的方式选拔会计人员。如1931年4月,河南省教育厅举办会计训练班,对报考人员进行短期训练,授以簿记学概要、簿记实习、会

---

① 《云南省教育厅经理省教育经费细则》,《云南教育周刊》,1931年第1卷第36期,第3页。
② 山东省地方史志编纂委员会编:《山东省志·教育志》,济南:山东人民出版社,2003年,第965页。
③ 《河南省立教育机关会计规程》,《河南教育行政周刊》,1931年第1卷第16—17期,第35页。
④ 《修正湖南省立各学校会计暂行规程》,《湖南教育》,1929年第9—10期,第8—9页。

计须知及公牍等课程,训练期满并试验及格者,由省教育厅发给证明书,听候委用。[①] 除河南省外,江苏、福建、浙江等省亦采取该种选拔方式。(4)明确会计人员职责。如安徽省教育厅规定,会计人员的职责有编造预决算、经费收支及保管、设备登记及保管、审核庶务一切收支账目、编造各种会计表册报告等。[②] (5)教育厅和各机关负责人双重监督会计人员。如浙江省教育厅规定:"如有成绩特优或未能称职者,各机关主任得呈请教育厅核办。"[③]通过上述措施,各省省级教育经费会计独立制度的成效显著。以河南省为例,会计独立制度"施行以来,各首领舞弊营私之事,确能免除","教育经费,庶可滴涓归公"。[④]

### 5. 稽核办法

稽核即为审计,是对会计的司法监督。南京国民政府成立后,各省教育厅虽督促各教育机关实行会计制度,但经费滥用问题犹存。有鉴于此,稽核省级教育经费变得尤为重要。针对这一问题,该时期各省教育厅采取如下措施:(1)从教育厅到省立各教育机关设立教育经费稽核机构,如稽核委员会、审计委员会、经济检查委员会等,且多采用委员制。前有述及,在此不赘。(2)明确稽核员产生方式及注意事项。如江苏省教育厅规定,各省立教育机关经费稽核委员会委员"由该机关教职员互选之,会计、庶务各员不得当选"[⑤]。这一措施能够在一定程度上防止各机关主管、会计等人员徇私舞弊情事的发生。(3)划定稽核机构权责。如福建省,教育厅稽核委员会权责是收支实数的审查、会计簿据的考核、经费用途的监督等[⑥];省立各教育机关稽核委员会权责是稽核收支

---

① 《河南省教育厅省立教育机关会计员考试办法》,《河南教育行政周刊》,1931年第1卷第16—17期,第35—36页。

② 《安徽省立教育机关会计员任用暨服务规程》,《安徽教育半月刊》,1934年第16期,第38页。

③ 《浙教厅订颁教育机关会计任用规程》,《行政效率》,1934年第10期,第468页。

④ 河南省政府秘书处公报室编:《五年来河南政治总报告》,开封:河南省政府秘书处,1935年,第29页。

⑤ 《江苏省立教育机关经费稽核委员会简章》,《江苏省政府公报》,1931年第872期,第15页。

⑥ 《福建教育经费稽核委员会规程》,《福建教育厅教育周刊》,1928年第10期,第21页。

账簿、计算书类、收支证凭单据、现存款项并决定储存办法等①。各省教育厅实行经费稽核制度后,收效颇著。以山东省为例,经稽核,"因侵占公款,移交法庭判处徒刑者有之;畏罪潜逃,呈经省府通缉者有之;因手续错误或失于觉察,责令主管人员赔款结案,或令饬剔除、不准核销者更屡见不鲜"②。

综上所述,国民政府初期,各省教育厅不仅建立起省级教育经费管理机构体系,还在经费管理的各个环节上拟定具体办法、采取多样措施,其意义在于:首先,各省省教育经费管理机构的设立,使省级教育经费管理走上了正规化的道路;其次,教育厅在经费管理制度上做了大量的开创性工作,即不仅重视经费征收、保管、支付等管理环节的制度安排,亦高度重视会计、稽核等管理环节的制度设计,使经费管理各个环节的开展均有法可依;最后,通过采取上述措施,各省省教育经费管理趋于公开,一定程度上遏制了经费滥用、侵吞、挪移等问题。

## 四、省级教育经费分配

这一时期,省级教育行政部门除了竭力拓宽省级教育经费筹措渠道外,也极为重视对有限经费的分配工作,旨在提高经费使用效益。下面先来看该时期各省省级教育经费的分配概况。

从表3-4可知,1933年度省教育经费分配项目大致可归为初等教育、中等教育、高等教育、社会教育、特别事业、教育行政几大类,但省际各类项目所占比重差别较大。相比较而言,中等教育经费在各省省教育经费中所占比重均最高,说明该时期中等教育仍是各省省级教育行政部门的施政重心。当然,与北京政府时期相比,这一时期省教育经费分配结构也有如下变化:其一,在省级教育经费中,高等教育经费所占比重不再占据优势。如江苏省高等教育经费在省

---

① 福建省教育厅秘书处编:《福建现行教育法规汇编》,福州:福建省教育厅秘书处,1932年,第27页。

② 山东省地方史志编纂委员会编:《山东省志·教育志》,济南:山东人民出版社,2003年,第966页。

级教育经费中仅占4.8％。这主要与此时期中央财政完全或部分担负高等教育经费有关。其二,省教育经费分配结构下移的趋势明显。各省省级教育经费中,初等教育经费、社会教育经费分别占有相当比重。这与该时期教育部大力推进普及义务教育及社会教育的政策导向息息相关。

表3-4　1933年度15省省级教育经费分配比例

（单位：％）

| 省份 | 初等教育 | 中等教育 | 高等教育 | 社会教育 | 特别事业 | 教育行政 |
|---|---|---|---|---|---|---|
| 江苏 | 9.7 | 51.5 | 4.8 | 14.1 | 15.3 | 4.2 |
| 浙江 | 9.6 | 53.5 | 12.2 | 11.3 | 6.9 | 6.3 |
| 安徽 | 12.6 | 50.5 | 23.1 | 4.0 | 3.5 | 6.0 |
| 江西 | 21.1 | 46.2 | 20.0 | 3.9 | 6.1 | 2.4 |
| 湖北 | 28.2 | 45.2 | 14.2 | 3.8 | 1.7 | 6.7 |
| 广东 | 1.9 | 44.1 | 24.4 | 3.3 | 15.1 | 10.8 |
| 广西 | 1.3 | 43.8 | 30.4 | 3.6 | 15.0 | 5.5 |
| 山东 | 7.1 | 54.3 | 21.4 | 5.3 | 1.4 | 10.2 |
| 山西 | 3.9 | 50.7 | 45.2 | 1.2 |  | 2.2 |
| 河北 | 7.8 | 49.5 | 31.0 | 5.9 | 3.9 | 1.6 |
| 河南 | 8.6 | 45.5 | 21.6 | 6.0 | 14.5 | 3.6 |
| 贵州 | 12.2 | 67.9 | 5.2 | 1.3 | 1.5 | 11.7 |
| 绥远 | 13.0 | 54.4 | 4.9 | 7.2 | 9.6 | 10.6 |
| 察哈尔 | 14.8 | 58.8 | 14.6 | 1.7 |  | 9.9 |
| 青海 | 1.1 | 72.7 |  | 4.9 |  | 21.1 |

注:初等教育包括幼儿园、初级小学、小学高级部;中等教育包括初高级中学、师范学校、短期师范学校、初高级职业学校;高等教育包括专科学校、其他学术机关、国外留学生;社会教育包括社教人才训练机关、一般社教机关、学校式社教机关、教育电影等;特别事业包括学生奖学金、运动会、教育经费委员会、教育经费管理处、义务教育委员会、识字运动宣传委员会等;教育行政包括教育厅职员薪俸、职员旅费、设备购置、消耗与杂支等。

资料来源:教育部统计室编:《二十二、二十三年度全国教育经费统计》,上海:商务印书馆,1937年,第28—57页。

就省级教育经费分配的依据而言,这一时期各省教育厅自行制定了分配标准。标准的划定主要视班数多寡而定。一般而言,班数越多,经费标准越高。如1927年7月,陕西省教育厅颁布《省立小学校经常费预算标准》《省立中等学校预算标准》,规定了不同班数下各项经费的标准。以省立中等学校为例,两班经费为770元,每增加一班,增经费200元,其中两班教员月俸标准为280元,每增加一班,增140元。[①]再如,1930年9月,河南省教育厅颁布《河南省立中小学校经费支用标准表》,按班数规定省立各校校长薪额、教员薪额、职员薪额、勤务工资、活支总额等项标准。以中学教员薪额为例,初级中学一班之标准为160元,每增加一班,增160元;高级中学一班之标准为256元,每增加一班,增256元。[②]

以上经费分配标准的出台,使各省省级教育经费的分配有了一定的客观依据,从而改变了北京政府时期省级教育经费分配无标准的局面。但从全国范围来讲,该时期因各省经费分配标准不同,省际省级教育经费分配结构不合理的问题日渐凸显,其中中等教育经费分配失衡的问题尤为严重(见表3-5)。

表3-5  1933年度8省中等教育各项经费比例

(单位:%)

| 省份 | 中学 | 师范学校 | 职业学校 |
| --- | --- | --- | --- |
| 浙江 | 65.1 | 17.0 | 17.8 |
| 江西 | 47.6 | 28.4 | 23.9 |
| 湖北 | 57.4 | 26.8 | 15.6 |
| 广西 | 86.8 | 0.8 | 12.2 |
| 山西 | 31.9 | 65.0 | 3.0 |
| 河南 | 57.0 | 31.5 | 11.3 |
| 贵州 | 73.3 | 26.7 | |
| 青海 | 59.5 | 17.9 | 22.4 |

资料来源:教育部统计室编:《二十二、二十三年度全国教育经费统计》,上海:商务印书馆,1937年,第30—57页。

---

① 《省立小学校经常费预算标准》,《陕西教育周刊》,1927年第7期,第17—18页;《省立中等学校预算标准》,《陕西教育周刊》,1927年第7期,第16—17页。

② 《河南省立中小学校经费支用标准表》,河南省政府秘书处编:《河南省政府年刊》,开封:河南省政府秘书处,1933年,第938页。

由表 3-5 可知,除山西省外,其他省份中等教育经费的分配出现向中学一边倒的格局,而师范学校经费,尤其是职业学校经费为数极少。各省中等教育经费分配失衡问题,由此可窥见一斑。

针对上述问题,1933 年 9 月,教育部颁布《各省市中等学校设置及经费支配标准办法》,规定至 1937 年度,各省市中等教育经费分配应达到如下标准:职业学校不得低于 35%,师范学校约占 25%,中学约占 40%。该办法还规定:为了达到标准,自 1934 年起,各省市对于中等教育的新增经费,应尽先充作职业及师范学校经费;其未能增加者,应就原有经费,逐年缩减中学经费之相当额数,以供扩充职业教育及师范教育之用。[①]

1934 年起,各省教育厅遵照部章对省域中等教育经费分配结构进行了调整,并取得了一定成效。比如江西省,经省教育厅调整,1937 年度中等教育经费中,中学占 40.8%,师范学校占 15.8%,职业学校占 43.3%。[②] 尽管调整效果与部颁标准尚有距离,但在赣省教育厅的努力下,中等教育经费分配不合理的问题得到了相当程度的改观。

综上所述,国民政府初期,各省省级教育行政部门在分配省级教育经费方面付出了种种努力,不仅积极探索省级教育经费分配标准,亦尽力扭转中等教育经费分配不合理的格局,进而有力地推动了省域教育事业的发展。

## 五、省级教育经费独立

源于 20 世纪 20 年代初的省级教育经费独立,到 1927 年以后才在全国范围内得到大规模推行。这一时期,省级教育经费独立无论是在法规制定,抑或是在实际成效上,均超过北京政府时期。其间,各省省级教育行政部门明确职责,竭力推进省级教育经费独立。

---

① 《各省市中等学校设置及经费支配标准办法》,《教育部公报》,1933 年第 5 卷第 37—38 期,第 28 页。
② 《二十年度至二十六年度江西省教育经费分配比较统计》,《江西统计月刊》,1938 年第 1 卷第 4 期,第 23 页。

### (一)省级教育经费独立政策的确立及其内容

南京国民政府成立后,全国建立了统一政权,各省省级教育行政部门亦得到统一。然而,此时各省省级教育经费由省库统拨的拨款方式未变,故各省教育经费被挪移、拖欠的问题依旧突出。鉴于此,一些省份教育厅率先提出省级教育经费独立的主张。如1927年5月,张乃燕莅任江苏省教育厅长伊始,便宣称要保障苏省教育经费独立。[①]

部分省份的提议,得到了大学院的积极支持。1928年5月15日,蔡元培主持下的大学院召开第一次全国教育会议。会上,各省教育厅提交了《确定教育经费并保障其独立案》《保障教育经费独立案》《全国教育经费保障条例》《划定教育经费案》等提案。这些提案对省级教育经费标准、征收及保管、保障等作了多层面的探讨。5月25日,大会统一各省教育厅的意见,修正通过《教育经费独立并保障案》。该案主要内容有:其一,教费的标准,应占岁收全额的10%～30%。其二,教费的征收及保管:(1)设省教育专款管理处。(2)凡划作教育专款之整个税收,由管理处直接征收。(3)凡关于教育之各项附加税捐,由财政机关代征,直接解交管理处。(4)不属(2)、(3)两项,而由财政机关按照预算支出及其他指拨之款,均应直接解交管理处。其三,教育基金的保管及整理:(1)实行特别会计制度。(2)设监察委员会。(3)由大学院订定《教育经费保障条例》。(4)用本会名义,通电中央及各省,实行教育经费独立运动。(5)请大学院呈请国民政府电令各省各市政府:教育经费如业经独立,应切实保障;如尚未独立,应指定专款,克期举办;尚有不遵,严行惩戒。[②]从中可以看出,施行省级教育经费独立得到了与会代表的一致认可。然而,3个月后,蔡元培辞去大学院院长一职,大学院无疾而终。因此,该案中的大多数条款未能转化成中央政策。

1928年10月,南京国民政府任命蒋梦麟为教育部长。蒋出任部长后,继承蔡元培之志,尽力保障省级教育经费独立。1929年2月,为加强省级教育经费独

① 《张乃燕宣布设施苏教育方针》,《申报》,1927年5月18日,第2张第8版。
② 王世镇、向楚琨、陈礼江、江恒源、黄婉、上海特别教育局、湖南教育厅:《教育经费独立并保障案》,载中华民国大学院编:《全国教育会议报告》,上海:商务印书馆,1928年,第223—225页。

立的保障,蒋梦麟呈请行政院,由"钧院通令各省,在未经规定教育经费应占地方收入若干成分之前,凡经独立之地方教育经费,概不得辄行变更原定办法,以资保障"①。旋即,行政院"通令各省政府,查照地方教育经费独立定案,切实办理"②。

在教育部、各省教育厅及社会各界的推动下,保障教育经费独立的主张逐渐被纳入《中华民国宪法草案》。1931 年 5 月 1 日,国民党第三届中央执行委员会第一次临时全体会议修正通过《中华民国训政时期约法草案》,该草案第 52 条规定:"中央及地方,应宽筹教育上必需之经费,其依法独立之经费,并给予保障。"③1934 年 10 月 16 日,立法院会议通过《中华民国宪法草案》,该草案第 149 条规定:"教育经费之最低限度在中央为其预算总额百分之十五,在省区及县市为其预算总额百分之三十,其依法律独立之教育基金,并予以保障。"④

由上可知,南京国民政府成立后,大学院积极支持各省教育厅保障省级教育经费独立的提议,使省级教育经费独立迈出了第一步。蒋梦麟出掌教育部长后,继续前贤,竭力保障省级教育经费独立。在教育部、各省教育厅及社会各界的努力下,保障教育经费独立首次进入宪法层面。总之,这一时期,省级教育经费独立立法进程加快,改变了以往省级教育经费独立无统一法规的局面。

### (二)省级教育行政部门与省级教育经费独立的开展

上述法规政策颁布后,各省教育厅积极贯彻落实。有的经教育厅争取,实现了省级教育经费完全独立,如江西、福建、云南等省。所谓"完全独立",是指省级教育经费有独立税源,其数额能够实现全省收支相抵。以江西省为例,1928 年 2 月,经省教育厅与省政府协商,省级教育经费在盐务附捐项下拨付。此项收入年计 240 余万元,而 1928 年度省级教育经费支出总额为 190 余万元,

① 《各省教育经费须保障其独立》,载教育部编:《教育法令汇编》(第一辑),上海:商务印书馆,1936 年,第 36 页。
② 《各省教育经费须保障其独立》,载教育部编:《教育法令汇编》(第一辑),上海:商务印书馆,1936 年,第 36 页。
③ 《中华民国训政时期约法草案》,载荣孟源编:《中国国民党历次代表大会及中央全会资料》(上),北京:光明日报出版社,1985 年,第 875 页。
④ 立法院中华民国宪法草案宣传委员会编:《中华民国宪法草案说明书》,南京:正中书局,1940 年,第 224 页。

收支相抵,尚多 50 余万元。[①] 有的省份的教育厅经过努力,实现了省级教育经费部分独立,如安徽、河北等省。所谓"部分独立",是指省级教育经费有一定的专款保证,但其数额在省级教育经费支出中所占比重较小,多数仍由省库统拨。以河北省为例,经该省教育厅多次向省政府及财政部力争,1929 年 3 月 4 日,财政部准许从冀省卷烟国税项下月拨 10 万元为省教育专款。而当年,河北省教育经费支出 229.6 万元,中央补助仅占其中五成。有的省份的省级教育经费还未能实现独立,如湖北省。所谓"未能独立",是指教育厅仅有省级教育经费独立计划,但由于主客观原因而没能实现独立。至 1933 年,17 省省级教育经费独立的整体情况见表 3-6。

表 3-6　1933 年 17 省省级教育经费独立概况

| 独立形态 | 省份 | 年份 | 独立经费来源 | 管理组织、独立计划及其他 |
|---|---|---|---|---|
| 完全独立 | 江苏 | 1927 | 田赋、屠宰税、牙贴税、漕粮附税 | 教育经费委员会、教育经费管理处、教育经费稽核委员会 |
| | 四川 | 1927 | 肉税 | 省教育经费收支委员会(后分东南和西北收支处) |
| | 河南 | 1927 | 契税 | 教育专款监理委员会(后改称教育款产管理处),各县设契税经理局 |
| | 江西 | 1928 | 盐税附捐 | 教育经费委员会、教育经费管理处、教育经费稽核委员会 |
| | 福建 | 1928 | 盐税附加 | 教育经费委员会下设教育经费管理处和教育经费稽核委员会(后合并为教育经费保管委员会);1931 年盐税收归中央后,财政部改由闽省盐税国税项下月拨 12 万元为省教育专款 |
| | 云南 | 1929 | 卷烟特捐 | 教育经费委员会、教育经费管理处、教育经费稽核委员会(后合并为教育经费管理局、教育经费委员会) |
| | 浙江 | 1933 | 箔类营业税、屠宰营业税、烟酒税 | 教育厅办理保管、支付;教育经费稽核委员会 |

① 《赣省教费可免括据》,《民国日报》,1928 年 2 月 6 日,第 2 张第 3 版。

续　表

| 独立形态 | 省份 | 年份 | 独立经费来源 | 管理组织、独立计划及其他 |
|---|---|---|---|---|
| 部分独立 | 安徽 | 1928 | 卷烟国税月拨10万元 | 教育厅办理保管、支付、审计等项 |
| | 河北 | 1929 | 卷烟国税月拨10万元 | 教育经费保管委员会 |
| | 湖南 | 1930 | 国库月拨9.3万元 | 教育经费保管委员会、教育经费审计委员会 |
| | 甘肃 | 1930 | 省榷运税收 | 教育经费保管委员会(因未完全独立,实际由教育厅办理保管、支付、审计等项) |
| | 绥远 | 1932 | 教育厅经管8.5万余元,财政厅拨禁烟及垦照附加 | 教育厅办理保管、支付、审计等项 |
| 未能独立 | 湖北 | | | 拟请鄂岸盐税附加项下拨付20万元 |
| | 山东 | | | 拟请全省漕粮收入221.5万元作为教育基金 |
| | 广东 | | | 拟订《广东省教育施政三年计划》,提出教育经费之独立 |
| | 陕西 | | | 拟请省府指定盐务督销税及卷烟查验税为教育专款 |
| | 察哈尔 | | | 教育厅拟先调查省内财源,择稳定者为专款 |

资料来源:教育部:《关于各省市教育经费独立状况的调查报告》,载中国第二历史档案馆编:《中华民国史档案资料汇编》(第五辑·第一编·教育一),南京:江苏古籍出版社,1994年,第106—112页;赵演:《现阶段中国教育鸟瞰及其改进趋势(续)》,《教育杂志》,1934年第24卷第3号,第74页。

　　总体来讲,1927年后,全国27省中,有17省遵照中央法令实行了省级教育经费独立。从实施情况来看,有的省份有独立税源,有的省份则有部分专款保证,也有的省份仅有独立计划而未能实施。由是,各省省级教育经费呈现出完全独立、部分独立、未能独立三种形态并存的复杂格局。此外,多数省份遵照规定设立了各种省教育专款保管与审核机构。下面以福建、安徽、湖北三省为例，具体考察省级教育行政部门在省级教育经费独立过程中所发挥的作用。

### 1. 福建省教育厅与闽省教育经费独立的开展

1928 年 8 月 27 日，南京国民政府任命程时煃为福建省教育厅长。程就任伊始，宣称将"宽筹教育经费并保障其独立，监督其使用，以谋教育事业之发展"①。为此，他在详查过去学款情形，参酌本省财政状况基础上，向省政府提交《扩充教育预算确定成数并规定盐税附加为教育专款而谋全省教育发展案》，要求"将本省盐附加税全年一百七十五万元全部拨作教育专款，即自本年会计年度开始实行"②。9 月 20 日，经省政府会议议决，此案"应付审查再行决定"③。时隔 5 天，在省政府会议上，审查人员提交了该案审查报告。报告结论为："盐附加税指定为教育专款一案，俟财政统一后实行。"经此次会议议决，"省教育经费照审查报告办理"④。事实上，此时闽省政局初定，统一财政尚需时日，加之盐运使署经费及中国银行借款在盐附加税项下拨付，故盐附加税划为省教育专款难于即行。

鉴于此，教育厅采取折中办法。10 月 26 日，教育厅先行设立省教育经费委员会。就在当日，教育厅组织召开该会第一次会议。会议讨论了教育厅交议的《请省政府实行指定盐税附加税为教育专款案》等。经会议议决，"盐附加税除拨盐运使署经费及拨还中国银行借款外，本年度每月由盐运使署随时直接拨交福建教育经费管理处，以拨足十二万元为限，如有不敷，再由财政厅拨补"⑤。显然，该方案兼顾了盐运使署经费及中国银行借款，从而使省级教育经费独立

---

① 《闽教厅长之行政方针》，《益世报》，1928 年 10 月 7 日，第 4 张第 16 版。
② 程时煃：《扩充教育预算确定成数并规定盐税附加为教育专款而谋全省教育发展案》，《福建教育厅教育周刊》，1928 年第 10 期，第 25—26 页。
③ 程时煃：《呈教育部报告本省教育经费增加及独立之进行经过情形由》，《福建教育厅教育周刊》，1928 年第 10 期，第 30 页。
④ 程时煃：《呈教育部报告本省教育经费增加及独立之进行经过情形由》，《福建教育厅教育周刊》，1928 年第 10 期，第 31 页。
⑤ 《教育经费委员会第一次会议详纪》，《福建教育厅教育周刊》，1928 年第 10 期，第 35 页。

具有可行性。10 月 29 日,省政府会议讨论并通过上述议决案。[①] 至此,闽省教育经费来源已实现独立。

为了保障经费独立,11 月,教育厅聘请闽省教育界人士,在教育厅下成立省教育经费管理处和省教育经费稽核委员会。其中,前者主管支付保管事宜,后者负责审核收支实数、考核会计簿记、监督经费用途等事项。此外,教育厅颁行《福建教育经费分配收支保管及稽核暂行办法》,严格规定省教育经费分配、支配、领款、稽核等环节。

然而,两年后,情况有所变更。1931 年 3 月 1 日起,各省盐附税归中央财政部统一征收。为了防止省教育专款动摇,早在是年 2 月 8 日,教育厅长程时煃就致电教育部,请教育部转咨财政部令行福建盐务稽核所月拨 14 万元,但财政部对此未有回应。2 月 23 日,程再次致电教育部寻求援助。经多次催促,25 日,财政部复电表示:"自三月份起,由本省盐税项下拨付教费十二万元。"[②]自此,闽省教育专款改由国库补助,仍由福建盐务稽核所照拨。事实上,此后省教育专款"实领之额,平均月约十万元,且所领者均系远期期票,贴现利息月达四五千元,故实际所领之款仅有现款九万五千元左右"[③]。

1932 年 12 月 7 日,郑贞文被任命为闽省教育厅长。为了保障省教育专款,翌年 1 月,他呈请省政府主席蒋光鼐向中央政府请求拨足 12 万元现款。据郑贞文回忆:"经蒋向财政部力争,获准月拨十一万元,大部分仍是期票。"[④]为了改发现款,郑贞文与省政府再三磋商,并迭电财政部交涉。4 月,各方商定,"按月拨付现款十一万元,所有贴现手续应付息金,均由稽核所负责"[⑤]。而息金每月所得现款为 0.5 万元左右,故省教育专款每月可得 11.5 万元。除此项专款

---

①　程时煃:《呈教育部报告本省教育经费增加及独立之进行经过情形由》,《福建教育厅教育周刊》,1928 年第 10 期,第 31 页。

②　《闽教汇讯》,《中央日报》,1931 年 3 月 9 日,第 3 张第 2 版。

③　福建省教育厅编:《福建省教育工作报告》,福州:福建省教育厅,1933 年,第 1 页。

④　郑贞文:《在福建教育厅任职的回忆》,载中国人民政治协商会议福建省委员会文史资料研究委员会编:《福建文史资料》(第十二辑),福州:中国人民政治协商会议福建省委员会文史资料研究委员会,1986 年,第 5 页。

⑤　福建省教育厅编:《福建省教育工作报告》,福州:福建省教育厅,1933 年,第 1 页。

外,省库年拨 42 余万元以补省教育经费。

从福建省教育经费独立实施情况来看,1929 年、1933 年、1937 年省教育专款收入分别为 96 万元、180 万元、186 万元,而相应年份的省教育经费支出依次为 155 万元、163 万元、186 万元。从中反映,闽省教育经费独立初期,有入不敷出的情况,而 1933 年后经费基本得到保障。这亦说明教育厅有关保障省教育专款之举措成效显著。除福建省外,江苏、河南、四川、江西、云南、浙江等省在教育厅的努力下,亦次第实现了省级教育经费完全独立。据 1939 年教育部统计,除四川省[①]外,其余 6 省省级教育经费仍保持完全独立状态。[②] 可以说,省级教育经费的独立为该时期以上各省教育事业的发展提供了较为有力的物质保障。

**2. 安徽省教育厅与皖省教育经费独立的开展**

1927 年 3 月,北伐军攻克安庆后,建立了新的省级政府,任命张仲琳为安徽省教育科长。次月 2 日,"张仲琳就职后之第一主张,即谋教育经费独立"[③]。具体来说,他采取两项措施:首先,与省财政科交涉,要求将卷烟税完全拨作教育经费,财政科表示同意;其次,为了妥善保管经费,与财政科共同拟定《安徽教育专款卷烟特税委员会简章》。然而,不到两个月,即自 1927 年 7 月 10 日起,财政部将卷烟特税划为国税,而将田赋划归地方税,并通令各省,教育费"在卷烟特税项下拨付者,应即改由田赋项下如数支拨,以明界限而清税目"[④]。中央收回卷烟特税,无疑使安徽省教育经费独立的根基动摇。对于中央提出的补救措施,皖省教育界认为,田赋已被军队提尽,故强烈反对。[⑤] 然而,教育界的反对并未奏效。

7 月 18 日,国民政府任命何世桢为安徽省政府委员兼教育厅长。然而,何

---

① 1935 年 2 月,四川省实现川政统一后,川省财政实行统收统支,故省级教育经费取消独立,改由省库统拨。

② 教育部:《全国各省市及县市教育经费概况》,《申报》,1939 年 5 月 7 日,第 4 张第 13 版。

③ 《皖省教育之革新》,《申报》,1927 年 5 月 27 日,第 2 张第 8 版。

④ 《财部划分国地两税咨文》,《申报》,1927 年 7 月 10 日,第 2 张第 7 版。

⑤ 《安徽教育经费之变更》,《申报》,1927 年 7 月 1 日,第 3 张第 11 版。

氏称病,坚辞不就。在此情况下,11 月 11 日,省政府委派雷啸岑代理教育厅长。[1] 时论认为,"皖教育厅雷厅长,自视事以来,以固定教育经费为最急最要之举"[2]。雷啸岑就任伊始,多次与中央政府交涉皖省教费独立事宜。1928 年 1 月 9 日,财政部复电雷啸岑云:省教育经费由"安徽卷烟税局暂在卷烟税项下按月支借三成,俾得维持现状"[3]。由此电文可知,财政部允拨之卷烟税三成实为暂时救济性质,并非长久之计。很显然,这离雷啸岑"固定教育经费"的目标相去甚远。于是,雷啸岑于同年 2 月愤而辞职。

1928 年 3 月 8 日,韩安被任命为皖省教育厅长。韩安上任后,即向教育界承诺,他将与雷啸岑赴南京商谈卷烟税事宜,"如此次赴京教费如无办法,绝不回皖"[4]。3 月 26 日,经韩安与宋子文商洽,宋氏"已允由皖省解报中央之税款中月拨七万作为教费,并由皖财厅自行筹措月四万,共为十一万元"[5]。但此时皖省教育预算每月为 18 万元,与上述 11 万元相比,减少近 7 万元。因此,安徽教育界对韩安深表不满,并致电韩安:"安庆韩教厅长钧鉴,闻公在沪已允教费月只七万元,不胜骇异,群情愤激,如何办理电复。"[6]迫于皖省教育界压力,韩安与省政府迭电财政部,力争省教育经费。4 月 8 日,省政府接到宋子文复电,称"加拨三万,连前共十万元,藉资补助"[7]。皖省教育界认为,"此结果尚可满意"[8]。至此,安徽省教育经费独立部分有了着落。

从皖省教育经费独立实施结果看,1928 年、1932 年、1935 年的省教育经费支出分别为 137 万元、254 万元、292 万元,而中央每年 120 万元补助占上述各年支出比重依次为 88％、47％、41％。这说明,皖省教育经费独立之初,大致能收支相抵,而在此后,中央补助所占比重逐年下降。这从一个侧面反映,国民政

---

① 《雷啸岑代理皖教厅长》,《申报》,1927 年 11 月 16 日,第 2 张第 8 版。
② 《皖教厅力争教费独立》,《民国日报》,1927 年 12 月 24 日,第 2 张第 4 版。
③ 《财部复允皖教厅拨卷烟税三成》,《申报》,1928 年 1 月 10 日,第 3 张第 10 版。
④ 《皖教育界争教费之再接再厉》,《申报》,1928 年 3 月 25 日,第 3 张第 11 版。
⑤ 《皖教费问题大致解决》,《申报》,1928 年 4 月 3 日,第 3 张第 11 版。
⑥ 《皖教费运动之扩大》,《申报》,1928 年 4 月 8 日,第 3 张第 11 版。
⑦ 《中央月助皖省教费十万元》,《申报》,1928 年 4 月 13 日,第 3 张第 12 版。
⑧ 《皖教费请愿代表接洽情形》,《申报》,1928 年 4 月 14 日,第 3 张第 11 版。

府初期,在皖省教育厅的努力下,省级教育经费实现了部分独立,而大多数经费仍依赖省库统拨。除安徽省外,河北、湖南、甘肃、绥远等省情况依然如此。据1939年教育部统计,以上各省教育经费仍保持部分独立。另外,经陕西省教育厅力争,1935年起,陕西省教育经费由中央政府年补44.4万元,而当年的省教育经费支出为166万元,中央补助占27%,从而亦实现了部分独立。①

### 3. 湖北省教育厅与鄂省教育经费独立的开展

1928年2月,国民政府任命刘树杞为湖北省政府委员兼教育厅长。他上任后,与军政长官交涉经费保障事宜。1928年3月,两湖善后会议预备会上,他提出省教育经费独立,该提议经议决通过。继而,他致电程潜和白崇禧请求援助实行。程与白对此均表赞成。② 与此同时,4月18日,刘树杞向省府会议提交《湖北教育经费独立提议案》,经议决通过。该案提议:"指定汉口征收局收入为湖北教育经费。"③以上事实说明,刘树杞在争取湖北省教育经费独立方面做了大量工作。然而因当时湖北省政局动荡不宁,省教育经费独立一直未能见诸实施。

1933年7月4日,新任教育厅长程其保"接印视事"④。由此,相关事宜迎来转机。就在当月,他在省政府纪念周会议上报告改进鄂省教育意见时提出:"其保感觉本省教育工作,今后应兴应革者,千头万绪,其最关重要者,治本方面,即力谋今后教育经费之独立,庶教育进行,不受任何影响。"⑤为了实现省教育经费独立,教育厅陆续采取了如下措施:首先,请求省府援助。1933年12月15日,"程厅长在省府会议提出,每月指拨鄂岸榷运局杂费二〇万元作为教育专款。经先后议决,审查通过"⑥。其次,教育厅拟定《教款保管章程》。该章程

---

① 教育部:《全国各省市及县市教育经费概况》,《申报》,1939年5月7日,第4张第13版。
② 《鄂教费可望独立》,《民国日报》,1928年3月29日,第3张第4版。
③ 《鄂省教育费独立运动之曙光》,《申报》,1928年3月30日,第3张第11版。
④ 《湖北省政府教育厅关于任命程其保为湖北省政府委员兼湖北省教育厅厅长的训令》,湖北省档案馆藏:《湖北省教育厅档案》,LS001-001-0005-0018。
⑤ 《程其保发表改进鄂教育意见》,《中央日报》,1933年7月16日,第3张第1版。
⑥ 湖北省教育厅:《湖北省教育行政史略》,湖北省档案馆藏:《湖北省教育厅档案》,LS10-001-0052。

主要内容有：(1)省教育经费在中央每月二十万元协款项下，指定由鄂岸権运局盐税内按月拨付，不准移作别用；(2)由各教育机关、会组织保管委员会共同负责。① 最后，教育厅呈请中央政府援助。自 1931 年 3 月中央实行盐税统收后，鄂岸権运局盐税即归财政部所有。因此，将该税划作省教育经费，必须经过财政部审批这一关。为此，教育厅致电财政部和教育部："请照过去盐税附加拨付教款之先例，以后在中央协款内，由鄂岸権运局按月拨廿万元，作省教育专款，以利教育进行。"②然而，财政部和教育部对此未作回应。

对于教育厅的提议，湖北省政府主席张群表示赞同。1934 年 1 月，湖北省政府呈请行政院，"将每月协款二十万，改为教育专款，仍由鄂岸盐税内拨付"③。对鄂省政府的请求，"行政院已批令照准"④。然而，有关鄂岸盐税划作省教育专款的事宜尚未结束。是年 5 月，当行政院将此案批交财政部后，财政部驳回了鄂省请求，理由是："由部拨补鄂省月款每月二十万元，按月照拨在案。现鄂省以教费为重要，如为划出专款起见，尽可自行将国库所拨之数专款存储，拨转应用，似不必改由盐税项下划拨，致牵动盐税原有之用途。"⑤这表明财政部站在维护国家税收体系的立场上，不同意鄂省教育专款由鄂岸盐税项下拨付。至此，教育厅力谋经费独立的种种努力化为泡影。

此后，鄂省教育厅虽通过种种努力，争取省级教育经费独立，但终未能实现。与湖北省情况相似的还有山东、广东、察哈尔等省。据教育部统计，截至 1939 年，以上 4 省省级教育经费仍未实现独立。⑥

由上可知，国民政府初期，各省教育厅无论是在争取省级教育经费独立过程中，还是在保障省教育专款方面，均发挥着筹划、协调、监督的关键作用。这完全不同于北京政府时期省级教育经费独立通常由地方教育界牵头倡导、省级

① 《何成濬电财教两部促成鄂省教费独立》，《申报》，1933 年 12 月 21 日，第 3 张第 12 版。
② 《鄂省亟谋教费独立》，《中央日报》，1933 年 12 月 18 日，第 1 张第 2 版。
③ 《行政院准鄂省每月协款二十万作教费》，《申报》，1934 年 1 月 16 日，第 4 张第 13 版。
④ 《行政院准鄂省每月协款二十万作教费》，《申报》，1934 年 1 月 16 日，第 4 张第 13 版。
⑤ 《鄂省请征盐附 财部予以驳复》，《申报》，1934 年 5 月 15 日，第 2 张第 6 版。
⑥ 教育部：《全国各省市及县市教育经费概况》，《申报》，1939 年 5 月 7 日，第 4 张第 13 版。

教育行政部门被动回应的格局。这是因为:首先,南京国民政府成立后,国民党推行一党专政的强权政治,以往频频插足政治的各省教育会等民间团体由此失去了生存空间,取而代之的是各省省级教育行政部门。其次,20世纪20年代后期,随着中央政权的渐次稳定,省级教育行政部门亦日趋健全。这一时期,大多数省份在省政府内设立了教育厅,领导体系、组织架构基本统一,职能明确,且教育厅权力得到强化,从而有能力推进省级教育经费独立。最后,各省教育厅长大多对教育经费独立问题给予高度重视。可以说,正是在各省教育厅的积极努力下,该时期除少数省份未实现独立外,多数省份省级教育经费或实现完全独立,或实现部分独立。这一格局大致延续到1941年。

### (三)教育厅推进省级教育经费独立的困难与问题

如前所述,国民政府初期,各省教育厅在推动省级教育经费独立过程中发挥了重要作用。同时也应看到,这一时期,全国虽在形式上得到统一,但中央政府与地方实力派之间、地方实力派之间,仍是矛盾重重,时常兵戎相见,不仅造成中央财政困难,而且致使地方政局不稳和财政支绌。上述局面对各省教育厅实行省级教育经费独立有着直接的影响。如河北省,1929年卷烟税收归中央后,财政部在冀省卷烟国税项下月补省教育经费10万元。但中原大战发生后,"经最高当局严令每月军事协款不许拖欠,冀省财政当局迫于命令,遂将教育款牺牲,拨作军事协款,以致积欠达五十余万之巨"[1]。此外,教育厅在施行省级教育经费独立过程中还遭遇以下困难与问题。

#### 1. 教育厅长频繁易人

频繁更换教育厅长,对省级教育经费独立有着不容忽视的影响。如前面谈到的福建省,在教育厅长程时煃主持下,1928年底实现省级教育经费完全独立。然而,"程时煃氏因力争盐附税为教育专款,致触吴弦之忌"[2]。吴弦时任福

① 《冀省教育之厄运》,《大公报》,1933年8月15日,第2张第6版。
② 《闽教厅长程时煃蒙难补志》,《申报》,1931年11月23日,第3张第11版。

建省盐运使,是地方军阀卢兴邦的亲信。当时,卢兴邦对省政府主席杨树庄及其属下程时煊等人颇为不满。因此,1930 年 1 月 6 日晚,趁省政府委员陈培锟在家新年宴客之机,卢兴邦下令将宴席上包括程时煊在内的几位省政府委员绑架至尤溪,以此逼迫杨树庄下台,史称福建"一六政变"。程时煊被绑架后,"教育厅务既无人主持,所指定为教育专款之盐附税,又被卢部私人盐运使截留,全省教育遂陷于恐慌中"①。这种教育厅无人负责的局面持续了近半年。半年后,省政府派林寄南委员代理教育厅长。林于 6 月 5 日接手教育厅,6 月 9 日视事。他视事以来,"对于教育经费既无筹措,日惟以更动人员为事"②,从而遭到各教育机关的强烈反对,迫使林寄南于 11 月 8 日称病告假。总之,闽省教育专款因教育厅无人负责而大受影响。再如湖北省,在 1930—1933 年,湖北省更换 8 任教育厅长,其中仅 1932 年一年,竟更换了 5 任教育厅长。他们的任期,短则 7 天,而最长也不过 5 个月。1935 年,时任鄂省教育厅长程其保曾言:"促进教育经费独立,历任教育厅长,均所注意。"③但大都因任期短暂,无力推进这一事业。

**2.税源难以保证**

税源的不稳定,对省级教育经费独立的影响亦不可小觑。察哈尔省教育厅为了实现省级教育经费独立,积极制订计划,但直至 1937 年也未能实现。其中一个重要原因即是,"全省财源收入稳定者为数有限,无法指拨"④。不唯如此,税源不稳定对省级教育经费独立的保障亦有干扰作用。这一时期,水灾、旱灾等自然灾害频发,以致与省教育专款有关的税源大受影响。如江苏省,"省教育经费自卷烟税划归中央以后,其可恃之收入以田赋为大宗。近年来,灾祲频仍,

---

① 《福建教育状况》,《中央日报》,1930 年 11 月 24 日,第 3 张第 4 版。
② 《福建教育状况》,《中央日报》,1930 年 11 月 24 日,第 3 张第 4 版。
③ 湖北省政府秘书处公报室编:《湖北省政府二十三年全年施政纲要实施情形报告》,武昌:湖北省政府秘书处公报室,1935 年,第 40 页。
④ 教育部:《教育部关于各省市教育经费独立状况的调查报告》,载中国第二历史档案馆编:《中华民国史档案资料汇编》(第五辑·第一编·教育一),南京:江苏古籍出版社,1994 年,第 111 页。

赋收短绌",以致"应支各款不得不牵萝补屋,竭力维持,遂致寅吃卯粮,积亏甚巨"。[①] 再如河南省,省级教育经费来源为全省契税,该项税收出于不动产之买卖。1934年,豫省接连发生水灾、旱灾、蝗灾等灾害。这种灾患频发的局面,导致"契税收入不敷所出,故本年教育经费,未能十足支给,计三四五等月份各项教育经费尚欠发八成"[②]。又如浙江省,1935年,全省遭遇旱灾,致使作为省教育专款的"各县划款无从支出"[③]。以上实例说明,税源不稳定对各省教育经费独立有着直接影响。

### 3.省教育专款征收机构混乱

根据这一时期的有关法令,从理论上讲,省教育专款应由各省教育厅设独立的征收机关,并由专门的征收人员依照一定的征收手续实行征收。事实上,这一时期,国民政府对省教育专款征收机构、人员、手续等缺乏制度安排,故各省实际情况远不统一。首先,征收机构混乱。如福建省,每月12万元省教育专款由福建盐务稽核所拨发,但该所时常挪用教费,以致1929年及1930年,每月实领仅8万元。[④] 再如,四川省肉税,因受军事影响,多改归驻军代征,故省教育专款有"一遇军事,即有立陷停顿之虞"[⑤]。其次,征解手续不明。如1930年1月,江苏省教育厅颁布《各县财务局长报解省教育专款考成办法》,规定"各县财务局应按月将征起之款,扫数报解,不得丝毫截留挪用"[⑥]。然而,该办法对于具体征解手续未作规定,故在实施中,各项专款的征收颇为迟缓,"稽考尤感不易"[⑦]。最后,监督不力,经征人员敷衍塞责。如河南省,自1927年以来,"各县契税经理局之勘丈员,时有串通粮户,每遇税契过割,不免有隐匿欺蒙情事。其

---

① 教育部:《教育部训令 字第1861号》,南京大学档案馆藏:《国立中央大学档案》,4558。

② 河南省政府秘书处公报室编:《五年来河南政治总报告》,开封:河南省政府秘书处,1935年,第27页。

③ 《浙省教育专款已有切实保障》,《中央日报》,1935年5月17日,第2张第4版。

④ 教育部:《教育部关于各省市教育经费独立状况的调查报告》,载中国第二历史档案馆编:《中华民国史档案资料汇编》(第五辑·第一编·教育一),南京:江苏古籍出版社,1994年,第108页。

⑤ 《现阶段中国教育鸟瞰及其进进趋势(续)》,《教育杂志》,1934年第24卷第3号,第74页。

⑥ 《江苏各县财务局长报解省教育专款考成办法》,《中央日报》,1930年1月10日,第3张第4版。

⑦ 《苏省修订省教款缴解办法》,《中央日报》,1935年5月6日,第2张第4版。

所以致此者,即因契税局不受县府监督之故"①。概言之,省教育专款征收机构的混乱对教育厅实行省级教育经费独立造成严重干扰。

由以上分析可知,省教育厅在实行省级教育经费独立进程中,不仅受到教育厅长频繁更换、税源不稳定等因素的制约,同时受省教育专款征收机构混乱等因素的干扰。可以说,国民政府初期,省级教育经费独立的开展在取得一定成绩的同时,可谓困难重重。

总之,南京国民政府成立后,在大学院、教育部以及各省教育厅的努力下,保障省级教育经费独立不仅进入中央政策层面,亦被写入《中华民国宪法草案》,这为各省教育厅推行省级教育经费独立提供了重要的法律保障。一方面,这一时期多数省份相继实行了省级教育经费独立,逐渐形成全部独立、部分独立、未能独立三种形态并存的复杂格局。这般格局基本持续到全面抗战初期。在此过程中,省级教育行政部门将省级教育经费独立作为自己最主要的行政职责与主要任务,积极发挥领导、协调、监督等行政职能,在推行经费独立方面做了大量工作,故该时期省级教育经费独立所取得的成效远较北京政府时期显著。另一方面,国民政府初期,各省教育经费独立还存在许多问题,远远谈不上是真正的独立。除全国动荡局势的影响之外,各省教育厅长频繁易人、税源难以保证、省教育专款征收机构混乱等都是其主要因素。尽管如此,这一时期省级教育经费独立过程及其所取得的实绩,仍是中国近代教育财政史上值得重视的一页。

---

① 《饬拟县长监督契税经理局办法》,《河南政治月刊》,1934年第4卷第12期,第3页。

# 第三节 国民政府后期省级教育财政

全面抗战爆发后,全国许多省份相继沦陷。在这种情况下,各省省级教育经费呈现何种样态?省级教育经费又是如何筹措、管理与分配的?考察这些问题,有助于深入了解国民政府后期各省教育事业艰难曲折的发展历程。

## 一、省级教育经费来源

全面抗战初期,在"战时须作平时看"的教育总方针指引下,各省省级教育经费来源大致与战前一致。

不过,与1935年相比,1939年各省教育经费来源也有一些大的改变:一是四川省级教育经费取消了完全独立,改由省库拨付;二是河北省级教育经费取消了部分独立,改由省库拨付;三是陕西省级教育经费实现了部分独立,独立部分来自盐务督销税和卷烟查验税,余由省库拨付;四是贵州省级教育经费实现了部分独立,独立部分来自屠宰税,余由省库补足;五是部分实现省级教育经费独立及部分独立的省份,新增了若干经费来源,比如河南省的学产收入,云南省的教育公产租息和基金租息,甘肃省的特税一部分和陇东各县卷烟查验费(见表3-7)。

表 3-7 1939 年各省省级教育经费来源概况

| 经费状态 | 省份 | 经费来源 |
|---|---|---|
| 已经独立 | 江苏 | 田赋附加、屠宰税、牙贴税、漕粮附加 |
| | 浙江 | 箔类营业税、屠宰营业税、烟酒税 |
| | 江西 | 盐税附加 |
| | 河南 | 契税、学产收入 |
| | 福建 | 盐税附加 |
| | 云南 | 卷烟特税、教育公产租息、基金租息 |
| 部分独立 | 安徽 | 中央教育协款,余由省库统筹 |
| | 湖南 | 盐税附加,余由省库拨发 |
| | 陕西 | 盐务督销税、卷烟查验税,余由省库拨付 |
| | 甘肃 | 榷运税收、特税一部分、陇东各县卷烟查验费 |
| 部分独立 | 贵州 | 屠宰税,余由省库补足 |
| | 绥远 | 禁烟附加、垦照附加,余由省库拨付 |
| 欲独立未实现 | 湖北 | 拟请中央协款 |
| | 山东 | 拟征漕粮收入 |
| | 广东 | |
| | 察哈尔 | |
| 未独立 | 四川 | 省库拨发 |
| | 西康 | |
| | 河北 | |
| | 山西 | |
| | 广西 | |
| | 宁夏 | |
| | 新疆 | |
| | 青海 | |

资料来源:《全国各省市及县市教育经费概况》,《申报》,1939 年 5 月 7 日,第 13 版。

　　然而,从实践层面来讲,各省情况非常复杂。

　　首先,省级教育经费独立遭到战争的破坏。比如江苏省,1938 年后,江南各县大多沦陷,苏北亦属战区,故省教育经费收入大减,仅及战前四成。[①]

　　其次,部分或全部由省库拨款者,经费因省级财政竭蹶而大打折扣。比如湖北省,1938 年 1 月 21 日,该省教育厅长周天放称:"全省教育经费,本月份起实行紧缩,以七折发放,共仅十四万元左右。"[②]再如湖南省,省级教育经费"原以盐税附加、中央义教(现为国民教育)补助费两种来源,不敷之数再以省款补足之。然本省自抗战军兴以来,除义教补助费外,年来不仅省款一再折减发给,即盐税附加,财政部亦以七折拨付,是故经费至感困难。际此战时教育,百端待举,自非增加不可。本(二十九)年度省教育经费概算,原拟照最近三年度(二十六、二十七、二十八)预算平均数编列,但终因财政困难,未能完全办到"[③]。

　　再次,财政政策多所变更,省级教育经费亦随之变动。1940 年 7 月,国税与地税收支正式划分,卷烟税等被划入国税,改由中央补助少部分省教育经费。比如云南省,1940 年 7 月后,云南省教育经费的最大来源"卷烟税即划归国税,由财部云南区税务局接收。教育经费由中央每月补助三十五万元。而教育官产收入究属有限,以至每月不敷甚巨,曾由富滇新银行借垫一部,然迄未根本解决"[④]。紧接着,1941 年 6 月,全国财政会议"议决改革全国财政收支系统,县省国之三级制改为县国二级制,省预算并入国预算中,并经省府令饬各机关造具明年度预算书,呈省府转呈中央核定支发,并分呈教部核定"[⑤]。易言之,自此,囊括省级教育经费的所有省级财政经费收支均归中央,由中央统支,不再由各省自主收支,因而省级教育经费独立随之取消。1946 年 7 月 1 日,国民政府修正颁布《财政收支系统法》。自此,全国又恢复了中央、省、县三级财政体制,重新赋予各省省级财政权。由是,各省教育经费大致由中央补助款、省库拨款两

①　《苏省战后教育经费概况》,《新闻报》,1938 年 6 月 20 日,第 5 张第 18 版。
②　《周天放谈鄂省教育下期采疏散办法在上游设立分校》,《申报》,1938 年 1 月 21 日,第 2 版。
③　《湖南全省第二次扩大行政会议湖南省教育厅工作报告》,《湖南教育》,1940 年第 11 期,第 4 页。
④　《滇省教费将由中央统一支发》,《申报》,1941 年 11 月 17 日,第 2 张第 7 版。
⑤　《滇省教费将由中央统一支发》,《申报》,1941 年 11 月 17 日,第 2 张第 7 版。

部分构成。

最后,中央对一些省份的教育补助款停发。比如江苏省,全面抗战爆发后,国民政府停止对江苏补助义务教育经费,使得苏省义务教育的开展困难重重。再如安徽省,1942 年全国财政改为两级制后,全面抗战前中央曾每月补助安徽教育的 10 万元"停止拨发"①。

总体来讲,1937—1941 年,各省教育经费来源复杂多样,但受到战争、省级财政困难、国地收支划分政策变更等不确定因素的深刻影响。1941—1946 年,省级教育经费独立因全国财政收支系统改革而被取消,其间各省教育经费主要由中央核定;1946 年 7 月后,各省教育经费来源大致由中央补助款和省库拨款构成。

## 二、省级教育经费筹措

全面抗战爆发后,为了缓解经费困难,各省教育厅采取了种种举措,尽力筹措省级教育经费。

### (一)争取中央补助

1937 年后,受前述因素的影响,各省对中央补助款的依赖性日益加强。因此,从一定程度上讲,各省教育厅能否争取到充足的中央补助,便决定着特殊时期各省教育事业发展的进程。比如江苏省,1937 年度,省教育经费支出预算合计 6401815 元。然而,1938 年上半年,31 县上缴的省教育专款收入以四折计算,约计不过 347661 元,致使省教育厅拟就的 1939 年度预算"未能有所增加,其竭蹶之状,盖不难想见,此则不能不赖于中央之补助"②。而且,全面抗战开始后,国民政府停发江苏省义务教育补助款。为了推进各县教育,"教厅特拟定'江苏省二十八年份恢复各县义务教育办法',提请省政府委员会议通过,并呈

---

① 《皖省教育经费困难 请求恢复协款》,《新闻报》,1946 年 12 月 14 日,第 10 版。

② 《苏省战后教育经费概况》,《新闻报》,1938 年 6 月 20 日,第 5 张第 18 版。

请教育部继续拨款补助"①。

1943年初,即取消省级财政时期,为发展新疆教育,省教育厅和省政府便向教育部提出拨款请求。旋即,"教育部特呈请行政院于西北建设专款项下拨发新省教育补助费二百万元,业经通过"②。

1946年恢复省级财政后,各省省级财政基础非常脆弱。鉴于此,一些省份教育厅便主动向中央提出拨款请求。比如浙江省,1946年7月16日,李超英就任教育厅长。但当时,"浙省教育经费之困难,可谓已达极点,主其事者,实有'巧妇难为无米之炊'之感"③。为此,7月28日,李超英"由杭晋京,向教部报告,并请求追加浙省教育经费"④。再如安徽省,"皖省教育经费,应收支未能平衡,年来颇感支绌。战前中央曾补助教育协款每月十万元,三十一年因财政改为两级制,协款停止拨发。本年度(1946年度)下半年起,又恢复三级制,教育厅长汪少伦上月(1946年11月)由省垣赴京,邀同皖省贤达胡适、杨亮功、高一涵、李应生、史尚宽,前往行政院及财政部请求继续补助教育协款,当局已允设法,尚未作具体决定"⑤。又如山东省,1947年7月,山东省教育厅长李泰华赴南京争取教育经费。"此次晋京,除请到教育复员费十五亿已拨省外,对于学生之副食费及公费生名额之增加,皆可能获准。另又向中央请准教育临时救济费五十亿元,系按照晋鲁豫冀热察绥等七省之环境,分配发给。"⑥

### (二)节流紧缩

在省级财政极端困难的时期,各省教育厅还采取节流紧缩的经费举措,以此维系特殊时期省域教育事业的开展。以江苏省为例,1938年11月,"江苏省教育厅厅长马元放,值此抗战时期,所有省县教款,均较平时减成,既无可开源,

① 《江苏教厅最近教育行政设施(下)》,《申报》,1939年1月11日,第4张第14版。
② 《关于边疆教育者》,《教育通讯旬刊》,1943年第6卷第27期,第5页。
③ 《浙教育经费极度困难》,《申报》,1946年8月6日,第2张第6版。
④ 《李超英昨晋京》,《申报》,1946年7月29日,第2张第6版。
⑤ 《皖省教育经费困难 请求恢复协款》,《新闻报》,1946年12月14日,第10版。
⑥ 《鲁教厅长向中央请准 教育救济费五十亿》,《申报》,1947年7月19日,第2张第5版。

应从事节流,量入为出,以求持续,特酌量实际需要行定紧缩标准"①。其具体标准为:(1)停止或缓办非战时必需之事业,其已停办之教育机关规模较大,或现存财产确有设员保管之必要者,酌设保管员一人至二人,发给最低之保管费用,否则归并保管或指派附近之教育机关代管,以节省经费;(2)省款留学经费、奖学金、义务教育补助费,以及其他省县款补助各费,一律停止发给;(3)裁减各县教育局科服务人员,紧缩行政费支出,降低省县教育人员待遇标准,并厉行节约;(4)1938 年度兴办之省县教育事业所需设备,均以尽量借用为原则,如实无可借用之时,亦仅能酌发少数修置费,俾节省战时之财力物力。②

### (三)争取省库拨款

全面抗战爆发后,各省在争取中央补助同时,也在尽力争取省库拨款。比如四川省,远离战争中心,政局相对稳定,加之省外许多教育机关不断迁入四川,因此川省教育获得了难得的发展机遇。1946 年 6 月,四川省政府决定建设实验区,中央特指示四川省政府应首重教育发展,俾能限期扫除文盲,提高国民知识水准,以做全国的模范。为了发展教育,四川省教育厅积极争取省款。经争取,四川省政府"决定将省收入全年计一百廿万万,以二分之一充作教育经费。教育厅方面已遵照拟订计划中"③。

### (四)由地方补助

为了缓解省级教育经费匮乏的困境,一些省份采取由地方补助省级教育经费的办法。比如广西省,1944 年 4 月,该省政府出台《各县市战时协助省教育文化费实施办法》,决定在 1944 年度,"各县所出协助费为一千零二十七万元,以补助省立中学、师范及职业学校教育之需"④。由此,广西省级教育经费有了

---

① 《江苏教育厅紧缩省县教育经费》,《申报》,1938 年 11 月 29 日,第 3 张第 12 版。

② 《江苏教育厅紧缩省县教育经费》,《申报》,1938 年 11 月 29 日,第 3 张第 12 版。

③ 《川省注重教育 增加教育经费》,《申报》,1946 年 6 月 17 日,第 2 张第 5 版。

④ 《省府拟定办法 充实教育经费》,《大公报》,1944 年 4 月 13 日,第 3 版。

一定的保障。

### (五)争取独立来源

这一举措主要集中在全面抗战初期及结束后。全面抗战初期,西南贸易发展后,卷烟由海防运至昆明,转入内地销售者为数甚巨。为了保障滇省教育经费独立的地位不动摇,1938年底,云南省教育经费管理局拟具《征收卷烟过境特捐办法》,并"呈请云南省教育厅核准施行,该局近依据此项办法之规定,又拟具《征收过境特捐暂行办法》二十五条,凡卷烟过境,照就地销售捐率征收特捐十分之七,即自本年(1939年)一月一日起实行,并在监源、平彝两县各设乙级征稽所,以司稽核事务"①。抗战结束后,浙江省曾争取过稳定可靠的经费来源。1946年度浙江省教育经费与1945年度相同,列为6000余万元。为了筹足这些经费,1946年5月,浙江省教育厅"拟就去年所拨之八万担积壳中,提售变价六千万元,以资弥补"②。然而,出人意料的是,"黄前主席极力主张提拨积壳变价来补充教育经费,现在沈主席主张与粮食部相同,不以提用积壳办法为然,此后自当由省府另筹办法"③,以致"本省教育事业,将日濒于更困难之境地"④。这说明,浙江省教育厅谋求独立经费来源的愿望未能实现。

### (六)整理省教育款产

在开源难能的境遇下,一些省份教育厅便采取整理省教育款产的办法,增加省级教育经费收入。比如远离战争的四川省,"教育厅郭厅长有守,尤注意省教育经费之整理"⑤。该省1939年度省库全年总收入为66609883元,由省库拨补拨充省教育费为3900000元,其中,支出最巨者,省校经费为1218500元,其次为义务教育经费,计306000元。1939年1月,教育部颁布了《清理战区各省

---

① 《卷烟运滇 征收过境特捐》,《申报》,1939年1月17日,第4张第14版。
② 《浙许教厅长谈 教费困难情况》,《申报》,1946年5月20日,第2张第5版。
③ 《学校将因风潮破产,造成学生无书可读》,《申报》,1946年5月26日,第2张第5版。
④ 《学校将因风潮破产,造成学生无书可读》,《申报》,1946年5月26日,第2张第5版。
⑤ 《二十八年度川省教育经费》,《新闻报》,1939年11月17日,第4张第13版。

市教育存款办法》。旋即，江苏省教育厅遵照部令，成立省清理委员会，专门负责清理省教育厅、省教育经费管理处、省立教育机关、县教育局（科）的存款。此外，该省教育厅还拟定《江苏省省县教育经费财产清理办法》和《江苏省省县教育经费财产清理委员会概算书》。这些规章"业经省府委员会通过，并呈请教育部备案，依据此项办法，除于淮阴教厅设立清理委员会外，并于上海、重庆两处分设办事处，以便就近清理"①。

## 三、省级教育经费管理

在特殊时期，如何严格管理有限的经费，使其尽量发挥最大效益，是省级教育行政部门必须解决的一大问题。为此，各省教育厅采取了以下措施。

### （一）建立经费管理组织

全面抗战时期，一些省份教育厅为了有效管理经费，曾沿用或恢复战前的省级教育经费管理机构，比如云南的省教育经费管理局、江苏的省教育经费委员会与省教育经费管理处、江西的省教育经费管理处。总体来讲，这些组织在战争年代的省级教育经费管理方面发挥了建设性的作用。1947 年 7 月，"苏省府一一四次委员会议决议，撤销江苏省教育经费委员会及教育经费管理处"②。至此，这两大机构才完成了管理江苏省级教育经费的历史使命。

### （二）颁布经费管理规章

为了加强对省级教育经费的监督，各省教育厅曾出台了一系列规章制度，主要有以下几类。

#### 1.请领款制度

1937 年后，一些沦陷省份的学校机关多迁到外属，交通多有不便，来省教

---

① 《江苏教厅最近教育行政设施（下）》，《申报》，1939 年 1 月 11 日，第 4 张第 14 版。
② 《苏教育经费委员会 省府会议议决撤销》，《前线日报》，1947 年 7 月 4 日，第 6 版。

育厅领款殊感困难,即或托人代领,亦不无辗转延误之处。为了便利各学校机关请款与领款,各省教育厅出台了特殊时期请领款制度。比如江西省教育厅制定了《非常时期省教育经费汇发办法》,规定:(1)教育厅动放各教育机关月份经常费时,应按照各该月份预算,填具支付通知书,送交省教育经费管理处汇款。(2)省教育经费管理处汇发教育经费时,须用特置汇款信封,将各关系事项详细填明,连同款项送交裕民银行汇解。(3)领款机关收到裕民银行送交省教育经费管理处汇款信件及银行汇款正副收据后,即将正副收据盖好印章,持赴银行领取汇款。(4)如该领款机关所在地未设银行者,可预先选定相去较近、已设银行之地汇去留交,赴预先选定之银行领取汇款。① 除江西省外,江苏、四川、西康、陕西等其他省份亦出台了领款制度。以西康省为例,1940 年 7 月,省教育厅颁行《西康省各县校领支教育经费暨教育机关团体请领教育文化补助各费办法》。依据该办法,请款与领款手续是:"各学校及教育机关请领教育经费,均须依据核定之月份分配表预算数,或专案呈报核准数,填具三联请款书,并附本月份预算分配表(专案呈准之款不附预算表)除请款书、领款书、截留存根一联外,其余二联连同预算表呈送本府核发";"本府收到请款书,须经核明由省公库直发者,即填发直字支付书,如须拨支或坐支者填发拨字或坐字支令,并由教育厅填印三联收据,除存根一联,由厅截留备查外,其余二联,连同支令一并发交具领机关";"领款县府学校或教育机关收到支付通知后,应将换发领款书填盖章印,连同支令持向省公库或拨支机关领款"。② 由上表明,各省的请领款手续大不相同,但于特殊时期在保障省级教育经费使用、防范挪用经费等方面,均发挥了积极的作用。

### 2.保管制度

这一时期,各省均有不同比重的中央与省库的补助款,主要用于推进省域义务教育、国民教育、社会教育、边疆教育等事业。这些款项都是一省省级教育

---

① 《非常时期省教育经费汇发办法》,《江西省政府公报》,1938 年第 1008 期,第 7 页。
② 《西康省各县校领支教育经费暨教育机关团体请领教育文化补助各费办法》,《西康省政府公报》,1940 年第 32 期,第 7—8 页。

经费的重要构成部分。为了严格保管这些经费,各省教育厅遵循专款专用的原则,出台了相关保管制度。比如四川省,1940 年 8 月,省教育厅颁布《四川省二十九年度中央及本省补助各县(市)国民教育经费分配及领发办法》,规定:(1)各县(市)所领补助费,应全数转发指定补助之班级,不得移作别用。(2)各县(市)新增或改设之班级,经查明如有以下情形之一者,停发该班级补助费:办理情形与该县(市)所呈报不符者;未遵规定办理民教班者;学生人数未达到规定标准者。(3)各县(市)领发补助费,经查明如有以下情形之一,除停发该县(市)应领之补助费外,并严厉惩处其主管人员:虚报新增班级蒙领补助费者;挪移或侵占补助费者;领到补助费不随时转发或未发足额者。[①] 为了进一步强化对专款使用的监督,1942 年 5 月,四川省教育厅颁发《四川省各县(市)教育经费稽核委员会组织规程》,规定各县(市)设立教育经费稽核委员会,稽核中央、省库补助以及其他教育经费的存放,其收存、保管、变卖、动用,"非经本会委员会会议稽核认为合法,不得执行或报销"[②]。除四川省教育厅外,江苏、浙江、江西、广东、福建、山东、陕西、西康等省教育厅,均出台了专款专用的保管制度,从而在一定程度上保证了特殊时期省级教育经费的使用效益。

**3.经费审计制度**

在民国时期,审计亦称稽核,是对会计的司法监督。国民政府后期,省级教育经费审计依据审计主体不同,可分为教育厅审计和省审计处审计两种。其中,前者属于事前审计,后者属于事后审计。随着财政收支系统的改革,各省教育经费的审计权逐渐由省教育厅转移至省审计处。比如陕西省,1937—1938年,各校馆的经费支出计算书类送由教育厅核转省审计处核销,省审计处对各校馆的审核通知书及核销状等,均函由教育厅令转各校馆遵照。"至各校馆经费之事前审计,因教育厅对于普通教育经费,系属总领分发之故,其职权完全仍

---

① 《四川省二十九年度中央及本省补助各县(市)国民教育经费分配及领发办法》,《四川省政府公报》,1940 年第 206—208 期,第 67 页。

② 《四川省各县(市)教育经费稽核委员会组织规程》,《四川省政府公报》,1942 年第 105 期,第 11 页。

由教育厅行使。"①然而,自1939年起,除了事前的教育厅审计不变外,各校馆的经费支出计算书类"直接送达于本省审计处,所有以前由教育厅核转之手续,自不能再行使用"②。

### (三)编制预算

编制年度预算是省级教育行政部门的一项重要职责。国民政府后期,各省教育厅事先确定省级教育经费的支用细目与数额,旨在增强非常时期省级教育经费使用的可靠性和可预见性。当然,在不同阶段,预算程序有一定差异:1941年前,省教育厅、省立学校机关以及受补中央与省款补助的地方学校,按照一定预算标准,编制本单位预算,上呈省教育厅进行查核与汇总,再由省教育厅呈请省政府进行核准,核准之后方可请款与领款。1941年省级财政并入中央财政后,省级教育经费预算由各省教育厅编制,并呈报省政府,由其呈送教育部查核,再由教育部呈请行政院进行核准。经过由下而上层层核准之后,中央才向各省拨款,继而各省方可领款、用款。1946年7月1日,国民政府修正颁布《财政收支系统法》。自此,全国恢复了省级财政,但省教育经费预算仍需经中央核准。

这一时期,各省教育厅或参照前一年度预算类目与数额,或依据年度施政计划,或自定经费预算标准,来编制新一年度的省级教育经费预算。比如浙江省,"三十五年度教育经费预算,业经中央核定,照三十四年度预算数调整二千二百二十万元"③。此外,各省省教育经费预算一旦核准实施后,各学校机关不得随意增加预算或更改用途。比如1940年7月,西康省教育厅作出规定:"凡未列入预算或未经核定之款项,不得填用请款书、领款书。"④

平心而论,编制预算增强了省级教育经费计划性的同时,也存在诸多问题。

---

① 萧屏如:《陕西省教育经费之审计问题》,《会计通讯》,1939年第1卷第1期,第8页。
② 萧屏如:《陕西省教育经费之审计问题》,《会计通讯》,1939年第1卷第1期,第8页。
③ 《浙省卅五年度教育经费调整》,《申报》,1946年6月17日,第2张第5版。
④ 《西康省各县校领支教育经费暨教育机关团体请领教育文化补助各费办法》,《西康省政府公报》,1940年第32期,第8页。

首先,全国缺乏统一预算标准。1948 年 8 月 2 日,据教育部反映:"查过去各省市县历年所编教育文化费预算,多因缺乏法定标准,所列教费款额均与事实需要相差甚远,以致各项教育文化事业之实施亦多未能按照原定计划循序推行,影响教育发展实非浅鲜。"①其次,预算额时常被大打折扣。比如河南省,"二十七年八月,大中小学经费照二十六年度预算五、六、七折发给"②。再如江西省,1948 年 8 月,"江西教育厅兹因省经费紧缩,自八月份起,将省立中学校紧缩卅一班,省立师范附小及其他省小学原预算不敷之三成经费"③。最后,预算受到物价上涨等不确定因素影响而无形折损。比如江苏省,1945 年 1 月,《申报》记者逸飞调查发现,根据教育厅最近预算,中学教员享最高待遇者,1944 年 8 月至 10 月按月可得 5860 元,11 月 1 日起按月可得 6560 元,然考诸 10 月最低限度的现实生活,其支出约为 12000 元,11 月后受物价猛涨影响,已增至 18000元,收支相差甚大。他指出:"于此,一般教职员生活困顿情形,可以想像而知。"④1947 年,田润荆也称:陕西省"近年以来,因物价波动,中央核定总数,较实需数字相差甚远,以致配编时,往往多方迁就,此为历年编制省教育经费预算最感棘手之问题"⑤。总体来讲,因上述复杂因素的限制,各省省级教育经费预算在实践中受到不同程度的折损,致使各省教育厅的行政计划难以完全落实。

## 四、省级教育经费分配

全面抗战以来,各省省级教育经费分配工作多由各省教育厅负责办理。其分配的依据主要有中央法令、预算安排、施政计划等。从实际支出来讲,各省省级教育经费的分配既有共性,也有特性。陕西省级教育经费的分配情况见表 3-8、表 3-9。

---

① 《各省市文教费预算应照宪法规定编制》,《大公报》,1948 年 8 月 3 日,第 1 张第 2 版。
② 《豫教费及学校现状》,《申报》,1939 年 8 月 2 日,第 3 张第 12 版。
③ 《赣教育经费紧缩,省立中学减班次》,《申报》,1948 年 8 月 26 日,第 2 张第 7 版。
④ 逸飞:《江苏省教育现况》,《申报》,1945 年 1 月 11 日,第 1 张第 2 版。
⑤ 田润荆:《八年来之陕省教育经费概况》,《陕政》,1947 年第 8 卷第 7—8 期,第 50 页。

表 3-8　1939—1946 年度陕西省级教育经费之经常费分配情况

（单位：元）

| 年度 | 教育行政 | 高等教育 | 中等教育 | 初等教育 | 社会教育 | 特种教育 | 其他 | 合计 |
|---|---|---|---|---|---|---|---|---|
| 1939 | 168501 | 247435 | 906173 | 750517 | 65530 | 73075 | 1800 | 2213031 |
| 1940 | 204132 | 288803 | 1020011 | 874584 | 147109 | 126000 | 27760 | 2688399 |
| 1941 | 257915 | 311588 | 2097120 | 2293975 | 214565 | 190000 | 34655 | 5399818 |
| 1942 | 457452 | 494437 | 3973126 | 2771960 | 444494 | 170000 | 279592 | 8591061 |
| 1943 | 594673 | 952586 | 7318663 | 3852580 | 870285 | 170000 | 352272 | 14111059 |
| 1944 | 773081 | 993958 | 6445470 | 4007497 | 948904 | 190000 | 47352 | 13406262 |
| 1945 | 3168513 | 3572354 | 22208434 | 6352832 | 3965404 | 532000 | 148032 | 39947569 |
| 1946 | 3283000 | 4317000 | 21346000 | 6358000 | 3964000 | 532000 | 148000 | 39943000 |

资料来源：田润荆：《八年来之陕省教育经费概况》，《陕政》，1947 年第 8 卷第 7—8 期，第 50—51 页。

表 3-9　1939—1946 年度陕西省级教育经费之临时费分配情况

（单位：元）

| 年度 | 教育厅汽车汽油修理 | 教育事业 | 陕北学生特别救济 | 公费生膳食 | 榆林各中学学生用费 | 其他 | 合计 |
|---|---|---|---|---|---|---|---|
| 1939 | | 65828 | | | | 19042 | 84870 |
| 1940 | 4800 | 78784 | | | | 6695 | 90279 |
| 1941 | 7200 | 150000 | | | | | 157200 |
| 1942 | 7200 | 482043 | 540000 | | | | 1029243 |
| 1943 | 14400 | 569472 | 2040000 | | | 750000 | 3373872 |
| 1944 | 28800 | 1862656 | 2100000 | 4914000 | | 1066787 | 9972243 |
| 1945 | 40320 | 3490978 | 2400000 | 100825240 | 16140000 | 1916000 | 124812538 |
| 1946 | 40000 | 3491000 | 2400000 | 402724000 | 22080000 | 1916000 | 432651000 |

资料来源：田润荆：《八年来之陕省教育经费概况》，《陕政》，1947 年第 8 卷第 7—8 期，第 52 页。

由表 3-8、表 3-9 可知,陕西省级教育经费支出包括经常费和临时费两大类。其中,经常费支出于省级教育行政、各级各类教育等科目,而临时费支出于汽车修理、教育事业、公费生膳食等科目。就历年经常费支出比重而言,中等教育经费支出始终最多,而且支出比重由 1939 年的 40.9% 增至 1946 年的 53.4%,其次是初等教育。这说明,全面抗战以来,中等教育和初等教育始终是陕西省教育厅施政的重点。就历年临时费支出比重而言,各级各类教育事业费不断增高,而且从 1944 年起,在所有临时费科目中,中等学校公费生的膳食费支出占主体。

再来看江西省级教育经费分配概况(见表 3-10)。

### 表 3-10　1937—1947 年江西省级教育经费分配比重

(单位:%)

| 年份 | 高等教育 | 中等教育 | 国民教育 | 社会教育 | 教育行政 | 其他 |
|------|----------|----------|----------|----------|----------|------|
| 1937 | 10.97 | 72.83 | 6.14 | 9.32 | | 0.74 |
| 1938 | 7.13 | 79.40 | 5.46 | 6.86 | | 1.15 |
| 1939 | 6.78 | 58.55 | 25.76 | 7.53 | | 1.38 |
| 1940 | 5.69 | 54.63 | 27.50 | 10.96 | | 1.22 |
| 1941 | 9.37 | 46.87 | 35.18 | 7.64 | | 0.94 |
| 1942 | 6.08 | 56.42 | 26.46 | 8.05 | | 2.99 |
| 1943 | 8.05 | 53.23 | 12.00 | 6.91 | 4.50 | 15.31 |
| 1944 | 9.02 | 52.19 | 7.81 | 9.63 | 5.82 | 15.53 |
| 1945 | 6.59 | 72.01 | 6.03 | 5.26 | 5.52 | 4.59 |
| 1946 | 12.72 | 47.22 | 10.17 | 9.94 | 19.49 | 0.50 |
| 1947 | 0.86 | 93.90 | 1.17 | 0.58 | 2.03 | 1.46 |

资料来源:江西省政府教育厅统计室编:《中华民国三十六年江西省教育统计简表》,南昌:江西省政府教育厅统计室,1947 年,第 11 页。

从表 3-10 来看,江西省级教育经费的用途包括高等教育、中等教育、国民教育、社会教育、教育行政及其他。关于支出比重,中等教育支出比重尽管忽上忽下,大致浮动在 46.87%～93.90%,但相较而言,中等教育支出在各项支出中占据着"一边倒"的优势地位。关于国民教育经费,从纵向来看,1941 年占比最高,然后逐年呈下降态势;从横向来看,国民教育经费在同一年度经费支出项中均占据着相当比重。此外,需要指出的是,就 1947 年而言,江西省教育厅将绝大部分的省级教育经费用于发展中学、师范及职业教育,而其他各项占0.58%～2.03%不等,足以反映该省各级各类教育发展的不均衡性。

除陕西省和江西省外,其他省份情况亦大致相似。比如广西省,全面抗战以来,"省教育经费用以中等教育为最多",百分比常在 40%～50%。[①]

那么,这一时期,各省的中等教育经费的分配呈何种样态呢?现以 1940 年的数据加以说明(见表 3-11)。

表 3-11 1940 年 9 省省级中等教育经费分配概况

(单位:%)

| 校别 | 江苏 | 浙江 | 安徽 | 湖北 | 广东 | 河北 | 山东 | 河南 | 山西 |
|------|------|------|------|------|------|------|------|------|------|
| 中学 | 53.27 | 55.68 | 62.00 | 41.12 | 74.21 | 18.10 | 24.00 | 26.09 | 15.55 |
| 师范学校 | 22.11 | 22.66 | 0 | 58.88 | 15.53 | 52.66 | 61.94 | 43.25 | 78.87 |
| 职业学校 | 24.61 | 21.66 | 38.00 | 0 | 10.25 | 29.24 | 14.06 | 30.66 | 5.58 |

资料来源:教育部统计室编:《全国教育统计》,重庆:教育部统计室,1940 年,第 38 页。

据表 3-11 可知,1940 年,江苏、浙江、安徽、广东 4 省的中学教育经费,均在本省省级中等教育经费支出中占比最高;湖北、河北、山东、河南、山西 5 省的师范教育经费,在本省省级中等教育经费支出中占比最高;职业教育经费比重,在有的省份排第二位,比如江苏、安徽、河北、河南,而在有的省份排末位,比如浙

---

江、湖北、广东、山东、山西。总的来讲,全面抗战以来,各省省级中等教育经费
支出呈现多样化趋势,打破了全面抗战前中学经费占主体的"一边倒"格局。这
从一个侧面表明:各省教育厅开始重视发展省域中等师范教育与职业教育,但
相对而言,省域职业教育经费比重依然较低。

## 小　结

通过以上考察可以发现,民国时期,省级教育行政部门及人员在筹措、管
理、分配省级教育经费方面发挥着重要作用。

首先,拓宽筹措省级教育经费渠道。北京政府时期,各省省级教育行政部
门通过争取省款补助、争取独立教育税源、征收省立各校学费等措施筹增省级
教育经费。国民政府初期,除上述措施外,省级教育行政部门还通过整理省有
教育款产、争取中央补助等方式积极筹措省级教育经费。国民政府后期,通过
争取中央补助、节流紧缩、整理教育款产、争取省款等多种方式筹集省级教育
经费。

其次,逐渐加强省级教育经费管理。1912—1917 年,省级教育经费多由省
级财政机构保管,因而省级教育行政部门对此无自主权。1917 年后,各省教育
厅相继成立,省级教育经费归其保管,但因省级教育经费未与其他经费分离,故
各省教育厅在保管省教育经费中仍难有大的作为。1921 年起,一些实现省级
教育经费独立的省份,由该省教育厅设立经费保管机构进行管理,取得了一些
成效。1927—1937 年,各省省级教育行政部门不仅普遍设立经费管理机构,而
且实施征收、保管、支付、会计、稽核等各项办法,使省教育经费有了相当力度的
保障。1937 年后,各省教育厅沿用或恢复经费管理组织,出台请领款、保管与
稽核制度,编制年度预算,竭力为特殊时期一省教育事业发展提供物质保障。

再次,逐步重视省级教育经费分配。北京政府时期,省级教育行政部门将
大部分省级教育经费分配于中等教育和高等教育,但分配多无标准,仅依照上
年度经费预算分配情况、省财政现状,以及教育发展的现实需要进行分配。国
民政府初期,省级教育行政部门自订标准进行分配,仍将大多数省级教育经费

分配于中等教育,尤其是中学,但高等教育经费比重大为降低,而初等教育及社会教育经费有所提高。国民政府后期,各省教育厅根据中央法令、预算安排、行政计划等配置省级教育经费。其中,中等教育经费支出依然占主体,但其具体分配趋于多样化,此外,初等教育经费及社会教育经费大幅上升。

最后,努力推进省级教育经费独立。20 世纪 20 年代初,在省级教育经费时常被挪欠的境遇下,各省教育界不断发出省级教育经费独立的强烈呼声。面对这些呼声,各省省级教育行政部门积极响应,竭力协助教育界促进经费独立。然而,因军阀混战、教育厅长频易、无统一独立制度等问题困扰,省级教育经费独立的效果甚微。国民政府初期,省级教育经费独立无论是在法规制定,抑或是在实际成效上,均超过北京政府时期。国民政府后期,1941 年前一些省份保持或实现了省级教育经费独立;1941 年省级财政并入中央财政后,省级教育经费独立淡出了历史舞台。

概而言之,民国时期,各省省级教育行政部门履行财政权责,竭力破解"巧妇难为无米之炊"的困境,不断探索省级教育经费管理新模式,从而开创了中国近现代教育财政史上的一段"黄金时期"。

# 第四章

# 省级教育视导

省级教育视导的职位与活动源于清末"新政"时期。早在 1901 年,尤其是 1904 年《学务纲要》颁行以来,各省陆续设立学务处,管理省域教育事业。其中,多数省份学务处临时派职员赴各地考察学务状况,但"直隶、江苏、广东、广西、四川等省份学务处设立了专门的查学职员、调查学务委员、视学官等职位"[①]。1906 年,各省设立提学使司后,省级教育视导的职位统称为省视学。这一称谓沿用至国民政府初期。1929 年起,省视学易名为省督学,并沿用至中华人民共和国成立以后。纵观民国时期,省级教育视导的职能机构、职位名称、职能范围等先后虽有变化,但是省级教育视导活动却呈现出连贯性与多样性并存的特征。可以说,在省级教育视导活动中,省级教育视导人员履行职责并行使职权,在监督教育政策法规实施、促进省域教育决策、视察并反馈地方教育情形等方面起着无可替代的"耳目"与"喉舌"作用。考察民国时期省级教育视导的制度变迁和活动实况,有助于加深与丰富对这一时期省级教育行政实况及成效的认知。

---

① 张寅著:《大变局中的省域教育领导者:清末提学使司研究》,杭州:浙江大学出版社,2019 年,第 102 页。

# 第一节　省级教育视导制度变革历程

民国时期,省级教育视导制度时有变更。但总体来讲,这种制度大致经历了初创期、改革期、调整期三大阶段。考察这三个阶段的变化轨迹,可以了解省级教育视导制度的变迁逻辑。

## 一、制度初创期(1912—1927)

民国初期,不同的省级教育行政部门,在省视学方面的规定亦各不一致。有些省份沿用清末"省视学"名称,设立省视学,如江苏省教育科、甘肃省提学使司;有些省份废弃"省视学"名称,设立部视学,如四川省学务部;有些省份未设省视学,如广东省教育部、福建省教育部等。这一时期,设立省视学的省份,虽大多对省视学的名额、任务作了规定,但对省视学的任职资格、选任方式、具体职责、视察方法、俸给待遇等概未规定。如甘肃省提学使司规定:"分全省为东、西、南、北四路,各路委省视学一人,计四人,视察各属学务。"①在中央未出台统一的省视学制度时,江苏省都督府鉴于"各地方教育事宜,非设专员视察,无以稽成绩而促进行"的情形,于1912年3月12日率先出台了《江苏暂行视学章程》。兹引录如下:

第一条　省视学全省六人,由都督任免之。

第二条　合以下各项之一者,得受委任为省视学。

---

① 甘肃教育厅编审委员会编:《甘肃教育概览》,兰州:甘肃省教育厅编审委员会,1936年,第1页。

甲：曾任师范学校或中学校校长、教员或各种中等实业学校校长至三年以上者。

乙：毕业于中等以上各学校,曾任学务至二年以上者。

第四条　视学之俸给及旅费额由委任者视事务繁简定之。

第五条　省视学视察事项之概目如下：

一、各属县教育行政之状况。

二、学校教育之状况。

三、学校卫生之状况。

四、学校经济之状况。

五、关于教员、学艺及学校各种设施之状况。

六、与学务有关系各员执务之状况。

七、关于社会教育之状况。

八、其他特命视察之事项。

第六条　前条所列各项之细目,每年由本省教育行政机关会议定之。

第八条　视学遇下列各项,宜向当事者指示之：

一、与法令相抵触之事项。

二、省议会或县议会所议决之事项。

三、关于授业法及学校管理法之事项。

四、其他所属长官特命指示之事项。

第九条　视学对于当事者或临集会时,得陈述关于教育之意见。

第十条　视学视察之际,得请当事者到场或说明之。

第十一条　视学遇必要时,得变更教授时间。

第十二条　视学遇必要时,得查阅与学务有关系之簿籍。

第十三条　视学遇必要时,得试验生徒之学业。

第十四条　视学视察之结果,当叙述境内教育情形并附陈意见而报告之。

第十五条　本令自元年四月一日起施行。①

从上述条款可知,江苏省都督府不仅明确规定了省视学的职员数额、任命方式、任职资格、俸给旅费、职责范围等内容,而且详细指出了省视学视察注意事项、视察报告撰写诸项目。可以说,就省视学制度而言,这一规章的翔实程度前所未有。它的出台不仅有利于江苏地方教育事业的发展,也为其他省份,乃至为中央政府颁布全国层面的省视学制度,提供了可资借鉴的蓝本。

1912年5月后,各省次第设立教育司。统一省级教育行政部门的设立为省级教育视导人员名称的统一奠定了组织基础。从现有史料来看,多数省份在教育司下设立了名额不等的省视学。为了使地方教育视导工作有序进行,有些省份教育司自行制定省视学条例。如1913年3月,浙江教育司出台《本省视学规章》,对省视学视察次数、职责、注意事项、旅费等方面作了规定。根据条文,省视学职责为,视察"各县教育行政之状况,学校教育之状况,学校卫生之状况,学校经费之状况,各种学校教职员办事授课之状况,社会教育之状况,教育学艺诸种之设施情形";省视学职权为,"视学员遇必要时得向各县署或学校查阅与学务有关系之簿籍;视学员遇必要时得试验生徒之学业"②。然而,该规章对省视学名额、选任方式、资格等核心内容并未涉及。

1914年5月23日,大总统公布了《省官制》,规定巡按使公署政务厅内设教育科,但对省视学只字未提。对此,地方政府的态度颇为不一。有些省份在"废司改科"过程中,以"减政减员"为旨归,"合法"地将省视学职位裁撤。从各省教育科组织来看,如6月3日,江西教育科成立,内部仅设两股:第一股(4人)和第二股(2人)。③ 当然,也有些省份对此事较为慎重。如《省官制》颁布后,奉天省致电教育部,询问省视学撤废事宜。奉天巡按使张锡銮电称:"新省官制无省视

①　此处去除了《江苏暂行视学章程》中第三条、第七条及其他有关县视学的规定,而只列出与省视学相关的各条款。《江苏暂行视学章程》,《教育杂志》,1912年第3卷第12期,第9—10页。

②　《本省视学规章》,《教育周报》,1913年第1期,第25—26页。

③　《江西政务厅职员名录》,《申报》,1913年6月10日,第2张第6版。

学一职,原有各员应裁应留请速核电示。"①省视学撤废问题立即引起了教育部的高度重视。为此,6月14日,时任教育总长汤化龙向总统呈请,仍留各省视学。汤认为,"全省学务每易分歧,必先熟悉情形,始可遍加整顿。故省视学一职关系于教育之统一至为重要。前清奏定各省学务官制,特设省视学六人,民国以来沿行不改。现在公布省官制虽无规定明文,而要职所关,未可中辍。况近年乱事频仍,学风日下,将欲振兴教化尤非先从视察入手,不能统筹并顾,救弊补偏,拟请仍留省视学一职"②。他指出,省视学"由各省巡按使慎选宗旨正大、深明教育原理之员委充斯任;其员额即由巡按使酌量地方情形妥为规定,惟至少之数必须四人"③。进而,汤化龙向大总统提议:"如蒙允准,即由本部通咨各省巡按使一律遵行。"④鉴于省视学的重要性,中央政府同意各省留省视学一职,并令教育部"商明各省察酌办理"⑤。旋即,教育部通饬各省,省道县各置视学,其中省视学至少设四人,由巡按使委任。⑥

此项法令颁布后,一些省份相继出台了省视学规章。如浙江省《浙江单行省视学暂行章程》(1914年6月),福建省《福建巡按使公署省视学暂行规程》(1914年6月),江苏省《修正江苏暂行视学规程》(1914年7月),广东省《广东巡按使署省视学暂行章程》(1914年9月)等。综观这些规章,各省差异较大。就省视学名额而言,有的规定省视学设4人,如浙江、福建;有的规定省视学设6人,如江苏、广东。此外,少数省份设立了其他名称的视学员,如江西省设立总视学1员,月薪200元;副总视学2员,月薪80元。⑦ 还有一些省份未设省视学。为此,1915年1月,教育部"特通咨各省所有各级视学应速予完全添设"⑧。然而,各省省视学设置混乱的局面并未得到改观。

---

① 《汤化龙教育总长请留省视学》,《申报》,1914年6月15日,第2张第6版。
② 《汤化龙教育总长请留省视学》,《申报》,1914年6月15日,第2张第6版。
③ 《汤化龙教育总长请留省视学》,《申报》,1914年6月15日,第2张第6版。
④ 《汤化龙教育总长请留省视学》,《申报》,1914年6月15日,第2张第6版。
⑤ 《汤化龙教育总长请留省视学》,《申报》,1914年6月15日,第2张第6版。
⑥ 《通饬省道县各置视学》,《教育周报》,1914年第48期,第15页。
⑦ 《江西学务刷新纪》,《申报》,1914年11月8日,第2张第6版。
⑧ 《教育部催设视学》,《四川旬报》,1915年第1卷第14期,第37页。

为了扭转上述局面,教育总长汤化龙拟采取如下措施:首先,甄别省视学。考察省视学学识的优劣,并分期将各省视学员甄别一次。其次,统一各省省视学薪俸。规定省视学薪俸分为五级,"即一级二百元,二级一百八十元,三级一百六十元,四级一百四十元,五级一百二十元"[①]。最后,规定省视学视察注意事项。具体包括:"严重视察小学教员讲习所,其实在办理不善者应立时报告,设法取缔";"察视省立师范毕业生及各县讲习所毕业生服务状况";"检查各县教育费实支数目是否与所报概算表相符";"查察各县教育款产经理处组织情形"。[②] 然而,未几,汤化龙卸任教育总长一职。因此,他为统一省视学制度而付出的努力化为泡影。

1915年10月5日,北京政府特任张一𪩘为教育总长。张上任后,延续汤化龙的行政思路,积极整顿全国教育事业。18日,张到部履新后,立即召集教育部部员开会,借以发表其政见。此次会议上,张明确提出甄别视学。他表示:"继续前议,决计分期将各省视学、道视学等谒京实行甄别一次,合格者留任,不合格者即予撤换。"[③]他虽有全面整顿教育的宏愿,但由于此时中央财政困难,兼之视学甄别的资格标准未明确规定,因此,终至张辞职,也未能将省视学甄别付诸实施。而其继任者张国淦、孙洪伊,因任期短暂,无力推进省视学的甄别事宜。

这一状况,直至1916年7月12日范源廉出任教育总长方迎来转机。为谋全国教育行政统一,11月1日,范召集各省区教育科职员等,在教育部召开了第一次全国教育行政会议。此次会议上,与省视学有关的议案有二:其一,江苏会员卢殿虎提出的《厘定视学制度案》。卢殿虎指出:"部视学订有规程,而省道县视学则任各省自为处置,似不能收整齐划一之效。"[④]他进而建议:(1)省视学应列入地方官制,省视学定为荐任职,在地方官制未改订以前,省视学由省行政

---

① 《规定全国视学员之职俸》,《教育杂志》,1915年第7卷第6期,第51—52页。

② 《视学员注意之事项》,《申报》,1914年10月19日,第2张第6版。

③ 《张总长教育政见之大纲》,《申报》,1915年10月20日,第2张第6版。

④ 卢殿虎:《厘定视学制度案》,教育部编:《教育部第一次教育行政会议录要》,北京:教育部,1916年,第18页。

长官委任,报由教育部查核备案;(2)省视学资格及名称由教育部定之;(3)省视学应设视学室于省行政机关,由省视学一人轮驻机关办事,其轮驻之法由各省自定之;(4)省视学应集合定期会议,并得由省教育行政长官召集;(5)每学年终了时,省视学应以其视察结果择要由省行政长官转报教育部查核。[①] 其二,浙江会员罗屦良提出的《请定各省区各级视学规程案》。该案亦认为:"现在省道县各级视学均一律设置,然未有划一规程,不足以资遵守,且于普通教育而外,如专门教育、实业教育、社会教育,尤非特设专员不可。"[②]进而建议:"关于任用资格一项,务取严格主义,普通视学限于师范毕业,实业、专门各项另设专员。"[③]13 日初读,大会主席决定:将江苏、浙江等会员提案合并改为《厘定视学制度案》后,付第一审查会审查。18 日,该提案经再读与审查,复经大会公决,正式列为 9 个大会公决案之一。从中可知,订立统一省视学规程的建议得到了全体与会代表的认可。

1917 年 9 月 6 日,北京政府正式公布了《教育厅暂行条例》。其中规定:"教育厅设省视学四人至六人,由厅长委任,掌管视察全省教育事宜。"[④]《教育厅暂行条例》的颁布,标志着我国近代省级视学制度化迈出了坚实的一步。

12 月 4 日,北京政府任命傅增湘为教育总长。傅上任后,积极采取一系列革新措施,竭力整顿全国教育,同时继续落实前任教育总长任内召开的全国性专门教育会议各议决案。由是,建立统一的省视学制度提上教育部的议事日程。经傅总长及地方教育界的努力,1918 年 4 月 30 日,教育部正式颁布《省视学规程》。该规程的要点如下:(1)关于省视学员额与选任。各省设省视学 4～6 人,由省级教育行政长官委任。(2)关于省视学资格。第二章第三节已有述及,在此不再赘述。(3)关于省视学职责。包括视察与指导两方面,前者包括视

---

① 卢殿虎:《厘定视学制度案》,教育部编:《教育部第一次教育行政会议录要》,北京:教育部,1916 年,第 18 页。

② 罗屦良:《请定各省区各级视学规程案》,教育部编:《教育部第一次教育行政会议录要》,北京:教育部,1916 年,第 19 页。

③ 罗屦良:《请定各省区各级视学规程案》,教育部编:《教育部第一次教育行政会议录要》,北京:教育部,1916 年,第 19 页。

④ 《教育厅暂行条例》,《政府公报》,1917 年第 590 号,第 1—2 页。

察地方教育行政及经济状况、中等以下学校教育状况、社会教育及其设施状况、幼儿教育及特殊教育设施状况、学务职员执务状况、主管长官特命视察事项、部视学嘱托视察事项；后者包括指导地方教育行政设施事项、学校教育设施事项、社会教育设施事项、幼儿教育及特殊教育设施事项、教育法令上规定之事项、省教育行政机关决定之事项、主管长官特命指示之事项。(4)关于省视学职权。包括省视学于视察时得调阅各项簿册，省视学遇必要时得试验学生之成绩或变更教授之时间。<sup>①</sup> 可以说，《省视学规程》的出台，使全国各省省视学的数额、选任、资格、权责有了统一的规定，标志着近代省级视学制度的正式确立。终至北京政府结束，该规程未作变动。

《省视学规程》颁布后，已设立教育厅的省份基本制定了本省省视学细则，如《直隶省视学处务细则》(1918 年 9 月 23 日)、《浙江省视学处务细则》(1918 年 10 月 22 日)等；有些未设教育厅的省份亦积极落实此项规程，如《奉天省视学处务细则》(1918 年 5 月 22 日)、《湖北省视学处务细则》(1920 年 2 月 20 日)；当然，还有一些省份至设立教育厅后才开始落实此项规程，如《福建省视学处务细则》(1920 年 1 月)、《四川各区省视学处务细则》(1925 年 3 月)等。总体来讲，这些处务细则内容虽有不同，但各省省级教育行政部门基本依照《省视学规程》及本省实际情况制定了视学处务细则，其中对省视学视察次数、期限、区域、注意事项、报告撰写格式等作了细致规定。由上说明，《省视学规程》在各省得到较好贯彻。

概言之，各省省视学的统一设立，不仅有利于各省教育行政部门视察与指导地方教育事业，同时也有利于打通中央教育行政部门与省级教育行政部门间传递信息的渠道，使教育部及各省教育厅根据省视学的反馈信息适时进行决策部署。

---

① 《省视学规程》，《教育公报》，1918 年第 5 卷第 8 期，第 2—3 页。

## 二、制度改革期(1927—1937)

　　国民政府定都南京前后,各省省政府纷纷改组成立。各省省政府虽基本设立了教育厅,但各省教育厅的教育视导制度极不一致。1927—1929 年,就省级教育视导职位的名称而言,有称省视学者,如浙江省;有称省督学者,如江苏、安徽、湖北、湖南、山东、甘肃等省;有称教育督察员者,如陕西省;有称省导学者,如广西省。当然,也有一些省份的省级教育视导职位的名称在这一时期处于变动不居的状态。此外,各省对省级教育视导人员的职责、职权、注意事项、视察报告、视察次数等项目的规定要求也各不相同。简言之,自南京国民政府成立至 1929 年前,各省省级教育视导制度是较为混乱的。

　　为了改变省级教育视导制度混乱的局面,1929 年 1 月 16 日,上任不久的教育部长蒋梦麟要求参事处"统一督学视学与名称"①。他主张,"凡属于省者名督学,督学之地位与科长等为荐任职"②。半月后,即 1929 年 2 月 2 日,教育部颁布了《督学规程》。较以往的省级教育视导制度,该规程有如下变化:第一,改变了各省省级教育视导职位名称不一致的局面,统一称之为"督学",规定"各大学区大学、各省教育厅,设督学四人至八人"。③ 第二,省级教育视导理念发生变化。以往省视学法规仅关注视察,而《督学规程》不仅重视视察,而且强调指导。第三,统一了督学委任方式,规定"督学由各该主管教育行政长官遴选任用,呈报教育部备案"④。第四,细化了督学的职责与职权。其中,督学职责包括视察和指导教育法令之推行、地方教育行政、地方教育经费、学校教育、社会教育、义务教育、地方教育人员服务及考成、主管教育行政长官特命视察或指导等事项。⑤ 督学职权包括:督学视察各学校及其他教育机关时,得调阅各项簿册;

　　① 《教育部起草及修订各种条例》,《申报》,1929 年 1 月 16 日,第 3 张第 11 版。
　　② 《教育部起草及修订各种条例》,《申报》,1929 年 1 月 16 日,第 3 张第 11 版。
　　③ 《督学规程》,《教育部公报》,1929 年第 1 卷第 3 期,第 72 页。
　　④ 《督学规程》,《教育部公报》,1929 年第 1 卷第 3 期,第 72 页。
　　⑤ 《督学规程》,《教育部公报》,1929 年第 1 卷第 3 期,第 73 页。

督学得随时至各校检查学生名额及试验学生成绩；督学为执行职务，遇必要时，得临时变更学校授课时间；督学视察时，遇有违反法令事件，应临时纠正之；督学视察所至，得召集当地现办教育人员开会，征求意见及讨论进行办法。①

《督学规程》一经颁布，多数省份便付诸实施，如安徽省、江西省、湖南省、甘肃省、北平大学区、江苏省等。这些省区遵照《督学规程》，参酌本省实情，制定了《湖南省教育厅省督学办事细则》《北平大学区督学办事细则》《江苏省教育厅督学办事细则》等规章。此外，有些省份在实施过程中对该规程作了不同程度的调整。如浙江大学区奉部颁《督学规程》后，向教育部呈请督学职务"仍由各处员等兼任"②。其理由是："本大学关于视察及指导事项，向由普通教育管理处及秘书处处员办理。各该处员出则任督学之职务，入则照常办理本职应办事项，于地方情形，既经熟悉，处理各项事务，自易施行。且遇有视察专科事项，本大学教授亦可委派办理。是项制度，较之特设督学，尤为便利。"③浙江大学区的这一要求显然违背了《督学规程》中"督学不得兼任学校或其他机关职务"的规定。然而出人意料，这一请求竟得到了教育部的批准。其批文云："《督学规程》既经颁布，各省市均应遵照办理，惟该大学为求事实上之便利，拟暂不专设督学，即由各处处员兼任督学职务，系属特别情形，应准暂予备案。"④再如察哈尔教育厅以教育厅经费支绌为由，在教育厅下仅设督学 2 人。总体来看，直至1931 年 6 月，多数省份实施了《督学规程》，从而在一定程度上改变了政权更迭初期省级教育视导制度混乱失序的格局。

1929 年 7 月 1 日，大学区制废止，故《督学规程》的相关条款有了调整的必要。1931 年 6 月 16 日，教育部颁布《省市督学规程》，并下令："自本规程公布之日起，本部十八年二月公布之《督学规程》即行废止。"⑤从新规程文本看，除取

---

① 《督学规程》，《教育部公报》，1929 年第 1 卷第 3 期，第 73—74 页。
② 《督学规程》，《国立浙江大学教育周刊》，1929 年第 51 期，第 19 页。
③ 《督学规程》，《国立浙江大学教育周刊》，1929 年第 51 期，第 19 页。
④ 《督学规程》，《国立浙江大学教育周刊》，1929 年第 51 期，第 19—20 页。
⑤ 《教育部部令第四七号》，《教育部公报》，1931 年第 3 卷第 23 期，第 12 页。

消了"大学区"字样、省督学的任命方式改为"由省政府荐任"①外,省督学资格、职责、职权等方面的规定均与《督学规程》完全一致。

从《省市督学规程》的实施情况看,有的省份根据各地情况出台了督学办事细则,如《陕西省教育厅督学办事细则》(1931 年 6 月)、《安徽省政府教育厅督学办事细则》(1930 年 10 月)、《江西省教育厅督学办事细则》(1932 年 2 月)、《江苏省教育厅督学办事细则》(1932 年 11 月)等;有的省份对原督学办事细则作了修订,如《修正浙江省教育厅督学办事细则》(1932 年 12 月)等;也有的省份在部章颁布 4 年后才出台细则,如《四川省政府教育厅督学办事细则》(1935 年 3 月)。尽管各省细则出台时间不同,内容详略不一,但大多对省督学职权、省督学职责、督导区域、督导次数、督学留厅职责范围、督导会议种类及任务、督学报告种类及注意事项、省督学差旅费等作了具体的规定。总之,较此前各省出台的细则,以上细则更为周密、规范。这为各省教育厅有效管理省督学以及省督学有效开展省级督导工作,提供了重要的制度保障。

## 三、制度调整期(1937—1949)

国民政府后期,省级教育视导制度在中央和省级两个层面进行了调整。

### (一)中央层面的新变化

全面抗战爆发后,教育部颁发的《省市督学规程》依然沿用。此外,从教育部颁布的规章看,省级教育视导制度有以下新变化。

#### 1.增设委任职的义务教育视导员

为积极推进地方义务教育并增进视导效率,1937 年 7 月 19 日,教育部颁布《省市义务教育视导员规程》,规定:"省市教育厅局设义务教育视导员若干人,视导及推进全省市义务教育事宜"②,并常驻于指定的视导区。

---

① 《省市督学规程》,《教育部公报》,1931 年第 3 卷第 23 期,第 47 页。
② 《省市义务教育视导员规程》,《湖北省政府公报》,1937 年第 322 期,第 17 页。

### 2.增设委任职的社会教育视导员

为切实推进社会教育,1938 年 5 月 9 日,教育部颁发《各省市社会教育督导员暂行规程》,规定以各省行政督察专员区之数目为依据,每区或每两区设社会教育督导员 1 人,分驻各行政督察区,秉承省教育厅长之命,专门督察本市区社会教育法令推行、督促并筹划本市区社会教育之进行等事宜。

### 3.指派省立师范学校辅导地方教育

为改进地方教育,1939 年 7 月 22 日,教育部出台《各省市师范学校辅导地方教育办法》,规定:"各省省立师范学校,对于师范学校区内各县市地方教育,应遵照本办法,予以切实之辅导";"师范学校应设置地方教育辅导委员会,以校长、附属小学校长、地方教育指导员,及有关系之本校及附属小学教职员组织之"[①];其职责包括召集辅导会议、设置地方教育指导员、举行某种专题讨论会、指导教育实验等。1943 年 5 月 12 日,教育部发布部令,决定废止前项办法,并出台新的《师范学校辅导地方教育办法》。其变化体现在:(1)地方教育辅导委员会人员构成不同,规定"以校长、教导主任、教育学科教员、师范毕业生、服务指导委员会委员及附属学校主管人员组织之"[②]。(2)明确地方教育指导员的职责,主要"负出发各地指导之责,出发前,应驻会研究地方教育情形,指导完毕后,应建议改进,并得设置干事"[③]。(3)地方教育辅导委员会职责明确,除辅导区内各校改进、指导区内各校教育实验等事项外,应优先辅导中心学校,并指导中心学校辅导国民学校。(4)教育厅视导员加强对师范学校辅导地方教育实施情形的考核,评定其优劣,报告教育厅,以作填具《师范学校辅导地方教育实施成绩考核表》之依据。

### 4.废止《省市督学规程》

1943 年 11 月 3 日,教育部发布训令,决定:"本部民国二十年六月一六日颁

---

① 《各省市师范学校辅导地方教育办法》,《广东省政府公报》,1939 年第 446—447 期,第 17 页。
② 《师范学校辅导地方教育办法》,《四川省政府公报》,1943 年第 184 期,第 3 页。
③ 《师范学校辅导地方教育办法》,《四川省政府公报》,1943 年第 184 期,第 3 页。

布之《省市督学规程》施行已久，其中及多不适用之处，近经奉行政院令予以废止，嗣后各该省市督学之设置及其服务程序应于各该厅局办事细则内订定并送部。"①自此，教育部对省督学职责、职权等取消了统一要求，放权由各省教育厅自行制定相关规章。

### 5.编订全国层面的省市教育视导试行标准

抗战结束后，教育视导标准化进程加快。为加强教育视导工作，提高视导效率，1946 年 8 月，教育部分别编订省市教育行政、中等学校、中心国民学校、国民学校、社会教育等视导标准，令颁施行。"惟是项新订标准系就全国各地教育设施一般情况而编订之试行性质，试行意见得随时报部参考修正，期臻完善。"②

### (二)省级层面的新探索

抗战结束后，各省教育厅围绕省级教育视导制度改革进行了试验。其中，最具代表性的试验有：浙江省的四级辅导制、安徽省的教育视导网制、四川省的教育视导网制。

### 1.浙江省四级辅导制

浙江省建立了以省辅导会议为发动机关，以省学区辅导会议和县市辅导会议为承接枢纽，以县市学区辅导会议为基本组织的四级辅导制。在浙江省级教育视导实践中，这种建制对地方教育的贡献在于："有严密完备的组织""以教育方法协助办理教育行政""辅导的范围包括初等教育与社会教育""辅导制注重师资进修""辅导与研究相辅而行"。③

### 2.安徽省教育视导网制

这种教育视导网由督学区、视导区及各级视导人员组成。在具体实践过程

---

① 《教育部训令第五三七二一号 令各省市教育厅局》，《教育部公报》，1943 年第 11 期，第 24 页。
② 《教育部颁布教育视导试行标准》，《民国日报》，1946 年 8 月 4 日，第 4 版。
③ 李荣楫：《庄著"浙江教育辅导制研究"摘要》，《皖北民教》，1937 年第 3 卷第 1 期，第 18 页。

中,安徽省教育厅采取了以下举措:首先,划分全省为数个督学区。每个行政督察专员区为一督学区,以省督学一人或省立民众教育馆馆长一人(馆长被给予督学名义),会同专员,主持全督学区视导工作。其次,划分各县为若干视导区。县以下之行政区为视导区,每区设视导员一人,由教育厅指派,并于视导员中指派一人兼任县视导主任,秉承上级及县长之命主持全县视导工作。最后,合理支配全省视导工作人员。省督学与省立民众教育馆馆长视导省县私立中等学校、省立社教机关、县地方教育行政、县私立各种教育机关及各种省县地方教育事业;地方教育视导员、县督学及省立民众教育馆高级职员、县立民众教育馆馆长及高级职员、省立师范学校校长或教员或附小校长教员,视导县私立小学、短期小学、私塾、民众教育补习班、民教推广员及其共学处;行政督察专员会同省督学主持全区视导工作,并亲自抽查区内各种教育工作;县长督促指挥县视导人员工作,并亲自抽查县内各种教育工作;区长抽查区内各种教育工作。总体而言,这一网状视导机制的特点在于:一是全省各级行政长官、各级视导人员、省立各级学校校长教员协同联动;二是视察工作与辅导工作并举;三是省督学发挥枢纽作用,这是因为,"关于计划全省视导工作及整理全省视导报告,则由教育厅督学室负其全责,督学室为管理全省教育视导工作之中枢并总其成"①。

### 3. 四川省教育视导网制

该制又称"教育视导双轨制",意为"驻区督学与集体督学同时进行,即每一省督学区域派驻区省督学及地方教育视导员各一人,另组设教育督导团五组,每组派督学三人、视导员一人,集体出发,赴指定区域集中视导,并指派督学一人为领组,以资领导"②。1938年10月,教育厅设督学室,为主持全省教育视导网的中枢,秉承厅长之命规划并推动全省视导工作。此后,四川省教育厅采取了以下举措:(1)制定视导规章。为保障视导工作顺利开展,四川省教育厅先后颁行《四川省教育视导网组织试行办法》《四川省教育视导训练班章程》《四川省

---

①　《皖省试行教育视导网制度》,《湖北教育旬刊》,1937年第1卷第5期,第8页。

②　四川省政府:《四川省政府三十六年度政绩比较表》,四川省档案馆藏:《四川省政府档案》,民107-01-1730。

地方教育视导人员服务规程》《四川省各县市推行教育视导应行注意事项》《四川省省区教育视导会议暂行办法》《四川省地方教育视导人员考绩奖惩办法》《四川省政府教育厅督学分区视导暂行办法》等规章。(2)举办教育视导人员训练。"实行新制度,最要紧的是要得人。"①鉴于此,1938年12月,教育厅举办了视导人员训练班,受训限一月,受训者"凡未取得,普通教育行政人员考试及格资格的,需参加教育视导人员特种考试,结果共录取一百四十二人,实际受训的一百三十四人"②。1939年1月,受训者"由省委派为各县市教育视导主任,并将原设义教视导员和社教督导员一律派充视导主任,共一百卅三人,每县市一人"③。(3)划分视导区。为使视导周密进行,教育厅将各县市按原行政区划成若干视导区,"事实上多数县份,都多划了好几区,最多有十二区的,每区驻一县督学或区视导员,负一区的视导责任"④。(4)实行省督学驻区。据1948年四川省教育厅档案记载:"自廿八年实施视导网制,即采用省督学(或视导员)驻省视导区,地方教育视导员驻县,县督学驻县视导区。廿九年以后,虽人员设置时有变更,但驻区视导办法迄未更改。"⑤这里面,省督学注重省办教育事业及中等教育;地方教育视导员注重县办教育事业及国民教育;县市督学注重乡镇教育事业及驻区内国民教育。(5)实行分科视察。1946年下学期,教育厅制定各科视导计划大纲,设置文、史、数学、理、化、英语、体育等专科督学,"并制各项专科视导表格,分赴各中等学校实行分科督导,以改进各科教学"⑥。(6)厉行视导标准化。1941年,教育厅颁行分类制定中等学校、县市教育行政、乡镇中心学校、国民学校、民众教育馆等5种视导标准,"一面令发有关学校机关及县市政府知

①　章柳泉:《四川省教育视导网制之实际》,《教与学月刊》,1940年第4卷第11期,第13页。

②　章柳泉:《四川省教育视导网制之实际》,《教与学月刊》,1940年第4卷第11期,第13页。

③　四川省教育厅:《四川教育视导概况》,四川省档案藏:《四川省教育厅档案》,民107-01-1730。

④　章柳泉:《四川省教育视导网制之实际》,《教与学月刊》,1940年第4卷第11期,第14页。

⑤　四川省教育厅督学室:《三十七年度工作总检讨》,四川省档案馆藏:《四川省教育厅档案》,民107-01-0860。

⑥　四川省教育厅督学室:《三十七年度工作总检讨》,四川省档案馆藏:《四川省教育厅档案》,民107-01-0860。

照,一面颁发各级视导人员依据标准视导,以收统一客观之效"[①]。1946 年 8月,教育部订颁各种教育视导标准后,教育厅下令各方执行部颁标准,并通令废止厅订标准。(7)加强各级视导人员工作联系。督学室"就历年实施经验,订定各级视导人员工作联系的办法,按月通讯,以增进工作之联系"[②]。1948 年起,"各省督学到达各县市后,须召集各县市局督学举行视学工作检讨会议,就视学方面所发现之各种问题切实检讨,以解决其困难,增加工作效率"。此项举措实施以来,"省县各级视学人员之联系因开视导工作检讨会议更形密切,县市视学工作效率亦较前更为增强"[③]。(8)加强辅导工作。四川省教育厅下设省会教育辅导团、国民教育巡回辅导团等组织,分赴省会辅导各级学校和各县市巡回辅导国民教育,并"指定各区省立师范学校及各县市立师范学校负辅导该区及该县市国民教育之责,各中心国民学校设置辅导研究部中心,校长及辅导主任每月辅导该乡镇内国民学校一次,每月举行国民教育研究会一次,每二月举行辅导会议一次"[④]。总之,"川省试行视导网制以来,无论在消极方面或积极方面,都可以看出它的成效"[⑤]。

由上来看,国民政府后期,省级教育视导制度有以下特征:一是无论是教育部,还是各省教育厅,均重视消极的视察和积极的辅导工作。二是教育部加强地方义务教育与社会教育视导工作、地方教育辅导工作的同时,逐渐向各省教育厅放权,由其自行建立相关规章与组织。三是各省加强组织化、制度化建设,并不断细化对地方教育的视导与辅导工作,以期不断提高视导效率,进而谋各种教育的发展。四是尽管各省制度、组织与人员构成极为不一,但省教育厅督学室在省域教育视导工作中始终发挥着重要的枢纽作用。

---

① 四川省教育厅:《四川教育视导概况》,四川省档案馆藏:《四川省教育厅档案》,民 107-01-1730。

② 四川省教育厅督学室:《三十七年度工作总检讨》,四川省档案馆藏:《四川省教育厅档案》,民 107-01-0860。

③ 四川省教育厅督学室:《三十七年度工作总检讨》,四川省档案馆藏:《四川省教育厅档案》,民 107-01-0860。

④ 四川省教育厅督学室:《三十七年度工作总检讨》,四川省档案馆藏:《四川省教育厅档案》,民 107-01-0860。

⑤ 章柳泉:《四川省教育视导网制之实际》,《教与学月刊》,1940 年第 4 卷第 11 期,第 15 页。

总体来看,民国时期,省级教育视导制度历经两次从地方制定到中央统一制定,再到中央政府放权由地方制定的循环变动阶段。省教育视导理念由重"视察"向"视察"与"指导"并重改进;省级教育视导制度的建构不断以提升视导效率为追求,组织化、制度化、标准化进程因之日益加快;各省省教育视导制度、组织及人员设置至为不同,地方性特征日趋凸显。可以说,以上制度的出台,保证了民国时期各省省级教育视导活动的展开有章可循。

# 第二节 省级教育视导活动及成效

　　省级教育视导活动是省级教育行政部门管理实践的重要组成部分,主要包括定期视导、专门视导及临时视导三种。其中,定期视导指按行政区划划分若干视导区,由省级教育视导人员长期驻区,或者每学期定期由省城奔赴各区,具体视导教育行政、学校教育及社会教育;专门视导是指由省级教育行政长官派遣义务教育视导员、社会教育视导员、专科督学等,奔赴各地进行某项教育教学工作的视导;临时视导是指省级教育视导人员承长官之命随时奔赴各地进行视导,故视导的时间与地点不定。以上视导活动能否顺利开展,不仅关涉省级教育决策科学化的程度,亦关乎省级教育行政效率的高低,还事关地方教育事业发展的面貌。考察民国时期省级教育视导活动的开展状况,有助于加深和丰富对这一时期省级教育行政实况与地方教育现代化进程的认知。

## 一、视察地方教育事业

　　省级教育视导人员视察地方教育,既是上级教育行政部门了解地方教育情形的基本途径,亦是教育行政部门整顿地方教育事业的重要依据。民国时期,省级教育视导人员视察地方教育的活动主要有如下方面。

### (一)视察中央或本省教育法令执行情况

　　准确掌握教育法令实施的成效及问题,是省级教育视导人员的一项重要职责。以私塾改良来说,历届中央政府对此三令五申,各省也多有地方性法规政策出台。1924年4月,江苏省出台《修正暂行整理私塾规程》,规定"学校附近二里以内不得设有私塾"①。然而,时隔近两年,省视学冯策视察江宁县教育,查得"昆明小学附近颇多私塾,殊与该校教育之进行大有妨碍"②。鉴于此,冯向教育厅提议,"亟应依法规定从严取缔"③。旋即,教育厅批准了冯的提议。1926年3月,冯策奉令赴江宁取缔了昆明小学附近各私塾。④

### (二)视察各县教育行政实况

监视地方教育行政是省级教育视导实践中关注的重点。如1933年4月,四川省第八区省督学陈光普视察雅安县教育时发现,"该县教局案卷表册残缺凌乱,该局以往主持局务人员因循敷衍"⑤。鉴于此,教育厅委任王学禹为教育局长。时隔2个月,陈督学再次奉令视察雅安县教育时,发现王学禹"对于一切应办事宜积极推行,数月来始纲举目张,全县教育顿呈生气"⑥。1948年1月14日,四川省督学陈季麟视察了彰明县政府教育科,发现"该县对于教育视导工作尚认真",但"学校设备不敷""校舍多不敷用"。⑦ 据此,四川省教育厅令该县教育科:"校舍应设法添建及培修""设备应充实""教经应按月发放清楚"。⑧

### (三)视察各级各类教育机关

及时掌握各级各类教育实况是省级教育视导的关键所在。如1918年3月,安徽省视学汪声视察了无为县教育,发现"城乡私塾林立,改良者实居少数";"县立高等小学校校长张焕勋老成持重,终日冈懈,各教员授课均能称职,其缺点在设备不全;县立第一、第七国民学校教员教授法虽未尽合,尚知利用启

---

① 《修正暂行整理私塾规程》,《申报》,1924年4月21日,第4张第14版。
② 《苏教厅派省视学取缔江宁私塾》,《申报》,1926年3月13日,第2张第7版。
③ 《苏教厅派省视学取缔江宁私塾》,《申报》,1926年3月13日,第2张第7版。
④ 《苏教厅派省视学取缔江宁私塾》,《申报》,1926年3月13日,第2张第7版。
⑤ 《四川省教育厅指令 第一四七二五号》,《四川省教育厅公报》,1933年第22期,第44页。
⑥ 《四川省教育厅指令 第一四七二五号》,《四川省教育厅公报》,1933年第22期,第44页。
⑦ 四川省教育厅:《四川省督学三十六年下半年视导报告》,四川省档案馆藏:《四川省教育厅档案》,民107-01-1720。
⑧ 四川省教育厅:《四川省督学三十六年下半年视导报告》,四川省档案馆藏:《四川省教育厅档案》,民107-01-1720。

发;私立贫民学校学生无成绩可言"。据此,安徽省长训令无为县知事:"仰即分别转行各校遵照,并将办理情形具报备核,切切此令。"[1]经整顿,该县教育事业有了改进。再如四川省,根据教育厅档案记载,1945—1947年度,省督学和地方教育视导员视察了县市教育机关。不过,二者在分工上各有侧重:前者着重视察省办的中高等教育;后者着重视察地方办的小学及社会教育。具体情况见表4-1。

表 4-1　1945—1947 年四川省政府教育厅视导人员工作概况

| 年份 | 职别 | 人数/人 | 视导县市数/个 | 视导学校及教育机关数/个 | | | | |
|---|---|---|---|---|---|---|---|---|
| | | | | 共计 | 专科以上 | 中等学校 | 小学 | 社教 |
| 1945 | 督学 | 17 | 63 | 746 | 3 | 296 | 371 | 76 |
| | 视导员 | 41 | 80 | 1829 | 0 | 227 | 1493 | 109 |
| 1946 | 督学 | 33 | 75 | 958 | 4 | 334 | 511 | 109 |
| | 视导员 | 25 | 68 | 1299 | 0 | 166 | 1054 | 79 |
| 1947 | 督学 | 33 | 80 | 1111 | 4 | 475 | 513 | 119 |
| | 视导员 | 22 | 64 | 934 | 0 | 61 | 777 | 96 |

资料来源:四川省教育厅:《四川省政府教育厅视导人员工作概况(三十四至三十六年度)》,四川省档案馆藏:《四川省教育厅档案》,民 107-01-1730。

### (四)视察上级教育行政机关特派事项

除常规活动外,省级教育视导人员还遵循"特事特办"原则,临时视察上级特派事项。如 1931 年 5 月,云南省弥渡县教育局向教育厅呈报该县义务教育办理情形。为核实该县义务教育状况,教育厅特派第四区省督学徐鸿图前往视察具报。次月,徐督学视察完毕,即向教育厅汇报:"查该县义务教育,在十九年内增设五十一校,计五十一班,查案尚属相符。"[2]可以说,省级教育视导人员通过多层面的视导活动,使省级教育行政部门能够全方位掌握地方教育发展实况。

---

① 《训令无为县知事 第四十七号》,《安徽教育月刊》,1918 年第 3 期,第 36 页。
② 《云南省教育厅指令 第一三一九号》,《云南教育周刊》,1931 年第 1 卷第 21 期,第 12 页。

## 二、提出改进与奖惩建议

对地方教育状况作出实事求是的评价是省级教育视导活动的另一重要组成部分。事实上,他们的评价意见也是省级教育行政部门了解地方办学成绩与问题的重要渠道。如 1918 年 3 月,安徽省视学汪声应视察巢县教育后,给出的评语为:"该县各学校设备既不讲求,编制又多复杂,高等小学未见有单式教授,教员授课不合复式教授法,比比皆是。"[①]教育厅据此评语,训令巢县知事:"由该知事督同该县视学暨办学人员,按照报告各节,随时研究管教方法,切实改良,借资整顿而谋进步。"[②]1943 年底,浙江省督学视察天台县县立简易师范学校后,向省教育厅提出改进意见:该校须就近租赁祠宇,使学生寄宿校内,谋训练之统一;该校须雇佣厨工,组织膳食委员会,征收最低限度柴菜费,自行办理膳食,以期增进营养;该校在可能范围内添置专科参考图书,试验用理化仪器,练习用劳作工具,培养师范生健全能力;该校所采"教材与教法"须以小学课程标准内教学要点为参考资料。根据这些意见,教育厅下令天台县政府:"以上各节,合行令仰知照,并转饬该校遵照,办理。此令。"[③](见图 4-1)

不唯如此,他们的评价意见还是省级教育行政部门奖惩地方教育机构的重要依据。比如,1932 年 1 月,山东省督学杨书田视察东平县教育后,呈报教育厅称:"该县教育局长耿静庵服务努力,任职以来,扩充经费,增设学校,教育之质量、数量,无日不在进步中,提请记功一次。"[④]根据此项报告,山东省教育厅给耿静庵记大功一次,以昭激励。

---

①　《训令巢县知事 第五七号》,《安徽教育月刊》,1918 年第 3 期,第 41 页。

②　《训令巢县知事 第五七号》,《安徽教育月刊》,1918 年第 3 期,第 42 页。

③　《浙江省教育厅训令 章字第六一二号》,《浙江教育行政月刊》,1944 年第 14 期,第 21 页。

④　《山东省政府教育厅训令 第八五〇号》,《山东教育行政周报》,1931 年第 125 期,第 5 页。

浙江省教育廳訓令

校報告令仰知照並轉飭遵照由

據本廳督學卅二年度第二學期視察該縣縣立簡易師範學

令天台縣政府

據本廳督學卅二年度第二學期視察該縣縣立簡易師範學校報告到

關於校務上應行改進之處，檢示如左：

（一）該校須就近租賃祠宇，使學生容宿校內，謀訓練之統一。

（二）該校組聚用廚工，組織膳食委員會，微收殺低膳度榮養費，自行辦理膳食，以期增進健養。

（三）該校在可能範圍內添造教育專科參考圖書，試驗用理化儀器，練習用勞作工具，培養師範生健全能力。

（四）該校所採「教材和教法」須以小學課程標準內教學要點為

（五）教育專科教學研究會，須迅予組織。

（六）各科筆記，及生活週記經各教員批訂後，須填注日期和姓

（七）體育場須有相當布置。

（八）小便處亦宜收拾潔。

名，以資考核。

以上各節，合行令仰知照，並轉飭該校遵照，辦理。此令。

廳長 許紹棣

章字第六一二號

民國卅三年四月廿八日發

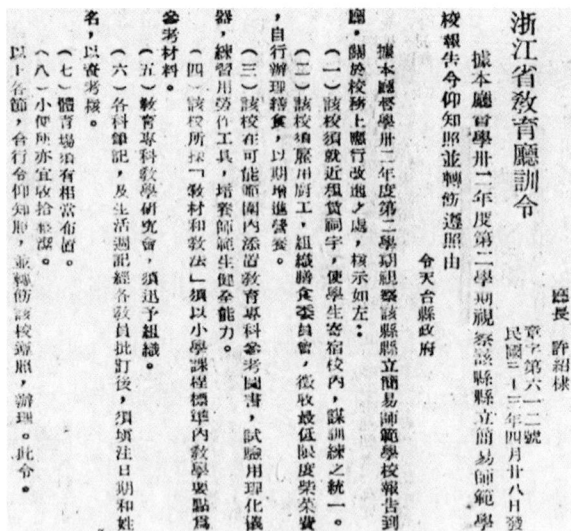

**图 4-1　浙江省教育厅训令**

图片来源：《浙江省教育厅训令 章字第六一二号》，《浙江教育行政月刊》，
1944 年第 14 期，第 21 页。

当然，也有一些地方办学人员由于各种原因而受到严惩。比如，1926 年 5 月，江苏省视学吴和士在海门县查得，"教员蔡锦良、黄国柱、徐清凡等或资格不合，或成绩太劣"，函请教育厅撤换；随即，教育厅"令海门县知事分别撤换另聘"。① 由上可知，民国时期，省级教育视导人员对地方教育的评价意见，大多能被省级教育行政部门所采纳并得到执行。

## 三、排解地方教育纠纷

1912 年以来，伴随着地方教育现代化的推进，款产纠纷、人事矛盾等教育诉讼案在各省呈激增态势。省级教育视导人员作为教育行政部门与地方教育界之间的沟通者，及时处理地方教育纠纷案件是其一项重要职责。如 1925 年 3 月，湖北省第一师范学校校长居励令"无故辞退附小教职员冯文清等十人，改委

---

① 《江苏吴省视学撤换海门教员》，《申报》，1926 年 5 月 31 日，第 2 张第 7 版。

蔡某、张某接充"①。冯文清等人对居校长的做法深表不满,认为这是"蔑视小学教育,侮辱教员人格"②,呈请教育厅查办。不久,"经教厅派省视学余维涛、蔡存芳调停,冯等仍照旧供职,蔡等为俟添招新班教职员"③。又如,1935年2月15日,安徽省凤阳县教育局奉教育厅令,整顿勤民小学,将代理校长李文成撤职,以王道昌继任。不料因易长问题,惹起校董会反感,致新委兼代校长王道昌未能入校。同时,"校董互讦语侵教局,纠纷愈演愈烈"④。凤阳县教育局局长倪滋德鉴于整顿棘手,致电教育厅请示办理。为了解决易长纠纷,3月7日,安徽省督学王崇玉奉省令赴蚌埠:一方面,"接见各校董,晓以大义,希互谅解"⑤;另一方面,与各校董商讨处理办法,经协商,"决改组校董会,另选合格校长"⑥。在省督学王崇玉的协调下,勤民小学风潮方告和平解决。再如,1939年初,据广东省教育厅反映:"台山县立联合中学校,本学期改组发生纠纷,呈诉到厅,本厅为明了真实情形,以便办理,特派本厅督学前往彻查,呈厅核办。"⑦后经朱督学的积极协调,此项控件才得以平息。此外,1943年3月,据安徽省教育厅统计,自1942年1月以来,一年多时间里,省督学"处理学校临时偶发事件及调查地方学产纠纷三七次"⑧。由上可知,民国时期,省级教育视导人员在处理地方教育纠纷中扮演了重要的调解员角色,从而为地方教育的发展扫除了一些障碍。

## 四、解决地方教育困难

除上述几项活动外,省级教育视导人员亦尽自己所能,帮助地方学校解决

---

① 《湖北学潮之扩大》,《申报》,1925年3月24日,第3张第11版。
② 《湖北学潮之扩大》,《申报》,1925年3月24日,第3张第11版。
③ 《湖北学潮之扩大》,《申报》,1925年3月24日,第3张第11版。
④ 《凤县府奉令拘勤民代理校长》,《申报》,1935年2月22日,第4张第13版。
⑤ 《皖督学处理勤民风潮》,《申报》,1935年3月7日,第4张第13版。
⑥ 《皖督学处理勤民风潮》,《申报》,1935年3月7日,第4张第13版。
⑦ 《派朱督学彻查台山开平两县案件》,《广东教育战时通讯》,1939年第2期,第10页。
⑧ 安徽省政府教育厅编:《安徽省政府教育厅教育工作报告》,立煌:安徽省政府教育厅,1943年,第113页。

教育经费、学校校舍等方面的困难。1923 年 9 月,江苏省江都县全县教育经费只发到 6 月为止,而 7 月至 9 月经费尚未发放。究其原因,"县知事不负筹垫责任"①。鉴于此,省视学章伯寅赴江都县与县署交涉。在他的努力下,县署决定"七月份发三成,八月份发半月"②。此款即于 9 月 24 日下午在劝学所发放。③ 1932 年 3 月,四川省第一区省督学黄元赞视察省立西城小学校后发现:"该校校舍建筑不良,年久朽败,根本整理绝非短期小数所能竣事。"④对此,他提出了解决办法:"现值行课期间,只有略为敷补添加瓦片以维目前之一法。"⑤为此,他建议添加瓦片一万张,连同修缮教室,一切工料费用至多一百六十元。黄将自己设想的修葺校舍方案与该校校长商量的同时,积极向省教育厅呈报该校校舍问题。四川省教育厅得知后,对黄督学的解决方案表示认可,并饬令省立西城小学校:"即照勘定数目妥为办理,所需款项在本期收入学费内列支专案具报察核。"⑥最终,在省督学黄元赞的奔走下,省立西城小学校校舍问题得以妥善解决。再如,1938 年 5 月,江西省义务教育视导员徐士鉴视察奉新县义务教育后得知,该县县立第四区第二保联中心小学校舍亟待修理。鉴于此,他向省教育厅提议:"请饬奉新县政府将拆除罗坊附近安山、九龙两碉堡材料,拨充该校修葺校舍之用。"⑦旋即,教育厅向省政府提出相关建议,并获批准:"应准照办,合行令仰该县长遵照,并转饬该校长遵照修葺,完成具报为要。"⑧由此,该校校舍得到了修缮。

---

① 《地方通信:扬州》,《申报》,1923 年 9 月 26 日,第 3 张第 10 版。
② 《地方通信:扬州》,《申报》,1923 年 9 月 26 日,第 3 张第 10 版。
③ 《地方通信:扬州》,《申报》,1923 年 9 月 26 日,第 3 张第 10 版。
④ 《四川省教育厅训令 第二四七号》,《四川省教育厅公报》,1932 年第 4 期,第 6 页。
⑤ 《四川省教育厅训令 第二四七号》,《四川省教育厅公报》,1932 年第 4 期,第 6 页。
⑥ 《四川省教育厅训令 第二四七号》,《四川省教育厅公报》,1932 年第 4 期,第 7 页。
⑦ 《江西省政府训令 教三字第 3921 号》,《江西省政府公报》,1938 年第 983 期,第 8 页。
⑧ 《江西省政府训令 教三字第 3921 号》,《江西省政府公报》,1938 年第 983 期,第 8 页。

## 五、辅导学校改进教育教学

从职责范围讲,省级教育视导工作大致可分为视察与辅导两个部分。如果说视察职责是明实况、定奖惩、作改进教育设施的根据,那么辅导职责则在于通过召集办学人员谈话等方式,及时纠正错误、补救缺点、协助解决困难、督促推行法令、帮助教师改进教学、促使教育事业日新月异(见图4-2)。比如,1922年5月,安徽省视学赵纶士视察歙县、黟县等6县教育后,发现两大问题:一是"除县立及少数学校成绩较优外,其余城乡各校多属变换名目之私塾,所有教师完全师范毕业者极少,以中学毕业者为上选,而大多数则为旧时塾师及高小毕业生,对于教授方法实少研究,不徒惟知注入,而且偏重背诵,成绩平常可以想见"[①];二是6县均"居山岭阻隔之地,语言极形庞杂,不独外人不能通晓,即此县与彼县、此乡与彼乡亦苦悬殊,无从交语。本有厉行国语之必要,乃多数教师自身并未讲习,何由传习儿童"[②]。针对上述问题,赵视学一面向各县知事提议:"歙、黟六县亟宜利用暑假开会讲习各科教授法及国语,以图改进。"[③]经他与"县知事接洽,已得同意"[④];一面与教育厅商定教授法及国语教员、经费等问题。经各方协商,赵纶士的提议得到了落实。再如,1935年1月,江西省督学程宗宣视察宜春县教育情况后,发现该县"各校教师教学方法,多有未能尽善者,尤以复式教学为甚"[⑤]。为此,程督学"召集县城教师开会详为指示",建议他们在教学方法方面,"应注意研究进修,以期改进",并指导教师,"乡师附小可随

① 《训令歙县等六县知事、省立第二师范学校 第五二八号》,《安徽教育月刊》,1922年第53期,第9页。

② 《训令歙县等六县知事、省立第二师范学校 第五二八号》,《安徽教育月刊》,1922年第53期,第9页。

③ 《训令歙县等六县知事、省立第二师范学校 第五二八号》,《安徽教育月刊》,1922年第53期,第9页。

④ 《训令歙县等六县知事、省立第二师范学校 第五二八号》,《安徽教育月刊》,1922年第53期,第9页。

⑤ 《据省督学程宗宣视察宜春县教育报告亟须改进数点令县遵照》,《江西省政府公报》,1935年第103期,第11页。

时前往参观"。① 通过省级教育视导人员的积极指导,辅导地方教育人员改进了教育教学工作中的薄弱环节。

**图 4-2  江苏省督学召集如皋校馆长谈话留影**

图片来源:《江苏省督学召集如皋校馆长谈话留影》,《江苏教育》,
1933 年第 2 卷第 6 期,第 1 页。

国民政府后期,各省教育厅设置义务教育视导员、社会教育视导员、国民教育指导员、各科督学等专门职员,旨在不断强化省级教育视导工作中的辅导职能。以国民教育指导员为例,1940 年教育部国民教育制度颁布以来,四川省各地国民学校普遍设立,教师数量急剧增加,但是教师质量远远滞后于教师数量的增加。为了提升在职教师质量,1941 年春,四川省教育厅将国民教育指导员组成国民教育巡回辅导团,"每团由七人至九人组织之,驰赴各县市对国民教育施行辅导,即对某科教学或某项教育设施也施行辅导,希望国民教育的制度确立而能发挥其效率和在职合格教师质的增进,以及不合格教师变为合格教师量的增加"②。至 1943 年,两年间辅导团"试行的结果,颇有成效",比如辅导团"在

---

① 《据省督学程宗宣视察宜春县教育报告亟须改进数点令县遵照》,《江西省政府公报》,1935 年第 103 期,第 11 页。

② 郭秀敏:《本省国民教育辅导团的组织及其实施》,《国民教育指导月刊》,1943 年第 2 卷第 1—2 期,第 46 页。

各地每举行一次扩大示范教学时,对于一般教师可以提高其服务精神和进修兴趣"。[①] 1944 年 5 月,时人就曾称赞道:"该省国民教育辅导网制度之建立,为各省视导制度之楷模。"[②]

总体来看,上述各项活动之所以能得到开展,主要原因有如下几点:(1)中央始终重视省级教育视导工作。一方面,中央政策具有连续性,从《省视学规程》到《督学规程》再到《省市督学规程》,虽省级教育视导人员名称、资格等先后变化较大,但省视导职责、职权等方面的规定有着较强的连续性;另一方面,国民政府后期,教育部通过设立专门的教育视导员、编订各类教育的视导标准等,加强省级教育视导工作,从而有利于省级教育视导职能活动的开展。(2)不少省级教育行政长官重视教育视导活动。如 1932 年 12 月,郑贞文就任福建省教育厅长后,积极组织开展省级教育视导活动。他就任伊始即强调:"改革本省教育,必须切实调查,作整顿的参考,乃可免除凭空臆断的短处。"[③]再如 1941 年 2 月,为加强视导工作,江西省教育厅长程时煃召集全省督导会议,"本厅督学视导人员及秘书、科长均一律出席,由厅长主席,对于督导工作有详切之指示"[④]。(3)省级教育视导人员个体的努力。如,江苏省视学吴和士"任职三载,全省各校理科日见发达"[⑤]。究其原因,一方面,吴视学凭借教育厅之力督促进行;另一方面,他以认真负责的态度实地视察,恳切指导。[⑥] 再如,1934 年 3 月,广西省督学王文效、伍鉎明、高瞻等视察全省教育后称:"职等无论舟车如何劳顿,以及多方因应,如何疲于奔命,而于言谈之间,无时不兢兢业业,总期竭尽个人之智力体力,广见多闻,而于所闻见中,汰去冗滥,探讨实质。"[⑦]

---

①　郭秀敏:《本省国民教育辅导团的组织及其实施》,《国民教育指导月刊》,1943 年第 2 卷第 1—2 期,第 47 页。

②　《各省教育现况》,《大公报》,1944 年 5 月 29 日,第 2 张第 4 版。

③　郑贞文:《本省教育视察经过及改进意见》,《福建省政府公报》,1933 年第 327 期,第 21 页。

④　江西省政府教育厅编:《江西省教育视导工作概况》,南昌:江西省政府教育厅,1941 年,第 3 页。

⑤　《苏省理科指导主任离申视学》,《申报》,1922 年 11 月 20 日,第 4 张第 15 版。

⑥　《苏省理科指导主任离申视学》,《申报》,1922 年 11 月 20 日,第 4 张第 15 版。

⑦　广西省政府教育厅导学室编:《广西省政府教育视察团教育视察报告》,南宁:广西省政府教育厅导学室,1934 年,第 294 页。

总之,民国时期,省级教育视导人员除视察基层教育状况、提出改进与奖惩建议外,还尽力排解地方教育纠纷,解决地方教育困难,并辅导地方教职员改进教育教学等,其间扮演了督学者、督政者、辅导者、协调者等多重角色。以上活动的开展,既得益于中央的不断重视,也得益于省级教育行政长官对教育视导活动的高度重视,更有赖于省级教育视导人员自身的努力。可以说,在这几个因素的共同作用下,民国时期省级教育视导活动得以开展,而且取得了一定成绩。

# 第三节　省级教育视导活动的困境与问题

省级教育视导活动的开展有助于省级教育视导人员及时发现地方教育的成绩与不足,有助于省级教育行政部门及时采取措施解决地方教育的棘手难题。但不可否认的是,省级教育视导活动的开展同样面临着重重困境与问题。

## 一、履职的困境

履职的困境指省级教育视导活动的开展遭遇的外部困难处境,而这主要涉及如下几点。

### (一)地方不靖

民国时期,地方战乱不已,民不聊生。不唯如此,广大农村地区常有盗匪出没,势力猖獗,民不安枕。1927 年后,这种情况仍在许多地方存在。在性命难保的境遇中,有的省级教育视导人员视乡村或偏远地方为畏途。

北京政府时期,如广东省,省视学视察全省教育仅"于 1917 年及 1921 年间两度举行,嗣以迭遭变故,地方不靖,因而停顿数载"[①]。又如福建省,"闽省教育,受连年兵事之影响,各地盗匪之充斥,致省督学未能出发调查者已十年"[②]。

国民政府初期,情况亦是如此。如山东省,1927—1930 年,"百七县之境

---

① 广东省教育厅编:《广东督学民国十七年度视察全省学务报告书》,广州:广东省教育厅,1929 年,第 1 页。

② 福建教育厅编:《督学视察报告》,福州:福建教育厅,1929 年,第 1 页。

城,尚有二十九县为视察不及之地"①。原因是,这些县均为"兵火匪劫"之地。②又如安徽省,1930 年 11 月,省督学夏庚英视察了盱眙县教育。从夏督学提交给省教育厅的视察报告来看,其中仅描述了县立各小学校概况,而乡村学校情况只字未提。究其原因,据夏督学反映,"全县除城区一部分治安较有保障外,四乡皆为土匪出没之所"③。故夏督学未敢视察广大乡区教育。此外,有的省级教育视导人员冒险视察一些偏僻地方的教育,不料被土匪捉去。如 1932 年,江西省赵督学本着"边境僻区亦须查到"④的决心,从蓉城到莲塘镇视察学校。不料,赵督学到莲塘镇后竟被土匪捉去。⑤

全面抗战爆发后,许多省市相继成为沦陷区,以致省级教育视导活动的开展时常因动荡的战争环境而停顿。安徽省教育厅就称:视导网组织"惟施行未久,本省沦为战区,此种机构即告停顿"⑥。总之,这一时期地方不靖对省级教育视导活动的开展有着直接的影响,致使省级教育视导人员无法正常开展职能活动。

### (二)差旅费无着或过少

省级教育视导经费主要包括差旅费和薪俸两部分。其中,对于差旅费一项,无论是《省视学规程》,还是《督学规程》《省市督学规程》,均规定由各省教育行政长官订定,但并未规定其来源、具体数额及使用范围等。由此,各省教育行政部门对省级教育视导差旅费的规定颇不一致。北京政府时期,奉天省规定"一切费用概由自备"⑦,即由省视学自己筹备;福建省则规定,"省视学俸给公费由厅长定之"⑧。还有的未规定差旅费,如直隶、陕西等省。国民政府初期,情

---

①　山东省政府教育厅编:《山东省政府教育厅视察报告(第一集)》,济南:山东省政府教育厅,1930 年,第 1 页。

②　山东省政府教育厅编:《山东省政府教育厅视察报告(第一集)》,济南:山东省政府教育厅,1930 年,第 1 页。

③　夏庚英:《视察盱眙县地方教育报告》,《安徽教育行政周刊》,1931 年第 4 卷第 10 期,第 22 页。

④　夏希和:《省督学都被土匪捉去了》,《江西教育行政旬刊》,1932 年第 1 卷第 8 期,第 1 页。

⑤　夏希和:《省督学都被土匪捉去了》,《江西教育行政旬刊》,1932 年第 1 卷第 8 期,第 1 页。

⑥　张先基:《安徽省教育视导之今昔》,《安徽教育月刊》,1942 年第 1 期,第 24 页。

⑦　《奉天省视学处务细则》,载齐红深、徐治中编著:《中国教育督导纲鉴》,沈阳:辽宁大学出版社,1989 年,第 91 页。

⑧　《省视学处务细则》,《福建教育月刊》,1920 年第 1 期,第 19 页。

况亦复如此。浙江省规定:"督学旅费,依国府颁布之《旅费规则》,由本厅支付之。"①而陕西省则规定:"一切费用,概归自给。"②此外,也有的省份未规定差旅费,如湖南、安徽等省。国民政府后期,情况仍与前一时期相似,各省规定至为不同。可以说,民国时期,因差旅费缺乏保障,致使省级教育视导活动停顿的例子屡见不鲜。

比如,1922年,直隶省教育厅经费困难殊甚,"在曹锟任内,即积欠四月。自王孝伯省长到任后,仅发过一月,至今分文未发",以致"省视学川资无着"。③此时,秋学期又届,教育厅长及省视学为此"焦灼万状"。④ 1928年10月,广东省教育厅长黄节为整顿全省教育,原定于10月上旬派全厅督学出发视察各县教育现状,但问题是经费尚未拨发,故省督学活动难于即行。⑤ 1930年8月,据宁夏省教育厅反映:"改省后,继设教厅以事专官,但中间变故迭乘,从未派一员赴地方视察。十八年冬,刘厅长任事,适政府下令裁员减薪,因种种困难,亦未能派出督学。是则地方上办理教育之情况概不明了,而徒日日为上层之放射,诚所谓闭门造车者矣。"⑥

1943年底,四川省教育厅称:"三十二年上期规定,督学出外视察时间为五十日,支公旅费四千八百元,地方教育视导员每月支公旅费三百五十元。近以生活高涨,各员垫累过大。三十二年下期督学仍视察五十日,旅费则增为六千五百元,地方教育视导员每月增为四百元。"⑦然而,相对于川省物价的猛涨,差旅费的点滴增加则不能从根本上解决问题。教育部就曾评价道:四川省教育厅"教育督导工作自实施驻区视导以来,经费过少,视导人员兼职兼课,工作不能

① 《奉天省视学处务细则》,载齐红深、徐治中编著:《中国教育督导纲鉴》,沈阳:辽宁大学出版社,1989年,第91页。

② 《陕西省教育厅督学办事细则》,《陕西教育月刊》,1935年第3期,第6页。

③ 《教育厅经费月内可拨》,《大公报》,1922年9月13日,第2张第2版。

④ 《教育厅经费月内可拨》,《大公报》,1922年9月13日,第2张第2版。

⑤ 《粤教厅切实考察及调查》,《民国日报》,1928年10月12日,第3张第4版。

⑥ 宁夏省教育厅:《宁夏全省教育行政会议汇编》(1930年8月),中国第二历史档案馆藏:《教育部档案》,5-197。

⑦ 四川省教育厅:《三十二年度督学室工作概况》,四川省档案馆藏:《四川省教育厅档案》,民107-01-1730。

推进,殊少成绩"①。事实上,这一问题到抗战结束后依然存在。1946年底,四川省教育厅坦言:视导差旅费"以现时生活程度之高,仍感不敷"②。除四川省外,全国还有"少数省份有因视导人员旅费不足而减少视导次数者,对于视导工作之推进亦一莫大之障碍"③。简言之,省级教育视导差旅费无着或过少的状况,严重制约着民国时期省级教育视导活动的顺利进行。

### (三)地方教育界不合作

省级教育视导人员是代表省级教育行政部门监督地方教育事务的公职人员。因此,调查与解决地方教育问题是省教育视导章程赋予他们的权责。然而,民国时期各省地方主义观念颇为盛行,地方人士通常视教育为地方自治事业,故代表官厅利益的省级教育视导人员开展工作时常遭遇阻力。如1918年5月,江苏省视学刘仁航视察江都县教育后,提议将全县九个高等小学校并为五个,甲种商业学校改为乙种,单级学校改为多级。理由是:"年来因收入不充,屡告缺乏,迭经教育界会议迄未得整顿之方。"④因此,为节省教育经费,整合教育资源实为谋求江都教育发展的一剂良方。然而,江都"教育界闻悉群起恐慌"⑤。为维护自身利益,他们召开紧急会议,"公决刘为谬论"⑥。同时,江都各校联名致函省垣,电文云:"省长、教育厅长钧鉴,省视学刘仁航对于江都学务主张谬妄,邑人绝对否认。"⑦与此同时,江都教育界公推任馨山、陈赐卿等人至县署稽查学款收入。这一现象反映了地方教育界为保住自身"饭碗"和反对刘仁航裁并主张而急欲寻求"事实依据"的心理。最终,在江都教育界的舆论压力

---

① 教育部:《三十二年度四川省教育厅政绩考评》,四川省档案馆藏:《四川省教育厅档案》,民107-01-1730。

② 四川省教育厅:《三十五年度教育行政》,四川省档案馆藏:《四川省教育厅档案》,民107-01-1730。

③ 孙邦正:《战后中国教育视导》,《教育杂志》,1947年第32卷第4号,第46页。

④ 《议并学校之恐慌》,《申报》,1918年5月19日,第2张第7版。

⑤ 《议并学校之恐慌》,《申报》,1918年5月19日,第2张第7版。

⑥ 《议并学校之恐慌》,《申报》,1918年5月19日,第2张第7版。

⑦ 《议并学校之恐慌》,《申报》,1918年5月19日,第2张第7版。

下,刘仁航的主张非但没能实施,反而致其于 6 月 19 日"被控辞职"①。

地方教育界不合作的另一个主要表现是敷衍省级教育视导人员的视察工作。如 1917 年 4 月 6 日,浙江省视学到绍兴视察教育状况。绍兴各校校长、教职员闻此消息后,颇为忙碌。原因是,浙江绍兴运动会结束后,各学校大半已放春假,其有未放春假者,因学生请假到校者亦参差不齐。为了应付省视学视察,绍兴各校急忙从校舍之清洁与否、器具表册之完备与否、学生之整齐与否等方面进行了"造假"。因为在绍兴教育界心目中,学校前途之荣辱"以省视学一言为准"②。

事实上,这一状况直至国民政府时期也未根本改观。1934 年 8 月 10 日,河北省教育厅为了解全省教育状况,派省督学视察地方教育。从现有史料看,教育厅已提前将视察消息告知各县。各县得知后,忙碌不已。如宁晋县政府通令各校:"放假者务于八月五日一律开学;未放假者,在九月二日以前不得放假。现令县立各校及城关各小学,大加修理,静候视察。"③在上述情况下,省级教育视导人员难以准确了解地方教育的真实情形,因为"所得到的不过是一时敷衍的真实的结果"④。1943 年 1 月,浙江省教育厅省督学梁春芳直言不讳:因地方学校"造假","督导工作徒记空言,似欠实际,如能融行政于教育中去,工作极愿一试"。⑤ 再如青海省,1944 年 3 月起,至青海解放前,刘呈德任青海省教育厅长。据他观察:青海的学校教育,"特别是各县乡村小学,徒具形式,每值教育厅督学视察时,教职员临时凑集学生应付场面。等到督学离校,又一哄而散"⑥。至 1947 年,地方教育界不合作问题仍很突出:一方面,"视导人员不能取得被视

① 《省视学刘仁航被控辞职》,《申报》,1918 年 6 月 19 日,第 2 张第 7 版。

② 《省视学来矣》,《小铎》,1917 年 4 月 6 日,第 1 张第 1 版。

③ 《各县小学纷纷提前开学以应省督学之视察》,《益世报》,1934 年 8 月 16 日,第 1 张第 4 版。

④ 吴家镇、陈躬田:《对于福建省督学改进的意见》,《福建教育》,1936 年第 2 卷第 4 期,第 38 页。

⑤ 浙江省教育厅:《教育厅考试及格人员服务状况调查》,浙江省档案馆藏:《浙江省教育厅档案》,L032-000-3418。

⑥ 刘呈德:《解放前青海学校教育的一瞥》,载中国人民政治协商会议青海省委员会文史资料研究委员会编:《青海文史资料选辑》(第一辑),西宁:中国人民政治协商会议青海省委员会文史资料研究委员会,1963 年,第 123 页。

导者之合作,则一切视导工作将无法进行"①。以地方教育视导员为例,因其称谓中未有"督学"字样。时常遭到视导对象的另眼相看和否定排斥,以致视导工作的开展时常受阻。如四川省教育厅"各视导员因感职权名义影响工作甚巨,纷纷请求迅速改名"②,提议改为委任督学。另一方面,"视导人员之态度往往欠佳,或则威风凛凛、盛气凌人,或则冷嘲热讽、阴险叵测,或则吹毛求疵,或则窥伺侦探,以致被视导者望而生畏,难与合作"③。

## 二、自身的问题

自身的问题指省级教育视导活动的开展存在的源于内部的主客观缺陷,而这主要表现在以下方面。

### (一)人员少,区域广,任务重

关于省级教育视导人员的员额,《省视学规程》规定:"各省设省视学四人至六人。"④1929 年后,省督学名额略有增加。《督学规程》及《省市督学规程》均规定:"各省教育厅设督学四人至八人。"⑤至视察时长一项,上述 3 部规程均未具体规定。但从各省实际情况看,视察时长多为 6 个月至 8 个月不等。需要说明的是,从民国时期各省行政区划来看,每省少则几十个县,多则上百个县。问题在于,当时各省省内交通不便,因此省级教育视导人员视察一次往往耗费数十日。在这种情况下,省级教育视导人员实际分配到一个县的视察时间相对较短。然而,为数不多的省级教育视导人员在短暂时间内完成的任务却很繁重。如前所述,举凡教育法令推行情况、地方教育行政、学校教育、社会教育、义务教育、地方教育人员服务及考成等,皆靠他们来视察或指导。1923 年 5 月,直隶

---

① 孙邦正:《战后中国教育视导》,《教育杂志》,1947 年第 32 卷第 4 号,第 46 页。

② 四川省教育厅督学室:《三十七年度工作总检讨》,四川省档案馆藏:《四川省教育厅档案》,民107-01-0860。

③ 孙邦正:《战后中国教育视导》,《教育杂志》,1947 年第 32 卷第 4 号,第 46 页。

④ 《省视学规程》,《教育公报》,1918 年第 5 卷第 8 期,第 2 页。

⑤ 《省市督学规程》,《教育部公报》,1931 年第 3 卷第 23 期,第 47 页。

教育界曾反映："吾直教育厅近数年来只有省视学三四人,向未补足六人之数。"[1]并指出："视察日期,除各校例假及风雨阻隔、道路奔波外,不过五六个月。即以直隶计之,全省约一百二十县,每人视察约二十县,平均计算,每县不过八九日,以不足十日之时限,而责其遍历全县城乡各校,负规程内所规定许多任务,势必至于潦草塞责。"[2]

1929 年后,部颁规程所规定的省督学员额增加。而且,一些省份亦通过添设专科视察员的方式增加了省级教育视导人员名额。事实上,大多数省份省督学的实际名额并无明显增加。比如,1934 年 3 月,广西省教育厅派王文效、伍鈖明等5 名省督学视察了全省教育。他们视察后的真实感受是:"时间短促,精力有限",且"自恨吾辈负有视察任务者,学识平庸,经验无多,复限于时日匆匆,对于各地教育界同志,愧未能予以适度的辅导"。[3]

国民政府后期,以上问题依然存在。(1)视导区域广。1941 年 1 月,四川省教育厅第八区省督学高启间坦言:"职到区以来,瞬逾两月,八区地面太广,交通不便","管见以为,视导力量如此分散,在教育上效果太小,甚或不起作用"。[4](2)视导人员不敷分配。1941 年 12 月,湖南省教育厅称:"本省省督学原为八人,现仅六人,以之视察全省中等学校,实感不敷分配。"[5]至 1947 年,该问题在各省依然存在:"各级视导人员数额虽已增加,仍有不敷分配之感。"[6](3)视导任务繁重。1947 年,据孙邦正调查:"各级视导人员之职务,亦笼统繁重,举凡教育行政、教育经费、学校行政、课程、教材、教学、训导以及各级教育之视导,均由一二视导人员负责,视导工作自难期精确。"[7]很显然,这种蜻蜓点水式的视导,有碍省级教育视导人员准确掌握地方教育的真实状况。

---

① 《厘定省视学条例之提议(续)》,《益世报》,1923 年 5 月 20 日,第 3 张第 11 版。

② 《厘定省视学条例之提议》,《益世报》,1923 年 5 月 18 日,第 3 张第 11 版。

③ 广西省政府教育厅导学室编:《广西省政府教育视察团教育视察报告》,南宁:广西省政府教育厅导学室,1934 年,第 294 页。

④ 四川省教育厅:《四川省教育厅派驻各地督学对各县教育的视导报告改进意见》,四川省档案馆藏:《四川省教育厅档案》,民 107-01-0017。

⑤ 湖南省教育厅编:《湖南教育视导概况》,长沙:湖南省教育厅,1941 年,第 9 页。

⑥ 孙邦正:《战后中国教育视导》,《教育杂志》,1947 年第 32 卷第 4 号,第 46 页。

⑦ 孙邦正:《战后中国教育视导》,《教育杂志》,1947 年第 32 卷第 4 号,第 46 页。

### (二)视导人员素质参差不齐

省级教育视导人员素质的高低,直接决定着视导职能的发挥程度和行政决策的可信程度。民国时期,省级教育视导人员的种类与数量逐渐增加,然而其素质参差不齐的问题却日渐凸显。从各省实际情况来看,"视导人员之努力精进者固属不少,然多数视导人员苦无进修时间与机会,甚且有缺乏进修兴趣者,历时既久,学习荒废,以致本身学力不足以指导教师,仅凭惯例手续处理事务,对于教育之改进,难有贡献"[①]。此外,辅导地方教育的工作不断受到重视,但是由于辅导人员自身素质参差不齐,致使辅导职能未能充分履行。比如,"中心学校为辅导机构中之基本单位,但今日中心学校并未发挥辅导功能,以致全部视导计划难以彻底实现"[②]。事实上,出现这一问题有主客观的因由。从客观上讲,受中央规定的用人手续限制。就此,1942年,四川省教育厅曾在全国教育视导会议上反映:"视导人员之有教学及办学经验而无行政资历者,在任视导职上极为合宜,而送铨叙时则发生困难。"[③]从主观上讲,各省对"视导人员的任用多不遵照规程,主持教育行政者,对于视导人员的资历、能力、教育经验及教学经验基本条件,往往漫不考察,随意任用,以致视导人选致不整齐,往往有担任视导工作之人员不谙视导意义、目的与方法,不明教育原理与方针"[④]。很显然,在如同"盲人摸象"的管理实践中,省级教育视导职能难以充分发挥,省级教育行政决策信度难免大打折扣。

### (三)视导报告权威性不足

民国时期,省级教育视导报告权威性不足的问题也颇为突出。这一问题的产生有主客观两方面的原因。从客观上讲,省级教育视导人员职权有限,即仅有督察权和建议权,并无直接的处置权,因而各地往往将视导报告视为具文。

---

① 孙邦正:《我国教育视导制度的检讨和改进》,《教育通讯(汉口)》,1943年第6卷第20期,第9页。
② 孙邦正:《战后中国教育视导》,《教育杂志》,1947年第32卷第4号,第46页。
③ 四川省教育厅:《拟请统一各级教育视导标准案》,《教育视导通讯》,1942年第19—20期,第30页。
④ 孙邦正:《我国教育视导制度的检讨和改进》,《教育通讯(汉口)》,1943年第6卷第20期,第8—9页。

从主观上讲,省级教育视导人员之间,以及与省级教育行政部门各科室之间缺乏联络。"视导人员前后工作之不相联系"①,而且"行政与视导未能密切联系,行政人员对于视导人员之报告与建议,往往视为官样文章不加重视,而视导人员亦往往视其所视,导其所导,而不以教育设施计划为依据,以致教育政令无法推行,视导结果无法见诸实施"②。比如,1939 年 4 月,甘肃省教育厅职员王发科指出:本省教育视导工作,"前人视导改进之点,后继者不加追究其是否改进,甚且后者反对前者所指示改进之点,因此前后命令相互矛盾,不但政令失其效力,而视导人员亦为人所轻视,则视导工作之效率,完全消失"③。1940 年 12 月,浙江省教育厅长许绍棣也指出:"今日之小学教育,应行改进之问题颇多。省督学视督后,屡多指示,然各校迄少遵行。兹举其大者而言,如学校之设施、儿童之健康、教职员之待遇考核奖惩,均为切要之问题。"④

从以上分析可知,省级教育视导活动不仅受到地方不靖、差旅费无着或过少、地方教育界不合作等因素的干扰,同时受到省级教育视导人员少、视导区域广、视导任务重、视导人员素质参差不齐、视导报告权威性不足等问题的制约。可以说,民国时期,制约省级教育视导活动开展的主客观因素至为复杂。

## 小　结

综上所述,民国时期,省级教育视导制度历经两次从地方制定到中央统一制定,再到中央政府放权由地方制定的发展阶段。在这一历程中,省级教育视导理念由重"视察"向"视察"与"指导"并重改进;省级教育视导制度的建构不断以提升视导效率为追求,其组织化、制度化、标准化进程因之日益加速;各省省级教育视导制度、组织及人员设置颇不相同,地方性特征日趋明显。尽管如此,这些规章的出台,为各省省级教育视导活动的开展提供了基本保障。

这一时期,省级教育视导活动对地方教育事业的决策与发展产生了深刻影

---

① 王发科:《本省教育视导改进问题》,《甘肃教育半月刊》,1939 年第 1 卷第 6—7 期,第 21 页。

② 孙邦正:《战后中国教育视导》,《教育杂志》,1947 年第 32 卷第 4 号,第 45 页。

③ 王发科:《本省教育视导改进问题》,《甘肃教育半月刊》,1939 年第 1 卷第 6—7 期,第 21 页。

④ 《许教育厅长综述浙省一年来教育(四)》,《申报》,1940 年 12 月 10 日,第 2 张第 7 版。

响。在管理实践中,省级教育视导人员积极开展视导工作,为上级教育行政部门了解地方教育真相、整顿地方教育事业提供参考依据的同时,也竭力排解地方教育纠纷、协助解决地方教育困难、辅导改进地方教育教学等方面做了大量工作。

同时也应看到,这一时期受地方不靖、差旅费无着或过少、地方教育界不合作、视导人员少、视导区域广、视导任务重、视导人员素质参差不齐、视导报告权威性不足等复杂因素的制约,省级教育视导活动的开展难言顺利。这些困境与问题,既涉及民国时期地方社会治安,亦牵扯各省教育财政困难、省教育视导制度缺陷等客观原因,还涉及部分省份用人失当、部分省级教育视导人员素质欠佳等主观原因。由此,大大阻碍了省级教育视导效能的提升,进而也大大制约了民国时期省级教育行政效率的提高。

# 第五章

# 省级教育行政部门与省域义务教育管理

　　中华民国成立后,为了启迪民智,逐渐推行了义务教育。1940 年起,义务教育融入国民教育,旨在消除文盲。在此过程中,各省省级教育行政部门作为"自变量",发挥着独特的角色。本章以山西和安徽为例,考察省级教育行政部门管理省域义务教育的思路、举措及成效。之所以选取山西和安徽两省,主要是因为,两省地理、政治、经济、教育等状况比较典型:两省虽同属内陆腹地,但迥然有别,山西地处黄河中游,而安徽地处长江中下游;自 1917 年起,山西政权由阎锡山掌控,政局相对稳定,而安徽政局瞬息万变,极不稳定;山西经济尽管并不发达,但由于政局稳定,以及阎锡山积极整顿地方经济,全省经济获得了较大的发展;全面抗战以来,两省多被日寇侵占,均属于战区省份,这对两省省级教育行政部门开展工作都提出了新的挑战与要求。此外,两省义务教育均起步于 1918 年,这更有利于比较与反思省际省级教育行政部门管理实践的举措及效果的异同。

# 第一节　义务教育制度变迁历程

义务教育制度是省级教育行政部门管理省域义务教育事业的规章依据。考察中央层面义务教育制度的变迁,可以初步了解民国时期省级教育行政部门相关职责范围的变化。

## 一、义务教育制度的嬗变

北京政府初期,教育部对于义务教育较为重视。1912 年 9 月 3 日,教育部颁布的《学校系统令》中规定:"初等小学校四年毕业,为义务教育。"[①]这是民国成立后,教育部首次颁布的有关义务教育的法令。当月 28 日,教育部颁布《小学校令》,其中详细规定初等小学校之教育宗旨、学校设置、学习年限、课程设置、师资、经费与学费等方面。[②] 1915 年 2 月,北京政府颁布《特定教育纲要》,规定"施行义务教育,宜规划分年筹备办法,务使克期成功,以谋教育之普及",并改称"初等小学校为国民学校"。[③]

为了落实分年筹备的办法,1915 年 5 月,教育部公布《义务教育施行程序》,规定分两期施行义务教育。其中,第一期期限为颁布之日至 1915 年底,拟办事项为颁布各项规程及调查各地教育现状;第二期为第一期各项规程表册颁布之日至 1916 年 12 月,拟办事项分中央与地方两部分。这里面,地方办理师资培养、经费筹集、学校推广等事项,中央核定地方各地呈报之办法、通筹全国

---

① 　教育部:《学校系统令》,《教育杂志》,1912 年第 4 卷第 7 期,第 5—6 页。
② 　教育部:《小学校令》,《江苏省公报》,1912 年第 58 期,第 2—10 页。
③ 　《大总统特定教育纲要》,《教育周报》,1915 年第 93 期,第 33—43 页。

义务教育进行之程限等事项。[①]

此后,教育部次第落实相关事项,相继出台《国民学校令》(1915 年 11 月)、《劝学所规程》(1915 年 12 月)、《地方兴学人员考成条例》(1916 年 1 月)、《修正师范学校规程》(1916 年 1 月)等章程。然而因该时期袁世凯复辟帝制,激起各省的强烈反对,故上述法规未能实施。直至 1916 年 9 月,全国政局暂时得到平静。是月,范源廉莅任教育总长后,陆续修订义务教育法令,出台了《变通检定小学教员办法》(1916 年 11 月)、《修正审查教科图书规程》(1916 年 12 月)、《小学教员俸给规程》(1917 年 2 月)、《小学教员褒奖规程》(1917 年 2 月)等一系列章程,详细规划了全国义务教育事业。

南京国民政府成立后,教育部高度重视义务教育普及工作。1932 年 6 月,教育部指出:四年制义务教育“经时久、用力多,而获效甚鲜”[②]。其原因是“四年义务教育所需经费以万万计,所需教员以百万计,犹与国家财力及现有师资之实际情况,相差太巨”[③]。基于以上考虑,教育部颁布了《第一期实施义务教育办法大纲》和《短期义务教育实施办法大纲》,规定各省同时试点四年制和一年制义务教育。两项法规在经费、师资、校舍等方面提供了较为多样的解决方法,以利于义务教育的普及。

1933 年 3 月,教育部出台《小学规程》,详细规定了小学教育宗旨、学校设置及管理、经费、编制、课程、训育、设备、学费及其他费用、教职员、辅助研究等内容。其中,教育部对义务教育学校形式做了变通,除前面提到的四年制初级小学及一年制短期小学外,还有简易小学,“招收不能入初级小学之学龄儿童。其修业年限,以授课时间折算,至少二千八百小时”[④]。此外,教育部还公布了《小学教员检定暂行规程》(1934 年 5 月)、《小学教员检定委员会组织规程》(1934 年 5 月)等制度,旨在加强小学师资队伍建设。

---

① 《义务教育施行程序》,《教育杂志》,1915 年第 7 卷第 6 期,第 49—50 页。
② 《教部拟定两办法普及儿童义务教育》,《中央日报》,1932 年 6 月 27 日,第 2 张第 3 版。
③ 《教部拟定两办法普及儿童义务教育》,《中央日报》,1932 年 6 月 27 日,第 2 张第 3 版。
④ 教育部:《小学规程》,《教育部公报》,1933 年第 5 卷第 13—14 期,第 32 页。

为了普及义务教育,1935 年 5 月起,教育部次第颁布《实施义务教育暂行办法大纲》及施行细则,规定使 6 岁至 12 岁的学龄儿童于 10 年内逐渐接受由一年制、两年制达于四年制的义务教育。具体而言:(1)划分三期推进。第一期为 1935 年 8 月起至 1940 年 7 月止,一切年长失学儿童及未入学的学龄儿童至少应受一年义务教育,各省市应注重办理一年制短期小学;第二期为 1940 年 8 月至 1944 年 7 月止,一切学龄儿童至少应受两年义务教育,各省市应注重办理两年制短期小学;第三期为 1944 年 8 月起,义务教育学制定为四年。(2)划分小学区。全国各县市应划分为若干小学区,准备实施义务教育。(3)建立多种办学形式。义务教育之施行,除办理短期小学外,还有施行推广初级小学、充实原有学级之学额、厉行二部制、改良私塾、施行巡回教育等事项。(4)经费筹措。义务教育经费以地方负担为原则,但对于边远贫瘠省份及其他特殊情形的省市得由中央酌量补助之。(5)实施机构。关于义务教育实施,中央及地方主管教育行政部门均应特设义务教育委员会协助推行。[①]

为了落实义务教育实施计划,教育部还出台了一系列配套制度:《一年制短期小学暂行规程》(1935 年 7 月)、《一年制短期小学暂行课程标准》(1935 年 8 月)、《各省市义务教育经费经管办法大纲》(1935 年 8 月)、《短期小学制实验办法》(1935 年 11 月)、《各省县市筹集义务教育经费暂行办法大纲》(1935 年 11 月)、《市县划分小学区办法》(1935 年 11 月)、《调查学龄儿童办法》(1935 年 11 月)、《义务教育实施系统》(1935 年 11 月)、《各省市义务教育师资训练办法》(1936 年 8 月)、《简易小学办法》(1937 年 4 月)、《二年制短期小学暂行规程》(1937 年 6 月)、《实施二部制办法》(1937 年 6 月)、《实施巡回教学办法》(1937 年 6 月)、《省市义务教育视导员规程》(1937 年 7 月)、《县市义务教育视导员规程》(1937 年 7 月)等规章。可以说,以上制度基本沿用至全面抗战初期。

---

① 《实施义务教育暂行办法大纲》,《教育部公报》,1935 年第 7 卷第 23—24 期,第 34—35 页。

## 二、国民教育制度的颁行

国民教育制度是在全面抗战爆发后"新县制"建构过程中产生的。1938 年 4 月,国民党五届四中全会决议通过《改进地方行政组织确立地方自治基础》的提案。此为"新县制"的根源。1939 年 9 月 19 日,国民政府公布《县各级组织纲要》,规定各县为地方自治单位,要求各乡(镇)设中心学校,校长由乡(镇)长或保壮丁队长一人兼任,在经济教育发达区域,乡(镇)中心学校校长以专任为原则;保设保国民学校,校长由保长或保壮丁队长一人兼任,在经济教育发达区域,国民学校校长以专任为原则。[①] 为了配合新县制实施,迅速普及国民教育,1940 年 3 月,教育部调整了此前的义务教育制度,颁行《国民教育实施纲领》。其主要内容有如下几点。

### (一)施行原则与入学年龄

"国民教育分义务教育及失学民众补习教育两部分,应在保国民学校及乡镇中心学校内同时实施,并应尽先充实义务教育部分,全国自六足岁至十二足岁之学龄儿童,除可能受六年制小学教育者外,应依照本纲领受四年或二年或一年之义务教育;全国自十五足岁至四十五足岁之失学民众,应依照本纲领分期受初级或高级民众补习教育,但得先自十五足岁至三十五足岁之男女实施,继续推及年龄较长之民众,其十二足岁至十五足岁之失学儿童,得视当地实际情形及其身心发育状况,施以相当之义务教育或失学民众补习教育。"[②]

### (二)施行程序

国民教育普及以 5 年为期,即 1940 年 8 月起至 1945 年 7 月止,分三期推行:第一期为 1940 年 8 月起至 1942 年 7 月止,在本期内各乡(镇)均应成立中

---

① 《县各级组织纲要》,《国民政府公报》,1939 年渝字第 189 号,第 4—6 页。
② 《国民教育实施纲领》,《中央日报》,1940 年 3 月 17 日,第 5 版。

心学校一所,至少每三保成立国民学校一所,在本期终了时须使入学儿童达到学龄儿童总数 65% 以上,入学民众达到失学民众总数 30% 以上;第二期为 1942年 8 月起至 1944 年 7 月止,在本期内保国民学校总数应逐渐增加,或就原有的国民学校增加班级,在本期终了时须使入学儿童达到学龄儿童总数 80% 以上,入学民众达到失学民众总数 50% 以上;第三期为 1944 年 8 月起至 1945 年 7 月止,保国民学校数应尽量增加以期达到每保一校之目的,或就原有国民学校增加班级,在本期终了时须使入学儿童达到学龄儿童总数的 90% 以上,入学民众达到失学民众总数的 60% 以上;其有特殊情形的省市国民教育普及期限,得呈准中央缩短或延长之。①

### (三)办学形式

先就当地原有的公立小学及单设的民众学校改组为中心学校及国民学校;在当地因经费关系不能设立学校者,得指定私立小学并补助其经费,作为代用中心学校或国民学校;当地改良的私塾,得由国民学校指定代办一年或两年结束之班级;当地各机关团体附设的民众学校仍应继续办理。②

### (四)各省行政职责

各省应于《国民教育实施纲领》实施后 4 个月内核定所属地方分期推设国民学校计划;各省应于《国民教育实施纲领》实施后 6 个月内将所属地方各保学龄儿童数及失学民众数调查完竣,造具统计表册呈报教育部;各省应于《国民教育实施纲领》实施后 6 个月内,依据全省筹备经费,造就师资,分期增设国民学校及设置中心学校之计划,拟就全省整个实施计划,呈报教育部。③

为了实施此项计划,1940—1949 年,教育部还陆续颁布了相关配套制度。其中,关于总则,包括《保国民学校实施要则》《乡镇中心学校设施要则》《国民学

---

① 《国民教育实施纲领》,《中央日报》,1940 年 3 月 17 日,第 5 版。
② 《国民教育实施纲领》,《中央日报》,1940 年 3 月 17 日,第 5 版。
③ 《国民教育实施纲领》,《中央日报》,1940 年 3 月 17 日,第 5 版。

校法》《国民学校及中心国民学校规则》《强迫入学条例》《代用国民学校规程》《中心国民学校国民学校分期办理失学民众补习教育办法》等；关于经费，包括《保国民学校及乡镇中心学校基金筹集办法》《保国民学校及乡镇中心学校筹集基金奖励办法》《稽核各省市国民教育经费暂行办法》《各省市国民教育经费及短期师资训练经费支用办法》《各省市县学田拨充学校校产实施办法》等；关于课程、教材、设备，包括《国民学校初步设备标准》《中心学校初步设备标准》等；关于教员检定、训练与待遇，包括《小学教员检定规程》《小学教员检定办法》《各省市国民教育师资训练办法大纲》《各省市民众学校师资训练班办法》《小学教员待遇规程》《小学教员薪给支配及实施办法》《国民学校教职员任用待遇保障进修办法》等。

由上可知，民国时期义务教育制度化进程不断提速。1912—1927 年，义务教育虽有种种法规，但因缺乏经费与师资不易实行。1927—1940 年，法规不仅提出解决经费与师资的多样办法，还在学校制度、课程设置、校舍、教学形式等方面给各省留有多种选择的余地，从而有利于大面积推广义务教育。1940—1949 年，义务教育与失学民众补习教育合流，统称为国民教育，自此教育部密集地出台了有关法规，明确了国民教育的实施纲领、总则、经费、课程、教材、设备、教员等。总体来讲，以上法规的出台，为各省省级教育行政部门推进省域义务教育及国民教育提供了制度依据。

# 第二节  山西省级教育行政部门与省域义务教育

民国时期，山西省教育厅成立后，是如何管理省域义务教育事业的？考察这一问题，可以从整体上把握山西省级教育行政管理举措及成效的变化轨迹。

## 一、晋省教育厅与省域义务教育起步

山西义务教育正式起步于 1918 年。一方面，此时山西军政大权得到统一。1917 年 9 月 3 日，北京政府任命山西督军阎锡山兼省长。阎就任伊始，对外打出"保境安民"的口号，对内积极整顿政治、教育等各项事业。政治上，他积极推行"村制"，设立村、间、邻三级，分别设置村长副、间长、邻长进行管理；关于教育，他大力提倡义务教育。这是因为，在阎锡山看来，"民德、民智、民财三者，皆用民政治之实质也"[①]。为了开启民智，他强调要实行强迫教育，"治本的要政，为强迫教育。强迫教育者，所以增高国家之地位者也。譬之建筑：或楼或阁，皆有规定之尺寸；欲使此楼阁增高，非先将此楼阁地盘之台阶增高不可，强迫教育在国家即此地盘之台阶也"[②]。

另一方面，山西省级教育行政部门正式确立。1917 年 11 月 6 日，山西省奉令设立教育厅，隶属于教育部，受省长和教育部的共同监督。山西教育厅的设立，标志着山西省级教育行政迈入崭新的阶段，同时亦为推行省域义务教育提供了重要的组织保障。另外，山西省公署仍留教育科，"核办教育事项，教育科

---

① 山西政书编辑处编：《山西现行政治纲要》，太原：山西政书编辑处，1921 年，第 7 页。
② 阎锡山：《强迫教育》，载太原绥靖公署主任办公室编：《阎伯山先生言论辑要》，太原：太原绥靖公署主任办公室，1937 年，第 10—11 页。

设科长一人,科员若干人,分掌普通及专门两股事宜"①。由此,山西省级教育行政部门形成了教育厅与教育科并存的格局。

可以说,正是在山西政权得到统一、地方行政网络逐步建立,以及省级教育行政部门得以确立的局面下,山西迈开了普及义务教育的步伐。这里面,山西教育厅曾发挥了关键作用。

### (一)颁行推进义务教育的章程与计划

1918 年 10 月,山西教育厅遵照阎锡山普及义务教育的要求,颁布《山西施行义务教育规程》《山西施行义务教育程序》等重要规章。

由上述规章的内容要点(见表 5-1、表 5-2)可知,教育厅在拟定以上规章时,考虑了以下方面:一是借鉴了教育部颁布的《学校系统令》《小学校令》《特定教育纲要》《义务教育实施程序》等法规。《山西施行义务教育规程》和《山西施行义务教育程序》基本体现了教育部义务教育法规的核心要义。二是较充分地考虑到山西本省的地方行政区划,以及地方政治、经济、教育等实际情况,使该规章具有较强的可行性。三是在失学儿童入学、课程设置、学校设置等方面对教育部法规做了变通与调整,使该规章具有一定的灵活性。四是教育厅不仅提出分期分区施行义务教育的计划程序,而且明确县、区、村各级行政部门的相应职责,还注重对各级办学人员的监督考核,而这些规定当时在全国尚属首次提出。

表 5-1　《山西施行义务教育规程》要点

| 项目 | 内容 |
| --- | --- |
| 相关人员 | 本规程责成县知事、督率劝学所、县视学、各区学务委员、各区长、各街村长副切实办理 |
| 入学年限 | (1)凡儿童自满六周岁之翌日起,至满十周岁止,共四年为学龄期;(2)凡学龄儿童均应受国民学校之教育,其不入学者,得依本规程之规定强迫之;(3)凡失学儿童年未逾十八岁者得权附学龄儿童受同一教育 |

① 山西政书编辑处编:《山西现行政治纲要》,太原:山西政书编辑处,1921 年,第 268 页。

续　表

| 项目 | 内容 |
|---|---|
| 儿童调查 | (1)该项由各区区长及各街村长副于学期告终时造册,送由劝学所汇报县知事存案办理;(2)每县应按照自治区划为若干学区,或以幅员之广狭、户口之多寡,另定之;(3)每区设立学务委员会或学务委员一人,协同劝学所担任调查本学期学龄儿童及失学儿童人数,并督促其入学;(4)凡城镇乡之各街村长副应帮同本区学务委员调查本城镇乡学龄儿童及失学儿童人数并督促其入学 |
| 学校设置 | (1)各城镇乡应设国民学校之数以应入学儿童之人数定之,大约足儿童五十名即可设一国民学校;(2)最小村庄,儿童过少,又距邻村甚远,不能取联合制者,亦必须设立单级国民学校以免儿童失学 |
| 课程设置 | 凡僻远村庄,地方之国民学校必不得已时,得省略唱歌、手工、图画等学科,以期易于成立,其修身、国文、算术、体操等科无论如何必须完全,但在经费稍裕地方不得援以为例 |
| 设施及经费 | (1)国民学校之最要设施除校址、教室外,为教科书、黑板、讲台、桌凳等,以足敷应用为度,凡此数者虽本校经费支绌亦不得从缺;(2)国民学校之开办费及经常费应由县知事会同劝学所就地筹集之,每年经常费之数,单级学校以八十元至一百五十元为度,多级学校(额定四班学生者)以二百元至五百元为度,其开办费得酌量另筹之;(3)学款之筹集及管理,关于全县者,由县知事委托劝学所担任,关于各区各镇乡者,由区长及街村长副分别担任之,每学年告终时,管理学款一员应将本期收支款目及下期预算分别造册,由劝学所汇报县知事,察核备案,但县知事于必要时得另委员帮同办理 |
| 奖惩 | (1)凡学龄儿童暨十八岁以下失学儿童,无故不入学者,经各区长、各街村长副查明,呈请县知事核准,处其家长以一元至五元之罚金,此项罚金自学龄儿童十岁起,每岁逐年增加一元;(2)劝学所有综核各区教育之权,县视学有监督全县学务之责,如有某处办理学务不合本规程所规定者,得呈请县知事惩处其区长暨街村长副或撤换其教员;(3)省视学至各县查学,遇有前项情事,得呈请教育长官,转饬县知事分别撤惩之;(4)本规程施行后,各县知事暨办学人员奉行不力,经省视学查明或由行政长官察出者,得呈请省长按兴学考成条例从严惩办;县知事办理义务教育卓著成效者,由教育长官呈请省长按照县知事兴学考成条例分别酌奖,其地方办理学务人员及各区长、各街村长副中有尤为出力办有成效者,得由县知事或省视学呈请教育长官按地方兴学人员考成条例分别奖励 |

资料来源:《山西施行义务教育规程》,《教育旬刊》,1934年第1卷第7—8期,第132—135页。

表 5-2　《山西施行义务教育程序》要点

| 项目 | 内容 |
| --- | --- |
| 时间计划 | 义务教育自民国七年起,筹备分区域期限施行:(1)第一次,省城,限至七年九月办理完竣;(2)第二次,各县城,限至八年二月办理完竣;(3)第三次,各县乡镇及三百家以上之村庄,限至八年八月办理完竣;(4)第四次,二百家以上之村庄,限至九年二月办理完竣;(5)第五次,百家以上之村庄,限至九年八月办理完竣;(6)第六次,五十家以上之村庄及不满五十家毗连之村庄能联合设学者,限至十年二月办理完竣;(7)第七次,凡人家过少之村庄而附近又无村庄可联合者,应由该地方官绅特别设法办理 |
| 筹备事项 | (1)造就师资,由省公署督饬县知事办理;(2)调查学龄儿童,由县知事分令各区长督令各街村长副办理;(3)筹款设学,由县知事分令劝学所会同各区长督饬各街村长副办理;(4)劝导就学,由劝学所及宣讲员各区助理员暨各街村长副,分担切实办理;(5)强迫就学,由县知事分令各区长督令各街村长副办理 |
| 监督考核 | (1)各县每期筹办完竣,应将办理情形,简单报告省署及教育厅;(2)各县报告,经省署派员复查办理完善者,分别奖励,而逾期未办者,分别处分 |

资料来源:《山西施行义务教育程序》,《教育旬刊》,1934 年第 1 卷第 7-8 期,第 135-136 页。

### (二)健全地方教育行政组织

地方教育行政组织完善与否,对于义务教育的实施影响颇巨。然而,山西教育厅成立之初,各地方教育行政组织并不健全。就此,教育厅采取如下措施:

首先,督促各县设立劝学所。早在 1913 年 10 月,教育司呈请民政长金永于山西繁盛之区设立劝学所。事实上,直至 1917 年,山西多数地方仍未设劝学所。鉴于义务教育亟待普及,1917 年 11 月,即山西教育厅成立之初,"教育厅通令未设立县分,即按期成立,然卒以经费支绌,未能完全组织"[①]。针对这一问题,1919 年 1 月,教育厅按照"五等县分规定经费,并以县视学兼任所长,以免纷歧"[②]。此后,各县基本设立了劝学所。

①　《山西省义务教育概况》,《江西省政府公报》,1929 年第 4 期,第 66 页。

②　《山西省义务教育概况》,《江西省政府公报》,1929 年第 4 期,第 66 页。

其次,通令各区设立学务委员会。1918 年 10 月,教育厅颁布的《山西施行义务教育规程》中规定:各区设立学务委员会。事实上,各区虽经设立,"然多附设于劝学所,徒拥虚名面已"①。因此,1919 年 1 月,各区区公所成立时,教育厅"规定学务委员会,一律附设于本区区公所,学务委员即以各区助理员及各村长副之具有教育知识者充任之,盖欲一杜向来敷衍之弊,期收实行之效也"②。

可以说,县劝学所及区学务委员会的全面设立,为全省义务教育的推行提供了坚实的基层教育行政组织保障。

### (三)重视义务教育师资管理

山西教育厅在推行义务教育初期,遇到了师资短缺的"卡脖子"问题。1919 年 11 月,据教育厅长虞铭新透露:"积极推广学校,则师资不及培养。若待师资养成,然后逐渐设学,则普及之目的须待至数十年后。"③为了破解师资短缺的难题,教育厅采取正规与非正规相结合的方式培养义务教育师资。一方面,教育厅设立省立师范学校,培养义务教育师资。1917 年,全省有 5 所省立师范学校,其中男子师范 4 所,女子师范 1 所。1918 年,男子师范增加 2 所,女子师范增加 1 所,分设于全省六大学区。至 1925 年,男子师范共 6 所,女子师范共 6 所。学生数,从 1918 年的 1812 人,增至 1925 年的 2565 人。另一方面,督促各县设立师范讲习所。截至 1919 年底,全省各县已设立 105 处,基本上每县都设有 1 处师范讲习所。

与此同时,教育厅高度重视小学教员的检定。1918 年,根据教育部要求,教育厅成立了检定小学教员委员会,由其负责全省小学教员检定事宜,计划至 1919 年底,完成全省小学教员检定。与此同时,教育厅颁布《检定小学教员试验细则》,对全省各县小学教员进行检定。

此外,为了提升小学教员学识水平,1925 年起,教育厅每周组织人员编写

---

① 《山西省义务教育概况》,《江西省政府公报》,1929 年第 4 期,第 66 页。
② 《山西省义务教育概况》,《江西省政府公报》,1929 年第 4 期,第 66 页。
③ 庄俞:《山西教育调查记》,《教育杂志》,1919 年第 12 卷第 1 号,第 1 页。

《小学教育周刊》,发行至各乡村初级小学校。该刊栏目涉及教授、管理、训练、学校批评、时事纪要、教育法令等。据时人反映:"此项刊物,于小学教师学识之增进,裨益匪浅。"①

### (四)加强对地方义务教育实施的监督

由《山西施行义务教育规程》可知,省视学和县视学有监督调查义务教育实况、及时上报义务教育问题等职责。因此,为了加强监督,教育厅采取的首要措施是添设各级教育视导人员。其中,省视学方面,早在 1917 年 11 月,教育厅设有视学室,内设"视学主任一人,视学四人"②。然而,随着国民学校规模的扩大,5 名省视学不敷分配。有鉴于此,1920 年,教育厅增省视学 1 人,其职务以劝导纠察为主。1925 年,教育厅考虑到省视学 6 人担任全省 105 县学务视察的实际困难,复增省视学 4 人,其职责在于指导。县视学方面,教育厅采取短期训练后委派的办法。1918 年,教育厅招收中学毕业生入行政研究所,3 个月修习期满后,分委各县服务。由于当时山西义务教育刚刚起步,县视学职责"专重义务教育设施,故其资格较宽,其后义务教育遂渐普及,县视学职务亦渐由实施而趋重指导,乃定县视学非经师范学校毕业再入育才馆修业一年者,不得委任"③。

教育厅成立后,积极派遣省视学赴各地视察义务教育发展实况,并根据视察结果奖惩义务教育教员。如,1924 年 4 月,据省视学张文衢称,介休县"女国民学校教员任娇凤讲解恳切,校中颇有秩序"④。据此,教育厅传谕嘉奖该教员,以资鼓励。⑤再如,1924 年 5 月,据省视学乔名昌称,猗氏县"上朝村国民学校教员赵晏文管教欠合,该校教室内,黑板不足二尺,自修室凌乱不堪,该校教员漫不经心"⑥。据此,教育厅对该教员给予申斥的处分。⑦

---

① 《山西省义务教育概况》,《江西省政府公报》,1929 年第 4 期,第 70 页。
② 山西政书编辑处编:《山西现行政治纲要》,太原:山西政书编辑处,1921 年,第 268 页。
③ 《山西省义务教育概况》,《江西省政府公报》,1929 年第 4 期,第 67 页。
④ 《山西教育厅训令 第八五号》,《山西教育公报》,1924 年第 157 期,第 10 页。
⑤ 《山西教育厅训令 第八五号》,《山西教育公报》,1924 年第 157 期,第 10 页。
⑥ 《山西教育厅训令 第一一○号》,《山西教育公报》,1924 年第 157 期,第 12 页。
⑦ 《山西教育厅训令 第一一○号》,《山西教育公报》,1924 年第 157 期,第 12 页。

从该时期山西义务教育实施效果（见表 5-3）来看，除 1921 年和 1925 年外，全省义务教育普及率基本处于不断上升态势，其中 1924 年普及率达到 72.2%。平心而论，这一成绩的取得既得益于阎锡山的大力支持，亦得益于村政制的有效实施[①]，更得益于教育厅在推行省域义务教育过程中所发挥的领导作用。事实上，北京政府时期，教育厅无论是在规划全省义务教育事业、完善地方教育行政组织方面，还是在培养义务教育师资、监督义务教育实施状况方面，都扮演着管理者、组织者、监督者等多重关键角色。据时人反映："山西教育之硕画宏猷，虞（铭新）厅长赞助之功居多。"[②]

表 5-3　北京政府时期山西义务教育普及率概况

| 项目 | 1918 年 | 1919 年 | 1920 年 | 1921 年 | 1922 年 | 1924 年 | 1925 年 |
|---|---|---|---|---|---|---|---|
| 学龄儿童/人 | 1211533 | 1501433 | 1470979 | 1432039 | 1522942 | 1461842 | 1385780 |
| 受义务教育儿童/人 | 467069 | 680554 | 951486 | 857055 | 1040614 | 1056115 | 993009 |
| 义务教育普及率/% | 38.6 | 45.3 | 64.7 | 59.8 | 68.3 | 72.2 | 71.7 |

注：1923 年数据不详，故未列入表内。

资料来源：教育部编审处编：《第一次中国教育年鉴》，上海：开明书店，1934 年，第503 页。

## 二、晋省教育厅与省域义务教育发展

1927 年 6 月 3 日，阎锡山宣布"易帜"。由此，山西省归属南京国民政府管辖。6 月 8 日，山西成立省政府，教育厅隶属其下，由省政府委员陈受中兼教育厅长。自此，山西省义务教育迈入新的发展阶段。

---

① 《山西省义务教育概况》，《江西省政府公报》，1929 年第 4 期，第 65 页。

② 邵钦元：《考察山西教育日记》，《安徽教育月刊》，1921 年第 44 期，第 12 页。

### (一)筹划整顿全省义务教育

为改进省域义务教育,1928 年 12 月 2 日至 12 日,省教育厅召开全省小学教育会议,其间共召开 10 次大会。此次会议收到提案共 66 件,成立案有《小学行政组织标准案》《关于最近期内实行检定小学教员案》《实行小学强迫教育案》《请改定乡村学董服务规程案》等 39 件。这次会议,"讨论之热烈,审查之精密,态度之和蔼,实所仅见"[①]。12 月 12 日,陈受中致会议闭幕辞。他总结道:"此次会议,关系甚重。所议决各案,纵不能即一一付诸实行,然恳此目标以趋之,总有达到之一日。……年来,对促进小学教育事项,如修改通俗国文以期适合山西之环境、刊发《小学教育周刊》为乡村小学教员教管之助、提倡联合校长以期实地指导小学教师,虽成绩未能如原所期望者,然对小学教育,不无帮助之处,此后厅中仍须全力以赴之。"[②]通过这次会议,教育厅不仅了解了省域义务教育实施过程中存在的困难与问题,亦树立起了全力整顿省域义务教育的信心与决心。

1931 年 1 月 31 日,冯司直继任山西省教育厅长。冯上任不久,即发表施政方针:"使全省现有之二万二千余处初级小学校,均应注重质的改进",并"使全省现有四十余万未入学之学龄儿童,均得有受四年义务教育之机会,在此义务教育期间,得酌免收学费"。[③] 据此,1931 年 4 月,省教育厅设立山西教育设计委员会,由各级学校推荐代表一人至三人,并延聘教育专家组织之,共同商议改进事宜。同时,教育厅拟定了详细的《山西教育设计方案》,交山西教育设计委员会讨论。其中,义务教育规划包括原则、现状、改进计划等内容。

从表 5-4 来看,教育厅是在详细调查学龄儿童、村庄、小学教师、教育经费、小学实际缺点等基础上,拟订义务教育改进计划的,从而具有较强的针对性和可行性。而且,这份计划非为短时之策,而是教育厅设计的关于 1931—1939 年山西省域义务教育的中长期规划蓝图,具有一定的前瞻性。

---

① 《山西小学教育会议之经过》,《申报》,1928 年 12 月 18 日,第 3 张第 12 版。
② 《山西小学教育会议之经过》,《申报》,1928 年 12 月 18 日,第 3 张第 12 版。
③ 《山西教育施政方针》,《中央日报》,1931 年 3 月 5 日,第 3 张第 2 版。

表 5-4 《山西教育设计方案》中的义务教育规划

| 项目 | 内容 |
|------|------|
| 原则 | 1.使全省现有之小学校均能切实注重质的改进。<br>2.使未入学之学龄儿童均有受四年义务教育之机会。<br>3.设法延长义务教育年限 |
| 现状 | 1.全省学龄儿童约 1269400 人，未就学之学龄儿童约 407800 人。<br>2.全省现有之村庄约 40000 个，尚有未设学校之村庄约 18000 个。<br>3.全省小学教师约 27800 人，曾受完全师范教育者不及 1/10，其余均为高小毕业生、中学毕业生、前清生员、失意商人。<br>4.全省教育经费共支 1877464 元，但此项经费多无固定基金。<br>5.各小学校之实际缺点：(1)不重训育；(2)教学法不良；(3)缺乏卫生教育；(4)教室不良；(5)教材多不适合需要；(6)学校不能与社会联络；(7)农村教育与城市教育不能均齐发展 |
| 改进计划 | 1.普遍设立学校：(1)凡 50 户以上之村庄而未设学校者，统限于 1932 年以前，完全设立；(2)未满 50 户之村庄，统限于 1933 年以前完全设立。<br>2.强迫学龄儿童入学：(1)凡有学校村庄未入学之学龄儿童，于 1931 年一律入学，其因家境贫寒无力入学者，得为之特设春冬学校或附设春冬班各校，令于农暇入学；(2)凡未设学校村庄之学龄儿童，俟学校成立后，一律使之入学，其家境贫寒者，得照上项规定办法办理。<br>3.合格师资之培养：(1)由师范学校培养；(2)由二年制或三年制师范学校培养（凡有初级小学 100 处以上之县，统限于 1932 年以前设 50 余处师范学校）；(3)设法聘任服务他界之师范毕业生；(4)限于 1935 年底，现有之各小学校，均须聘任师范毕业生，其余扩充之小学校得暂时任用检定合格教师，至 1939 年底，所有各小学校教师，均须以曾受师范教育者任之。<br>4.现有教师之进修：(1)刊发小学教育月刊；(2)提倡读书团。<br>5.经费之固定：(1)已有学校教育基金者，令之妥为保管；(2)未有教育基金者，统限于 10 年内，一律筹足。<br>6.适用小学教材之编辑：(1)根据教育部颁发之《小学课程暂行标准》，继续完成国语教科书，以期适用；(2)根据教育部颁发之《小学课程暂行标准》，编辑常识课本，以求适应本省儿童生活。<br>7.实际缺点之改进：(1)在教育部未颁布训育标准以前，由本厅于最短期内，根据教育宗旨及实施方针详为拟定，饬令遵行，并特别注重政治训练；(2)由本厅于最短期内，聘请专家，编辑最适用之小学教学法，颁发遵行；(3)由本厅最短期内，编订卫生训练标准，颁发遵行；(4)令乡村学校多与社会联络；(5)使农村教育与城市教育均齐发展（甲、编印适应农村小学之课本；乙、注意提倡农村教育） |

资料来源：《山西教育现状与改进计划》，《中央日报》，1931 年 4 月 1 日，第 3 张第 2 版；《山西教育现状与改进计划（续）》，《中央日报》，1931 年 4 月 2 日，第 3 张第 2 版。

1932 年 4 月 21 日,国民政府任命冀贡泉为山西省政府委员兼教育厅长。冀就任厅长后,积极筹划全省义务教育质量改进事宜。1933 年,教育厅拟定《各县初级小学改进办法》,对改进初级小学设置、教材、师资聘用、经费等方面作出规定。比如,关于初级小学设置,教育厅规定:初级小学至少须有学龄儿童在 25 名以上;较小村庄,得联合数村设立 1 所初级小学;初级小学之一切设施应遵照小学法及小学规程办理;不设立初级小学者,应设简易小学或短期小学;本省旧有之春冬小学,能授足 2800 小时者,按简易小学办理,其能授足 540 小时者,按短期小学办理。[①]

1935 年 10 月,山西省教育厅根据教育部颁布的《实施义务教育暂行办法大纲》及施行细则,拟订《山西省实施义务教育计划》,决定分三期对全省399561 名失学儿童实施义务教育。其中,第一期从 1935 年 8 月至 1940 年 7月,使失学儿童的 5/10,即 199780 人受一年制短期义务教育。根据计划,第一期增设短期小学 5000 班,采用二部制教学,每两班编为一学级,同时将原有各小学一部分改设二部制,以一名教员担任之,并将原有班级充实学额,至少须收足学生 40 名。此外,该计划指出,短期小学学生学费免收,课本由学校供给。[②]由上可以看出,这些计划方案大多关注义务教育质量的改进。

### (二)加强义务教育单行法规建设

山西省教育厅为了落实上述计划,大力推进配套法规的建设工作。这一时期,教育厅颁布的新义务教育规章有:《山西检定初级小学教员暂行规程》(1927年 8 月)、《山西教育厅中小学教科书审查委员会简章》(1928 年 1 月)、《山西各县二年制与三年制师范学校规程》(1928 年 6 月)、《山西各村学董规则》(1929年 3 月)、《山西省小学教师有奖征文规则》(1929 年 5 月)、《各县暑期讲习会办法大纲》(1929 年 6 月)、《暑假期内完成训练初级小学教师办法》(1929 年 7月)、《山西省捐资兴学褒奖规程》(1929 年 9 月)、《山西省立贫民小学校招生简

---

① 《各县初级小学改进办法》,《新农村》,1934 年第 9 期,第 9—12 页。
② 《山西省实施义务教育计划》,《山西教育公报》,1935 年第 165 期,第 6—7 页。

章》(1930年3月)等。总体来讲,以上规章为规范初级小学教员资格、教科书审查、学董资格与职责,以及提高初级小学教员学识水平、调动民间捐资兴学等,提供了重要的制度支撑。

### (三)完善全省教育行政组织

山西省的县级教育行政部门向为劝学所。劝学所长由县视学兼任,县视学为县公署掾属之一,故县教育行政权限即由县长授权。各县劝学所设立以来,"县长之热心提倡者固不乏人,而奉行故事者亦在所难免"[①]。1929年,为谋教育行政独立及符合县政府组织法,山西省教育厅颁布《山西各县教育局规程》,责令各县县政府成立教育局。这一举措的意义在于,统一县级教育行政部门的设立,为推行包括义务教育在内的教育政令奠定组织基础。此外,1935年5月后,山西省教育厅遵照教育部法令,设立省义务教育委员会,由教育厅长冀贡泉兼任委员长,聘请晋省教育界若干名富有资望的人士为委员。同时,教育厅还督促各县市教育局设立了义务教育委员会,襄助办理分期义务教育。[②] 其中,省义务教育委员会的职责是拟具全省义务教育推行计划、监督省义务教育经费及中央给予省义务教育补助费之保管与用途、拟具分年训练师资办法、考核各县市办理义务教育成绩;县市义务教育委员会的职责是拟具全县市义务教育推行计划、监督县市义务教育经费及上级政府给予各该县市义务教育补助费之保管与用途、审核所属义务教育经费之预算及决算、考核所属办理义务教育成绩。

### (四)加强义务教育师资建设

1927年后,山西省义务教育师资缺乏的问题依然存在。据时人反映:"省立师范十三所,各县师范讲习所三十七所,然统计其毕业人数,欲以足敷全省二万六千余小学之用,相差甚远,即加以各中等学校毕业生及检定合格者,亦绝不

---

① 《山西省义务教育概况》,《江西省政府公报》,1929年第4期,第67页。
② 教育部教育年鉴编纂委员会编:《第二次中国教育年鉴》,上海:商务印书馆,1948年,第235页。

敷分配。"①为扩充义务教育师资,1928年6月,教育厅下令各县依照地方财力,设立两年制短期师范学校与三年制师范学校。该种师范学校可单独设立,也可附设于中学或高级小学。从1933年山西省教育统计数据来看,各县设立两年制短期师范学校12所、教员49人、职员19人、学生425人、毕业生263人。②可以说,这在一定程度上缓解了各县义务教育师资短缺的问题。

1935年8月起,全省开始实施短期义务教育。为了补足师资缺口,教育厅采取正规培养与非正规培养并举的措施:其一,通令各属优先聘任师范毕业生;其二,通令省市立各师范学校、高级中学、初级中学校内附设短期小学师资训练班,招收初中毕业或具有相当程度之学生,予以短期之师范训练。通过上述措施,全省义务教育师资不断增加,1935年为29344人,1936年为34034人,1937年为58234人,从而使该时期义务教育师资短缺的问题基本得到了解决。③

与此同时,教育厅加强对初小教员的考核力度。1927年8月,教育厅颁布《山西检定初级小学教员暂行规程》,规定初级小学教员须一律接受检定,其中除毕业于两年制师范以上学校者、毕业于中等学校以上者、受本省最高教育行政长官给予褒状者(褒状有效期三年)免受试验检定外,其余各员一律受试验检定,并责成各县组织初级小学教员检定委员会办理,由教育厅组织全省初级小学教员检定委员会,巡视督促各县举办小学教员检定。经检定,"有许多没有科学常识的'老先生'、学识不够的'洋秀才',逐渐地多淘汰了"④。据山西省1930年统计,全省小学教职员共31233人。其中,免受检定者8693人,参加试验检定者22540人。参加试验检定者中,检定及格者19847人,不合格者2693人。⑤这说明教育厅所采取的提升义务教育师资质量的措施得力。

---

　①　《山西省义务教育概况》,《江西省政府公报》,1929年第4期,第68页。

　②　山西省政府秘书处编:《民国二十二年份山西省统计年鉴》(下卷),太原:山西省政府秘书处,1933年,第23—24页。

　③　教育部教育年鉴编纂委员会编:《第二次中国教育年鉴》,上海:商务印书馆,1948年,第235页。

　④　郝公玉:《山西的教育(下)》,《西北春秋》,1934年第10期,第16页。

　⑤　教育部编审处编:《第一次中国教育年鉴》,上海:开明书店,1934年,第459页。

### (五)加强义务教育经费管理

山西省义务教育经费主要由地方筹措,因而监督与管理地方义务教育经费使用情况是教育厅的一项重要职责。就此,教育厅采取如下措施:其一,规范义务教育经费使用程序。教育厅规定:省立、县立小学经常费与临时费"列有预算者,每届月终由各校编造预算书及领款凭单,呈请教育厅或县政府复核无误后,转咨财政厅或令行财政局计实发放。其他未被列有预算,如建筑或购置等特别费、临时费,必先由各校陈述理由及估定价目,呈请主管机关核准并指定的款后,始行动支"①。并规定:区立及乡村初级小学经常费与临时费"由校长或教员直接向学务委员或乡长等照例支领"②。其二,规范义务教育经费稽核办法。教育厅规定:"每月终根据预算缮造计算书,并连同单据粘存簿呈送教育厅,逐项勾稽,然后转送财政机关存案备查。其他如区立及乡村小学等则由学务委员会指导员负责稽核,或由乡长学董等及村监察委员会共负稽核之责。"③其三,规范义务教育经费使用标准。1933年,教育厅规定初级小学经费支给标准。具体而言,校长俸给全年不得超过160元;教员薪俸全年不得超过140元;教师1人、学生25人以上之学校,年支公杂费20元;教师2人、学生50人以上之学校,年支公杂费35元;教师3人、学生90人以上之学校,年支公杂费50元;简易及短期小学之教员薪俸及公杂费,斟酌各该地方经济状况定之,但教员薪俸不得超过60元。④简言之,以上措施对规范地方使用义务教育经费的行为起到了积极作用。

### (六)关注义务教育教材建设

关于义务教育教材建设方面,山西省教育厅遵行教育部小学课程标准的同

---

① 教育部编审处编:《第一次中国教育年鉴》,上海:开明书店,1934年,第458页。
② 教育部编审处编:《第一次中国教育年鉴》,上海:开明书店,1934年,第459页。
③ 教育部编审处编:《第一次中国教育年鉴》,上海:开明书店,1934年,第459页。
④ 《各县初级小学改进办法》,《新农村》,1934年第9期,第12页。

时,亦进行了一些本土化的探索。1929 年 12 月,平鲁县模范小学校为使小学教材适合儿童需要,自编乡土教材一册,内容涉及平鲁县沿革、县境、地势、气候、财政、村政等知识。该校将乡土教材呈送教育厅审核后,得到了教育厅的充分肯定,认为"该校所编乡土科课本编制、取材均尚切当,殊堪嘉许"①,并要求各县积极推广小学乡村教材②。1933 年,教育厅在《各县初级小学改进办法》中,重申乡土教材的重要性,规定初级小学教材应努力实行:(1)须按照地方情形,加授关于乡村生活必需之智识与技能;(2)初级小学劳作科所用原料,应取材于本地之产物;(3)初级小学之课外作业,须趋重于生产职业;(4)初级小学各科之讲授,须随时引起儿童之生产职业兴趣;(5)无相当师资之学校,应减少乐歌劳作等科,另加授乡土材料;(6)初级小学须按地方情形及地方人民财力酌设关于乡村职业之校园。③ 由此可见,山西省教育厅高度重视初级小学教材的实用性和本土性。根据上述规定,各县纷纷编写乡土教材,以期适应各地儿童发展的需要。

### (七)重视义务教育视导工作

视察与指导地方义务教育事业是省督学的重要职责。这一时期,山西省教育厅高度重视省域义务教育推进实况的视导工作。首先,通过视导,省督学能及时向教育厅反馈地方义务教育中存在的问题。如 1932 年 3 月,省督学视察孝义县义务教育后,向教育厅报告:"每学期学年开学时,各街小学教员多所更换,惟更换之权操之各村村长之手。教员之去留不在成绩之优劣,不以教管之良窳,惟视其能得村长之欢心与否为断。"④鉴于此,教育厅严令孝义县县长:"切实整顿,以除积弊。"⑤经整顿,该县小学教员不正常更换的问题有了改观。其次,奖惩义务教育人员。1937 年 2 月,省督学视察屯留县义务教育后发现:

---

① 《山西省教育厅指令 四一四五号》,《山西教育公报》,1929 年第 288 期,第 24 页。
② 《山西省教育厅指令 四一四五号》,《山西教育公报》,1929 年第 288 期,第 24 页。
③ 《各县初级小学改进办法》,《新农村》,1934 年第 9 期,第 10—11 页。
④ 《山西省教育厅训令 第五一号》,《山西教育公报》,1932 年底 3 期,第 2 页。
⑤ 《山西省教育厅训令 第五一号》,《山西教育公报》,1932 年底 3 期,第 2 页。

"城关义教学校教员郭永昌管教尚见热心。藕泽村义教学校学生对于国语,字义一概不知,算术尚不认识字码,教员张兆元教管不合,应行更换"[①]。据此,教育厅责令"该县长遵照分别办理为要"[②]。屯留县长遵照教育厅命令,对教员郭永昌给予表扬,并对教员张兆元给予撤职。最后,组织各县评比义务教育成绩。如1928年,省督学在视察各县义务教育状况基础上,从普及状况(30分)、教职员学识注重教授管理训练各法(15分)、勤劳(15分)、学生成绩(18分)、勤学不旷课(8分)、学校设备教室(10分)、教具(2分)、操场(2分)等8个方面,对各县办理义务教育的成效进行量化打分。总分80分以上为甲等,70分以上为乙等,60分以上为丙等,不及60分为丁等。经严格评比,太原、孝义等县得甲等,平遥、晋城等县得乙等,代县、石楼等县得丙等,保德、蒲县、吉县、宁武等县得丁等。[③] 1929年,通过评比,情况有了改观。如代县升至乙等,蒲县、吉县、宁武各县升至丙等。[④] 总体来讲,教育厅采取的各县评比措施确实起到了鞭策后进的作用,有利于普及义务教育。

从以上分析看出,国民政府初期,山西省教育厅为普及义务教育做了大量的工作。由该省义务教育普及率来看,1929年为65.4%,1930年为66.7%,1935年为66.1%。可以说,山西省义务教育普及率基本维持在65%以上。这从一个侧面说明,山西省教育厅所采取的义务教育措施较为得力。正因为如此,山西省曾被教育部督学顾兆麟称誉为义务教育"最发达最普及的省份"[⑤]。

## 三、晋省教育厅与省域义务教育顿挫

全面抗战前夕,即1937年4月,教育部督学顾兆麟再次赴山西视察全省教育。经视察,他对山西义务教育提出6条中肯的建议,分别是:(1)"该省推广义

---

① 《山西省政府训令 教督字第二四八号》,《山西省政公报》,1937年第6期,第35页
② 《山西省政府训令 教督字第二四八号》,《山西省政公报》,1937年第6期,第35页。
③ 《山西省民国十七年各县教育考核表》,《山西教育公报》,1929年第276期,第19—21页。
④ 《山西省民国十八年各县教育考核表》,《山西教育公报》,1930年第305期,第21页。
⑤ 顾兆麟:《山西省教育概况》,《湖北教育月刊》,1934年第1卷第6期,第95页。

务教育,应于太原市内由教育厅主持各县,责成县长,从速将小学区严格划分,将区内学龄儿童调查清楚,将强迫入学办法详细规定,切实实行,并以行政力量多方推动";(2)"太原市内一年之短期小学,据附设之各校校长主任声称,因学生家长存有歧视之意,不肯令其子弟入学,应准试办二年制短期小学,由教育厅规划进行。该市内单独设立之短期小学两处,办理均有相当成绩,应设法扩充";(3)"第二届推行义教计划,既经决定,就原有小学附设短期班,与第一届计划不同,应注意于有效办法之推进,查省立第一实验小学前任校长刘逢炎过去试验半日二部制,颇著成效,应将此项办法设法推广,以求实效";(4)"本届推行义教,应注意训练义教师资,及设置巡回教学,属于训练师资之事项,应由该厅派员分区分期举行,务使于短期之内,先造成一般中心工作人员,以使各地学校有观摩借鉴之体会,属于巡回教学之事项,应由该厅规定大纲,责成各县举办";(5)"太原市内各小学应联合成立小学教育研究会,先由省立各实验小学、师范附小等小学共同组织,并可举办小学成绩(如学业、艺术、劳作等)、小学行政(如统计、图表、纪录、规章)、乡土教材(如搜集编制、照相、碟片、产品、图录等)等各项展览会,以资观摩";(6)"全省小学劳作科教材,较前略有进步,惟作品仍不切实用,应由该厅参酌河南开封及青岛市各小学所用之教材,于假期内举办小学劳作科讲习会,多予小学教师以进修之机会"。[1] 可以说,这些建议为山西省教育厅进一步筹划与改进省域义务教育提供了重要的行政思路。

"七七事变"爆发后的第 3 天,即 1937 年 7 月 10 日,"晋教育厅以全省义务教育,自去岁开办以来,成绩颇佳,故决定自本学期起,全省增设二千三百余班,经费增至二十五万元"[2]。然而,由于此后的山西局势日益恶化,此项计划未能落实。1937 年 9 月,日寇大举入侵山西省境内。11 月 8 日,太原沦陷。1938 年 3 月,山西省的主干铁路、公路及沿线的大同、忻定、晋中、临汾、运城、长治等地全部被日寇侵占。不久,全省 70% 以上的县市沦陷。在波诡云谲的局势下,山西各县小学大多被迫停顿。

---

① 　顾兆麟:《晋省教育应改进各点》,《中央日报》,1937 年 4 月 16 日,第 2 张第 4 版。
② 　《晋扩充义务教育》,《中央日报》,1937 年 7 月 11 日,第 2 张第 4 版。

非常时期,为了恢复省域教育事业,山西省教育厅曾提出战时行政理念:"根据国民政府的国策及教育法令积极地进行工作";"参酌本省抗战以来的实际情形,努力地推动教育"。[①] 根据上述行政理念,教育厅就省域义务教育采取了以下举措。

### (一)竭力恢复各县小学

1938年9月,教育厅令饬沦陷各县:在可能范围内尽量使小学恢复上课;初级小学除照部定课程标准进行教学外,并口授民族革命教材;初小用本省编印课本。[②] 同时,为了粉碎日寇的教育阴谋与争取敌区的小学教员,教育厅颁发《对敌训练我小学教员之对策》,饬令各县政府慎密实施。该对策规定:(1)反受敌人训练之小学教员,无论师资如何缺乏,各村不得聘任。但经严格考查,确系被迫受训者,不在此限。(2)秘密组织全县小学教员,订立公约,誓不为敌利用,相互勉励,相互监督山西。(3)调训小学教员,加强其民族意识、国家观念。(4)被敌强征受训之教员,应先设法报告县府,能逃避则逃避,不能逃避者须经县府同意,始得前任,事后须向县府报告受训情形。(5)利用被敌强征之教员及敌所办之学校,秘密推行我民革教育。(6)对于被敌利用、态度不明之教员,设法先行说服,使幡然觉悟而为我用。其甘心为敌利用、恶迹昭著、证据确凿者,可严惩一二,以儆效尤,但须慎重办理。[③] 此外,教育厅还拟定如下对策:一是组织、训练、督导及争取小学教员,比如划分中心小学区、各县应分批训练小学教员、县政府及督学随时督导小学教员等;二是鼓励设立私塾、义塾,并聘请家庭教师及学生在家自修;三是利用巡回教学;四是在接近敌寇各地设置儿童教养所。

为了解决课本问题,1939年10月,教育厅成立了教材编审委员会。该委员会成立后,加快编制本省小学课本。其中,"短期小学国语课本全部四册,业

---

① 山西省教育厅:《抗战五年来之山西教育》,《战教月刊》,1943年第3卷第1期,第28页。
② 山西省教育厅:《抗战五年来之山西教育(二续)》,《战教月刊》,1943年第3卷第3期,第15页。
③ 山西省教育厅:《抗战五年来之山西教育(二续)》,《战教月刊》,1943年第3卷第3期,第18—19页。

以付印";"初级小学国语课本全部八册,已印发各县,并经呈送教部审查"。① 为了保证教材数量,教育厅还颁行《山西省战时课本补充办法》,规定:(1)教材尚未编印时,仍然使用抗战以前教育部审定的课本。(2)各种课本样本印发到各区县以后,各该区县应立即统筹翻印或发动知识分子抄写。(3)旧课本不敷应用时,旧课本为样本统筹翻印,或发动知识分子抄写。(4)旧课本的收集,应由各县县政府分令所属各小学教员及村长负责办理。(5)各县应将办理情形,于每星期终了时,呈报省府备查。②

关于战时各县小学恢复情况,根据教育厅统计:截至 1939 年底,"全省各县小学教员,共计二万余名,多已分训完毕"③。而且,教育厅称:"统计各县所报的恢复小学数字,共为二万二千四百三十九校,学生共六十八万一千名。兵灾之中,得此表现,亦堪以自慰。"④

### (二)筹办短期小学与义务随习班

特殊时期,为推进义务教育,1939 年起,教育厅迭令各县:"积极恢复及增设短期小学;学校经费,地方自筹数额以必须超过中央补助费半数以上为原则。"⑤1943 年,据教育厅反映:"现在多数县份,业已遵照本省实施义教计划办理。"⑥此外,教育厅遵照部章《小学增设儿童义务随习班办法》,订定《山西省各小学增设儿童义务随习班办法施行细则》,令饬各县小学遵行。其要点有:(1)一面由教员劝导失学儿童的父兄,都令子弟入学;一面鼓励在校儿童,各率邻近失学儿童至少一人,在每星期指定时间到校上课。(2)修业年限以修业两年制的短期小学课程为度。(3)随习班的儿童免收一切费用,课业用品都由学校发给,购置课业用品的费用以各校经费内撙节开支为原则。(4)各校正式学生,不

① 山西省教育厅:《抗战五年来之山西教育(二续)》,《战教月刊》,1943 年第 3 卷第 3 期,第 18 页。
② 山西省教育厅:《抗战五年来之山西教育(三续)》,《战教月刊》,1943 年第 3 卷第 4 期,第 38 页。
③ 山西省教育厅:《抗战五年来之山西教育(三续)》,《战教月刊》,1943 年第 3 卷第 4 期,第 38 页。
④ 山西省教育厅:《抗战五年来之山西教育(二续)》,《战教月刊》,1943 年第 3 卷第 3 期,第 16 页。
⑤ 山西省教育厅:《抗战五年来之山西教育(三续)》,《战教月刊》,1943 年第 3 卷第 4 期,第 37 页。
⑥ 山西省教育厅:《抗战五年来之山西教育(三续)》,《战教月刊》,1943 年第 3 卷第 4 期,第 37 页。

得托故改入随习班。[1]

### (三)增设义务教育视导员

为发展义务教育,1939 年 3 月,山西省教育厅专设 7 名义务教育视导员,派往政令能到达的晋西南各县,分别视导义务教育。通常来讲,义务教育视导员的工作时长,每期以 3 个月为限,期满回教育厅进行报告,并开会专门研讨,以资筹划改进各地义务教育之策。

### (四)加强教材编写与供给

山西省教材编审委员会成立后,在一年多时间里,积极编撰教材,但是各地仍感到"教材缺乏","供不应求"[2]。鉴于此,1941 年起,该委员会采取的策略是,"除努力自编外,并拟修改翻印各书局现行课本,以应急需"[3]。据此,一是编写完成小学教师训练丛书,共 11 种,包括精神讲话、中华民国政府、国势概要、地方自治、教育行政、民众教育、教学法研究等方面的书籍,供各县训练小学教师之用。二是修改教育部初审核定课本,比如初级小学国语课本全部 8 册,教育部已审查完毕,发还由委员会修正。三是增删准备翻印之各种课本。1941 年,该委员会准备将各局所出之现行初小常识、算术等教科书,各选最优者一种,删除次要内容,增入抗建教材,先行印制样本,然后分发各县,翻印使用。四是编辑战时补充教材、乡村生活必须知识与技能等小学补充教材,"此项教材已由该会随时搜集,刊登战教月刊,源源供给各乡村小学教学之用"[4]。

### (五)拟订国民必修教育计划

为配合阎锡山的"兵农合一"政策的推行,1944 年 8 月,山西省教育厅拟订

---

① 山西省教育厅:《抗战五年来之山西教育(三续)》,《战教月刊》,1943 年第 3 卷第 4 期,第 37 页。
② 山西省教育厅:《抗战五年来之山西教育(六续)》,《战教月刊》,1943 年第 3 卷第 7 期,第 26 页。
③ 山西省教育厅:《抗战五年来之山西教育(六续)》,《战教月刊》,1943 年第 3 卷第 7 期,第 26 页。
④ 山西省教育厅:《抗战五年来之山西教育(六续)》,《战教月刊》,1943 年第 3 卷第 7 期,第 27 页。

《新教育计划》11 条,旨在实现"无人不入校"和"科学均有,人才公用"。<sup>①</sup> 此项计划指出:(1)入学年龄。"六岁至十七岁之男女儿童,一律受国民必修教育,注重生活知识与技能,使教育与生活打成一片,以普及国民常识,增进国民生产。"(2)普及期限。国民必修教育进行时长为 12 年,包括"乡村教育六年,区县各三年,至十六岁时普遍编组服务。其天才优秀者,遴选百分之一予以公费升学待遇,谓之人才教育"。(3)办学形式。"村间、机关、军营、学校均作社会教育,学校办理成人工作效能教育,对成年男女施以补习教育,改编各级学校课本及剧本歌曲,使其内容适合兵农合一社会制度之各种设施。"<sup>②</sup>比照 1940 年 3 月教育部颁行的《国民教育实施纲领》,可以得知:山西省教育厅所拟的新计划既与部章无密切关联,也与之前本省计划无密切联系,属于"另起炉灶"的决策行为。

### (六)战后增设小学以收容儿童

1947 年 3 月,据晋省教育人士反映:"晋省经八年抗战,教育基础被损毁,战后人多校少,几有无法容纳之势。"<sup>③</sup>面对"人多校少"的问题,山西省教育厅在全面抗战结束后,曾设法增设小学,以收容各地儿童。就小学数量而言,截至 1947 年 3 月,据山西省教育厅统计:省立小学共 14 所,学生计 9713 名;县立中心小学共 280 所,学生计 6022 名;村属保国民学校共 99150 所,学生计 574765 人,其中女生约占 3%。然而,当时失学儿童尚有 447000 余名。总体来看,"战后学校与学生数目虽增,但量增而质已减低"<sup>④</sup>。此后,"由于阎锡山把主要精力放在内战上,地盘也越打越小,国统区教育在这几年内基本处于瘫痪、瓦解状态,各类学校纷纷停办,不少学校被占为兵营,学生被强迫当兵,也有部分学校前往北平"<sup>⑤</sup>。

通过以上考察可知,全面抗战初期,山西省教育厅为恢复义务教育,曾付出

---

① 《配合兵农合一制度 晋推行新教育计划》,《中央日报》,1944 年 8 月 10 日,第 3 版。
② 《配合兵农合一制度 晋推行新教育计划》,《中央日报》,1944 年 8 月 10 日,第 3 版。
③ 《晋省教育可怜》,《大公报》,1947 年 3 月 17 日,第 1 张第 2 版。
④ 《晋省教育可怜》,《大公报》,1947 年 3 月 17 日,第 1 张第 2 版。
⑤ 李东福、宋玉岫、杨进发主编:《山西教育史》,太原:山西人民出版社,2010 年,第 581 页。

许多努力。但是到全面抗战后期，尤其是抗战结束以来，山西省教育厅对普及义务教育反而着力较少。究其原因，主要有以下两点：一是教育厅长对义务教育的重视程度不同。1938年2月22日，国民政府任命王怀明为山西省政府委员兼教育厅长。王怀明就任伊始，强调"推进义教，为提高国民文化水准之基础工作"①。因此，他在掌教的几年时间里，克服艰难险阻，采取诸多措施，竭力恢复与推进省域义务教育的普及工作。1942年10月27日，国民政府任命薄毓相为山西省政府委员兼教育厅长。薄毓相作为"阎锡山的心腹高干"②，"领导三个部门的工作：一、兵农合一会议；二、任山西省地政局局长；三、兼任山西省教育厅厅长"③。他身兼数职，因而"教育厅由秘书主任刘逢炎代理，重大问题由刘请他批示决定"④。可以说，这种代理厅长的非正常人事状态持续到了山西省解放前。而在"1946年至1949年，薄为推行'兵农合一'暴政，维护阎锡山土皇帝的宝座，费尽心机"⑤。在这种情况下，薄毓相在晋省义务教育中没有积极作为。二是抗战结束后，阎锡山将大部分精力转移到内战上，大力发展军事，因而无暇过问省教育厅事宜，而且他曾经高度重视的晋省义务教育也不再被关注。从根本上讲，这是由阎锡山身上的"军阀本性"所决定的。

---

① 山西省教育厅：《抗战五年来之山西教育（三续）》，《战教月刊》，1943年第3卷第4期，第37页。

② 山西省运城师范校史编纂委员会编写：《师范撷英》，运城：山西省运城师范校史编纂委员会，1995年，第115页。

③ 宋彬：《薄毓相的罪恶一生》，载山西省文史研究馆《文史研究》编辑部编：《文史研究》，太原：山西省文史研究馆《文史研究》编辑部，1989年，第99页。

④ 宋彬：《薄毓相的罪恶一生》，载山西省文史研究馆《文史研究》编辑部编：《文史研究》，太原：山西省文史研究馆《文史研究》编辑部，1989年，第100页。

⑤ 宋彬：《薄毓相的罪恶一生》，载山西省文史研究馆《文史研究》编辑部编：《文史研究》，太原：山西省文史研究馆《文史研究》编辑部，1989年，第100页。

# 第三节　安徽省级教育行政部门与省域义务教育

在不同的历史阶段,安徽省教育厅是如何筹划与领导省域义务教育事业的? 考察这一问题,有助于深入了解民国时期安徽省级教育行政管理的思路、举措及成效的变化。

## 一、皖省教育厅与省域义务教育起步

安徽省严格意义上的义务教育亦起步于 1918 年。1917 年 12 月,安徽省设立教育厅。首任教育厅长为卢殿虎。卢就任以后,对皖省义务教育颇为重视。1918 年 1 月,教育厅召开全厅职员会议,讨论省域义务教育事宜。经会议讨论决定:义务教育以调查为初步办法,调查期限为 3 个月。① 同时,为谋皖省义务教育推进之策,1918 年 5 月 14 日,教育厅召集全省 60 县劝学所长召开全省教育行政会议。此次会议,重点讨论了《筹划地方教育经费案》(卢殿虎)、《利用假期巡回讲习案》(省视学向道章)等提案。② 然而,就在会议召开的第四天,即 5 月 17 日,北京政府下令将安徽教育厅长卢殿虎与甘肃教育厅长马邻冀对调。由是,此次全省会议仓促结束,以上提案未及实施。

事实上,马邻冀并未到任。因此,7 月 5 日,北京政府调时任山东教育厅长的胡家祺为皖省教育厅长。"惟胡系鲁省挡驾之客,皖人士闻亦已去电拒绝。"③7 月 16 日,安徽省长黄家杰暂委省长公署秘书董嘉会代教育厅长。董嘉

---

① 《皖省的军制与教育》,《申报》,1918 年 1 月 3 日,第 2 张第 7 版。
② 《皖教育行政会议》,《申报》,1918 年 5 月 18 日,第 2 张第 6 版。
③ 《皖省近事》,《申报》,1918 年 7 月 17 日,第 2 张第 7 版。

会上任伊始,主张全省教育"以小学为入手办法"①。据时人反映:"各县模范小学及女子小学,泰半在此后数年具报成立。"②1920 年 7 月,安徽教育厅遵照教育部颁布的《分期筹办全国义务教育清单》,拟订《皖省分期筹办义务教育计划》,决定第一期于 1921 年内先行筹办省城及芜湖商埠义务教育,省城安庆设国民学校 100 所,芜湖设国民学校 80 所,每两校正副教员 3 人,共需 270 名教员;第二期从 1922 年起在各县及繁盛镇筹办义务教育,60 县每县设国民学校 20 所,共 1200 所,每两校正副教员 3 人,共需 1800 名教员。此外,该计划指出:"皖省分期筹办义务教育,应先储备师资并筹拨经费。"③然而,就在计划颁布两个月后,董嘉会被免职,以致义务教育筹备工作未能按计划展开。

1920 年 9 月 9 日,北京政府任命赵宪曾为安徽教育厅长。然而,皖省教育界以赵宪曾"资望素浅,于皖省情形尤多隔阂"④为由极力拒绝。由此,他上任一个月后便称病辞职。10 月 14 日,北京政府改派张继煦为皖省教育厅长。张上任后,1921 年 2 月,在省会及芜湖分设义务教育筹备处,遴选筹备委员,会同各地方知事办理义务教育。而且,教育厅在 1921 年度省教育经费预算案内,列各属义务教育补助专款 18 万元。

1921 年 8 月 21 日,李兆珍就任安徽省长。李为皖系军阀倪嗣冲的亲信。因此,李出掌皖政后,对非倪系人员大加撤换,"首先即撤换教育厅长",并"已示意张继煦,令其自行辞职"⑤。至省教育经费,"则决定推翻预算案,加以裁减"⑥。在李兆珍的威逼下,张继煦于 10 月 26 日称病辞职。当日,北京政府任命时任教育部视学的杨乃康为安徽教育厅长。1921 年 11 月,新任教育厅长杨乃康与安徽教育厅全体职员合影(见图 5-1)。

---

① 《皖省近事》,《申报》,1918 年 8 月 15 日,第 2 张第 7 版。
② 教育部编审处编:《第一次中国教育年鉴》,上海:开明书店,1934 年,第 435 页。
③ 《皖省分期筹办义务教育计划》,《教育公报》,1920 年第 9 期,第 15 页。
④ 《芜湖快信》,《申报》,1920 年 10 月 2 日,第 2 张第 7 版。
⑤ 《皖团体联电主张实行自治》,《申报》,1921 年 9 月 19 日,第 3 张第 10 版。
⑥ 《皖团体联电主张实行自治》,《申报》,1921 年 9 月 19 日,第 3 张第 10 版。

**图 5-1 安徽教育厅全体职员摄影**

图片来源:《安徽教育厅全体职员摄影》,《安徽教育月刊》,1921 年第 46 期,第 5 页。

　　杨乃康就任教育厅长以来,对省域义务教育颇为热心。比如,1922 年 7 月,杨乃康召集全省各县劝学所长、视学员等,召开全省教育行政会议。此次会议重点讨论皖省义务教育的实施办法。会后,教育厅拟订了《全省义务教育初步计划》,主要内容有:(1)普及教育完成之期从部章规定之 1928 年延期至 1931 年;(2)令全省 60 县劝学所长调查并报告本县学龄儿童情况;(3)指定全省厘金及烟酒附加 14%、田亩附加 10%、不动产登记附加 5%、牲畜屠宰附加 30%、牙贴附加 20% 等为全省义务教育专款。

　　然而,杨乃康因撤换省立图书馆长,导致其"四面受敌,不安于位"[1],故在此次会议结束 3 个月后称病辞职。紧接着,1922 年 10 月 30 日,江昉继任皖省教育厅长。江就任后,努力实施以上计划各点,但成效不彰。如学龄儿童调查方面,"各县多依据调查户口册,约略具报,均未得其确数"[2]。再如义务教育经

---

[1] 《江彤侯将长皖教厅》,《申报》,1922 年 9 月 11 日,第 3 张第 11 版。

[2] 教育部编审处编:《第一次中国教育年鉴》,上海:开明书店,1934 年,第 493 页。

费方面,烟酒附加于 1923 年 1 月 1 日起开征,厘金于是年 12 月 1 日起征收,田亩附加、不动产登记附加、牲畜屠宰附加、牙贴附加亦于 1923 年由财政厅分饬各县实行征收,并将征收之款交县教育行政部门保管。[①] 但问题在于,除烟酒附加及厘金外,其他各税的征收工作未能顺利进行。就烟酒附加及厘金而言,自 1923 年开征至 1929 年,"实收不达预计一年之收入"[②]。

1923 年 11 月 10 日,北京政府免去江昹的教育厅长职务,并委派时任安庆道尹谢学霖兼代教育厅长。"惟谢预料安徽教育必然愈趋愈下,决定不干。"[③] 1923 年 12 月 11 日,安徽督军马联甲兼任省长。马联甲上任后,大批更换包括教育厅长在内的一切省级官员。经马保荐,1924 年 2 月 8 日,北京政府任命卢殿虎为安徽教育厅长。卢再次出任后,积极争取省款以补助全省义务教育经费。然而,当时马联甲正大力筹集军费,将教育费一律停发。[④] 在此情况下,卢殿虎无力推进全省义务教育事业,因而他于 1924 年 11 月底请假回籍。

此后,尤其是 1925 年 1 月至 1927 年 3 月北伐军攻克安庆前,皖省处于军阀混战时期。在这一动荡局势中,先后有 5 人出任安徽教育厅长一职。厅长任期,多者 8 月,少者 3 月。因此,历任教育厅长无暇亦无力推进省域义务教育事业。据时人反映,对于义务教育,"惟时全省教育行政长官既频有更替,复以地方士绅之把持,意见纷歧,阻碍良多"[⑤]。而且,该时期地方义务教育状况"未经省视学出发视察,地方教育之真相不明,改进更无从谈起"[⑥]。

总的来看,北京政府时期,尤其是 1917 年安徽教育厅成立以后,义务教育得以起步。历任教育厅长亦对省域义务教育事业有所筹划,但前后计划毫无连贯性,加之皖省政局日趋恶化,故安徽义务教育的开展极为缓慢。

---

① 《安徽义务教育经费之缘起及其经过》,《安徽教育行政周刊》,1929 年第 1 卷第 2 期,第 11 页。
② 教育部编审处编:《第一次中国教育年鉴》,上海:开明书店,1934 年,第 494 页。
③ 《蚌马兼长后之皖政局》,《申报》,1923 年 12 月 26 日,第 3 张第 10 版。
④ 《战事解决中之皖教费问题》,《申报》,1924 年 10 月 26 日,第 2 张第 5 版。
⑤ 教育部编审处编:《第一次中国教育年鉴》,上海:开明书店,1934 年,第 435 页。
⑥ 教育部编审处编:《第一次中国教育年鉴》,上海:开明书店,1934 年,第 435 页。

## 二、皖省教育厅与省域义务教育调整

1927 年 3 月，北伐军攻克省城安庆，并建立新的省级政府。自此，安徽省结束了军阀混战的局面。然而，皖省政局依然不稳定。

### (一)重新编制义务教育计划和规程

1927 年 4 月 2 日，张仲琳就任安徽省教育科长。张就职后，宣布改革安徽教育分期计划。关于义务教育，该计划指出：第一期，使已开学之省会、芜湖义务教育学校设法维持上课；第二期，确定并扩充义务教育经费，且限期普及义务教育；第三期，学龄儿童义务教育普及后，增加义务教育之年限。[①] 这是南京国民政府成立后安徽省公布的首份普及义务教育计划。

1928 年 2 月，皖省教育厅颁布《厉行安徽义务教育暂行规程》24 条，严令各属遵办，限于 1933 年办理完竣 4 年制义务教育。根据该规程，推行步骤如下：1928 年度，县城及繁盛市镇筹办完竣；1929 年度，在 16 平方里以内有 500 户以上者筹办完竣；1930 年度，在 16 平方里以内有 300 户以上者筹办完竣；1931 年度，在 16 平方里以内有 200 户以上者筹办完竣；1932 年度，在 16 平方里以内有 100 百户以上者筹办完竣；1933 年度，在 16 平方里以内不及 100 户者筹办完竣。[②]

1930 年 12 月，教育厅在参酌同年 7 月全省教育局长会议议决案基础上，公布了《实施义务教育初步计划》，规定：各县限期呈报学龄儿童数、义教基金数、师资数；期于中央规定期限内一律办理完竣；厘定初级小学设备、经费、师资、课程等最低标准；设立乡村师范学院，以期培养乡村师范学校及师资养成所之师

---

① 《皖教育科宣布改革教育计划》，《申报》，1927 年 4 月 29 日，第 2 张第 7 版。
② 《厉行安徽义务教育暂行规程》，安徽省政府教育厅编译处编：《安徽现行教育法规汇编》，安庆：安徽省政府教育厅编译处，1930 年，第 5 页。

资;各县拟具详细计划,呈报本厅,再由本厅厘定全省义务教育实施计划。①

　　1932 年 12 月,教育厅根据部颁章程,拟订《安徽省第一期实施义务教育计划》和《安徽省短期义务教育实施计划》,规定自 1932 年第二学期起,分年在省会及各县同时试点四年制和一年制的义务教育。其中,前者规定:省会设 2 个实验区,由教育厅办理,就省会附近城乡各设一区,以为各县之模范;各县设 2 个实验区,由县长督同教育行政机关暨地方办学人员办理,就城市与乡村选择适宜地点各设一区;省县实验区分别设置省县义务教育实验区设计委员会,以督促指导实验区的筹备与设置。② 后者规定:省会实验区由教育厅办理,分别在怀宁、休宁、阜阳、芜湖、凤阳、合肥 6 县各设一区,办理期限为 3 年;各县由县长督同县教育局及地方办学人员办理,各县应择适宜地点各设 2～4 个实验区,各县实验区办理年限为 4 年,其他各区办理年限为 5 年。③

　　为了推广义务教育,1935 年 7 月,安徽省教育厅遵照部章,拟订《安徽省实施初步义务教育计划》,规定在 1935 年度起至 1940 年度止的 5 年内,全省 9 足岁至 12 足岁的失学儿童,至少应受 1 年的义务教育。该计划指出:第 1 年至第 5 年,每年分别增设 1200 所、1200 所、1400 所、1600 所、1800 所短期小学,每年分别可容纳 96000 人、192000 人、304000 人、432000 人、576000 人就学;除增设短期小学外,还推广初级小学、充实原有学级之学额、厉行二部制、试行教生服务办法、改良私塾、试行巡回教学等。此外,该计划还详细安排了 5 年内经费收支计划、经费支配等事项。④

　　由上可知,该时期义务教育计划多达 5 种。从计划颁布时间来看,前后计划相隔时间极为短暂。一般而言,前项计划未及实行,第二项计划又仓促出台,前后计划间并无连贯性,故而计划实施效果难免大打折扣。

---

① 《令发实施义务教育初步计划》,《安徽教育行政周刊》,1930 年第 3 卷第 49 期,第 3 页。
② 《安徽省第一期实施义务教育计划》,《安徽教育半周刊》,1933 年 12 月 6 日,第 6 期第 3 版。
③ 《安徽省短期义务教育实施计划》,《安徽教育行政旬刊》,1933 年第 1 卷第 1 期,第 4 页。
④ 《安徽省实施初步义务教育计划》,《安徽教育周刊》,1935 年第 28—29 期,第 11—18 页。

### (二)管理义务教育经费

1927年后,为筹集义务教育经费,安徽省教育厅采取以下举措。

**1.督促各县开征附加税**

经教育厅提议,1928年1月,省政府会议议决通过1922年《全省义务教育初步计划》中的义教经费办法,通令各县自1928年1月起,开征田亩、牙贴、牲畜、不动产登记四种附加一成,以扩充义务教育专款。同时,会议还决定:前已开征厘金和烟酒附加两项由财政厅和教育厅直接收管,其余四项均由各县政府带征,交教育局保管。1928年2月,教育厅拟定四项附税调查表,印发各县教育局,要求收文一个月内填报,供教育厅查考。[①] 然而,"中间数经阻折,因年岁荒歉及兵匪影响,请求减免缓行者颇多"[②]。事实上,征收附加及填报税款延至一年半后才逐渐开展。据教育部统计,1929年终,全省60县中,具报实行开征者有怀宁等39县,总计预算39余万元。[③] 由此可见,教育厅筹措义务教育经费的措施初显成效。然而,1930年中央政府实行裁厘。在这种情况下,安徽省财政厅和教育厅保管的厘金被取消,致使义务教育经费来源无形动摇。

**2.争取中央补助款**

1935年以前,皖省义务教育经费多由地方自筹。1935年开始,鉴于普及短期义务教育的重要性与迫切性,教育厅积极争取中央补助款。经安徽省教育厅争取,从1935年起,中央补助皖省义务教育费13万元,其中国库补助12万元,庚款补助1万元。

**3.规范保管与发放办法**

为了统一保管义务教育经费,1929年,教育厅颁布《安徽县义务教育附税征收保管及支配规程草案》,规定:由各县政府带征田亩税10%、不动产登记税

---

① 《皖教育厅厉行普及教育之训令》,《申报》,1928年2月1日,第3张第11版。
② 教育部编审处编:《第一次中国教育年鉴》,上海:开明书店,1934年,第494页。
③ 教育部编审处编:《第一次中国教育年鉴》,上海:开明书店,1934年,第494页。

5%（典契减半）、牙贴税 20%、牲畜屠宰税 30%，为义务教育专款；由教育局每星期向县政府领取保管；以义务教育经费全数之 2/10 至 3/10、7/10 至 8/10 分别办理城市教育、乡村教育。[①] 1935 年 10 月，为保管中央及省库义务教育补助款，教育厅公布《安徽省义务教育经费经管办法大纲》及《安徽省发放各县义务教育经费办法》。根据规章，义务教育经费保管办法为：所有国库及省库补助均由安徽省义务教育委员会经管，会同教育厅专款存储中央银行，随时由委员会按照预算发放。义务教育经费发款办法为：由委员会会同教育厅主管科按月编列详表，委托中央银行分别汇至各县义务教育委员会；汇兑不通的县份，由财政厅于各该县应解省款中划解。[②]

### （三）建立义务教育行政组织

1928 年 10 月，教育厅遵照大学院令，组织安徽省义务教育委员会，并在教育厅内附设义务教育事务处，执行该委员会议决的一切事项。1929 年 2 月，教育厅颁布《市县义务教育委员会组织大纲》，要求各市县限期成立，以便部署各市县义务教育进行计划应注意事项、审定各市县厉行义务教育计划书等。据时人反映："嗣后各属具报义务教育会成立者踵相接，所有经费之扩充、学童之调查、师资之培养、设学之程序，皆有具体计划。虽各地情形迥殊，设施各异，要旨以十分之决心与努力，蕲其次第实现。"[③]

1935 年后，教育厅为落实《安徽省实施初步义务教育计划》，设立如下行政组织：其一，1935 年 9 月，教育厅遵照教育部法令，重新设立安徽省义务教育委员会。1936 年 2 月，教育部督学周邦道视察完皖省义务教育后称：该委员会设立后，"对于短小进行一切办法及规令，均集中统制，颇著效率"[④]。其二，1935 年 9 月，教育厅颁布《安徽省各县义务教育委员会组织章程》，要求各县由县长、

---

① 《安徽县义务教育附税征收保管及支配规程草案》，《安徽教育行政周刊》，1929 年第 2 卷第 8 期，第 1—2 页。

② 教育部编：《教育部视察各省市义务教育报告汇编》，上海：商务印书馆，1937 年，第 37 页。

③ 教育部编审处编：《第一次中国教育年鉴》，上海：开明书店，1934 年，第 493 页。

④ 教育部编：《教育部视察各省市义务教育报告汇编》，上海：商务印书馆，1937 年，第 37—38 页。

教育局长、县督学、地方有资望人士等 7 人组织县义务教育委员会。据周邦道称，"各县均已组织成立，每月约开会一次。但此种委员会仅不过有其形式而已"①。其三，划分小学学区，并设置学董。1935 年 11 月，安徽省教育厅根据教育部颁布的《市县划分小学区办法》，拟定《安徽省各县划分小学区及设校办法》，规定各县小学区以原有联保划分，每一联保为一小学区；各县政府就每五至十个小学区指派联保主任一人为学董，由其办理小学区内的义务教育事务。② 然而，这项制度实施一年来，"学董实际上多不克尽厥职"③，原因是：(1)事务繁忙，无暇及此；(2)地域宽者，往返不便；(3)各联保主任地位相等，不易指挥；(4)纯粹义务，动辄垫款，多不愿意。

由上可知，1927 年后，尤其是 1935 年以来，经安徽省教育厅努力整顿，全省各级义务教育行政组织逐渐建立，但其中还存在不少问题。

### (四)培养义务教育师资

1929 年春，安徽省教育厅鉴于小学师资缺口较大，便采取如下措施：一是在贵池设立第一乡村师范学校，在蚌埠设立第二乡村师范学校，修业年限均定为三年。二是颁布《安徽义务教育师资养成所规程》，规定各县限期成立义务教育师资养成所。此后，教育厅还陆续公布《义务教育师资养成所课本标准》《改进各县义务教育师资养成所办法》等规章。据教育厅统计，1929 年，全省设立21 所义务教育师资养成所，每所学员至多 50 人，至少 30 人。事实上，通过上述措施培养的师资数量与师资需求数量之间仍有不小差距。

1935 年起，安徽省开始实施一年制短期义务教育。据时任教育厅长杨廉反映，实施短期义务教育，师资成了很严重的问题。④ 针对这一问题，教育厅采取正规与非正规并举的策略培养短小师资，具体措施如下：一是颁布《师范毕业

---

① 教育部编：《教育部视察各省市义务教育报告汇编》，上海：商务印书馆，1937 年，第 38 页。
② 《安徽省各县划分小学区及设校办法》，《安徽教育周刊》，1935 年第 34 期，第 3 页。
③ 教育部编：《教育部视察各省市义务教育报告汇编》，上海：商务印书馆，1937 年，第 39 页。
④ 杨廉：《安徽省推行义务教育之经过》，《大公报》，1937 年 1 月 11 日，第 3 张第 11 版。

生充任小学教员办法》,规定会考及格的各省立师范学校及师范科毕业生均充任短小教员,凡县立各级师范学校毕业生均得向教育厅登记充任短小教员。二是通令各师范学校附设短小师资训练班,招收初中程度学生,训练半年,训练终了后分发各县服务。三是通令全省各优良小学试行艺友制,即招收初中毕业程度学生,在直接教学活动过程中授以教学技能,半年为期,期满分发担任短小教员。四是1937年1月,通令全省师范学校一律改招一年制简易师范生。各校招生依各县历年需要教员数加倍报送,由各师范学校考试选拔。训练结束后,一律返回原籍服务。可以说,上述应急性措施成效显著。正如杨廉所言:"安徽省二十四、五两年度的短小教师,我们用了种种方法,总算勉强够用了。"①

在义务教育师资的进修方面,皖省教育厅也采取了一些办法:一是举办暑期学校和暑期学术讲演会。1929年暑假,教育厅在安庆举办第一届暑期学校,并举行暑期学术讲演会,给省会及各县小学教员以进修机会。此次暑期进修,"为时虽短,而获益良多"②。二是抽调学习和集中训练。1935年,教育厅通令各县对能力较差的教员调至附近优良小学做艺友,在实际教学过程中,予以教导方法之训练,或于暑期指定前往讲习班训练。

### (五)监督地方义务教育

这一时期,教育厅开展了全省义务教育视导工作。第一,增设地方教育视导人员,督促各县设立短期小学。比如,1935年5月,因全省举办短期义务教育,教育厅在义务教育委员会增设视导员9人、私塾研究辅导员1人。据教育部督学周邦道称:"视导员均颇勤勇努力,实行督促指导工作。所有各县本年度筹设之短期小学,除阻于匪患者外,虽穷乡僻壤,亦曾到达。其因开办较为困难之地方,有到达二次以上者。"③第二,根据省督学及地方教育视导员报告,奖惩地方办学人员。如1935年,据地方教育视导员报告,教育厅对青阳县长贺景循

---

① 杨廉:《安徽省推行义务教育之经过》,《大公报》,1937年1月11日,第3张第11版。
② 教育部编审处编:《第一次中国教育年鉴》,上海:开明书店,1934年,第438页。
③ 教育部编:《教育部视察各省市义务教育报告汇编》,上海:商务印书馆,1937年,第39页。

和教育局长吴诚镕、太和县长李海楼等 7 人给予奖励。[①] 但督导结果并未对办理义务教育不力的县长等人员产生威慑力。比如,"郎溪县长搁置一切义教令文,迟迟不办"[②]。究其因由,主要有二:一是教育厅缺乏考核各县义务教育主办人员的规章,以致各项义务教育法令不能有效落实。就此,1936 年,教育部要求安徽省教育厅对"各县主持义务教育行政人员应订定考成办法,详加考核,严于惩奖"[③]。二是"教厅惩处办理义教不力之县长,有时不易得各方面之同意,致不能一一实现"[④]。

总之,国民政府初期,尤其是 1935 年后,安徽省教育厅在推动省域义务教育事业方面做了一些工作,但存在不少问题。从全省义务教育普及率来看,1929 年为 10.3％,1931 年为 9.0％,1933 年为 10.0％,1936 年为 19.6％。与1929 年相比,1936 年皖省义务教育普及率有所提升,但增幅较为缓慢。

# 三、皖省教育厅与省域义务教育兴起

全面抗战爆发后,安徽教育事业遭到严重破坏。就义务教育而言,全面抗战前皖省曾举办的省立小学、县区私立小学、一年及二年制短期小学,"直至江淮沦陷,寇骑所至,大多停顿"[⑤],以致失学儿童触目皆是。面对这般残破景象,安徽省教育厅曾根据战争形势的变化,动态调整行政思路,竭力推进皖省义务教育工作。

## (一)恢复与整理义务教育

安徽省义务教育工作局面的打开,始于 1938 年底。是年 10 月,方治赴皖省任教育厅长。他就任后,从相对安全的皖西和皖南各县着手,遵照部章,积极

---

① 教育部编:《教育部视察各省市义务教育报告汇编》,上海:商务印书馆,1937 年,第 39—40 页。
② 教育部编:《教育部视察各省市义务教育报告汇编》,上海:商务印书馆,1937 年,第 32 页。
③ 教育部编:《教育部视察各省市义务教育报告汇编》,上海:商务印书馆,1937 年,第 32 页。
④ 教育部编:《教育部视察各省市义务教育报告汇编》,上海:商务印书馆,1937 年,第 40 页。
⑤ 安徽省政府教育厅编:《安徽教育要览》(第四回),合肥:安徽省政府教育厅,1947 年,第 1 页。

规划省域义务教育。

**1. 设置省立临时小学,以每县设 1 所为原则**

1939 年 2 月,鉴于安徽战局趋于稳定,教育厅先后在立煌、岳西、怀宁、桐城、寿县、舒城等 28 县各设立 1 所省立临时小学。1940 年始,教育厅又在无为、望江、蒙城、凤台等 10 县各设立 1 所省立临时小学。1940 年 8 月,鉴于省府所在地立煌居户日增、学童日多,教育厅将省立立煌小学分成 4 所办理。

**2. 督促与鼓励各县限期恢复普通小学及短期小学**

截至 1939 年 8 月,各县共计恢复普通小学 2038 所,短期小学达 3800 所。[①]此外,"江淮各县,类多不能照旧维持。亦经本厅通饬各县尽量恢复",截至 1939 年 8 月,各县短期小学共计恢复 1517 所。[②]

**3. 举办乡镇保小学**

1939 年 4 月,安徽省开始实施"政教合一"。由是,教育厅参照本省《战时施政纲领》《战时教育工作纲要》及部章《小学规程》基础上,先后制定《乡(镇)保小学暂行规程》《乡(镇)保小学初步实施办法》《乡(镇)保小学附设短小班》等单行规章,"通饬各县先就原有各级小学一律分别改设",并"奖励私人捐资兴学"。[③] 这样做,既可以使原有各校设置整齐划一,还可以通过各乡(镇)保小学普遍增设使教育普及于儿童与失学民众。

**4. 印发小学课本**

全面抗战爆发后,原由各小学购置的课本因交通阻隔,来源断绝,无法购用。因而,1939 年上半年,教育厅曾油印样本,"检发各县翻印转发应用,并编订《战时歌曲》及国语活页补充教材,以启发抗战信念。至二十九年上期小学各科课本,已选定适合战时需用之最新课本,在阜阳付印"[④]。1940 年底,这些课本

---

① 方治:《一年来之安徽教育》,立煌:安徽省政府教育厅,1940 年,第 6 页。
② 方治:《一年来之安徽教育》,立煌:安徽省政府教育厅,1940 年,第 6 页。
③ 方治:《一年来之安徽教育》,立煌:安徽省政府教育厅,1940 年,第 11 页。
④ 方治:《一年来之安徽教育》,立煌:安徽省政府教育厅,1940 年,第 15 页。

已分发各县使用。

### 5. 训练小学师资

1939 年初,关于小学教师训练,教育厅的行政思路是:"地方小学师资,必须集中训练,方足以资担任战时教育工作之使命。"[①]由此,教育厅在本省政治军事干部训练班附设小学师资组,遴选登记合格的失业小学教师进行集中训练。是年 4 月,该组学员结业,分由给该县政府统筹分配工作。此后,随着乡(镇)保小学的遍设,教育厅改变集中训练的思路,转由各县办理小学教师训练。为此,教育厅出台《各县举办乡(镇)保小学师资短期训练班办法》,"通饬遵办,由各县招收中等以上学校毕业学生,施以教育、政治、军事各科之训练,每期期限二月,结束后,由县分发各乡(镇)保小学担任教学"[②]。

### 6. 整理各县教育款产

为了解决地方义务教育经费缺少的问题,1939 年上半年,教育厅曾呈准省政府,派遣 21 名清理款产督导员,分赴立煌等 30 余县,着手整理款产,各县义务教育因之有了一定的经费基础。

总之,在教育厅长方治的积极规划下,安徽省义务教育"渐复旧观"[③]。

### (二)扩充与改进义务教育

1940 年 12 月,万昌言就任安徽省政府教育厅长一职。他在前任打下的基础上,提出今后的教育施政方针:"一方为谋量的发展,他方更求质的改进,兼筹并顾,无分轩轾。"[④]自此,省域义务教育走上扩充数量与改进质量并举的道路。

### 1. 增设中心学校与国民学校

1941 年,教育部颁布实施《国民教育五年计划》。旋即,教育厅拟订《全省国民教育计划》,规定:"自三十一年度起,就各安全县份,配合基政组织,设立中

---

①　方治:《一年来之安徽教育》,立煌:安徽省政府教育厅,1940 年,第 15 页。
②　方治:《一年来之安徽教育》,立煌:安徽省政府教育厅,1940 年,第 16 页。
③　万昌言:《一年来之安徽教育》,《安徽教育》,1942 年创刊号,第 13 页。
④　万昌言:《一年来之安徽教育》,《安徽教育》,1942 年创刊号,第 13 页。

心学校及国民学校,期于五年内,完成每乡镇一中心学校,每两保一国民学校之设置,收教学龄儿童及失学民众,各达其总数百分之六十以上。"①1942 年 1 月起,各县原有乡保学校遵照规定,改为中心学校及国民学校;原有省立临时小学,除省政府及行署所在地立煌、王家湾等 5 所小学外,一律交由所在地县政府改为示范中心学校;中心学校为初高级合设,国民学校以设初级为原则;初级采用复式教学。1943 年 3 月,据教育厅称:国民教育实施以来,备著成效。实行新县制及比较安全县份计,立煌等 49 县已设乡(镇)中心学校 1510 校,保国民学校 8781 校。全省共 1673 乡(镇)总数已达每乡(镇)一校之标准。全省共 23923 保总数已达每两保一校之标准。其班级,中心学校及国民学校小学部共办 13835 班,收教学龄儿童计 691750 人,约占学龄儿童总数 29%(全省学龄儿童连游击县计算共 2310000 人),"其数字已超出上年预定计划范围"②。

### 2. 加强各级教育行政组织

健全的教育行政组织是实施义务教育的重要保障。1942 起,安徽实施新县制后,教育厅为加强地方教育行政起见,饬令"县政府一律设置教育科,区设教育指导员,乡(镇)设文化主任,保设文化干事"③。此后,全省 62 县中,除了游击区县份外,桐城等 40 县陆续遵照施行④,所有各级人员除教育科长、科员、督学均经教育厅分别核委外,"其余各级人员由县分别委派"⑤。至于各县教育科组织,"除科长外,科员均为二人,督学在一、二、三等县各暂设二人,四等以下县份各设一人"⑥。

---

① 安徽省政府教育厅编:《安徽教育要览》(第四回),合肥:安徽省政府教育厅,1947 年,第 1 页。

② 安徽省政府教育厅编:《安徽省政府教育厅教育工作报告》,立煌:安徽省政府教育厅,1943 年,第 5 页。

③ 万昌言:《一年来之安徽教育》,《安徽教育》,1942 年创刊号,第 13 页。

④ 安徽省政府教育厅编:《安徽省政府教育厅教育工作报告》,立煌:安徽省政府教育厅,1943 年,第 1 页。

⑤ 万昌言:《一年来之安徽教育》,《安徽教育》,1942 年创刊号,第 13 页。

⑥ 万昌言:《一年来之安徽教育》,《安徽教育》,1942 年创刊号,第 14 页。

### 3.加强教育视导工作

为了解与监督地方实施义务教育的现状,教育厅高度重视各级教育视导工作。在省级层面,教育厅下设 20 名国民教育视导员,并将全省分为 6 个视导区(第一区包括太湖等 8 县,第二区包括立煌等 8 县,第三区包括阜阳等 9 县,第六区包括南陵等 9 县,第七区包括休宁等 6 县,第八区包括贵池等 7 县),由视导员协助省督学,进行分区视导。在各县层面,除设县督学外,规定各县斟酌需要情形,增设专任县国民教育视导员共 10 人。为保证各级视导成效,教育厅还制发《县教育行政视导标准》《国民教育视导标准》等。由此,"各级视导工作较前严密,各校行政、设备、教学、训育等项较前进步"①。

### 4.加强小学教员队伍建设

就此,教育厅采取四项举措:一是通令各县检定小学教员。1941 年 7 月,全省 40 县的小学教员总登记工作已办理完竣。当时,各县共登记 6821 人。经审查,合格者 2400 人,应受试验检定暂以代用教员任用者 3203 人,证件未备、不予审查及不及格者 1218 人。② 1942 年,各县接续举办小学教员检定。截至此时,全省累计检定合格及代用教员共 10271 人。③ 二是加强短期师范教育。以 1942 年为例,省立徽州师范等 6 校及省立、县立中学附设简易师范科等 30 所学校,寒假与暑假的毕业生共计 1701 人;潜岳联立师资短训班等 9 班,寒暑假毕业生计 450 人;初中三年级学生增习师训科目后,毕业生计 1190 人。④ 这些毕业生均以小学教员或代用教员分发服务。三是加强在职教师进修。1942 年,教育厅要求各地举办小学教员暑期讲习班、设立国教研究会等,旨在提高在职小学教师程度。是年暑假,教育厅于第一、二、三区各设讲习班,分别调集各

---

① 安徽省政府教育厅编:《安徽省政府教育厅教育工作报告》,立煌:安徽省政府教育厅,1943 年,第 11 页。

② 万昌言:《一年来之安徽教育》,《安徽教育》,1942 年创刊号,第 14 页。

③ 安徽省政府教育厅编:《安徽省政府教育厅教育工作报告》,立煌:安徽省政府教育厅,1943 年,第 7 页。

④ 安徽省政府教育厅编:《安徽省政府教育厅教育工作报告》,立煌:安徽省政府教育厅,1943 年,第 7 页。

县中心学校教导主任、分校主任等共 1069 人，"其余小学教员则由各县设班讲习，其已举办经呈报有案者计阜阳、六安、太和、宿松、潜山、蒙城、霍邱、庐江、合肥、霍山、桐城、寿县、临泉等十三县"[①]，参加教习人数计 1080 人。至于国民教育研究会，"各区县均经组设成立"[②]。四是规定小学教师薪给及津贴。自实施国民教育以来，中心学校教员最低薪给每月 30 元，国民学校每月 26 元。因生活程度高涨，皖北霍邱、皖南休宁等县中心小学教员待遇实际已提高到 50 元。1943 年初，教育厅按 50 元的月薪标准通饬各县施行，同时要求各县遵照部章《地方津贴小学教师米谷办法》办理米谷津贴。此后，各县均已遵照办理。[③]

### 5. 充实基层小学设备及教材

1942 年初，教育厅遵照部章，要求各县加紧筹集教育基金，以其收益尽先依照部颁初步设备标准，充实设备和教材。据教育厅称：截至 1943 年 3 月底，"根据各级督导人员报告统计：其已达到初步设备标准之学校，平均约当学校总数百分之五十强，但此多限于中心学校方面；至保国民学校，因基金筹集困难，仍多因陋就简，尚有待于各县之努力改进"[④]。

### 6. 宽筹国民教育经费

安徽省国民教育经费经教育厅整顿以后，1942 年度已达 8069725 元，"比较民国三十年约增两倍有半"[⑤]。就支出而言，主要分配于立煌等 52 县的中心学校、国民学校，以改善师范生服务待遇、充实各校设备、奖助办理民教、补助民教课本等。就来源而言，主要包括中央补助地方推行新县制办理国民教育经费

---

① 安徽省政府教育厅编：《安徽省政府教育厅教育工作报告》，立煌：安徽省政府教育厅，1943 年，第 9—10 页。

② 安徽省政府教育厅编：《安徽省政府教育厅教育工作报告》，立煌：安徽省政府教育厅，1943 年，第 10 页。

③ 安徽省政府教育厅编：《安徽省政府教育厅教育工作报告》，立煌：安徽省政府教育厅，1943 年，第 8 页。

④ 安徽省政府教育厅编：《安徽省政府教育厅教育工作报告》，立煌：安徽省政府教育厅，1943 年，第 8 页。

⑤ 安徽省政府教育厅编：《安徽省政府教育厅教育工作报告》，立煌：安徽省政府教育厅，1943 年，第 11 页。

1087100 元,教育部补助国民教育经费 500000 元,1941 年度中央增拨补助费未动用款 200000 元,立煌等县库支出 4935505 元,各保自筹 867120 元。此外,为巩固国民教育经费,教育厅要求各县遵照部章《国民学校及中心学校基金筹集办法》筹集基金,并颁布《安徽各县办理保校移用各名姓祠产暂行办法》《安徽省各县劝勉寺庙祠会提拨财产充作乡镇中心学校及保国民学校基金暂行办法》,通饬施行。对于各校筹集基金数额,1942 年度,教育厅曾规定:各中心学校基金收益应达其年支经费总额的 1/4,各国民学校基金收益应达其经费总额的 1/2,其用途则指定为充实学校设备及改善教员待遇。据教育厅统计,截至 1943 年 3 月,各县筹集基金总数为 20473182 元。[①]

### (三)复员与充实义务教育

1944 年 4 月 8 日,国民政府任命汪少伦为安徽省政府委员兼教育厅长。汪少伦就职后,在前任基础上,根据新形势,拟订战后教育计划,复员敌伪学校,充实学校设施。由此,皖省义务教育迈入新的发展阶段。1947 年 8 月 16 日,教育厅长汪少伦与教育厅全体职员合影(见图 5-2)。

#### 1. 制订战后教育计划

"汪氏于到职后,有感于安徽战时教育设施,多迁就特殊环境,未能尽合理想,实有施行'计划教育'之必要。"[②]1945 年春,考虑到抗战胜利在即,他便着手草拟《安徽省战后教育计划》,以作为安徽战后教育设施的指针。为求集思广益,他将该计划印送省内外教育专家,征求意见。是年秋,临时省会立煌召开江北区教育会议时,汪少伦将原计划连同专家意见一并提交大会,进行讨论。大会结束后不久,日本投降。根据战后新形势,略加调整后,教育厅正式出台《战后教育计划大纲》,其中对省域国民教育进行了详细规划。1946 年,教育厅根据《安徽省五年建设计划大纲》的规定,厘定了《安徽省教育文化五年建设计

---

① 安徽省政府教育厅编:《安徽省政府教育厅教育工作报告》,立煌:安徽省政府教育厅,1943 年,第 12 页。

② 安徽省政府教育厅编:《安徽教育要览》(第四回),合肥:安徽省政府教育厅,1947 年,第 3 页。

划》。是项计划与战后教育计划"并没有多大出入,只是把实施的进度和完成的年限,以及和其他诸种建设事业配合进行的方式,作一具体而完整之规划而已"①。

图 5-2　安徽省政府教育厅全体职员摄影

图片来源:安徽省政府教育厅编:《安徽教育要览》(第四回),安庆:
安徽省政府教育厅,1947 年,第 6 页。

### 2.收复敌伪各县小学

抗战结束后,教育厅就着手接收敌伪小学。首先,令饬各收复区县政府从速派员,将这些小学接收,并继续办理。其次,令饬各收复县将所有接办的小学,一律改为中心国民学校或国民学校,使其趋于正规。最后,1946 年春,教育厅制定《中心国民学校及国民学校设置标准》,"严令各收复县一定要在这一年内将乡保学校普遍设立完成,最低限度也要达到每三乡镇设两个中心国民学校,每两保设一个国民学校,俾于短期内可与安全县份的国民教育并驾齐驱,以

---

① 汪少伦:《一年来之安徽教育》,《安徽政治》,1946 年第 9 卷第 2 期,第 27 页。

同一速度,向前迈进"①。在教育厅和各县的共同努力下,1946 年度,全省中心国民学校有 2003 所,国民学校有 12165 所,小学、民教各有 25627 班。②

### 3.登记、甄审及训练收复县份的小学教师

至 1946 年 4 月,前两项工作已全部办竣。关于训练小学教师,1946 年初,经省干训团同意,教育厅于 17 期培训开办时,增设教育组,专门训练收复区教育人员。当时,受训者共计 120 人。这些人员毕业后,大多分配到各收复区担任教育行政工作。由此,"教育复员效率,得以增进"③。紧接着,1946 年 7 月 25 日,教育厅遵照教育部规定,在省会合肥办了小学教师暑期讲习班,调集合肥等 12 县的中心国民学校专任校长 100 名,实行讲习。讲习完毕后,这些校长"除择优提升为县府教育科科长、科员或督学外,其余一律回到原工作岗位上,以担当收复区国民教育的复兴工作"④。另外,贵池等 16 县也陆续举办了小学教师讲习班,参加讲习的国民学校教师达 1705 人。

### 4.稳定小学教师队伍

据教育厅称:"年来对于乡保学校教师人选,已为特别注意,首可提出者,为乡保学校校长问题。"⑤这是因为,乡(镇)保长兼任校长,"对于经费筹措,固能得其帮助,但于学校行政推行,究属利少弊多"⑥。鉴于此,汪少伦就任教育厅长后,便遵照中央规定,通令各县将乡保学校校长尽量改为专任。此后,"中心国民学校校长,业已全部专任。专任国民学校校长已达百分之五十以上"⑦。另外,为了稳定教师队伍,1945 年春,教育厅制定《安徽省各县市中心国民学校及国民学校教员任免办法》,规定登记合格教师,由校长报县加委,或由县径行委充任用,未经县市政府核准,不得任意辞退。可以说,此项办法"颁行以来,各县

---

①　汪少伦:《战后安徽教育》,《教育杂志》,1947 年第 32 卷第 5 期,第 50 页。
②　方:《安徽省教育复员工作概况》,《教育通讯》,1947 年第 3 卷第 8 期,第 35 页。
③　汪少伦:《战后安徽教育》,《教育杂志》,1947 年第 32 卷第 5 期,第 50 页。
④　汪少伦:《战后安徽教育》,《教育杂志》,1947 年第 32 卷第 5 期,第 50 页。
⑤　安徽省政府教育厅编:《安徽教育要览》(第四回),合肥:安徽省政府教育厅,1947 年,第 14 页。
⑥　安徽省政府教育厅编:《安徽教育要览》(第四回),合肥:安徽省政府教育厅,1947 年,第 14 页。
⑦　安徽省政府教育厅编:《安徽教育要览》(第四回),合肥:安徽省政府教育厅,1947 年,第 14 页。

称便"①。

### 5.充实国民学校设备

为增进教育效能,教育厅采取"三步走"策略,逐渐充实国民学校设备。具体来讲,第一步:1946年初,教育厅遵照部章规定,分别乡保学校内容设施,制定分等充实标准表,通饬各县市举办总调查。至1947年初,合肥等58县办完总调查。经教育厅核定,各乡保学校设施列为一等者共1249校,二等者共5422校,三等者共2888校。② 第二步:1946年初,教育厅督促各县市分别组织乡保学校修建委员会,自行募集工料,设法充实校舍设备。第三步:1947年2月,教育厅制定《安徽省各县市乡保学校分期充实内容计划》,并呈奉教育部核准颁行。此项计划"对于充实程序、经费来源及工作考核等项,均经分别规定,并列为各级行政人员考成之一,期能于三十九年度内普遍达成规定标准"③。

### 6.巩固国民教育经费

为了保障经费,教育厅采取了两大措施。(1)1947年4月,为加速增筹基金,教育厅出台《安徽省各县市国民学校及中心国民学校基金筹集竞赛办法》,规定:保与保竞赛,乡与乡竞赛,县与县竞赛;考核学校基金筹集成绩以法币为计算标准;每班筹得基金,达80万元以上者对县长、校长及教育科长给予奖金、奖状、升职等奖励,达50万元以上者不予奖惩,不及30万元者对县长、校长及教育科长给予申饬、记过、撤职等处分;学校基金筹集竞赛由督视导人员分区切实督导、考核、查验。④ 在此项规章的驱动下,仅1947年度,全省国民学校基金共筹20余亿元,为国民学校发展提供了基本的经费保障。(2)成立地方教育特种基金。1947年,教育厅制定《安徽省各县市教育特种基金收支处理办法》,旨在推动地方教育经费独立的进程。

---

① 安徽省政府教育厅编:《安徽教育要览》(第四回),合肥:安徽省政府教育厅,1947年,第14页。
② 安徽省政府教育厅编:《安徽教育要览》(第四回),合肥:安徽省政府教育厅,1947年,第14页。
③ 安徽省政府教育厅编:《安徽教育要览》(第四回),合肥:安徽省政府教育厅,1947年,第14页。
④ 《安徽省各县市国民学校及中心国民学校基金筹集竞赛办法》,《安徽省政府公报》,1947年第603期,第11页。

　　由上可知,全面抗战爆发后,安徽省教育厅在推进省域义务教育事业过程中,先后围绕恢复、扩充、复员三项中心工作,进行了大量的实践探索,并取得了显著的成效。

# 第四节　晋皖省级教育行政部门管理实践比较

民国时期，山西省和安徽省的省级教育行政部门，作为省域教育管理者，在推进本省义务教育过程中曾采取了种种举措。通过考察这些举措可知，在管理实践中，两省省级教育行政既有相似之处，也有较大的差异。比较二者的异同，有助于反思省际地方教育现代化进程不平衡的深层原因。

## 一、行政环境

从行政管理学角度来看，"行政系统是一个与外部环境密切联系的开放性社会系统，它适应外部环境的需要而产生，在与外部环境的相互作用中，发挥着自己的特殊功能，保持着自身运行的和谐"[①]。因此，行政环境会直接或间接影响行政系统功能的发挥。省级教育行政部门作为一个行政系统，也是如此。其管理实践，并非在真空中进行的，而是在与外部环境相互作用的过程中履行着自己的各项行政职能。

1917 年 9 月，山西督军阎锡山兼省长后，山西军政大权得以统一。自此，阎锡山掌控山西军政大权长达 30 余年。在 1937 年之前，山西全境处于相对安定的状态。这一时期，阎锡山非常重视山西教育事业，积极支持教育厅筹划与整顿省域义务教育事业，因此，山西省在全面抗战爆发前夕已成为全国义务教育最普及的省份。与之相比，民国成立以来，安徽省政局极不安定。这在教育领域的一大表征是，教育厅长长期处于走马灯似的更换状态。具体来讲，北京

---

① 夏书章主编：《行政管理学》，广州：中山大学出版社，2018 年，第 22 页。

政府时期,先后有 15 人出任安徽教育厅长,其中 11 任教育厅长任期不足 1 年;国民政府初期,先后有 11 人出任皖省教育厅长,其中 9 任教育厅长任期不足 1 年。这从一个侧面反映,在很长一段历史时期,安徽省政局风云变幻、动荡不宁,而且多数省级军政要员不支持皖省教育厅的工作。

全面抗战爆发后,山西省和安徽省相继沦陷,致使两省大部分区域的义务教育皆遭遇重创,几近停顿。由此来看,此时的两省局势基本相似。然而差异在于,抗战以来,安徽省军政要员重视教育事业,积极支持省教育厅工作。比如1939 年,教育厅长方治就称:"廖(磊)主席莅皖之始,于整军经武之余,目睹教育残破情形,深以生聚教训,实为培养抗战力量之先定条件,当本中央教育建国之旨,督同所属,迅速规划,积极设立临中临小多所,藉以大量收容失学青年与儿童。"①再如抗战结束后,时任省政府主席李品仙主持制订全省五年建设计划,提出四大建设方针,其中之一为"普及国民教育,提高文化水平"②。而且,李品仙还提出:"我们必须加强政治、经济、教育、文化各项建设工作,更必须依照规定的实施程序和办法,在这五年当中,循序渐进,完成新安徽的建设。"③在李品仙的支持下,安徽省教育厅迅速开展了国民教育的复员与建设工作。然而,与安徽省不同,全面抗战爆发后,阎锡山忙于军事扩张,尤其是抗战结束后,他将主要精力投入于打内战,而不再重视教育厅工作,也不再对曾高度重视的义务教育给予足够关注,从而大大制约了晋省义务教育普及工作的开展。

## 二、行政能力

众所周知,外因通过内因起作用。对于晋皖两省义务教育来讲,如果说外因是行政环境的稳定程度以及来自省级军政要员的支持程度,那么内因则是省级教育行政部门的能力水平,而这主要体现在行政思路和行政作为两大方面。

---

① 方治:《廖主席一年来治皖政绩——教育方面》,《安徽政治》,1939 年第 2 卷第 26 期,第 19 页。
② 李品仙:《胜利一年来的安徽》,《安徽政治》,1946 年第 9 卷第 2—3 期,第 9 页。
③ 李品仙:《胜利一年来的安徽》,《安徽政治》,1946 年第 9 卷第 2—3 期,第 9 页。

### (一)行政思路

在不同阶段,两省省级教育行政部门的行政思路有较大差别。

首先,在北京政府时期,山西教育厅采取"重质"和"重量"并进的行政思路。以师资培养为例,山西教育厅不仅设立多所省立师范学校培养正规义务教育师资,亦通令各县设立短期性质的师范讲习所,以满足地方对义务教育师资的迫切需求。这一时期,安徽教育厅对此无暇关注。因此,至北京政府结束,安徽"乡村小学教师,非学校毕业者占多数"①。

其次,在国民政府初期,山西省教育厅开始转变思路,义务教育由"重质"与"重量"并进逐渐转向"重质"。1931 年 1 月,冯司直出任教育厅长后,就提出"使全省现有之二万二千余处初级小学校,均应注重质的改进"②。1932 年 4 月,冀贡泉出任教育厅长后,继续重视义务教育质量的改进。与山西省不同,国民政府初期,安徽省教育厅采取"重量"的行政思路。如在师资培养方面,1929 年,为了普及义务教育,教育厅督促各县设立短期性质的义务教育师资养成所;1935 年后,教育厅又采取短小师资训练班、艺友制等应急性措施,才勉强解决了皖省义务教育师资短缺的问题。

最后,在国民政府后期,山西省教育厅采取"重量"的行政思路,至 1947 年,晋省义务教育形成"量增而质已减低"③的格局。与之不同,全面抗战爆发后,安徽省教育厅在各个阶段采取"重量"与"重质"并进的行政思路。具体而言,皖省教育厅在省域义务教育管理实践中,不仅重视数量的恢复、扩充、复员工作,还重视设施与质量的整理、改进、充实工作,从而使皖省义务教育取得显著成效。

---

① 教育部编审处编:《第一次中国教育年鉴》,上海:开明书店,1934 年,第 494 页。
② 《山西教育施政方针》,《中央日报》,1931 年 3 月 5 日,第 3 张第 2 版。
③ 《晋省教育可怜》,《大公报》,1947 年 3 月 17 日,第 1 张第 2 版。

### (二)行政作为

从行政学角度来看,"行政作为,是行政机关行使职权、履行职责并最终实现其行政职能的主要行为方式"[①]。行政作为,按行政主体是否行使权力并履行职责,可分为作为行政行为和不作为行政行为。事实上,在民国时期晋皖两省省级教育行政管理实践中,这两种行为均有所体现。民国时期,两省省级教育行政部门在管理省域义务教育过程中,均关注省域义务教育规划、教育行政组织建设、义务教育师资队伍建设、义务教育督导工作。可以说,这些是二者具有共性的一面。同时也应看到,二者在不同时期行政行为的表现上有较大差异。

首先,北京政府时期,山西教育厅紧紧围绕《山西施行义务教育规程》和《山西施行义务教育程序》,开展一切工作。至 1920 年 8 月,"第五期百家以上村庄办理完竣,然不及百家之村庄已有提前设校者"[②]。可以说,这一成绩的取得,从外部原因来讲,得益于阎锡山的大力支持,得益于阎锡山执掌山西后形成的相对稳定的环境,亦得益于地方各级行政人员的努力;从内部原因来讲,得益于教育厅不懈的努力。整个北京政府时期,先后有李步青、虞铭新、马骏、陈受中4 人出任山西教育厅长。其中,除李步青未就任外,虞铭新任期长达 5 年半,马骏任期为 1 年 10 个月,陈受中任期长达 6 年。他们在相对稳定的任期内,逐步落实既定的义务教育计划,从而有力地推动了山西省域义务教育的普及工作。与山西省不同,这一时期,安徽因政局动荡,多数教育厅长的任期极为短暂。因此,多数安徽教育厅长无暇亦无力编制兼具可行性和连贯性的计划与方案,遑论计划与方案的落地落实。

其次,国民政府初期,山西省先后有陈受中、冯司直、苗培成、冀贡泉 4 人就任省教育厅长。其中,陈受中前后任期共 6 年,至 1931 年 1 月 31 日卸任;冯司

---

① 杨小军著:《行政机关作为职责与不作为行为法律研究》,北京:国家行政学院出版社,2013 年,第 46 页。

② 袁希涛:《民国十年之义务教育》,《新教育》,1922 年第 4 卷第 2 期,第 215 页。

直任期 8 个月；苗培成任期 6 个月有余；冀贡泉任期长达 5 年 10 个月。这一时期，历任教育厅长编制义务教育改进方案、短期义务教育计划，并采取措施积极落实，促使山西义务教育一直处于全国领先水平。再来看安徽省，该时期皖省政局依然变幻莫测，多数教育厅长任期仍不足 1 年。这一时期，历任教育厅长一改以往无详细行政计划的局面，大都拟有种种义务教育计划。然而问题在于，"前任（教育厅长）之计划方针，后任（教育厅长）绝不负责。教育行政之中心力量既已失去，而各自为政之风气渐渐养成，一切是非无最后之决定"①。在此种情况下，多数行政计划变成具文，未及实施。可以说，上述困局直至 1935 年以后才得以突破。1935 年 7 月，教育厅长杨廉遵照教育部规章，拟订短期义务教育初步计划，并努力落实，从而初显效果。

最后，国民政府后期，王怀明和薄毓相先后执掌山西省教育厅。其中，1942年 10 月之前，王怀明任教育厅长期间，积极恢复省域义务教育、筹办短期小学与义务随习班、增设义务教育视导员、加强教材编写与供给等，从而使晋省义务教育在非常时期有了一定的恢复与起步。然而，1942 年 10 月薄毓相就任教育厅长后，其多数时间忙于兵农会议等"分外工作"，教育厅的具体事务则放权由教育厅秘书主任刘逢炎长期代理。1947 年 11 月 19 日，《申报》公布了《全国各省市现任教育厅局长》名单，里面写着"山西薄毓相（刘逢炎代）"②。在这种不正常的人事状态下，山西省教育厅在统筹省域义务教育发展方面，没有像全面抗战前那样积极作为。全面抗战爆发后，与以往皖省教育厅长任期短暂的情况不同，方治、万昌言、汪少伦等的任期相对稳定，短则 2 年 2 个月，长则 3 年 10 个月。而且，这些教育厅长先后围绕恢复与整理、扩充与改进、复员与充实等中心工作，循序渐进地采取得力举措，逐步推进皖省义务教育向前发展。事实上，关于各省办理成绩，教育部曾进行量化考核。比如，1947 年 1 月 27 日，教育部向行政院上呈 1946 年度各省教育厅办理国民教育的成绩考核表。据原始档案记

---

① 刘镜洲：《安徽教育厅实习报告（1933 年）》，载南京图书馆编：《二十世纪三十年代国情调查报告》（208），南京：凤凰出版社，2012 年，第 278 页。

② 《全国各省市现任教育厅局长》，《申报》，1947 年 11 月 19 日，第 2 张第 6 版。

载,浙江、湖南等省的评定等级是"甲",安徽、广东等省的评定等级是"乙上",山西、宁夏等省获得最低的"丙"等级。其中,教育部对山西省教育厅的评语是"未能贯彻中央法令",奖惩意见是"令饬切实改进"[①]。这恰从一个侧面反映出该时期晋皖两省教育厅行政作为的程度差异。

## 小　结

综上所述,民国时期,晋皖两省省级教育行政部门的管理实践既有共性的一面,也有复杂性、多样性等特征。一方面,两省省级教育行政部门均对不同阶段的本省义务教育事业进行了规划,且始终关注本省教育行政组织建设、义务教育师资建设、义务教育视导工作等行政事宜;另一方面,在不同历史阶段,由于两省省级教育行政部门的行政环境、行政能力等方面存在较大差距,以致出现山西省义务教育"由盛而衰"与安徽省义务教育"由衰而盛"的复杂多变的格局。

---

① 教育部:《整理中心国民学校及国民学校与推进中等教育成绩考核表(三十五年度)》,中国第二历史档案馆藏:《教育部档案》,5-18。

# 第六章

# 省级教育行政部门与省域中学教育管理

民国成立后,随着中央、省、县三级教育行政体系的建立与完善,我国逐渐形成分级管理的教育体制:"高等教育由中央统筹,国民教育督导各县自办,所余中等教育一段,即应为省教育厅所有事。"[①]可以说,这种分级管理教育体制一直保持到了中华人民共和国成立后。就学校教育而言,中等教育为承上启下的重要学段。无疑,中学是其重要的组成部分。因此,统筹与领导省域中学教育是各省省级教育行政部门的重要职责之一。本章选取浙江和四川两省为个案,考察省域中学教育管理。选取以上两省的理由如下:一是两省地理、交通、经济、政治情况具有代表性。浙江省地处东南沿海,交通便利,经济发达,政局亦相对稳定;而四川省地处西南内陆,交通极为不便,经济欠发达,政局亦不稳定,素有"天下未乱蜀先乱,天下已治蜀未治"之说。然而1937年后,浙江省多被日寇侵占,而四川省政局相对趋于稳定。二是两省省级教育行政具有一致性和差异性的特征。就机构变迁而言,两省大致经历教育司、教育科、教育厅、省教育厅时期;但亦有不同,浙江省在1927年成立第三中山大学区(后改称浙江大学区),而四川省于1914年设立教育科后,直至1924年才改设教育厅。那么,这样的两个省,其省级教育行政部门是如何管理省域中学教育的?考察这一问题,不仅可以了解省际省级教育行政部门的理念、举措与成效的异同,还可以从省级教育行政视角窥见地方教育现代化进程呈现多样性与不平衡性的内在原因。

---

① 郭有守:《四川省中等教育现状与今后设施》,《中等教育季刊》,1942年第2卷第1期,第1页。

# 第一节　中学制度发展历程

1912—1949 年,全国层面的中学教育制度历经初创期、调整期、改革期三个阶段。总体来讲,不同阶段的中学制度,既有联系,也有差异。

## 一、中学制度的初创

民国初建,为恢复各省教育秩序,1912 年 1 月 19 日,教育部颁布《普通教育暂行办法》和《普通教育暂行课程标准》。其中,有关中学的规定有:(1)中学堂改称中学校,监督、堂长应一律称校长。(2)中学校视地方财力,尽快开学。(3)教科书务合乎共和民国宗旨,清学部颁行之教科书一律禁用。(4)中学校为普通教育,改四年毕业,文、实不必分科。(5)废除旧时奖励出身,中学校毕业者称中学校毕业生。(6)中学校科目有修身、国文、外国语、历史、地理、数学等科目。[①] 这两个法规的意义在于:一方面,它们是民国成立后教育部最早颁布的改造中小学教育的纲领性文件,民初中小学教育改革由此拉开帷幕;另一方面,法规确认了中学教育为普通教育的性质,并要求各省以共和精神改造中学校教科书、中学校学制由 5 年缩短为4年、取消清代奖励出身的办法、丰富课程种类等,这些变化反映了教育部改革中学教育的新要求。

1912 年 9 月至 1913 年 8 月,教育部颁布一系列新的学校法令,统称"壬子癸丑学制"。其中,中学方面,教育部先后出台《中学校令》《中学校令施行细则》《中学校课程标准》等法令。与以往相比,这些法令有如下变化:(1)明确中学校

---

[①] 《普通教育暂行办法》,《教育杂志》,1912 年第 3 卷第 10 期,第 99—100 页;《普通教育暂行课程标准》,《教育杂志》,1912 年第 3 卷第 10 期,第 100—101 页。

培养目标。中学校以"完足普通教育,造成健全国民"为目标。(2)规定中学校类型及经费筹措方式。中学校分省立、县立、私立三种。其中,省立中学校由省行政长官规定地点及校数,报告教育总长,经费由省经费支给;各县在应设各校外尚有余力得由一县或数县联合设立县立中学校;私人或私法人设立的中学校称私立中学校。(3)调整中学校课程。课程增加图画、手工、乐歌、体操;女子中学校将家政改为家事,并增加园艺课;外国语以英语为主。(4)规定中学校校长及教员任用程序。省立中学校长由省行政长官任用,教员由校长任用,但须呈报省行政长官;县立中学校长由县知事呈请省行政长官任用,教员由校长任用,但须呈由县行政长官专报省行政长官;私立中学校校长由设立人任用,但须呈报省行政长官。(5)规定中学校变更手续。中学校变更或废止须详具理由及处置学生办法,呈请教育总长认可。[①] 以上法令付诸实施后,各省中学教育多有改进。

同时,法令颁布后,各省教育界对中学教育的批评声亦不绝于耳。他们认为:中学仅有一种,种类简单;"中学校视为大学之准备";"中学校第一年课程与高等小学几重复一年",以至于"劳民伤财,耗时误人不浅";中学校"四年未免少"。[②] 此外,中学生所习学科"多系普通知识,关于职业方面之知能毫无相当之预备";中学生毕业即失业,成为"高等游民"。[③] 鉴于此,20 世纪 20 年代初,以全国教育会联合会为主的民间教育团体发起声势浩大的学制改革运动。

一段时间以来,经各省教育会、全国教育会联合会、各省省级教育行政部门、教育部等各方参与、酝酿、讨论、实验,1922 年 11 月 1 日,教育部正式颁布《学校系统改革案》(又称"壬戌学制""六三三学制""新学制")。与前一学制相比,新学制在中学阶段作了如下调整:(1)延长中学修业年限。中学修业年限从

---

①　《中学校令》,《教育部编纂处月刊》,1913 年第 1 卷第 2 期,第 6—7 页;《中学校令施行细则》,《教育部编纂处月刊》,1913 年第 1 卷第 2 期,第 8—20 页;《中学校课程标准》,《教育部编纂处月刊》,1913 年第 1 卷第 3 期,第 31—33 页。

②　湖南省教育会:《改革学校系统案》,载璩鑫圭、唐良炎编:《中国近代教育史资料汇编·学制演变》,上海:上海教育出版社,2007 年,第 851—852 页。

③　顾树森:《对于改革现行学制之意见》,《教育杂志》,1920 年第 12 卷第 9 期,第 3 页。

4 年延长至 6 年，分初、高两级，各为 3 年；但依设科性质，得定为初级 4 年、高级 2 年，或初级 2 年、高级 4 年。(2)初、高两级可变通设置。初级中学得单设；高级中学应与初级中学并设，但有特殊情形时，得单设之。(3)中学设立多种职业科。初级中学施行普通教育，但得视地方需要，建设各种职业科；高级中学分普通、农、工、商、师范、家事等科，但得斟酌地方情形，单设一科或兼设数科。(4)中学施行选科制。① 由上可知，新学制中，无论是中学学段划分，抑或是中学设校布局，均体现了较强的灵活性，为各地留有伸缩余地。而且，新学制加强了中学教育和职业教育的沟通与联系，使中学兼顾升学和就业的双重使命。另外，关于新学制中学课程，1923 年 6 月，全国教育会联合会刊布《中小学课程标准纲要》，其中详细规定了中学课程的种类、设置、学分数等。尽管该课程标准未经教育部正式颁行，但由于全国教育会联合会在当时教育界深有威望与影响力，故各省亦多参照执行。

总体来看，北京政府时期，中学教育制度变迁以学制改革为主线。其中，中学培养目标从以升学为重逐渐转向升学与就业兼顾；中学修业年限由 4 年延长至 6 年；中学类型从单一中学向综合中学转型；中学课程不断丰富，并实行选科制，以供学生选择修习。

## 二、中学制度的调整

1928 年 3 月 10 日，大学院颁布《中学暂行条例》，规定了中学的宗旨、设立与变更手续、教学科目、行政组织、设备、入学资格及修业等内容。该条例是在参考民初《中学校令》、1922 年新学制及 1923 年中学课程纲要基础上形成的。其主要变化在于：一是变更中学教育目标，规定"中学教育应根据三民主义，继续小学之基础训练，增进学生之智识技能，为预备研究高深学术及从事各种职业以达适应社会生活之目的"②；二是中学设立、变更及废止的权限下放至各省

---

① 《学校系统改革案》，《新教育》，1922 年第 5 卷第 5 期，第 132—133 页。
② 《中学暂行条例》，《大学院公报》，1928 年第 1 卷第 4 期，第 1 页。

省级教育行政部门；三是中学校长任免权归省级教育行政部门所有；四是明确入学资格及毕业要求，初级中学入学资格为小学毕业，高级中学入学资格为初级中学毕业，如无上两项资格而程度相当、试验及格者，亦得收受。[①]

1928 年 5 月，大学院主持召开全国教育会议。此次会议讨论通过《中华民国学校系统案》（又称"戊辰学制"）。总体来讲，此项学制基本沿用 1922 年新学制的中学框架，但对此亦作了一些调整。比如，高级中学取消分科制，规定"农、工、商、师范等科得单独设立，为高级职业中学校，修业年限以三年为原则"[②]，从中亦透露出中学教育由升学与就业并重向升学为重的改革趋势。

此后，教育部陆续颁布以下相关法令：《中小学学生毕业会考暂行规程》（1932 年 5 月）、《今后中小学训育上应特别注重之事项》（1932 年 6 月）、《中学法》（1932 年 12 月）、《中学规程》（1933 年 3 月）、《各省市县教育行政机关暨中小学施行升学及职业指导办法大纲》（1933 年 7 月）、《各省市中等学校设置及经费支配标准办法》（1933 年 9 月）、《各级教育行政机关平时考查中等学校及小学学生学业成绩办法》（1934 年 1 月）、《中学及师范学校教员检定暂行规程》（1934 年 5 月）、《经会考及视察之公私立中学成绩低弱或成绩恶劣之处理办法》（1934 年 7 月）、《修正中学学生毕业会考规程》（1935 年 4 月）、《修正中学规程》（1935 年 6 月），等等。

上述法令有如下要点：(1)转变中学培养目标，由以往的升学与就业兼顾改为以升学为主。(2)中学取消分科制，改行年级制。(3)强调毕业会考。教育部要求各省教育厅组织中学生毕业会考委员会，管理全省会考事宜，规定会考"三科以上不及格者应令留级"[③]。(4)强调贯彻"党化教育"意识形态的渗透。比如，教育部规定各省教育厅将党义、童子军等课程列为必修课程。(5)重视检定中学教员。1934 年 5 月，教育部要求各省教育厅组织中学教员检定委员会，对所有中学教员实行检定，分无试验检定和试验检定两种进行。(6)限制中学数

---

①　《中学暂行条例》，《大学院公报》，1928 年第 1 卷第 4 期，第 1—3 页。

②　《中华民国学校系统案》，《中央日报》，1928 年 5 月 22 日，第 1 张第 3 版。

③　《中小学学生毕业会考暂行规程》，《教育周刊》，1932 年第 119—120 期，第 14 页。

量扩张,大力发展师范学校和职业学校。

由上来看,国民政府初期,中学教育法制化进程加快,不仅法规数量增多,而且条款内容涵盖中学教育的主要方面。

## 三、中学制度的改革

全面抗战爆发后,在"战时须做平时看"的教育总方针下,战前颁行的中学教育基本法规,如《中学法》《修正中学规程》等,依然沿用。同时,教育部在这些法规的基础上,还出台了数量众多的规章,以适应局势变化下中学发展的新需求。

这一时期,全国层面的相关法规主要有:《战区各级学校学生转学及借读办法》(1938 年 3 月)、《战区中等学校借读生学业成绩考查及补习暂行办法》(1938 年 5 月)、《修正战区中小学学生自修暂行办法》(1939 年 8 月)、《初级中学三年级增设师资训练科目办法》(1940 年 2 月)、《各级学校体育设备暂行最低限度标准》(1940 年 3 月)、《抗战功勋子女就学免费给予标准》(1940 年 4 月)、《教员服务奖励规则》(1940 年 4 月)、《各级学校实施农业生产办法大纲》(1940 年 4 月)、《高中以上学校新生入学训练实施纲要》(1940 年 7 月)、《修正各级学校设置免费学额及公费学额规程》(1940 年 9 月)、《修正中等学校行政组织补充办法》(1941 年 2 月)、《中等学校各科教学研究会组织通则》(1941 年 5 月)、《修正学校教职员养老金及恤金条例》(1942 年 1 月)、《中等学校校务处理办法大纲》(1942 年 2 月)、《战时各级学校学年学期假期及利用假期服务进修暂行办法》(1942 年 4 月)、《县市立中等学校设置办法》(1942 年 5 月)、《管理私立中等学校应行注意事项》(1942 年 9 月)、《教育部给与中等学校教员奖助金办法》(1942 年 11 月)、《教育部奖励中等学校教员休假进修办法》(1942 年 11 月)、《中等学校导师制纲要》(1943 年 3 月)、《补习学校规程》(1943 年 7 月)、《战时公教人员子女就学中等学校补助办法》(1943 年 7 月)、《中学视导标准》(1943 年 8 月)、《高级中学实施劳动服务及国防训练办法》(1943 年 9 月)、《中等学校教员奖助金自三十二年度起增加一倍》(1943年10月)、《学校毕业证书发给办法》(1943年12月)、《中等学校体育实施成绩考核办法》(1944年4月)、《中等学校训导人员公民教员资格审查办法》(1944年4月)、《中等学校训导人员公民教员资格审查委员会组织规程》(1944年4月)、《中学及师范学校教员检定办法》(1944年7月)、《中学及师范学校教员检定委员会组织规程》(1944年7月)、《补习学校法》(1944年10月)、《修正收复区中等学校学生甄审办法》(1946年1月)等。

　　以上规程的主要内容有:(1)妥善安置战区中学生的复学工作,包括登记、考核、转学、借读、补习等事宜。(2)严加管理私立中等学校。私立中等学校的设立、收费标准、教员聘任、班数、每班学生数,必须经省级教育行政部门核准,"未经核准开办,不得先行招生。应由省市教育行政机关严加监督,如有不依照规定办理者,应随时取缔,其迭次抗命者,应勒令封闭"①。(3)整顿各县市中等教育。各县市中等教育应求中学、师范、职业三类学校的均衡发展,应适合社会各方面的需要,设置原则是开办初级中学、简易师范学校、初级职业学校或初级实用职业学校。(4)规定中等学校增班比例。初级中等学校,初中、简师、初职三类学校班级比例应为6∶3∶2;高级中学校,中学、师范、职业三类学校班级比例为2∶1∶1。(5)设立各级普通补习学校与职业补习学校。其中,中级补习学校相当于初级中等学校,高级补习学校相当于高级中等学校,旨在补充应用知识,提高学业程度,传授实用技术,增进生产能力。(6)加强学生训导。高中新生进行为期两周的训导;各中学每级设导师一人,由校长聘请专任教员充任之;高中学生在平日和星期六进行劳动服务与军事体育训练。(7)设立教学研究会。各校应设立国文、算学、外国语、社会学科、自然学科、艺术学科、劳作家事学科、体育学科等教学研究会,以促进各科教学研究。(8)加强中学教员检定。各省教育厅应组织中学及师范学校教员检定委员会,每学期开始前举行无试检定一次,每学年第一学期开始前举行试验检定一次,均以60分为合格,合

---

① 《管理私立中等学校应行注意事项》,《教育部公报》,1942年第14卷第17—18期,第6页。

格证书有效期为 6 年。(9)奖励中学教员。凡是连续服务 10 年以上、成绩优良的教员,经查明属实者,分别授予一等、二等、三等服务奖状;对在校连续服务三年以上者,1942 年时给予国币 300 元至 500 元的奖助金,1943 年在前一年基础上增加一倍;在校连续服务满 9 年、成绩优良的专任教员,给予为期一年的休假进修奖励。(10)奖励中学生。中学应设置全校学生数 15% 以上的免费学额,并应设置在校学生数 5% 的公费学额,对其免除学费外,还应给予最低限度的膳宿、制服及书籍等费用。(11)增设实用性课程。比如,高级中学第二学年增设业务管理科目以养成具有一般修养的社会中坚分子;初级中学第二学年起增设地方自治科目以培养地方自治基干人才;初级中学三年级学生,年龄在 17 岁以上,学年学业成绩总平均分在 70 分以上,且有志充任国民学校师资者,得选习师资训练科目。(12)建立中学视导标准。比如学校行政视导标准、教学效率视导标准,不仅是各省教育厅督导人员视察省域中学教育的依据,也是各省教育厅督导人员辅导中学学校行政及各教员教学的依据。

通过以上法规可知,民国政府后期,教育部整顿中学教育的基本思路是规范化、标准化、均衡化;而且也可以看出,教育部对中学教育整顿力度之大、范围之广、程度之深,前所未有。可以说,这些法规出台后,大多数沿用至中华人民共和国成立前夕。

综上所述,民国时期,随着政权、经济、教育方针的急剧变化,中学教育制度亦不断调整。北京政府时期,中学教育制度以学制改革为主;国民政府初期,中学教育制度不仅关注学制调整,亦重视规范中学会考、课程、教员检定、经费分配等诸多方面;国民政府后期,在战前中学法规的基础上,还密集地出台了规范中学教育各个方面的法规。总之,这些不同历史阶段的中央法令是各省省级教育行政部门依法管理省域中学教育的重要依据。

# 第二节　浙江省级教育行政部门与省域中学教育

民国时期,浙江省级教育行政部门主要经历了教育司、教育厅、大学区、省教育厅等四个阶段。现从动词层面考察不同阶段的浙江省级教育行政部门是如何"行政"的。

## 一、浙省教育司与省域中学教育起步

浙江中学教育发端于清末。1899 年,杭州知府林启创办养正书塾,1901 年改称杭州府中学堂,"实为全省最早之公立中学校"①。此后,尤其是 1904 年 1 月清政府颁布"癸卯学制"后,浙江省的官立、公立、私立中学堂逐渐增设。至 1908 年,杭州、嘉兴、湖州、宁波、绍兴、台州、金华、衢州、严州、温州、处州等 11 府均设有一所中学堂;海宁州设有一所中学堂;钱塘、鄞县、慈溪、奉化、嵊县、黄岩、天台、太平、瑞安等 9 县至少设立一所中学堂。② 这些中学堂大多由书院改建而成。至此,全省中学堂布局初步形成。此后,浙江省级教育行政部门就是在这一基础上开展省域中学教育管理工作的。

1912 年 2 月,浙江成立教育司,先后由沈钧儒、沈钧业出任司长。③ 教育司成立后,采取多种措施恢复与发展省域中学教育:一是遵照部颁《普通教育暂行办法》,通令各属将中学堂改称中学校,监督、堂长一律称中学校校长,学制改行四年。二是遵照部颁《中学校令》,将原各府中学堂改为省立中学校,并以"浙江

---

① 浙江省教育厅:《浙江省教育厅行政史略》,浙江省档案馆藏:《浙江省教育厅档案》,2120.1。
② 浙江省教育志编纂委员会编:《浙江省教育志》,杭州:浙江大学出版社,2004 年,第 271 页。
③ 浙江省教育厅:《浙江省教育厅行政史略》,浙江省档案馆藏:《浙江省教育厅档案》,2120.1。

省立第×中学校"命名,详见表 6-1。三是鼓励各县及私人出资设立中学校。1912 年,永康、诸暨等县设立县立中学校;绍兴县创设私立成章女子中学校,宁波陈训正等人设立私立效实中学校。又如,宁波的三一书院、崇信书院、养正书院、中西毓才学堂等教会学校,分别改设为私立三一中学校、私立崇信中学校、私立浸会中学校、毓才中学校等。四是鉴于"各校公立、私立之性质多未划清,于教育行政极多窒碍",教育司制定《中学校章程》,饬令"各校照章改组,划清界限"。① 五是遵照部章,通饬全省"中学校之图书、仪器、标本、实习场所,须设立完备,以造学生之学力"②。

表 6-1　1912 年浙江省立中学校概况

| 校名 | 校址 |
| --- | --- |
| 浙江省立第一中学校 | 杭县城内大方伯圆通寺旧址 |
| 浙江省立第二中学校 | 嘉禾县城内集街凤池坊鸳湖书院旧址 |
| 浙江省立第三中学校 | 吴兴县城内天宁寺旧址 |
| 浙江省立第四中学校 | 鄞县南门外道厂旧址 |
| 浙江省立第五中学校 | 绍兴县试院旧址 |
| 浙江省立第六中学校 | 临海县城内三台书院旧址 |
| 浙江省立第七中学校 | 金华县城西北丽正书院旧址 |
| 浙江省立第八中学校 | 衢县城内正谊书院旧址 |
| 浙江省立第九中学校 | 建德县城内三元坊书院及学署旧址 |
| 浙江省立第十中学校 | 永嘉县城内中山书院旧址 |
| 浙江省立第十一中学校 | 丽水县城内遵池书院旧址 |

资料来源:《浙省十一中学咨部》,《申报》,1913 年 1 月 27 日,第 2 张第 6 版。

那么,当时省域中学教育实际办理效果如何呢?从办学数量来看,至 1913 年底,全省共有 24 所中学校,学生 4592 人,教职员 501 人。从办学质量来看,

---

① 《浙教育司之政绩》,《教育杂志》,1913 年第 5 卷第 2 期,第 13 页。
② 《浙教育司之政绩》,《教育杂志》,1913 年第 5 卷第 2 期,第 13 页。

1914 年,据教育部督学反映:浙省"第二中学校设于嘉禾,校舍广阔开朗,得地视第一校为胜,管理亦属严明,学生尚秩然有序。……私立者,曰宗文中学校,曰安定中学校,二校创办最早,各教职员亦多久于其事,校风纯朴,宗文尤为特长"[①]。简言之,该时期省域中学教育在数量与质量两方面均有进步。这从一个侧面反映浙江省教育司所采取的相关举措较为得力。

## 二、浙省教育厅与省域中学教育调整

1917 年 11 月,浙江教育厅成立,伍崇学出任教育厅长。教育厅成立后,高度重视全省中学教育事业的发展。为改进全省中学教育,1918 年 9 月,教育厅主持召开全省中学校校长会议。会议重点探讨中学的教育目的、教学方法、学生升学及职业指导等问题。[②] 经会议讨论,决定:中学教育目的为道德实践、科学应用;教员在教学中应采用自学辅导法;调查中学毕业生升学及从事职务。会后,教育厅根据以上意见逐项落实。总体来讲,1918—1922 年,浙江教育厅主要关注中学内部的改进,但调整力度较弱;1922 年后,调整中学教育的力度逐渐加大。1922 年 11 月,教育部颁行新学制。为实施新学制,浙江教育厅采取了一系列举措。

### (一)拟订新学制实施计划

1923 年 3 月,教育厅拟定《施行新学制标准》,决定浙省准备期为 1922 年11 月 11 日至 1923 年 11 月 10 日,期满正式实施新学制。另外,是项标准详细列出全省中学改组的方案(见表 6-2)。该方案反映了教育厅的中学与师范合并、中学添设职业科、中学分男女各部的行政思路,体现了新学制的基本精神。

---

① 《第三区视学总报告》,《教育公报》,1914 年第 3 期,第 31—32 页。
② 《中学校长会议纪事》,《申报》,1918 年 9 月 12 日,第 2 张第 7 版。

表 6-2　1923 年浙江全省中学改组方案

| 被改组学校 | 改组后校名 | 改组后学校内部架构 |
|---|---|---|
| 省立一中 | 浙江省立第一中学校 | 初级中学、高级中学普通科 |
| 省立二中、二师 | 浙江省立第二中学校 | 初级中学男子部、女子部、职业科,高级中学师范科、男子部、女子部 |
| 省立三中、三师 | 浙江省立第三中学校 | 初级中学、高级中学师范科、男子部、女子部 |
| 省立四中、四师 | 浙江省立第四中学校 | 初级中学、高级中学普通科、师范科、男子部、女子部 |
| 省立五中、五师 | 浙江省立第五中学校 | 初级中学男子部、女子部 |
| 省立六中、六师 | 浙江省立第六中学校 | 初级中学、高级中学师范科、男子部、女子部 |
| 省立七中、七师 | 浙江省立第七中学校 | 初级中学男子部、女子部、职业科,高级中学普通科、师范科、男子部、女子部 |
| 省立八中、八师 | 浙江省立第八中学校 | 初级中学男子部、女子部、职业科,高级中学师范科 |
| 省立九中、九师、森林 | 浙江省立第九中学校 | 初级中学男子部、女子部,高级中学师范科、森林科 |
| 省立十中、十师 | 浙江省立第十中学校 | 初级中学男子部、女子部、职业科,高级中学普通科、师范科、男子部、女子部 |
| 省立十一中、十一师 | 浙江省立第十一中学校 | 初级中学男子部、女子部、职业科,高级中学师范科、男子部、女子部 |
| 省立一师 | 浙江省立师范学校 | 六年制师范科、高级中学师范科、两年制师范专修科 |
| 省立女师 | 浙江省立女子中学校 | 初级中学科,高级中学师范科;于必要时,得设高级中学普通科等 |
| 各县立职业学校 |  | 酌量改为县立初级中学的农、蚕、商等职业科 |

资料来源:《浙省施行新学制标准》,《新教育》,1923 年第 6 卷第 3 期,第 437－438 页。

### (二)规范学校人事与办学行为

1923 年 5 月,教育厅颁布《省立各校改组办法》,要求各校照章改组,详见表6-3。

**表 6-3　1923 年浙江省《省立中学校改组办法》**

| 序号 | 办法 |
|------|------|
| 1 | 凡旧制省立中学校及师范学校,各就其所在地,将中师两校合并,改名为省立第几中学校 |
| 2 | 旧制省立女子师范学校,改名为省立女子中学校 |
| 3 | 凡旧制省立中师各校(女师在内)之旧有学级,除中学校二年级外,其课程及年限概仍其旧 |
| 4 | 省立中学校二年级(1923 年暑假后之第二学年),应照学制初级中学第二年之课程标准,变更其原定课程与年限,于 1924 年毕业 |
| 5 | 省立中学校自 1923 年度起,应一律设二年期之初级中学及师范讲习科,皆系收受旧制高等小学毕业生 |
| 6 | 省立第一中学校自 1923 年度起,先设二年期之高级中学普通科两班、师范科一班,皆系收受旧制四年毕业之中学生,至 1924 年末毕业 |
| 7 | 各省立中学校最迟自 1925 年度起,应开办三年期之高级中学;但视各地方需要,酌设二年期高级中学 |
| 8 | 各省立中学校之初级中学,施行普通教育外,得视地方需要兼设各种职业科 |
| 9 | 旧有各校之学舍监制一律废除,每校设教务主任一人;中学校之初级中学科、师范讲习科及旧有学级之中学部、师范部,每级设学级主任一人;高级中学每科设学科主任一人 |
| 10 | 各中学部之旧有中学、师范两部,各设主任一人(校长兼任其一),专掌各该部教务及事务 |
| 11 | 各中学校之教员脩金,一律废除钟点制,改行专任教员制;但一学科钟点过少者,得添聘兼任教员 |

资料来源:《咨浙江省长施行新学制各校改组案应照准惟师校宜单独设立文》,《教育部公报》,1924 年第 11 卷第 5 期,第 18—19 页。

从以上办法可知,教育厅拟采取分年分步改革的行政策略,推进课程调整、学级添设、科别扩充等中学教育事项,旨在保障浙江新学制标准的落实具有较强的灵活性和可行性。

### (三)增加新学制实施预算

为落实《施行新学制标准》,浙江教育厅对于教育经费不得不量予扩充。教育厅原拟 1923 年度省教育经费预算为 126 万元,后新增中师各校改组预算 20 万元。为了筹足新增经费,1923 年 3 月,教育厅向财政厅提议加征全省地丁附税 1 角 5 分,并请财政厅交省议会临时会讨论审查。在教育厅看来,新学制能否实施,"以地丁加税案能否通过为断"[1]。然而,此后地丁加税案无疾而终。在此情况下,1923 年 3 月,财政厅将 1923 年度省教费预算案提交省议会讨论后,始终不能成立。直至 1923 年 12 月,鉴于新学制亟须推行,省议会才正式公布预算案。预算案审查过程如此漫长,是因为省议会自始至终坚持省教育经费总数"不超出原提预算之范围"[2],不肯让步。由此不难想见当时增加省教育预算的难度之大。需要指出的是,新预算案中,省议会舍去了新增预算 20 万元,并核减了原预算 2 万余元,在此基础上仅对各中学校预算作了增加或减少的调整。尽管如此,教育厅亦竭力争取省财政预算。经各方协商,1923 年度省预算最终确定为 132 万元。[3] 1924—1926 年,鉴于省域中学教育扩充的需要,教育厅亦尽力增加各年度预算。如 1926 年度,由于全省须添设 4 所高中,以及省立女子中学校增设职业科,共增加预算 5 万余元。[4] 可以说,以上省预算的增加,为浙江新学制的推行提供了一定的物质基础。

### (四)制定各项地方规章

1923 年起,浙江教育厅先后制定并颁布《修正浙江省立中等学校校长任用

---

① 《筹划实行新学制经费》,《益世报》,1923 年 3 月 11 日,第 3 张第 10 版。
② 《浙江教育预算之审查报告》,《申报》,1923 年 12 月 29 日,第 3 张第 10 版。
③ 孙苇侯著:《浙江教育史略》,杭州:浙江省教育厅,1931 年,第 11 页。
④ 《浙江教育经费预算概数》,《申报》,1926 年 5 月 12 日,第 3 张第 11 版。

规程》《各县设立初级中学之标准》等单行规章。以上规章的意义在于:其一,统一了中学校长资格要求。教育厅规定,中学校长人选应具备如下资格之一:(1)在本国或外国大学文科、理科毕业者;(2)在本国或外国高等师范学校或理科专门学校或外国语专门学校毕业,曾充任中学或师范或大学预科或外国语专门学校教员或学舍监一年以上者;(3)在优级师范学校选科或大学预科或高等学校毕业,曾充任中学或师范大学预科教员或学舍监三年以上者;(4)曾充任中学或师范或大学预科或高等师范学校教员五年以上者。[①] 由此可见,教育厅对中学校长人选的学习经历与教育经验至为重视。其二,规范各县办初中的行为。1924 年,为了限制地方滥设初中,教育厅对初中规定如下:(1)须筹有相当之常年经费;(2)高级小学毕业人数每年在百人以上者;(3)办两年制或三年制由各县酌量地方情形定之,但办两年者其毕业生如愿升学时得升入三三制初中之三年级;(4)校长资格参照《省立中等学校校长任用规程》办理;(5)教员须有相当之资格。[②] 此后,各县遵照厅章设立初级中学校。

1923 年 8 月起,全省各校遵照上述规章分步改组。截至 1926 年底,全省省立中学校共 12 所。其中,5 所为初级中学与高级中学兼设的完全中学,7 所为初级中学。[③] 从县立、私立中学校数来看,1917 年度分别为 7 所、4 所,1926 年度分别为 18 所、17 所。[④] 由此表明,该时期县立及私立初级中学校显著增多。从中学办理实况来讲,1925 年 9 月,省视学视察永嘉县私立女子初级中学后称:"该校教科之善、学生成绩之优,确在旧温属联合县立各校之上。"[⑤] 再如 1926 年 4 月,省视学视察省立第十一中学校后称:该校"各教职员多得其人……学艺犹长,教授有方。且王校长在职十有余载,改进校务历久不懈,对于扩充校基、增广校舍,尤属惨淡经营,不辞劳怨,故校内秩序齐整,成绩亦斐然可

---

[①] 《修正浙江省立中等学校校长任用规程》,《浙江教育》,1926 年第 2 期,第 1—2 页。

[②] 《各县设立初级中学之标准案》,《浙江教育》,1924 年第 6 期,第 2 页。

[③] 教育部编审处编:《第一次中国教育年鉴》,上海:开明书店,1934 年,第 202 页。

[④] 教育部编审处编:《第一次中国教育年鉴》,上海:开明书店,1934 年,第 202 页。

[⑤] 《永嘉县教育状况报告书》,《浙江教育》,1925 年第 8 卷第 11 期,第 35 页。

观"①。从这些文字可以看出,新学制实施后,浙省中学校办学成绩颇著。

总之,浙江教育厅成立后的 5 年间,浙江省域中学教育基本未有量的激增,重点着眼于改善全省各中学的内部设施。1922 年新学制颁行后,浙江教育厅根据学制要求,积极制订本省实施计划、出台中学改组办法、增加中学经费预算、颁布中学规章制度,加大了对省域中学教育的调整力度,且取得了较为明显的成效。

## 三、浙江大学区与省域中学教育整顿

1927 年 3 月,浙江成立省临时政务委员会,内设教育科,朱兆萃出任教育科长。是年 5 月,省政务委员会改组为省政府,下设教育厅,蒋梦麟执掌教育厅。6 月 27 日,中央任命蒋梦麟为第三中山大学区校长。至 8 月 1 日,浙江省教育厅奉令裁撤,第三中山大学区宣告成立。1928 年 4 月 1 日,第三中山大学区易名为浙江大学区。大学区成立以来,明确提出"中学教育内部改良"②的施政方针。自此,大学区围绕这一方针开展了如下工作。

### (一)规范市县中学办学

为规范市县办中学的行为,1928 年 9 月,浙江大学区颁布《浙江大学区市县设立中等学校办法》,规定:(1)1928 年以前已成立的市县立中学校,填具立案用表,由市县转请立案。(2)1928 年以后如有市县设立中学校者,须满足两条。第一,设立中学校的资格:甲、全市县教育经费每年在 20000 元以上者;乙、全市县境内完全小学及与高小程度之学校数目在 10 个以上者;丙、全市县境内每年高小毕业生数在 200 名以上者;丁、最近三年中,每年高小毕业升学人数占各该年毕业人数 30% 以上者。各县具备乙、丙、丁三款之规定,而每年经常费不及 20000 元者,得联合邻近一县或数县合设一校。第二,呈准设立中学校

---

① 《省立第十一中学校视察报告书》,《浙江教育》,1926 年第 2 期,第 133—134 页。
② 《浙江大学区今后教育改进计划》,《大学院公报》,1928 年第 7 期,第 151 页。

一学年后立案的标准：甲、经常费，公开收入，初级中学一班 1500 元，每加一班，加 1000 元，高级中学一班 2000 元，每加一班，加 1500 元；乙、设备，初级中学图书价值 1000 元以上，标本、仪器价值 2000 元以上，其他各校校具价值 1000 元以上，兼设高级中学者倍之；丙、教员，合法定资格，平均每班有专任一人以上者。此外，该办法规定：已立案之市县立中学如办理不善，得撤销其立案。① 总之，较前一时期《各县设立初级中学之标准》，该时期市县设立中学的门槛明显提高，这有利于杜绝地方滥设中学的不良办学行为。

### (二)督促私立中学立案

在浙江省，私立中学的设立主体大致分为浙人和在浙教会两种。早在大学区未成立前，浙江省教育厅就已注意私立中学的立案问题。1927 年 5 月 26 日，浙江省教育厅向全省各私立中学转发国民政府教育行政委员会颁布的《私立学校规程》，要求私立中学的设立及变更须由校董会呈请教育厅核准；私立中学不得以外国人为校长，且一律不得以宗教科目为必修科，亦不得在课内作宗教宣传；私立中学办理不善或违背法令者，政府得随时解散之；凡未经立案的私立学校速呈报立案。② 由此，浙江省教育厅拉开了整顿国人私立中学、收回在浙教会教育权的序幕。大学区成立以来，国人创办的私立中学，大多数纷纷呈报立案。截至 1929 年 7 月大学区结束，10 所国人自办的中学均已向浙江大学区立案。③

与之相比，教会中学的立案进程则颇为迟缓。此项规程颁布后，1927 年 6 月 2 日，全浙基督教中等以上学校联合会竟向教育厅开出立案条件：(1)学校宗教科目及仪式由学生自由参加，而不能废止；(2)政府颁布规程，应允许各校有

---

① 《浙大颁布区内设立中学办法》，《申报》，1928 年 9 月 16 日，第 5 张第 17 版。

② 《浙省新定私立学校规程》，《申报》，1927 年 5 月 26 日，第 2 张第 8 版。

③ 立案各校详见《浙江省二十年度已立案私立中学概况表》，载浙江省教育厅：《三年来之浙江中等教育概况》，《浙江教育行政周刊》，1932 年第 4 卷第 1 期，第 15—17 页。

相当限期,以便从事改组。① 很显然,上述两条有违中央政府颁布立案规程的初衷与精神。可以说,这种矛盾亦意味着教会中学的收回与立案事宜,很难在短期内完成。1927年6月8日,浙江省政务委员会第19次会议议决通过教育厅拟定的《浙江收回外人所办教育事业办法》,规定:在浙江省境内外人所办教育无论属诸个人或团体,均应于1927年9月1日以前移交省政府或者中华民国国籍之人民或团体接办,不得有条件;所有接收外人教育机关之团体或个人,自接收后,须呈报省政府,听候审查立案;自经立案之后,即可与私立学校享同等待遇。② 然而,是项办法颁布后,在浙教会中学均未按期交接。第三中山大学区成立后,1927年12月,颁布《接收外人所办学校呈请立案手续》,详细规定教会中学的接收与立案手续,并规定1928年4月30日以前,各教会中学完成呈请立案手续。③ 事实上,立案手续出台后,没有一所教会中学在规定期限内向大学区立案。直至1929年7月浙江大学区结束,仅有三所教会中学立案,分别是嘉兴私立秀州中学(1928年11月)、金华私立作新初级中学(1928年12月)、杭州私立蕙兰中学(1929年1月)。而多数教会中学抗令不遵,更有甚者,如英国圣公会和法国天主教会出于对抗浙江大学区立案政策,宣告停办鄞县私立三一初级中学和私立毓才初级中学。概言之,该时期大学区有关督促教会中学立案的措施成效不彰。

## (三)统一全省中学课程

1928年5月,浙江大学区在其拟订的《浙江大学区今后教育改进计划》中强调,要加快全省中学课程建设,并指出课程厘定的原则为:其一,"厘定初高两级之课程,使其课目、时间、程度均归划一";其二,"注意其与小学及大学程度之衔接,并以大学入学应有之程度为高中毕业程度之标准。如一时尤有不及,则

---

① 《全浙基督教中等以上学校联合会向本省教育厅提呈意见书》,《中华基督教教育季刊》,1927年第3卷第2期,第65页。
② 《浙江省收回外人所办教育事业办法》,《大学院公报》,1928年第1卷第8期,第114—115页。
③ 《接收外人所办学校呈请立案手续》,《国立第三中山大学教育周刊》,1927年第10期,第11页。

须力谋提高,务使适合而后已";其三,"厘定课程时,于必修各科则增重其质量,于选修各科则减少其项目,并偏重职业方面"。① 显然,以上三项原则是为了解决前一时期省域各中学课程种类繁杂、程度不一等问题而提出的,具有较强的针对性。依据上述原则,1928 年 7 月,浙江大学区颁布《浙江大学区初级中学科目学分暂行标准》和《浙江大学区高级中学科目学分暂行标准》,规定:初级中学暂不分科;高级中学暂设普通科和师范科,其中普通科分第一、第二组;初级中学和高级中学均设必修学科和选修学科;学生修满 156 个学分以上才能毕业。② 为了落实选修科目,1928 年 9 月,浙江大学区专门出台《浙江大学区中学指导选科办法》,要求各中学组织选科指导委员会指导学生选科事宜,并由委员会核定学生选修科目及决定每学期应设之选修科目。③ 可以说,这些规章对统一省域各中学课程设置、提高中学程度具有重要的指导意义。

除以上各点外,这一时期,浙江大学区陆续出台《浙江省补助县立私立中等以上学校经费暂行条例》(1927 年 8 月)、《省立中等学校教员修金标准》(1927 年 9 月)、《浙江大学区中等以上学校校务报告办法》(1928 年 11 月)等规章。这些规章对督促县立中学提升成绩、鼓励私立中学立案、保障省立中学教员薪金、敦促各中学改进校务等方面发挥着重要的约束作用。

总体来看,这一时期,浙江大学区本着重点整顿中学内部的施政方针,开展了规范市县中学、督促私立中学立案、统一中学课程等诸项工作。通过整顿,浙江省中学数量增长放缓④,但其质量得到了保证。比如,1928 年浙江大学区为春晖中学予以立案,理由是:该校"呈送各种立案表册,经本大学审核,内容尚无不合,且查该中学开办以来,亦著成绩,准予正式立案矣"⑤。与此同时,私立定

---

① 《浙江大学区今后教育改进计划》,《大学院公报》,1928 年第 1 卷第 7 期,第 151 页。

② 《浙江大学区初级中学科目学分暂行标准》,《浙江大学教育周刊》,1928 年第 14 期,第 22 页;《浙江大学区高级中学科目学分暂行标准》,《浙江大学教育周刊》,1928 年第 15 期,第 14 页。

③ 《浙江大学区中学指导选科办法》,《浙江大学教育周刊》,1928 年第 25 期,第 7 页。

④ 全省省立、县立、私立中学数:1927 年分别为 11 所(完全中学 4 所)、24 所、19 所;1928 年分别为 11 所(完全中学 4 所)、26 所(完全中学 2 所)、24 所(完全中学 5 所)。参见教育部编审处编:《第一次中国教育年鉴》,上海:开明书店,1934 年,第 202 页。

⑤ 《春晖中学准立案》,《浙江大学教育周刊》,1928 年第 17 期,第 22 页。

海中学亦准予备案,理由是:"该中学校舍宽适,经费尚足,设备师资亦无不合,毕业生服务情形亦尚良好,故即准予备案。"①总之,该时期浙江大学区在提升省域中学教育质量方面做出了积极的贡献。

## 四、浙省教育厅与省域中学教育改革

1929 年 6 月 22 日,浙江大学区结束。8 月 10 日,浙江省教育厅恢复成立,由陈布雷出任教育厅长。此后,相继由张道藩、陈布雷、叶溯中、许绍棣出任浙江省教育厅长一职。浙江省教育厅重建以来,在前一时期工作基础上,大力改革省域中学教育。

### (一)全面规划浙省中学教育改革事宜

1929 年起,教育厅依据部颁中学政策,并参酌本省实际情形基础上,拟订了具体的年度中学行政计划,详见表 6-4。

表 6-4　1929—1935 年浙江省中学教育行政计划

| 年份 | 计划名称 | 主要内容 |
|---|---|---|
| 1929 | 浙江省教育行政十八年度实施计划 | (1)制定中等教育注意事项;(2)拟定促进在职教职员进修之方法;(3)拟定关于提高学生修学兴味之方法;(4)促进并指导教学方法及其他设施事项之改善;(5)调查编制全省各中学状况;(6)各中等学校增设健康指导员或委员会;(7)试办职业指导与升学指导;(8)调查理科教育之状况并谋增加其效率;(9)提倡中学测验方法之应用;(10)筹划省立各校校舍之分别修建;(11)继续整理市县立及私立中学;(12)修订初中立案补充规程;(13)修订省款补助学生办法 |

---

① 《定海中学准立案》,《浙江大学教育周刊》,1928 年第 20 期,第 9 页。

| 年份 | 计划名称 | 主要内容 |
|---|---|---|
| 1930 | 十九年度浙省教育实施计划 | (1)改订中等学校校务报告办法;(2)拟定省立中等学校行政组织统一办法;(3)拟定省县市立中等学校校长任免服务及待遇规程;(4)拟定省县市中等学校教职员任用服务及待遇规程;(5)订定选拔中等学校优良教师深造办法;(6)指定省立中学试行学生能力分组;(7)订定中等学生省级留级降级及毕业办法;(8)实施中学生升学及就业指导;(9)改进中等学校体育;(10)改订中等学校招生规程;(11)确定学级编制标准;(12)办理省立中学学生成绩测验;(13)继续筹划省立中学校舍之分别建修及改善;(14)拟定中等学校应有最低限度之设备标准;(15)拟定省立中等以上学校教员考察及学生参观办法;(16)订定省立中学征收学生费用项目;(17)督促私立中学立案;(18)继续整理县市立及私立中学立案;(19)继续整理县市立及私立中学并辅助其发展;(20)举行未立案高级中学毕业生升学预试;(21)办理私立中等学校在立案以前毕业生肄业生资格之追认;(22)修订补助学生规程;(23)改订补助县市私立中学以上学校经费规程;(24)举行中等教育研究会议 |
| 1931 | 浙江省教育行政二十年度实施计划 | (1)举行中等教育会议;(2)订颁中等学校校务报告办法;(3)订颁中等学校各科设备暂行标准;(4)修订县市设立中等学校办法;(5)继续督促私立中等学校立案;(6)订颁中等学校训育标准实施方案;(7)编订中等学校校籍办法;(8)拟定中等学校教师进修办法;(9)拟定省立中等以上学校教员考察及学生参观办法;(10)继续筹划省立中学校舍之分别建设及改善;(11)订颁中等学校学生成绩考查办法;(12)订颁中等学校学生升级留级及毕业办法;(13)订颁中等学校校长服务规程;(14)订颁中等学校校长考成办法;(15)订颁中等学校教职员服务及考成规则 |
| 1932 | 浙江省教育行政二十一年度实施计划 | (1)计划改进本省中等学校训育事宜并订颁训育注意事项;(2)督促各中等学校组织各科教学研究会;(3)分期召开中学各科教学研究会;(4)筹划举行中学毕业会考各项办法;(5)订颁中等学生成绩考查办法;(6)整理中等学校各科设备;(7)督促各县市整理县市立中学;(8)督促各私立中等学校完成立案手续 |
| 1933 | 浙教厅二十二年度行政计划 | (1)召集中等学校校长会议及训育会议;(2)订颁中等学校学生训育管理及奖惩大纲及毕业成绩计算方法;(3)指导各中等学校举行国防讲演并提高各高中化学研究及实验 |

续　表

| 年份 | 计划名称 | 主要内容 |
|---|---|---|
| 1934 | 浙省中等教育改进计划 | (1)依照部令减少普通中学,改设职业学校及师范学校;(2)订颁审核中等学校教员资格暂行办法;(3)订颁中等学校教员进修办法;(4)厉行中学毕业会考 |
| 1935 | 浙教厅二十四年度行政计划 | (1)举行各中学一、二年级学生主要学科抽考;(2)严格考察各中学一、二年级学生留级状况;(3)整理各中学设置职业科或职业科目;(4)订颁中等学校教员预备受试验检定办法;(5)整理补充中等学校各科设备;(6)指定省立中学试行学生能力分组;(7)订颁初中童子军管理办法;(8)修订中学学生体育标准;(9)严格考查各中等学校实施军事管理或童子军管理成绩 |

资料来源:浙江省教育厅编:《浙江省教育行政方针及十八年度实施计划》,杭州:浙江省教育厅,1929年,第5—6页;《十九年度浙省教育实施计划》,《中央日报》,1930年9月11日,第3张第4版;《浙江省教育行政方针及二十年度实施计划》,《浙江教育行政周刊》,1931年第3卷第2期,第5—6页;《浙江省教育行政方针及二十一年度实施计划》,《浙江教育行政周刊》,1932年第4卷第2期,第2页;《浙教厅二十二年度行政方针及计划》,《中央日报》,1933年8月3日,第2张第2版;《浙省之中等教育》,《教育周刊》,1934年第195—196期,第57—58页;《浙教厅拟定本年度行政计划》,《中央日报》,1935年7月29日,第2张第4版。

从表6-4来看,该时期省域中学教育计划有以下特征:首先,以改进中学质量为施政重心。如中学设施方面,关注中学校舍改善、设施最低标准等。再如教师与学生方面,重视教员在职进修、任用、待遇及考核,强调中学生成绩测验及毕业会考等。其次,以中学制度建设为主线。这些制度涉及中学设施、经费、校长、教职员、学生、教学、立案、设立等项目,基本涵盖了中学教育的方方面面。再次,前后计划具有承继性。比如,整理市县中学、督促私中立案、教职员进修、学生测验等在历年计划中均有体现。这是因为:一是历任教育厅长多表示萧规曹随。如1930年12月,张道藩出任教育厅长后声称,前厅长任内"事有成规,遵循有自,今后萧规曹随"[①]。再如,1934年5月1日,叶溯中就任教育厅长后,主张"萧规曹随,继陈(布雷)任(内)已定方针进行"[②]。二是7份计划中,除

---

① 《浙张教厅长正式就职》,《申报》,1931年1月4日,第6张第21版。

② 《浙新教厅长叶溯中五月一日接事》,《申报》,1934年4月27日,第4张第13版。

1931 年及 1935 年外,其余 5 份均拟于陈布雷任职时期。最后,计划有一定的创新性。比如,1935 年以前计划中强调教员任用及进修等;1935 年计划中重视教员检定。

### (二)改进中学各项设施

充足的设施是省域中学教育发展的必要物质前提。然而,浙省教育厅恢复之初,各中学多存在校舍不敷分配或年久失修、学校各科设施残缺不齐等问题。鉴于此,教育厅采取一系列措施加以整顿。

**1. 增加专项预算,改善各中学校舍条件**

教育厅考虑到当时"本省教育费未见充裕,若全部改建力有未逮",故采取"建筑与修缮分期进行,徐图改进,以期完善"。[①] 如 1930 年 1 月,省立十一中向教育厅呈报:"中学部自修室、寝室不敷应用,拟添造五开间,楼屋一所,估计工料二千四百九十四元。"[②]经教育厅派省督学张任天调查后得知:"该中学请款添筑自修室、寝室间为要图。"[③]旋即,教育厅拟具议案提请省政府将该校中学部建筑经费追加十八年度临时费后获通过。经修缮,该校校舍"已可支配应用"[④]。除十一中外,省立九中、一中、六中等校的校舍亦在该时期得到修整。

**2. 拟定标准,充实各科设备**

1931 年,教育厅着手编订初高中各科设备标准,向各校分发征集办法,以广泛征求意见。此后,教育厅将各校草案加以整理,并分别聘请研究水平较高及富有经验者为编订委员。截至 1932 年初,《浙江省初级中学最低限度设备暂行标准》《浙江省初级中学设备暂行标准》《浙江省高级中学各科最低限度设备暂行标准》《浙江省高级中学各科设备暂行标准》相继问世,并于 1932 年度第一学期施行,要求省立中学的设备以《浙江省初级中学设备暂行标准》《浙江省高

---

① 《三年来浙江中等教育概况》,《浙江教育行政周刊》,1932 年第 4 卷第 1 期,第 27 页。
② 《三年来浙江中等教育概况》,《浙江教育行政周刊》,1932 年第 4 卷第 1 期,第 28 页。
③ 《三年来浙江中等教育概况》,《浙江教育行政周刊》,1932 年第 4 卷第 1 期,第 28 页。
④ 《三年来浙江中等教育概况》,《浙江教育行政周刊》,1932 年第 4 卷第 1 期,第 28 页。

级中学各科设备暂行标准》为准,市县私立中学以《浙江省初级中学最低限度设备暂行标准》《浙江省高级中学各科设备暂行标准》为准,其已达最低限度之标准者以《浙江省初级中学设备暂行标准》《浙江省高级中学各科设备暂行标准》为准。自此,全省各中学均按上述标准整理,各科设施大为改观。1934年10月,教育部颁布统一的中学各科设备标准后,浙江省教育厅废止以上标准,令各校遵照部颁新标准办理。[①]

### (三)加强中学经费管理

浙江省级教育经费由省财政厅统收统支,且较为充裕。然而,自1931年起,受水灾影响,省级教育经费无形减少。因此,省域中学经费亦随之大受影响,如1930年为113万元,而1933年减至71万元,严重制约着省域中学教育发展。就此,教育厅与省政府、财政厅交涉,于1933年11月实现了省级教育经费独立。省级教育经费的独立,为浙江省域中学教育发展提供了坚实的物质基础。这一时期,教育厅除积极增筹省中学经费外,亦有条件地补助县市立、联立、私立中学经费。1932年7月21日,教育厅颁布《浙江省补助县市立联立私立中等以上学校经费暂行规程》,规定了补助的资格、手续、用途、终止等内容。其中,补助资格为:(1)经教育厅历年考察认为合格,并办过毕业两次以上;(2)在校学生达四班以上,而每班人数超过三十人;(3)课程遵照部颁课程标准或省颁暂行标准;(4)毕业生及在校学生成绩优良有据;(5)实施党义教育著有成绩;(6)经费不虞中断,学校有发达希望;(7)校中设备逐年增加,有册可稽;(8)教员有三分之二以上为高师或专科以上学校毕业。该规程还规定:补助费仅能用于添设体育卫生器械、添置职业科目设备(或增聘职业科教师)、增建校舍之一部等事项;如有违反,停止一部分或全部补助。[②] 根据以上要求,1932年

---

① 《训令第一一四八号》,《浙江教育行政周刊》,1934年第6卷第11期,第60页。
② 《浙江省补助县市立联立私立中等以上学校经费暂行规程》,《浙江教育行政周刊》,1932年第4卷第12期,第4—5页。

起,私立效实中学、私立盐务初级中学等十余校受到了数额不等的补助。[①] 可以说,此项措施对鼓励各校改进办学、完善教学设施起到积极作用。

### (四)重视校长及教职员管理

1931年以前,浙江省中学人事管理存在中等学校校长与教员的任用及待遇无标准、聘用教员沿用钟点制、教员任期无保障等问题。[②] 为遏制上述弊端,1931年6月起,教育厅在参酌江苏省相关制度经验基础上,先后订颁《省立中等学校校长任免及待遇规程》《省立中等学校教员任用及待遇规程》《县立市立联立私立中等学校校长任免及待遇规程》《县立市立联立私立中等学校教员任用及待遇规程》等规章。经教育厅整顿,省域中学人事管理得以改进,而且教员待遇也有了一定保障。其中,就教员待遇来讲,全省"高中教员每周每小时以八元计,初中以六元计,县私立学校比照前标准办理,而大多数县私立学校均较标准为低"[③]。

### (五)督促私立中学立案

私立中学立案在该时期浙江省级教育行政管理工作仍占有突出的位置。在前一时期工作基础上,教育厅加大力度推进此项工作。1927年后,在中央政府及浙江省教育厅的施压下,各私立中学多表现出改组的姿态,纷纷向教育厅呈请校董会立案。关于教会中学,虽遵照部章设立校董会,并向教育厅备案,但与教育厅的抗争未止。如果说大学区时期教会中学与浙江大学区进行的是"硬对抗"的话,那么该时期各校纷纷转变策略,与浙省教育厅进行"软对抗"。这种"软对抗"多聚焦在各校宗教科及礼拜仪式问题上。比如绍兴私立越材中学,1930年7月,该校校董会向教育厅呈报立案。教育厅派省督学查核后,驳回该

---

① 各校补助数目详见教育部编审处编:《第一次中国教育年鉴》,上海:开明书店,1934年,第203页。

② 《三年来浙江中等教育概况》,《浙江教育行政周刊》,1932年第4卷第1期,第84—86页。

③ 浙江省教育厅:《政绩交代比较表(1943年度)》,浙江省档案馆藏:《浙江省教育厅档案》,L032-000-2126。

校的立案请求,理由是:该校设施与办理情形虽与部颁规程相符,但"朝会内间有礼拜仪式,殊属有违",要求该校"切实办理后,再行呈请核办"。[①] 由此反映,此时的教会中学仍存在违法施行宗教教育的现象。迫于立案压力,该校不得不废除礼拜仪式。同年10月,经省督学再次查核,该校已有改进,故教育厅于当月批准该校立案。[②] 截至1932年7月,全省17所教会中学中,已有15校立案。[③] 其余2所,即私立成美女子初级中学和私立明德女子初级中学,经教育厅督促,亦分别于1933年8月和1935年1月立案。[④] 关于浙人自办的私立中学,教育厅亦依照部颁规程,督促立案,并随时派省督学视察指导,辅助改进。截至1932年7月,已立案中学24所,未立案中学5所,正在呈请设立者3所。[⑤] 其中,未立案中学主要因"开办未久,照私校规程规定尚未届立案之时期",或"经费、设备及各项设施尚未能及立案标准",故未立案。[⑥] 对设施未达标准者,教育厅采取"尚有发展可能者则宽予试办期间俾得从容改进,其确无发展之希望者则分别令其结束或停闭"[⑦]的严格措施。如1933年8月,教育厅下令停办鄞县私立民强初级中学[⑧],其余各校或延期改进,或准予立案。总之,经教育厅着力整顿,1929年后省域私立中学立案工作有了实质性的进展。

### (六)考核中学生学业成绩

该时期省域中学教育的一个显著特征是,教育厅重视中学生成绩测试。就此,教育厅主要采取两项措施。

---

① 《训令第七九四号》,《浙江教育行政周刊》,1930年第46期,第5—6页。

② 《绍兴越材中学最近设施》,《中华基督教教育季刊》,1930年第6卷第4期,第94页。

③ 《三年来浙江中等教育概况》,《浙江教育行政周刊》,1932年第4卷第1期,第15—18页。

④ 教育部普通教育司编:《二十三年度全国中等学校校名地址一栏表》,南京:教育部普通教育司,1935年,第20页。

⑤ 《三年来浙江中等教育概况》,《浙江教育行政周刊》,1932年第4卷第1期,第15—18页。

⑥ 《三年来浙江中等教育概况》,《浙江教育行政周刊》,1932年第4卷第1期,第15—18页。

⑦ 《三年来浙江中等教育概况》,《浙江教育行政周刊》,1932年第4卷第1期,第14页。

⑧ 《训令一七〇四号》,《浙江教育行政周刊》,1933年第5卷第1期,第8页。

### 1. 抽考中学学生成绩

在教育厅看来，"学校欲明瞭其教学设施之效果，教育行政机关欲考察其行政设施之效率，均可由测验学生成绩得之"①。就此，1930 年教育厅拟定《浙江省教育厅抽考中学学生成绩规则》，规定派厅员拟具试题，择期前往各中学，随机抽考若干班。如 1930 年下半年，教育厅抽考全省 41 所中学初三理科、数学、地理、历史、默读 5 科。其中，省立 11 校、县市联立 16 校、私立 14 校。经严密考核，总平均分排前三位的学校依次是省立七中（57.58 分）、省立二中（56.46分）、私立效实中学（55.96 分），而排在倒数三位的学校是私立慧兴女初中（41.84分）、旧处属联立初中（37.42 分）、松阳县立初中（37.48 分）。② 由此，教育厅可大致明了各校教学现状，以此作为下一步决策的依据。这种抽考方式基本延续至全面抗战时期。

### 2. 厉行毕业会考

1932 年 5 月，教育部通令各省举办中学毕业会考。1933 年起，浙省教育厅每年定期组织初中及高中毕业会考。为保障会考顺利进行，教育厅颁布《浙江省中学毕业会考委员会组织规程》《浙江省中学毕业会考不及格学生补习及留级暂行办法》《浙江省中学毕业会考核算成绩方法》《浙江省中学毕业会考监试须知》《中学毕业会考分区办法》等规章，旨在规范会考各个环节；同时，在每届会考前，教育厅按章组织中学毕业会考委员会，由教育厅长任委员长，由其选派厅内外职员为该会常务委员及襄试委员，由该委员会负责命题、阅卷、统分等具体事宜。会考结束后，教育厅一方面将各校成绩与名次公布于《浙江教育行政周刊》，使各校明了本校教学成绩；另一方面，对三科以上不及格的学生给予留级处理，但对会考成绩优异的学生进行奖励③，甚至保送成绩优异者入浙江大

---

① 《三年来浙江中等教育概况》，《浙江教育行政周刊》，1932 年第 4 卷第 1 期，第 70 页。

② 成绩参见《三年来浙江中等教育概况》，《浙江教育行政周刊》，1932 年第 4 卷第 1 期，第 75—76 页。

③ 比如，1933 年 8 月，浙省教育厅为鼓励中学毕业会考成绩优良学生，对名次在前十者，分别奖给书券：高中前五名各得书券 40 元，第六名至第十名各得 30 元；初中前五名各得 30 元，第六名至第十名各得 20 元。参见《浙教厅奖励中学会考成绩优良学生》，《申报》，1933 年 8 月 24 日，第 4 张第 16 版。

学学习深造①。通过上述督促措施,省域各中学的教学成绩不断提高。以高中阶段为例,1933 年 7 月参加会考者 378 名,其中全科及格给予毕业者 255 名,毕业率为 67％。② 1936 年 7 月参加会考者 389 名,其中全科及格给予毕业者 357 人,毕业率达 92％。③

　　总体来讲,1929 年浙江省教育厅恢复后,加大了对省域中学教育改革力度。可以说,无论是在改革的广度,还是在改革的深度上,均超越以往。这一时期,教育厅注重统筹规划中学教育事业,并围绕各年度计划,主要开展了改善中学设施、加强中学经费管理、重视校长及教职员管理、督促私立中学立案、考核中学生成绩等行政工作。通过采取以上举措,省域中学教育质量有了切实改进。

## 五、浙省教育厅与省域中学教育发展

　　1937 年冬,杭嘉湖各属沦陷,各中学纷纷退出。1941 年,宁波和绍兴相继沦陷。翌年,金华和衢州沦陷。在这波谲云诡的局势下,省域中学教育惨遭重创。在非常时期,如何恢复与发展省域中学教育,考验着浙江省教育厅的管理智慧。

### (一)恢复与扩充中学数量

　　全面抗战之初,为了收容战区中学生,教育厅订颁《浙江省中等以上学校实施战时教育应注意事项》,以期作为各校处理校务训练学生应付事变的依据。紧接着,教育厅又颁发《战区中等学校学生转学借读办法》,通令各校扩充班级,尽量收容战区退出学生。此外,教育厅还采取以下举措。

---

① 《浙省公私立高中毕业生免试升入浙大》,《申报》,1933 年 8 月 8 日,第 4 张第 14 版。
② 《浙省高中会考成绩》,《申报》,1933 年 7 月 24 日,第 4 张第 16 版。
③ 《浙中学毕业会考高中成绩》,《申报》,1936 年 7 月 19 日,第 4 张第 16 版。

### 1. 设立临时中学

1938 年第一学期，教育厅在丽水碧湖设立省立临时联合中学，收容杭嘉湖各属省立中学员生。1939 年第一学期，教育厅设立省立浙西第一临时中学和第二临时中学，收容浙西战区学生。是年第二学期，教育厅续设省立浙西第三临时中学。1940 年秋，教育厅设立省立浙西第四临时中学，"旋以学生稀少，并入绍兴中学"[①]。1941 年度，教育厅设立省立临时中学，于嵊县、常山、丽水各地分设四部。1942 年第一学期，省立临时中学第三部改组为省立浙东第一临时中学，次又在宣平、瑞安相继设立省立浙东第二、第三临时中学，救济宁波、绍兴、上海、香港、澳门、金华、衢州等战区退出的学生。1943 年秋，教育厅在云和设立建国中学，收容公务员子弟。

### 2. 设立战时高初中学生补习学校

1938 年 8 月，为适应战时需要，救济战时失学青年，教育厅订颁《监督战时高初中学生补习学校暂行办法》，"暂许设立高初中学生补习学校"[②]。1940 年 8 月，教育厅修正此项办法，规定毕业学生准与高初中毕业学生同样资格。可以说，在该规章的驱动下，至 1944 年度，诸暨、盐海、临海、缙云、松阳等地设有 21 所初高中学生补习学校。

### 3. 举办其他战时特殊设施

首先，登记战区员生。至 1942 年秋，教育厅前后登记教职员 246 人，学生 5610 人。其次，开办收容站进修班。教育厅先后在丽水陶山、石牛、宣平、庆元、景宁各地设站收容战区退出员生，并在云和设战区退出中等学校学生进修班，经登记审查合格之学生一时未能分发就学者，先行入班进修，共收 540 人。再次，办理各项救济。全面抗战爆发后，教育厅先后订颁办法，经常给予省立中学生救济费，分发赴校川旅费，并制发寒衣被。最后，拨发学校应变费、复校设备费。比如 1944 年度，教育厅拨发应变迁移费 1325000 元。五是设立战区员

---

① 浙江省教育厅：《浙江省教育厅行政史略》，浙江省档案馆藏：《浙江省教育厅档案》，2120.1。
② 《监督战时高初中学生补习学校暂行办法》，《进修》，1939 年第 6 期，第 6 页。

生管理委员会。该委员会负责办理所有战区教育工作人员及学生的招收、登记、收容、救济、训练、进修、分发、就学及介绍职业等事宜。

### 4.通令满 10 万以上人口的县份设立初级中学

1944 年 2 月，浙江省政府颁布《推进本省各县教育实施方案》，规定 1944 年度终了前，"全县人口在十万以上县份，须有初级中学及师范学校各一所"[①]。从实践来看，在 1944 年度，设立初级中学者共 10 县。至 1945 年底，县立中学有 8 所，县立初级中学有 31 所。

### 5.严令取缔擅设的中学

全面抗战以来，教育厅鼓励各地举办中学，但须由各地呈教育厅核准立案后才能设立中学。1939 年 2 月，鉴于"各县新设立各学校闻有未经照章办理，业由教厅分别取缔，嗣后各县境内如有未经呈厅核准，擅自设立中等学校或分校，或高初中学生练习学校，或他处迁移办理招生等情，应即由县查明照章取缔"[②]。

## (二)改进与整顿中学质量

全面抗战爆发后，浙江省时遭日寇侵扰。由此，省域中学"各校迁徙应变，损失既重，教学管理尤多窒碍，兼之物价飞涨、师资缺乏，在学校实质上均有重大影响"[③]。为了改进中学质量，教育厅采取了如下举措。

### 1.宽筹教育经费

首先，增加县私立中学补助预算。这一时期，教育厅将县立及私立中学补助费和游击区高初中补习学校补助费，列入省级教育经费预算，予以经费扶植。此外，教育厅对于各县私立中学，如认为有特殊情形时，则于省教育经费预算外，另行筹款拨补。其次，奖励捐资兴学。地方团体或私人凡以财务捐助学校、

---

① 浙江省政府:《推进本省各县教育实施方案》,《国民教育指导月刊》,1944 年第 2 卷第 9—10 期,第 76 页。

② 《浙教厅取缔擅设中学》,《申报》,1939 年 2 月 26 日,第 4 张第 15 版。

③ 许绍棣:《十年来浙江中等教育概况》,《浙江教育行政月刊》,1945 年第 3 卷第 2 期,第 22 页。

兴办教育事业者,按其捐资多寡,或由教育厅予以奖励,或由教育厅转呈教育部给予奖励。再次,改订《私立中等学校开办费设备费标准》。1944 年度,教育厅拟定数额标准,"私立中学开办费数额较规程规定增加十五倍,经常费增加四倍"①。复次,规定县立初中简师学校学田数额。1944 年 2 月,浙江省政府颁布《推进本省各县教育实施方案》,规定各县"中学及师范学校每校须有学田五百亩以上"②。教育厅称:1945 年初,"据五十七县所送之报告,县立中等学校八十校,已筹起学田二千九百另五亩,平均每校已筹学田三百六十三亩"③。最后,积谷变价扩充教育经费。经教育厅向省政府积极争取,1943 年度,浙江省各县积谷全数十分之一约 8 万担,用于补助充实省立中学等经费。全面抗战以来,"此项积谷变价款项,先后核拨教育经费者计三千八百万元"④。

**2. 扩充校舍设备**

1937 年以前,浙江省立中学由教育厅拨款修建,县立中学则多利用庙宇祠院修葺而成。然而,全面抗战爆发后,这些校舍均遭损毁。鉴于全面抗战初期局势多变,教育厅便采取除迫切需要者外限制新建中学校舍的策略。由是,迁到浙省后方复学的中学,多利用祠宇或租用民房,"即有新建者,亦皆泥墙草盖,不事粉饰"⑤。1943 年后,随着战局趋稳,教育厅开始在省级预算中增列修建费,拨款添建公私立中学校舍。比如,1943 年度,修建费为 9.6 万元,另追加临时费(即中央核拨各校修建费)80 万元;1944 年度,修建费增至 70 万元,另追加临时费(即省积谷变价)核拨省立中学校舍修建费 300 万元。由此,在教育厅的扶持下,省立台州中学、建国中学、天台县中学、乐清乐成初中等校,均新建校舍。除了扩充校舍外,教育厅还积极扩充中学教学设备。1940 年,教育厅向省政府呈请在省总预备费项目下拨款,并向教育部请购 6 折发给高中、初中理化

---

① 许绍棣:《十年来浙江中等教育概况》,《浙江教育行政月刊》,1945 年第 3 卷第 2 期,第 23 页。

② 浙江省政府:《推进本省各县教育实施方案》,《国民教育指导月刊》,1944 年第 2 卷第 9—10 期,第 76 页。

③ 许绍棣:《十年来浙江中等教育概况》,《浙江教育行政月刊》,1945 年第 3 卷第 2 期,第 23 页。

④ 许绍棣:《十年来浙江中等教育概况》,《浙江教育行政月刊》,1945 年第 3 卷第 2 期,第 23 页。

⑤ 许绍棣:《十年来浙江中等教育概况》,《浙江教育行政月刊》,1945 年第 3 卷第 2 期,第 23 页。

仪器,斟酌各校实际需要,择要分发使用,"计高中理化示教仪器六副,初中物理实验仪器、化学示教仪器一百(零)八副"①;1941—1943年度,教育厅在省立各校预算内增列特别购置费,用以添置教学设施;1944年度,在积谷变价项下,教育厅核拨省立中学普通设备经费440万元,以改进各校设备。

### 3.改进教学与训育设施

首先,严格落实部颁中学课程标准,而未经规定者,由各校拟定章则,呈教育厅核准后实施。1940年7月,教育厅奉部令落实修正中学课程标准,"各校均遵照实施,同时参照国立中学课程纲要规定,使精神训练、体格训练、学科训练、生产训练、劳动服务训练、特殊教学与战时后方服务等六项,等量并重"②。其次,重视中学会考。1937年度,中学会考因抗战军兴停办。1938年度第二学期,浙省高中恢复会考,初中则改为抽考,即每学期由教育厅派省督学到校视察时,临时指定班级、科目,进行抽考。1944年度,高中也改行抽考。除了抽考外,各省督学在视导期间,注意"考察各项作业簿册"③。最后,加强中学训育工作。关于中学训育,1937年以前,各中学采用级任制。1938年起,各中学遵照部章改为导师制。"当时训育标准,未奉部颁,各校均照厅颁训育标准办理。1941年以后,乃依照部颁《青年训练大纲》《训育纲要》实施。"④

### 4.重视中学教员队伍建设

这主要体现在教员的检定、培养、待遇、奖励四个方面。

首先,加强教员检定。省域中学教员的数量与质量,"抗战以前较为整齐,抗战发生后,教员流亡在外及改业者颇多,而本省中等学校则为数激增,所需师资倍逾战前,故不免降格以求其次"⑤。为提升教师质量,1939—1949年,教育厅陆续实施第四届至第十一届中学及师范学校教员检定,检定合格者方可任教

———————————

① 许绍棣:《十年来浙江教育概况》,浙江省档案馆藏:《浙江省教育厅档案》,L032-000-2122。
② 许绍棣:《十年来浙江教育概况》,浙江省档案馆藏:《浙江省教育厅档案》,L032-000-2122。
③ 许绍棣:《十年来浙江教育概况》,浙江省档案馆藏:《浙江省教育厅档案》,L032-000-2122。
④ 许绍棣:《十年来浙江教育概况》,浙江省档案馆藏:《浙江省教育厅档案》,L032-000-2122。
⑤ 许绍棣:《十年来浙江中等教育概况》,《浙江教育行政月刊》,1945年第3卷第2期,第24页。

员。比如1942度，中等学校检定合格教员占总数的71％，检定不合格者占总数的29％。此外，"尚有训育主任、公民教员与童子军教练员的检定，每年均曾举行"①。

其次，加强在职教师培养。为改进教员质量，1940年起，教育厅颁布《中等学校数理化教员讲习会办法》《浙江省县私立初级中学教育科目师资讲习会办法》《中等学校各科教员讲习讨论会办法》等文件，规定由教育厅定期举办讲习会，经费从省级教育经费项下开支。比如，1940年7月26日至8月22日，教育厅与英士大学在碧湖联合举办中学数理化教员讲习会，讲习结束时举行试验，成绩及格的学员由教育厅给予证明书。②

再次，维持并改善教员待遇。1938年度第二学期开始，因战时财政困难，中等学校教职员由教育厅改发生活费，"惟无拖欠情事"③。1939年，教育厅"恢复薪给制，依照额定数折扣发给。廿九年（1940），照额定数实支"④。问题在于，由于物价猛涨，教员仍感入不敷出。鉴于此，1944年，教育厅颁布《浙江省中等学校教职员任用及待遇办法》，将教职员俸给提高："高中最高额改为三百元，最低额一百三十元，初中最高额二百六十元，最低一百元，每周每小时各增高二元。"⑤由于物价腾贵，教育厅"乃于俸给之外，另发生活补助费、公粮及学米等等，省立学校教职员悉比照省级公务员待遇办理，县立学校多比照县级公务员办理，私立学校教职员则由部款省款给与补助"⑥。除了维持教员薪给外，教育厅还竭力改善其他待遇：（1）学米制。1941年6月20日，教育厅颁布《浙江省推行公私立中等学校学米制暂行办法》，规定"本省公私立中等学校教职员在校所需食米，由全校学生共同供给，每人每月暂定三十市斤，一学期以五个月计

---

① 胡琴伯：《十年来浙江中等教育述评》，《现代论坛》，1948年第5期，第11页。

② 《浙教厅定期举办中学数理化教员讲习会》，《新闻报》，1940年6月18日，第10版。

③ 《浙江省立开学各校本年度起免收学费》，《申报》，1938年10月25日，第2张第8版。

④ 浙江省教育厅：《政绩交代比较表（1943年度）》，浙江省档案馆藏：《浙江省教育厅档案》，L032-000-2126。

⑤ 胡琴伯：《十年来浙江中等教育述评》，《现代论坛》，1948年第5期，第11页。

⑥ 许绍棣：《十年来浙江中等教育概况》，《浙江教育行政月刊》，1945年第3卷第2期，第24页。

算"①。自此，各校开始实施学米制，以期安定教职员生活。1944年度起，省县立中学教职员供应公粮而停收学米，私立学校则照旧办理。1944年各县调剂民食谷取消，因此教育厅又将学米数额提高，规定每年第一学期（计5个月5日）缴谷258市斤7两或米180市斤15两，第二学期（计5个月8日）缴谷263市斤8两或米184市斤8两。②（2）生活补助费。自省县级公教人员发给生活补助费后，为改善私立中等学校教职员生活，教育厅于1943年度制定《私立中等学校教职员生活费补助办法》，此项经费由教育厅每年列入省级预算，按期分配发给。（3）在学子女救济费。省立中等学校教职员子女在省立中等学校肄业者，准予一人给与甲种救济待遇，供给膳食并免除全部费用。（4）子女入学资助金。1944年初，教育厅制定《本省战时资助公务员教职员子女入学办法》，规定："凡公教人员子女在各级学校肄业者，按其服务年资及肄业学校，分别给与资助金。"③1944年下学期起，教育厅将资助金加倍发给。（5）子女优先享受公费。战区学生及公教人员子女如入学考试成绩合于公费生录取标准者，在规定公费学额内均得优先给与公费待遇。（6）新聘教员川旅补助费。省立中学报经核准新聘之教员，教育厅给与川旅费补助。另为延揽外省优秀教员及吸纳沦陷区教员，教育厅除补助教员本人川旅费补助外，对其配偶及直系亲属随往住所者概给与川旅补助。（7）休假进修。1942年底，教育厅根据部章作出规定：凡检定合格且在校继续担任专任教员5年以上、著有成绩的中学教员，得申请休假进修；在休假进修期间，仍支原薪与公粮。比如，1943年4月，黄岩县政府向教育厅请示："该县县立中学教员杨文耀等七人呈请休假进修，县经费紧缩，是否仍准支原薪并给公粮？"教育厅回复称："依照规定仍应照给原薪各项补助费及公粮。……如县经费确属困难，无法支给，得斟酌情形变通办理，可分别先后予以休假进修。"④（8）教职员救济费。1942年起，教育部为救济私立中等学校

---

① 《浙江省推行公私立中等学校学米制暂行办法》，《浙江教育》，1941年第4卷第1期，第18页。
② 《修正浙江省公私立中等学校在校膳食学生缴纳谷米暂行办法》，《浙江教育行政月刊》，1943年第4期，第22页。
③ 许绍棣：《十年来浙江中等教育概况》，《浙江教育行政月刊》，1945年第3卷第2期，第24页。
④ 许绍棣：《浙江省教育厅指令 中字第一五六六号》，《浙江教育行政月刊》，1943年第2期，第20页。

教职员生活,每年拨发浙省私立中等学校教职员救济费,由教育厅按照全省私立中等学校教职员人数平均支配核发。(9)养老金与恤金。据教育厅称:中学教职员的"养老金自二十年起实施,恤金自二十八年起实施"[①]。

最后,重视教员奖励。这一时期,教育厅遵照中央颁发的奖励规章,出台各种教员奖励办法,以求多方予以奖励。一是特别奖助金。凡中等学校教员有自昔服务迄今未尝间断者,由教育厅给予特别奖励金。二是年功奖励金。教育厅为奖励中等学校教员久任教育事业,除对于继续服务三十年以上的教员给予奖励金外,并于 1944 年制定《浙江省中等学校教员年公告奖励办法》,规定:"凡检定合格品学优良、热心教导之专任教员,在同一公私立中等学校继续任职满十年者,给与薪俸二个月之年功奖励金,满二十年者三个月,满三十年者四个月;在非同一公私立中等学校继续任职满十五年者给与薪金二个月之年功奖励金,满二十五年者三个月,满三十五年者四个月。"[②]三是科学研究奖助金。1944 年 4 月 17 日,教育厅颁发《浙江省中等学校教员科学研究奖助金办法》,对教育厅核准聘任的教员,按其研究工作性质分别给予甲种两万元、乙种一万元、丙种五千元的奖助金,旨在奖励其开展研究工作。[③]四是奖助金。教育厅根据部颁《中等学校教员奖助金办法》,对公私立中等学校在职专任教员检定合格、品格健全、在校服务三十年以上、著有成绩者,按其情形分别给予奖助金。五是服务奖状。教育厅对在一校连续服务十年至三十年以上、成绩优良的教员,由教育厅或转呈教育部分别授予二等、三等或一等服务奖状。

### 5. 提高中学生待遇

首先,免除省立中学学生的学费。1938 年 2 月,"省教育厅许厅长因各地学生缴费困难,自本年度(1938 年度)起,将省立各校学费一律免收,黄(祖培)财政厅长已表示赞同"[④]。其次,设置公费免费学额。早在 1936 年度,教育厅曾

①　许绍棣:《十年来浙江中等教育概况》,《浙江教育行政月刊》,1945 年第 3 卷第 2 期,第 24 页。
②　许绍棣:《十年来浙江中等教育概况》,《浙江教育行政月刊》,1945 年第 3 卷第 2 期,第 24—25 页。
③　《浙江省中等学校教员科学研究奖助金办法》,《浙江教育行政月刊》,1944 年第 15 期,第 12 页。
④　《浙江省立开学各校本年度起免收学费》,《申报》,1938 年 10 月 25 日,第 2 张第 8 版。

设置公费免费学额,省立中等学校各占各学级学生数的 10％。1938 年度起,教育厅将初高中公费免费学额增为 14％。1941 年度起,为救济战区清寒学生,各临时中学公费学额最高可至 40％,但 1942 年度第二学期,因省教育经费困难,一律改为 20％。[①] 公费生供给膳食并免缴全部费用。1944 年第一学期,教育厅遵照行政院指示,将省立中等学校公费学额另行改订,公费生待遇因预算额核定人数,酌予变更。县立中学也有公费名额,但名额及待遇均不及省立中学。最后,发放战区学生救济费。1938 年秋,教育厅颁布《省立临时联合中学救济战区经济困难学生暂行办法》,按照各生家庭境况,分别给予甲、乙、丙、丁各种救济费,准予免除应缴各费的全部或一部分。此外,教育厅还对中学生给予一定数额的副食补助费、公粮运输补助费等。

### 6. 召开全省中等教育会议

为群策群力,凝聚改进省域中等教育的共识,1944 年 12 月,教育厅在云和举办了全面抗战以来首届全省中等教育会议,组织全省公私立中等学校校长出席,共同检讨关于中等教育的过去设施情形,并策划此后改进办法及抗战胜利后复员计划。此次会议共收到 153 件提案。[②] 其中,教育厅向大会提交了 2 件提案:《拟具浙江省中等教育改进方案请审议案》和《拟具浙江省中等教育复员计划请审议案》。大会表决通过了《改进本省中等教育之方案》《准备应变及规划复员工作》《勉励中等学校教师》《鼓励中等学校学生》《改善师生生活与学校健康设施》等提案。经大会决议,本省中等教育的改进原则是:"中学教育质重于量,师范教育质量并重,职业教育量重于质"[③];"全省各类中等教育应求均衡发展",高中、师范、高级职业学校以 2∶1∶1 之比为准,初中、简易师范、初级职业学校以 6∶3∶2 之比为准"[④];关于复员,"今后处常应变,当兼筹并顾,以机动之方式作妥善之准备",而且"大会对于复员工作已定有妥适计划,其内容不仅

---

① 浙江省教育厅:《政绩交代比较表(1943 年度)》,浙江省档案馆藏:《浙江省教育厅档案》,L032-000-2126。

② 会议各提案的名称,详见《提案一览》,《浙江教育行政月刊》,1945 年第 3 卷第 2 期,第 15—20 页。

③ 《浙江省全省中等教育会议宣言》,《浙江教育行政月刊》,1945 年第 3 卷第 2 期,第 4 页。

④ 《浙江省中等教育改进方案》,《教育部公报》,1945 年第 17 卷第 3 期,第 8 页。

能适合国防与建国之需要,且与本省地、理、人、和及省政之设施,均相互配合,协同一体"①。可以说,上述决议为战后省域中学教育改革指明了方向。

### 7.加强省域中学教育视导

全面抗战时期,尽管浙省战事频仍,但省级教育视导人员始终未中断省域中学教育视导工作。比如,1939 年第一学期,省督学视察省立临时联合高级中学后,向教育厅报告:"校长张印通,处理校务,勤慎周密,有条有理。用人行政,亦均妥切。……查阅学生月考成绩,多系优良,上届毕业学生,查其出路,升入国内著名大学者甚多,足证学业程度,不落人后,均属难得。"②再如,1943 年第一学期,省游击区教育督导员视察於潜县立补中,认为该校"校舍与小学混合""应即分别隔离""校舍尚嫌不敷分配,应即计划添建""图书体育仪器医药等设备甚为空虚,须速设法充实"等。据此,1944 年 3 月,教育厅令於潜县政府:"仰即转饬遵照办理,具报。"③此后,该校设施有了一定程度的改进。

## (三)复员与充实中学教育

抗战胜利后,浙江省会迁回杭州。在新形势下,浙江省教育厅在沿用以往中学改进举措基础上,遵照既定的"重质限量"原则发展省域中学教育。

### 1.复员与调整中学各校

1945 年底起,教育厅对省立中学布局大加调整:省立临时联高、省立临时联初、浙西省立第一临中、浙西省立第二临中,分别改为省立杭州高级中学、省立杭州初级中学、省立嘉兴中学、省立湖州中学;省立浙东第一、第二、第三临中及浙西省立第三临中,分别改办省立衢中、处中、温中、严中;各省立临时中学的分部均不再招生,以便逐年结束;省立建国中学迁往杭州继续办理,改办六年制中学,并将联初、宁中两校六年制各学级学生划归建国中学。至 1946 年 5 月,全省有 13 所省立中学。此外,杭州市中、嘉兴县中等 36 所县市立中学及私立

---

①　《浙江省全省中等教育会议宣言》,《浙江教育行政月刊》,1945 年第 3 卷第 2 期,第 5 页。

②　《浙江省教育厅训令 教字第五五九号》,《浙江教育》,1940 年第 2 卷第 9 期,第 88 页。

③　《浙江省教育厅训令 章字第三七四号》,《浙江教育行政月刊》,1944 年第 13 期,第 20 页。

中学已陆续复校。①

### 2. 甄别战区学生与教师

1946 年 1 月，教育厅出台《收复区中等学校学生甄审办法》。其要点有：甄审分毕业甄别试验和编级甄别试验两种；凡曾在敌伪公私立高初中学校毕业的学生，应参加毕业甄别试验；曾在敌伪公私立高初中学校各年级肄业生，应参加编级甄别试验；毕业甄审试题由教育厅统一命题，编级甄别由教育厅指定的代办学校自行命题；毕业甄试或编级甄试成绩及格学生，由教育厅分别给予证书或编级试验成绩证明书。② 据此，1 月 22 日至 25 日，浙江省举行了编级甄试。1 月 27 日至 28 日，全省举行了毕业甄试。经甄别发现："参加学生甚踊跃，惟试验成绩殊劣。"③鉴于此，教育厅为体恤沦陷区学生，"特别从宽办理，在甄试成绩未揭晓前得凭参加甄审证件投考各校试读，其因故未及参加甄审者，亦拟设法另予补救"④。紧接着，2 月底，教育厅举行了沦陷区中学教员的甄审。根据教育厅规定，未经甄审及甄审不合格者，各校一律不得聘用为教员。

### 3. 举办全省中等教育会议

抗战结束后，教育厅继续发扬民主决策的精神，接续举办全省中等教育会议。1947 年 4 月，教育厅在杭州召开全省中等教育会议。教育部长朱家骅、省内公私立中等学校校长及教育专家，共 300 余人出席此次会议，主要"检讨本省中学教育过去设施情形，策划今后改进办法"⑤。会上，教育部长朱家骅"交换浙省教育复员情形及改进意见"⑥。可以说，该会议"为浙省复员后最大教育会议"⑦。1948 年 4 月，乘第 7 届全运会之便，教育厅又在杭州举办全省中等教育会议。这次会议，"除对中等教育问题作一综合性之检讨外，并分经费、教学、训

---

① 《浙江省教育复员工作概况》，《教育通讯》，1947 年第 3 卷第 9 期，第 39 页。

② 《浙教厅规定中学生甄审办法》，《申报》，1946 年 1 月 27 日，第 2 张第 5 版。

③ 丁荣观：《复员声中浙江教育动态》，《文汇周报》，1946 年第 114 期，第 295 页。

④ 丁荣观：《复员声中浙江教育动态》，《文汇周报》，1946 年第 114 期，第 295 页。

⑤ 《浙下月举行全省中教会议》，《申报》，1947 年 5 月 12 日，第 2 张第 5 版。

⑥ 《朱部长昨日回京》，《申报》，1947 年 5 月 2 日，第 2 张第 5 版。

⑦ 《浙教厅召开中等教育会议》，《新闻报》，1947 年 3 月 28 日，第 7 版。

育三组专题讨论,作详细之检讨"。会后,"由教育厅归纳整理,作今后改进中等教育之参考"。① 4 个月后,即 1948 年 8 月,教育厅召集杭州市各省立中等学校校长,举行谈话会,提出今后改进设施应注意各点。

### 4. 修建校舍及补充设备

在抗战烽火中,省立各中学的校舍损毁惨重,甚有全部荡然无存。复员以后,教育厅拟订《两年修复计划》,视财政情形分期分批修建省立中学校舍。1948 年第二学期,省立各校校舍均有修葺,比如湖州中学的科学馆,以及台州中学、温州中学、金华中学、处州中学等校的新建教室。此外,复员后,公私立中学理化设备颇为缺乏,尤待补充,而经费困难,力有未逮。"经教育厅向教育部请求,先后拨到高初中理化仪器四十四套"②,参酌各校实际情形,分发应用。另外,经教育厅积极争取,中央拨发浙江省教育复员经费 1.95 亿元,省级预算列省立各校修建设备费 8.8 亿元,省府拨款 4.357 亿元。关于此项经费分配,教育厅"察酌各校实际需要情形,分别核拨应用"③。

### 5. 整理并增设县私立中学

据浙江省教育厅长李季谷反映:"查自三十四年复员以还,普通中学在数量上发展甚速,尤以私立中学为然,已成偏畸形态。"④由此,为追求省域中等教育均衡发展,以符合部定高中、师范、高职 2∶1∶1 之比,初中、简师、初职 6∶3∶2 之比,教育厅着力采取两大举措:一是调整县立中学。教育厅根据《三十七年度各县机构员额调整办法》规定:将乙级县份中 17 县所设县立初中予以调整。比如开化、寿昌二县立初中核准并入县立简师,附设初中班办理。⑤ 二是限制私

---

①　浙江省教育厅:《教育厅民国三十七年工作报告》,浙江省档案馆藏:《浙江省教育厅档案》,L032-000-3216。

②　浙江省教育厅:《教育厅民国三十七年工作报告》,浙江省档案馆藏:《浙江省教育厅档案》,L032-000-3216。

③　浙江省教育厅:《教育厅民国三十七年工作报告》,浙江省档案馆藏:《浙江省教育厅档案》,L032-000-3216。

④　李季谷:《一年来的浙江教育》,《廓清月刊》,1948 年第 1 卷第 12 期,第 14 页。

⑤　浙江省教育厅:《教育厅民国三十七年工作报告》,浙江省档案馆藏:《浙江省教育厅档案》,L032-000-3216。

立中学扩增。具体而言,1948 年 7 月始,教育厅"对于私立中学,除已立案者外,其余新请设立案者,非有特殊需要,概不予核准,并按当地经济生产条件,另其改办私立职业学校。对于已准开办之私立中学,着手整顿,以求改进"①。

### 6. 重视视导与指导中学教育

复员以还,教育厅积极推进省域中学教育视导工作,同时还建立各学科指导组织以切实改进中学教学。就前者来讲,1947 年度,教育厅订颁《视导学校总报告表》,"令饬各县市加强视导工作,并按时呈报视导计划及视导报告"②。同时,省会公私立中学"由教厅视导人员负责经常视导",县市立中学则"由教厅派员参加本省县教育视导团分别视导"③。1948 年 1 月起,教育厅实施分区视导:"以杭州市为特别区,经常派员视导,其余各县划分为十一区。"④其中,"第一、二、三、四、五、六、七各区于上半年视导,其余各区于下半年视导"⑤。就后者而言,1948 年 8 月,教育厅为谋求中学教育教学之改进,聘请全省教育专家担任委员,分设数学、英文、历史、地理、博物、物理、化学、社会科学、体育等 10 个学科指导委员会,"由各指导委员于每学期分区分科指导,必要时得就地召集区内各该科中学教师研究改进教学"⑥。

### 7. 适时调整学杂费收费标准

复员后,鉴于物价不断飞涨,教育厅便采取每学期调整一次中学收费标准的办法。由是,中学各学期的收费标准颇为不一。比如 1946 年 6 月,教育厅拟定本年度第一学期公私立中等学校收费标准:(1)学杂费。私立高中 51900 元,初中 41600 元;县立高中 41800 元,初中 31500 元;省立高中 21000 元,初中

① 李季谷:《一年来的浙江教育》,《廓清月刊》,1948 年第 1 卷第 12 期,第 14 页。
② 浙江省教育厅:《三十六年度浙江省教育厅政绩表》,浙江省档案馆藏:《浙江省教育厅档案》,L032-000-2126。
③ 浙江省教育厅:《三十六年度浙江省教育厅政绩表》,浙江省档案馆藏:《浙江省教育厅档案》,L032-000-2126。
④ 浙江省教育厅:《浙江省教育厅政绩交代比较表(三十七年一月至六月)》,浙江省档案馆藏:《浙江省教育厅档案》,L032-000-2126。
⑤ 浙江省教育厅:《浙江省教育厅政绩交代比较表(三十七年一月至六月)》,浙江省档案馆藏:《浙江省教育厅档案》,L032-000-2126。
⑥ 李季谷:《一年来的浙江教育》,《廓清月刊》,1948 年第 1 卷第 12 期,第 14 页。

16000 元。(2)代管费。暂定高中 33600 元,初中 31400 元,寄宿生每人另缴食米 200 斤。(3)所列学杂费系以最高额计算,绝对不得超过,并不得巧立名目,另向学生征收其他费用或货物。(4)私立学校教职员学米数额,仍照上学期规定,比照省立学校教职员公粮 6 斗、8 斗、10 斗之标准核计,并按照全校学生人数平均负担缴纳;县立学校教职员公粮如不及省校标准者,其不足之数,亦照上学期规定,得向学生征收学米。①再如 1947 年 6 月,教育厅拟定了下学期全省公私立中等学校收费标准,规定:"学费,省立学校免收,私立学校高级一律增加一倍半;杂费,公私立学校高、初级一律一倍半,高中学生约七十余万元,初中学生约六十余万元。"从学校层面看,"私立学校当局对是项标准,已予同意"②。又如 1949 年 1 月,教育厅订颁 1948 年度第二学期本省公私立中等学校收费标准,规定:"省立及县市立中等学校,仍由本厅斟酌实际需要,统一规定,通饬遵行;私立学校则由各校参酌各地经济状况、学生经济负担能力及学校实际需要,自行拟定,俾资适应。"③这种适时调整的办法,不仅可以缓解各中学经费困难的处境,也可以规范各校收费行为。

### 8. 核定公私立中学招生的班数与生数

1947 年度起,为了促进省域中等教育均衡发展,教育厅决定"视学校经费与地方情形核定应添班级"④。比如 1947 年 7 月,教育厅制定 1947 年度第一学期招生班数:"高中五十班,初中二百十二班,普通十六班,简师七十一班,高职廿五班。"⑤此外,为了保证教学效率,1949 年 1 月,教育厅严格限定每班招生数额,下令全省各公私立中学"自三十七年度第二学期起,各校招收初高中新生,应切实遵照规定办理,不得超过六十名,留级生或休学生之复学者应并计在内。……倘再有超额收录,无论用任何理由申请,概不准备案,希即遵照"⑥。

① 《浙教厅规定中学收费标准》,《民国日报》,1946 年 7 月 2 日,第 2 版。
② 《浙教育厅订定中学收费标准》,《前线日报》,1947 年 6 月 30 日,第 6 版。
③ 《浙江省教育厅代电》,《浙江省政府公报》,1949 年第 13 期,第 101 页。
④ 浙江省教育厅:《三十六年度浙江省教育厅政绩表》,浙江省档案馆藏:《浙江省教育厅档案》,L032-000-2126。
⑤ 《浙公私立中学招生班数核定》,《中央日报》,1947 年 7 月 21 日,第 4 版。
⑥ 《浙江省教育厅代电》,《浙江省政府公报》,1949 年第 9 期,第 68 页。

　　由上可知,全面抗战爆发以来,浙江省教育厅为推进省域中学教育的恢复与发展付出了艰辛的努力,从而收获了显著的成效。首先,中学数量趋于繁荣。1935年,全省有省立中学12所,县立中学23所,私立中学49所。1946年,浙省有省立中学13所,县立中学51所,私立中学60所,私立补中6所。[①] 至1948年,全省共有178所中学,较之1946年,其中增长者多是私立中学。由此,浙江省中学教育"渐趋繁荣之途"[②]。其次,中学质量始终保持较高水准。1943年度,国立北洋工学院复校。该校第一次招考录取新生中,来自浙江的考生占73.1%。与之相比,安徽考生占6.6%,江西占0.66%。这足以说明,在非常时期,浙江省域中学教育质量仍保持着高水准。1946年2月,浙江教育界人士称:战后,本省中学教育"素质方面,亦有显著之进展"[③]。最后,地域布局趋于均衡。战前,浙省中学多集中于杭州,而全省近一半县份未设中学。后经教育厅大加整顿,至1944年,全省77县中,未设中学者只有8县。[④]

---

① 《浙省中等学校统计》,《申报》,1946年8月8日,第2张第6版。
② 《浙省中教渐趋繁荣》,《申报》,1947年8月5日,第2张第6版。
③ 《浙中等以上学校》,《申报》,1946年2月12日,第2张第5版。
④ 许绍棣:《十年来浙江教育概况》,浙江省档案馆藏:《浙江省教育厅档案》,L032-000-2122。

# 第三节　四川省级教育行政部门与省域中学教育

四川省地处西南,汉族、土家族、苗族、藏族等多民族杂居。民国时期,四川省省级教育行政部门历经教育司、教育科、教育厅等几个阶段。那么,这些省级教育行政部门作为四川省教育发展过程中的一个"自变量",在不同阶段是如何管理省域中学教育的? 深入剖析其管理实践及成效,有助于认识四川地方教育现代化进程艰难曲折的根由。

## 一、川省教育司与省域中学教育规划

四川中学教育发端于清末。"癸卯学制"颁布以来,尤其是 1906 年四川提学使司设立后,积极倡设中学堂。至 1908 年,全省中学堂数量达 51 所,其中官立 45 所,公立 5 所,私立 1 所。[①] 至此,四川中学堂业已形成相当规模。然而,初创时期各中学堂校舍、设备颇为简陋。民国成立后,四川省级教育行政部门就是在此基础上开展省域中学教育管理工作的。

### (一)扩充数量导向的省域中学管理

1912 年 3 月,成渝合流,四川都督府在成都正式成立,内置教育司(见图6-1)。教育司成立后,为了扩充全省中学数量,采取广设中学、改造原有中学堂等行政措施:一是部署省立中学校设立计划。1913 年,教育司决定在成都、江油、江北、南充、万县等地开办 11 所省立中学校,并拟在成都设立省立女子中学

---

① 四川省地方志编纂委员会编:《四川省志·教育志》,北京:方志出版社,2000 年,第 166 页。

校1所,各校开办费24180元,常年费10100元。[1] 二是将原各县筹集经费设立的官立中学堂改为联合县立中学校。三是将原各州县办的公立中学堂改为县立中学校。

**图6-1 四川省行政公署教育司职员摄影**

图片来源:四川教育司编:《四川省教育行政报告书》,成都:
四川教育司,1914年,第4页。

### (二)教育司管理省域中学的成效

上述各项措施实施效果如何呢? 截至1914年5月,全省省立中学校4所,联合县立中学校16所(其中,土家族、苗族等民族聚集的川东南地区设有1所,即酉阳中学校),县立中学校36所,私立中学校6所。另外,省立女子中学校尚未专办,仅附设于省立第一女子师范学校。[2] 比照省立中学校设立计划,实施效果大打折扣。究其原因,是省教育经费短缺。与之不同,四川县立及私立中学校较清末显著增多。那么,各校实际办学质量怎样呢? 1914年,据教育部督

---

① 《视察第五区学务总报告》,《教育公报》,1914年第5期,第16页。
② 省立、联立、县立、私立中学校数,由《省立各学校办理概况一览表》《各属联合县立中学校办理概况一览表》《各属联合中学校办理概况一览表》《各属私立中学校办理概况一览表》所列各校统计而成。详见四川教育司编:《四川省教育行政报告书》,成都:四川教育司,1914年,第76、94—104页。

学称:省立第一中学校"内容颇劣",联立、县立各中学校"大概均徒有其表而已"。①

总体来看,民国初年四川中学校质量欠佳,从中亦透露出该时期教育司缺乏对中学教育质量的严格整顿。

## 二、川省教育科与省域中学教育停滞

"二次革命"后,袁世凯大力推行"减政"政策。受此影响,各省裁撤省教育司,仅在各省政务厅下设教育科,机构、人员及职权大幅度削减。1914 年 6 月,四川都督府奉令改组为巡按使署,在其政务厅下设教育科。此后近 10 年时间里,教育科组织未变。

### (一)合并导向的省域中学管理及其成效

四川教育科成立后,围绕筹集经费、合并薄弱校、改革学制,开展中学管理工作。

#### 1.多元筹措中学经费

一方面,补助联合县立中学经费。1914 年 6 月,教育科考虑到经费支绌令各县中学有停办之势,决定"三年度地方预算案内教育经费项下量为衰益,酌列补助各县联立师范中学经费银三万元"②。1915 年 2 月,教育科通令各县征收中资捐③,以解决联合县立中学经费短缺问题④。另一方面,争取省级教育经费独立。省立中学教育经费与省教育经费能否独立关系甚巨。鉴于省教育经费有停顿之虞,地方教育界、教育科于 1921 年积极争取省级教育经费独立。经各

① 《视察第五区学务总报告》,《教育公报》,1914 年第 5 期,第 16 页。
② 《咨复四川巡按使拨款补助各县联立师范中学等校应照准文》,《教育公报》,1914 年第 2 期,第 39 页。
③ 中资捐,是指地方政府征收民间买卖产业中买主与卖主给予中证人酬劳费的一种收入。
④ 《署四川巡按使陈廷杰呈增筹学款维持联合县立师范中学各校及补助小学校奖励小学教育并详订章程试办泸陈请钧鉴由》,《政府公报》,1915 年第 1001 期,第 31 页。

方努力,1922 年 4 月 1 日始,肉税正式被划作四川省教育专款。

### 2.拟订中学合并计划

为解决川省中学存在的学生程度差、学生无谋生能力等问题,1922 年 4 月,教育科在省视学会议上提交改革中学教育计划,指出拟通令各县,凡中学校校费每年不及 10000 元者,与他县之中学合并,务使经费充裕,足供设备完善。同时,课程拟实行分科制,除愿意升学者入大学准备科外,不愿升学者则为特设选科,或农或工,听其自择。[①] 经会议讨论,该项计划通过,并通令各县遵办。

### 3.筹备实施新学制

1922 年 8 月,尹克任出任教育科长。尹任职不久,教育部颁布新学制。为落实新学制,教育科决定召集各校校长及教育界名流,开新学制讨论会,决定划一办法,以便通令各县照办。为此,1923 年教育科先行组织四川实施新学制讨论会筹备处,由其负责制定四川实施新学制讨论委员会组织规程、拟具应行提交四川实施新学制各项草案等事宜。1924 年 1 月,新学制讨论委员会正式开会。经委员会讨论决定:(1)中学校年限以"三三制"为原则、"四二制"为附;(2)初级中学校经费年定 24000 元,高级中学校经费年定 36000 元,其增设专科每科应增加 10000 元以上;(3)中学校长改用聘任制;(4)优待中学校教职员。[②]

从以上措施实施效果来看,首先,通过 1914 年及 1915 年补助,各县联立中学校有了一定的经费,但此项措施未能长久。据巡按使陈廷杰 1915 年反映:"此种学校专恃各属解款,而各属以重受亏挪之,故本地学费犹形拮据,咸有不遑兼顾之势。"[③]其次,省级教育经费独立有利于维持省立中学教育,但因随后经费独立处于有名无实的尴尬状态,故省立中学经费无着的困境未得到根本改观。再次,1923 年,据中华教育改进社统计,四川省有 59 所中学校。[④] 与前一

---

① 《川当局筹议之教育计划》,《新教育》,1922 年第 5 卷第 1—2 期,第 267 页。
② 《川省教育之现况》,《晨报》,1924 年 1 月 24 日,第 5 版。
③ 《署四川巡按使陈廷杰呈增筹学款维持联合县立师范中学各校及补助小学校奖励小学教育并详订章程试办庐陈请钧鉴文》,《政府公报》,1915 年第 1003 期,第 30 页。
④ 中华教育改进社编:《中国教育统计概览》,上海:商务印书馆,1924 年,第 28 页。

时期相比,中学校数无大的变化,这说明教育科裁并各中学校的措施并未落实。至中学校施行选科,需要有一定的设备、师资作支撑。然而,全省中学校在此两方面未事先准备,故在实践中很难顺利推行。最后,实行新学制仅停留在省级筹备层面,未及实施。

### (二)中学发展停滞的成因

该时期,教育科在推进省域中学教育方面作了一些努力,但实施效果极差。可以说,这一时期省域中学教育没有任何实质性的进展。究其原因,有如下几点。

#### 1.川省政局持续恶化

1915 年 12 月,蔡锷、李烈钧、唐继尧等在昆明成立护国军,讨伐袁世凯复辟帝制。护国军分三军,其中,第一军总司令蔡锷率兵进军四川。经过 5 个多月的奋战,四川独立。护国战争结束后,滇、黔军留川,并由黔军总司令戴戡任四川督军、滇军总参谋长罗佩金任四川省长。戴、罗上任后,将滇、黔军驻地税收划为军饷。1917 年 4 月,川军第二师师长刘存厚因不满戴、罗政权,联络其他川军相继发动"刘罗""刘戴"混战。这两次战争实为四川军阀混战的发端。此后,滇、黔、川军割据四川一隅,在川军阀势力不断膨胀。1918 年 2 月,熊克武主持川政后,为了协调各方利益,默认由各地军阀自行在其成区内就地筹饷,任免官吏。各成区俨然成了川境内的各个"独立王国","匪惟中央不能制,即督军、省长亦仅徒拥虚名而已"。[①] 而且,地方军阀为了扩张势力与地盘,不断与其他军阀混战。自此,四川进入"防区制"时代,延续 18 年之久。在此持续恶化的川局中,教育科所出台的关于中学教育的法令很难有效通行于各地。

#### 2.教育科长频易

袁世凯推行"减政"政策后,教育科长由各省军民长官任免。因此,教育科长的选任及任期和各省军民长官的主观好恶有着直接关系。就四川省而言,

---

① 中央大学经济资料室编:《田赋附加税调查》,上海:商务印书馆,1935 年,第 349 页。

1914—1924 年，先后有 15 人出任川省军政长官、11 人出任川省民政长官。随着军民两长频繁更替，教育科长亦被频繁更换。先后由程昌祺、秦枌、刘念祖、蒋云凤、杜明燡、廖泽宽、冯元勋、尹克任出任教育科长，大有"一朝天子一朝臣"之势。在非正常人事变动的境遇中，教育科维持中学现状势所难能，遑论拟定中学改进方案、推行新学制等复杂事宜。

### 3. 中学经费不能保障

这一时期，地方教育经费常被军阀挪移，致使全省中学经费无法得到基本保障。事实上，经费挪移除军阀混战的因由外，还有军政界派系斗争的原因。据时人反映，防区制时代，四川军阀有两大派系：一是以刘湘为首的四川速成派，主要分子有杨森、唐式遵等人；二是以邓锡侯、刘文辉、田颂尧为首的保定军官系，主要分子有黄隐、陈书农等人。[1] 可以说，这两大派系长期争斗不休。1924 年 2 月，杨森就任川省省长，是年 5 月调任川省督军。杨森上任后，将政界要职大多更换为"自己人"。如四川省教育经费收支处处长更换为杨森自己的秘书黎纯一。2 月 11 日，黎氏"到处接篆视事"[2]。然而，1924 年 5 月，邓锡侯就任省长后，以黎资格甚浅为由，将其撤职。8 月 18 日，邓锡侯委张凤翔接充该处处长。[3] 邓的做法使杨森极为不悦，因而杨森唆使其军队收回肉税。旋即，"杨部各将承顺意旨，将已交出专作教育经费之肉税概行收回"[4]。至 12 月底，全省 140 余县中，交出者只有 60 余县，此项教育经费"虽有独立之名而无独立之实"[5]。在此尴尬境遇中，省立中学经费毫无保障可言。

---

① 邓汉祥：《刘湘与蒋介石的勾心斗角》，载《文史资料选辑》编辑部编：《文史资料选辑（合订本）》（第二册），北京：中国文史出版社，2000 年，第 45 页。
② 《四川省教育经费收支处公函 第一号》，四川省档案馆藏：《四川省善后督办公署档案》，民 048-01-0097。
③ 《四川省长公署训令 教字第七六号》，四川省档案馆藏：《四川省善后督办公署档案》，民 048-01-0097。
④ 《川教育界牵涉政潮》，《申报》，1924 年 9 月 22 日，第 2 张第 7 版。
⑤ 《收回全川肉税主权教育经费实行独立宣言》，四川省档案馆藏：《四川省善后督办公署档案》，民 048-01-0097。

#### 4.地方军阀随意任命中学校长

这一时期,中学校长多由当地军阀自行任免,而省教育科无权任免校长。1924 年 9 月,川省教育界就曾透露:"资中第一师长赖心辉之更换资州联合中学校长、内江县立中学校长等,比比皆是。"[①]

总之,囿于上述诸多因素,该时期四川省教育科在中学教育方面不能有大的作为,因而省域中学教育停滞不前。

## 三、川省教育厅与省域中学教育调整

早在 1917 年 9 月,教育部颁布《教育厅暂行条例》后,多数省份相继设立教育厅。但与其他省份相比,四川教育厅的设立为时颇晚。1924 年 12 月,四川教育厅才在重庆成立,由贺孝齐出任厅长。自此,省域中学教育进入调整阶段。

### (一)整顿导向的省域中学管理及其成效

四川教育厅成立后,开始整顿中学办学。第一,规范初级中学校设立标准。教育厅认为:新学制中,"初中一级为普通教育之基,又为小学升学之地,不能不从事推广,以期普及"[②]。鉴于此,1925 年 1 月,教育厅出台《成立初级中学校标准》,要求初级中学必须具备以下资格:(1)经费。须有切实固定常款,每年至少须足银币 8000 元,并不得妨害联合学校解款,亦不得挪用小学经费。(2)校舍。有相当之校址,适合于群众住居。(3)设备。凡仪器、图书等须有充分之设备,不得因陋就简。(4)学生。招收高级小学毕业生,每班须在 50 人以上。(5)手续。于设立之前遵照教育部《中学校令施行细则》将应具事项先期呈报本厅,奉令核准,始得成立。如其已经设立而后补报者,勒令停办作为无效。[③] 第二,限定中学校教员资格。为了改变以往川省各中学校教员资格层次低下的面貌,

① 《川教育界牵涉政潮》,《申报》,1924 年 9 月 22 日,第 2 张第 7 版。
② 《四川教育厅训令 第九四号》,《四川教育公报》,1925 年第 1 卷第 1 期,第 6 页。
③ 《成立初级中学校标准》,《四川教育公报》,1925 年第 1 卷第 1 期,第 6 页。

1925 年 2 月,教育厅通令各中学校,要求"新聘教员应尽先遴聘高等师范大学毕业生及其他专门以上学校毕业生"①。

由上可知,该时期教育厅在管理省域中学教育方面做了一些工作。那么,其实施效果如何呢? 首先,中学数量不断增多。1925 年全省中学校数为 89 所(是年,土家族与苗族聚居的黔江、秀山各设 1 所初级中学校),1927 年增至 110 所。其次,中学课程不健全。新学制课程标准要求中学校课程兼顾升学与就业,但该时期川省多数中学校仍围绕升学设置课程,并未添设有关就业与谋生的职业科或职业科目。而且,即便是普通文化课,川省中学校多重国文、数学等科目,不注重物理、化学等科目。因此,"年来本省毕业学生出外投考,每因程度不逮,不能录取"②。再次,中学设备残缺不全。如 1926 年 4 月,省视学反映:资中县立中学校校舍"微欠整齐,校具损失亦多"③。再如,1926 年 5 月,据省视学反映:江北县立中学校"理化仪器、药品均多残缺,且保管不善,破毁更多"④。最后,中学教员资格良莠不齐。该时期中学教员多数毕业于专门以上学校,但还有一部分教员毕业于陆军讲习所等其他学校。

### (二)省域中学教育调整成效不彰的原因

以上事实说明,教育厅虽竭力调整省域中学教育,但成效不佳,中学教育量与质并未同步发展。对此,教育厅亦毫不讳言:"川省自改新(学)制以来,中等学校逐渐增多,然大抵因仍旧贯。"⑤究其原因,除军阀混战的干扰外,还有以下阻碍因素。

#### 1. 教育厅施政基础十分微弱

1924 年 6 月 12 日,督理川省军务的杨森在省会成都正式就职,并由其催促

---

① 《四川教育厅训令 第一六六号》,《四川教育公报》,1925 年第 1 卷第 1 期,第 13 页。

② 《会呈邓督办请饬交出灌彭等县肉税以作教育公债基金一案》,《四川教育公报》,1926 年第 9 期,第 52 页。

③ 《第八区省视学陈及春呈报视查资中县教育状况并拟具改良计划一案》,《四川教育公报》,1926 年第 5 期,第 110 页。

④ 《第六区省视学叶传六呈报视查江北县教育情形并拟具改良条件一案》,《四川教育公报》,1926 年第 8 期,第 119 页。

⑤ 《四川教育厅训令 第五四九一号》,《四川教育公报》,1926 年第 6 期,第 62 页。

邓锡侯来成都就任四川省长。但因邓不愿与杨合作，故邓于7月1日在重庆设立省长行署。为了尽早组设完整的省长行署，"邓锡侯保贺孝齐为教育厅长"①。1924年7月29日，北京政府正式任命贺孝齐为四川教育厅长。② 然而，贺孝齐出任教育厅长难言顺利。任命消息一经传出，"舆论对贺颇不满，各学术团体电请京洛及省署毋与发表"③。事实上，教育界的反对仅是表象，究其根本是杨森一派从中作梗。其中，杨森秘书傅振烈以川高师校长资格，联合各校校长及教职员通电表示反对，且傅氏直言，杨森以贺孝齐为邓派人员，万不能容，其在省设厅必反对之。④ 然而，一些校长和教员极为反对傅振烈的言辞，出面公开澄清：反对贺氏者，"不过三五，其非全体"⑤。经过4个多月的拉锯战，1924年12月，四川教育厅在重庆设立，由贺孝齐执掌教育厅。从根本上讲，教育厅是在缺乏以杨森为代表的四川速成派军阀认同基础上建立起来的，因而其施政基础极其脆弱。在此行政环境下，教育厅颁布的有关中学教育的法令只能令行于川东地区，无法达至包括省会成都在内的川西南地区，以致省域中学教育长期处于"自由式发展"状态。

**2.教育厅无力保障经费**

保障省域中学教育经费是教育厅的一项重要职责。然而，这一时期，省域中学教育经费的实况是：省教育专款肉税多被各地驻军截留或抢夺。1926年，据川省教育界称："时至于今，全省肉税真正交出解款教育经费收支处者，仅成都等六十余县；已交如绵阳等三十余县，又被复提者；而未交出隶属收支处者，乃有六十余县。"⑥对此，四川省长公署也直言不讳："现在各县肉税未交出者尚占多数，以致省教育经费异常拮据，省立各校几难维持。"⑦面对这般窘况，教育厅迭次提请省署转函该地驻军不得侵占学款，但无济于事。1926年8月31日，

---

① 《国内专电》，《申报》，1924年8月4日，第2张第6版。
② 《公电》，《申报》，1924年7月31日，第2张第6版。
③ 《国内专电》，《申报》，1924年8月4日，第2张第6版。
④ 《川教育界牵涉政潮》，《申报》，1924年9月22日，第2张第7版。
⑤ 《川教育界牵涉政潮》，《申报》，1924年9月22日，第2张第7版。
⑥ 《快邮代电》，四川省档案馆藏：《四川省善后督办公署档案》，民048-01-0097。
⑦ 《四川省长公署训令 第九九六号》，《四川教育公报》，1926年第5期，第3页。

代理教育厅长万克明向重庆川康督办刘湘致电称:"据永川县教育局长游明徵真日代电称:职县知事谭士希每次为驻军筹饷,均以学款当先。前两次为数无多,勉为征应。此次又勒垫壹千元。……收支员被逼逃走,谭知事遂将局内视学员王育均派兵拘押。……特电呈钧座恳予终始维持,令饬该县知事迅将王视学员省释,并令饬遵照定案保重学款,以维教育。"[①]9月11日,刘湘复电万厅长,称:谭士希"实属胆大妄为,不合已极。发电立即释放,并饬遵照前案,以后筹款不得挪拨肉税,以妨教育"[②]。然而,此令收效甚微。9月16日,万克明再次请求刘湘严令追缴永川县肉税(见图6-2)。此外,县立及联合县立中学校经费同样得不到保障。如宁远联合县立中学校,因该地夷匪猖獗、道途不靖,各县教育局所筹之款不能送到,以致该校经费面临停顿。[③] 在上述情形下,教育厅虽迭令各县保障中学经费,但多为一纸空文。

### 3. 教育厅不能自主任免中学校长

谋得学识与经验丰富的中学校长是各中学校发展的关键所在。部章规定,任免中学校长是教育厅的一项职权。然而,该时期四川省的实际情况是,各地中学校长多由各地驻军自行任免。为此,1926年4月13日,教育厅向省长公署呈请收回中学校长任命权。教育厅在呈文中指出:"近来各地驻军,对于该防区内教育局长、学校校长,时有先行委任,而后请求职厅加委者。其人之资格如何?才识如何?职厅皆无从深悉。而该局长、校长等虽经职厅加委于后,实受驻军委任于前,职厅既无用舍全权,何足以资督策而严考核?长此不图,于整理教育之道,妨碍实多。"[④]这段文字道出了四川教育厅无权委任中学校长的尴尬与无奈。此后,省长公署虽通令各驻军不得自行任免中学校长,但收效甚微。

总的来讲,与教育科时期相比,四川教育厅成立后,在管理省域中学教育方面确实做出一些努力,但因教育厅自身施政基础薄弱、无力保障经费以及不能

---

① 《四川教育厅快邮代电 字第一○二四三号》,四川省档案馆藏:《四川省善后督办公署档案》,民048-01-0097。
② 《复成都代四川教育厅代电稿》,四川省档案馆藏:《四川省善后督办公署档案》,民 048-01-0097。
③ 《四川教育厅训令 第五一四九号》,《四川教育公报》,1926 年第 5 期,第 78 页。
④ 《呈省长公署请咨督署转知各地驻军勿委任教育局长及学校校长一案》,《四川教育公报》,1926 年第 5 期,第 83 页。

自主任免中学校长,致使省域中学校数量不受约束地扩增,但中学校课程、设备、师资等方面却参差不齐,整体质量难以提高。

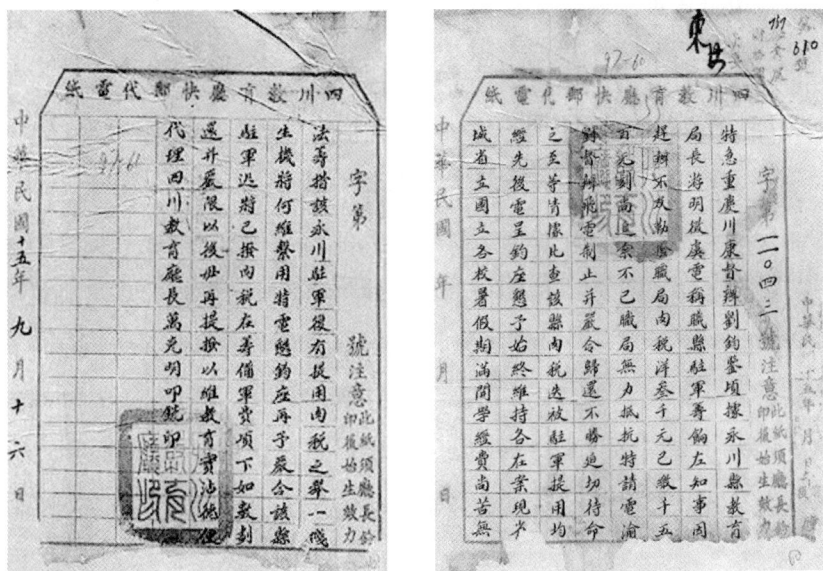

**图 6-2　代理四川教育厅长万克明发给川康督办刘湘的电报(1926 年 9 月 16 日)**

注:该电报中,万克明指出,川省教育专款肉税被永川驻军侵占,请求督办刘湘严令追缴。

图片来源:《四川教育厅快邮代电 字第一一〇四三号》,四川省档案馆藏:《四川省善后督办公署档案》,民 048-01-0097。

## 四、川省教育厅与省域中学教育改革

1927 年 1 月 1 日,川康绥抚委员会在重庆成立,隶属于武汉国民政府,下设教育厅。武汉国民政府先后委万克明、向楚代理四川省教育厅长。1929 年 3 月,四川省奉南京国民政府令成立省政府,下设教育厅,任鸿隽任教育厅长。但任氏未就,故由向楚代理四川省教育厅长。1931 年 2 月,四川省政府奉令改组,由张铮执掌教育厅。1935 年 2 月,四川省政府再次改组,川政始得统一。

### （一）"限量重质"导向下的省域中学管理

#### 1.省域中学管理举措

1927—1935 年川政统一，四川省教育厅围绕限制数量、提高质量采取多种行政举措：首先，着力整顿私立中学。一方面，严禁各私立中学校设立高中。1930 年 9 月，教育厅发出禁止私立中学滥设高中的命令，规定各私立中学"如有添设高中之必要，应恪遵《私立学校章程》第三十六条所定标准先将经费照额筹足，拟具详细计划，连同收产确切凭证呈报核准，方得照办。倘有不遵规定手续办理，擅自招生者，将来表报到厅，定予驳还，作为无效"①。另一方面，督促私立中学立案。1929 年 8 月，四川省教育厅向地方转发部颁《私立学校规程》，通令各私立中学立案。1932 年 5 月，四川省教育厅奉教育部电，再次训令各县教育局，私立学校立案期限延至 1932 年 6 月终止，如逾期仍不奉行，遵照部章，严行取缔。② 其次，限制增设普通中学。鉴于全国中等教育向重普通中学，不重职业教育之事实，1931 年 4 月 2 日，教育部训令各省教育厅自 1931 年度起限制设立普通中学，增设职业学校；普通中学添设职业科或职业科目；县立初中应附设或改设乡村师范或职业科。③ 5 月 9 日，四川省教育厅通令各县教育局，遵照教育部要求，参酌地方情形，拟具实施办法，于文到一个月内呈报到厅，并转县立中学校知照。④ 再次，督促实施部颁课程标准。1933 年 1 月，教育厅向各县教育局和各中学转发部颁高级中学及初级中学课程标准，要求各属中学遵办。⑤ 最后，组织首届中学毕业会考。1932 年 5 月，教育部通令各省教育厅举办中学生毕业会考。事实上，1933 年度，"因军事阻隔"⑥，四川省教育厅未能实

---

① 《四川教育厅严禁私中擅设高中》，《中央日报》，1030 年 9 月 30 日，第 3 张第 4 版。

② 《四川省教育厅训令 第六三三号》，《四川省教育厅公报》，1932 年第 6 期，第 15 页。

③ 《教育部训令 第五三六号》，《教育部公报》，1931 年第 3 卷第 13 期，第 7 页。

④ 《训令各县教育局为奉教育部令限制设立普通中学增设职业学校及职业科令拟实施办法呈候核转一案》，《四川省政府公报》，1931 年第 2 期，第 100 页。

⑤ 《四川省教育厅训令 第五三六号》，《四川省教育厅公报》，1933 年第 13 期，第 8 页。

⑥ 《川省暂免中学会考》，《申报》，1933 年 9 月 16 日，第 5 张第 18 版。

行会考。为了保障 1934 年度会考顺利进行,教育厅进行了以下准备工作:一是组织会考委员会。1934 年 5 月 29 日,教育厅正式成立四川中等学校毕业会考委员会。刘湘任委员长,教育厅长张铮任副委员长,主持会考事宜。后续聘邓锡侯、田颂尧、杨森等任副委员长,协助各该成区会考事宜。二是聘定分区主试委员。教育厅将全省分成都、绵阳、南充等 10 个会考区,并委郭鸿銮、任兴海、曾心翼等 10 人为各区主试委员。三是颁布会考规章。1934 年 6 月,教育厅先后出台《试场之规则》《考生须知》《监视员须知》《领导员须知》等规章,以规范相关人员的责任与行为。经过多方准备,7 月 5 日,全省会考顺利进行。

1935 年川政统一后,教育厅加大改革省域中学教育质量的力度。1935 年 10 月,教育部派陈礼江视察四川教育。1936 年 3 月,教育部根据陈氏报告,训令四川省教育厅改进中学教育:(1)该省联立中学应酌量改归省办,县立中学为数过多,应酌于归并,或改设师范或职业学校。(2)该省私立中学,亟应整理,教育厅须订定具体办法施行,并须订就补足优良私中的办法,以资激励。(3)教厅应即组织省立中等学校校舍及设备管理委员会。(4)中学专兼任教员之比例,不符规定者应即遵照更正,各校教职员应由校长就合格人员拟具名单,呈准教厅后,再由校长聘任之。(5)各中学应切实遵照部颁课程标准及修正之时数表办理,不得任意添缺科目或加减钟点。(6)自然科学之实验,应由教员督率学生亲自动手,并须作详细报告。①

根据以上建议,教育厅主要采取以下措施:第一,限制设立中学。对各县市增设中学呈请立案者,如办理情形与法令不合,或无设立必要者,教育厅概未允准。第二,裁并已设立的中学。已设立的公私立中学,有因经费支绌不能推进或酌量情形无设立必要者,教育厅饬令改办职业学校,或并入他校办理,或勒令停办。② 第三,1936 年 7 月,教育厅通令各中等学校应尽量延聘专任教员,并且专任教员不得在校外兼任任何职务,如有倩代及更名蒙混情形,一经查出,定令

---

① 《川省教育应改进各点》,《申报》,1936 年 3 月 27 日,第 4 张第 14 版。
② 蒋志澄:《一年来之四川教育》,《四川教育》,1937 年第 1 卷第 2 期,第 5 页。

撤销聘约,各该校长应负连带责任。① 第四,组织设备购置委员会。1936年12月,教育厅设立四川省立联立学校设备购置委员会,由其购置学校所需设备,而购置费从省立联立各校经费预算的购置费项下划出80%。第五,1937年2月,教育厅通令各中学不得任意变更部颁初高级中学教学科目及时数表。②

### 2.省域中学管理措施之实效

由以上分析可知,1935年川政统一后,四川省教育厅加快了改革省域中学教育的步伐。那么,实施效果如何呢? 就此,可分成1935年以前和1935年以后这两个时段进行考察。

1935年以前,省域中学教育呈现以下实际样态:(1)中学数量方面,1930年,全川中学共217所,其中省立6所,联立15所,县立132所,私立64所(均未立案)。③ 1934年,全川中学共247所,其中省立7所,联立15所,县立141所,区立6所,私立78所(19所未立案)。④ 以上数据表明,1930年后,川省中学数量非但没有减少,反而不断增长。这也从一个侧面反映,四川省教育厅所采取的"整顿私立中学""限制设立普通中学"等行政举措并未得到落实。(2)课程标准方面,省域各中学随意变更部颁课程标准和时数表的情况时有发生。⑤(3)中学会考成绩方面,1934年度,初中参加会考者2421人,各科及格准予毕业者395人,及格率为16.3%;高中参加会考者653人,各科及格准予毕业者138人,及格率为21%。⑥ 由此不难想见省域中学教育质量的整体水平。

---

① 《通令各中等学校应尽量延聘专任教员并严格规定专任教员不得在校外兼任任何职务》,《四川教育》,1937年第1卷第1期,第212页。

② 《通令不得任意变更部颁初高级中学教学科目及时数表》,《四川教育》,1937年第1卷第3期,第55页。

③ 教育部普通教育司编:《中华民国十九年度全国中等教育统计》,南京:京华印书馆,1933年,第147页。

④ 《四川省公私立中学数量》,《四川省政府公报》,1935年第1期,第68页;教育部统计室编:《中华民国二十四年度全国中等学校一览表》,上海:商务印书馆,1936年,第35,39—40页。

⑤ 《通令不得任意变更部颁初高级中学教学科目及时数表》,《四川教育》,1937年第1卷第3期,第55页。

⑥ 四川省教育厅编:《四川省第一届中等学校学生毕业会考成绩一览》,成都:四川省教育厅,1934年,第156页。

1935 年后,在中学数量方面,膨胀之势有所遏制。经教育厅整顿,1936 年,"全川共停办中学二十一所,合并十五所,改办职业学校二所"①。关于中学质量方面,1937 年 3 月,据教育部督学许逢熙反映:(1)"各中等学校图书设备,多不充实;科学书籍,尤感缺乏";(2)"各中等学校理科设备,除省立及联立各校比较充实外,余均免失之简陋,离部定最低标准尚远";(3)各中学教员存在"教学进行迟缓,不能照规定标准按时将应授教材授完""理科教员忽略实验,在初中则不知以实物示范,在高中则不知督导学生做实验练习""有秘密在他校兼课者"等问题;(4)"各私立中学大部招生太滥,收费太杂"。② 由上即知,1935 年起,经省教育厅大力改革,省域中学教育发展取得了一些成效,但整体改革效果仍不明朗。

### (二)质量导向之举措成效不佳的因由

总体而言,1927 年以来,四川省中学教育改革成效不彰。其原因有以下几个方面。

#### 1.教育厅施政环境依然不稳

1927 年后的 10 年时间里,前 7 年川省仍处于防区制时代,军阀混战不断。20 世纪 30 年代初,熊克武、杨森、刘存厚等军阀,或被严重削弱,或战败下野,均失去了争霸四川政权的实力。此时,刘文辉和刘湘则变成川省最强劲的两股军阀势力。其中,刘文辉占据川西南地区,刘湘占据川东地区,且两者向来处于敌对状态。1929 年 3 月,刘文辉奉南京国民政府令组建四川省政府,引起刘湘的嫉恨与不满,并扬言要击败刘文辉以统一四川。随着"二刘"矛盾加深,1932 年 10 月至 1933 年 9 月,四川爆发了大规模的"二刘"混战。事实上,"自刘文辉之役以后,四川久无省政府"③。可以说,1935 年以前,四川省政府毫无威信可

---

① 蒋志澄:《一年来之四川教育》,《四川教育》,1937 年第 1 卷第 2 期,第 6 页。

② 《教部饬川教厅改进川教育》,《四川月报》,1937 年第 11 卷第 5 期,第 196—197 页;《教部饬教厅改进川私立中学》,《四川月报》,1937 年第 11 卷第 5 期,第 198 页。

③ 《四川新省政府成立》,《大公报》,1935 年 2 月 11 日,第 1 张第 2 版。

言。因此,教育厅作为其组成部门之一,亦无丝毫的权威性。在此局势下,教育厅出台的改革中学教育规章往往不出省门,故改革效果无从谈起。1935年后,川政虽实现形式上的统一,但无论是四川各地军阀之间,抑或是刘湘与蒋介石之间,仍存在着或明或暗的矛盾与争斗[①],因此教育厅颁布的改革中学教育规章很难落到实处。

### 2. 中学教育积弊太深

1935年以前,由于教育厅无力掌控川境各地中学教育,省域中学教育多处于"自由式发展"状态中。在这种状态下,四川中学在数量上不断膨胀,但在校舍、设备、课程、师资、招生、学生成绩、经费及其管理等方面则毫无保障。正如时人所言:全川中学"以量计之,为各省冠;就质而言,则可谓其设备完全,内容充实,未便指出一二"[②]。可以说,至1935年,川省中学教育"欠账"太多。因此,川政统一以后,新一届教育厅虽竭力改革省域中学教育,但很难在此后的短短几年时间里完满革除中学教育的痼疾。

### 3. 教育厅长更换频繁

1928年后,川省教育厅长处于走马灯似的更换状态,先后由万克明、向楚、任鸿隽、张铮、杨全宇、李为伦、蒋志澄等人出任教育厅长一职。其中,1935年以前更换4任教育厅长,1935年后更换3任教育厅长。一般而言,四川省政府每改组一次,教育厅长亦随之更换,大有"你方唱罢我登场"的阵势。可以说,这种不正常的人事变动对省域中学教育改革造成了恶劣影响。以1935年后的情况为例,1936年5月,据时人反映,四川中学教育界中流传着"六腊之战"的说法,其大意是:"六月、腊月为各学校学期终了之时,校长地位最摇动的季节。四川教育厅长在一年内已换了三位,每到新厅长接任后,更换校长总在学期终了之时,所以叫做'六腊之战'。"[③]由此不难理解即便在川政统一的时期,省域中

---

① 邓汉祥:《刘湘与蒋介石的勾心斗角》,载《文史资料选辑》编辑部编:《文史资料选辑(合订本)》(第二册),北京:中国文史出版社,2000年,第45页。

② 李惟远:《四川中等教育之检讨(续)》,《统一评论》,1936年第2卷第11期,第7页。

③ 《川省教育渐有转机》,《大公报》,1936年5月11日,第3张第10版。

学教育改革仍成效不显的症结了。

## 五、川省教育厅与省域中学教育整顿

全面抗战爆发后,地处西南的四川省远离战争中心,成为战时大后方。因此,其他省份的学校及师生纷纷西迁至川省境内办学。在这种新形势下,四川省教育厅对省域中学教育采取了扩充数量与整顿质量并举的行政思路。

### (一)扩充中学数量

这一时期,为了应对形势的变化,教育厅大力提倡各地设立中学。

#### 1. 规定增加公立中学班次

1938 年初,鉴于战区来川学生日众,亟待设法收容,教育厅通令成都、重庆、万州各公立中学:"除原有班次,应尽量扩充名额,收容借读学生外,如收容名额超逾一班最大限量时,各校应酌量增开班次,以资容纳。所需增班教员,即请由省府指派战区来川经审查合格之教员担任。至应增之最低限度办公费,并得呈请省府酌予补助。"①1938 年 11 月,教育厅指出:"查本省各公立中学,每因投考初中班人数过多,限于规定名额,无法录取,致部分学生,升学无由。"②为了适应战时特殊需求,扩充初中学级以救济小学毕业生,教育厅出台了《四川省各公立中学增设初中义务班暂行办法》,规定:凡在六学级以上之公立中学,"增设初中义务班一班","其经费不另增加,惟所收义务班学生缴纳各费,得悉数留校挹注"。③ 事实上,抗战结束后,教育厅依然重视增加中学班次。1948 年 7 月 1 日,教育厅长任觉五就称:教育厅"令省中增设高级中学班次"④。

---

①　《川省各中学增加班次收容战区学生》,《教育通讯》,1938 年第 23 期,第 10 页。

②　《四川省各公立中学增设初中义务班暂行办法》,《新教育旬刊》,1938 年第 2 卷第 2 期,第 5 页。

③　《四川省各公立中学增设初中义务班暂行办法》,《新教育旬刊》,1938 年第 2 卷第 2 期,第 6 页。

④　《川教厅中心工作发展中等教育》,《中央日报》,1948 年 7 月 2 日,第 3 版。

### 2.鼓励县私立初中增设高中

为了纾解初中生升学压力,1940年初,教育厅颁布《四川省县私立初级中学增设高中暂行办法》,鼓励"县私立初级中学之成绩优良者,如因各县市及邻近县市无高级中学或原有高级中学因初中毕业生升学人数过多,不能容纳时,得呈请增设高中"①,并要求各校事先具备部章规定的开办费、经常费、校舍、学级、校长及教员。

### 3.鼓励各地增设县私立中学

1941年12月,教育厅长郭有守称:"从中等教育本身的情形看来,目前质的改进应当重于量的发展。但另一方面,本省普及国民教育计划,民国三十二年七月底即告完成。二年内全省有五百万儿童毕业,假定十分之一升学,亦有五十万儿童需要学校收容,那么就非将现有校数班数增至四倍以上不可,数量发展的需要更感急切。"②鉴于此,教育厅鼓励各地增设县私立中学,并强调"公私立中学应以男女分校为原则"③。事实上,抗战结束后,教育厅依然践行这种行政观念。比如1945年12月,仅一个月时间,"各县请求设立初级中学者,计有崇庆县立三江镇初级中学、江安县立梅花镇初级中学,又县立初级中学请准改为完全县立中学者计有简阳县立中学、巴中县立中学、犍为县立中学、犍为县立女子中学"④。1948年7月1日,教育厅长任觉五在省参议会上报告称,"教厅近拟增设县中"⑤。此项计划是,1948年下半年增设县中14所。其中,设县立初级中学8所,分别是简阳县立单卫乡初中、仁寿县立钟梓乡初中、仁寿县立汪家乡初中、大足县立万古镇初中、铜梁县立板桥乡初中、铜梁县立滩镇初中、青神县立初中、屏山县立初中;设县立女子初中4所,分别是夹江县立女子初中、屏山县立女子初中、纳溪县立女子初级中学、秀山县立女子初中;设自贡市

---

① 《四川省县私立初级中学增设高中暂行办法》,《中等教育季刊》,1940年第1卷第2期,第143页。

② 郭有守:《四川省中等教育现状与今后设施》,《中等教育季刊》,1942年第2卷第1期,第7页。

③ 《教二字第一四六六七号》,《四川省政府公报》,1941年第58期,第17页。

④ 《增设中学》,《四川教育通讯》,1945年第6期,第13页。

⑤ 《川教厅中心工作发展中等教育》,《中央日报》,1948年7月2日,第3版。

县立中学 1 所;设沐爱设治局立初中 1 所。①

### (二)整顿学校质量

在增设中学数量的同时,教育厅还采取措施,对省域中等教育质量加以
整顿。

#### 1.规范中学收费办法

早在 1938 年 9 月,针对川省中学巧立名目滥收费的问题,教育部令四川省
教育厅,转饬所属中学照规定收费,要求"按部颁法令,中学部分,公立者规定学
费、图书费、体育费总额,初中最多不得超过十圆,高中不得超过十六圆;私立得
酌收学费,但最多不得超过八圆;公私立中学除照规定征费外,不得征收任何费
用"②。旋即,教育厅遵照部令,要求各校"即便遵照"③。抗战结束后,因物价节
节上涨,"私立中等学校每以基金有限,不能随同省校调整,以致教师懈怠职守,
减低教学效率"④。由是,每学期开学前,教育厅均根据各校实际需要,制定收
费标准。比如 1948 年初,教育厅制定《私立中等学校收费办法》,规定:"省会私
立中等学校得由各校校长会同商定标准,迭经该厅标准施行。省会外私立中等
学校则由各县市局政府及教育局会同各校校长商定标准,送厅核准施行。惟各
校收费不得巧立名目,所收费用以与基金收益能维持学校正常开支为度,并须
一次收足。"⑤就省会私立中学征收标准而言,教育厅规定除学费外一律增加四
倍:学费(高中生 50 元,初中生 40 元),图书费(3 万元),体育费(3 万元),卫生
费(3 万元),实验费(物理 2 万元,生物 2 万元,化学 4 万元),设备费(7.5 万
元),住宿费(5 万元),邮电费(12.5 万元),教员生活补助费(高中生 149 万元,
初中生 137 万元),每班以 40 人计。⑥ 1948 年 9 月,教育厅拟定下半年省立及

---

① 《本省中等教育教厅力谋发展》,《四川教育通讯》,1948 年第 7 卷第 4 期,第 13 页。
② 《部令川教厅转饬 所属中学按照规定收费》,《教与学》,1938 年第 3 卷第 8 期,第 61 页。
③ 《四川省政府训令 廿七年教字第二八七六四号》,《新教育旬刊》,1938 年第 1 卷第 1 期,第 12 页。
④ 《省府管制中学征费办法》,《四川教育通讯》,1948 年第 35 期,第 17 页。
⑤ 《省府管制中学征费办法》,《四川教育通讯》,1948 年第 35 期,第 17 页。
⑥ 《省府管制中学征费办法》,《四川教育通讯》,1948 年第 35 期,第 17 页。

县市立中学收费标准,规定:收取学杂费(高中2.2元,初中1.2元),尊师米(县市立中学至多三市斗,贫苦学生免收,省立中学不准征收)。[1] 至1949年3月,教育厅规定:省会私立中学征收各费"一律征收食米"[2]。

### 2. 管理中学教育经费

充足的教育经费是中学教育质量提升的物质前提。然而,全面抗战爆发后,川省公私立中学经费时常陷于困顿状态。以公立中学经费来讲,"抗战军兴,交通困难,物价飞涨,各公立中学,因限于预算,一切图书、体育、卫生等设施,均极简陋,影响教学,良非浅鲜"[3]。为了缓解经费困境,教育厅采取如下措施:一是允许各校增加学生收费。比如1942年1月,教育厅规定:"自三十一年起,各公立中学,每期应征学生各费,除学费照旧办理外,图书、体育、卫生各费准各增为四元,由校收支,专案报核。毋庸正式列入学校预算,以应需要。"[4]二是争取中央及省库补助。1947年底,成都市26所私立中学校长集体请愿,要求补助经费以缓解各校艰困。经教育厅争取,省政府"曾电教部追加经费,迄今未有复电,又经第二次请愿结果,四个月经费共需三十六亿元,省府愿担负三分之一,已经省务会议通过照拨"[5]。三是教育厅要求各中学成立经费管理组织。鉴于中学经费稽核委员会"各校竟有成立而未具报者,亦有疏忽玩延迄未设置者",1942年9月17日,教育厅通令各县市私立中学:遵照部颁《修正中学规程》,"于文到十日内将成立经费稽核委员会情形进行状况,连同组织简则、人员姓名报查,至各该校全部经费收支情形暨征收学生各费,均应交由该会严密审核"[6],以杜绝经费滥支问题。

### 3. 划分中学区

1939年3月,郭有守就任教育厅长后,遵照部令,将四川省按其行政区划

---

① 《四川教育厅已拟定省县中学征费标准》,《中央日报》,1948年9月11日,第6版。
② 《教一字第五七六七号》,《四川省政府公报》,1949年第595期,第17页。
③ 《教二字第○○五○一号》,《四川省政府公报》,1942年第78期,第20页。
④ 《教二字第○○五○一号》,《四川省政府公报》,1942年第78期,第20页。
⑤ 《省府允拨款十二亿元补助蓉市私立中学》,《四川教育通讯》,1947年第32期,第16页。
⑥ 《为令仰成立经费稽核委员会由》,《四川省政府公报》,1942年第127期,第32页。

分为 10 个中学区。每区各指定一所省立中学为示范中学,具体辅导区域内的县市私立中学的教学、管理等事宜。截至 1941 年 12 月,全省有省立中学 19 所,"平均每区已各有省立中学两所。虽然数目的分配不尽相同,但划分中学区,每区设省立中学一所的计划,业经完全实现,并且超过预算了"①。

### 4. 设立科学仪器制造所

"川省中等学校的设备,向感简陋。抗战发展以来,物价飞涨,学校校具、教具等设备,俱因经费困难,无力购置。加以交通梗塞,仰给予国外的标本、仪器、药品、图书之类,不但价格太贵,并且有的业已无法买到。因此,学校设备,旧有日见耗损,新添倍感困难。"②有鉴于此,1939 年 3 月,教育厅便采取自制供应的策略,创设四川省科学仪器制造所,制造生物模型、标本、理化仪器等教学用具,廉价发给各校使用。而且,"年来继续增资,不断改进,除供给本省中等学校理化仪器一一二〇套及生物标本五四二套外,邻省如甘肃、陕西,亦略有供应"③。

### 5. 整顿中学师资队伍

数量充足、素质优良的教员是提升中学质量的先决条件。然而,据教育厅长郭有守反映:"川省中等学校教员缺乏,素质不齐,实为中等教育的严重问题。"④在他看来,"造就师资是师范学院的任务,省教育厅无能为力,但是办理辅导进修却是教育行政机关急要的工作"⑤。因此,全面抗战以来,教育厅着重办理在职中学教师的进修辅导事宜:(1)筹办中学教师暑期讲习讨论会。1938 年 7 月,经教育部批准,川省教育厅成立委员会,筹办 1938 年度暑期讲习讨论会。1939 年 6 月,教育厅召开委员会议,"对于会内办事组织、各项费用、各科课程、印刷、学员报到诸项事务,亦经分别规定"⑥。是年 7 月,川省中学教员讲习会举行。1940 年,教育厅组织中学讲习会,以提升师资水平。(2)举办通讯

---

① 郭有守:《四川省中等教育现状与今后设施》,《中等教育季刊》,1942 年第 2 卷第 1 期,第 5—6 页。
② 郭有守:《四川省中等教育现状与今后设施》,《中等教育季刊》,1942 年第 2 卷第 1 期,第 4 页。
③ 四川省教育厅编:《抗战时期之四川教育》,成都:四川省教育厅,1945 年,第 9 页。
④ 郭有守:《四川省中等教育现状与今后设施》,《中等教育季刊》,1942 年第 2 卷第 1 期,第 8 页。
⑤ 郭有守:《四川省中等教育现状与今后设施》,《中等教育季刊》,1942 年第 2 卷第 1 期,第 8 页。
⑥ 《筹办中学教师暑期讲习讨论会》,《新四川月刊》,1939 年第 1 卷第 3 期,第 43 页。

讲习。为改进暑期讲习会及辅导中学教员进修研究,1941 年,教育厅制定《四川省中等学校教员通讯讲习暂行办法》,规定:按照教学科目,"每科各设导师一人至五人,由教育厅聘请之,并以其中一人为主任导师";通讯讲习方式分通讯研究和参与实验两种,其中前者"由各科导师拟定研究问题,并附指导研究办法,寄发各校,各科教员自由选择研究,每题限五千字以上","教员须于限定时间内将研究结果或答案寄呈通讯讲习委员会,交由各导师详阅后,汇集成册,印发各校教员参考",后者则由委员会派成都附近各校教员及各地假期来省的自然科学教员,至科学仪器制造所,"作各种实验,并将实验报告缴呈通讯讲习委员会交导师审核,其成绩优良者印发各校参考"①。(3)规定分区举办中学教育研究会。1941 年,教育厅出台《四川省各中学区中学教育研究会暂行办法》,规定各中学区的省立中学应组织本区域教员,成立中学教育研究会,每学期举行一次全体会议,另每月分组讨论学校行政、教学、训导、体育、卫生等。②(4)鼓励中学教员离职进修。为鼓励中学教员继续深造,1941 年 2 月,教育厅出台规章,鼓励中学主管训导人员继续任职 9 年以上者,准离职进修 1 年。③(5)举办每年度中学教员检定。教育厅下设中学师范教员检定委员会,负责检定具体事宜。

### 6.筹办中学毕业会考

中学毕业会考是了解学生知识程度、提升教学质量的重要手段。全面抗战爆发后,教育厅接续举办中学毕业会考。一般来讲,有如下方式:(1)考前组织中学毕业会考委员会,由其负责办理会考事宜。(2)分区举办毕业会考。比如1940 年 1 月,第十二届毕业会考,全川共分 73 个考区。④(3)派员赴各区办理会考。成都区试务一般由中学毕业会考委员会直接办理,试场分东西郊两处,东郊试场设成城中学,西郊试场设民新中学。其余各区,如系专署所在地,由专

---

① 《四川省中等学校教员通讯讲习暂行办法》,《中等教育季刊》,1941 年第 1 卷第 4 期,第 101 页。
② 《四川省各中学区中学教育研究会暂行办法》,《四川省政府公报》,1941 年第 28 期,第 21—22 页。
③ 《教二字第三一七三号》,《四川省政府公报》,1941 年第 15 期,第 67 页。
④ 《川省举行第十二届中学毕业会考》,《新闻报》,1940 年 1 月 24 日,第 13 版。

员县长分任正副主试委员,主管教育科长任总干事,教育视导主任任总监试;如非专署所在地,则由县长任主试委员,主管教育科长、教育视导主任仍分任总干事及总监试。

### 7. 整顿私立中学

全面抗战之初,教育部饬令四川省教育厅:"各私立中学大部招生太滥,收费太杂,应严加限制。"[1]因此,如何改进私立中学,便是川省教育厅必须要应对的一大问题。这一时期,除规范私立中学收费外,教育厅还采取以下措施:一是整顿私立中学校董会及经费收支。1944年6月,教育厅下令各驻区省督学:"查私立中学校董会,间有未遵规定,逾越范围,组织既欠健全,人事亦多复杂,或滥用职权,以干涉学校行政,或利用基金,以作不法经营,凡此情形,贻误教育实大。嗣后驻区督学,对于各私立中学校董会之组织人事及经费收入用途,均应随时严查具报,以资整饬。"[2]二是整顿私立中学校长人选。根据部章,私立中学校长应由校董会缮具履历表,检同资历证件,呈由主管市县政府,转呈教育厅核准聘任,方为合法。然而,"日久玩生,间有校长已经变更,延不呈报,实属有碍查考"[3]。为此,1946年5月29日,教育厅通令各市县政府:"转饬所属以准立案之各私立中等学校,如有现校长尚未呈经本府核准聘任者,限于文到三日内一律报核为要。"[4]三是拟订整顿计划。1948年初,教育厅制定整顿私立中学的原则:健全校董会组织;建筑永久校舍,并充实设备;实行男女分校分部;建立校长教员任用标准;改选与停办;增列奖助金及补助金。[5]四是限定省会增设私立中学及班级。1949年8月,教育厅出台整理私立中学办法,规定:"省会今后限定不得再增设私立中等学校","原有各私立中等学校,限制增加班级"。[6]

---

[1] 《教部饬教厅改进川私立中学》,《四川月报》,1937年第11卷第5期,第198页。
[2] 《教二字第六六二一号》,《四川省政府公报》,1944年第253期,第46页。
[3] 《教二字第九六一八号》,《四川省政府公报》,1946年第392期,第13页。
[4] 《教二字第九六一八号》,《四川省政府公报》,1946年第392期,第13页。
[5] 《教厅整顿各地私中》,《四川教育通讯》,1948年第33期,第15页。
[6] 《教厅整理私立中学省会各校拟议合并》,《四川教育通讯》,1949年第8卷第3—4期,第25—26页。

### 8.更换中学校长

为了改进中学质量,教育厅委任了一批省立中学校长。比如 1940 年 7 月 19 日,经教育厅提名,省政府任命陈梦恭为省立江安中学校长、周维权为省立炽元中学校长。① 相对而言,郭有守任教育厅长期间,四川省中学校长任期较为稳定。正如他所言:"尽量减少校长的更调,力求安定。"②然而,1945 年 12 月,刘明扬上任教育厅长后,则明确表态——"调整中等学校校长"③。比如 1946 年初,教育厅一次性委任省立中学校长 1 名,县立中学校长 12 名。④ 1946 年 7 月,教育厅又一次性委任省立中学校长 7 名,市立中学校长 1 名,县立中学校长 8 名。⑤ 1947 年 5 月,任觉五就任教育厅长后,为了整顿中学教育,也更换大批校长。1948 年 4 月,教育厅竟一次性更换 55 名省立中等学校校长。⑥ 1949 年 8 月,教育厅再次委任县立中学校长 6 名。⑦

### 9.禁止中学滥招学生

1946 年底,教育厅长刘明扬曾提出:中学"限制揽收学生"⑧。然而,不久后,他因经费无着愤而辞职,故此事无疾而终。1947 年 5 月,任觉五出任教育厅长后,为禁止中学滥收学生,出台 5 项规定:(1)收录新生不得超过逾定额(每班以 50 人为限,如有特殊情形,至多不得超过 60 人)。(2)收录同等学力学生应遵照规定比额,高中 20%,初中 30%,年龄过大、超过规定的学生不得收受。(3)慎重接收转学生。(4)严禁收受旁听生、附读生及无应发证明文件之借读生。(5)严密注意办理招生考试,查禁学生冒禁情事。⑨ 此外,教育厅决定:1949 年下半年,统一分区招收公立中学生。拟定的具体办法是:(1)各省立中学应于

---

① 《川省府委任大批中学校长》,《新闻报》,1940 年 7 月 20 日,第 13 版。
② 郭有守:《四川省中等教育现状与今后设施》,《中等教育季刊》,1942 年第 2 卷第 1 期,第 10 页。
③ 《刘厅长广播教育设施》,《四川教育通讯》,1946 年第 16 期,第 25 页。
④ 名单详见《本省中学校长民教馆长委任录》,《四川教育通讯》,1946 年第 11 期,第 17 页。
⑤ 名单详见《川教育厅新委中学校长一批》,《中央日报》,1946 年 7 月 29 日,第 3 版。
⑥ 《川省立中学大批换校长》,《和平日报》,1948 年 4 月 10 日,第 2 版。
⑦ 《川教育厅发表六位中学校长》,《大公报》,1949 年 8 月 12 日,第 2 版。
⑧ 《刘厅长广播教育设施》,《四川教育通讯》,1946 年第 16 期,第 25 页。
⑨ 《中学滥收学生 教厅严格禁止》,《四川教育通讯》,1947 年第 31 期,第 14 页。

本校设区招考外,并应于该区较远而适中县局,至少择定一处设立考区,考试事宜请由各县局公立学校、县政府或专员公署代办。(2)各省立中学招收新生,每班以 50 人为限,至多 60 人;各县局公立中学毕业生免试升学。[①]

### 10. 重视训育与学风建设

为了加强训育,1938 年,教育厅转发部颁《中等以上学校导师制纲要》,通令各校实施导师制。然而,"为时三载,成效仍未显著"[②]。因此,1940 年 1 月,教育厅制定《四川省中等学校导师制施行细则》,要求各校组织训育指导委员会,负责规划推进及实施一切训导方案;各组导师,应每月举行训导会议 2 次,必要时得召集临时会议,商讨训导工作、效果、困难、方法等事宜;各校应将全校学生分为若干组,每组人数以 15 人至 30 人为度,但必要时得增至 40 人;每组设导师 1 人。[③] 关于学风建设,教育厅颁发《四川省政府教育厅整饬学风端正思想办法大纲》(1940 年 1 月)、《通令各公私立中校加强管训俾期养成优良学风由》(1945 年 7 月)、《教育厅颁发整饬学风办法》(1946 年底)、《整饬中等学校学风要点》(1947 年 10 月)等文件,竭力整饬川省中学学风。另外,1947 年底,教育厅令成都公私立中学整饬学风,以后如再有打架等事发生,"定予各该校督饬不力校长,以严重处分,决不宽贷"[④]。1948 年 5 月,教育厅召集成都各大中学的校长、训导长、童军教官等百余人谈话,由教育厅长任觉五主持,"勉励大家努力整饬学风,使学生生活与思想纳入正规"[⑤]。

### 11. 重视中学督导工作

全面抗战开始后,为了督导与改进中学教育,教育厅采取了以下措施:一是推行省督学驻区制。比如 1939 年 2 月,第九区省督学余沛华向教育厅呈报视察开县县立女子初级中学报告,指出:该校校舍、光线、空气均感不足,办公室及

---

① 《中学招生办法规定》,《四川教育通讯》,1949 年第 9 卷第 3 期,第 16 页。
② 《教二字第○○五○二号》,《四川省政府公报》,1942 年第 79 期,第 11 页。
③ 《四川省中等学校导师制施行细则》,《中等教育季刊》,1940 年第 1 卷第 2 期,第 139 页。
④ 《教厅再颁令整饬学风》,《四川教育通讯》,1947 年第 26 期,第 18 页。
⑤ 《整饬学风》,《中央日报》,1948 年 5 月 23 日,第 3 版。

教员宿舍过狭,并应从速改善,以重卫生;该校各科教学法应注意启发辅导,关于导师制尤应切实遵照实施;该校图书太少,应力谋补充;该校附属小学应独立办理,以符法令而一事权;该校英文教员许寅宝发音欠佳,国文兼任教员萧楚白准备不周,均应加进修。经教育厅呈请,省政府下令该县政府及该校"即便督饬改进遵照办理为要"①。二是增设专科视导员。除省督学外,教育厅还增设国文、算学、史地、生物、体育等专科视导员,由教育厅派"教育科学馆专门委员及体育督学担任,视察并指导各科教学方法的改进"②。三是组织教育督导团。1941年,为了督导私立中等学校,教育厅颁行《督导私立中等学校改进办法大纲》,并组织督导团,在省会各校进行督导。1948年,教育厅组织留厅督学及视导人员,成立督导团,视察成都市公私立中学办学实况,具体督导教育行政、教职员待遇、教学时数、学生纳费、财物保管、经济公开、学科训练、建筑设备、体育卫生、训导等项目。

### (三)实施效果

由上述举措来看,1937—1949年,四川省教育厅不仅重视省域中学数量的扩充,还采取了种种改进质量的措施。从实施效果来看,数量上,1936年度,省立中学17所,县市立中学117所,私立中学55所,共189所③;1941年度,省立中学19所,县市立中学141所,私立中学141所,共301所④;1946年度,省立中学24所,县市立中学134所,私立中学295所,共453所⑤;1948年度,全川中学共计773所⑥。易言之,至中华人民共和国成立前夕,省域中学数量约为全面抗战前中学数量的4倍。其中,战后增幅最大,1946—1948年度,中学数量新增320所。这一方面说明,四川中学数量,尤其是私立中学数量,呈膨胀发展的态

① 《四川省政府训令》,《新教育旬刊》,1939年第1卷第13期,第32页。
② 郭有守:《四川省中等教育现状与今后设施》,《中等教育季刊》,1942年第2卷第1期,第4页。
③ 陶觉已:《四川中学教育问题及其解决之途径》,《四川教育通讯》,1946年第18期,第15页。
④ 郭有守:《四川省中等教育现状与今后设施》,《中等教育季刊》,1942年第2卷第1期,第5页。
⑤ 陶觉已:《四川中学教育问题及其解决之途径》,《四川教育通讯》,1946年第18期,第15页。
⑥ 《川教厅中心工作发展中等教育》,《中央日报》,1948年7月2日,第3版。

势;另一方面也说明,抗战结束后,教育厅制定的限制中学举措并未得到落实。

那么,数量的激增是否带来质量的提升?答案是否定的。1943年,川省教育界人士曾直言:"年来国民教育日益普及,中学发展过速。值抗战期间,人力财力俱感不足,加以政治、社会种种影响,遂演成今日数量愈增质量愈低之现象。"[①]1945年9月,教育厅长郭有守亦坦言:关于中学教育,"抗战期间,学校大多疏散。人力财力,俱感不足,复受政治、社会种种影响,故自二十六年至本年度八年之间,数量上虽呈显著之进步,而质量改进,未能如所预期"[②]。事实上,至1948年,质量偏低的问题依然存在。1948年7月1日,教育厅长任觉五在省参议会上报告称:"川教育厅中心工作为中等教育。现全川中学已达七百七十三所,平均每县有中学五所,但合乎标准者极少。"[③]

从改进质量举措的实施效果来看:(1)关于中学收费,巧立名目滥收费问题屡禁不止。(2)关于教育经费,"惟实际数字,则省县教育经费之增加,尚不及战前之二百倍。如以物价指数为衡,则八年来教育业务之发展,与教育经费之紧缩,适得一反比例"[④]。以省域中学经费为例:1941年度为1528221元,占中等教育经费的23.25%;1944年度为3511634元,占中等教育经费的20.74%;1945年度为7616288元,占中等教育经费的15.90%。[⑤] 这说明,中学经费数额不断增加,但其占比总体呈下降态势,远远低于40%的部定标准[⑥]。在这般尴尬的境遇中,省立中学罢教、罢课等风潮不断。比如1946年,川省教育复员费为8亿元,中央仅拨4.5亿元,而川省财政厅克扣2亿元,仅拨2.5亿元,致使省立各校难以正常运转。1947年1月,"教厅长刘明扬为此,已向省府坚决辞职"[⑦],而且中学校长40余人联名辞职。此外,"私立中学基金多数不足"[⑧],故经费也难有保证。(3)关于中学设备。翻检1947—1948年的川省教育视导报

---

① 《川教厅将彻底整顿中等学校》,《中等教育季刊》,1943年第1卷第2期,第37页。

② 四川省教育厅编:《抗战时期之四川教育》,成都:四川省教育厅,1945年,第6页。

③ 《川教厅中心工作发展中等教育》,《中央日报》,1948年7月2日,第3版。

④ 四川省教育厅编:《抗战时期之四川教育》,成都:四川省教育厅,1945年,第28页。

⑤ 四川省教育厅编:《抗战时期之四川教育》,成都:四川省教育厅,1945年,第30页。

⑥ 《教育部令行川教厅改进中等教育》,《教育通讯》,1939年第2卷第47期,第8页。

⑦ 《川财政极度困窘 教育将濒总崩溃》,《申报》,1947年1月15日,第2张第8版。

⑧ 《教育部指令 督字第三七八九号》,《教育部公报》,1948年第8期,第15页。

告档案,设备简陋是省域各中学存在的普遍问题。比如,1947年11月,省督学王肇熊视察旺苍县立初级中学后指出其"建筑设备简陋"[①];1948年1月,王肇熊视察阆中县私立东岭初级中学后指出其"经费不先筹集,设备简陋"[②];1948年1月,省督学易光中视察省立三台中学后指出其"图书仪器甚为缺乏"[③]。(4)关于教师进修辅导,比如中学教师讲习会,"因交通困难,经费无着,指导人选难求等等阻碍,致只办二度,未著成效,不无遗憾"[④]。(5)关于教员检定,全面抗战八年,全省所有中学中,"除去不负管教责任之书记、干事、会计及校医人员外,任教职者约一一○○○人。历年检定合格之教员,仅二二五○人,未检定者达九千人。此中固亦有合格而未申请受检者,但检定合格者,现在未必尽皆任教,如死亡、改业,变动颇多,故现在合格教员实占少数"[⑤]。川省中学教员的整体素质由此可见一斑。而且,"因为中学数量骤增的缘故,数年来形成'师荒'的现象。于是乎,有双专任、三专任、教四五十点钟的教师,也有中学生教中学、师范生教师范的教师,甚至于有的学科只好付诸缺如,在省外各县尤数见不鲜"[⑥]。(6)关于毕业会考成绩,比如1943年度川省高中毕业会考中,参加成都区会考的考生有1067人,及格人数为165人,及格率为15.5%。[⑦](7)关于整顿私立中学。比如整顿计划、限制举措等并未落实。(8)关于更换校长。"校长即动,教职员即随之而动,乃自然之理。"[⑧]由此,校长和教职员皆存五日京兆的心理,难以安心从教。(9)关于学风。全面抗战爆发后,"川省中等学校,因基础未固,

---

① 四川省教育厅:《四川省地方教育视导员三十六年下半年视导报告》,四川省档案馆藏:《四川省教育厅档案》,民107-01-1720。

② 四川省教育厅:《四川省地方教育视导员三十六年下半年视导报告》,四川省档案馆藏:《四川省教育厅档案》,民107-01-1720。

③ 四川省教育厅:《四川省督学三十六年下半年视导报告》,四川省档案馆藏:《四川省教育厅档案》,民107-01-1720。

④ 四川省教育厅编:《抗战时期之四川教育》,成都:四川省教育厅,1945年,第9页。

⑤ 四川省教育厅编:《抗战时期之四川教育》,成都:四川省教育厅,1945年,第8页。

⑥ 陶觉已:《四川中学教育问题及其解决之途径》,《四川教育通讯》,1946年第18期,第16页。

⑦ 《四川省第十八届中学学生毕业会考参加成都区会考各校高中生成绩一览》,《中等教育月刊》,1943年第1卷第3期,第53页。

⑧ 袁伯樵:《川省县中之问题及今后改进之检讨》,《中等教育季刊》,1942年第2卷第1期,第3页。

设备空虚,管教疏懈,近年来学风渐趋颓败"①。

### (四)改进教育举措之反思

总体来讲,1937—1949 年,四川中学的数量骤增与质量低下形成鲜明反差。那么,为何会出现这种落差景象呢? 从省级教育行政的视角来看,主要有如下原因。

#### 1. 川省教育行政思路缺乏连贯性

1949 年初,据教育厅主任秘书杨慎修反映:"川省教育,大概分为三期。郭厅长有守时代,对各级教育尽量发展,可称为'发展时期'。刘明扬厅长在任不久,各项计划,均无从实现。自任(觉五)厅长接事以后,即将全部精力,放在'整顿'现有学校方面,故教厅年来的中心工作为'整顿第一'。"②这从一个侧面反映:三任教育厅长的行政思路颇不一致。由是,省域中学教育质量不能持续提升的问题就在所难免。

#### 2. 教育厅无力摒除地方党派争斗

这一时期,地方各党派往往以中学校长席位为"角力场",争斗不已。1948年的四川省教育厅档案中,就有这样的记载:"查近年以来,各县党派分歧,自私之心强烈。各县中等学校校长人事纠纷甚大,甲党为维持自己之势力,不惜想尽种种方法,夺取校长。乙派为保存自己实力,也不惜捏造控告,尤以每年六腊两月为甚。此种随便制造纠纷情形,影响教育前途殊巨。长此以往,将使真正办学之优良校长灰心。本厅也曾三令五申,令饬各级视导人员,地方政府认真考核,社会人士竭力协助,然究因地方性太重,收效甚微。即如学校教职员,地方有力人士,随便介绍,意图左右校政,制造纠纷,以便施展夺取地盘伎俩。此纯洁之文教事业,任听地方党派摧残把持,殊为惋惜。"③从这段文字可以感受到,四川省教育厅对整顿中学教育收效甚微颇感无奈。

---

① 郭有守:《四川省中等教育现状与今后设施》,《中等教育季刊》,1942 年第 2 卷第 1 期,第 8 页。

② 《教育厅邀各县议长座谈地方教育问题》,《四川教育通讯》,1949 年第 8 卷第 3—4 期,第 25 页。

③ 四川省教育厅:《四川省教育厅 37 年上半年度股长视导员科员编审书记等考成汇报册与结果清册》,四川省档案馆藏:《四川省教育厅档案》,民 022-01-1281。

### 3.教育厅整顿中学教育的力度不够

这主要表现在以下方面：一是执法不严，违法不究。早在1939年，教育部训令四川省教育厅，要求"严格取缔有名无实之私立学校，督导其遵守法令，认真办理"①。1943年，教育部再次令四川省教育厅：该省私立学校"增设学校仍以中学为多，令今后应指示改办职业学校或兼办职业班级"②。然而从前文可知，川省私立中学数量非但没能减少，反而不断膨胀。这从一个侧面说明，教育厅并未严格落实部令。而且，关于私立中学立案，教育厅也未按照部章规定办理，草率呈报立案。因此，1949年初，教育部批评川省教育厅："各私立中学立案为教厅重要业务之一，今后应严加管理，不得贸然呈部备核。"③此外，川省中学教育中，滥招生、滥收费、教员兼课、架空课标等违法行为长期存在，但教育厅并未进行严厉追究。二是缺乏考核奖惩。这一时期，教育厅重视省级教育督导工作，并探索视导网制等新举措，但"重督导不重考核奖惩"问题却长期存在。一个表现是：在管理实践中，教育厅往往以"令仰该县府即便督饬改进，该校即便遵照办理为要"④等批语了之，从未过问各校是否切实改进，也从未进行严格奖惩。由是，各地政府及中学往往将省督学报告与建议视为具文，不能切实改进中学教育。就此，郭有守直言不讳："考核奖惩是任何行政的要项。川省学校较多，视导人员较少，督导固未能周密，而考核缺乏客观标准，奖惩亦未能严格执行，致使学校有办理不切实际之弊。"⑤三是教育厅督导"重省会不重县市"。无论是在全面抗战时期，还是抗战结束后，教育厅始终注意督导省会成都的中学教育，比如组织督导团视察公私立中学等，但缺乏对各县市中学教育的强有力督导。

---

① 《教育部令行川教厅改进中等教育》，《教育通讯》，1939年第2卷第47期，第9页。
② 教育部：《三十二年度四川省教育厅政绩考评》，四川省档案馆藏：《四川省教育厅档案》，民107-01-1730。
③ 《各地私立中学立案 教育部令严加管理》，《四川教育通讯》，1949年第9卷第3期，第15页。
④ 《四川省政府训令》，《新教育旬刊》，1939年第1卷第13期，第32页。
⑤ 郭有守：《四川省中等教育现状与今后设施》，《中等教育季刊》，1942年第2卷第1期，第8页。

# 第四节　浙川省级教育行政部门管理实践比较

从以上分析可知,浙江省和四川省的省级教育行政部门在省域中学管理实践过程中,采取了种种行政举措,但是施政效果却各不相同。从客观的行政环境与主观的行政能力两方面比较与反思两省省级教育行政部门的管理实践,既可以洞悉二者施政效果差异的深层原因,还可以探知省域教育管理实践的经验教训。

## 一、行政环境

北京政府时期,浙江省除 1924 年 9 月至 1924 年 10 月发生了"江浙战争"外,其余时间并未发生大规模的战争。1927 年 2 月,北伐军攻克杭州。此后,浙江省完全纳入南京国民政府统治之下。总体来讲,1937 年前,浙江政局保持稳定。在这种相对稳定的政局下,浙江省级教育行政上轨较快,及时奉令设立了教育司、教育科、教育厅、第三中山大学区(浙江大学区)、省教育厅等部门,且有相当的权威性,故其颁布的各项中学单行规章基本能得到落实。抗日战争全面爆发后,浙江大部分县市相继沦陷,战事频仍。尽管如此,省级行政官员均很重视省域教育事业。其具体表征是省政府主席、财政厅长等支持教育厅工作,尽量为其恢复与发展省域中学教育提供经费与政策支持,从而在非常时期省域中学教育仍能于较短时间内恢复与发展。

然而,整个民国时期,四川省多处于与中央政府分庭抗礼的状态。不唯如此,自 1915 年 12 月蔡锷入川起,四川逐渐卷入战争的硝烟。1917 年 4 月,"刘罗""刘戴"之战,标志着四川军阀混战的开始。1918 年以后,四川进入防区制时代。这一时期,四川军阀有四川速成派与保定军官系两大派系。两派无时不争,无时不战。在此动荡局势下建立起来的省级政府毫无威信,而且省级教育行政上轨极为缓慢,且无相当的权威性。由此,四川省级教育行政部门所颁布的中学法令不能通行于四川全境,实施效果难免大打折扣。全面抗战爆发后,四川省因远离战争中心,成为战时大后方,是全国兵源、财源、物资、粮食等基地。但问题仍颇多:一是由于地方实力派与中央明争暗斗不断,政局时坏时好,先后由刘湘、张群、邓汉祥、王缵绪、蒋介石、张群、邓锡侯、王陵基等人出任省政府主席一职。二是受物价上涨、内战爆发等因素影响,川省财政极不稳定。全面抗战时期,四川经济空前发展,财政收入不断增加,但因物价上涨等因素干扰,川省财政大受影响。1946年内战爆发,四川物价飞涨,货币贬值。至1949年5月,"金元券既无限制发行,各银行钱庄又滥发本票,华南、西北大量钞券涌入四川,物价疯狂上涨。中学教职员工月入仅够一碗面钱"[①]。三是省级政府官员在教育经费、奖惩地方官等方面,未对教育厅给予大力支持。比如1947年1月,正值四川省教育濒临崩溃之时,财政厅长邓汉祥竟克扣教育经费。"川教育厅长刘明扬,为财政厅扣发教育经费,愤慨辞职。"[②]尽管省政府主席邓锡侯等人一再慰留刘氏,但至3月底,"教育经费依然困难"[③]。概言之,全面抗战爆发后,四川省教育厅在省域中学教育管理实践中缺乏强大的外部行政环境支持。

## 二、行政能力

省级教育行政能力直接关系着省域教育事业发展的进程与效果。通常来讲,省级教育行政能力的强弱主要体现在行政思路与行政作为上。

---

① 四川省革命委员会文史研究馆编辑组:《一九四九年四川大事记》,载中国人民政治协商会议四川省委员会文史资料研究委员会编:《四川文史资料选辑》(第十八辑),成都:四川人民出版社,1979年,第14页。

② 《贪污践踏教育界》,《大公报》,1947年1月5日,第2张第7版。

③ 《经费困难身多病 刘明扬决再辞职》,《中央日报》,1947年3月30日,第3版。

### (一)行政思路

行政思路的外在表现形式是行政方针与行政计划。如果说,行政方针指明了行政工作的目标与指针,那么行政计划则明确了实现行政工作目标的方案与途径。民国时期,浙江省级教育行政部门对省域中学教育始终采取"质量兼顾,以质为重"的行政方针。为了贯彻这一方针,浙省教育行政部门在各个阶段从设施、课程、师资、经费、学生考核等方面,统筹规划省域中学教育事业,并竭力创造条件,有序落实各项计划。与浙江省相比,四川省级教育行政部门拟定的中学教育行政方针多有反复:教育司时期注重广设中学;教育科时期限制设立中学;教育厅时期又大力提倡广设初级中学;省教育厅时期限制设立中学;全面抗战时期省教育厅鼓励各地举办公私立中学;抗战结束后教育厅逐渐强调整顿与限制中学。另外,1935 年前,四川省级教育行政部门多不注重中学质的发展;1935 年后,川省教育厅才开始注重质的改进,应急特征明显;全面抗战时期,川省教育厅摒弃以往"重质"的行政思路,转而采取"重量"的行政思路,旨在应对未来国民学校大发展可能会导致的升学压力;1947 年 6 月 2 日,新任教育厅长任觉五视事以来,才开始重视中学教育质量的改进工作,但应急特征明显。总之,民国时期,受行政方针摇摆不定的干扰,四川省级教育行政部门无一贯、稳定、系统的省域中学规划方案。从根本上讲,这与四川省政局动荡及省级教育行政领导者频易有很大关联。

### (二)行政作为

民国时期,浙江省级教育行政领导者多能延续前任的做法,主动施政,积极作为。他们上任后,结合浙江本省实际,主动争取各种资源,竭力创造条件,发展省域中学教育事业。即使在全面抗战时期,也概莫能外:教育厅长许绍棣围绕恢复与发展、改进与整顿、复员与充实等重心工作,采取种种举措,循序渐进地推进省域中学教育发展。其中,为了改进省域中学教育,许绍棣还积极搭建全省中等教育会议等议事平台,进行民主科学决策,凝聚全省最大共识。由是,浙江中学数量与质量均得到较大提升。可以说,这一成绩的取得,不仅有赖于政府和教育界的"助力"①,也有赖于教育厅职员的主观努力,更有赖于"许厅长之贤明果敢,擘划周详"②。1948年,胡琴伯曾评价道:"浙省中等教育之较有成绩,各种设施之比较像样,不能不归功于人事的稳定。因为浙省教育厅自民国二十三年改组,厅长许绍棣氏于是年十二月杪就职后一直到民国卅五年七月始行卸职,改由李超英氏继任。在这十二年中间的教育行政都是许氏主持。许氏治事之负责,处常应变,都很得当。因而各省立中等学校的负责人经过许氏的遴选提请省府任用后,非有特殊事故不轻易予以更动,如金中校长方豪、湘师校长金海观等,都连续任职十年以上,其他任职六七年、五六年者也不少。由于校长久于其位,教职员更动亦少,因之行政较有成规可循,教导也易办理,自非初任之暗中摸索可比。许氏性刚毅,用人不疑,各省校校长之能久留,也许这亦是一个原因。……由于人事的稳定,行政易上轨道,教学方面可以循序渐进,学生程度,易于提高。"③简言之,教育厅长任期稳定且恰当作为,是浙江省中学教育发展的一大要因。

与浙江省相比,1912—1937年,由于四川省政局动荡,省级教育行政长官任期较短,多处于走马灯似的更换状态。由此,多数掌教者很难有大的作为,以致省域中学教育长期处于不受任何行政管束的"自由式发展"状态,量与质不能均衡发展也就不足为奇了。全面抗战爆发后,四川省政局相对稳定。由此,省级教育行政长官的任期也相对稳定,比如郭有守任期长达6年9个月,刘明扬任期约1年6个月,任觉五任期越2年6个月。在这种情形下,川省教育厅在管理省域中学教育实践中采取了种种措施,扩充中学数量,整顿中学质量。然而问题在于,历任厅长的行政思路不同、对中学教育整顿力度不够等主观原因,在一定程度上造成四川省域中学教育数量骤增、质量低下的失衡格局。事实上,省域中学数量的骤增,不仅未使全面抗战前川省中学教育的"欠账"得到缓

---

① 许绍棣:《十年来浙江中等教育概况》,《浙江教育行政月刊》,1945年第3卷第2期,第27页。
② 《浙江省党部代表徐书记长浩惠词》,《浙江教育行政月刊》,1945年第3卷第2期,第27页。
③ 胡琴伯:《十年来浙江中等教育述评(二)》,《现代论坛》,1948年第6期,第9页。

解,同时还引发了许多新的难题。具体而言,一是校舍设备、学校经费、师资素质、教学质量、学生知识程度等方面难有保障。二是合格师资数量缺乏,"师荒"问题日渐突出。三是中学毕业生失学问题严重。"自从抗战结束以后,迁川各大学相继复员,战时川省中等教育蓬勃发展,所造就的大批中学毕业生,便多有前路茫茫之叹。"[①]这些考生中,"十九俱为普通中学毕业,舍升学之外,无他出路。况今日川省社会事业人数极众,亦难有此辈初出学校者渗入之机会"[②]。比如 1947 年 8 月 25 日,据《申报》报道:报考四川大学、华西大学、成华大学、国立理学院等专科以上学校的川省考生约 4 万人,"录取总额仅四千人,占十与一之比。二十二日,有考生于正中因投考华大落第,服毒自杀,震动整个教育界"[③]。易言之,在四川省中学数量激增的背景下,中学毕业生数量的高涨与川省高等教育入学机会的稀缺之间矛盾凸显,这不仅造成中学毕业生失学等突出的教育问题,还酿成自杀、失业等严重的社会问题。以上事实充分说明:民国时期,四川省省级教育行政部门缺乏主导与统筹省域中学教育的强大行政能力。

## 小　结

综观浙江和四川两省省级教育行政部门管理省域中学教育的实践历程,可以得知:省级教育行政部门的管理成效,有赖于外部环境的强大支持,比如稳定的政局、省级长官与部门的支持、基层学校的配合等,也有赖于相对稳定的人事,更有赖于省级教育行政部门自身的积极努力程度、恰当作为程度。可以说,这些既是浙江省省级教育行政部门管理省域中学教育实践中积累的有益经验,同时也是四川省省级教育行政部门管理省域中学教育实践中留下的深刻教训。

---

① 《考试浪潮过去了 得登彼岸有几人》,《中央日报》,1947 年 8 月 20 日,第 4 版。
② 《考试浪潮过去了 得登彼岸有几人》,《中央日报》,1947 年 8 月 20 日,第 4 版。
③ 《川失学问题严重》,《申报》,1947 年 8 月 25 日,第 2 张第 6 版。

# 第七章

# 省级教育行政部门与省域社会教育管理

民国肇造,国体变更。广开民智、作育新民成为巩固共和国基的重要途径。而新国民的培养不仅需借助学校教育,更需借助广泛的社会教育。可以说,社会教育是学校教育的延伸和扩大,而学校教育和社会教育是教育本体不容分割的两面。社会教育可以使一般民众在学校之外,随时随地有受继续教育的机会。因此,民国时期,在整个教育系统中,社会教育被置于至为重要的地位。这一时期,省级教育行政部门作为管理省域教育事业的领导管理枢纽,在推进省域社会教育过程中扮演着独特的角色。本章主要以江苏和甘肃两省为个案,考察该时期省级教育行政部门管理省域社会教育的举措与成效,并反思二者异同背后的成因。本章选取江苏和甘肃两省,主要基于以下考虑:一方面,两省地理位置、政治、经济、文化各方面具有典型性。江苏地处东南沿海,是政局相对稳定、经济较发达、文化底蕴深厚之省,而甘肃地处西北边陲,是政局较为动荡、经济欠发达、文化较落后之省。但是全面抗战爆发后,江苏省成为中国的核心战区,多数县市被日寇侵占,故全省各项事业遭受惨重的打击;而甘肃省成为中国的后方省份,政局相对稳定,经济生产也得到逐步发展。另一方面,两省省级教育行政部门具有一致性和差异性的特点。两省省级教育行政部门均历经教育司、教育科、教育厅、省教育厅几个阶段,其中,江苏省于1927—1929年试行大学区制。因此,考察这样两个省份省级教育行政部门管理省域社会教育的实践过程,有助于更好地把握二者异同背后的深层制约因素。

# 第一节　社会教育行政组织嬗变历程

民国时期,中央教育行政部门高度重视社会教育,并在不同的阶段进行了相应的制度安排、组织建设等工作。这为各省省级教育行政部门管理省域社会教育事业,提供了制度与机构基础。

## 一、社会教育制度的演变

全国层面的社会教育制度,既是中央教育行政部门领导管理全国社会教育的规范文件,也是省级教育行政部门统筹管理省域社会教育的法规依据。民国时期,全国层面社会教育制度的变迁大致经历初创、定型、繁荣三个阶段。

### (一)初创时期(1912—1927)

1912 年 1 月 30 日,教育部通电各省筹办社会教育:"前拟普通教育暂行办法,业经通电贵府在案。惟社会教育,亦为今日之急务。入手之方,宜先注重宣讲。即请贵府就本省情形,暂定临时宣讲标准,选辑资料,通令各州县,实行宣讲,或兼备有益之活动画、画影以为辅佐,并由各地热心宣讲员集会,研究宣讲方法,以期易收成效。所需宣讲经费,宜令各地方于行政费或公款中,酌量开支补助。至宣讲标准,大致应专注此次革新之事实、共和国民之权利义务及尚武实业诸端,而尤注重公民之道德。当此改革之初,人心奋发,感受较易,即希贵府迅予查照施行。"①从以上电文可知,教育部将社会教育与学校教育置于同等

---

① 《社会教育之发端》,《申报》,1912 年 2 月 2 日,第 1 张第 3 版。

重要的地位,并说明了各省推行社会教育的主旨、途径、内容等。值得一提的是,这是民国成立后教育部颁布的首份全国社会教育法令,对推动各省社会教育发展具有开创性意义。

1914 年 2 月,教育部颁布《半日学校规程》,规定:为未入初等小学校者及已入初等小学校而辍学者,便于半日或夜间补学者设立半日学校,并规定半日学校学生入学年龄为 12～15 岁,修业年限为 3 年,授以修身、国文、算学、体操等课程。① 由上来看,该规程将半日学校的入学对象限定为幼年失学者,对其实施社会教育。

此后,全国层面的社会教育法规不断增多。1915 年起,教育部次第颁布《图书馆规程》(1915 年 10 月 23 日)、《通俗教育讲演所规程》(1915 年 10 月 23 日)、《通俗图书馆规程》(1915 年 10 月 23 日)、《通俗教育讲演规则》(1915 年 10 月 23 日)、《露天学校简章及暂行规则》(1916 年 3 月 18 日)、《通俗讲演传习所办法》(1916 年 4 月 15 日)等法规。其特点有:首先,逐步建构起以通俗教育为中心的社会教育制度框架。以上法规中,除《图书馆规程》外,均是有关通俗教育的法规。其次,受教对象大众化。法规要求各省不仅要施教于幼年失学儿童,还应施教于普通民众。再次,社会教育途径多样化。法规规定,各省不仅要设立图书馆、通俗教育讲演所、通俗图书馆、露天学校等社会教育机构,而且应将工场、监狱、看守所、惠济所、感化院等机关当作实施社会教育的场所。最后,重视培养通俗教育讲演员。法规要求各省省行政公署设立通俗教育讲演传习所,培植讲演人才。

新文化运动后,教育界的平民意识增强。由是,民间教育界率先发起了轰轰烈烈的平民教育运动。与上述景象不同,该时期中央教育行政部门层面,受教育总长更换频仍、军阀混战等因素的影响,故未能出台有关平民教育的法规。这种情况,直至南京国民政府成立才大为改观。

---

① 《半日学校规程》,《教育杂志》,1914 年第 6 卷第 1 期,第 3 页。

### (二)定型时期(1927—1937)

1928 年 8 月,国民党召开的二届五中全会宣布:"军政时期"结束,"训政时期"开始。据此,教育部提出:"训政伊始,国家要务端在建设,建设之道万绪千端,又非先从启发民众知识着手,不足以挈其纲领而树其初基。"[1]显然,教育部对民众教育实施寄予了厚望。此后,教育部陆续出台《自十八年度起社会教育经费应切实执行占全教育费百分之十至二十》(1928 年 10 月 8 日)、《识字运动宣传计划大纲》(1929 年 2 月 13 日)、《社会教育机关主任人员之任免办法》(1930 年 5 月 10 日)、《图书馆规程》(1930 年 5 月 10 日)、《各省市县推行注音符号办法》(1930 年 9 月)、《推行社会教育之三项重要设施》(1931 年 1 月 26日)、《民众教育馆暂行规程》(1932 年 2 月 2 日)、《宽筹社会教育经费》(1933 年 4月 14 日)、《职业补习学校规程》(1933 年 9 月 6 日)、《民众学校规程》(1934 年 6月 26 日)、《促进注音汉字推行办法》(1935 年 9 月 3 日)、《实施失学民众补习教育办法大纲》(1936 年 8 月 4 日)、《各级学校兼办社会教育令》(1937 年 5 月 24日)等政策法规。

上述法规有以下特点:第一,逐步建立起以民众教育为中心的社会教育制度框架。以上法规中,多为民众教育法规,改变了以往以通俗教育为中心的制度框架,而且社会教育的主题从平民教育过渡到民众教育。第二,明确社会教育经费标准。规定社会教育经费必须占各省教育费的 10% ~ 20%,而这在以往法规中鲜有涉及。第三,打破学校与社会的界限,使学校成为办理社会教育的中心。法规规定各省不仅要设立图书馆、民众教育馆、职业补习学校、民众学校,还要使各级学校兼办社会教育。第四,社会教育内容多元化。法规规定不仅要向民众授以国语、算术、乐歌、体育等课程,还要对民众实施识字教育、职业知识技能培养等。第五,施教手段多元化。法规提倡各省运用讲演、标语、书报、幻灯、电影、留声机等手段实施社会教育。第六,重视社会教育机关人员的

---

[1] 教育部参事处编:《教育法令汇编》(第一辑),上海:商务印书馆,1936 年,第 392 页。

任免。法规规定省立社会教育机关主任人员由教育厅长提出合格人员于省政府委员会议,通过后由教育厅派充,而市县立社会教育机关主任人员则由市县政府选荐合格人员,呈请省教育厅核准派充。最后,注重社会教育人员的训练。法规要求各省设立社会教育人员训练机关一所,或就各省原有之教育学院或师范学校内设立专系或专科,培养此类人才。

### (三)繁荣时期(1937—1949)

全面抗战爆发后,为了组织动员广大民众参与抗战,实施社会教育以扫除文盲便成为中央决策层的重要共识。因此,1937 年以来,中央层面颁布了一系列社会教育法规,大致可分为组织规程、实施标准、实施办法三类。

#### 1.组织规程

此类法规主要有:《民众教育馆规程》(1939 年 4 月 17 日)、《修正民众学校规程》(1939 年 5 月 17 日)、《各县市社会教育推行委员会组织纲要》(1939 年 6 月 5 日)、《各级学校社会教育推行委员会组织纲要》(1939 年 6 月 23 日)、《修正图书馆规程》(1939 年 7 月 22 日)、《省市立科学馆规程》(1941 年 2 月 27 日)、《补习学校规程》(1941 年 7 月 14 日)、《省市县立社会教育机关工作人员待遇规程》(1942 年 9 月 4 日)、《社会教育机关工作人员检定规程》(1943 年 6 月 19 日)、《社会教育机关工作人员检定委员会组织规程》(1943 年 6 月 19 日)、《各省市教育厅局电化教育辅导处组织规程》(1943 年 10 月 20 日)、《各县市社会教育推行委员会组织规程》(1944 年 7 月 18 日)、《省市立艺术馆规程》(1944 年 9 月 25 日)、《补习学校法》(1944 年 10 月 7 日)、《中等以上学校社会教育推行委员会组织规程》(1945 年)、《体育场规程》(1947 年 4 月 1 日)、《民众教育馆规程》(1947 年 4 月 1 日)、《图书馆规程》(1947 年 4 月 1 日)等。

#### 2.实施标准

此类法规主要有:《各级学校兼办社会教育暂行工作标准》(1939 年 5 月 2 日)、《中心学校国民学校民教部课程标准》(1940 年)、《各级体育场场地设备暂行标准》(1947 年 9 月)等。

### 3.实施办法

此类法规主要有:《各省市失学民众强迫入学办法》(1937 年 8 月 4 日)、《各级学校兼办社会教育办法》(1938 年 5 月 24 日)、《民众教育馆辅导各地社会教育办法大纲》(1939 年 5 月 13 日)、《师范学院教育学院师范学校及民众教育馆辅导中等以下学校兼办社会教育办法》(1939 年 5 月 17 日)、《社会教育机关协助各级学校兼办社会教育办法》(1939 年 6 月 5 日)、《发动知识分子办理民教肃清文盲办法》(1939 年 7 月)、《社会教育设施与党部联系办法》(1940 年 2 月 6 日)、《中心学校国民学校办理社会教育要点》(1940 年)、《教育部令各省小学教员兼办社教暑期继续办理社会教育讲习会》(1941 年)、《公私立中小学校兼办社会教育暂行办法》(1941 年 3 月 13 日)、《省市及县市社会教育实施委员会组织要点》(1941 年 4 月 10 日)、《民众教育馆举行社会教育辅导会议办法要点》(1941 年 7 月)、《中心学校国民学校办理社会教育要点》(1942 年 7 月 23 日)、《各级学校办理社会教育办法》(1943 年 12 月 21 日)、《三十二年度各省市举办各种社会教育人员训练班办法要点》(1944 年 7 月 3 日)、《推行家庭教育办法》(1945 年 8 月 17 日)、《教育播音办法》(1945 年 8 月 11 日)、《社会教育机关推行识字教育要点》(1946 年 8 月 7 日)等。

总体来讲,1937—1949 年,社会教育法规有如下特点:(1)各级各类学校兼办社会教育。各级学校利用已有设施,"兼办社会教育,务期化除学校与社会之界限,而使学校成为社会教化之中心"[①]。具体来讲,大学各学院及专科学校应办理学术讲座、补习学校、函授学校、民众读物编辑、农业推广、合作指导、民众法律顾问、地方自治指导、电影及播音科学技术传习、防空防毒知能传习中的三种;中学除应推行通俗科学教育及抗敌宣传外,应办通俗讲演、戏剧歌咏团、补习学校、民众卫生指导、救护训练、成绩展览会、壁报中的两种及以上;中等农业学校应一律举办农事指导及农业补习班;中等工商业职业学校应一律举办工商业职业补习班;小学除应举办民众识字教育及抗敌宣传外,并应办通俗讲演、壁

---

① 《各级学校兼办社会教育办法》,《教育通讯》,1938 年第 12 期,第 13 页。

报、民众卫生指导、学生家庭访问、恳亲会、协保甲编组、协助与办理地方建设职业、协助合作社组织中的两种及以上。(2)以民众教育馆为实施社会教育的中心机关,主要担负辅导学校及其他社教机关开展社会教育的责任。(3)加强规划组织建设。各省教育厅设社会教育实施委员会,规划与指导省域社会教育;各县市教育局设立社会教育推行委员会,规划与推进学校兼办社会教育事宜;各级学校成立社会教育推行委员会,规划与推进兼办社会教育事宜。(4)加强社教机构建设,各省划分若干民众教育辅导区,各区设立省立民众教育馆一所,各县设立县立民众教育馆一所,以全县为施教区域;中心学校以乡(镇)为施教范围,国民学校以保为施教范围,二者均设置成人班、妇女班等班级。(5)重视社会教育人才的培养与检定工作,以期为各地顺利开展社会教育提供合格的人力支持。学校教职员、学生及其他知识分子均应参加社会教育,其中小学应以教职员为社会教育的主体。(6)提高社会教育经费标准。1939年,教育部要求各省教育厅:从1940年起,社会教育经费"务期达到百分之二十之规定,其已达到标准者,仍应酌量提高"①。1941年1月,教育部遵照中央指示,通令各省教育厅:"各省市县社会教育经费应切实增加,三十一年度至少应达到全教育经费百分之二十至三十之标准";"社会教育经费应有充分保障,不得任意挪用"。②

简言之,上述中央法规强调社会教育的实施主体、实施路径、实施手段、实施内容多样化,实施设施标准化,实施机构体系化,以期建构一个开放、完整、规范的社会教育系统。

总的来看,民国时期,社会教育的政策导向出现由通俗教育到平民教育再到民众教育三次大的转变。伴随着政策导向的转移,社会教育法规建设历经由初盛而衰落,再由定型到繁盛的演变过程。北京政府时期,教育部围绕通俗教育进行立法,使社会教育在整个教育制度体系中的地位得以确立。国民政府初期,教育部大力推进民众教育法规建设,法规数量显著增多。国民政府后期,教育部出台了一系列组织规程、实施标准、实施办法,迎来了社会教育法规建设的

---

① 《增筹社会教育经费》,《教育通讯》,1939年第2卷第42期,第7页。
② 教育部教育年鉴编纂委员会编:《第二次中国教育年鉴》,上海:商务印书馆,1948年,第1091页。

繁盛时期。

## 二、省级社会教育行政组织的沿革

1912年6月,教育部要求各省设立教育司时,仿照京师学务局设有通俗教育科的办法,"先设一科,或三科分设"[①]。据此法令,各省纷纷设立教育司,并在其下专设社会教育科。如直隶教育司分两科,分管全省普通教育和社会教育事宜;而河南教育司分三科,分掌专门教育、普通教育、社会教育;江苏教育司则分四科,分管总务、普通教育、专门教育、社会教育。[②]

1914年5月后,各省都督府遵照北京政府颁布的《省官制》改称巡按使公署,并将教育司废除,在巡按使公署政务厅下设立教育科,社会教育行政与普通教育行政由此仅归于一科办理。组织的不健全于此可见一斑。在此情况下,"社会教育自难期其有所表现"[③]。

1917年9月6日,教育部公布《教育厅暂行条例》,规定各省设立教育厅,并分科办事。同年11月5日,教育部颁布《教育厅署组织大纲》,规定各省教育厅设两科或三科:教育厅若设三科,则以第一科、第二科、第三科命名,其中第二科主管全省普通教育及社会教育事宜;教育厅若设两科,则以第一科、第二科命名,其中第二科不仅要管理普通教育及社会教育事宜,还应负责第三科的专门教育及外国留学教育事项。据此,多数省份设立了教育厅。比如直隶、吉林、黑龙江、浙江等省教育厅,分三科办理;再如甘肃、江苏等省教育厅,设两科办理。总之,各省教育厅设立后,社会教育在各省省级教育行政业务中占有相当比重。

1927年6月起,江苏、浙江、北平、河北、热河等省市实行大学区制。根据《大学区组织条例》,各大学区得设高等教育部、普通教育部、扩充教育部。由此

---

① 《大事记》,《教育杂志》,1912年第4卷第4号,第24—25页。
② 《民国三年视察学务总报告》,载[日]多贺秋五郎编:《近代中国教育史资料》(民国编·上),台北:文海出版社,1976年,第286—298页。
③ 钟灵秀编著:《社会教育行政》,南京:商务印书馆,1947年,第47—48页。

可知,此时扩充教育占有与高等教育和普通教育同等重要的位置。1928 年 5月 3 日,国民政府批准公布《修正大学区组织条例》。根据该条例,扩充教育部改称扩充教育处,部主任改称处长,但权责不变。1929 年后,省级社会教育行政职能科室的地位进一步增强。比如,浙江省教育厅设四科,其第三科管理社会教育事宜。再如,山东省教育厅设三科,其第三科管理社会教育事项。又如,甘肃省教育厅设两科,其第二科办理包括社会教育在内的全省学务事项。由上可知,除少数省份外,多数省份均在教育厅下单设社会教育一科。

鉴于社会教育发展的需要,1931 年 1 月 26 日,教育部出台《推行社会教育之三项重要设施》,其中要求各省教育厅应一律设置掌理社会教育的专科。[①]根据部章要求,同年 9 月,甘肃省教育厅增设第三科,专管社会教育事项(见图7-1)。

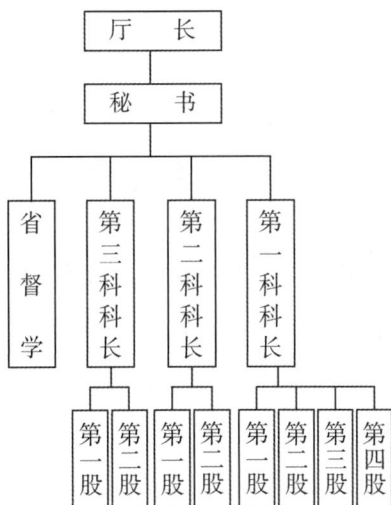

图 7-1　甘肃省教育厅组织(1932 年)

图片来源:甘肃省教育厅:《甘肃省教育厅组织系统表》,
《甘肃教育公报》,1932 年第 3 期,第 20 页。

---

① 《推行社会教育之三项重要设施》,载教育部编:《教育法令汇编》(第一辑),上海:商务印书馆,1936 年,第 424 页。

事实上，从全国各省情况来看，1940 年以前，"各省教育厅局设置专科掌理社会教育者为数不多"①。1940 年 10 月，为健全各省社会教育行政部门，教育部特通令各省市教育厅局："自 1941 年起，尚未设置专科、掌理社会教育者，应即添设，并遴选对社会教育有研究者为科长及科员。"②此项通令发布以后，各省教育厅陆续添设负责社会教育的专科。据教育部统计，截至 1946 年底，陕西、贵州、江西、浙江、江苏、广东、山西、甘肃、云南、湖北、四川、福建、安徽、广西、湖南、河南、宁夏、新疆等省教育厅，均设有社会教育科。

除上述机构外，各省教育厅还遵照教育部有关社会教育法规的规定，附设识字运动宣传委员会、民众教育委员会、注音符号推行委员会、民众体育委员会、戏曲唱片审查委员会、音乐教育委员会、补习教育推行委员会等组织。这些组织，或属规划性质，或属执行性质，但均为省级社会教育行政部门重要的辅助机构。

由上述分析可知：北京政府时期，省级社会教育行政部门经历了由建立到废止再到建立的曲折过程；国民政府初期，省级社会教育行政部门的地位不断增强，而且其专门化、规范化取向日趋明显；国民政府后期，省级社会教育行政部门基本实现了专门化、组织化、规范化的目标。

总之，民国时期，全国层面社会教育法规的颁布，为各省省级教育行政部门管理省域社会教育提供了制度依据。而且，省级社会教育行政职能科室及相关辅助机构的设立与完善，使省域社会教育的推进有了基本的管理组织和行政保障。

---

① 教育部教育年鉴编纂委员会编：《第二次中国教育年鉴》，上海：商务印书馆，1948 年，第 1090 页。
② 教育部教育年鉴编纂委员会编：《第二次中国教育年鉴》，上海：商务印书馆，1948 年，第 1090 页。

# 第二节　江苏省级教育行政部门与省域社会教育

民国时期,江苏省级教育行政部门几经变迁。那么,在各个历史阶段,江苏省省教育行政部门是如何管理省域社会教育的? 从动态的"行政"视角纵向剖析这一问题,既可以把握江苏省级教育行政部门的行政举措及其成效,也可以了解其行政环境、行政理念、行政思路的变化轨迹。

## 一、苏省教育司与省域社会教育筹备

1912 年 6 月,都督府迁宁,宁苏机关合并。此时,江苏都督府民政司下设立教育科。江苏教育科成立后,为了恢复省域教育事业,召集全省 60 县的教育行政人员,于 9 月 20 日至 28 日召开第一次省教育行政会议(见图 7-2)。

**图 7-2　江苏第一次省教育行政会议开始式摄影**

图片来源:江苏省长公署教育科编:《江苏教育近五年间概况》,
上海:商务印书馆,1916 年,第 1 页。

　　此次全省会议有 12 项议决案。《社会教育施行方法》就是其中一案。由此可见，大会对省域社会教育给予高度重视。该案认为，当时省域社会教育存在两大问题：一是研究社会教育者多，鼓吹社会教育的杂志多，但实施者少；二是地方通俗教育不克实施（原因是宣讲、演幻灯、改良戏剧、改良书纸等没有资料）。该案进而提议，省域社会教育实施程序应为：首先，教育科宽筹社会教育经费。"编制二年度省预算时，应请按照后开事项，估定经费，开列专款，本年从教育预备费项下酌筹若干先行开办。"① 其次，由教育科直接开办通俗教育图书编辑所、教育品制作所等组织。最后，由县市教育行政部门直接或间接举办设立讲演会、改良戏曲及其他滩簧小曲、推行改良书纸、推行各种青年读物等事项。② 这一提案为民国初期江苏省域社会教育的发展提出了推进的步骤。然而，此案提出 3 个月后，江苏教育科被裁撤，故未及实行。

　　1912 年 12 月，江苏遵照中央法令，实行军民分治，在都督府下设立教育司，并任命黄炎培为教育司长。黄上任后，将教育司分四科办理，其中单设社会教育一科。1913 年 1 月，黄拟就《江苏今后五年间教育计划书》，展现了他对江苏社会教育发展的基本构想。他在计划中指出：戏剧和小说为社会教育的两大利器，"今社会种种不可思议之心理与其现象，皆二者魔力构成而已矣，故利用之，以改良社会，浚民智，而扶民德，殆犹反掌。此非行政机关所宜直接办也"③。易言之，上述两项由地方民间办理。他认为：教育司需要做的是，对地方民间"或发币以奖励之，或悬金以募集之。此外设立图书馆、博物馆、组织模范讲演团、构造幻灯影片、搜集通俗教育资料等等次第行之"④。很显然，黄氏一改江苏教育科时期由教育行政部门全权举办社会教育的行政理念，转而向地方民间给予宽泛的社会教育办理自主权，但教育司要发挥辅助作用。

　　然而，1913 年 6 月，宁垣作难，教育司随之中断，以致上述计划被搁置一

---

①　《社会教育施行方法议决案》，《通俗教育研究》，1912 年第 6 期，第 28 页。
②　《社会教育施行方法议决案》，《通俗教育研究》，1912 年第 6 期，第 28—29 页。
③　黄炎培：《江苏今后五年间教育计划书》，《江苏教育行政月报》，1913 年第 1 号，第 8—9 页。
④　黄炎培：《江苏今后五年间教育计划书》，《江苏教育行政月报》，1913 年第 1 号，第 9 页。

旁。其后事平,教育司规复,社会教育设施亦恢复建立:图书馆方面,省城里,教育司在旧有南京惜阴书院基础上,扩充组建江苏省图书馆;地方上,无锡设立无锡图书馆。通俗教育方面,如上海设立通俗教育会,编辑《研究录》等书。[①] 总体而言,在教育司的倡导与协助下,江苏试办省域社会教育的氛围渐浓。

## 二、苏省教育科与省域社会教育发展

1914 年 6 月,江苏巡按使公署成立,其政务厅下设教育科,由卢殿虎出任教育科长。此时,由于全省实行"减政主义",教育费被大加核减。尽管如此,教育科仍采取举措,尽力筹划省域社会教育事业。

第一,教育科拟订《通俗教育行政计划》,决定设立博物馆、讲演会、图书馆,施行幻灯与宣讲,编纂通俗丛书,研究简易普及的教育方法等。该计划还指出:第一步为设立通俗图书馆,并附设通俗博物馆。[②]

第二,教育科于 1915 年 9 月召开第二次全省教育行政会议(见图 7-3)。会议议决通过《各县筹办讲演会以期改良社会而谋进行案》《注重讲演案》《实行改良小说戏曲案》《特设通俗教育馆于各县文庙案》《各县筹设公共体育场以提倡社会体育案》等有关社会教育的提案。会后,教育科将议决案转化为单行规章,相继颁布《通饬筹设各县公共体育场》(9 月 21 日)、《通饬各县文庙特设通俗教育馆》(12 月 9 日)、《通饬实行筹办讲演会》(12 月 31 日)等规章。自此,江苏省域社会教育事业大有起色。

从以上行政举措的实施效果来看,至 1916 年底,关于图书馆,除设立省立第一图书馆(南京)、省立第二图书馆(南京)外,各县亦有设立者,如南通、无锡、武进、松江等 8 县均设立公立或私立图书馆,其中"南通私立及无锡公立两馆较完备"[③]。关于讲演,全省 60 县中,有 38 县已举行宣讲。关于公共体育场,有

① 《第三区视学总报告》,《教育公报》,1914 年第 3 期,第 29 页。
② 《江苏教育新定之方针》,《大公报》,1915 年 6 月 4 日,第 2 张第 2 版。
③ 江苏省长公署教育科编:《江苏教育近五年间概况》,南京:江苏省长公署教育科,1916 年,第 17 页。

**图 7-3 江苏第二次省教育行政会议摄影**

图片来源：江苏省长公署教育科编：《江苏教育近五年间概况》，
上海：商务印书馆，1916 年，第 2 页。

38 县宣告成立公共体育场。关于通俗教育馆，1916 年 2 月，教育科在省城设立通俗教育馆。为节省经费，馆长由教育科科员兼充。据教育科统计，该馆开馆仅 9 个月，游览者达 102985 人，"莘莘学子、桓桓军人，以及村姝、牧竖、贩夫走卒之流无不至"①。此外，在地方，通俗教育馆"筹备或成立报省者十数县"②。关于巡回讲演团，经教育科与省教育会商洽，1916 年春，省教育会承办讲演练习所培养讲演人才，由教育科饬令各县报送学员，并延聘中外讲演名家作为教练。练习所首届招收 22 名学员，经 3 周培训后，组成巡回讲演团，分 10 组赴各县讲演。1916 年 7 月，各讲演团出发，"阅三月，历县六十，讲演三百有五处，听讲者十六万六千五百一十有九人"③。

由上来看，尽管教育科相关计划及法令实施效果与其预期尚有出入。但与前此相比，该时期计划及法令的落实效果确实得到显著提升。概言之，值此"减

---

① 江苏省长公署教育科编：《江苏教育近五年间概况》，南京：江苏省长公署教育科，1916 年，第 11 页。
② 江苏省长公署教育科编：《江苏教育近五年间概况》，南京：江苏省长公署教育科，1916 年，第 17 页。
③ 江苏省长公署教育科编：《江苏教育近五年间概况》，南京：江苏省长公署教育科，1916 年，第 11 页。

政"特殊时期,在教育科的不懈努力下,江苏社会教育已初具规模,并取得一定成绩。

## 三、苏省教育厅与省域社会教育推进

1917 年 12 月,江苏教育厅宣告成立,教育厅长为符鼎升。符就任后,对于全省教育事业日谋发展。1918 年 5 月,江苏教育厅召开第三次全省教育行政会议。此次会议讨论通过《规划社会教育进行案》(教育厅提案)、《推广通俗夜学校案》(溧水县视学陈维国提案)、《规划通俗讲演案》(邳县视学张宏业等提案)等有关社会教育的提案。其中,教育厅提出的《规划社会教育进行案》指出:"今日欲求学校教育之发达,非提倡社会教育不可。欲求社会教育之发达,非确定社会教育之规划不可。"[①]教育厅借此次会议,向与会的全省教育行政人员传达了发展社会教育的坚定决心。此案建议:(1)首宜规定社会教育常年的款,为推广之准备。查社会教育既认为有举办之必要,则是项经费应于各县教育费预算案内列入专项。(2)各县经费既未充裕教育事业,又多繁重,今拟就各县情形,设置图书馆、通俗宣讲团、露天学校、公共体育场、通俗教育馆、公园等设施。(3)社会教育的进行办法:关于社会教育之预算、决算以及厘定逐年之计划、规定内部施行之办法,均属劝学所所长职权内应负之责;关于社会教育认为有妨碍之各事件,如新剧、小说及迎神赛会等有伤风化者,得由劝学所所长切实纠正或呈请县知事查禁之;宜组织社会教育讲习会以养成办理社会教育之人才。[②]由此来看,教育厅依照"轻重缓急"和"因地制宜"的原则,拟订了省域社会教育行政计划。

---

① 《规划社会教育进行案》,载江苏省教育厅编:《江苏第三次省教育行政会议汇录》,南京:江苏省教育厅,1918 年,第 55 页。

② 《规划社会教育进行案》,载江苏省教育厅编:《江苏第三次省教育行政会议汇录》,南京:江苏省教育厅,1918 年,第 55—57 页。

7月29日，教育厅颁布《通令规划社会教育进行文》，要求各县依照《规划社会教育进行案》中经费及设施之规定分别办理。[①] 同日，教育厅还颁布《通令推广通俗夜学校文》，要求各县酌量举办通俗夜学校。[②]

直至北京政府结束，教育厅还陆续召开四届全省教育行政会议。而且，每届会议均会产生一定数量的社会教育议决案，由教育厅采择施行。比如，1919年8月，第四届教育行政会议结束后，教育厅公布《全省促进社会教育令》，要求各县注重扩充社会教育，省县视学在视察时注意社会教育，并且通令各县取缔有伤风化的弹唱，举办半日学校、露天学校、图书馆、夜学校、公共体育场等。[③]

江苏教育厅在积极推广社会教育的同时，亦加强对省域社会教育实况的视察与指导。比如，1923年7月，教育厅特委派张世毅为社会教育指导专员，赴各县指导一切，以期发展而利进行。[④]

从教育厅计划及规章的实施效果来看，以1922年和1924年为例，多数县份遵令设立了通俗教育馆、公共体育场、通俗讲演所等设施，详见图7-4。

由图7-4可知，与教育科时期相比，教育厅时期，江苏省社会教育机关数量显著增多。可以说，以上成绩的取得与江苏教育厅对省域社会教育的一贯重视与积极作为是分不开的。

---

① 《通令规划社会教育进行文》，载江苏省教育厅编：《江苏第三次省教育行政会议汇录》，南京：江苏省教育厅，1918年，第1页。

② 《通令推广通俗夜学校文》，载江苏省教育厅编：《江苏第三次省教育行政会议汇录》，南京：江苏省教育厅，1918年，第3页。

③ 《全省促进社会教育令》，载江苏省教育厅编：《江苏第三次省教育行政会议汇录》，南京：江苏省教育厅，1918年，第15—19页。

④ 《地方通信：镇江》，《申报》，1923年7月23日，第3张第10版。

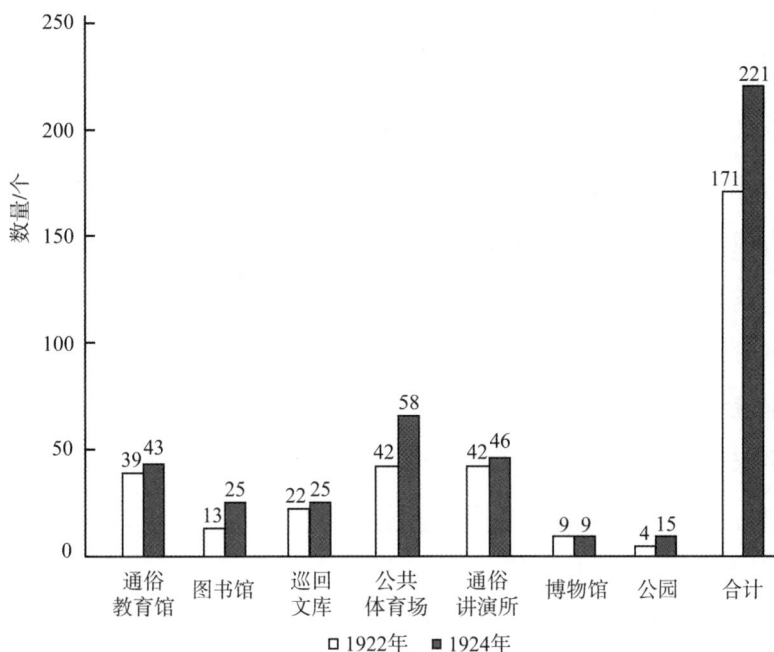

**图7-4　1922年与1924年江苏各县社会教育机关统计**

资料来源:蒋维乔讲述:《江苏教育行政概况》,上海:商务印书馆,1924年,第61—66页;《江苏县立社会教育机关一览表》,《教育杂志》,1924年第16卷第12期,第1页。

## 四、第四中山大学区与省域社会教育振兴

1927年5月2日,江苏省教育厅成立,省政府委员张乃燕兼任教育厅长。其时教育厅分五科,其第五科掌全省社会教育行政事宜,俞庆棠出任科长。然未及一月,教育厅奉令裁撤,改试大学区制。1927年7月,第四中山大学区行政院正式成立,下设高等教育部、普通教育部、扩充教育部。其中,扩充教育部下设社会教育和劳动教育两科,由俞庆棠出任扩充教育部部长。至此,江苏省社会教育行政组织已正式确立,标志着大学管理省域社会教育的职能试点工作已拉开帷幕。1928年4月,扩充教育部改称扩充教育处,但职能不变。扩充教育部成立后,采取诸多行政举措,以振兴省域社会教育。

### (一)科学规划省域社会教育事业

扩充教育部成立后,统筹规划大学区内的社会教育事业。1927年11月,扩充教育部为实施民众教育,拟定《江苏民众教育计划纲要》,其中详细说明了民众教育经费、行政组织、民众教育实施法等。其内容要点有:(1)民众教育经费拟以普及教育八分亩捐之30%充之。(2)大学区、县教育局、乡学区三级设立普及教育委员会,各负指导与督促所属民众教育之责。(3)城乡各校一律注重认识最应用之字,并使常识丰富、身体锻炼,以及能了解与参加群体生活,在乡镇兼重农业知识,在市兼重工商知识。(4)城乡各应设实验民众学校若干校,并于公私立学校及慈善机关各附设民众学校一校,以年龄之长幼及需要之不同,分级施教,应办日校和夜校。(5)各县应设公园、公共体育场、通俗教育馆、通俗图书馆、通俗博物馆、演讲厅、巡回文库等,未设者即行设立,已设者增加其设备及经常费,并须广设儿童游戏场、图书处、阅报处、阅字处等。①

1928年9月,扩充教育处拟定《十七年度扩充教育实施注意事项》,决定自1928年9月至1929年6月,分两期举办民众学校。其中,第一期的设学计划是:各县民众教育专款在3万元以上者,设校数不得过25所;3万元以下2万元以上者,不得过20所;2万元以下1万元以上者,不得过15所;1万元以下者,不得过10所;每校暂以一级学生40人为准;每校每学期经常费不得少于40元,多于80元。② 此后,各县遵照上述计划,纷纷设立了民众学校。

另外,为了科学筹划社会教育,增进行政效率,1928年10月,扩充教育处在南京区立通俗教育馆主持召开各县扩充教育机关主任会议。参会者来自全省57县,代表93个机关,共计101人,议决案件131件。③ 此次会议重点讨论了社会教育行政、各地方社会教育实际问题等。会后,扩充教育处研究审核议

① 《四中大推行江苏民众教育计划纲要》,《民国日报》,1927年11月8日,第3张第4版;《四中大推行江苏民众教育计划纲要(续)》,《民国日报》,1927年11月10日,第3张第4版。
② 《中大令各县注意扩教设施》,《民国日报》,1928年9月21日,第3张第4版。
③ 中央大学区编:《中央大学区扩充教育概况》,南京:中央大学出版部,1929年,第12页。

决案,并分别采择施行。

### (二)着力统筹省域社会教育经费

这一时期,扩充教育部(处)对省域社会教育经费问题给予高度关注。一方面,积极筹措社会教育经费。从 1927 年的情况来看,省域社会教育经费面临两大难题:一是江苏社会教育经费占全省教育经费的比重很低,其中省级社会教育经费占全省教育经费的 7％,县级社会教育经费占全省各县教育经费总额的 3.5％。二是江苏社会教育经费向无固定的来源,因此易受政局变动等不确定因素的侵扰。可以说,以上问题严重威胁着省域社会教育事业的正常发展。1927 年 12 月,第四中山大学区召开全省教育局长会议。会上,扩充教育部提交了《各县社会教育经费应如何增筹并占全县教育经费总数百分之几案》。经大会讨论,决定:"十七年一月一日前所有经费分配比例仍维持原状,以后新增捐税,扩充教育经费应占百分之三十以上。"① 因此,开辟新捐税成为解决省域社会教育经费问题的重要突破口。1928 年 8 月,江苏省政府正式批准全省启征普及教育八分亩捐。为了争得该捐税,俞庆棠出力甚多。时人曾言:"经扩充教育处处长俞庆棠先生力争,规定以百分之三十,专充社教经费,并分别存储,不得混合。"② 1928 年 9 月,中央大学区颁布《十七年度扩充教育设施注意事项》,其中规定:"本年度扩充教育预算,应将原有经费及新增经费确数一并列入,其总额应占全县教育经费百分之十五以上。"③ 1928 年 11 月,中央政府拨发江苏省锡箔捐,每年 15 万元。经扩充教育处力争,省政府决定用该款津贴宜兴中学基金 2000 元,余由各县教育局平均分配,75％作为办理全省农民教育馆经费。④ 至此,省域社会教育经费来源及比重已基本确定。可以说,这不仅在江苏省社会教育发展史上,而且在全国社会教育发展史上,均属首次。经中央大

---

① 《苏省教育局长会议(五)》,《申报》,1927 年 12 月 31 日,第 3 张第 10 版。

② 姜和:《江苏省社会教育七年来之史迹》,《教育与民众》,1934 年第 5 卷第 8 期,第 61 页。

③ 《中大令各县注意扩教设施》,《申报》,1928 年 9 月 21 日,第 3 张第 13 版。

④ 姜和:《江苏省社会教育七年来之史迹》,《教育与民众》,1934 年第 5 卷第 8 期,第 61 页。

学区一再下令,县扩充教育经费显著增加。比如,1928 年县扩充教育经费在县教育经费总额中所占比重为 17%,与 1927 年相比,增幅达 13.5%。[①]

另一方面,扩充教育部(处)亦加强监督社会教育经费的使用情况,先后拟定《中央大学直辖扩充教育机关经济公开办法》(1928 年 1 月 4 日)、《江苏各县教育局中小学及扩充教育机关经济公开办法》(1928 年 1 月 4 日)等规章,旨在督促各机关实施经济公开。此外,1928 年 1 月,直辖扩充教育机关奉令在南京、苏州、无锡三地分设经济稽核委员会,详细审核机关经费,并逐月向上级报告审核情况。通过以上措施,全省扩充教育机关的经费较以往公开透明。

### (三)大力培养省域社会教育人才

扩充教育部成立初期,社会教育工作的开展不仅受到经费短缺的制约,亦受人才匮乏的影响。鉴于此,扩充教育部探索多种渠道培养专门人才:一是设立社会教育讲习会。1927 年 8 月,扩充教育部利用暑假组织社会教育讲习会,对各县社会教育机关服务人员实施为期 20 天的短期训练。此次讲习会,到会204 人,其中本省学员 179 人(来自 57 县)、外省 25 人。[②] 二是组织民众教育院。为培养各县民众教育人才,并为研究、设计及实验民众教育,1928 年 2 月,扩充教育部在苏州设立民众教育院,首任院长由扩充教育部部长俞庆棠兼任,此后相继由赵叔愚、高践四出任院长一职。该院学员由各县教育局倍加报送,经考试分别去留,首届招生 120 名。1928 年 8 月,该院迁至无锡。同年冬,120名学员修业期满,各回本籍服务工作。1929 年春季,招生两次,严格甄别,录取学生 123 名。[③] 三是设立劳农学院。为造就各县农民教育的实施与指导人才,1929 年 1 月,扩充教育处在无锡设立劳农学院,院长由民众教育院院长兼任。是年 2 月,该院招考农民师范科学生,投考 123 人,录取 50 余人,进行为期一年

---

① 陈一:《江苏省社会教育概述》,《江苏月报》,1935 年第 1 期,第 78 页。
② 中央大学区编:《中央大学区二年工作概况报告》,南京:中央大学区出版部,1929 年,第 47 页。
③ 中央大学区编:《中央大学区二年工作概况报告》,南京:中央大学区出版部,1929 年,第 48 页。

的学习。[①] 四是举办体育研究会。1928 年 7 月,扩充教育处在南京举办体育研究会,召集各县公共体育场场长,进行短期培训。首届培训,"报到二十九县,四十余人"[②]。通过短期培训与正规培养相结合的措施,各县社会教育人才显著增多。

### (四)严格督导省域社会教育工作

这一时期,扩充教育部(处)严厉督促地方拟订相关计划,并严密视导地方社会教育。第一,督促各县拟订社会教育计划。1928 年 1 月,扩充教育部饬令各县教育局长:督同扩充教育课主任及肄业民众教育院各本籍学员,比照各地经济情形及实际需要,拟订一年内扩充教育实施计划,其中须标明筹办程序、各项预算细目等;计划书须呈报扩充教育部详细审核;经扩充教育部核准后,交由大学区督学慎密考核,并派专员前往各县视察,报告扩充教育部,以觇勤惰而资考核。不久,各县将计划书呈送经扩充教育部核准者近 50 县。[③] 此外,扩充教育部(处)还先后督促各县拟订农民教育馆计划书、各级学校拟订兼办社会教育计划书等。从一定程度上讲,以上措施确保了各地社会教育按计划有序推进。第二,重视地方社会教育视导工作。除由大学区派视学随时前往各县附带视导社会教育外,1928 年暑假,扩充教育处还特派民众教育院教员殷祖赫,前往吴县、昆山、太仓、嘉定等 18 县视导社会教育。1928 年 11 月,扩充教育处又派区立通俗教育馆馆长刘季洪前往各县视导社会教育,计到砀山、丰县、沛县、铜山等 4 县。以上常规视导与专门视导,使扩充教育部(处)能够及时、全面地了解省域社会教育发展的实况。

由上可知,江苏省试行大学区时期,扩充教育部(处)在推进江苏全省社会教育事业过程中主动施政,积极作为,不仅科学规划省域社会教育事业、着力统筹省域社会教育经费,还大力培养省域社会教育人才、严格督导省域社会教育

---

① 中央大学区编:《中央大学区二年工作概况报告》,南京:中央大学区出版部,1929 年,第 48 页。
② 姜和:《江苏省社会教育七年来之史迹》,《教育与民众》,1934 年第 5 卷第 8 期,第 66 页。
③ 中央大学区编:《中央大学区扩充教育概况》,南京:中央大学区出版部,1929 年,第 59 页。

工作,其中诸多方面进行了可贵的探索与创新。

从表7-1可知,江苏省试行大学区制的两年多时间里,省域社会教育事业发展成效卓著。尤其是1928年,省域社会教育机关的种类与数量均达到最高点。这从一个侧面说明,大学区扩充教育部(处)管理有方,所采取的振兴举措颇称得力。

表 7-1　江苏试行大学区制时期各县社会教育机关统计

（单位:个）

| 年份 | 民教馆 | 农教馆 | 民众学校 | 体育场 | 图书馆 | 文字代笔处 | 阅报处 | 总计 |
|------|--------|--------|----------|--------|--------|------------|--------|------|
| 1927 | 32 | | 22 | 41 | 21 | | | 116 |
| 1928 | 84 | | 591 | 59 | 59 | 38 | 395 | 1226 |
| 1929 | 62 | 53 | | | 40 | | | 155 |

资料来源:姜和:《江苏省社会教育七年来之史迹》,《教育与民众》,1934年第5卷第8期,第63页。

## 五、苏省教育厅与省域社会教育整顿

1929年9月,江苏省政府教育厅恢复,由省政府委员陈和铣宣誓就职教育厅长(见图7-5)。当时,教育厅分为五科,其第三科负责全省社会教育行政事宜。1931年12月,陈和铣辞职后,国民政府任命程天放继任之。但程氏坚辞不就。[①] 旋即,国民政府任命周佛海继任之。1932年1月6日,周佛海到镇江就任。[②] 他莅任后,关于第三科科长人选,屡请俞庆棠未得,故改由相菊潭继任。1934年5月,相氏改任民政厅主任秘书,故周佛海委吴剑真接充第三科科长。江苏省教育厅成立后,省域社会教育事业在前一时期所奠定的坚实基础上开拓前进。

---

① 《行政院第五十次国务会议》,《中央日报》,1931年12月23日,第1张第2版。

② 《周佛海就苏教厅长职》,《申报》,1932年1月7日,第4张16版。另,根据档案记载:1932年1月13日上午8时,周佛海在江苏省政府大礼堂正式宣誓就职。《本府委员及教育厅长周佛海于本月13日上午8时在本府大礼堂举行宣誓电令》,江苏省档案馆藏:《江苏省政府档案》,1001-002-0016-0088。

**图 7-5　江苏省教育厅陈厅长宣誓就职典礼摄影**

图片来源:《江苏省教育厅陈厅长宣誓就职典礼摄影》,《江苏省
教育厅公报》,1930 年第 1 期,第 13 页。

### (一)编制省域社会教育整顿计划与方案

1929 年后,江苏省教育厅编制了一系列的全省社会教育行政计划与改进方案,以此作为发展与整顿省域社会教育事业的重要依据,详见表 7-2。

从表 7-2 来看,该时期江苏省社会教育行政计划与改进方案有如下特点:首先,方案颁布时间多集中于 1932 年后。1929—1931 年,即陈和铣执掌苏省教育厅时期,在前中央大学区扩充教育处处长俞庆棠续任教育厅第三科科长的情况下,社会教育行政思路及规章与大学区时期保持一致,故未有新计划出台;1931 年后,即周佛海主政苏省教育厅时期,无论是计划方案,抑或是改进方案,数量均显著增多,反映该时期教育厅在省域社会教育方面作了大量的调整。其次,1932 年起,教育厅在普及民众教育过程中,始终强调以识字教育和生计教育为中心工作,这与该时期教育部颁布的法规基本吻合。最后,1932 年起,教育厅采取计划与改进并举的行政思路。该时期教育厅不仅重视新社教设施的设立与扩充,亦重视现有社教设施的改进与提质。对此,时人评价称:1931 年前,苏省社教机关"重馆内设施,如建筑、展览等";1932 年"厅令整理后,省县社教机关服务人员,均集中全力从事动的工作"。①

---

① 姜和:《江苏省社会教育七年来之史迹》,《教育与民众》,1934 年第 5 卷第 8 期,第 68—69 页。

表 7-2　1930—1937 年江苏省社会教育行政计划与改进方案

| 项目 | 年份 | 方案名称 | 主要内容 |
|---|---|---|---|
| 计划 | 1932 | 江苏省三年社会教育计划 | (1)工作重心:识字教育。(2)预计目标:使一般不识字之成人增加识字之机会,每年减少文盲10%。(3)实施步骤:第一年为整理期(1932年度),第二年和第三年为扩充期(1933—1934年度) |
| | 1932 | 江苏省各县三年内推设民众学校具体方案 | (1)工作重心:识字教育。(2)设学经费:每级每期经费94元。(3)设学步骤:1932年度全省增设民校635级,每级40人计,举办2期,年可减少文盲50800人;1933年度全省设643级,年可减少文盲51440人;1934年度全省设643级,年可减少文盲51440人 |
| | 1933 | 江苏省社会教育机关推行生计教育具体方案 | (1)工作重心:生计教育(与识字教育并重)。(2)实施机关:各县县立民众教育馆和农民教育馆。(3)经费来源:从以上两馆之事业费中划拨30%。(4)实施范围:生计调查、职业指导、农事指导、提倡副业、提倡合作与储蓄、其他有关生计事业。(5)初步工作:生计调查 |
| | 1934 | 本年度社会教育工作最低限度及实施方案 | (1)工作重心:生计教育和语文教育。(2)实施方案:生计教育,以民众教育馆任工商方面之职业指导,农民教育馆任农事之指导及副业之提倡;语文教育,民农各教馆须尽量举办民众学校、流动教学、民众识字班等,各县教育局须推设民校;新生活运动的指导 |
| | 1935 | 江苏省各县实施强迫识字教育初步办法 | (1)工作重心:识字教育。(2)实施机关:拟设区普及识字教育委员会。(3)设学计划:城镇每保至少须设民众学校或民众识字班2班,乡村每保至少须设民众学校或民众识字班1班。(4)经费筹措:由委员会筹划 |
| | 1935 | 江苏省会强迫识字教育施行要点 | (1)工作重心:识字教育。(2)实施机关:省会强迫识字教育委员会。(3)实施步骤:第一期以保甲长、户长及民众团体份子为限;第二期每户须有2人以上识字,15岁以上20岁以下者均须识字;第三期须将45岁以下的文盲完全肃清 |
| | 1936 | 江苏省失学民众补习教育六年实施计划 | (1)工作重心:识字教育和公民教育。(2)实施期限:1936—1941年。(3)实施计划:第一年(1936年),设中心民校460所,设乡镇民校841所,省会设民众识字班80所(扫除文盲12000人)、各县补习教育机关41526所(扫除文盲4150829人),各县一律安装收音机,分区办理巡回电影教育等;第二年(1937年),增筹经费24万,添设乡镇民校400所,并附设识字班,各乡镇装设收音机等 |

续　表

| 项目 | 年份 | 方案名称 | 主要内容 |
|---|---|---|---|
| 改进 | 1930 | 十九年度各县社会教育设施注意事项 | (1)改进原则:改进民众生活、促进地方自治、推行训政工作。(2)工作重点:成年补习教育。(3)改进项目:划区推行、各机关与学校附设民校、紧缩各社教机关组织、保障原有及新增社教经费独立等 |
| | 1932 | 整理及改进社会教育注意点 | (1)改进原则:少用人员、专办事业。(2)工作重点:识字教育和生计教育。(3)改进项目:不得挪用经费、紧缩组织、革除浮滥开支等 |
| | 1934 | 整理省县社会教育机关 | 改进项目:统一各社教机关组织;归并简易社教机关(如阅报处等)而改设为民众或农民教育馆;规定经费标准;训练服务人员;严核工作报告 |
| | 1935 | 省立民众教育馆改进要点 | 改进项目:1935年度起,详拟实施计划及工作月历并呈厅核准施行;设市镇实验区及乡村实验区各一处;改进辅导工作;注重生计教育之辅导与实施;一律举办民教人员训练;按月编送工作报告 |
| | 1935 | 积极改进各县地方社教机关 | 改进项目:1935年度起,组织方面,乡村民教馆由省馆派员就近辅导;工作方面,以强迫识教为工作重点;训练方面,分批训练成绩差的民教馆长 |

资料来源:《江苏教育三年计划中之社会教育》,《民众教育通讯》,1932年第2卷第3期,第95—96页;《苏省分期推设民校》,《中央日报》,1932年8月15日,第1张第2版;《江苏省社会教育机关推行生计教育具体方案》,《江苏教育》,1933年第2卷第4期,第1—7页;《本年度社会教育工作最低限度及实施方案》,《民众教育通讯》,1934年第4卷第4—5期,第3页;《江苏省各县实施强迫识字教育初步办法》,《江苏教育》,1935年第4卷第8期,第7—9页;《江苏省会强迫识字教育施行要点》,《江苏月报》,1935年第4卷第1期,第4—5页;《江苏省失学民众补习教育六年实施计划》,《江苏教育》,1936年第5卷第10期,第173—174页;《苏教厅训令各县教育局检发社教设施注意事项》,《中央日报》,1930年6月23日,第3张第4版;《苏教厅训令各县教育局检发社教设施注意事项(续)》,《中央日报》,1930年6月24日,第3张第4版;《颁发整理及改进社会教育注意点》,《民众教育通讯》,1932年第2卷第3期,第94页;《整理省县社会教育机关》,《江苏教育》,1934年第3卷第7期,第3—4页;《省立民众教育馆改进要点》,《江苏教育》,1935年第4卷第5—6期,第382—383页;《改进各县地方社教机关》,《江苏教育》,1935年第4卷第8期,第194页。

## (二)完善省域社会教育行政组织

1929年起,江苏省教育厅采取多种措施,完善省域社会教育行政组织。其一，由上而下设立各种社会教育委员会。这一时期，随着社会教育事业规模的扩大，在教育厅内，先后成立识字运动宣传委员会、强迫识字教育委员会、民众学校推进委员会、改良民众读物委员会、电影剧本审查委员会等组织。在各县教育局，奉厅令先后成立注音符号推行委员会、生计教育设计委员会、区普及识字教育委员会等组织。以上机构设立后，积极协助各级教育行政部门规划与实施社会教育，裨益甚多。其二，教育厅直接委任各社教机关主任人员。关于各社会教育机关主任人员的任免程序，1929 年起，教育局长遴选合格人员，并呈请教育厅核准后，由教育局聘任之。然而，此种选任制度实施后，出现社会教育机关主任人员去留无常的问题。为了革除这一弊病，1931 年起，教育厅遵照部章，将各社会教育机关主任人员的任免权收归教育厅，改由教育厅直接委任。其三，划区推行社会教育，并成立社会教育分区研究会。1933 年，据教育厅长周佛海称："以往各县设立社会教育机关，漫无标准，大半集中在城市，未能普及于乡村，因此社会教育的设施很难普及。"[1]为了扭转这一格局，1933 年，教育厅颁布《省立社教机关辅导各县社教办法》，规定分全省为 6 区，每区由省立社会教育机关负各该区内各县社会教育规划、实施、辅导之责，并且在每区组织社会教育分区研究会以利讨论研究。1934 年度，教育厅考虑到前此分区因迁就省立民众教育馆以致分布不尽合理，因而重新划分区域：以每一自治区为一社会教育区，将全省划为 8 区；各区设一民众教育馆或农民教育馆，为该区社会教育的中心机关。此项制度自颁布以来，"各县多能切实遵行，而各社会教育机关，亦很能自治夺勉，力谋改进"[2]。

### （三）整顿全省社会教育经费

大学区时期，社会教育经费既已确定，1929 年后教育厅的工作重心由筹措社会教育经费逐渐转移到整顿社会教育经费上。一方面，合理分配社会教育经费。据教育厅第三科科长相菊潭反映：江苏省"以往各社会教育机关之经费用

---

① 周佛海：《江苏社会教育之设施》，《民教通讯》，1935 年第 1 卷第 2 期，第 12 页。

② 周佛海：《江苏社会教育之设施》，《民教通讯》，1935 年第 1 卷第 2 期，第 12 页。

于薪工者,往往占百分之八十以上,以致许多社会教育机关有机关无事业,有职员无工作。而一般人士对于社会教育逐发生歧视的态度,以为此种机关不过留养闲员而已,并没有什么作用"①。因此,合理分配社会教育经费变得极为重要。1932 年 5 月,教育厅颁布《江苏省各县社会教育整理及推进应注意之要点》,其中规定:"各机关经费支配标准,自二十一年度起,须一律遵照教育部颁《民众教育馆暂行规程》第十一条之规定,薪工费不得高于百分之五十,事业费不得低于百分之四十,办公费占百分之十。"②同时,为了防止各社教机关任意挪移经费,教育厅饬令各县社教机关:"薪工及办公费可以按月发放,而事业费须按月拟定本月份事业的计划、用费预算及上月之事业报告、用费报告,呈经教育局核准方得发放。"③全省社会教育机关遵令执行后,虽因"骤然紧缩,各机关在事实上或不免困难,然事业的进行却非常便利"④。另一方面,确定各县社教经费标准。1934 年,教育厅出台整理省县社会教育机关办法,规定:"凡不足二千元之馆,于可能范围内加至二千元;新设之馆,每年至少须有二千元之经费方可设立;其经常费在三千元以上者,须酌量提减。"⑤此后,全省社会教育机关遵照此标准逐步改进。

### (四)拟定省域社会教育工作标准

周佛海执掌江苏省教育厅后发现:"以往各社会教育机关的工作,毫无标准,或避难就易,不计功效,或徒事铺张,眩人耳目,结果都毫无成绩。"⑥因此,由教育厅主持制定全省统一标准,变得至为重要。1932 年 2 月 22 日,教育厅根据江苏省实际情形、各地民众需要及社会教育机关经济能力,订颁《江苏各县社会教育设施标准》,规定各社教机关在 1932 年度内将各项标准工作一律完成。该

---

① 相菊潭:《一年来江苏社会教育之回顾与展望》,《江苏教育》,1933 年第 2 卷第 1—2 期,第 131 页。
② 《江苏省各县社会教育整理及推进应注意之要点》,《申报》,1932 年 5 月 20 日,第 3 张第 12 版。
③ 相菊潭:《一年来江苏社会教育之回顾与展望》,《江苏教育》,1933 年第 2 卷第 1—2 期,第 131 页。
④ 相菊潭:《一年来江苏社会教育之回顾与展望》,《江苏教育》,1933 年第 2 卷第 1—2 期,第 131 页。
⑤ 《整理省县社会教育机关》,《民众教育通讯》,1934 年第 4 卷第 4—5 期,第 4 页。
⑥ 周佛海:《江苏社会教育之设施》,《民教通讯》,1935 年第 1 卷第 2 期,第 12 页。

标准的要点有:其一,各项社会教育设施应侧重乡村的普遍推进,并以大部分物质精神的力量,集中成年补习教育及民众生计教育。其二,各项社会教育设施应力谋平衡发展,应切合民众需要,并分年分区选定工作,次第进行。其三,各项社会教育设施,应力谋组织紧缩,内容充实,消费减少,并积极增加效率,且应尽先任用曾受社会教育专门训练人员办理。其四,各项社会教育设施应就民众教育专款支用,此项专款任何方面不得随意移挪,如违议处。① 此项标准的出台,在江苏省社会教育发展过程中具有开创性的意义。为了量化各项标准,教育厅还同时颁布计分表,令各县教育局切实考评,以此考评结果作为奖惩各县社教机关的重要依据。从 1933 年考评结果来看,全省民众及农民教育馆中,得甲、乙、丙、丁、戊等者分别有 22 个、49 个、83 个、46 个、36 个。② 据此,教育厅传令嘉奖 21 人、记功 1 人、申诫(降等)21 人、记过 7 人、记大过 4 人、撤职 2 人、免职 5 人。③ 总体来看,"自此项标准颁布后,各县社教机关均能积极工作,一反以前泄泄沓沓之积习,充满活跃气象"④。

1933 年,为了普及民众教育,教育厅出台《各县民众教育区中心机关普及民众教育办法》,规定各机关须将整个民众教育区划为基本施教区和推广区,各机关须于两年内将标准工作在基本施教区内办理普及,经考查合格后,即改称普及区。同时,教育厅配套出台《江苏省各县民众教育区中心机关标准工作》,规定了基本施教区和推广区实施生计教育、语文教育、公民教育、健康教育的设施标准。1934 年,教育厅对以上标准略加修正后,订颁《江苏省各县民众教育馆普及民众教育标准工作实施方案》,严令各县于 1935 年度起遵照执行。通过采取以上行政举措,省域社会教育事业开始蓬勃发展。

---

① 《江苏各县社会教育设施标准》,《江苏省政府公报》,1932 年第 986 期,第 1 页。

② 《江苏各县民众农民教育馆实施最低标准工作之成绩统计表》,《民众教育通讯》,1933 年第 3 卷第 7 期,第 36 页。

③ 《江苏各县民众农民教育馆实施最低标准工作奖惩一览表》,《民众教育通讯》,1933 年第 3 卷第 7 期,第 36—38 页。

④ 吴剑真:《三年来之江苏社会教育》,《江苏教育》,1935 年第 4 卷第 1—2 期,第 188 页。

### (五)强化督察与辅导省域社会教育

1929年后,随着省域社会教育规模扩大,教育厅亦加大了对各县社会教育实况的督察力度。这主要体现为两点:其一,就督察人员而言,除省督学、县督学、教育委员按期视察外,1930年10月,教育厅委任省立教育学院实习指导员许牟衡和陈兆蘅为社会教育专员,负督察各县社教行政及指导各种社教事业之责。其二,就督察内容而言,1932年以前,江苏省督学视察地方教育毫无标准可言,故各省督学视察事项互不统一。鉴于此,1932年11月,教育厅制定《江苏省督学本年度视察要点》,其中规定了社会教育视察的20个要点,对主任人员概况、经费支配、账目公开、工作报告、设备概况、减少文盲情况、生计教育实施情况等均有涉及。1933年9月,教育厅在既有标准基础上专门制定《江苏省督学视察社会教育要点》(26条),规定了省督学视察社会教育的范围与内容,且"处处注意积极的指导,尤为本要点之特色"[①]。各省督学依据上述标准开展视导活动后,能够全面获取有价值的信息。

除了视察外,这一时期,教育厅亦高度重视对省域社会教育的辅导。除由教育厅派省督学定期赴各县辅导社会教育外,1933年8月起,教育厅将全省划为6区,授权由省立社会教育机关负责辅导各县社会教育机关,并由省立社会教育机关定期召集各县社教机关组织分区社会教育研究会,切实辅导各机关改进工作。从辅导的实际效果来看,分区辅导方法落实后,"施行的结果颇为圆满"[②]。

### (六)严格管理省域社会教育人员

1929年江苏省教育厅重建后,始终将培养与考核社会教育人员作为省级教育行政工作的一大重点。首先,提升社会教育师资培养质量。1930年7月,教育厅遵照部颁《大学规程》,将省立民众教育院与省立劳农学院合并,提高程

---

①　吴剑真:《三年来之江苏社会教育》,《江苏教育》,1935年第4卷第1—2期,第190页。

②　周佛海:《江苏社会教育之设施》,《民教通讯》,1935年第1卷第2期,第13页。

度,改为省立教育学院,内分民众教育系和农事教育系,招高级中学程度毕业生,学制为 4 年。另外,该院附设民众教育和农事教育两专修科,由各县报送,毕业后回本籍服务工作,学制为 2 年。截至 1934 年,"该院前后毕业人才,分赴各县服务者,已有 394 人",若以本省 61 县平均计算,每县至少可得 6 人,从而"不复虑人才之不足了"。[①] 其次,短期培养社会教育师资。(1)继续举办各种短期讲习会。这一时期,教育厅先后举办社会教育讲习会、公共体育服务人员暑期讲习会等。比如,1930 年 7 月及 1931 年 7 月,教育厅举办两届社会教育讲习会,受训者分别为 140 人(52 县)、160 人(51 县)。[②] (2)为普及民众教育,1937年 1 月,教育厅在省会镇江举办民众学校师资训练班,由各县报送学员,共招200 名,进行为期 3 个月的训练,期满考核通过后,分派本籍民众学校任教。最后,考核社会教育人员。比如,1932 年,据教育厅反映,自 1931 年各县社教机关主任人员由教育厅直接委派以来,"勤慎从事者,固不乏人,而因循敷衍者,亦所难免"[③]。为了充分调动社会教育人员的工作积极性,1932 年 7 月 8 日,教育厅颁布《江苏省各县社会教育机关主任人员考核暂行规程》14 条,详细规定考核要项、奖惩措施等内容。此项制度颁布后,省域各社会教育机关主任人员多能勤勉从事。

综上所述,1929 年江苏省教育厅恢复后,订颁了大量的省域社会教育行政计划与改进方案。而且,教育厅围绕上述计划和方案,采取了种种行政举措,比如完善省域社会教育行政组织、整顿省域社会教育经费、拟定省域社会教育工作标准、强化督察与辅导省域社会教育、严格管理省域社会教育人员等。经江苏省教育厅竭力整顿,该时期省域社会教育事业得到蓬勃发展。具体来讲,这主要有三大表现:(1)全省社会教育行政方面,"从粗疏的考核到严密的督促""从消极的视察到积极的指导""从行政的指示到集会的讨论""从自由的试办到

---

① 姜和:《江苏省社会教育七年来之史迹》,《教育与民众》,1934 年第 5 卷第 8 期,第 65 页。
② 姜和:《江苏省社会教育七年来之史迹》,《教育与民众》,1934 年第 5 卷第 8 期,第 66 页。
③ 江苏教育厅编审室编:《江苏教育概览》,镇江:江苏省教育厅第五科,1932 年,第 66 页。

标准的统计""从数量的增加到实质的改进"①。(2)全省社会教育设施数量方面,1930 年、1933 年、1936 年分别为 4393 个、6080 个、16396 个。(3)全省社会教育学生数方面,1930 年、1933 年、1936 年分别为 61884 人、108041 人、507254人。② 简言之,这一时期,江苏省社会教育行政理念不断更新、社会教育设施不断扩充,学生数亦大幅增加,全省扫盲成效可以说颇为显著。

## 六、苏省教育厅与省域社会教育调整

全面抗战爆发后,江苏省大部分地区相继沦陷。"敌寇所至,焚烧杀掠,生灵涂炭,闾里为墟。本省各教育机关,或遭轰炸,或遭焚毁。"③尽管如此,江苏省教育事业"随仆随起,再接再厉,并未中断,且渐进展"④。全面抗战以还,江苏省教育厅率先从苏北各县着手,逐渐推进省域社会教育事业。

### (一)推进战时社会教育

1938 年 11 月,即教育厅长马元放莅任不久,主张"着重于社会教育,并随时灌输沦陷区域民众之抗战教育。苏北各地,则仍维持原有状况"⑤。马氏上任以来,"对于战时社会教育,推行不遗余力"⑥。具体而言:一是训练民众自卫队。教育厅遵照中央要求,"将所有各县中心民校、乡镇民校等社训经费,全部拨充此项训练之用。所有民校校长教员,亦均参加担任训练民众自卫队工作"⑦。二是要求各级中小学兼办社会教育。1939 年 1 月,教育厅遵照部章规

---

① 吴剑真:《三年来之江苏社会教育》,《江苏教育》,1935 年第 4 卷第 1—2 期,第 192 页。

② 相关数据见教育部社会教育司编:《中华民国十九年度全国社会教育概况》,南京:京华印书馆,1934 年,第 44—45 页;教育部编:《中华民国二十二年度全国社会教育统计》,上海:商务印书馆,1936 年,第 52—53 页;教育部统计室:《最近五年社会教育概况》,《统计月报》,1943 年第 79—80 期,第 42—43 页。

③ 《抗战以来江苏教育概况》,《江苏通讯》,1940 年第 2 期,第 9 页。

④ 《抗战以来江苏教育概况》,《江苏通讯》,1940 年第 2 期,第 9 页。

⑤ 《苏教厅将在沦陷区普设流动性小学》,《申报》,1938 年 11 月 24 日,第 3 张第 12 版。

⑥ 《苏教厅推进战时社教》,《申报》,1939 年 5 月 8 日,第 2 张第 8 版。

⑦ 《抗战以来江苏教育概况》,《江苏通讯》,1940 年第 2 期,第 10 页。

定,配合地方实际需要,分别制定《江苏省省县立及私立中等学校兼办社会教育实施办法》《江苏省省县立及私立小学兼办社会教育实施办法》,通饬各校教职员和学生一律参加社会教育,举办社会教育事业之一种或二种,并要求各县于各自治区指定一校兼办民众学校。① 三是设立社会教育工作团。该工作团的职责在于,推进全省战时社会教育,实施民众战时动员,团长由教育厅编审主任周行兼任。至1939年底,"江南各行政区,已出发工作"②。四是组织电化教育巡回施教队。1938年12月,教育厅社会教育工作团成立电化教育巡回施教队,"利用原有社教机关电化教育教具,分赴苏北各县城市乡村巡回讲映,激发民众抗日情绪,借以增厚抗战力量"③。1939年5月,据时人反映:该团在工作实践中,"举行抗战剧据公演、抗战宣传等,尤侧重于教育游击工作,极著成绩。此次淮海各县沦陷乡区教育事业,迄今照常维持,即由于该团之领导得力"④。

### (二)改进战时社会教育

1939年10月9日,国民政府任命金宗华为江苏省政府委员兼教育厅长。翌年1月1日,金氏赴地处兴化的省教育厅接收视事。他上任后,在前任厅长基础上,着力改进战时社会教育。

在管理实践中,教育厅主要采取了如下改进举措:(1)设立战时社会教育流动工作团。就此,教育厅先在苏北设四团,继而"暂就苏省各行政区酌设一团,以区属各县为各团工作之范围"⑤。(2)增设战时民众学校。教育厅"第一步拟设立二十所,并公开征选民校校长及教员,又于苏北创设战时试验学校一所,以分期流动、普遍施教为策进各县民众教育之枢纽"⑥。(3)组设江苏省图书馆委员会。该会的职责是规划全省图书馆事业的推进,"其组织除教育厅厅长、秘

---

① 《江苏公私立中校兼办社教办法》,《申报》,1939年1月27日,第3张第9版;《苏各小学兼办社教》,《申报》,1939年1月30日,第3张第12版。

② 《抗战以来江苏教育概况》,《江苏通讯》,1940年第2期,第10页。

③ 《抗战以来江苏教育概况》,《江苏通讯》,1940年第2期,第10页。

④ 《苏教厅推进战时社教》,《申报》,1939年5月8日,第2张第8版。

⑤ 《苏教厅改进战时地方及初等社教(三)》,《申报》,1940年6月11日,第3张第9版。

⑥ 《苏教厅改进战时地方及初等社教(三)》,《申报》,1940年6月11日,第3张第9版。

书、主管科科长及编审为当然委员外，并遴选本省通儒硕学及对于图书收藏搜集有丰富经验或精深研究者五人至七人为聘任委员，刻已着手组织，开始工作"①。(4)调整电化教育巡回施教队。为了提高效率，教育厅制定《电化教育巡回施教队工作大纲》，规定了该队施教时应注意各点，旨在以电化教育激发民众抗战情绪，灌输民众建国常识，发扬民族精神。截至1940年6月，电化教育巡回施教队"久已按照所拟计划，流动苏北各县，深入乡村，普遍施教"②。(5)督促各级学校兼办社会教育。对此，"苏教厅特别重视，对于所有省县各级学校兼办民校以及其他各种社教设施之考核，异常认真，除将各校兼办社教成绩列为重要考成外，特令各县督学或教委于视导时，严加考核指导，以期战时社教能广泛推行，并以地方学校为推行社教之中心，用费小而成功多，至学校与社会打成一片"③。(6)举办各县巡回文库。1937年以来，苏北各县所设图书馆多已停顿，各种书籍束之高阁，颇为可惜。教育厅为谋适应抗战需要、增进民众知识、养成读书风尚、提高社会文化水平，通令各县："应各成立巡回文库至少一所，其各县已经设立图书馆或农民教育馆者，即附设巡回文库于馆内，并规定每一文库，以普遍巡回乡镇为原则，于巡回时兼从事演讲有关抗战时事，以坚定民众抗战必胜之信念，而引起民众识字读书之动机。"④(7)培养社会教育人才。隶属于教育厅的江苏省立教员学院原设无锡，"八一三"淞沪抗战爆发后，辗转前往广西桂林。1940年初，教育厅考虑到本省专科以上学校全部西迁以及高中毕业生升学困难，特电准教育部将省立教育学院迁回苏北，仍设社会教育、农业教育两系，另附设专修科。1940年7月，该院迁回兴化，并开学上课。至于迁桂林部分，"暂设分院，仍照常办理"⑤。1941年7月，地处桂林的江苏省立教育学院因经费无着而停办，因而所有学生由教育部派至国立社会教育学院继续学业。简言之，教育厅通过改进举措，不断增强战时社会教育的灵活性，以期适应抗战的

① 《苏教厅改进战时地方及初等社教(三)》，《申报》，1940年6月11日，第3张第9版。
② 《苏教厅改进战时地方及初等社教(三)》，《申报》，1940年6月11日，第3张第9版。
③ 《苏教厅改进战时地方及初等社教(三)》，《申报》，1940年6月11日，第3张第9版。
④ 《苏教厅改进战时地方及初等社教(三)》，《申报》，1940年6月11日，第3张第9版。
⑤ 《迁回苏北复课》，《申报》，1940年12月17日，第2张第7版。

特殊需要。

总体来讲,非常时期,经江苏省教育厅竭力改进,省域社会教育事业形成了相当规模。截至 1942 年,省立专办社教机关计 16 所,职员有 81 人;县立专办社教机关计 2 所,职员有 5 人;省立兼办机关计 8 所,职员有 12 人;县立兼办机关计 307 所,职员有 329 人;私立兼办机关计 15 所,职员有 18 人。①

### (三)复员与改进社会教育

全面抗战时期,在沦陷区,战前所设的社会教育"各该机关,一律停办。所有设备除省立苏州图书馆外,损失一空,如省立南京民众教育馆、南京公共体育场及俞塘民众教育馆等社教机关,现已瓦片无存"②。1945 年 12 月 1 日,江苏省政府恢复教育厅建制,由陈石珍出任教育厅长。自此,在一片残破景象中,"本省复员开始,分期着手恢复,因各该机关损失过巨,经费困难,一时未能恢复旧观"③。

#### 1. 规划省域社会教育

江苏省教育厅恢复成立以来,对省域社会教育事业进行了一定的筹划,详见表 7-3。

从表 7-3 可知,抗战结束以来,各年度省域社会教育计划具有连续性和变化性。其中,连续性体现在:一方面,"恢复省县市立社教机关"和"续办原有省立社教机关"两项贯穿于各年度计划;另一方面,1947 年度和 1948 年度之间的省域社会教育计划项目基本一致。变化性则体现在两点:一是 1946 年度提出的省立社会教育机关新增计划,在后续的年度计划中均不再提及;二是与 1946 年度计划相比,后续年度计划强调社会教育机关之改进。概言之,1946 年起,江苏省教育厅管理省域社会教育的中心任务为:恢复、续办与改进社会教育事业。

---

① 《一年之苏教统计》,《江苏旬刊》,1942 年第 1 卷第 5 期,第 3 页。
② 江苏省政府编:《江苏省政府三十四、三十五年政情述要》,镇江:江苏省政府,1946 年,第 11 页。
③ 江苏省政府编:《江苏省政府三十四、三十五年政情述要》,镇江:江苏省政府,1946 年,第 11 页。

表 7-3　1946—1948 年度江苏省社会教育行政计划

| 年度 | 社会教育行政计划项目 |
| --- | --- |
| 1946 | (1)恢复原有省立各社教机关(省立南京、俞塘、南通、淮阴、东海各民教馆);(2)续办省立各社教机关(扩充内部组织,充实应有设备);(3)增设省立各社教机关(增设第二、五、六各区省立民众教育馆各一所,增设第三、四、六各区省立图书馆各一所,增设第七、九两区省立体育场各一所);(4)普及失学民众识字教育 |
| 1947 | (1)恢复原有省立各社教机关;(2)续办原有省立各社教机关;(3)训练社会教育人才;(4)推行电化教育;(5)设立省立理化实验所(6)恢复并改进县市立民众教育馆;(7)恢复各县市体育场;(8)举行省县市运动会;(9)督促各级学校兼理社会教育;(10)普及失学民众识字教育 |
| 1948 | (1)恢复原有省立各社教机关;(2)续办原有省立各社教机关;(3)训练社会教育人才;(4)推行电化教育;(5)推行科学教育;(6)恢复并改进各县市社教机关;(7)举行省县市运动会;(8)督促各级学校办理社会教育;(9)普及失学民众教育 |

资料来源:江苏省政府编:《江苏省政府三十五年度工作计划》,镇江:江苏省政府,1946年,第 13—15 页;江苏省教育厅:《江苏省教育厅三十六年度考绩比较表》,江苏省档案馆藏:《江苏省教育厅档案》,1054-1947-001-0774-0062;江苏省政府编:《江苏省政府三十七年工作计划》,镇江:江苏省政府,1948 年,第 46—48 页。

### 2.恢复省立社会教育机关

1945 年 10 月,江苏省恢复省立镇江民众教育馆、省立镇江图书馆、省立镇江体育场、省立国学图书馆、省立苏州图书馆。1946 年 1 月,江苏省恢复省立南通民众教育馆、省立徐州民众教育馆、省立教育林场。1947 年度,教育厅"恢复省立俞塘民众教育馆,派员积极筹备",此外着力"充实各机关设备、各机关员额及事业费"。[①]

### 3.督促各县市恢复社会教育机关

江苏省开始复员以来,各县市经费拮据万分。"原有各社教机关限于预算,未能尽量恢复。(复员)一年以来,收复区各县市仅恢复民众教育馆三二所、图

---

① 　江苏省教育厅:《江苏省教育厅三十六年度考绩比较表》,江苏省档案馆藏:《江苏省教育厅档案》,1054-1947-001-0774-0062。

书馆一三所、体育场一七所、公园九所。"[1]1947年度,教育厅"继续恢复原有县市立民众教育馆","指导各县市民众教育馆改进业务","督饬各县市民众教育馆配合军政实施动员戡乱工作要点",并"督饬各县市优先恢复原有体育场"。[2]截至1947年底,江苏省已"达成每一县市各设民众教育馆标准"[3],恢复县市立"图书馆廿一所,体育场十八所,公园十六所"[4]。

### 4. 设置理化实验室

为了提升学生科学素养,教育厅"先就省会设置理化实验室,以供附近各校学生实验理化,拟于下年度(1947年度)充实内容,扩充为省立科学馆。本年度(1946年度)暂由教育厅附设,派员管理"[5]。1947年度,教育厅通过添置设备、增加员额等手段,"充实原有理化实验室内容,成立省立理化实验所"[6],"所有省会规模较大、距离较近之公私立中等学校学生,按照排定日程,来所实验理化,几无虚日"[7]。另外,为了提升民众科学素养,教育厅"举行扩大科学运动,积极推行通俗科学教育"[8]。

### 5. 筹划普及失学民众识字教育

1946年7月9日,教育厅遵照部颁普及失学民众识字教育计划和实施程序,参酌各县市实情,订颁《江苏省普及失学民众识字教育计划》,规定分3年实施:1946年9月起,指定镇江、无锡、武进、吴县、江阴、铜山、南通等7个一等县及徐州市,一律开始实施失学民众识字教育,其未开始实施的各县市中心国民

---

① 江苏省政府编:《江苏省政府三十四、三十五年政情述要》,镇江:江苏省政府,1946年,第11页。

② 江苏省教育厅:《江苏省教育厅三十六年度考绩比较表》,江苏省档案馆藏《江苏省教育厅档案》,1054-1947-001-0774-0062。

③ 江苏省教育厅:《江苏省教育厅三十六年度考绩比较表》,江苏省档案馆藏《江苏省教育厅档案》,1054-1947-001-0774-0062。

④ 江苏省政府编:《江苏省政府三十七年工作计划》,镇江:江苏省政府,1948年,第48页。

⑤ 江苏省政府编:《江苏省政府三十四、三十五年政情述要》,镇江:江苏省政府,1946年,第11页。

⑥ 江苏省教育厅:《江苏省教育厅三十六年度考绩比较表》,江苏省档案馆藏《江苏省教育厅档案》,1054-1947-001-0774-0062。

⑦ 江苏省政府编:《江苏省政府三十七年工作计划》,镇江:江苏省政府,1948年,第47页。

⑧ 江苏省政府编:《江苏省政府三十七年工作计划》,镇江:江苏省政府,1948年,第47页。

学校每学期办民众识字班 1 班,省立各小学每学期至少办民众识字班 2 班;1947 年 9 月起,连云市、如皋、盐城、阜宁、淮安、江宁、江都 6 个一等县,宜兴、吴江、常熟、松江、高邮、泰县、泰兴、东台、兴化、淮阴、涟水、东海、灌云等 13 个二等县,溧阳、丹阳、金坛、句容、昆山、太仓、南龙、上海、奉贤、青浦、宝山、嘉定、海门、崇明等 14 个三等县,开始实施;1948 年 9 月起,启东、六合、宝应、泗阳、宿迁、沭阳、赣榆、丰县、沛县、萧县、砀山、邳县、睢宁等 13 个三等县,高淳、溧水、川沙、金山、靖江、仪征、江浦、扬中等 8 个四等县,开始实施。[①]

### 6.训练省域社会教育人才

社会教育人才是推进省域社会教育的源动力。为此,教育厅给予了高度重视:(1)1945 年底,经教育厅和各方积极筹备,江苏省立教育学院在无锡恢复成立。该院下设社会教育和农业教育两系,以及劳作师资与电化教育两专修科,专门培养各类社会教育人才。在教育厅看来,"省立教育学院为本省唯一造就社会教育人才机关"[②]。1947 年度,该院增收 66 名新生,并"分区举办国民学校教师及社教人员暑期讲习会四处"[③]。(2)添设师范学校社会教育课程。(3)筹办社教人员登记。(4)督饬社会教育工作人员配合军政实施动员戡乱工作要点。另外,1948 年度,教育厅举办了社会教育人员训练班,旨在短期内培养一批具备社会教育知识与技能的工作人员。

### 7.推行电化教育

1947 年度,教育厅扩充电化教育巡回工作队,补充电教人才,充实电教设备;改订巡回施教计划;规定省立民众教育馆的中心工作是推行电化教育。在管理实践中,为了切实推行电化教育,教育厅"向教育部请领有声放映机一架,收音机六座,接片机一具,影片、幻灯、电子管、万用表等件,于省会附近及京沪间各县试行放映"。此外,"省立教育学院及省立南通民众教育馆对于电化教育

---

① 《江苏省普及失学民众识字教育计划》,《国民教育辅导月刊》,1947 年第 1 卷第 1 期,第 29 页。
② 江苏省政府编:《江苏省政府三十七年工作计划》,镇江:江苏省政府,1948 年,第 47 页。
③ 江苏省政府编:《江苏省政府三十七年工作计划》,镇江:江苏省政府,1948 年,第 47 页。

亦有相当设施"。[①]

### 8. 举行省县市运动会

1947 年度,教育厅"督饬各县市积极提倡国民教育","督饬各县市在经济许可范围内定期举行运动会","督饬各省校分别举行运动会"。[②] 1948 年,据教育厅反映:"上年度,因限于预算及环境致省县市运动会未能普遍举行。"[③]

### 9. 督饬各级学校办理社会教育

1947 年始,教育厅"督饬各校办理成教班","督饬各校协助宪政宣传","督饬各校配合军政实施动员戡乱工作要点"。[④] 截至 1947 年底,"中等学校办理社会教育者共八十七校,小学办理社会教育者一千三百四十五校"[⑤]。

全面抗战时期,江苏省社会教育事业的昔日成就被日寇付之一炬。然而,教育厅克服艰难险阻,根据战争局势的变化,竭力筹划与改进战时社会教育。抗战结束后,教育厅调整行政举措,积极复员与改进省域社会教育事业。可以说,在不同阶段,教育厅围绕省域社教中心任务进行了种种摸索。尽管受战争局势、省县教育经费等因素的限制,普及失学民众识字教育、举办省市运动会等预定计划未能如期实现,但经江苏省教育厅的积极筹划,省域社会教育事业在较短时间内"已逐渐恢复"[⑥],并取得了一定的成效。

---

① 江苏省政府编:《江苏省政府三十七年工作计划》,镇江:江苏省政府,1948 年,第 47 页。

② 江苏省教育厅:《江苏省教育厅三十六年度考绩比较表》,江苏省档案馆藏:《江苏省教育厅档案》,1054-1947-001-0774-0062。

③ 江苏省政府编:《江苏省政府三十七年工作计划》,镇江:江苏省政府,1948 年,第 48 页。

④ 江苏省教育厅:《江苏省教育厅三十六年度考绩比较表》,江苏省档案馆藏:《江苏省教育厅档案》,1054-1947-001-0774-0062。

⑤ 江苏省政府编:《江苏省政府三十七年工作计划》,镇江:江苏省政府,1948 年,第 48 页。

⑥ 《江苏教院校友会呈请推进社教》,《申报》,1946 年 6 月 9 日,第 2 张第 5 版。

# 第三节　甘肃省级教育行政部门与省域社会教育

民国时期,甘肃省级教育行政部门为了推进省域社会教育,曾在不同阶段,采取了相应的行政举措。通过省域社会教育这个"窗口",可以深入了解甘肃省级教育行政部门的行政环境、行政理念、行政思路、行政作为的变化及影响。

## 一、甘省教育司与省域社会教育初创

甘肃省社会教育起步于 1913 年。是年 3 月,甘肃都督府设立教育司,由提学使马邻翼继任教育司长。甘肃教育司分四科,其中第三科主掌全省社会教育行政事宜。至此,社会教育在甘肃省级教育行政部门中的地位正式确立。

甘肃教育司成立后,通令各县注重社会教育,要求"社会教育须先从通俗宣讲社入手,以期启发普通知识"①。紧接着,教育司通令各县选择适宜地点,设立通俗讲演所。以上政令颁布后,教育司率先在省会兰州设立通俗讲演事务所,下设 4 个通俗教育讲演所和 2 个阅报所。其中,通俗教育讲演所"聘请学识优良、口才流利的讲演员作浅显通俗的讲演,讲词内容不外报告时事、劝导禁烟、戒毒、放足、上学之类"②。此外,各县仿照省会办法,亦次第设立通俗讲演所。

总之,1913 年甘肃教育司成立后,省域社会教育开始起步。可以说,这在甘肃省社会教育发展史上具有开创性的意义。

---

① 甘肃省地方史志编纂委员会、甘肃省志教育志编辑委员会编纂:《甘肃省志·教育志》,兰州:甘肃人民出版社,1991 年,第 377 页。

② 郑西谷:《甘肃省社会教育概况》,《甘肃教育》,1944 年第 6 卷第 1—2 期,第 1 页。

## 二、甘省教育科与省域社会教育发展

1914 年 4 月,甘肃省都督府改称巡按使署,在政务厅下设立教育科,内分学校教育和社会教育两股。"教育科办事人员,半系教育司厅之旧部。"[①]需要肯定的是,教育科虽组织极简,但社会教育股作为其组成部分被幸运地保留下来。这足以说明:甘肃教育科即便在"减政"非常时期,依然将省域社会教育视作与省域学校教育同等重要的行政职责。

该时期,甘省省级教育经费虽然为数极少,但教育科仍采取举措,尽力发展省域社会教育事业。首先,教育科遵照部章,督促各县设立通俗教育讲演所及巡回讲演团。至 1916 年,甘肃全省设讲演所 88 处,每星期讲演 2 次,每次平均听讲人数 2 人;巡回讲演团 24 处,每星期 1 次,每次平均听讲人数 50 人。值得一提的是,当时全国 22 省中,甘肃讲演所及巡回讲演团数目分别位居第 7 位和第 9 位。[②] 时任甘肃教育科长黄希宪亦称:"甘省讲演机关设立尚夥,一般社会亦颇欢迎。"[③]其次,督促各县成立公民阅报所。1915 年,教育科鉴于甘省民众鲜知国闻,通令各县办理公民阅报所。一些县设立阅报所后,民智渐开。但不久"以时局改易,率多停辍"[④]。再次,发行《通俗日报》。截至 1916 年底,"甘肃省公署教育科承办《通俗日报》出版已逾三载,以其文义浅显、价值低廉,故购阅者尚众,现在每月约销三千余份"[⑤]。最后,创设甘肃公立图书馆。经教育科及省会其他人士努力,1917 年 1 月,甘肃公立图书馆在省会兰州正式开办。该图书馆"一面把兰山、求古、五泉三处书院和已经停办的陆军小学、兰州府中学两

---

① 《甘肃教育近况》,《教育杂志》,1914 年第 6 卷第 6 期,第 53 页。
② 中国第二历史档案馆编:《中华民国史档案资料汇编》(第三辑·教育),南京:江苏古籍出版社,1991 年,第 563—565 页。
③ 《全国教育行政会议各省区报告汇录》,载[日]多贺秋五郎编:《近代中国教育史资料》(民国编·上),台北:文海出版社,1976 年,第 356 页。
④ 卢殿虎、臧祜辑述:《全国教育行政会议纪略》,上海:商务印书馆,1916 年,第 18 页。
⑤ 《全国教育行政会议各省区报告汇录》,载[日]多贺秋五郎编:《近代中国教育史资料》(民国编·上),台北:文海出版社,1976 年,第 357 页。

校所有藏书，一起搜罗到图书馆保存；一面募集经费，增购新出版的书籍。分类陈列，公开借阅，在当时可算一所比较像样的图书馆"①。

在此基础上，教育科还拟有改进省域社会教育的行政计划。1916 年 11 月，教育科长黄希宪透露，全省社会教育要重点改进如下方面：其一，由于通俗讲演所"讲才难得，普及不易，现拟创办一讲演传习所，以期养成宣讲人才，约计明春当可成立"。其二，鉴于阅报所停顿的事实，"拟除省城旧有几所当设法扩充外，并再饬各县切实办理。已设者切实整顿，未设者逐渐推广"。其三，"添设通俗图书馆，俾人民借以储蓄常识，增进程度"。其四，拟酌加经费，扩充《通俗日报》。② 事实上，以上诸项，嗣后囿于经费，加之教育科事权过小，未能一一落实。但在此特殊时期，教育科依然克服困难，积极筹划省域社会教育的态度和精神是值得肯定的。

总体来讲，经教育科努力，甘肃省社会教育事业有了起色。

## 三、甘省教育厅与省域社会教育顿挫

1917 年 10 月，甘肃教育厅成立，内分第一科和第二科两科，其第二科主管普通教育、社会教育、外国留学教育等诸多事项。与教育科时期相比，该时期未沿用原教育科中单独设立社会教育股的做法，而将全省社会教育行政事宜归入第二科，作为该科权责的一小部分。由此来看，该时期独立的甘肃省级教育行政部门尽管业已成立，但社会教育行政在教育厅内部组织中的地位并不凸显。

甘肃教育厅成立后，在省域社会教育方面，开展了以下工作：首先，督促各县续办讲演所及阅报所。从数量来看，据统计，1918 年全省阅报所有"91 处（私人 4 处），报纸种类 5 种，每日平均阅读人数 20 人"③。然而，实际办理情形不尽

---

① 郑西谷：《甘肃省社会教育概况》，《社会教育季刊》，1943 年第 1 卷第 4 期，第 174 页。

② 《全国教育行政会议各省区报告汇录》，载［日］多贺秋五郎编：《近代中国教育史资料》（民国编·上），台北：文海出版社，1976 年，第 356—357 页。

③ 罗元铮主编：《中华民国实录》，长春：吉林人民出版社，1998 年，第 5218 页。

如人意:(1)有的未积极进行。如大通县,1923 年 7 月,据省视学称:该县"阅报所虽设立有年,尚未积极进行"①。除大通外,镇原、玉门、伏羌等县的情况亦大致如此。(2)有的仅悬门牌。如定西县,1924 年 11 月,省视学视察后称:该县讲演所和阅报所"仅悬木牌,敷衍了事"②。(3)有的演讲员徒有虚名。如中卫县,1925 年 11 月,据省视学反映:该县讲演所"讲演员徒有虚名,亦未见实行"③。(4)有的业已停顿。如庆阳县,1923 年 11 月,省视学称:该县"讲演、阅报各所均系有名无实,才财交空,现已停顿"④。(5)更多的情况是许多县份未设社教机关。如平罗县,1924 年 8 月,省视学视察后称:该县讲演所和阅报所"竟付阙如"⑤。除平罗外,庄浪、高台、榆中、湟源等县的情况亦复如此。

其次,通令各县设立图书馆。实际上,该时期设立图书馆者寥寥:1920 年,天水县设立公立图书馆,静宁县设立通俗图书馆;1922 年,张掖县设立通俗图书馆。⑥

再次,设立省立公众运动场。为了提倡各项运动及增进国民体育,1923 年8 月,教育厅遵照部章在省会设立省立公众运动场,并颁布《甘肃省立公众运动场简章》及《省立公众运动场规则》,规定了运动场职员权责、民众参观注意事项等。

最后,推行省域平民教育。1924 年 3 月,教育厅召集全省教育行政人员,举行第二届全省教育行政会议。此次会议讨论决定:在全省实施平民教育,创办平民学校,对失学民众实行识字教育。根据会议决定,1925 年 11 月,教育厅订颁《平民学校规程》,要求为 7 岁以上、40 岁以下失学者提供 5 个月的教育,并规定平民学校校址或附设于各学校,或各机关、公共团体及其他相当房舍。⑦事实上,直至 1927 年,该规程的实施情况极为糟糕。对此,教育厅直言不讳:

---

① 《大通县教育状况报告书》,《甘肃教育公报》,1923 年第 1 年第 2 册,第 61 页。
② 《训令第三九一号》,《甘肃教育公报》,1924 年第 2 年第 11 册,第 13 页。
③ 《训令第五三八号》,《甘肃教育公报》,1925 年第 3 年第 11 册,第 7 页。
④ 《庆阳县全县教育状况报告书》,《甘肃教育公报》,1924 年第 2 年第 3 册,第 35 页。
⑤ 《训令第二一二号》,《甘肃教育公报》,1924 年第 2 年第 8 册,第 12 页。
⑥ 教育部编审处:《第一次中国教育年鉴》,上海:开明书店,1934 年,第 855—856 页。
⑦ 《平民学校规程》,《甘肃教育公报》,1925 年第 3 年第 11 册,第 36—37 页。

"筹办平民教育之事,已令各县遵办,迄今已逾两年,而真能切实推行者寥若晨星。惟据岷县报告,县城设平民学校一所,有学生六十余人,分男女两班。"①

总的来看,1917—1927年,甘肃教育厅主要还是围绕教育科时期要求各县设立讲演所和阅报所等行政工作,来管理省域社会教育事业的,并未实质性地拓宽新的社会教育事业。问题在于,即便是讲演所和阅报所,全省亦未能普遍设立。需要指出的是,该时期教育部规定各省设立的露天学校、通俗讲演传习所等机关,甘肃教育厅概未落实。

那么,甘肃社会教育为什么会出现上述问题呢?其中的因由颇为复杂,除去该时期社教经费短缺、地方民族冲突不断、1920年甘肃省大地震等因素外,还有以下原因:一是甘肃教育厅的行政重心在学校教育,而不在社会教育。时人就曾指出:教育厅中,"社会教育和学校教育同属于第二科管理",从而"甘肃教育不免偏重于学校教育,对于社会教育未能兼顾"。② 可以说,这是该时期省域社会教育未能发展的重要原因之一。二是地方办学人员不认真履职。以1924年庄浪县社会教育为例,该县"讲演、阅报各所均未设立",原因是"劝学所长杜友桃未能认真服务"。③ 三是民众对社会教育另眼相看。以1924年伏羌县社会教育为例,一方面,"学问优长、众望素服之人不肯当众出身"作讲演员;另一方面,"讲者自讲,听者不来,甚或遭毁骂之辱"。④ 甘肃民众不重视社会教育的情形,由此可见一斑。四是省视学仅作消极批评。从该时期省视学视察报告来看,大多数视察报告仅消极地批评地方社教办理情形,但未给出积极的改进建议,故各县社教机关不能得到实质改进。无疑,就后三方面来讲,甘肃教育厅在其行政权责范围之内还有较大的可作为空间,但终因该时期甘肃教育厅不重视社会教育、行政重心不在社会教育,故省域社会教育事业大大受挫。

---

① 甘肃省地方史志编纂委员会、甘肃省志教育志编辑委员会编纂:《甘肃省志·教育志》,兰州:甘肃人民出版社,1991年,第377—378页。

② 寿椿:《论甘肃社会教育》,《新西北》,1944年第7卷第7—8期,第17页。

③ 《训令第三八八号》,《甘肃教育公报》,1924年第2年第11册,第12页。

④ 《伏羌县教育状况报告书》,《甘肃教育公报》,1924年第2年第12册,第27页。

## 四、甘省教育厅与省域社会教育整顿

1925年起,冯玉祥部[①]入甘,经长达两年多的战争,消灭了在甘直系军阀。1927年8月初,中国国民党中央政治委员会开封政治分会任命马鹤天为甘肃省政府委员兼教育厅长。8月4日,甘肃省政府及各厅处宣告成立,马鹤天就职视事。[②] 省教育厅成立后,采取行政举措,以整顿甘肃省社会教育。

### (一)重新规划省域社会教育

1927年以来,甘肃省教育厅订颁了一系列省域社会教育行政计划与改进方案,详见表7-4。

表7-4　1927—1937年甘肃省社会教育行政计划与改进方案

| 项目 | 年份 | 方案名称 | 主要内容 |
|---|---|---|---|
| 计划 | 1927 | 办理甘肃教育进行计划书 | (1)督促各机关及各学校附设平民学校,并施行强迫入学办法以期普及;(2)推广通俗讲演、图书馆、通俗图书、教育馆、图书报社、巡回图书、改良戏曲等设施 |
| | 1932 | 甘肃教育厅辖区普遍设立民众教育馆之计划 | (1)实施目标:普设民教馆。(2)实施期限:1932年下半年至1934年年底,分五期,每期为半年。(3)实施步骤:第一期,从速筹增全省社教经费以期达部定10%～20%的标准,各县从速增筹全县社教经费以期达部定15%～20%的标准,将全省各县依据其社教经费多寡与受灾情况分甲、乙、丙、丁四等;第二期,遵部章在省会设立民教馆一处至三处,令甲等各县至少设民教馆一处;第三期,令乙等各县至少设民教馆一处,甲等县附属繁盛之市镇或乡村至少设立民教馆一处;第四期,令丙等县至少设立民教馆一处,乙等县附属繁盛之市镇或乡村至少设立民教馆一处;第五期,令丁等县至少设立民教馆一处,丙等县附属繁盛之市镇或乡村至少设立民教馆一处 |

---

① 冯玉祥部,史称"国民军"或"西北军"。
② 《甘肃刘郁芬电》,《申报》,1927年9月8日,第2张第6版。

| 项目 | 年份 | 方案名称 | 主要内容 |
|---|---|---|---|
| 计划 | 1936 | 甘肃省实施失学民众补习教育六年计划大纲 | (1)实施目标:实施失学民众补习教育。(2)实施期限:1936—1941年,分6年实施。(3)实施步骤:1936年度,令全省各县校附设之民众学校;1937年度,于县城内单独设立民众学校若干处,其经费、师资、课本等在每年详细实施计划内订定之 |
| | 1936 | 甘肃省政府二十五年度实施失学民众补习教育计划 | (1)印发部颁之实施失学民众补习教育办法大纲,令各县县政府及各级学校遵照;(2)令各县政府及各级学校将现有民众学校数、所需课本数赶速呈报;(3)已设之民众学校尚感学生缺乏,实施强迫入学;(4)授课时间应避免农忙期,改在早间和晚间举行;(5)师资由各该校教职员及高年级学生兼充;(6)令各县县政府于本年春季前后举行识字运动会 |
| 改进 | 1932 | 甘肃省教育厅民国二十一年份改进甘肃教育之计划书 | (1)通令各县限期筹定社会教育经费;(2)通令各县完成社会教育各项处所;(3)厉行国难宣传,以促进民众之醒悟;(4)通令各县认真办理民众学校;(5)民众学校教材应趋重实用,并注重国难宣传 |
| | 1934 | 甘肃教育改进计划 | (1)拟在全省适当地点,创办社教人才训练所;(2)拟在全省适当地点,设立规模较大的图书馆;(3)拟在全省适当地点,设立民众教育馆,并在馆内设立附设民众学校及民众问字处;(4)逐渐增筹社教经费逐年设法增加,至1941年达部定标准 |
| | 1937 | 甘肃省教育改进计划 | (1)实施民众补习教育;(2)实施播音教育;(3)实施电影教育;(4)举办社会教育人员训练班;(5)在张掖添设省立民众教育馆 |

资料来源:《办理甘肃教育现状暨进行计划书》,《甘肃教育公报》,1927年第5年第4期,第27－29页;《甘肃省教育厅辖区内普遍设立民众教育馆之计划》,《甘肃教育公报》,1932年第1期,第24－27页;《甘肃省实施失学民众补习教育六年计划大纲》,载教育部社会教育司编:《各省市实施失学民众补习教育计划汇编》,南京:教育部社会教育司,1937年,第197页;《甘肃省政府二十五年度实施失学民众补习教育计划》,载教育部社会教育司编:《各省市实施失学民众补习教育计划汇编》,南京:教育部社会教育司,1937年,第198页;《甘肃省教育厅民国二十一年份改进甘肃教育之计划书》,《甘肃教育公报》,1932年第1期,第92页;水梓:《甘肃教育概况及改进计划》,《开发西北》,1934年第1卷第6期,第50－51页;《甘省整顿教育》,《大公报》,1937年7月2日,第3张第10版。

从计划与改进方案颁布时间来看，大多集中在1932—1937年。这是因为，1932年5月，邵力子组建新的甘肃省政府，由水梓出任教育厅长。水氏就任后，采取"按部就班，循序渐进"[①]的施政策略，遵照教育部规章，规划全省社会教育事业。1936年3月1日，田炯锦就任甘肃省教育厅长。[②] 自此，田氏亦遵照教育部规章拟订了省域社会教育计划与改进方案。

### (二)订颁省域社会教育规章

为了落实上述计划与改进方案，教育厅出台了相关规章。第一，为了落实《办理甘肃教育进行计划书》，教育厅先后发布各机关及学校附设平民学校、各县教育局倡办工商补习学校、各县一律设立阅报所和讲演所等训令。同时，教育厅还陆续出台《甘肃实施平民教育详细办法》(1928年1月)、《甘肃强迫教育实施办法》(1928年1月)等法规，要求各机关及学校附设平民学校，强迫民众入校识字。第二，为了落实《甘肃教育厅辖区普遍设立民众教育馆之计划》，1932年5月，教育厅颁布《甘肃教育厅附设民众教育馆县等级表》，要求各县教育局依该县等级办理民众教育馆。第三，为了实施《甘肃省政府二十五年度实施失学民众补习教育计划》，教育厅通令全省各学校附设民众学校。

### (三)整顿各级社教行政组织

1927年起，教育厅采取多种措施，整顿各级社会教育行政组织。第一，增设教育厅第三科。1927年8月，马鹤天执掌甘省教育厅时，教育厅分总务科和学务科，其中学务科分学校教育、社会教育、民族教育三股办理。从中可知，该时期社会教育在教育厅组织架构中无突出的地位。1931年9月，代理甘肃省主席马文车兼代教育厅长时，遵照部章于教育厅增设第三科，主管全省社会教育行政事宜。1932年5月，水梓就任教育厅长后，将教育厅第三科分两股办

---

① 《教厅水厅长视事之经过》，《甘肃教育公报》，1932年第1期，第29页。

② 1936年3月1日，田炯锦接印视事。见甘肃省教育厅：《为田炯锦兼甘肃省教育厅长致甘院函》，甘肃省档案馆藏：《甘肃省教育厅档案》，032-001-0131-0017。

理。其中,第一股办理民众教育、识字运动、通俗讲演、补习教育等事项,第二股办理公共体育、图书馆、博物馆、教育馆等事项。[1] 至此,社会教育行政在甘肃省教育厅组织中的地位正式确立。下图为 1933 年教育厅长水梓与教育厅全体职员的合影(见图 7-6)。第二,建立各级社教辅佐机构。教育厅层面,先后附设戏剧改进会、社会教育推广处、民众教育委员会、体育委员会、电影检查委员会等组织;县教育局层面,遵照厅令设立民众教育委员会等组织。

**图 7-6　甘肃省教育厅全体职员摄影**

图片来源:甘肃省教育厅编:《甘肃省教育厅工作摘要》,兰州:甘肃省教育厅,1933 年,第 8 页。

　　总体来讲,与北京政府时期相比,1927 年起,尤其是 1932 年以后,甘肃省教育厅在推进省域社会教育方面做了一些行政工作,不仅规划省域社会教育事业,而且颁布社会教育规章,还逐步改进各级社会教育行政组织。那么,各项措施落实效果如何? 其一,相关计划与方案多未落实。比如附设平民学校计划,1928 年 7 月,教育厅长马鹤天直言:"各附设平校者不足半数,其余多因学生无人未能成立。"[2]再如设立民众教育馆计划,按照教育厅拟定的 1932 年度方案,至 1934 年底,全省至少应设民众教育馆 107 处。但据 1934 年度教育部统计,

---

[1]　《甘肃省教育厅办事细则》,《甘肃教育公报》,1932 年第 1 期,第 119 页。
[2]　马鹤天:《甘肃教育一年来状况(续十六日)》,《益世报》,1928 年 7 月 21 日,第 16 版。

甘肃省实际设立的民众教育馆仅 14 处。[①] 显然，实施效果与预定目标相差悬殊。其二，至 1934 年，省域社会教育机关数量有所增加，但实际办理质量极差。具体来讲，全省社会教育机关数量，1929 年度为 437 个，1934 年度增至 703 个。[②] 至于社会教育机关办理质量，1937 年 6 月，据教育部督学反映：甘肃省"各校所附设之民众学校，办理多属敷衍，招收学生亦多非年长失学民众"[③]。

由上可知，国民政府初期甘肃省社会教育成效不彰。究其原因，主要有如下几点：首先，甘肃政局颇不稳定。1932 年以前，甘肃省地方军阀间冲突不断，而且以冯玉祥为首的西北实力派与蒋介石之间的矛盾不断激化，进而酿成中原大战。受战祸影响，甘肃省教育经费被挪移殆尽，故教育厅无力推广省域社会教育。其次，教育厅编制的省域社会教育计划与改进方案多不切合本省实情。事实上，该时期甘肃独特的省情是，辖境内居住着蒙古族、回族、藏族等众多的少数民族人口，这些民族各有特殊的语言文字。就各民族人口及居住地而言，蒙古族约 2 万人，多分布在甘肃北部各县；回族约 150 万人，全省各县均有分布，其中以临夏、宁定、和政等 21 县居多；藏族约 20 万人，分布在祁连山一带，以及酒泉、临泉等县。[④] 很显然，在少数民族地区普及社会教育需要有独特的规划与办法，但对此教育厅始终未给予特别关注，故社会教育难以推广。再次，教育厅长频繁更换。自 1929 年 2 月马鹤天辞职后，冯玉祥相继自行任命郑道儒、张爱松、赵元贞等人出任教育厅长。中原大战后，郑道儒、马文车、水梓、田炯锦等人相继出任教育厅长。这些教育厅长之任期，以不足 1 年者居多。在此情况下，省域社会教育事业"勉强现状，势以难能，更何改进之可言"[⑤]。最后，1932 年后，教育厅对省域社会教育的施政力度仍然不够。其表现有二：一是教

---

① 教育部统计室编：《中华民国二十三年度全国社会教育统计》，上海：商务印书馆，1939 年，第 158 页。

② 相关数据见教育部社会教育司编：《民国十八年度全国社会教育概况》，南京：大陆印书馆，1932 年，第 51—52 页；教育部统计室编：《中华民国二十三年度全国社会教育统计》，上海：商务印书馆，1939 年，第 158—160 页。

③ 《甘肃省教育改进各点（续）》，《中央日报》，1937 年 6 月 19 日，第 2 张第 4 版。

④ 教育部边疆教育司编：《边疆教育概况》，南京：教育部边疆教育司，1947 年，第 87 页。

⑤ 水梓：《一年来之甘肃教育》，《开发西北》，1935 年第 3 卷第 1—2 期，第 213 页。

育厅的日常议事平台中,对社会教育的关注度偏低。厅务会议是各省教育厅商讨全省重大教育事务的常设议事平台。以 1935 年 7 月为例,教育厅召开了第123 次、124 次、125 次、126 次厅务会议。这些会议中,社会教育的决议事项占各类决议事项总数的 7.69％,占比最低。[①] 二是教育厅对社会教育经费未给予足够重视。从 1933 年、1934 年、1935 年情况来看,相应年份的甘肃省教育经费总数均为 127.5 万元,而各年份社会教育经费依次为 3.3 万元、2.4 万元、4.8万元,分别占相应年份总教育经费的 2.5％、1.8％、3.7％[②],远远低于 10％～20％的部定标准。以上两点表明:1932 年后,教育厅的施政重心依然在学校教育,而对省域社会教育未投入足够的关注。

## 五、甘省教育厅与省域社会教育改进

全面抗战爆发后,甘肃省成为后方重镇,是中国正面战场的兵源、粮秣的重要补给基地,也是西北地区军事、政治、文化的中心。由此,甘肃省社会教育迎来了新的发展机遇。

### (一)拟订改进计划,筹划省域社教

1938 年以来,教育厅拟具了诸多省域社会教育计划。透过这些教育计划,可以探知教育厅的行政思路与工作重点。计划要点见表 7-5。

---

① 《甘肃省教育厅厅务会议统计表》,《甘肃省政府公报》,1935 年第 4 卷第 29－32 期,第 95 页。

② 《全国各省市廿二年度社会教育经费统计》,《湖北教育月刊》,1934 年第 1 卷第 7 期,第 73 页;《二十三年度全国社会教育经费统计》,《陕西教育月刊》,1935 年第 2 期,第 8 页;《各省市二十四年度社会教育经费一览表》,《无锡教育月刊》,1936 年第 1 卷第 7 期,第 38 页。

表 7-5　1938—1948 年度甘肃省社会教育行政计划

| 年度 | 计划名称 | 计划要点 |
|---|---|---|
| 1938 | 甘肃教育整理方案 | (1)省会实施失学民众补习教育(兰州省县私立各小学均应设立成人班一班以上;(2)成人班在 1938 年 5 月至 1939 年 1 月分两期教学);(3)各县实施失学民众补习教育(分期成立成人班) |
| 1939 | 甘肃教育实施方案 | (1)原则:健全推行机构;发动战时民众;力求扫除文盲。(2)实施:举办省会及各县战时失学民众补习教育;运用原有社教机关及各级学校,推动民众补习教育;推行电化教育,完成全省电化教育网;充实并扩充民众教育馆,以便推动社会教育;充实并增加公共体育场,提倡国民体育;增加并充实省县立图书馆;提倡歌咏戏剧;实施义社教合一;设立社教人员通讯研究部;开办民众教育服务人员训练所 |
| 1940 | 二十九年甘肃教育进行计划 | (1)大量继续举办战时民众教育;(2)依据部颁标准调整现有社教机关;(3)督促各级学校兼办社会教育;(4)增设电化教育施教区 |
| 1941 | 今后三年甘肃教育建设计划 | (1)培养社会教育工作人员;(2)扩充省立民众教育馆;(3)充实县立民众教育馆;(4)整理各县公共体育场;(5)推进电化教育 |
| 1942 | 甘肃省政府三十一年度工作计划 | (1)增设省立民众教育馆;(2)充实县立民众教育馆;(3)推行电化教育;(4)调整各县公共体育场;(5)改良戏剧音乐;(6)鼓励学校兼办社会教育;(7)提倡公务员业余活动;(8)培养社教工作人员 |
| 1943 | 民国三十二年度施政计划 | (1)增设省立民众教育馆;(2)增设各县体育场;(3)增设图书驿站;(4)推进电化教育;(5)督导各校兼办社教;(6)培养社教工作人员 |
| 1945 | 甘肃省政府三十四年度施政计划 | (1)增设省立民众教育馆;(2)充实县立民众教育馆;(3)普设国民体育场;(4)增设图书驿站;(5)推进电化教育;(6)推行补习教育;(7)督促学校办理社会教育;(8)训练社教工作人员 |
| 1946 | 中华民国三十五年度甘肃省政府工作计划 | (1)扩充省立民众教育馆;(2)普设国民体育场;(3)充实县立民众教育馆;(4)完成全省图书驿站;(5)推进电化教育;(6)推行补习教育;(7)成立巡回戏剧歌咏队 |

续　表

| 年度 | 计划名称 | 计划要点 |
|------|----------|----------|
| 1947 | 中华民国三十六年度甘肃省政府工作计划 | (1)继续增设省立民众教育馆;(2)充实县立各民教馆;(3)普设国民体育场;(4)完成图书驿站;(5)成立电化教育施教队巡回施教,以收移风易俗之效 |
| 1948 | 甘肃省政府三十七年度施政计划要目 | (1)增设省立民教馆;(2)充实县立民教馆;(3)普设国民体育场;(4)推广补习教育;(5)促进健康教育;(6)加强电化教育;(7)发展科学教育;(8)本年底务达到"本省各级学校兼办社会教育暂行工作标准"规定项目的70% |

　　资料来源:甘肃省政府教育厅编:《甘肃教育整理方案》,兰州:甘肃省政府教育厅,1938年,第269－276页;甘肃省政府教育厅编:《甘肃教育实施方案》,兰州:甘肃省政府教育厅,1939年,第47－86页;《二十九年甘肃教育进行计划》,《甘肃教育半月刊》,1940年第2卷第1期,第11－12页;甘肃省政府教育厅编:《三年来之甘肃教育(附今后三年甘肃教育建设计划)》,兰州:甘肃省政府教育厅,1941年,第25－26页;甘肃省政府编:《甘肃省政府三十一年度工作计划》,兰州:甘肃省政府,1942年,第14－17页;甘肃省政府:《民国三十二年度施政计划》,甘肃省档案馆藏:《甘肃省政府档案》,004-009-0215-0001;甘肃省政府秘书处编:《甘肃省政府三十四年度政绩比较表》,兰州:甘肃省政府秘书处,1945年,第46－48页;甘肃省政府秘书处编:《甘肃省政府三十五年度政绩比较表》,兰州:甘肃省政府秘书处,1946年,第9－10页;甘肃省政府编:《中华民国三十六年度甘肃省政府工作计划》,兰州:甘肃省政府,1947年,第3页;甘肃省政府编:《甘肃省政府三十七年度施政计划要目》,兰州:甘肃省政府,1948年,第8页。

　　从行政计划的有效时长来看,基本是面向未来一年或三年的行政规划,其中以年度计划为主。从要点内容来看,这些计划有两大特点:一是行政管理的计划性增强。比如1938年初,在教育厅长葛武棨任内,教育厅曾拟定《甘肃教育整理方案》,其中在社会教育方面,规定省会及各县推行战时民众教育。而1939年始,教育厅拟举办的社会教育事项显著增多。究其原因,1938年9月20日,国民政府任命郑通和为甘肃省政府委员兼教育厅长。10月4日,他到厅视事。此后,他便开始着力规划省域社会教育。1939年1月,郑通和在《三月来之甘肃教育》一书中写道:"甘肃僻处边陲,教育事业,发展迟缓。……个人到甘,检讨既往,参酌现在,以计划今后之一切设施。"[1]他还称:到任3个月以来,

---

[1]　郑西谷著:《三月来之甘肃教育》,兰州:甘肃省政府教育厅,1939年,第1页。

"拟具各种实施方案,俾明事业之推进步骤"[①]。1946 年 5 月 14 日,宋恪任教育厅长后,也始终强调:"各级教育,作有计划之推进。"[②]二是计划的连续性增强。各年度的行政计划均在稳定事业的基础上谋求拓展,如实施民众补习教育、推行电化教育、增设省立民教馆、充实县立民教馆、督促各校兼办社教等项工作历年皆受到重视。由是,"增设""继续""续办""充实"等关键词,频频出现于社会教育行政计划中。简言之,全面抗战以来,教育厅遵照上述计划,采取扩增规模与充实质量并重的行政思路,推进省域社会教育事业。

### (二)增设社教机关,扩大社教规模

全面抗战爆发以来,甘肃省教育厅围绕扩增社教规模的行政规划,主要采取了以下举措。

#### 1. 推行战时失学民众补习教育

1938 年起,教育厅陆续颁布《甘肃省会实施失学民众补习教育暂行办法》《甘肃省会各小学校办理成人班奖惩暂行办法》《甘肃省各县三十七年度实施失学民众补习教育计划》《甘肃省省会及各县局民众补习教育进行大纲》《甘肃省会战时民众补习教育实施计划》《甘肃省各县及各设治局战时民众补习教育推行办法》等文件,通令各地中小学招收 16 岁至 35 岁的失学民众,设置成人班,由教员施予 2 个月的公民教育与识字教育,以启发民智,策励民众,提高文化水准,增强抗战力量。全面抗战初期,全省人口约 620 万人,其中 16 岁至 35 岁的失学民众约 180 万人。鉴于此,为了切实推行战时民教,在省会层面,教育厅联合省党部第八战区政治部机关,组织甘肃省战时民众补习教育推行委员会,负责省会战时民教的规划与推行;在各县层面,由县长、县党部书记长、教育科长及厅派推行专员等人,组织战时民众补习教育推行委员会,负全县战时民教规划与推行之责。从实施情况来看,1938 年冬,省会兰州率先推行战时民教,至1939 年夏已举办 3 期,共设 231 班,入学民众因日寇空袭疏散影响,毕业人数为

---

① 郑西谷著:《三月来之甘肃教育》,兰州:甘肃省政府教育厅,1939 年,第 1 页。
② 宋恪:《一年来之甘肃教育》,《新甘肃》,1948 年第 2 卷第 2 期,第 22 页。

2314 人;1939 年 3 月始,各县开始举办战时民教,迄 1941 年 8 月,全省 69 县中,63 县均已推行战时民教,共设 21829 班,毕业民众计 644787 人,用费共333470 元。1941 年 8 月起,教育厅遵照部颁《各省市国民教育实施纲领》的规定,将民众教育纳入国民教育,饬令各县中心学校及国民学校一律设置民教部,普遍推行。截至 1944 年底,全省民教部受教民众总计 488102 人。① 1945 年初,教育厅要求各省立中等学校设立补习班 1 班。截至是年底,8 所省立中等学校设立补习班各 1 班,受教人数共计 1300 人。②

### 2. 推进电化教育

这一时期,教育厅认识到电化教育的重要性,认为:"电化教育为传播文化之工具,本省交通不变,需要尤为急切。"③鉴于此,1939 年,教育厅拟订《甘肃省政府教育厅电化教育推行计划》,主要围绕省域电化教育行政、电影教育、播音教育等工作进行了规划。④ 从实施情况来看,有如下成效:一是关于组织机构。1940 年,教育厅呈准教育部补助经费,成立电化教育服务处,并聘请技术指导员负责修理设备与训练技术人员。1944 年,该处改称电化教育辅导处,并另设电化教育施教队,着力推进放映与播音工作。1945 年,电化教育辅导处与联合国影闻宣传处积极合作,共同推进省域电化教育,至是年底受教人数约 23 万人。⑤ 二是关于技术人才。1939 年,教育厅呈请教育部派员到省主办收音机技术人员训练班,由各县选派学员共 50 余名,到兰州学习 1 个月后仍回原机关服务,"工作效率,增进颇多"⑥。三是关于电影教育。教育厅购置发电机和放映机各 1 架,并派巡回教学团携带设备,前往陇东各县巡回施教。1940 年,教育部发给甘肃省教育厅发电机 1 架。1942 年,教育部又发放映机 1 架,由教育厅派

---

① 郑通和:《抗战期间之甘肃教育(续)》,《教育与文化》,1946 年第 3 期,第 23 页。
② 甘肃省政府秘书处编:《甘肃省政府三十四年度政绩比较表》,兰州:甘肃省政府秘书处,1945年,第 47 页。
③ 郑通和:《抗战期间之甘肃教育(续)》,《教育与文化》,1946 年第 3 期,第 23 页。
④ 甘肃省政府教育厅编:《甘肃教育实施方案》,兰州:甘肃省政府教育厅,1939 年,第 67—70 页。
⑤ 甘肃省政府秘书处编:《甘肃省政府三十四年度政绩比较表》,兰州:甘肃省政府秘书处,1945年,第 47 页。
⑥ 郑通和:《抗战期间之甘肃教育(续)》,《教育与文化》,1946 年第 3 期,第 23 页。

员在省会经常播放。1943 年,教育厅派员携带设备与影片赴平凉、泾川、镇原、固原、海原、西吉等县放映。1944 年,教育厅派员前往天水、秦安、通渭、定西等县放映,"颇受民众欢迎"[①]。1946 年,教育厅派员赴永登、兰州等县市,放映电影。1947 年 6 月,教育厅派电化辅导处工作人员,携带设备,赴皋兰、定西等县,并在天蓝路工地放映各种教育影片。对此,"人民极感兴趣"[②]。工作人员回省后,应第一行政区、第八行政区各县要求,又前往会川、岷县、西固等 12 县依次放映。据工作人员称:"各地观众深有乐极忘归之兴趣。"[③]1948 年上半年,教育厅又派工作人员"分往甘肃省银行印刷厂及化工厂等处,放映电影,一般员工颇感兴趣"[④]。四是关于播音教育。1939 年春,教育厅派员前往重庆购买大批收音机与干电池分发各区,按时收音广播,以流通消息,灌输新知。1941 年 12 月,甘肃省广播电台成立。旋即,教育厅会同该电台举办教育讲座,定时约请专家前往广播,说明教育的重要性及实施办法,引起社会民众的注意。1946 年度,教育厅"配发本省兰州师范,兰州乡师,天水、平凉、靖远、成县等师范,兰州、天水、武威、平凉、武都、洮沙、酒泉、岷县等民教馆及漳县立中学等处,收音机十五架",由是,各地"收音机增多,较前完整"。[⑤]

### 3. 督促各校兼办社会教育

全面抗战爆发以来,教育厅遵照部章,制定实施办法,督促全省各校兼办社会教育。从实施效果来看,1945 年度,"中心国民学校以经费关系大都未能办理,中等学校已一律办齐"[⑥]。1946 年初,教育厅"令各级学校于本年内最低须

---

① 郑通和:《抗战期间之甘肃教育(续)》,《教育与文化》,1946 年第 3 期,第 23 页。

② 甘肃省政府秘书处编:《甘肃省政府工作报告 中华民国三十六年一至六月份》,兰州:甘肃省政府秘书处,1947 年,第 64 页。

③ 甘肃省政府秘书处编:《甘肃省政府工作报告 中华民国三十六年一至六月份》,兰州:甘肃省政府秘书处,1947 年,第 64 页。

④ 甘肃省政府秘书处编:《甘肃省政府三十七年一至六月份工作报告》,兰州:甘肃省政府秘书处,1948 年,第 71 页。

⑤ 甘肃省政府秘书处编:《甘肃省政府三十五年度政绩比较表》,兰州:甘肃省政府秘书处,1946 年,第 53 页。

⑥ 甘肃省政府秘书处编:《甘肃省政府三十四年度政绩比较表》,兰州:甘肃省政府秘书处,1945 年,第 47 页。

达到办理社教办法暂行工作标准规定项目百分之七十"①。至 1946 年底,据教育厅称:"办理社教成绩优良者,计省立兰州、庆阳两师范学校,及靖远县立中学等三处,已分别酌给奖金。"②

### 4. 增设图书驿站

图书驿站属于流动性质的图书馆,旨在满足民众读书的需求。1945 年起,教育厅决定每年选定若干县份,拨款设立图书驿站,并督促各该县民教馆办理此驿站。比如,1945 年度,教育厅依照计划,在临洮、武威、平凉、天水 4 县各设图书驿站 1 处,购置 4 套图书分发各图书驿站。1946 年度,教育厅又在永登、徽县、宁定、武都 4 县各设图书驿站 1 处,并配发图书。

### 5. 提倡休闲教育

休闲教育的目的,是调和身心、充实生活,进而增进服务效能。全面抗战时期,在省会兰州,教育厅曾发动推进休闲教育,主要举措有:一是协助团体或私人设立戏院及电影院,增进市民正常的娱乐生活。同时,教育厅派员审查剧本与影片的内容,旨在使其有教育价值。二是教育厅每年举办一次音乐大会,聘请专家与学生到会表演,"颇受听众欢迎"③。三是举办书画展。比如,1942 年 8 月,教育厅在兰州中山林举办文物书画展览会,此次展览的物件"搜罗丰富,对于参观民众性情陶冶,裨益非浅"④。

### 6. 提倡国民体育

为了大力倡导国民体育,教育厅采取如下措施:一是整顿与扩充各县体育场。1939 年初,教育厅颁布《甘肃省各县体育场整顿及扩充办法》,要求各县"对于各该县体育场之事业,应规定为社会教育中心工作之一,务使已设立体育

---

① 甘肃省政府秘书处编:《甘肃省政府三十五年度政绩比较表》,兰州:甘肃省政府秘书处,1946 年,第 56 页。

② 甘肃省政府秘书处编:《甘肃省政府三十五年度政绩比较表》,兰州:甘肃省政府秘书处,1946 年,第 56 页。

③ 郑通和:《抗战期间之甘肃教育(续)》,《教育与文化》,1946 年第 3 期,第 24 页。

④ 郑通和:《抗战期间之甘肃教育(续)》,《教育与文化》,1946 年第 3 期,第 24 页。

场者,设法充实各项设备,积极进行。其尚未设立者,统令筹划的款,限期添设"①。二是健全行政组织。这一时期,教育厅成立体育委员会,主持推进省域国民体育工作,各县体育场则由该县民教馆指定职员,具体指导民众进行运动。三是举办运动会。省会层面,教育厅联合各机关组织省会业余运动委员会,"各机关职员分别组织各种球队,经常练习,另定比赛办法,轮流分周举行比赛,运动兴趣,颇有增进"②。地方层面,每年儿童节,教育厅分区举办儿童健康比赛,"其中以省会儿童健康比赛办理最为完善"③;每年秋季,教育厅分区举行运动会,设置学生组、公开组等,组织中小学生、社会民众等积极参加比赛。

### (三)充实社教设备,提高社教质量

1937年以前,甘肃社会教育机关"组织既不健全,经费又甚支绌,致社教事业无法推进"④。鉴于此,教育厅从人事、组织、事业、经费等方面着手,切实整顿省域社会教育机关,以期全面提升社会教育质量。

#### 1.整顿社会教育人事

首先,遴委社会教育机关负责人。1939年起,教育厅"令饬各县将所有社教机关主管人员之资历等项,遵照本省新颁民教馆、图书馆、体育馆规程之规定,依限呈报,由厅核委"⑤。比如1945年,全省各县民教馆人事由"教育厅督导办理","各馆人事较上年健全,工作亦较切实"。⑥ 其次,训练社会教育服务人员。具体措施有:(1)教育厅在省立兰州师范学校设立社会教育师范科,专门培养社会教育师资。1945年,教育厅在该校增设社会教育科一班,并将该校社会教育科31名毕业生分配至各地社会教育机关服务。(2)1941年春,教育厅在

---

① 甘肃省政府教育厅编:《甘肃教育实施方案》,兰州:甘肃省政府教育厅,1939年,第76页。
② 郑通和:《抗战期间之甘肃教育(续)》,《教育与文化》,1946年第3期,第24页。
③ 郑通和:《抗战期间之甘肃教育(续)》,《教育与文化》,1946年第3期,第24页。
④ 郑通和:《抗战期间之甘肃教育(续)》,《教育与文化》,1946年第3期,第23页。
⑤ 郑通和:《抗战期间之甘肃教育(续)》,《教育与文化》,1946年第3期,第23页。
⑥ 甘肃省政府秘书处编:《甘肃省政府三十四年度政绩比较表》,兰州:甘肃省政府秘书处,1945年,第46页。

西北训练团举办民教馆工作人员训练班,调训现任馆长或主任 40 余人;1942 年,为推行国语教育,教育厅举办了国语教育人员训练班,抽调兰州、榆中等 38 县市的督学或民教馆馆长 54 人来教育厅受训;1943 年,教育厅在西北训练团举办社会教育工作人员训练班,调训各县民教馆、体育场工作人员 58 人,训练时间为 3 个月,受训结束后仍回原机关服务。由是,其"工作效率,颇有增进"①。

### 2. 整顿社会教育组织

1939 年起,教育厅"令饬各社教机关必须依照规定,并参酌当地实际需要,确定分组之多寡,以期名称统一,系统分明。其有财力上不能单独设立图书馆或体育场者,均附设于民众教育馆内,集中人力财力,使民教馆成为各县实施社教之中心"②。教育厅考虑到天水、平凉、武威 3 个县立民教馆地位重要,1942 年起陆续改为省立民教馆③,增加的经费由教育厅从省级教育经费项下直接拨付,充实内容设施,以期成为附近各县民教馆的模范。

### 3. 督查各地社会教育成效

1939—1941 年,教育厅以推进战时民众教育为中心工作,并派员赴各地视导实施情况。1941 年后,教育厅将"战时民教并入国民教育办理,为各校共负之任务"④。此外,全面抗战以来,教育厅要求各县民教馆,遵照部颁《每月中心工作实施要点表》,切实办理。至 1945 年,经教育厅督查与考核,各县民教馆"以遍贴壁报、举行歌咏队、开办民众学校三种,最为普遍而有成效"⑤。

### 4. 保障省域社会教育经费

该时期,省立民教馆、图书馆等社教机关由教育厅逐渐增加经费并编列预算,而各县民教馆经费则由教育厅通令各地视民教馆的规模大小与业务繁简,

---

① 郑通和:《抗战期间之甘肃教育(续)》,《教育与文化》,1946 年第 3 期,第 23 页。
② 郑通和:《抗战期间之甘肃教育(续)》,《教育与文化》,1946 年第 3 期,第 23 页。
③ 比如,1942 年天水县立民教馆改为省立天水民教馆,1943 年平凉县立民教馆改为省立平凉民教馆。详见甘肃省教育厅:《民众教育馆统计表(1944 年)》,甘肃省档案馆藏:《甘肃省教育厅档案》,031-001-0140-0001。
④ 郑通和:《抗战期间之甘肃教育(续)》,《教育与文化》,1946 年第 3 期,第 23 页。
⑤ 郑通和:《抗战期间之甘肃教育(续)》,《教育与文化》,1946 年第 3 期,第 23 页。

分甲、乙、丙、丁4等编列预算,以期保障全省社会教育经费。比如1946年度,教育厅拨发省立各馆补修设备费,计兰州民教馆278200元,天水民教馆9万元,武威民教馆10万元,平凉民教馆8万元,故省立各馆的"设备较上年充实"[①]。至于县立民教馆经费,教育厅将各县民教馆经费按照1945年增加,并列入预算。由此,各县民教馆经费,较上年增加,计甲等馆3所,全年总计88200元;乙等馆7所,计176400元;丙等馆12所,计254400元;丁等馆29所,计655200元[②]。为了进一步充实省域民教馆设施,1947年初,教育厅拟订《全省社教机关分期充实计划》,决定1947年度就兰州及各专员区较有规模的省县立民教馆充实之。截至是年6月,此项经费"已由省府拨发一亿二千六百九十四万元,此外部拨本省社教充实补助费五百万元,选择未列计划之各县民教馆择要充实之"[③],旨在更好地发挥社会教育效能。

客观来讲,全面抗战以还,甘肃省教育厅推进省域社会教育的力度加大、进度加快。可以说,这一时期,教育厅主要围绕扩增规模与充实设备两大中心工作,采取了诸多行政举措,进行了种种管理探索,并取得了显著政绩。正如1947年4月26日《中央日报》报道所指出的:"甘省教育较抗战初期进步。……(受教育)人口比率,衡之东南各省亦无逊色。"[④]

---

① 甘肃省政府秘书处编:《甘肃省政府三十五年度政绩比较表》,兰州:甘肃省政府秘书处,1946年,第52页。

② 甘肃省政府秘书处编:《甘肃省政府三十五年度政绩比较表》,兰州:甘肃省政府秘书处,1946年,第52页。

③ 甘肃省政府秘书处编:《甘肃省政府工作报告 中华民国三十六年一至六月份》,兰州:甘肃省政府秘书处,1947年,第64页。

④ 《甘省教育较前进步》,《中央日报》,1947年4月26日,第4版。

# 第四节　苏甘省级教育行政部门管理实践比较

透过民国时期省域社会教育这一"视窗"来看,江苏和甘肃两省省级教育行政部门的省域教育管理实践,呈现出复杂性、多样性的特征。而这些特征不仅表现在客观层面的行政环境上,同时也深刻体现在主观层面的行政能力上。

## 一、行政环境

1912—1937年,江苏省除发生过短时期的江浙战争、北伐战争外,其余时间多未发生大规模的战争,因而江苏政局总体上保持稳定状态。而且,在这一时期,省级政府、地方政府以及教育界人士也多能支持省级教育行政部门的工作,比如重视教育、提供经费、奖惩人员、建言献策等。因而,这样的行政环境赋予了江苏省级教育行政部门强大的外部支持力量。与之相比,甘肃省的政局颇不稳定。1925年冯玉祥入甘以来,地方混战不断。1930年中原大战爆发,甘肃政局再次深陷泥沼。在瞬息万变的局势中,不仅中央社会教育法令不能行于甘肃,而且省级教育行政领导者也时常处于走马灯似的更换状态。与此同时,省级政府、地方政府及教育界人士多不重视与支持省级教育行政部门的工作,因而经费难以保障、奖惩难以推行、言路过于狭窄。概言之,在这样的行政环境下,甘肃省级教育行政部门缺乏强大的外部支持力量。

然而,全面抗战爆发后,两省省级教育行政部门的行政环境出现了强烈的反差。就江苏省来看,1937年以来,江苏局势急转直下,大多数县市被日寇侵占,而且战前坚实的省域社会教育设施被日寇无情摧毁,损失极为惨重。尽管如此,省级政府、教育界名人重视并支持教育厅推进省域社会教育。其中,余庆堂、庞树森、王德箴、蒋维乔、张宏业等江苏教育人士,曾建言献策,要求教育厅大力推进省域社会教育。比如,1946 年 6 月,江苏省临时参议会第一次大会上,他们联名提交《请省政府切实推行社会教育配合建国工作案》,要求增筹经费、培养人才、开展事业。经大会讨论决议:"原案通过,请省政府分别办理。"[①]这说明,在战争特殊时期,江苏省教育厅依然拥有相当强的外部支持力量。就甘肃省来看,全面抗战以还,甘肃属于中国的大后方省份,是西北军事、政治、经济、文化的重镇。这一时期,甘肃省政局相对稳定。而且,教育部、省政府、社会团体及人士等积极支持甘肃省教育厅的工作,比如增拨中央补助经费、提供财政经费、协助开展工作等。以省政府为例,1947 年初,教育厅为推进播音教育,"请准教育部价发收音机二十五架,按价发办法,应由领用之学校、民教馆购买。省府为体念各校馆经费困难,由省府统筹垫付,无条件配发各校馆应用,款由省行汇部"[②]。总体来讲,较之以往,全面抗战以来,甘肃省教育厅有着相对稳定的行政环境和较强的外部支持。

## 二、行政能力

从一定程度上讲,省级教育行政部门的行政能力的高下,渗透于省域教育管理实践的全过程,集中体现在其行政思路与行政作为上。

### (一)行政思路

1912 年 6 月以来,江苏省级教育行政部门便开始着手规划省域社会教育,持续关注社会教育的经费、场馆、设施、人才、行政等内容,始终注意社会教育计划的连续性与可行性,统筹兼顾社会教育的规模扩大与质量提升。因此,江苏

---

① 余庆堂、庞树森、王德箴、蒋维乔、张宏业:《请省政府切实推行社会教育配合建国工作案》,《江苏省临时参议会第一次大会会刊》,1946 年 6 月,第 80 页。
② 甘肃省政府秘书处编:《甘肃省政府工作报告 中华民国三十六年一至六月份》,兰州:甘肃省政府秘书处,1947 年,第 65 页。

省级教育行政部门的行政思路一直较为稳定。与之相比，甘肃省在教育司、教育科时期，省域社会教育亦显露出发展的势头，这与省级教育行政部门中专设社会教育科或社会教育股是密不可分的。然而，1917 年甘肃教育厅成立后，省域社会教育反而大受挫折。这与该时期教育厅不重视社会教育息息相关。1932 年后，甘肃政局得以稳定，教育厅亦拟具了省域社会教育计划与方案等，但由于缺乏可行性，许多计划与方案并未落实。一言以蔽之，1912—1937 年，相较于江苏省，甘肃省的省级教育行政部门缺乏稳定的行政思路。

国民政府后期，江苏省教育厅更换了 5 任教育厅长，但大多在力所能及的范围内，循序渐进地筹划省域社会教育：全面抗战时期，围绕战时社会教育进行规划与改进；抗战结束后，着眼于恢复与充实社教机关而进行统筹规划。总体来看，江苏省社会教育计划呈现出稳定中求拓展的行政思路。再来看甘肃省，从 1938 年开始，甘肃省教育厅长的任期趋于稳定。比如郑通和的任期接近 8 年之久，宋恪的任期也在 3 年以上。而且，两任教育厅长均围绕数量与质量两方面统筹规划省域社会教育。由是，该时期甘肃省社会教育规划具有较强的稳定性与可行性。对此，1940 年，甘肃省教育厅就曾指出："抗战已还，本省教育幸能安定中求发展，一切设施均遵照国家教育政策，中央教育法令"，"并依据本省教育实施方案，逐谋推进"。[①]

### (二)行政作为

民国成立后，江苏省级教育行政部门一贯重视并积极推进省域社会教育事业。其具体表现有：一是通过民主决策，积极吸纳各方意见，凝聚共识。从 1912 年起，苏省省级教育行政部门积极搭建全省教育行政会议、全省教育局长会议、各种社会教育委员会等民主议事决策平台，广泛听取各方对省域社会教育的意见与建议，引导舆论重视社会教育事业，同时尽力将议决案转化为具有强制力的政令规章，从而不仅大大减少了政策实施的阻力，还较为妥善地处理

---

① 《二十九年甘肃教育进行计划》，《甘肃教育半月刊》，1940 年第 2 卷第 1 期，第 6 页。

了省级教育行政部门和政府官员、教育界士绅的复杂关系。二是加强与其他政府部门的联系,主动争取充足的社会教育经费。比如,江苏试行大学区时期,扩充教育处处长余庆堂曾向政府部门积极争取独立的税源,确保社会教育专款专用。三是积极与社会组织合作。比如,1916年春,江苏教育科与省教育会合作,放权由其培养本省社教人才。四是出台规章与标准,严格督促与奖惩社教人员。比如,国民政府初期,江苏省教育厅出台《江苏各县社会教育设施标准》《江苏省督学视察社会教育要点》以及计分表等,强化督导与考核力度,切实督促省域社会教育有序发展。由是,至1937年,江苏省社会教育的发展水平达到了顶峰。对此,江苏教育界人士称赞道:"窃吾苏社会教育,历史向称悠久,成效素冠各省。"[①]与之相比,1912年以来,甘肃省社会教育的发展进度颇为迟缓。这固然与该省经济落后、文化薄弱、风气锢闭、政局动荡等外部因素有关,但这些并非全部因素,实则与甘肃省级教育行政部门对社会教育不重视、不作为紧密相关。其具体表现有:一是多不注重搭建民主决策平台,言路颇为狭窄。二是不积极与政府部门合作,不主动争取经费支持。三是不注意培育社会组织,使得"一言堂"颇为盛行。四是缺乏全省统筹规划,不注意少数民族人口众多的省情,因而行政计划难以落地落实。五是忽视对社会教育主办者的督促、考核与奖惩,以致地方官轻视社会教育、办学者不认真履职等问题长期存在。六是水梓任教育厅长时期,将绝大多数的全省教育经费投入于学校教育,重点发展甘肃中高等教育,以致省域社会教育经费匮乏。

全面抗战爆发后,江苏社会教育的雄厚基础遭到日寇的毁灭性摧残。尽管如此,江苏省教育厅竭力争取资源,在可控的地域范围内尽力推行与改进战时社会教育。抗战结束后,江苏省教育厅积极恢复各级社会教育机关,筹划普及失学民众识字教育、训练社会教育人才、推行电化教育、督饬各级学校办理社会教育等,从而使省域社会教育能够在短期内逐渐得到恢复。再来看甘肃省,全面抗战以还,尤其是1938年10月,郑通和就任甘肃省教育厅长后,"力求全省

---

① 《江苏教院校友会呈请推进社教》,《申报》,1946年6月9日,第2张第5版。

教育均衡发展"①。1946 年 5 月,宋恪上任教育厅长后,亦重申"普遍均衡发展"②。由此,省域社会教育事业得到甘肃省教育厅的重视:主动贯彻部颁社会教育法令,举办省域社会教育;积极向省政府、教育部争取各种资源,宽筹社教经费,充实社教设备;注意与社会组织合作,共同推进电化教育;督促与考核地方社教人员,保障省域社会教育有序发展。另外,甘肃省教育厅还注意搭建民主决策平台,吸纳各方意见。比如 1942 年 4 月,教育厅召集各县县长、教育科长等人,举办全省教育行政会议,其中专组讨论全省社会教育事宜,而且 73 个决议案中有 19 个属于社会教育,主要涉及充实场馆设备、保障职员待遇、增筹社教经费等方面。③ 1944 年,教育部曾发布训令,表扬甘肃省教育厅长郑通和。训令中指出:"厅长郑通和上任以来,对于教育擘划周详,领导有方,所拟各年度教育施政计划颇能适合实际情形,切实推行,各级学校大量增加,内容多所改进,殊堪嘉许。"④总之,国民政府后期,在甘肃省教育厅主动积极的规划、领导、管理之下,省域社会教育得以蓬勃发展。

## 小　结

综上所述,历史上江苏与甘肃两省的省域教育管理实践表明:民国时期,不仅省际省级教育行政部门在同一阶段的管理实践极为复杂多样,而且一省省级教育行政部门在不同阶段的管理实践也极为复杂多样。事实上,形成这一格局的关键变量有二:一为省级教育行政部门能否得到外部行政环境的强大支持;二为省级教育行政部门自身能否主动、积极、恰当地作为。这里面,前者直接决定省级教育行政部门能否做成事业,后者则直接决定省级教育行政部门把事业办到何种水平。从一定程度上讲,省级教育行政部门的管理成效正是二者"合力"的结果。

---

① 郑通和:《抗战期间之甘肃教育》,《教育与文化》,1946 年第 2 期,第 2 页。
② 宋恪:《一年来之甘肃教育》,《新甘肃》,1948 年第 2 卷第 2 期,第 22 页。
③ 甘肃省教育厅:《三十一年甘肃省地方教育行政会议议决案》,中国第二历史档案馆藏:《教育部档案》,5-195(1)。
④ 教育部:《教育部督学视察甘肃省教育情形报告及教育部提改进意见(1948)》,中国第二历史档案馆藏:《教育部档案》,5-1524(1)。

# 第八章

# 省级教育行政审思

从中国历史上看,行省制度始于元代。自此,省作为地方行政区划的构成单元,在中央与基层间一直发挥着重要的枢纽作用。然而,清末以降,随着内忧外患的不断加剧,清廷逐渐失去对各省的控制,直到辛亥革命时基本丧失对各省的管控。民国成立后,这种省级政府与中央政府离心倾向的地方主义愈演愈烈,终使省级政府演变成地方割据,甚至是直接对抗中央政府的政权单元。在这种时空条件下,省级政府是民国时期地方政权体系中最重要、最敏感,也是最反复易变的一个组成部分。而主管一省教育事业的省级教育行政部门,恰恰是省级政府的重要构成。由是,省级教育行政部门作为"因变量",与省级政府"同呼吸共命运",亲历着中央与地方的"离合悲欢"。同时,身处错综复杂民国舞台上的省级教育行政部门,作为"自变量",在不断推进自身现代化的同时,也竭力履行行政职能,艰难地推动地方教育现代化。

# 第一节　省级教育行政的改革逻辑

在波谲云诡的民国局势中,省级教育行政进行了持续不断的改革。平心而论,历次改革的发起,并非是杂乱无章的,而是受一定逻辑支配的。易言之,这些改革均是受一定动因驱使,为实现阶段目标而采取相应策略的过程。因此,通过剖析动因、目标、策略的变迁,可整体把握民国时期省级教育行政的改革逻辑。

## 一、动因逻辑:环境变化与问题需求的驱动

行政改革的动因逻辑重点关注因何改革的问题,既涉及政治、经济、文化等环境变化,又涉及不同阶段供需矛盾冲突、组织困境问题、国家统一规定、地方教育诉求等具体变化,还涉及权力精英偏好等主观原因。1911 年 10 月,武昌起义爆发后,革命浪潮席卷中国。在此时代环境下,湖南省、陕西省、江西省等纷纷宣告脱离清政府。由是,独立省份推翻清朝省级政权,并各自建立起负责全省教育行政在内的新省级政权组织。1912 年 1 月 1 日,中华民国临时政府在南京成立,三个月后又迁至北京。在政权迅速更迭的背景下,各自为政的各省省级教育行政部门难以担负起统一恢复各省教育正常秩序的重任。可以说,二者的内在矛盾促使中央教育部于 1912 年 5 月下令各省统设教育司,但只有南方省份予以响应。为了加强中央集权,改变各行其是的南北省级政权组织,1913 年 1 月,北洋政府颁行《画一令》。由此,袁世凯控制的北方诸省才开始将清末提学使司改为教育司。然而,各省教育司设立不久,南方省份发起"二次革命"。为了破灭革命,北洋政府国务院会议决议倡行"减政主义"。受此动力驱

使,一些省份的主政者凭着主观偏好,率先将教育司划入减政行列,强行缩减为教育科。这种"裁司设科"举措,经袁世凯允许、《省官制》确认,便在全国各省强制落实。新文化运动后,大力普及义务教育以开通民智,成为人们的共识。然而,各省教育科位低权轻的现状与亟待普及教育的需求之间的矛盾在各省教育场域日益加剧,促使教育部主事高丕基、直隶教育会长张佐汉等人发出行政改革的强烈呼声。这一呼声经全国教育会联合会持续讨论不断发酵,再经教育总长范源廉、众议院议员等权力精英的积极呼应与直接推动,最终促成教育厅制的颁行。这一时期,军阀混战连绵不断,中央与地方的关系急剧恶化,以致1925年起广东、广西等省脱离北京政府,隶属广州国民政府,并遵照《省政府组织法》成立省政府。1926年,北伐战争开始后,各省政权瞬息万变,以致省级教育行政部门也随之变动,呈现混乱局面。至1927年4月,南京国民政府成立后,随着全国统一格局的形成,各省省政府遵照中央统一规定下设教育厅,以恢复地方教育秩序。然而,中央与地方的矛盾并未缓解,导致各省政局依旧动荡不宁。由是,易受政权更迭影响的各省教育厅,位低权轻,职员参差不齐,无力统筹地方教育发展。鉴于此,蔡元培等权力精英基于个人欧洲游历,呼吁并推进大学区试点。蔡元培坚信:此制必较之现在的教育厅成效更多。然而,游离于国家政权体系的大学区自试点以来,外受中央官员、地方官员、教育界人士的批评,内受制度缺损、权责太广、大学与行政职能不容的困扰,促使国民党中央于1929年下令废止大学区,而恢复省教育厅。全面抗战爆发后,国民政府采取"战时须作平时看"的教育总方针。由是,各省教育厅受战争局势变化、频繁迁移、经费及人员紧缩、中央规定变动、省政府改组、教育厅长更易、战时本省教育需求等因素的共同驱动,不断调整组织。全面抗战结束后,受全国局势环境变化、地方教育恢复与发展诉求等动力的驱使,各省教育厅继续调整组织规模。

## 二、目标逻辑:政治目标与教育目标的交错

行政改革的目标逻辑重点关注为何改革的问题。纵观民国时期省级教育

行政改革的历程可知,每次改革的动因复杂多样,导致组织改革的目标复杂多变。辛亥革命后,各省政权机构建立了多元省级教育行政部门,旨在实现各省脱离清政府管辖、实现本省独立的政治目标。中华民国成立后,各省统设教育司,以期在政权急剧更迭时期实现中央统一部署下各省教育事业恢复与发展的目标。然而,"二次革命"爆发后,省级教育行政改革的目标让位于袁世凯在"减政"借口下企图削弱南方省份国民党势力的政治目标。1917年教育厅的创设,旨在使教育厅直属于教育部而免受政局干扰,实现健全教育行政体系、提升省级教育行政地位、厘清教育厅权责范围,进而适应地方普及教育的急切需求。然而,军阀混战的年代,随着中央与地方矛盾的加剧及北伐战争的爆发,省级教育行政改革的目标再次被迫让位于中央政权更迭背景下加强国民党领导下中央集权的政治目标。至1927年,尽管全国政权在形式上实现统一,但各省教育厅位低权轻、办事困难的处境并未纾解。鉴于此,在蔡元培等权力精英的争取下,在浙江、江苏、北平、河北等省市试点大学区,由大学管理省域教育事业。其主要目标有三:一是将省级教育行政组织独立于普通行政外,免受政局动荡干扰,实现省级教育行政组织独立化;二是独立化的省级教育行政组织加强与学术的沟通,实现省级教育行政组织学术化;三是由学术化的省级教育行政组织管理省域教育,实现省域教育科学化。应该说,各大学区的陆续成立,标志着第一个目标已基本落实,但后两个深层目标因各方掣肘而未能实现。由是,各省恢复统一的教育厅建制,将其纳入国家政权体系,进而实现强化中央集权、加强国民党领导、促进省级政权统一、推进地方教育事业发展的多重目标。全面抗战时期,各省教育厅不断精简与调整组织,旨在实现特殊时期加强中央集权、提升教育行政效率、传续地方教育火种、推进本省战时教育的复杂目标。抗战结束后,各省教育厅继续调整组织,以期实现本省教育恢复与发展的目标。简言之,民国时期省级教育行政改革不完全是为了实现教育层面的目标,还有复杂深刻的政治目标,而且这些目标是交错呈现的。

## 三、策略逻辑:断裂变迁与路径依赖的嵌套

行政改革的策略逻辑重点关注如何改革的问题,具体涉及改革的方式、技术等。民国时期,历次改革的动因复杂多样、目标复杂多变,共同决定了省级教育行政改革难以采取正常、连续的渐进式改革方式。因此,连续的断裂式变迁便成为这一时期行政改革的常态。纵观民国时期省级教育行政改革的历程发现:从多元并存、各行其是的省级教育行政部门到设立统一、独立的省教育司,从以减职员、减机构、减薪俸为核心的"裁司设科"到仿照美国经验统设独立的教育厅,从各自为政的省级教育行政部门到统一设立各省教育厅,从仿照欧美经验试点大学区到教育厅的恢复与调整,总体上呈现出频繁激进的断裂式变迁的改革态势。当然,这是民国时期省级教育行政改革策略的一个面相,而非全部。这是因为,路径依赖已植根于中国官僚制传统中,嵌套于断裂变迁的行政改革态势中,同样是该时期行政改革的基本方式。具体而言,一是从组织名称看,清末提学使司的称谓直至 1913 年《画一令》颁布后才正式退出历史舞台;1917 年教育厅制颁布后,除短暂试点大学区的若干省市外,其余大多数省份基本沿用教育厅的称谓。二是从组织形态看,1906 年,学部督促各省设立了提学使司,形成"分课治事"的组织形态。进入民国后,这种组织形态在历次改革中不断得到强化。三是从领导体制看,早在清末,提学使司已形塑中央学部与各省督抚的双重领导体制。进入民国后,尽管政治局势急剧变动、中央与地方的关系不断被重塑,但省级教育行政部门接受中央与省级双重领导的体制却基本得到延续。三是从组织角色看,清末新政时期,提学使司初步形成了管理、办学、评价于一身的全能角色。进入民国后,伴随着中央集权步伐的不断加快,省级教育行政部门的全能角色,在改革实践中逐渐得到自我强化。四是从问题困难看,路径依赖导致机构臃肿、权责不明、制度缺损、督而不改、碎片治理、效率低下等复杂问题,在省级教育行政改革中执拗地存在。一言以蔽之,民国时期省级教育行政改革是在断裂式变迁与路径依赖的嵌套下进行的。

## 第二节　省级教育行政的主要特征

从一定意义上讲,省级教育行政组织变迁及实践历程,是近代国人学习与模仿国外教育行政经验,变革传统教育行政组织,摸索适应我国省域教育发展需要的省级教育行政组织的过程。这一过程不仅呈现复杂多样、激进频更、路径依赖等样态,还具有如下主要特征。

### 一、探寻独立

从世界范围来看,近代以前,无论是西方,还是东方,教育行政均未获得独立地位。其中,在英国、法国、德国等国表现为神权一统,即教育行政主要由教会负责办理;在日本、韩国、中国等国则表现为政教合一,即普通行政和教育行政是合二为一的。18世纪60年代起,西方国家进行工业革命。为了大力普及教育,设置独立的各级教育行政部门便成为历史发展的必然。比如英国,中央政府层面,1833年设立枢密院教育委员会,1856年改设教育局,1899年改设教育署;地方层面,1870年分学区设立学校委员会,1902年依郡、市、镇、乡四级行政区划分设教育委员会。[①] 再如日本,1868年,明治政府成立后,视普及教育为富国强兵的重要途径。为有效管理教育事业,中央政府于1871年设立文部省;地方层面于1872年仿照法国大学区制,将全国分为8个大学区,每个大学区分32个中学区,每个中学区分210个小学区[②],1879年《教育令》废除学区制,规定

---

① 曾天山主编:《外国教育管理发展史略》,北京:教育科学出版社,1995年,第32—33页。

② 曾天山主编:《外国教育管理发展史略》,北京:教育科学出版社,1995年,第77—78页。

以町村为单位设置公选学务委员①。又如韩国,朝鲜王朝即"李朝教育行政可以说是政教一致的,礼教一致的,祭教一致的"②,其中中央礼曹的职责之一是全国教育行政,而在地方层面,"作为国王的代理人,地方官被赋予行政、司法、军事的权限和责任,同时执行教育行政工作"③;1894 年"甲午改革",中央层面专设学务衙门,次年改名为学部④。总体来看,近代各国教育行政部门名目虽有不同,但教育行政独立于教会抑或是普通行政,是世界各国教育行政发展的主要趋势。

清末"新政"时期,受国外教育行政独立潮流,以及国内"废科举,兴学堂"等因素影响,我国也迈出了教育行政独立的步伐。1905 年,清廷始设学部,主管全国教育事业。翌年,学部在借鉴国内外教育行政经验基础上,规定各省设置独立性质的提学使司,隶属于学部,主管省域教育事业,标志着传统"政教合一"体制的终结。辛亥革命以来,省级教育行政组织尽管进行了 8 次大调整,但其间追求省级教育行政部门独立的步伐未曾停歇。即便是在省级教育行政部门地位最低下的"裁司设科"时期,一些教育部官员、地方教育界士绅也曾积极建言献策,要求设置独立性质的省级教育官厅,最终于 1917 年促成了教育厅制度的出台。国民政府成立之初,鉴于以往教育厅制存在的种种弊端,1927 年 6 月起,江苏、浙江、河北、热河、北平、天津等省市陆续试行大学区制,赋予大学管理省域教育的新职能,开启了大学管理省域教育的新模式,这促使中国近代省级教育行政独立化达到前所未有的顶峰水平。1929 年,这些省份陆续恢复教育厅建制,并隶属于省政府,大学区时代的省级教育行政"绝对独立"形态由此淡出历史舞台。尽管如此,此后的各省教育厅仍具有相对独立的自主性。

---

① [日]河田敦子著:《近代日本地方教育行政制度の形成過程——教育制度と地方制度の構造的連関》,東京:风间书房,2011 年,第 7 页。
② [韩]康吉秀著:《韩国教育行政史研究草》,首尔:载东文化社,1980 年,第 87 页。
③ 박수정지음:《한국교육행정사탐구》,대전:충남대학교출판문화원,2016 年,第 71 页。
④ 김명신저:《한국교육사》,서울:동문사,2013 年,第 162 页。

## 二、日趋专业

18世纪60年代后,随着西方国家社会事务日趋复杂与分工深化,政府机构也不断细化专业分工,呈现出层级分明、分工明确、专业人员充任职位的理性官僚制组织结构。这种结构一旦确立,"就会成为难以摧毁的社会结构","因为它依赖的是专门素养、工作职能专业化以及在逐一掌握条理性相互协调的职能时那种惯常的精益求精态度"。① 这种专业化潮流对西方国家乃至日本教育行政部门的职能配置、职员资格要求、教育督导等方面产生了巨大影响。自清末"新政"始,上述理念经由日本逐渐传入中国,并对中国教育行政体制产生了深刻影响,主要表现有三方面:

一是职能配置日趋专业。1906年,学部督促各省设立了提学使司,内分总务、普通、专门、实业、会计、图书六课,由各课担负相应的权责,从而形成"分课办事"的组织形态。辛亥革命以后,受制度变迁的路径依赖影响,我国省级教育行政部门虽几经变更与调适,但提学使司"专业分工"的组织形态得到延续,并在此基础上根据各时期教育和政治的发展需求更新与调整职能配置。

二是行政人员日趋专业。1906年,学部颁布的《各省学务官制》中,确立了从具备"品端学粹""曾经出洋""究心学务""素有阅历"等条件的翰林院人员中,选拔提学使人选的用人原则。这些用人原则不仅打破了任人唯亲的潜规则,也对此后省级教育行政人员的选拔产生了深远影响。民国时期,中央政府对省级教育行政人员的素质要求日趋专业。从该时期各省教育厅行政人员的实际资格来看,各省教育厅长、省级教育视导人员等职员的专业素养确实逐步提高。这点在民国时期各省政局动荡不宁的境遇中尤显可贵。

三是教育视导日趋专业。1906年,各省提学使司首设省视学。民国成立后,各省省级教育行政部门虽时有更替,但省视学的职位基本得到保留。而且,

---

① ［德］马克斯・韦伯著:《经济与社会》(第二卷上册),阎克文译,上海:上海人民出版社,2020年,第1360页。

民国时期,省级教育视导人员合法性地位逐渐增强,省级教育视导的理念从重视普通视察向重视专门视察与辅导帮助变化,从而在一定程度上保证了省级教育视导职能工作的开展。

总之,这一时期,省级教育行政在推进中国教育行政专业水准,建立理性官僚制教育行政组织的进程中,取得了积极的成果。

## 三、渐趋规范

规范化是近代工业文明的关键特征。这无一例外地体现在早期西方国家各行各业的日常运作中。可以说,建立内部机构规章、人员管理规章、经费管理制度,并据此管理教育事业,是工业革命以后西方国家教育官僚制行政发展的一大趋势。清末"新政"时期,西方教育行政制度经由日本传入我国,由此开启了中国教育行政规范化、法治化的历程,逐渐改变了长期以来存续的"礼治"传统。[①] 主要表现有三方面:

一是行政部门管理渐趋规范。1912 年以来,各省省级教育行政部门相继出台了一些内部管理规章,如办事规则、厅务会议规则、请假规则、视学服务规则、督学办事细则等。无疑,这些规章的出台与实施,确实对规范省级教育行政部门运作、提升省级教育行政效率起到了促进作用。

二是行政人员管理渐趋规范。民国时期,公务员的资格、任免、薪俸、考核均有相当的规范性要求。其中,全面抗战时期,公务员的考核还踏上了精确量化考核奖惩的道路,评分细目不断具体明确。由是,各省教育厅也迈开了精确量化奖惩的步伐。无疑,这一举措对提升教育厅职员工作积极性、提高省级教育行政效率具有重要意义。

三是省级教育经费管理渐趋规范。清末,各省提学使司普遍采用我国传统

---

① 费孝通认为,"法治"和"礼治"均属行为规范,但维持规范的力量却不同。其中,"法治"是人以法律而治,而法律靠国家权力机构来推行的;"礼治"则靠传统来维持。详见费孝通著:《乡土中国 生育制度 乡土重建》,北京:商务印书馆,2014 年,第 51—53 页。

的四柱清册法(旧管、新收、开除、实在),若干省份开始试办预决算,而且少数省份还拟定教育经费惩劝规章。① 然而,进入民国后,在最初的几年时间,各省省级教育经费多由省级财政机构管理,故省级教育行政部门尚未萌生制定经费管理制度的意识。直至20世纪20年代,在军阀混战、动荡不宁时期,为使省教育经费免受政局干扰,少数省份实现了省级教育经费独立,并由各省省级教育行政部门制定相关制度加以保障;国民政府初期,全国多数省份教育厅在借鉴西方管理经验基础上,逐渐设置保管、会计、稽核等性质的省级教育经费管理机构及人员,并加强对经费征收、保管、支付、会计、稽核等环节的制度设计与安排,省级教育经费管理规范化的意识遂日趋强化;国民政府后期,各省教育厅遵令举办预决算,而且不断加强经费保管制度、支付制度、分配标准的建设工作,从而在一定程度上遏制了经费被滥用、侵吞、挪移等弊病。

## 四、管办评一体

受秦以来传统集权制的影响,清末提学使司在省域教育管理实践中,就已初步形塑了集管理者、办学者、评价者于一身的全能角色。进入民国后,伴随着中央集权步伐的不断加快,省级教育行政部门的全能角色,在省域教育管理实践进程中进一步得到强化。

具体而言,民国时期,当省级教育行政部门作为管理者时,其不仅关注省域教育规划与决策、属员任免与考核、经费筹措与管理、教育视察与指导、全省会议召开等行政事宜,还着手处理学校立案与审查、中小学教员登记与检定、教科书编审等具体事务;当作为办学者时,举凡省立各级各类学校的开办、学校经费的筹措与分配、学校与社教机关设备的补充、学校教职员的任免、教职员的补给与培训、学生的毕业会考、失学学生的登记、学校学风的整顿、暑期学生的集训、学校人事与财产纠纷的排解等细琐事务,或亲力亲为,或派员着手处理;当作为

---

① 比如1908年,湖北提学使高凌霨拟定《各厅州县收解赔款改学堂捐惩劝简章四条》。详见《提学使司高又拟呈各厅州县收解赔款改学堂捐惩劝简章四条》,《湖北官报》,1908年第20期,第9页。

评价者时，比如地方教育行政、法令规章落实、校舍设备、教员程度、学生素质、教学质量等事项的办理成效，皆通过省级教育视导报告、地方教育报告、地方办学表册等渠道获取信息，并据此进行行政评价。概言之，民国时期的省级教育行政部门在本质上，不单纯是层级较高的行政管理部门，还是"无所不包"的事务部门与评价部门。

# 第三节　省级教育行政的经验教训

民国时期,省级教育行政部门在行政管理实践过程中,积累了丰富的经验教训,值得深入总结与反思。

## 一、行政环境的支持是"行政"的基本前提

从行政管理学角度来看,行政环境是指直接或间接作用影响行政管理主体及其活动过程、活动方式的所有外部要素的总和。[①] 这些外部要素的形式复杂多样:"有自然地理的、政治的、经济的、文化的和社会的环境;有物质的环境,也有精神的环境。"[②]若再加上行政环境中的人为因素,"就使公共行政环境更加复杂,更加难以确定"[③]。而且,这些要素不是孤立运作的,而是相互联系的,"共同构成行政管理的外部要素、境况,影响和制约着行政管理的思想观念、方式等,并不断地处于发展变化的动态过程之中"[④]。由此说明,行政管理深受行政环境的约束,是行政环境的产物。反观民国时期省级教育行政,亦不例外。这一时期,各省的政治、军事、经济、文化等情况颇为复杂多样,因此各省省级教育行政部门面临的行政环境也大不相同。

从中观的一省教育管理实践过程来看,以山西省为例,1918—1937 年,山西义务教育之所以能够蓬勃发展,一个主要原因是阎锡山治下晋省政局相对稳

---

① 姜秀敏编著:《行政管理学》,沈阳:东北财经大学出版社,2015 年,第 26 页。
② 齐明山主编:《公共行政学》,北京:中央广播电视大学出版社,2016 年,第 22 页。
③ 齐明山主编:《公共行政学》,北京:中央广播电视大学出版社,2016 年,第 22 页。
④ 姜秀敏编著:《行政管理学》,沈阳:东北财经大学出版社,2015 年,第 26 页。

定,而且阎锡山重视省域义务教育,并向教育厅给予经费与政策支持,配合教育厅严格奖惩地方官员办学成效;1937 年后,山西政局不断恶化:全面抗战时期晋省多被日寇侵占,抗战结束后阎锡山又忙于打内战,无暇顾及晋省义务教育,也不支持教育厅工作,因而该时期省域义务教育日趋衰落。

再从微观的省级教育行政亲历者口述视角来看,1917—1921 年任贵州省署教育科长的桂百铸,在晚年回忆称:当时,贵州"教育事务逐渐地多起来,教育科权力小,无力管,省长对教育也莫名其妙"①,而且"那时的贵州教育科想办事没有钱,贵州财政很困难,教育又只是花钱,这个问题是不容易解决的。我和财政厅厅长张协陆为补助留学生的事吵起来,还是得不到,再吵,再得不到,还要吵。吵,总是经常事,吵、打都解决不了事"②。贵州教育科得不到各方支持的尴尬处境,由此可见一斑。

1928 年 6 月,何思源就任山东省教育厅长。最初几年,他同样遭遇因得不到各方支持而无法办事的尴尬。1928 年 6 月至 1930 年 5 月,石敬亭、孙良诚、陈调元先后出任山东省政府主席。何思源在晚年回忆称:"主席上司这样换来换去,更使我难以招架。况且'一朝天子一朝臣',每换一个主席,就来一批新人,上自委员、厅长,下至护兵、马弁,往往都不认识。所以每次我都要打起精神,了解上,熟悉下,忍气吞声地四面磕头。"③1930 年 9 月,韩复榘出任省政府主席之前,曾向国民政府力荐"自己人"即他的参谋长张钺为教育厅长,但"国民党中央政府不准","居然换不动一个厅长,韩复榘当然很不高兴",因而对何思源在"态度上颇为冷淡"。④据何思源回忆:"最令人难堪的,是韩的部下那些趋炎附势的人,他们看着韩复榘的眼色行事,往往变本加厉地设法抵制我、排斥

---

① 桂百铸:《民国初年我经办的贵州教育》,载贵州省政协文史与学习委员会编:《文史资料存稿选编》(第三卷),贵阳:贵州人民出版社,2006 年,第 299 页。

② 桂百铸:《民国初年我经办的贵州教育》,载贵州省政协文史与学习委员会编:《文史资料存稿选编》(第三卷),贵阳:贵州人民出版社,2006 年,第 297 页。

③ 何思源:《我与韩复榘共事八年的经历和见闻》,载中国人民政治协商会议全国委员会文史资料研究委员会编:《文史资料选辑(合订本)》(第十三册),北京:中国文史出版社,1986 年,第 196 页。

④ 何思源:《我与韩复榘共事八年的经历和见闻》,载中国人民政治协商会议全国委员会文史资料研究委员会编:《文史资料选辑(合订本)》(第十三册),北京:中国文史出版社,1986 年,第 197 页。

我，千方百计地陷害我。他们拼命力争的是一个我所不愿干的教育厅长。其中鼓动最力的是秘书长张绍堂、财政厅长王向荣、委员兼长'参议厅'的张铖和几个处长。因此在韩复榘主鲁的最初一段时间，我是处于四面楚歌之中，天天如坐针毡。"①

根据何思源回忆，他遭遇到的阻力有二：一是故意克扣教费。"他们对我第一个打击，是缩减教育经费"，"财政厅故意把收入估计低，使收支不符"。②在何思源看来，"这一炮，他们就打错了，打的不是我，而是全省多少万教员和百余万学生，间接也打到全国教育界人士的身上"③。为此，他愤而去找韩复榘，表示教育经费只能逐年增加不能减少，并直言："这不是我个人的事，事关后代青年。主席要我干，就得这样；不叫我干，我就走路。"这一"将军"，"使韩复榘无法躲闪，结果他表示绝不减少教育费，以后每年还得增加。最后，他站起来说：'决不欠你的教育费，你放心吧！'"④二是制造人事纠纷。"韩的部下见削减教育经费之计不成，又生一计。1931年春，教育厅第一科科长王延衡家中有一亲戚自缢身死，留有遗书。韩复榘的军法处硬说是王延衡害死的，遗书是王假造。"⑤何思源称：他们这样做的目的是"先定王的死罪，然后才能追到我身上"⑥。此事经舆论发酵，曾轰动国民党中央和全国司法界，后经"江苏高等法院公开审讯，即据实宣判王延衡无罪"⑦。通过前后几次"较量"，韩复榘才意识到："全省政府

① 何思源：《我与韩复榘共事八年的经历和见闻》，载中国人民政治协商会议全国委员会文史资料研究委员会编：《文史资料选辑（合订本）》（第十三册），北京：中国文史出版社，1986年，第197页。

② 何思源：《我与韩复榘共事八年的经历和见闻》，载中国人民政治协商会议全国委员会文史资料研究委员会编：《文史资料选辑（合订本）》（第十三册），北京：中国文史出版社，1986年，第198页。

③ 何思源：《我与韩复榘共事八年的经历和见闻》，载中国人民政治协商会议全国委员会文史资料研究委员会编：《文史资料选辑（合订本）》（第十三册），北京：中国文史出版社，1986年，第197页。

④ 何思源：《我与韩复榘共事八年的经历和见闻》，载中国人民政治协商会议全国委员会文史资料研究委员会编：《文史资料选辑（合订本）》（第十三册），北京：中国文史出版社，1986年，第198页。

⑤ 何思源：《我与韩复榘共事八年的经历和见闻》，载中国人民政治协商会议全国委员会文史资料研究委员会编：《文史资料选辑（合订本）》（第十三册），北京：中国文史出版社，1986年，第198页。

⑥ 何思源：《我与韩复榘共事八年的经历和见闻》，载中国人民政治协商会议全国委员会文史资料研究委员会编：《文史资料选辑（合订本）》（第十三册），北京：中国文史出版社，1986年，第199页。

⑦ 何思源：《我与韩复榘共事八年的经历和见闻》，载中国人民政治协商会议全国委员会文史资料研究委员会编：《文史资料选辑（合订本）》（第十三册），北京：中国文史出版社，1986年，第199页。

只有何某一个人是山东人，又是读书人，我们还不能容他，不要越作（做）越小，那样，非垮台不可。"[1]从此，"山东省库从来没有欠过教育经费。韩复榘履行了他的诺言"[2]。同时，各方没有再为难何思源，并支持其工作，故山东教育得以发展。

这些正反两面的例子充分表明，行政环境的强大支持是省级教育行政部门顺利"行政"的一个基础性的"自变量"，直接决定省级教育行政部门能否做成事。

## 二、组织完整且稳定是"行政"的关键所在

从行政管理学角度来讲，构成行政组织的基本要素包括机构设置、职位配置、权责划分、人员配备等。由此来看，民国时期，各省省级教育行政组织的完整程度相差甚大。相对而言，江苏、浙江、安徽、湖北、湖南、四川、山东等省的省级教育行政组织较为完整。这些省份的机构设置、职位配置、权责划分、人员配置较为合理、健全，这就为各省省级教育行政部门的顺利"行政"提供了关键的组织保障。与之相比，吉林、热河、察哈尔、甘肃、宁夏、青海、新疆等省的省级教育行政组织较弱。这些省份的员额不足、机构设置不健全、权责不明、职能缺损等问题颇为突出，因而对各省省级教育行政部门的职能发挥以及省级教育行政效率的大幅提升产生了不良影响。比如甘肃省，1917—1927年，省域社会教育发展之所以迟缓，与该省教育厅未设社会教育专科息息相关。那么，行政组织完整就一定能保证省级教育行政部门顺利"行政"吗？答案是否定的。比如安徽省，1918—1937年，省域义务教育之所以迟迟得不到发展，与该省教育厅长走马灯似的频繁更换息息相关。再如，全面抗战以还，浙江的省域中学教育、甘

①　何思源：《我与韩复榘共事八年的经历和见闻》，载中国人民政治协商会议全国委员会文史资料研究委员会编：《文史资料选辑（合订本）》（第十三册），北京：中国文史出版社，1986年，第200页。

②　何思源：《我与韩复榘共事八年的经历和见闻》，载中国人民政治协商会议全国委员会文史资料研究委员会编：《文史资料选辑（合订本）》（第十三册），北京：中国文史出版社，1986年，第198页。

肃的省域社会教育,之所以能得到恢复与发展,与两省教育厅长的任期稳定紧密相连。以上正反两面的个案恰恰说明,行政组织的完整且稳定是省级教育行政部门顺利"行政"的关键所在。

## 三、行政能力是"行政"的必备素质

从概念上讲,"行政能力主要是指政府有效行使其职权,实现其职责和行政目标的能力"[①]。如果说行政环境是行政主体顺利"行政"的外因,那么行政能力则是行政主体顺利"行政"的内因。从前文分析可知,民国时期省际省级教育行政能力差异较大。比如江苏省,省域社会教育之所以能勃兴,并能在抗战困局中恢复与改进,主要得益于省级教育行政部门较强的行政能力。这具体包括以下方面:一是教育规划能力。自1912年6月起,省级教育行政部门便着手规划省域社会教育,持续关注社会教育的经费、场馆、设施、人才、行政等内容,始终保障社会教育计划的连续性与可行性,统筹兼顾社会教育的规模扩大与质量提升。因此,江苏省级教育行政部门的行政思路一直相对稳定。二是教育决策能力。省级教育行政部门重视民主决策,即通过搭建各种议事平台,积极吸纳各方意见,凝聚推进省域社会教育的最大共识。三是资源汲取能力。省级教育行政部门积极与政府部门、教育界组织合作,不断聚拢发展省域社会教育的各种有利资源。除江苏省外,民国时期浙江省的省域中学教育,以及全面抗战以来安徽省的省域义务教育、甘肃省的省域社会教育等,之所以能得到恢复与发展,与其省级教育行政能力的提升密切相关。与之相比,民国时期四川省的省域中学教育长期处于"量增质减"的困局。如果说,1937年以前与川局紊乱、省级教育行政长官频更等因素有关的话,那么1937年以后则与四川省教育厅的行政思路游移不定、整顿力度不足等主观的行政能力薄弱密切相关。除四川省外,1937年以前安徽省的省域义务教育、甘肃省的省域社会教育,以及1937年

① 李斌:《政府行政能力概念辨析》,《宁夏大学学报(人文社会科学版)》,2008年第5期,第140页。

以后山西省的省域义务教育,均迟迟不上正轨,与其省级教育行政能力的缺失与不足息息有关。质言之,行政能力的强弱是省级教育行政部门顺利"行政"的一个关键性的"自变量",直接决定省级教育行政部门把省域教育事业办到何种水平。

## 四、"管办评一体"是"行政"的双重模式

从清末各省设立提学使司以来,我国就已形成"管办评一体"的省级教育行政管理模式。进入民国后,这种管理模式在省级教育行政实践中进一步强化。平心而论,民国时期,"管办评一体"是具有促进与阻碍双重作用的省级教育行政管理模式。一方面,这一模式在推进地方教育现代化过程中,起到迅速聚集省域教育资源、规范省域教育秩序、大规模普及省域教育事业等积极作用。比如民国时期的浙江省中学教育质与量能够同步发展,民国前期的山西省义务教育能够大规模普及,全面抗战以来的安徽义务教育和甘肃社会教育能够起步与发展,皆得益于其省级教育行政部门所推行的"管办评一体"模式。另一方面,在这种管理模式下,省级教育行政管理实践出现诸多问题。一是民国时期省级教育行政部门"管得太宽""管得太死""政事不分""权责不明"等问题颇为突出,致使部分省级教育行政部门的长官及属员疲于应对,严重制约了省级教育行政效率的提升。比如,1935 年,章有才在福建省教育厅实习时发现:本厅"专司某事之科员对于本分之工作,非科长策动不图积极改进、贡献创见,以谋所司事务臻于尽善。徒抱被动之态度,应付例行公事,埋头于'等因奉此''呈悉此令'之间,即已尽责"[1]。再如,1944 年 8 月 15 日,湖北省教育厅长张伯谨向友人湖北高等法院检查处毛家祺写信透露:"此次省府改组,方期仔肩得卸,乃迭电恳辞,

---

① 章有才:《福建省教育厅实习报告(1935 年)》,载南京图书馆编:《二十世纪三十年代国情调查报告》(222),南京:凤凰出版社,2012 年,第 265 页。

皆不获请,惟有更策,疲驽以赴,事功耳肃,电奉复并颂。"①从"方期仔肩得卸"
"迭电恳辞""惟有更策,疲驽以赴"等措辞可以看出,张伯谨已身心俱疲,想趁着
湖北省政府改组的机会抓紧卸任教育厅长职务。二是地方办学积极性差、学校
"等靠要"等问题颇为突出,从而大大制约了这一时期地方教育现代化的进程。
一言以蔽之,"管办评一体"模式既是历史的经验,也是历史的教训。

## 五、制度建设与监督考核是"行政"的重要基础

制度建设与监督考核是行政部门的两大职能。民国时期,部分省份的省级
教育行政部门逐渐加快规章制度建设的进程,同时也积极监督规章制度落实的
情况,重视考核地方办教育的成效。比如江苏省,1912 年省级教育行政部门成
立以来,便着手搭建全省教育行政会议等议事平台,进行民主决策,并将议决案
尽力转化为规章制度加以实施,还着力强化督导与考核力度,严格督促与奖惩
社教人员,切实督促省域社会教育事业有序发展。再如甘肃省,1912—1937
年,甘肃省级教育行政部门不关注省域社会教育的顶层规划与制度建设,不严
密监督地方办学实况,不严格奖惩考核责任主体,以致省域社会教育迟迟不能
推进。又如四川省,民国时期四川省级教育行政部门重视顶层制度的建设、重
视教育视导机制的创新、重视教育视导工作的推进,但却忽视了严格的奖惩考
核,因此地方办学者往往将省级教育视导人员的建议视为具文,并未切实改进
工作。以上三个实例说明,制度建设、视察监督、考核奖惩是省级教育行政部门
顺利"行政"的重要基石。

---

① 湖北省教育厅:《湖北省政府教育厅关于湖北省政府改组张伯谨请辞的代电》,湖北省档案馆
藏:《湖北省教育厅档案》,LS007-010-2994(1)-0017。

# 第四节　省级教育行政的历史影响

民国时期的省级教育行政,不仅对当时的地方教育产生了深刻影响,也对中国共产党领导下的各边区教育产生过重要影响,还对新中国地方教育产生了深远影响。

## 一、对民国地方教育的影响

民国时期省级教育行政部门的建立,产生了诸多积极影响:一是纾解了教育部难以管控全国各省教育事业的困境,推动了各阶段中央教育方针政策贯彻落实渠道的顺利通畅,保障了各阶段中央与地方的有序互动,促进了不同时期教育部对各省教育实况的了解与监督。二是改变了地方教育各自为政的局面,保障了省级政府部门与基层办学主体的有序互动,促进了省级教育行政部门对省域教育实况的了解。三是促进了地方教育的普及化。四是推动了地方教育的大众化。

同时也应看到,民国时期省级教育行政也遭遇诸多困难与问题,进而产生了许多不良影响:一是职能机构臃肿、职能交叉错位等问题,大大阻碍了省级教育行政效率的提升。比如河南省,1935 年,省教育厅第二科主管中等教育行政事宜,考绩委员会负责中等学校会考等事宜,导致"第二科与中等学校发生实际问题,有颇不能互通之苦"①。二是因组织设置不完整,地方教育事业难有进展。如甘肃省域社会教育,就曾遭遇此种问题。三是职员待遇低下且无保障,

---

① 刘馨:《河南省教育厅实习报告(1935 年)》,载南京图书馆编:《二十世纪三十年代国情调查报告》(222),南京:凤凰出版社,2012 年,第 722 页。

以致生活极为窘困，从而不仅导致职员工作积极性差，还迫使部分职员兼差谋生，最终大大制约省级教育行政效率的提升。四是只用"自己人"、随意调动属员等现象普遍存在，导致职员素质参差不齐，进而阻碍了省级教育行政效率的改进。四是受中央政权频繁更迭、地方政局不稳、党政派系纠葛、教育界派系争斗等不确定因素的强烈干扰，省级教育行政部门负责人任期短暂，多在两年以下，这不仅阻碍省级教育行政部门的正常运转，也导致省域教育规划或严重缺失或无力落实，还造成属员、各校校长及教职员任期具有相当大的波动性，如四川教育界长期存在的"六腊之战"即为明证。五是差旅费无着、地方教育界应付视导工作、视导人员少、视导区域广、视导任务重、视导人员素质偏低如同"盲人摸象"、视导报告权威性不足等主客观原因，导致省级教育视导职能未能充分发挥，从而严重干扰省级教育行政决策的可信度，进而致使地方教育改进效果大打折扣。六是受地方军阀混战、地方财政紊乱、物价飞涨、经费管理制度自身缺陷等复杂因素影响，民国时期省级教育经费难有切实的保障，进而大大制约了各省地方教育现代化的进程。

## 二、对延安时期边区教育的影响

延安时期，中国共产党领导的陕甘宁、晋察冀、晋冀鲁豫、苏皖等边区政府曾仿照我国已有的教育厅制，相继设立了教育厅，负领导与规划区域教育事业之责。

以陕甘宁边区为例，1937年9月6日，陕甘宁边区政府成立。是年10月，边区政府设立教育厅。从负责人变更情况来看，最初厅长为徐特立，副厅长为陈正人；1938年1月，陈正人被免职，周扬任副厅长；1939年，周扬任厅长；1940年，厅长先为周扬，后为周文，副厅长为丁浩川；1941年，厅长为周文，副厅长为丁浩川；1942年，厅长为柳湜，副厅长为贺连城；1946年，厅长为贺连城，副厅长为赵伯平，不久赵伯平调离后，由江隆基任副厅长；至1950年1月19日，陕甘宁边区政府撤销之时，厅长为贺连城，副厅长为江隆基。[1] 图 8-1 是 1948 年 10 月 21 日，厅长贺连城、副厅长江隆基就边区冬学工作发给各专员、县(市)长的函。

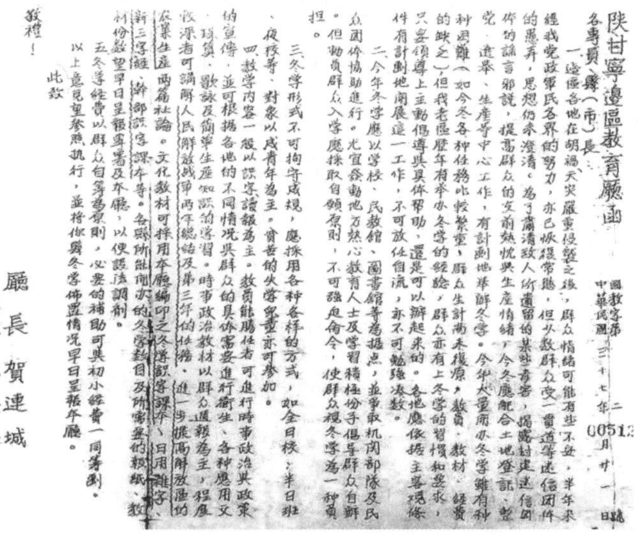

陕甘宁边区教育厅函

国教字第二号 中华民国三十七年十月廿一日 00512

各专员、县(市)长：

一、边区各地在胡匪、天灾严重侵袭之后，群众情绪可能有些不安，半年来经我党政军民各界的努力，亦已恢复常态，但少数群众受一贯道等迷信团体的愚弄，思想仍未澄清。为了肃清敌人所遗留的某些毒害，揭露封建迷信团体的谣言邪说，提高群众的文化热忱与生产情绪，今冬应配合土地登记、整党、选举、生产等中心工作，有计划地举办冬学。今年大量开办冬学虽有种种困难（如今冬各种任务比较繁重，群众生计尚未复原，教员、教材、经费的缺乏），但我老区历年有举办冬学的经验，群众亦有上冬学的习惯和要求，只要领导上主动倡导与具体帮助，还是可以办起来的。各地应依据主客观条件有计划地开展这一工作，不可放任自流，亦不可勉强凑数。

二、今年冬学应以学校、民教馆、图书馆等为据点，并争取机关部队及民众团体协助进行。尤宜发动地方热心教育人士及学习积极分子倡导群众自办。但动员群众入学应采取自愿原则，不可强迫命令，使群众视冬学为一种负担。

三、冬学形式不可拘守成规，应采用各种各样的方式，如全日校、半日班、夜校等。对象以成青年为主。贫苦的失学儿童亦可参加。

四、教学内容一般以识字读报为主。教员能胜任者可进行时事政治与政策的宣传，并可根据各地的不同情况与群众的具体需要进行卫生、各种应用文、珠算、歌咏及简单生产知识的学习。时事政治教材以群众通报为主，程度较深者可讲解人民解放战争两年总结及第三年的任务，进一步提高群众的农业生产两篇社论。文化教材可采用本厅编印之冬学识字课本、日用杂字、新三字经、干部识字课本等。各县所能翻印的冬学教材及所需要的纸张、教材份数望早日呈报专署及本厅，以便设法调剂。

五、冬学经费以群众自筹为原则，必要的补助可与初小经费一同筹划。

以上意见望参照执行，并将你县冬学布置情况早日呈报本厅。

此致

敬礼！

厅长 贺连城

副厅长 江隆基

**图 8-1 陕甘宁边区教育厅函(1948 年 10 月 21 日)**

图片来源：贺连城、江隆基：《陕甘宁边区教育厅函 国教字第二号》，
陕西师范大学教育学部陕甘宁边区教育研究中心藏。

从边区教育厅组织来看，1937 年 10 月，教育厅下设秘书处、社教科、学教科、行政科、编审委员会、巡视团；1939 年，编审委员会改为编审科，巡视团改称辅导团；1940 年，教育厅下设第一、二、三、四科及编审室、研究辅导室；1941 年，教育厅增设秘书室与第五科，附设新文字推行委员会；1942 年初，五科合并为四科，取消新文字推行委员会，研究辅导室改称督学室；1942 年 9 月，四科合并为三科，即负责在职干部教育的第四科被并入第二科[2]；1943 年，教育厅取消秘书室，改设政务、事务、人事等秘书，并把三科合并为二科，保留编审室和督学室；1944 年，教育厅取消督学室；1945 年，第一、二科分别改称国民教育科、中等教育科；1946 年，增设秘书室；1947 年，编审室改称编审科；1949 年，教育厅下

① 刘宪曾、刘端棻主编：《陕甘宁边区教育史》，西安：陕西人民出版社，1994 年，第 590－593 页。

② 陕甘宁边区教育厅：《教育厅工作检查总结报告》，陕西省档案馆藏：《陕甘宁边区教育厅档案》，10-15。

设秘书室、国民教育科、中等教育科、编审科、人事科、社会教育科、教材科。①

较之民国时期省级教育行政，边区教育厅行政管理的不同点在于：一是领导体制不同。边区教育厅隶属于中国共产党领导的民主政府——陕甘宁边区政府，旨在全面贯彻中国共产党的教育方针政策，全心全意为人民服务。很显然，这与民国时期尤其是国民党治下的省级教育行政领导体制有着本质区别。二是负责人设置不同。边区教育厅的负责人，除教育厅长外，还有副厅长，这与民国时期多数省份只设教育厅长一人的情形不同。三是工作领导制度不同。与民国时期教育厅不同，边区教育厅实行民主集中制。具体言之，边区教育厅除有"会议、报告、指示、巡视、检查等制度外，根据边区情况，特设督学及辅导团，进行集体视导。为了发挥民众团体作用，建立教育行政机关与民众团体的联系制度"②。

与此同时，两者也有许多相同点：一是边区教育厅依然沿用"分科办事"的组织形态。二是负责人任期由短暂趋于稳定。1942年前，负责人任期多不足一年；1942年起，负责人任期相对稳定。事实证明，延安时期，边区教育事业的辉煌成就，正是在此后一段时期里取得的。三是组织设置在前期时增时减变动性较大，1943年起组织架构渐趋平稳。四是尽管组织架构时有变更，但其科室名称与其他省份教育厅保持一致。五是"管办评一体"模式依然占据优势，因而边区教育厅在迅速凝聚资源、竭力推进普及教育的同时，也同样遇到事务主义、政事不分、权责不清、制度缺乏等困惑与问题。1943年2月，边区教育厅曾在《陕甘宁边区教育厅去年工作总结与今年工作计划》中写道："因为几年来，在这整个行政制度上，机关上存在有事权不清、领导不集中、缺乏一定制度的毛病，厅的领导与分区专署、县政府的职责亦非常紊乱，以上代下的现象，亦存在于厅与县间、专署一级。一般说，厅在教育领导上，起甚少的作用。各县国民教育大多均由厅直接领导，一切事务之运作亦集中到厅，这造成厅内历年来政务与事

---

① 刘宪曾、刘端棻主编：《陕甘宁边区教育史》，西安：陕西人民出版社，1994年，第590—593页。
② 陕甘宁边区教育厅：《陕甘宁边区的教育工作——过去成绩和今后方针》，陕西省档案馆藏：《陕甘宁边区教育厅档案》，10-9。

业、领导与事务不分,事务倒压一切的现象。在去年一年中,虽然力图建立制度,掌握领导中心,但日常工作,大半也多忙于事务工作,仍未挣脱事务主义的圈套。因此,了解情况、掌握政策以及在教育理论与方法等方面反未能全力关注,形成领导的不健全及未能改变过去的领导作风。"①由此来看,民国时期省级教育行政的一些优缺点,同样在陕甘宁边区教育厅的行政管理实践中重现了。

延安整风运动后,上述困惑与问题逐渐得到缓解。据边区教育厅称:"一九四四是我们的领导作风开始转变的一年。"②其中,新的转变主要体现在以下三点:一是"调查研究开始被重视,把了解下情放在第一位了,全年大半年时间,全厅干部(总共约十人),大半力量是用在到下面了解国民教育实际情况";二是"工作有中心,面向群众,开始有酝酿,对工作采取了较慎重负责态度";三是"肃清了文牍主义,给下级指示不多,指示信一般已改变过去的八股作风"。③

## 三、对新中国地方教育的影响

中华人民共和国成立前后,全国各省、自治区、直辖市人民政府相继设立教育厅(教育局、教育委员会)。很明显,新中国的省级教育行政管理组织,沿用了前一时期的教育厅建制。就其领导体制讲,加强中国共产党领导、坚持新民主主义办学方向是最为鲜明的特色。1950年后,各省省级人民政府撤销教育厅,改设文化教育厅,简称文教厅,主管全省文化和教育工作。1952年下半年起,各省陆续撤销文教厅,恢复教育厅。1966年"文革"爆发后,教育厅被"夺权"④,

① 陕甘宁边区教育厅:《陕甘宁边区教育厅去年工作总结与今年工作计划》,陕西省档案馆藏:《陕甘宁边区教育厅档案》,10-14。

② 陕甘宁边区教育厅:《关于教育厅检查作风总结大纲》,陕西省档案馆藏:《陕甘宁边区教育厅档案》,10-16。

③ 陕甘宁边区教育厅:《关于教育厅检查作风总结大纲》,陕西省档案馆藏:《陕甘宁边区教育厅档案》,10-16。

④ 《江西省教育志》编纂委员会编:《江西省教育志》,北京:方志出版社,1996年,第478页。

因而各省教育厅或处于基本瘫痪[1]，或陷于瘫痪状态[2]，或被迫停止工作[3]。1968 年前后，各省成立省革命委员会。旋即，省级教育行政部门缩减为省革命委员会政工组或政治部下的教育组，组织地位急转直下。事实上，当时由于学校停课闹革命、复课闹革命，教育组无力领导与筹划全省教育事业。1970 年起，多数省份陆续撤销教育组，设立省教育局，隶属省革命委员会领导。

"文革"结束后，为满足省域高等教育发展需求，陕西、辽宁、河北等部分省份曾划出省教育局的高等教育权责，单独成立省高等教育局。改革开放以来，各省又逐渐恢复了教育厅建制。1985 年 6 月国家教育委员会成立后，多数省份陆续撤销省教育厅，成立省教育委员会，旨在加强省级党委与人民政府对全省教育工作的领导以及协调各部门工作。2000 年起，随着省级政府机构改革的推进，各省陆续将省教育委员会改组为省教育厅，并沿用至今。

由上可知，中华人民共和国成立以来，省级教育行政组织几经剧烈的变迁。但总体来讲，尤其是改革开放以来，省级教育行政管理体制改革不断深化，组织结构不断完善，公务员素质显著提高，队伍稳定性不断增强，制度建设步伐不断加快。就前者而言，改革开放以来，伴随着省域教育管理改革进程的加快，省级政府在教育管理体制中的地位与权责不断强化，省级政府的统筹作用在省域教育综合改革中的重要性日益凸显。可以说，省级教育管理改革取得上述成就与民国时期省级教育行政相比，是不可同日而语的。

然而，民国时期省级教育行政的影响依然存在：民国时期"分科治事"的组织形态在新的时空条件下依然沿用；民国时期的组织架构仍在新时代的省级教育行政部门中变换名称后沿用。与此同时，民国时期省级教育行政存在的组织权责不明等问题依然存在；"管办评一体"模式依然在当下的省级教育行政管理中不同程度地存在；民国时期监督考核不到位的问题在新时代的省级教育行政管理中依然存在。

---

[1] 河南省地方史志编纂委员会编纂：《河南省志·教育志》，郑州：河南人民出版社，1993 年，第 532 页。

[2] 《江西省教育志》编纂委员会编：《江西省教育志》，北京：方志出版社，1996 年，第 478 页。

[3] 辽宁省地方志编纂委员会办公室主编：《辽宁省志·教育志》，沈阳：辽宁大学出版社，2001 年，第 35 页。

# 第五节　省级教育行政的当代借鉴

回到今天,在中国共产党的坚强领导下,在党和政府部门的不懈努力下,全国各省教育事业蓬勃发展。与此同时,部分省份依然存在管办评三方权责有待廓清、教育监督考核有待加强、城乡教育发展不均衡等诸多"卡脖子"的问题。可以说,以上问题不仅阻碍了省级教育治理能力的大幅提升,还制约了地方教育现代化的深入推进。时至今日,我国正处于"百年未有之大变局",尽管时代与环境大变,但民国时期省级教育行政的经验教训,对反思与改进当下省级教育行政管理中存在的问题仍有重要的借鉴意义。

## 一、加强省级教育统筹,引领省域教育发展

民国时期,省级教育行政部门的管理实践表明:推动省域教育事业发展、供给充足省级教育经费、奖惩地方办学者等关键事宜,仅靠省级教育行政部门的自身力量是行不通的。这既需要省级政府、各职能部门等外部行政环境的大力支持,更需要省级政府与各职能部门统筹解决。这既是宝贵的历史经验,也是深刻的历史教训。就目前而言,各省在建设更加公平而有质量的教育体系过程中,仍面临着机制不顺、供给不足、监督缺位等挑战与问题。无疑,纾解这些难题,不能仅靠省级教育行政部门,而是要不断加强省级教育统筹,建立并完善各省级党委、省级人民政府、省人大、财政厅、人社厅、教育厅等所有涉及教育职责部门之间的联动解决机制,以期高效统筹与引领省域教育健康发展。

## 二、加强行政组织建设，提升教育行政效率

民国时期，各省省级教育行政组织的完整程度差异较大。相对来讲，机构设置、职位配置、权责划分、人员配置、制度规章等较为完整、合理的省级教育行政部门，不仅有助于提升行政效率，同时也能够加快地方教育现代化的进程，反之亦然。此外，省级教育行政组织的稳定性也要得到保障，比如组织架构的稳定性、负责人任期的稳定性等。否则，组织完整但不稳定，同样会制约省级教育行政效率的提升，进而阻碍地方教育现代化的进程。这些正是民国时期省级教育行政部门在管理实践中所积累的一条重要的经验教训。当前，一些省份的省级教育行政组织，依然不同程度地存在"越位""错位""缺位"等权责不清的问题。解决这个问题，目前应从完善组织建设入手，即在保持组织相对稳定的前提下，逐步优化机构设置，按需配置职位，动态调整人员配备，加强规章标准建设，以期实现理顺行政权责的目的。

## 三、加强行政能力建设，提升教育治理水平

2013 年 11 月，党的十八届三中全会通过了《中共中央关于全面深化改革若干重大问题的决定》(以下简称《决定》)，规定"全面深化改革的总目标是完善和发展中国特色社会主义制度，推进国家治理体系和治理能力现代化"[①]。由此，"教育治理体系和治理能力现代化"的理念开始引起广大教育工作者的关注与讨论。2019 年 2 月，中共中央、国务院印发的《中国教育现代化 2035》中明确提出：面向教育现代化的战略任务之一是"推进教育治理体系和治理能力现代

---

[①] 中共中央：《中共中央关于全面深化改革若干重大问题的决定》，载全国人大常委会办公厅，中共中央文献研究室编：《人民代表大会制度重要文献选编（四）》，北京：中国民主法制出版社，2015 年，第 1663 页。

化"①。到 2035 年,若要实现省域教育治理能力现代化的宏伟目标,省级教育行政管理能力的建设工作应先行。究其原因,在强调治理能力现代化的今天,省级教育行政部门凭借其层级优势仍大有可为:"省级教育行政部门作为地方教育管理的最高层级,统筹本省域各级各类教育发展,具有较大的行政控制能力,更了解当地民众对于教育服务的偏好和具体条件。"②从目前来看,省级教育行政管理能力的建设应从转变行政职能着手,进一步厘清省级教育行政部门的权责范围,不断简政放权,改进行政管理方式,以摆脱以往"事务主义"的藩篱,充分发挥省级教育行政部门作为管理者、协调者、领导者的职能角色。

## 四、理性看待既有模式,逐步促管办评分离

2013 年 11 月,党的十八届三中全会通过的《决定》指出:教育领域要"深入推进管办评分离"③。自此,"管办评分离"成为教育领域综合改革的重要任务,同时也成为广大教育工作者持续关注的热点话题。2015 年 5 月,教育部出台《教育部关于深入推进教育管办评分离 促进政府职能转变的若干意见》,进一步强调:"推进管办评分离,构建政府、学校、社会之间新型关系,是全面深化教育领域综合改革的重要内容,是全面推进依法治教的必然要求。"④其目标是:"基本形成政府依法管理、学校依法自主办学、社会各界依法参与和监督的教育公共治理新格局,为基本实现教育现代化提供重要制度保障。"⑤从当前教育语

---

①　中共中央、国务院:《中国教育现代化 2035》,http://www.moe.gov.cn/jyb_xwfb/gzdt_gzdt/201902/t20190223_370857.html。

②　易鹏、伍锦昌:《省级教育行政部门强化民办教育统筹的优势、难点与策略——分类管理改革的视角》,《国家教育行政学院学报》,2018 年第 11 期,第 36 页。

③　中共中央:《中共中央关于全面深化改革若干重大问题的决定》,载全国人大常委会办公厅,中共中央文献研究室编:《人民代表大会制度重要文献选编(四)》,北京:中国民主法制出版社,2015 年,第 1687 页。

④　教育部:《教育部关于深入推进教育管办评分离 促进政府职能转变的若干意见》,http://www.moe.gov.cn/srcsite/A02/s7049/201505/t20150506_189460.html。

⑤　教育部:《教育部关于深入推进教育管办评分离 促进政府职能转变的若干意见》,http://www.moe.gov.cn/srcsite/A02/s7049/201505/t20150506_189460.html。

境来看,"管办评一体"多被视为"管办评分离"的对立面而遭到严厉批评。有学者就曾直言:"教育体系管办评不分,长期成为阻碍我国教育事业健康有序发展的一块顽石。"[①]平心而论,从我国教育发展历史来看,"管办评一体"模式曾在教育现代化起步阶段起到不可否认的促进作用。正如有学者所说:"这一体制曾对中国教育的发展起到十分关键的作用,使中国教育取得了突飞猛进的发展,满足了'人人有学上'的要求。"[②]事实上,时至今日,"管办评一体"模式仍凭借其传统优势地位,不同程度地渗透于省级教育行政管理实践活动中。这正印证了美国社会学家爱德华·希尔斯(Edward E. Hale)所说的:"即使那些宣称要与自己社会的过去做彻底决裂的革命者,也难逃过去的掌心。"[③]在此情况下,新时代若要实现"管办评分离"的目标,各省首先应理性看待清末民国以来形成的"管办评一体"模式。易言之,各省要对"管办评一体"模式进行逐步改革,而不是与其决裂。就目前情况来讲,各省推进"管办评分离"的一个可行策略是,率先优化省级政府部门的"管"。具体来讲,省级政府部门作为"有限政府",遵循放管结合、统筹兼顾等原则,简政放权,"规制剩余权力与厘清确定性权力边界"[④],稳步推进政事分开、政校分开、依法评价,逐渐建构起政府、学校、社会之间既分又合的新型关系,真正成为省域教育宏观管理主体。

## 五、加强省级教育督导,完善问责奖惩机制

民国时期,省级教育行政实践的经验教训表明:兼顾督导与问责是省级教育行政部门顺利"行政"的重要基石。这对当前我国省级教育行政的启发在于:一是强化省级教育督导工作。2017年6月,国务院办公厅颁发《对省级人民政

---

① 史华楠:《教育管办评分离中政府"元治理"的属性与路径》,《中国教育学刊》,2016年第10期,第31页。

② 余勇:《论学校教育管办评分离的逻辑》,《教育研究与实验》,2018年第6期,第39页。

③ [美]爱德华·希尔斯著:《论传统》,傅铿等译,上海:上海人民出版社,2014年,第48页。

④ 孙阳春:《管办评三方的权力边界能够完全廓清吗——基于不完全契约理论的思考》,《复旦教育论坛》,2019年第6期,第70页。

府履行教育职责的评价办法》，决定：国务院教育督导委员会每年一次对省级人民政府履行教育职责进行督导，具体"指对省级人民政府领导、管理、保障、推进本行政区域内教育事业改革发展稳定工作有关情况的评价"[①]。无疑，这对充分调动各省省级政府部门履职的积极性具有重要意义。但是，目前"仅仅强化对省级政府教育履责情况的督导难以适应新时代我国教育事业快速发展的需求"，今后各地应根据实际情况陆续开展对市级人民政府，尤其是县级人民政府教育履责情况的督导。[②] 鉴于此，省级政府部门层面，在积极鼓励社会广泛参与省域教育监督的同时，着力加强省级教育督导力量，授予省级教育督导人员以相当权责，不仅要督导评估省域各级各类校内外教育的发展实效，还要监督基层政府部门的教育权力运行实况与教育履职尽责绩效。二是用好省级教育督导结果。未来，政府部门应"强化教育督导结果运用，完善教育督导报告发布和限期整改制度，加大复查和动态监测力度"[③]。三是完善地方教育督导问责机制，加大对地方办教育主体的考核与奖惩力度。就此，2021 年 7 月，国务院教育督导委员会出台《教育督导问责办法》，详细规定督导问责的情形、形式、程序及组织实施。该办法决定：从 9 月 1 日起，对地方政府及有关职能部门、教育督导机构及督学、各类学校和其他教育机构、有关工作人员等被督导对象，存在不履行、不完全履行或不正确履行教育职责的问题，由相关部门依照职能和管理权限进行内部监督和责任追究。[④] 依据此项办法，省级人民政府督导委员会具有责令检查、约谈、公开批评、通报批评、督导通报、资源调整、组织处理、处分建议等行政权责。这将有利于重塑省级教育督导工作的权威性，也有利于革除地方"督而不改"的痼疾。

---

① 国务院办公厅：《对省级人民政府履行教育职责的评价办法》，http://www.moe.gov.cn/jyb_xxgk/moe_1777/moe_1778/201706/t20170609_306673.html。

② 苏君阳：《新时代我国教育督导职能定位的基本原则及其内容未来建构》，《教育学报》，2020 年第 5 期，第 34 页。

③ 何秀超：《教育督导推进教育"管办评"分离的思考》，《教育研究》，2019 年第 2 期，第 129 页。

④ 国务院教育督导委员会：《教育督导问责办法》，http://www.moe.gov.cn/srcsite/A11/s7057/202107/t20210723_546399.html。

# 参考文献

## 一、史料

### (一)汇编类

1.教育部总务厅文书科编:《教育法规汇编》,北京:教育部总务厅文书科,1919年。

2.舒新城编:《近代中国教育史料》(四册),上海:中华书局,1928年。

3.江西省教育厅公报编辑处编:《江西省教育厅现行教育法令续编》,南昌:江西省教育公报编辑处,1929年。

4.邰爽秋、伍瑞锴合编:《中央及广东省现行教育法规》,广州:国立中山大学出版部,1929年。

5.河北省教育厅编:《河北省现行教育法规辑要》,北平:河北省教育厅,1929年。

6.安徽省政府教育厅编辑处编:《安徽现行教育法规》,安庆:安徽省政府教育厅编辑处,1929年。

7.安徽省政府教育厅编译处编:《安徽现行教育法规汇编》,安庆:安徽省政府教育厅编译处,1930年。

8.湖南省教育厅编:《湖南教育行政汇刊》,长沙:湖南省教育厅,1931年。

9.湖北省政府教育厅秘书办公室编:《湖北省政府教育厅现行规章》,武昌:湖北省政府教育厅第一科第三股,1932年。

10.河南省教育厅编:《河南教育法令汇编》,开封:河南省教育厅法令编辑委员会,1932年。

11.江苏教育厅秘书室编:《江苏省现行教育法令汇编》,镇江:江苏教育厅秘书室,1933年。

12.教育部编审处编:《第一次中国教育年鉴》,上海:开明书店,1934年。

13.丁致聘编:《中国近七十年来教育记事》,上海:商务印书馆,1935年。

14.立法院编译处编:《中华民国法规汇编》(第三编·服务法),上海:中华书局,1935年。

15.立法院编译处编:《中华民国法规汇编》(第九编·教育),上海:中华书局,1935年。

16.教育部参事处编:《教育法令汇编》(第一辑),上海:商务印书馆,1936年。

17.教育部编:《教育法令汇编》(第二辑),上海:商务印书馆,1937年。

18.侯佩苍编:《陕西省教育厅现行法规汇订》,西安:陕西省教育厅,1938年。

19.浙江省教育厅编:《中等教育法令汇编》,云和:浙江省教育厅,1944年。

20.教育部教育年鉴编纂委员会编:《第二次中国教育年鉴》,上海:商务印书馆,1948年。

21.中国科学院历史研究所第三所编:《近代史资料》(1—23号),北京:科学出版社,1954—1958年。

22.中国社会科学院近代史研究所近代史资料编辑组编:《近代史资料》(26—43号),北京:中华书局,1962—1981年。

23.中国社会科学院近代史研究所近代史资料编辑组编:《近代史资料》(44—126号),北京:中国社会科学出版社,1981—2012年。

24.中国史学会主编:《中国近代史资料丛刊》,上海:上海人民出版社,1956—1961年。

25.中国人民政治协商会议全国委员会文史资料研究委员会《文史资料选辑》编辑部编:《文史资料选辑》,北京:中国文史出版社,1960—2009年。

26.舒新城编:《中国近代教育史资料》(上、中、下),北京:人民教育出版社,1961年。

27.沈云龙主编:《近代中国史料丛刊》,台北:文海出版社,1966—1976年。

28.吴相湘主编:《民国史料丛刊》,台北:传记文学出版社,1971—1976年。

29.“中华民国史事纪要编辑委员会”编:《中华民国史事纪要》(初稿·民国纪元前十八年(一八九四)至十五年(一八九七)),台北:中华民国史料研究中心,1974年。

30.〔日〕多贺秋五郎编:《近代中国教育史资料》,台北:文海出版社,1976年。

31.朱有瓛主编:《中国近代学制史料》(四辑),上海:华东师范大学出版社,1983—1993年。

32.沈云龙主编:《中华民国教育法规汇编》,台北:文海出版社,1986年。

33.经世文社编:《民国经世文编·教育》,台北:文海出版社,1987年。

34.陈学恂主编:《中国近代教育史教学参考资料》(三册),北京:人民教育出版社,1987年。

35.中央教育科学研究所编:《中国现代教育大事记(1919—1949)》,北京:教育科学出版社,1988年。

36.周谷城主编:《民国丛书》,上海:上海书店,1989—1996年。

37.宋恩荣、章咸主编:《中华民国教育法规选编(1912—1949)》,南京:江苏教育出版社,1990年。

38.中国第二历史档案馆编:《中华民国史档案资料汇编》(第三辑·教育),南京:江苏古籍出版社,1991年。

39.朱有瓛等编:《中国近代教育史资料汇编·教育行政部门及教育团体》,上海:上海教育出版社,1993年。

40.刘寿林等编:《民国职官年表》,北京:中华书局,1995年。

41.全国政协文史资料委员会编:《中华文史资料文库》,北京:中国文史出版社,1996年。

42.陈瑞芳等编:《北洋军阀史料选辑》(上、下),天津:天津古籍出版社,1996年。

43.宋荐戈著:《中华近世通鉴·教育专卷》,北京:中国广播电视出版社,1999年。

44.蔡鸿源编:《民国法规集成》,合肥:黄山书社,1999年。

45.中国第二历史档案馆编:《中华民国史档案资料汇编》(第五辑·第一编·教育一),南京:江苏古籍出版社,1994年。

46.李文海主编:《民国时期社会调查丛编》,福州:福建教育出版社,2005年。

47.中国科学院上海历史研究所、复旦大学历史研究所合编:《(民国)大事史料长编》,北京:北京图书馆出版社,2008年。

48.张研、孙燕京主编:《民国史料丛刊》,郑州:大象出版社,2009年。

## (二)档案类

1.中国第二历史档案馆藏:《教育部档案》。

2.南京大学档案馆藏:《江苏法政大学档案》《中央大学区档案》《国立中央大学档案》。

3.江苏省档案馆藏:《江苏省政府档案》《江苏省教育厅档案》。

4.浙江省档案馆藏:《浙江省政府档案》《浙江省教育厅档案》。

5.湖北省档案馆藏:《湖北省政府档案》《湖北省教育厅档案》。

6.四川省档案馆藏:《四川省政府档案》《四川省教育厅档案》《四川东川道道尹公署档案》《四川省善后督办公署档案》。

7.甘肃省档案馆藏:《甘肃省政府档案》《甘肃省教育厅档案》。

8.陕西省档案馆藏:《陕甘宁边区教育厅档案》。

## （三）报刊类

| | | |
|---|---|---|
| 《申报》 | 《湖南教育》 | 《河南教育月刊》 |
| 《大公报》 | 《安徽省政府公报》 | 《江苏教育》 |
| 《民国日报》 | 《安徽教育行政周刊》 | 《江西教育旬刊》 |
| 《晨报》 | 《安徽教育》 | 《湖北教育公报》 |
| 《新闻报》 | 《安徽教育周刊》 | 《安徽教育行政旬刊》 |
| 《中央日报》 | 《河北教育公报》 | 《江西教育》 |
| 《教育杂志》 | 《广西教育公报》 | 《陕西教育》 |
| 《中华教育界》 | 《辽宁教育月刊》 | 《云南教育公报》 |
| 《东方杂志》 | 《福建教育周刊》 | 《广东教育厅旬刊》 |
| 《临时公报》 | 《贵州教育》 | 《福建教育》 |
| 《政府公报》 | 《浙江省政府公报》 | 《福建教育行政月刊》 |
| 《教育公报》 | 《浙江教育行政周刊》 | 《陕西教育月刊》 |
| 《内政公报》 | 《浙江教育行政月刊》 | 《安徽政治》 |
| 《国民政府公报》 | 《湖北教育月刊》 | 《教育通讯》 |
| 《大学院公报》 | 《云南教育行政周刊》 | 《江苏通讯》 |
| 《教育部公报》 | 《山东教育行政周报》 | 《四川教育》 |
| 《立法院公报》 | 《辽宁教育公报》 | 《中等教育季刊》 |
| 《考试院公报》 | 《云南教育周刊》 | 《教育周报》 |
| 《新教育》 | 《广西教育行政月刊》 | 《战教月刊》 |
| 《教育丛刊》 | 《江西教育行政旬刊》 | 《甘肃教育公报》 |
| 《江苏教育公报》 | 《山西教育公报》 | 《甘肃教育半月刊》 |
| 《陕西教育周刊》 | 《广东教育》 | 《新甘肃》 |
| 《河南教育》 | 《云南教育》 | 《新西北》 |

## (四)职员录、计划、报告类

1.四川教育司编辑:《四川省教育行政报告书》,成都:四川教育司,1914年。

2.众议院编:《众议院速记录》,北京:众议院,1916年。

3.山东教育厅编:《山东教育厅第一届周年报告》,济南:山东教育厅,1920年。

4.吉林教育厅编:《吉林教育近三年间概况》,吉林:吉林教育厅,1921年。

5.江苏教育厅编:《江苏第六次省教育行政会议汇录》,南京:江苏教育厅,1923年。

6.江苏省长公署统计处编:《江苏省政治年鉴》,南京:江苏省长公署统计处,1924年。

7.江苏省长公署统计处编:《江苏省政治年鉴》,南京:江苏省长公署统计处,1924年。

8.江西省政府编:《江西省政府全体职员表》,南昌:江西省政府,1928年。

9.河北省教育厅编:《河北省教育厅职员录》,北平:河北省教育厅,1929年。

10.陆兴焕编:《山东省政府教育厅第一次工作报告》,海口:海南书局,1929年。

11.福建教育厅编:《福建省督学视察报告》(第一种),闽侯:福建教育厅,1929年。

12.广东省教育厅编:《广东督学民国十七年度视察全省学务报告书》,广州:广东省教育厅,1929年。

13.中央大学区编:《中央大学区二年工作概况报告》,南京:中央大学区,1929年。

14.北平大学区教育行政院编:《北平大学区普通教育处行政概要》,北平:北平大学区教育行政院,1929年。

15.浙江省教育厅编:《浙江省教育行政方针及十八年度实施计划》,杭州:浙江省教育厅,1929年。

16.安徽省政府教育厅编译处编:《一年来之安徽教育》,安庆:安徽省政府教育厅编译处,1930年。

17.山东省政府教育厅编:《山东省政府教育厅视察报告(第一集)》,济南:山东省政府教育厅,1930年。

18.河南省教育厅编:《河南省教育厅二十年第一期施政计划》,开封:河南教育厅,1931年。

19.河南省教育厅编:《河南教育最近概况》,开封:河南省教育厅,1931年。

20.安徽省政府教育厅编译处编:《安徽省教育统计图表》,蚌埠:安徽省政府教育厅编译处,1930年。

21.广东省政府教育厅编辑股编:《民国以来广东教育行政制度沿革史》,广州:广东省政府教育厅庶务股,1931年。

22.湖北省政府教育厅秘书办公室编辑:《湖北教育最近概况》,武汉:湖北省政府教育厅秘书办公室,1932年。

23.江苏省教育厅编:《江苏省教育厅视察录(第二编)》,镇江:江苏省教育厅,1931年。

24.山东省政府教育厅编:《山东省政府教育厅第二次工作报告》,济南:山东省政府教育厅,1931年。

25.察哈尔省教育厅编译处编:《察哈尔全省教育行政会议特刊》,张家口:察哈尔省教育厅编译处,1931年。

26.福建省教育厅编:《福建省第二届教育局长会议报告》,闽侯:福建省教育厅,1931年。

27.江苏省教育厅编审室编:《江苏教育概览》,镇江:江苏省教育厅编审室,1932年。

28.河南省教育厅编:《河南教育特刊》(全一册),开封:河南省教育厅,1932年。

29.山西省教育厅编辑处编:《冀厅长到任后第一年山西省教育厅全年工作报告摘要》,太原:山西省教育厅编辑处,1932年。

30.湖北省教育厅编:《最近湖北教育一览》,武昌:湖北省教育厅,1932年。

31.山东省政府教育厅:《山东省地方教育讨论会会议纪录》,济南:山东省政府教育厅,1932年。

32.察哈尔省教育厅编:《察哈尔三年教育实施计划》,张家口:察哈尔省教育厅,1932年。

33.广西教育厅编:《民国二十一年度广西省督学视察报告》,南宁:广西教育厅,1932年。

34.浙江省教育厅编:《浙江省三年来教育概况》,杭州:浙江省教育厅,1933年。

35.福建省教育厅编:《福建省教育工作报告》,闽侯:福建省教育厅,1933年。

36.广西省教育厅编:《民国二十年度广西省督学视察报告书》,南宁:广西省教育厅,1933年。

37.广西省政府教育厅导学室编:《广西省政府教育视察团教育视察报告》,南宁:广西省政府教育厅导学室,1933年。

38.江苏教育厅编审室编:《江苏教育概览》,镇江:江苏教育厅编审室,1934年。

39.教育部视察员编:《视察河北省教育报告》,天津:河北省教育厅,1934年。

40.河南省政府教育厅编辑处编:《河南地方教育视察报告》,开封:河南省政府教育厅编辑处,1934年。

41.浙江省教育厅编:《浙江省三年来教育概况》,杭州:浙江省教育厅,1934年。

42.安徽省政府秘书处编:《安徽省政府职员录》,安庆:安徽省政府秘书处,1934年。

43. 教育部普通教育司编:《中国民国二十年度全国初等教育行政人员统计》,南京:大陆印书馆,1934年。

44. 广西省政府教育厅导学室编:《广西省政府教育视察团教育视察报告》,南宁:广西省政府教育厅导学室,1934年。

45. 山西省教育厅编辑处编:《冀厅长到任后第三年山西省教育厅全年工作报告摘要》,太原:山西省教育厅编辑处,1935年。

46. 河南省政府教育厅编辑处编:《河南省中等地方教育行政会议报告》,开封:河南省政府教育厅编辑处,1935年。

47. 察哈尔教育厅秘书室编:《察哈尔省教育厅最近工作情况》(全一册),张家口:察哈尔教育厅秘书室,1935年。

48. 江苏省政府秘书处编:《江苏省政府职员录》,镇江:江苏省政府秘书处,1935年。

49. 江苏省政府编:《江苏省政府职员录》,镇江:江苏省政府,1935年。

50. 河北省教育厅编:《河北省教育概况》,天津:河北省教育厅,1935年。

51. 山西省教育厅编辑处编:《冀厅长到任后第四年山西省教育厅全年工作报告摘要》,太原:山西省教育厅编辑处,1936年。

52. 湖南教育厅秘书室编:《湖南教育概况》,长沙:湖南教育厅秘书室,1936年。

53. 甘肃教育厅编审委员会编:《甘肃教育概览》,兰州:甘肃省教育厅编审委员会,1936年。

54. 云南省教育厅编:《云南省二十四年度教育概况》,昆明:云南教育厅,1936年。

55. 青海省政府编:《青海省政府职员录》,西宁:青海省政府,1937年。

56. 四川省教育厅编:《四川省政府教育厅蒋任收支总册》,成都:四川省教育厅,1938年。

57. 福建省教育厅编:《福建省五年来教育行政》,闽侯:福建省教育厅,1939年。

58.宁夏省政府教育厅编:《宁夏省教育概况》,银川:宁夏省政府教育厅, 1940年。

59.安徽省政府教育厅编:《安徽省政府教育厅教育工作报告》,立煌:安徽省政府教育厅,1943年。

60.江苏省政府教育厅编审室编:《两年来之江苏教育》,南京:江苏省政府教育厅编审室,1944年。

61.甘肃省政府教育厅编:《抗战期间之甘肃教育》,兰州:甘肃省政府教育厅,1945年。

62.辽宁省教育厅编:《辽宁省教育概况》,沈阳:辽宁省教育厅,1947年。

63.安徽省政府教育厅编:《安徽教育要览》(第四回),安庆:安徽省政府教育厅,1947年。

64.湖北省政府人事处编:《湖北省政府职员录》,武昌:湖北省政府人事处, 1947年。

65.湖南省政府人事室编:《湖南省政府职员录》,长沙:湖南省政府人事室, 1947年。

66.甘肃省政府教育厅编:《三年来之甘肃教育(附今后三年甘肃教育建设计划)》,兰州:甘肃省政府教育厅,1941年。

67.甘肃省政府秘书处编:《甘肃省政府三十四年度政绩比较表》,兰州:甘肃省政府秘书处,1945年。

68.甘肃省政府秘书处编:《甘肃省政府三十五年度政绩比较表》,兰州:甘肃省政府秘书处,1946年。

69.江苏省政府编:《江苏省政府三十四、三十五年政情述要》,镇江:江苏省政府,1946年。

70.甘肃省政府编:《中华民国三十六年度甘肃省政府工作计划》,兰州:甘肃省政府,1947年。

71.甘肃省政府编:《甘肃省政府三十七年度施政计划要目》,兰州:甘肃省政府,1948年。

72. 甘肃省政府秘书处编:《甘肃省政府工作报告(中华民国三十六年一至六月份)》,兰州:甘肃省政府秘书处,1947 年。

73. 南京图书馆编:《二十世纪三十年代国情调查报告》,南京:凤凰出版社,2012 年。

## (五)书信、日记、传记、回忆录类

1. 林傅甲编:《黑龙江教育日记》,上海:商务印书馆,1914 年。

2. 黄炎培著:《黄炎培考察教育日记》(第一集),上海:商务印书馆,1914 年。

3. 黄炎培著:《黄炎培考察教育日记》(第二集),上海:商务印书馆,1916 年。

4. 马鹤天著:《西北考察记·青海篇》,兰州:国民印务局,1936 年。

5. 蒋维乔:《我的生平(未完)》,《宇宙风(乙刊)》,1940 年第 24 期。

6. 蒋维乔:《我的生平(完)》,《宇宙风(乙刊)》,1940 年第 25 期。

7. 刘呈德:《解放前青海学校教育的一瞥》,载中国人民政治协商会议青海省委员会文史资料研究委员会编:《青海文史资料选辑》(第一辑),西宁:中国人民政治协商会议青海省委员会文史资料研究委员会,1963 年。

8. 程天放著,传记文学杂志社编辑:《程天放早年回忆录》,台北:传记文学出版社,1968 年。

9. 胡颂平著:《朱家骅先生年谱》,台北:传记文学出版社,1969 年。

10. 王聿均等编:《朱家骅先生言论集》,台北:"中央研究院"近代史研究所,1977 年。

11. 中国社会科学近代史研究所中华民国史组编:《胡适来往书信选》,北京:中华书局,1979 年。

12. 黄炎培著:《八十年来》,北京:中国文史出版社,1982 年。

13. 马叙伦著:《我在六十岁以前》,北京:生活·读书·新知三联书店,1983 年。

14.中国社会科学院近代史研究所中华民国史研究室编:《胡适的日记》,北京:中华书局,1985年。

15.何思源:《我与韩复榘共事八年的经历和见闻》,载中国人民政治协商会议全国委员会文史资料研究委员会编:《文史资料选辑(合订本)》(第十三册),北京:中国文史出版社,1986年。

16.郑贞文:《在福建教育厅任职的回忆》,载中国人民政治协商会议福建省委员会文史资料研究委员会编:《福建文史资料》(第十二辑),福州:中国人民政治协商会议福建省委员会文史资料研究委员会,1986年。

17.龚自知:《云南教育经费独立经过》,载中国人民政治协商会议云南省委员会文史资料研究委员会编:《云南文史资料选辑》(第三十五辑),昆明:中国人民政治协商会议云南省委员会文史资料研究委员会,1989年。

18.牛毅:《回族首领 爱国志士——马骏生平纪实》,载晋城市政协第一届文史资料研究委员会编:《晋城文史资料》(第二辑),晋城:晋城市政协第一届文史资料研究委员会,1990年。

19.蒋维乔:《因是先生自传》,载卞孝萱、唐文权编:《民国人物碑传集》,北京:团结出版社,1995年。

20.耿云志、欧阳哲生编:《胡适书信集》(上、中、下),北京:北京大学出版社,1996年。

21.许寿裳著:《挚友的怀念:许寿裳忆鲁迅》,石家庄:河北教育出版社,2001年。

22.胡适著,曹伯言整理:《胡适日记全编》(1—7),合肥:安徽教育出版社,2001年。

23.周佛海著:《周佛海日记全编》(上、下),北京:中国文联出版社,2003年。

24.蒋梦麟著:《蒋梦麟自传 西潮与新潮》,北京:团结出版社,2004年。

25.孙善根著:《走出象牙塔——蒋梦麟传》,杭州:杭州出版社,2004年。

26.桂百铸:《民国初年我经办的贵州教育》,载贵州省政协文史与学习委员会编:《文史资料存稿选编》(第三卷),贵阳:贵州人民出版社,2006年。

　　27.陈布雷著:《陈布雷回忆录》,北京:东方出版社,2009年。

　　28.薛毅著:《王世杰传》,武汉:武汉大学出版社,2010年。

　　29.阎锡山著:《阎锡山日记全编》,太原:三晋出版社,2012年。

## 二、著作

### (一)中文类

　　1.郭秉文著:《中国教育制度沿革史》,上海:商务印书馆,1916年。

　　2.蒋维乔讲述:《江苏教育行政概况》,上海:商务印书馆,1924年。

　　3.谢彬撰:《民国政党史》,上海:学术研究会丛书部,1924年。

　　4.李建勋著:《直隶省教育行政组织之改革案》,康绍言译,北京:北京文化学社,1926年。

　　5.陈宝泉著:《中国近代学制变迁史》,北京:北京文化学社,1927年。

　　6.舒新城编:《近代中国留学史》,上海:中华书局,1927年。

　　7.孙嘉会著:《中华民国史》,北京:北京文化学社,1927年。

　　8.姜琦、邱春著:《中国新教育行政制度研究》,上海:商务印书馆,1928年。

　　9.王凤喈著:《中国教育史大纲》,上海:商务印书馆,1928年。

　　10.程湘帆编:《中国教育行政》,上海:商务印书馆,1934年。

　　11.常导之编:《教育行政大纲》(上、下),上海:中华书局,1930年。

　　12.仲靖澜、马兼、胡赞编辑:《教育行政指导》,上海:世界书局,1931年。

　　13.陈翊林著:《最近三十年中国教育史》,上海:上海太平洋书店,1931年。

　　14.商务印书馆编:《最近三十五年之中国教育》,上海:商务印书馆,1931年。

　　15.周予同著:《中国学校制度》,上海:商务印书馆,1931年。

　　16.孙莆侯著:《浙江教育史略》,杭州:浙江省教育厅,1931年。

　　17.夏承枫著:《现代教育行政》,上海:中华书局,1932年。

18.杜佐周著:《教育与学校行政原理》,上海:商务印书馆,1933年。

19.潘吟阁著:《地方教育行政》,上海:大华书局,1933年。

20.张季信编:《中国教育行政大纲》,上海:商务印书馆,1934年。

21.周予同著:《中国现代教育史》,上海:良友图书印刷公司,1934年。

22.姜书阁编著:《中国近代教育制度》,上海:商务印书馆,1934年。

23.蔡芹香著:《中国学制史》,上海:商务印书馆,1934年。

24.雷震清著:《教育视导之理论与实际》,上海:教育编译馆,1934年。

25.罗廷光著:《教育行政》(上、下),上海:商务印书馆,1935年。

26.邰爽秋等合编:《教育行政之理论与实际》,上海:教育编译馆,1935年。

27.曾毅夫编著:《地方教育行政》,上海:商务印书馆,1935年。

28.高希装著:《中国教育史纲》,北平:北平进学社,1935年。

29.周学昌著:《陕西教育之过去与今后》,西安:陕西省教育厅,1935年。

30.陈青之著:《中国教育史》,上海:商务印书馆,1936年。

31.方秉性编辑,汪懋祖校正:《中国教育史》,杭州:浙江印刷公司,1937年。

32.许公鉴编著:《民众教育视导》,上海:商务印书馆,1937年。

33.赵冕编著:《社会教育行政》,上海:商务印书馆,1938年。

34.马宗荣著:《最近中国教育行政四讲》,上海:商务印书馆,1938年。

35.钱端升等著:《民国政制史》(下册),上海:商务印书馆,1939年。

36.刘百川编著:《义务教育视导》,上海:商务印书馆,1941年。

37.沈慰霞、章柳泉、刘百川编著:《教育行政》,南京:中国教育研究社,1942年。

38.吴研因等编著:《教育行政与视导》,南京:中央训练委员会内政部,1942年。

39.李剑农著:《中国近百年政治史》,蓝田:国立师范学院史地学会,1942年。

40.孙邦正编著:《教育视导大纲》,上海:商务印书馆,1942年。

41. 刘真著：《教育行政》，上海：中华书局，1945 年。

42. 王凤喈著：《中国教育史》，南京：商务印书馆，1945 年。

43. 钟灵秀编著：《社会教育行政》，南京：商务印书馆，1947 年。

44. 程本海编著：《教育视导之路》，上海：上海教育书店，1948 年。

45. 孙邦正编著：《六十年来的中国教育》，台北：正中书局，1971 年。

46. 台湾师范大学教育研究所编著：《教育行政》，台北：伟文图书出版社有限公司，1979 年。

47. 黄昆辉著：《教育行政与教育问题》，台北：五南图书出版公司，1980 年。

48. 雷国鼎著：《中国近代教育行政制度史》，台北：文物出版社，1981 年。

49. 郭为藩主编：《中华民国开国七十年之教育》（上、下），台北：广文书局，1981 年。

50. 郑世兴著：《中国现代教育史》，台北：三民书局，1981 年。

51. 顾树森著：《中国历代教育制度》，南京：江苏人民出版社，1981 年。

52. 黄昆辉等著：《中外教育行政制度》，台北："中央"文物供应社，1984 年。

53. 钱实甫著：《北洋政府时期的政治制度》（上、下），北京：中华书局，1984 年。

54. 刘问岫主编：《普通教育行政概论》，北京：中国和平出版社，1987 年。

55. 中南五省教育学院教育管理系《教育行政管理学》编写组编：《教育行政管理学》，长沙：湖南大学出版社，1987 年。

56. 游忠永编著：《教育行政学》，成都：成都电讯工程学院出版社，1988 年。

57. 毛礼锐、沈灌群主编：《中国教育通史》（第四、五卷），济南：山东教育出版社，1988 年。

58. 程斯辉编：《中国近代教育管理史》，武汉：武汉工业大学出版社，1989 年。

59. 宋正友等著：《教育督导学》，长春：吉林教育出版社，1989 年。

60. ［美］塞缪尔·P. 亨廷顿著：《变化社会中的政治秩序》，王冠华等译，北京：生活·读书·新知三联书店，1989 年。

61.刘德华主编:《中国教育管理史》,郑州:河南教育出版社,1990年。

62.熊明安著:《中华民国教育史》,重庆:重庆出版社,1990年。

63.李桂林著:《中国现代教育史》,长春:吉林教育出版社,1991年。

64.张继正、周立、李榷主编:《教育行政学通论》,上海:华东师范大学出版社,1992年。

65.李进才主编:《当代中国教育行政管理》,长沙:湖南教育出版社,1992年。

66.洪煜亮主编:《教育督导及教育督导评估》,北京:北京师范大学出版社,1993年。

67.[美]费正清编:《剑桥中华民国史》(上卷),杨品泉等译,北京:中国社会科学出版社,1994年。

68.[美]费正清、费维恺编:《剑桥中华民国史》(下卷),刘敬坤等译,北京:中国社会科学出版社,1994年。

69.冯开文著:《中华民国教育史》,北京:人民出版社,1994年。

70.申晓云主编:《动荡转型中的民国教育》,郑州:河南人民出版社,1994年。

71.江铭主编:《中国教育督导史》,北京:人民教育出版社,1994年。

72.梅汝莉主编:《中国教育管理史》,北京:海潮出版社,1995年。

73.刘宪曾、刘端棻主编:《陕甘宁边区教育史》,西安:陕西人民出版社,1994年。

74.曾天山主编:《外国教育管理发展史略》,北京:教育科学出版社,1995年。

75.余新家主编:《教育行政组织原理》,武汉:武汉工业出版社,1996年。

76.萧宗六、贺乐凡主编:《中国教育行政学》,北京:人民教育出版社,1996年。

77.熊贤君著:《中国教育行政史》,武汉:华中理工大学出版社,1996年。

78.李才栋等主编:《中国教育管理制度史》,南昌:江西教育出版社,

1996 年。

79.刘海峰、庄明水主编:《福建教育史》,福州:福建教育出版社,1996 年。

80.李华兴主编:《民国教育史》,上海:上海教育出版社,1997 年。

81.孙锦涛著:《教育行政学》,武汉:华中师范大学出版社,1998 年。

82.熊贤君著:《千秋基业——中国近代义务教育研究》,武汉:华中师范大学出版社,1998 年。

83.陈孝彬主编:《教育管理学》,北京:北京师范大学出版社,1999 年。

84.孙成城著:《中国教育行政概论》,合肥:安徽教育出版社,1999 年。

85.孙成城著:《中国教育行政简史》,北京:地质出版社,1999 年。

86.蒙荫昭、梁全进主编:《广西教育史》,南宁:广西人民出版社,1999 年。

87.陈慧生、陈超著:《民国新疆史》,乌鲁木齐:新疆人民出版社,1999 年。

88.吴志宏著:《教育行政学》,北京:人民教育出版社,2000 年。

89.于述胜著:《中国教育制度通史》(第七卷),济南:山东教育出版社,2000 年。

90.田正平、肖朗主编:《世纪之理想:中国近代义务教育研究》,杭州:浙江教育出版社,2000 年。

91.关晓红著:《晚清学部研究》,广州:广东教育出版社,2000 年。

92.郭剑林主编:《北洋政府简史》,天津:天津古籍出版社,2000 年。

93.来新夏等著:《北洋军阀史》,天津:南开大学出版社,2000 年。

94.孙培青主编:《中国教育管理史》,北京:人民教育出版社,2001 年。

95.商丽浩著:《政府与社会:近代公共教育经费配置研究》,石家庄:河北教育出版社,2001 年。

96.龚怡祖编著:《当代教育行政原理》,上海:华东师范大学出版社,2003 年。

97.陈永明著:《教育行政新论》,上海:华东师范大学出版社,2003 年。

98.黄仁贤著:《中国教育管理史》,福州:福建人民出版社,2003 年。

99.王建军、薛卫东编:《中国教育管理史教程》,广州:广东高等教育出版社,2003年。

100.陈振明主编:《政策科学》,北京:中国人民大学出版社,2003年。

101.燕继荣著:《现代政治分析原理》,北京:高等教育出版社,2004年。

102.田正平主编:《中外教育交流史》,广州:广东教育出版社,2004年。

103.杜成宪、邓明言著:《教育史学》,北京:人民教育出版社,2004年。

104.[法]埃德加·莫兰著:《复杂性理论与教育问题》,陈一壮译,北京:北京大学出版社,2004年。

105.何俊志著:《结构、历史与行为——历史制度主义对政治科学的重构》,上海:复旦大学出版社,2004年。

106.史万兵编著:《教育行政管理》,北京:教育科学出版社,2005年。

107.王惠清、胡彩业等著:《教育行政原理》,长沙:湖南大学出版社,2006年。

108.张彬主编:《浙江教育史》,杭州:浙江教育出版社,2006年。

109.朱汉国、汪朝光主编:《中华民国史》,成都:四川人民出版社,2006年。

110.张宪文等著:《中华民国史》,南京:南京大学出版社,2006年。

111.丁煌主编:《行政学原理》,武汉:武汉大学出版社,2007年。

112.杨妍著:《地域主义与国家认同:民国初期省籍意识的政治文化分析》,天津:天津人民出版社,2007年。

113.蒲蕊编著:《教育行政学》,北京:中国人民大学出版社,2008年。

114.广少奎著:《重振与衰变:南京国民政府教育部研究》,济南:山东教育出版社,2008年。

115.田正平主编:《中国教育史研究》(近代分卷),上海:华东师范大学出版社,2009年。

116.周宁著:《地缘与学缘:一九二○年代的安徽教育界(1920—1926)》,合肥:合肥工业大学出版社,2010年。

117.林辉锋著:《马叙伦与民国教育界》,北京:北京师范大学出版社,2010年。

118.李东福、宋玉岫、杨进发著:《山西教育史》,太原:山西人民出版社,2010 年。

119.刘圣中著:《历史制度主义》,上海:上海人民出版社,2010 年。

120.傅林祥等著:《中国行政区划通史》(民国卷),上海:复旦大学出版社,2013 年。

121.[美]爱德华·希尔斯著:《论传统》,傅铿等译,上海:上海人民出版社,2014 年。

122.费孝通著:《乡土中国 生育制度 乡土重建》,北京:商务印书馆,2014 年。

123.[法]布尔迪厄、[美]华康德著:《实践与反思:反思社会学导引》,李猛、李康译,北京:商务印书馆,2015 年。

124.姜秀敏编著:《行政管理学》,沈阳:东北财经大学出版社,2015 年。

125.夏书章主编:《行政管理学》,广州:中山大学出版社,2018 年。

126.张寅著:《大变局中的省域教育领导者:清末提学使司研究》,杭州:浙江大学出版社,2019 年。

127.[德]马克斯·韦伯著:《经济与社会》(第一、二卷),阎克文译,上海:上海人民出版社,2020 年。

128.阎登科著:《民国前期教育部研究(1912—1928)》,北京:中国社会科学出版社,2020 年。

## (二)外文类

1. Theodore E. Hsiao: The History of Modern Education in China, Peking: Peking University Press, 1932.

2. Charles K. Edmunds: Modern Education in China, Taipei: Ch'eng Wen Publishing, 1973.

3. Michael Lindsay: Notes on Educational Problems in Communist China, New York: Greenwood Press, 1977.

4.[韩]康吉秀著:《韩国教育行政史研究草》,首尔:载东文化社,1980年。

5.조성일,신재흠[공]저:한국교육행정발달사탐구,파주:집문당,2005.

6.[日]河田敦子著:《近代日本地方教育行政制度の形成過程——教育制度と地方制度の構造的連関》,东京:风间书房,2011年。

7.김명신저:한국교육사,서울:동문사,2013.

8.박수정지음:한국교육행정사탐구,대전:충남대학교출판문화원,2016.

# 三、论文

## (一)期刊论文类

1.蒋维乔:《教育行政刍言》,《教育杂志》,1917年第9卷第4期。

2.沈佩弦:《大学区制衡议》,《教育杂志》,1928年第20卷第11期。

3.陈骥:《中国教育行政问题搜讨》,《师大教育丛刊》,1930年第1卷第2期。

4.陈骥:《什么是教育行政》,《师大教育丛刊》,1930年第2卷第2期。

5.陈翊林:《中国新教育行政制度小史》,《中华教育界》,1930年第18卷第3期。

6.钟道赞:《视察江西湖北两省教育之后》,《国立中央大学教育丛刊》,1933年第1卷第1期。

7.张季信:《我国视导制度之改革》,《大学杂志》,1933年第1卷第2期。

8.吴家镇:《教育行政之改造》,《中华教育界》,1934年第21卷第7期。

9.杜佐周:《中国教育行政之改造》,《中华教育界》,1934年第21卷第7期。

10.苏源:《教育视导制度述评》,《江苏教育》,1935年第4期第5—6期。

11.郝如宝:《对于视察视导的我见》,《江苏教育》,1935年第4期第5—6期。

12.王敦善:《现行教育视导制度之我见》,《福建教育》,1936年第2卷第4期。

13.汪家正:《中国教育行政组织变迁的鸟瞰》,《江苏教育》,1936年第5卷第11期。

14.章柳泉:《四川省教育视导网制之实际》,《教与学》,1937年第4卷第11期。

15.虚缘:《民国纪元后江苏教育行政概览》,《江苏文献》,1944年第1卷第3—4期。

16.洪其华:《安徽教育督导制度史略》,《安徽教育学院学报》,1995年第1期。

17.马征里:《江苏近代省级教育行政管理机构发展的回顾与反思》,《苏州大学学报(哲学社会科学版)》,1998年第4期。

18.刘福森:《省级教育行政部门的近代变革》,《重庆社会科学》,2007年第3期。

19.汪明舟、盛海生:《南京国民政府时期教育视导人员及其管理》,《安庆师范学院学报(社会科学版)》,2007年第6期。

20.许小青:《南京国民政府初期中央大学区试验及其困境》,《近代史研究》,2007年第2期。

21.周茂江、李丽华:《近代中国教育视导制度之沿革及研究述略》,《求索》,2007年第11期。

22.严海建:《南京国民政府初期北平大学区风潮论析》,《南京大学学报(哲学人文科学社会科学版)》,2009年第1期。

23.苏全有:《论民国时期我国的省界观念》,《福建论坛(人文社会科学版)》,2010年第12期。

24.张寅:《民国初期教育厅制之建构及争论》,《教育学报》,2013年第4期。

25.田正平、张寅:《北京政府时期教育厅长选任研究》,《华中师范大学学报(人文社会科学版)》,2013年第3期。

26.田正平、张寅:《南京国民政府初期省级教育行政与省教育经费独立》,

《高等教育研究》,2014 年第 4 期。

27.田正平、张寅:《民国前期(1912—1937)省级教育视导活动及其困境》,《社会科学战线》,2014 年第 4 期。

28.田正平、张寅:《南京国民政府初期教育厅长群体研究》,《高等教育研究》,2014 年第 9 期。

29.谷秀青:《1925 年江苏教育厅长易职风潮》,《理论月刊》,2014 年第 12 期。

30.史华楠:《教育管办评分离中政府"元治理"的属性与路径》,《中国教育学刊》,2016 年第 10 期。

31.张寅:《民国前期省级教育行政与省教育经费独立》,《高教探索》,2018 年第 6 期。

32.佘勇:《论学校教育管办评分离的逻辑》,《教育研究与实验》,2018 年第 6 期。

33.易鹏、伍锦昌:《省级教育行政部门强化民办教育统筹的优势、难点与策略——分类管理改革的视角》,《国家教育行政学院学报》,2018 年第 11 期。

34.何秀超:《教育督导推进教育"管办评"分离的思考》,《教育研究》,2019 年第 2 期。

35.孙阳春:《管办评三方的权力边界能够完全廓清吗——基于不完全契约理论的思考》,《复旦教育论坛》,2019 年第 6 期。

36.张寅:《清末提学使司的建制、实践与审思》,《教育研究与实验》,2020 年第 1 期。

37.苏君阳:《新时代我国教育督导职能定位的基本原则及其内容未来建构》,《教育学报》,2020 年第 5 期。

38.张寅:《民国时期省级教育行政机构改革:历程与审思》,《教育研究与实验》,2022 年第 5 期。

### (二)学位论文类

1.李露:《中国近代教育立法之研究》,华东师范大学博士学位论文,

2000 年。

2.傅荣校:《南京国民政府前期(1928—1937 年)行政机制与行政能力研究》,浙江大学博士学位论文,2004 年。

3.孙娇:《民国初年中央和地方关系研究》,西北大学硕士学位论文,2006 年。

4.高志刚:《民国前期教育立法研究》,东北师范大学硕士学位论文,2007 年。

5.刘建:《中国近代教育行政体制研究》,南京师范大学博士学位论文,2008 年。

6.黎瑛:《权力的重构与控制:新桂系政府行政机制和政府能力研究(1927—1937)》,上海师范大学博士学位论文,2008 年。

7.刘崇民:《中国近代县级教育行政研究》,浙江大学博士学位论文,2009 年。

8.李物人:《清末民初省级教育行政部门变革》,湖南师范大学硕士学位论文,2010 年。

9.孙运梅:《抗战前山东教育督导制度研究》,山东师范大学硕士学位论文,2010 年。

10.杨文海:《壬戌学制研究》,南京大学博士学位论文,2011 年。

11.原静文:《国民政府时期大学区制在浙江的试行》,浙江大学硕士学位论文,2011 年。

12.邱春华:《民国时期福建省教育视导制度研究》,福建师范大学硕士学位论文,2015 年。

13.曾舒雪:《近代四川县级教育行政变革研究(1901—1949)》,华东师范大学硕士学位论文,2018 年。

# 附　录

## 附表 1　民国时期省级教育行政大事记

| 时间 | | 主要事件 |
|---|---|---|
| 1901 年 | 8 月 | 湖广总督张之洞在总督衙门设立学务处,负责管理湖北学务 |
| 1902 年 | 8 月 | 直隶总督袁世凯在保定设立学校司,负责管理直隶学务 |
| 1904 年 | 1 月 3 日 | 清廷颁行由张之洞、张百熙、荣庆共同拟订的《学务纲要》,规定省城各设学务处一所 |
| 1905 年 | 9 月 2 日 | 清廷宣布废除科举制。由是,原有各省学政身份遭遇危机 |
| | 9 月 4 日 | 清廷谕令:所有各省学政,均着专司考察学堂事务,会同督抚经理。由此,各省形成学务处与学政共管一省教育的"双轨制"省级教育行政体制 |
| 1906 年 | 4 月 25 日 | 学部会同政务处具奏《遵议裁撤学政请设提学使司员缺折》 |
| | 5 月 13 日 | 学部具奏《遴保直省提学使人员折》 |
| | | 学部奏请简放 23 位提学使,其中江苏和江宁各派一名提学使 |
| | 5 月 15 日 | 学部奏准颁布《各省学务详细官制及办事权限章程》,规定各省设立提学使司 |
| | 7 月 26 日 | 学部奏准颁布《续拟提学使办事权限章程》 |
| 1907 年 | 6 月 23 日 | 学部咨催各省设立学务公所 |
| | 6 月 26 日 | 学部具奏《遴派各省学务议长折》 |
| 1908 年 | 2 月 22 日 | 学部奏请开单简放各省提学使,却奉旨不准 |
| | 7 月 15 日 | 学部具奏《提学使宜按临各属考查学堂折》 |

续　表

| 时间 | | 主要事件 |
|---|---|---|
| 1909 年 | 8 月 1 日 | 鉴于各省提学使现届三年期满,学部决定照章甄别提学使 |
| | 8 月 14 日 | 因大学士张之洞生病休假,学部决定延缓到 9 月 14 日至 10 月 13 日甄别提学使 |
| | 10 月 4 日 | 张之洞去世,因而甄别提学使之事未能如期举办 |
| 1910 年 | 8 月 22 日 | 学部颁布《学务公所人员奖励办法》 |
| | 12 月 2 日 | 资政院、学部会奏《酌拟地方学务章程折》 |
| | 12 月 5 日 | 学部颁布《学务公所议事细则》 |
| 1911 年 | 3 月 13 日 | 学部具奏《拟订地方学务章程施行细则折》 |
| | 10 月 | 各省纷纷独立,自行设立省级军政机关,致各省省级教育行政部门名称及组织极为混乱 |
| 1912 年 | 4 月 1 日 | 江苏教育司出台《江苏暂行视学章程》 |
| | 5 月 | 教育部通令各省设立教育司,以专责成。此后,南方省份设立教育司,北方省份仍沿用前清提学使 |
| | 6 月 | 教育部要求各省设立教育司时,先设一科,或三科分设 |
| 1913 年 | 1 月 8 日 | 北京政府颁布《画一现行各省地方行政官厅组织令》,规定各省行政公署设一处四司,教育司居其一。旋即,北方省份裁撤提学使司,改设教育司 |
| | 2 月 | 教育部规定教育司权限,要求各省教育司统一设立第一科、第二科、第三科、第四科,并规定各科权责 |
| | 3 月 | 浙江教育司出台《本省视学规章》 |
| | 9 月 | 为减政节费,安徽督军倪嗣冲将教育司裁撤,在内务司下设教育科。旋即,北京政府通令各省,除湖北、广东、江苏、直隶四省外,其余各省应仿照安徽办法,裁撤教育司,并在内务司下设教育科 |
| | 11 月 22 日 | 1913 年 11 月 22 日,北京政府财政部订颁《划分国家税与地方税法(草案)》 |
| | 11 月 | 国务院通电各省:除湖北、直隶、江苏、广东四省保留教育司外,其余各省如有缺出,暂由各省委人代理,不必向中央请简;安徽、福建已裁并者,无庸再设 |

| 时间 | | 主要事件 |
|---|---|---|
| 1914 年 | 5 月 23 日 | 北京政府颁布《省官制》,规定各省巡按使署下设政务厅,内置四科,教育科居其一。此后,各省均改设教育科 |
| | 6 月 | 教育部通饬各省:省视学至少设四人,由巡按使委任 |
| | | 袁世凯通令各省取消国家税与地方税名目,以缓解中央财政困难 |
| | 12 月 15 日 | 北京政府颁布《文官任职令》,规定简任等公务员的任命方式与资格 |
| 1915 年 | 1 月 | 教育部通咨各省:所有各级视学应速予完全添设 |
| | 2 月 | 教育部拟订《设立各省教育厅之计划》,但未落实 |
| | 4 月 23 日 | 全国教育会联合会大会在天津召开。会上,代表们提出《请设各省教育厅案》《任用教育行政官厅行政人员案》等。经大会表决,前者正式列为呈请案 |
| | 9 月 30 日 | 北京政府公布《文职任用令》《简任文职任用程序令》等,规定简任、荐任、委任等文官资格及任用程序等 |
| 1916 年 | 10 月 21 日 | 国务会议决定国家税、地方税暂订办法。此后,各省自行征收与使用地方税 |
| | 10 月 23 日 | 第二届全国教育会联合会议决通过直隶教育会会长张佐汉等人提交的《设各省教育厅案》 |
| | 11 月 10 日 | 由汤松年提出,梁善济、刘鸿庆、蒋凤梧等 18 位众议院议员联合署名的《添设教育厅之建议案》,正式提交众议院例会讨论 |
| | 12 月 2 日 | 大总统黎元洪向众议院提出《教育厅官制案》 |
| 1917 年 | 9 月 5 日 | 广东省新任省长李耀汉自行任命朱念慈为教育科长 |
| | 9 月 6 日 | 北京政府正式颁布《教育厅暂行条例》,规定各省设立教育厅,隶属于教育部,内置厅长一人,其下至多设三科 |
| | 9 月 7 日 | 教育部发表 21 省教育厅长名单 |
| | 10 月 | 教育部颁布《教育厅职员俸薪等级表》和《教育厅经费支用标准表》,规定大、中、小三类省份教育厅的各类职员名额、薪俸等 |
| | | 直隶、甘肃、陕西等省设立教育厅 |
| | 11 月 5 日 | 教育部颁布《教育厅署组织大纲》,规定各省教育厅设第一科、第二科、第三科,并规定各科权责 |
| | | 教育部通咨各省教育厅长权限 |
| | 11 月 | 吉林、黑龙江、浙江、江西、河南、山西等省设立教育厅 |

续　表

| 时间 | | 主要事件 |
|---|---|---|
| 1917 年 | 12 月 | 江苏、安徽等省设立教育厅 |
| 1918 年 | 1 月 | 新疆教育厅成立 |
| | 4 月 30 日 | 教育部颁布《省视学规程》,规定省视学的名额、任命方式、资格、权责 |
| | 9 月 | 教育部训令各省将省级教育经费划归本省教育厅主管 |
| 1919 年 | 8 月 | 山东教育厅成立 |
| | 9 月 8 日 | 奉天教育厅成立 |
| | 9 月 13 日 | 湖北教育厅成立 |
| 1920 年 | 1 月 | 福建教育厅成立 |
| | 10 月 | 第六届全国教育会联合会大会通过《教育经费独立案》 |
| | 12 月 | 广东省裁撤教育科,成立广东教育委员会,陈独秀出任委员长 |
| 1921 年 | 1 月 1 日 | 云南教育厅成立 |
| | 3 月 | 湖南教育厅设立省教育经费保管委员会,内分管理、监察二部,保管川粤精盐税附加、省河厘金税及纸烟税等教育专款 |
| | 5 月 12 日 | 蔡元培在爱丁堡学术研究会晚餐席间答词中,首次提出"大学管理省域教育"梦想。他主张:另起炉灶;取法国大学区制,由各省设立大学,即由大学办理全省内教育事业 |
| | 8 月 | 迫于各方面压力,广东教育委员会委员长陈独秀离开广州 |
| | 10 月 27 日 | 第七届全国教育会联合会会议在广州举行。会上,有代表提出《促进教育经费实行独立案》 |
| | 11 月 | 四川省政治讨论会讨论决定:将肉税充作省常年教育经费 |
| | 不详 | 贵州省成立贵州教育委员会,分总务、专门、普通三科,裁撤教育科。不久,贵州教育委员会废除,恢复教育科,隶属于政务厅 |
| 1922 年 | 3 月 | 蔡元培在《教育独立议》一文中阐述了"大学管理省域教育"的主张 |
| | 4 月 1 日 | 肉税正式被划作四川省教育专款,由四川省教育经费收支处管理 |
| | 6 月 | 经安徽教育厅与教育界争取,省政府批准指拨田赋附加税、芜湖米捐、五粮厘、牲畜屠宰捐共 1545124 元,为安徽省教育专款 |

附　录

续　表

| 时间 | | 主要事件 |
|---|---|---|
| 1922 年 | 7 月 3 日 | 中华教育改进社第一次年会在山东省议会召开。会上,蔡元培提交了名为《国立大学与省立大学分别设立议》的提案,重申:省立或区立大学,采法国大学区制,以大学为本省或本区各种教育事业之总机关 |
| | 7 月 | 经河南教育厅与教育界人士力争,全省典卖房地契税被划作省教育专款 |
| | 8 月 1 日 | 云南省独立于北京政府,自行设立省政府,分设八司,教育司居其一,省教育厅撤销 |
| 1922 年 | 8 月 | 河南教育厅成立教育专款委员会,专管契税 |
| | 9 月 | 经陕西教育厅与省公署协商后,决定以全省 35 处商税划作省教育基金 |
| | 12 月 | 湖南省废除教育科,改设教育司 |
| 1923 年 | 9 月 | 贵州省再次废除教育科,设立教育司 |
| | 10 月 | 广东教育厅成立 |
| | 12 月 | 贵州教育司改为教育科 |
| 1924 年 | 12 月 | 四川教育厅在重庆成立,时省会为成都 |
| 1925 年 | 1 月 10 日 | 江苏教育厅成立卷烟营业特税总处 |
| | 1 月 16 日 | 江苏教育厅成立教育经费管理处,聘任方唯一为处长。该处专管财政厅向管之屠宰税、牙贴税以及漕粮附税 |
| | 1 月 17 日 | 经江苏教育厅与教育界积极争取,省长韩国钧批准:屠牙贴税充国立学校经费,卷烟、漕粮附税充省教育经费。至此,江苏省教育经费基本独立 |
| | 1 月 | 贵州教育科改为第三科,隶属于内务厅,分管教育 |
| | 7 月 1 日 | 广州国民政府宣告成立。同日,广州国民政府颁布《省政府组织法》,规定省政府设七厅,教育厅居其一 |
| | 7 月 3 日 | 广东省遵照《省政府组织法》,组建成立省政府,下设教育厅 |
| | 9 月 5 日 | 广西省废除省长制,在南宁成立广西民政公署,下设教育厅 |

续　表

| 时间 | | 主要事件 |
|---|---|---|
| 1926年 | 6月1日 | 广西省政府宣告成立,隶属于国民政府。省政府下设教育厅 |
| | 7月 | 北伐军攻克长沙后,湖南省政府成立,下设省教育厅,废除省教育司 |
| | 9月 | 北伐军攻克武昌后,湖北省成立省政务委员会,下设教育科,废除省教育厅 |
| | 11月 | 北伐军攻克南昌后,江西省成立省政务委员会,下设教育科,废除省教育厅 |
| | 12月 | 北伐军攻克闽侯后,福建省成立省政务委员会,下设教育科,废除省教育厅 |
| 1927年 | 2月 | 江西省省政务委员会改组为省政府,恢复省教育厅,裁撤教育科 |
| | 3月 | 北伐军攻克杭州后,浙江省成立省临时政务委员会,下设教育科,废除省教育厅 |
| | | 北伐军攻克贵阳后,贵州省成立省政府,恢复省教育厅,裁撤第三科 |
| | 4月 | 北伐军攻克安庆后,安徽省成立省政务委员会,下设教育科,废除省教育厅 |
| | | 湖北省省政务委员会改组为省政府,恢复省教育厅,裁撤教育科 |
| | 5月 | 浙江省省临时政务委员会改组为省政务委员会,恢复教育厅,裁撤教育科 |
| | | 福建省省政务委员会改组为省政府,恢复省教育厅,废除教育科 |
| | 6月12日 | 南京国民政府批准中央教育行政委员会在广东、浙江、江苏三省试行大学区制 |
| | 6月 | 江苏省教育经费委员会下设省教育经费管理处和省教育经费稽核委员会,均采用委员制 |
| | 6月27日 | 南京国民政府颁布《省政府组织法》,规定省政府下设教育厅,并规定省政府各厅厅长由国民政府任命省政府委员兼任之 |
| | 7月6日 | 经中央政治会议决议,国民政府秘书处批准,决定:大学区新制准先在江浙两省试办,广东省暂缓实行 |
| | 7月8日 | 江苏省教育厅改组为第四中山大学区行政院,下设高等、普通、扩充教育三部 |

| 时间 | | 主要事件 |
|---|---|---|
| 1927年 | 7月 | 安徽省省政务委员会改组为省政府,恢复省教育厅,废除教育科 |
| | 8月1日 | 浙江省教育厅迁入蒲场巷旧巡按使署,改组为第三中山大学办事处 |
| | 9月14日 | 经四川省教育厅与各方商定,省教育经费收支处改为省教育经费收支委员会,由各军各派委员一人、各校长票选委员一人组织之,以避免经费受阻 |
| 1928年 | 2月 | 经江西省教育厅与省政府协商,省级教育经费在盐务附捐项下拨付,从而实现省级教育经费完全独立 |
| | 4月1日 | 第三中山大学区易名为浙江大学区 |
| | 4月8日 | 经安徽省教育厅、省政府及教育界不懈努力,财政部批准在卷烟国税下月拨10万元,从而实现省级教育经费部分独立 |
| | 4月27日 | 国民政府颁布《修正省政府组织法》,规定省政府各厅长之任免得由各主管部院及委员会呈请国民政府核准行之 |
| | 5月3日 | 国民政府批准公布《修正大学区组织条例》,规定将大学区高等、普通、扩充教育各部改称处,部主任改称处长 |
| | 5月25日 | 第一次全国教育会议上,经大会统一各省教育厅意见,修正通过《教育经费独立并保障案》 |
| | 9月21日 | 国民政府会议通过《北平大学区组织大纲》,规定以北平政治分会所管辖之区域,即河北、热河两省,北平、天津两特别市为北平大学区 |
| | 10月 | 经福建省教育厅长程时煃力争,省级教育经费完全独立,来源为盐税附加 |
| | 11月 | 福建省教育厅成立省教育经费管理处和省教育经费稽核委员会 |
| | | 宁夏省政府设立教育厅 |
| 1929年 | 1月17日 | 河北省教育厅撤销 |
| | 1月27日 | 北平大学区校长办公处改为北平大学区教育行政院,秘书处、高等教育处、普通教育处均已挂牌成立 |
| | 2月2日 | 教育部颁布《督学规程》,规定省督学名额、任命方式、资格、权责等 |
| | 2月 | 行政院通令各省政府,查照地方教育经费独立定案,切实办理 |

续　表

| 时间 | | 主要事件 |
|---|---|---|
| 1929年 | 3月4日 | 经河北省教育厅多次向省政府和财政部力争,财政部决定由冀省卷烟国税项下月拨10万元为省教育专款,从而实现省级教育经费部分独立 |
| | 4月 | 湖南省教育厅成立省教育经费保管委员会,负责保管省政府划拨的盐税教育附加 |
| | 6月17日 | 国民党第三届中央执行委员会第二次全体会议讨论决定:由教育部定期停止试行大学区制 |
| | 6月22日 | 浙江大学区撤销 |
| | 7月4日 | 北平大学区撤销 |
| | 7月29日 | 河北省教育厅恢复成立 |
| | 7月 | 热河省教育厅恢复成立 |
| | 8月10日 | 浙江省教育厅恢复成立 |
| | 8月16日 | 南京国民政府颁布《文官俸给暂行条例》,规定简任、荐任、委任等类文官的薪俸等级 |
| | 9月13日 | 江苏省教育厅恢复成立 |
| | 10月23日 | 四川省教育经费收支委员会改称省教育经费收支处,教育厅长向楚兼处长 |
| | 10月30日 | 南京国民政府颁布《现任公务员甄别审查条例》,规定简任、荐任、委任等公务员资格 |
| 1930年 | 1月 | 广西省撤销教育厅,改设教育科,隶属政务处,置教育科长1人 |
| | 2月3日 | 南京国民政府颁布《修正省政府组织法》,规定省政府各厅厅长由行政院于省政府委员中提请国民政府任命 |
| | 5月9日 | 经湖南省教育厅长黄士衡和省政府主席何键向行政院再三力争,行政院批准国税盐税附加项下每包加划一元五角以专作省教育经费,从而实现省教育经费部分独立 |

| 时间 | | 主要事件 |
|---|---|---|
| 1931年 | 1月26日 | 教育部出台《推行社会教育之三项重要设施》,要求各省教育厅应一律设置掌理社会教育的专科,掌管社会教育事务 |
| | 3月 | 广西省裁撤教育科,改设教育处,隶属善后督办公署 |
| | 5月1日 | 国民党第三届中央执行委员会第一次临时全体会议修正通过《中华民国训政时期约法草案》,规定:中央及地方,应宽筹教育上必需之经费,其依法独立之经费,并给予保障 |
| | 6月16日 | 教育部颁布《省市督学规程》,废止《督学规程》,首次规定省督学由省政府荐任 |
| | 7月1日 | 青海省政府成立教育厅 |
| | 7月 | 广西省裁撤教育处,恢复教育厅 |
| | 9月18日 | "九一八"事变后,辽宁省沦陷,省教育厅停止办公 |
| | 12月 | 吉林省、黑龙江省沦陷,两省教育厅停止办公 |
| 1933年 | 3月11日 | 南京国民政府颁布《公务员任用法》 |
| | 3月 | 热河省沦陷,省教育厅停止办公 |
| | 6月 | 南京国民政府行政院公布《行政院审查各省政府厅长人选暂行办法》,规定各省政府厅长人选的资格 |
| | 9月23日 | 南京国民政府颁布《暂行文官官等官俸表》,再次调整简任、荐任、委任等类文官的薪俸等级 |
| | 11月29日 | 经浙江省教育厅长陈布雷与省政府、财政厅不断交涉,实现了省级教育经费完全独立,来源为箔类营业税、屠宰营业税、烟酒税 |
| 1934年 | 10月16日 | 立法院会议通过《中华民国宪法草案》,规定:教育经费之最低限度在中央为其预算总额百分之十五,在省区及县市为其预算总额百分之三十,其依法律独立之教育基金,并予以保障 |
| 1935年 | 2月10日 | 四川省成立新的省政府,实现川政统一,下设教育厅。旋即,四川省财政实行统收统支,故省级教育经费取消独立,改由省库统拨 |
| | 7月16日 | 国民政府颁布《公务员考绩法》,规定公务员考绩分为年考和总考两种,其中总考就各该公务员三年成绩合并考核 |
| | 11月14日 | 国民政府颁布《边远省份公务员任用资格暂行条例》,暂定新疆、宁夏、青海、贵州、甘肃、西康六省为适用省份 |
| 1936年 | 9月23日 | 国民政府修正公布《暂行文官官等官俸表》 |

续　表

| 时间 | | 主要事件 |
|---|---|---|
| 1937 年 | 1 月 26 日 | 国民政府修正公布《公务员任用法》 |
| | 7 月 19 日 | 教育部颁布《省市义务教育视导员规程》，规定省市教育厅局设义务教育视导员若干人，视导及推进全省市义务教育，并于指定视导区内常川驻扎 |
| | 8 月 | 察哈尔省沦陷，国民政府改组省政府，借地办公，省教育厅随之成立 |
| | 10 月 | 陕甘宁边区政府成立边区教育厅，徐特立出任厅长，陈正人出任副厅长 |
| 1938 年 | 5 月 9 日 | 教育部颁发《各省市社会教育督导员暂行规程》，规定以各省行政督察专员区之数目为依据，每区或每两区设社会教育督导员一人，分驻各督察区 |
| 1939 年 | 1 月 | 西康省政府成立，下设教育厅 |
| | | 教育部颁布《清理战区各省市教育存款办法》 |
| | 2 月 28 日 | 行政院第四○三次会议讨论决定：四川省政府委员兼教育厅长杨廉，行为不正，并有违法嫌疑，应予撤职查办，遗缺任命郭有守继任 |
| | 6 月 22 日 | 国民党军法执行总监部经呈奉军委会委员长蒋介石批准，对杨廉执行枪决 |
| | 7 月 22 日 | 教育部出台《各省市师范学校辅导地方教育办法》，规定各省省立师范学校，对于师范学校区内各县市地方教育予以切实之辅导 |
| 1940 年 | 7 月 | 国税与地税收支正式划分，卷烟税等被划入国税，改由中央补助少部分省教育经费 |
| | 10 月 | 教育部通令各省教育厅：自 1941 年起，尚未设置专科、掌理社会教育者，应即添设，并遴选对社会教育有研究者为科长及科员 |
| 1941 年 | 6 月 | 全国财政会议议决改革全国财政收支系统，县省国之三级制改为县国二级制。自此，囊括省级教育经费的所有省级财政经费收支均归中央，由中央统支，不再由各省自主收支，因而省级教育经费独立随之取消 |
| 1943 年 | 2 月 26 日 | 国民政府颁布《非常时期公务员考绩条例》，推进公务员量化考核 |
| | 5 月 12 日 | 教育部颁布新的《师范学校辅导地方教育办法》 |
| | 11 月 3 日 | 教育部发布训令，废止《省市督学规程》 |
| | 11 月 6 日 | 国民政府颁发《非常时期公务员考绩条例施行细则》 |

| 时间 | | 主要事件 |
|---|---|---|
| 1944 年 | 4 月 28 日 | 国民政府修正颁布《省政府组织法》。据此,各省教育厅职位与数额不作统一要求 |
| 1945 年 | 2 月 | 江苏省政府改组,实行战区党政军一元制,改设总务厅、政务厅、军事厅,实施合署办公,教育厅并入政务厅,改称第四科。另于江南行署政务处和淮南行署政务处各设教育科,就近办理各区内教育行政事宜 |
| | | 山东省政府改组为总务、政务、军事三厅,教育厅撤销,政务厅第三科和第四科负责全省教育行政 |
| | 8 月 | 江苏省的江南、淮南两行署先后裁撤 |
| | 10 月 30 日 | 国民政府颁布《公务员考绩条例》 |
| | 11 月 29 日 | 国民政府颁发《公务员考绩条例实施细则》 |
| | 12 月 1 日 | 江苏省政府恢复教育厅 |
| | 12 月 | 察哈尔教育厅复员 |
| 1946 年 | 1 月 | 山东省教育厅复员 |
| | 6 月 6 日 | 经国民政府与新疆三区革命代表反复谈判,双方在《和平条款》上签字。根据条款,新疆成立新疆省联合政府,其教育厅长由各区人民代表保荐中央任命之,国民政府则直接派定教育厅副厅长 |
| | 6 月 18 日 | 国民政府任命赛福鼎·阿滋作夫为新疆省教育厅长,蔡宗贤为副厅长 |
| | 7 月 1 日 | 国民政府修正颁布《财政收支系统法》。自此,全国又恢复了中央、省、县三级财政体制。由是,各省教育经费大致由中央补助款和省库拨款构成;省教育经费预算仍需经中央核准 |
| | | 新疆省联合政府成立,下设教育厅 |
| 1947 年 | 2 月 11 日 | 国民政府规定:热河省公务员适用《边疆省份公务员任用资格暂行条例》 |
| | 2 月 25 日 | 国民政府任命辽宁、辽北、吉林,黑龙江、兴安、合江、安东、嫩江、松江等九省教育厅长 |
| | 5 月 15 日 | 台湾省行政长官公署撤销,台湾省政府成立,下设教育厅 |

续　表

| 时间 | | 主要事件 |
|---|---|---|
| 1947 年 | 7 月 4 日 | 江苏省政府会议决定:撤销省教育经费委员会和省教育经费管理处 |
| | 8 月 | 新疆省联合政府破裂。旋即,教育厅副厅长蔡宗贤受排斥离职 |
| 1949 年 | 12 月 22 日 | 四川省教育厅长任觉五由成都乘机飞海口 |
| 1950 年 | 1 月 1 日 | 四川省教育厅长任觉五由海口乘机飞往台北 |
| | 3 月 | 西康省教育厅长张坦如在康定被捕伏法 |

## 附表 2　民国时期各省教育厅长名录

| 省份 | 教育厅长名录 |
| --- | --- |
| 直隶<br>（河北） | 黄炎培(1917 年 9 月 7 日,未就);王章祐(1917 年 9 月 21 日—1920 年 8 月 21 日);马邻翼(1920 年 8 月 21 日—1921 年 5 月 29 日);孙凤藻(1921 年 6 月 22 日—1922 年 10 月 4 日);张谨(1922 年 10 月 4 日—1925 年 4 月 12 日);张佐汉(1925 年 4 月 30 日—1926 年 1 月 12 日);张谨(1926 年 1 月 12 日—1926 年 2 月 26 日);张佐汉(1926 年 2 月 26 日—1928 年 4 月 2 日);刘春霖(1928 年 4 月 2 日—1928 年 6 月);严智怡(1928 年 6 月 26 日—1928 年 12 月 17 日);李石曾(北平大学区校长,1928 年 10 月—1929 年 6 月);沈尹默(1929 年 7 月 4 日—1930 年 11 月 4 日);张见庵(1930 年 11 月 4 日—1931 年 12 月 5 日);陈宝泉(1931 年 12 月 5 日—1934 年 5 月 30 日);周炳琳(1934 年 5 月 30 日—1934 年 11 月 10 日);郑道儒(1934 年 11 月 10 日—1935 年 6 月 28 日);何基鸿(1935 年 6 月 28 日—1935 年 12 月 24 日);郑道儒(1935 年 12 月 24 日—1936 年 4 月 24 日);李金藻(1936 年 4 月 24 日—1938 年 6 月 2 日);王承曾(1938 年 6 月 2 日—1942 年 11 月);孙今善(1942 年 11 月—1943 年 2 月 24 日);贺翊新(1943 年 2 月 24 日—1947 年 12 月 23 日);张伯谨(1947 年 12 月 23 日—1948 年 2 月 3 日);殷祖英(1948 年 2 月 3 日—1949 年 1 月) |
| 奉天<br>（辽宁） | 许寿裳(1917 年 9 月 7 日,未就);谢荫昌(1917 年 9 月 21 日,未就);恩格(教育科主任,1917 年 9 月—1919 年 9 月);谢荫昌(1919 年 9 月—1924 年 6 月 11 日);祁彦树(1924 年 6 月 11 日—1928 年 12 月 29 日);王毓桂(1928 年 12 月 29 日—1930 年 3 月 3 日);吴家象(1930 年 3 月 3 日—1931 年 5 月 30 日);金毓绂(1931 年 5 月 30 日—1931 年 9 月);卞宗孟(1947 年 2 月 25 日—1948 年 3 月 23 日);吴希庸(1948 年 3 月 23 日—1948 年 9 月 29 日);王同寅(1948 年 9 月 29 日—1948 年 11 月) |
| 辽北 | 白世昌(1947 年 2 月 25 日—1948 年 3 月 23 日)程东白(1948 年 3 月 23 日—1948 年 11 月) |
| 吉林 | 钱家治(1917 年 9 月 7 日,未就);杨乃康(1917 年 9 月 21 日—1921 年 7 月 26 日);张鼎荃(1921 年 1 月 7 日—1921 年 2 月 21 日);周玉柄(1921 年 7 月 26 日—1922 年 7 月 5 日);王世选(1922 年 7 月 5 日—1922 年 8 月 14 日);于源浦(1922 年 8 月 14 日—1926 年 9 月 25 日);刘树春(1926 年 9 月 25 日—1928 年 12 月 29 日);王莘林(1928 年 12 月 29 日—1931 年 3 月 27 日);王世选(1931 年 3 月 27 日—1931 年 9 月);李锡恩(1931 年 9 月—1931 年 12 月);胡体乾(1947 年 2 月 25 日—1948 年 3 月) |

续　表

| 省份 | 教育厅长名录 |
|------|-------------|
| 黑龙江 | 刘潜(1917年9月7日—1919年1月23日);廖宇春(1919年1月23日—1919年9月30日);谭士先(1919年9月30日—1920年7月22日);孙其昌(1920年7月22日—1921年8月8日);于驷兴(1921年8月8日—1928年8月,1922年8月—1928年8月代省长);王宝章(1928年8月);潘景武(1928年8月8日—1929年5月13日,1928年12月29日国民政府任命);高家骧(1929年5月13日—1931年1月15日);郑林皋(1931年1月15日—1931年5月3日);邹邦杰(1931年5月3日—1931年12月15日);刘全忠(1947年2月25日—1948年6月17日) |
| 兴安 | 张松涵(1947年2月25日—1948年11月) |
| 合江 | 杨大乾(1947年2月25日—1948年11月) |
| 安东 | 吴希庸(1947年2月25日—1948年3月23日);高勤玉(1948年3月23日—1948年11月) |
| 嫩江 | 苍宝忠(1947年2月25日—1948年11月) |
| 松江 | 梁栋(1947年2月25日—1948年6月18日);莫松恒(1948年6月18日—1948年11月) |
| 山东 | 胡家祺(1917年9月7日,未就);陈雪南(教育科主任,1917年9月—1919年8月);袁荣叟(1919年8月26日—1920年9月2日);覃寿堃(1920年9月2日—1922年4月21日);谢学霖(1922年4月21日—1922年10月15日);孙丹黻(1922年10月15日—1923年1月29日);王讷(1923年1月29日—1923年12月1日);于元芳(1923年12月1日—1924年12月2日);于恩波(1924年12月2日—1925年7月2日);王寿彭(1925年7月2日—1928年4月30日);何思源(1928年5月21日—1942年4月7日);刘道源(1942年4月7日—1945年10月30日);李泰华(1945年10月30日—1949年1月17日);郝任夫(1949年1月17日—1949年5月5日) |

| 省份 | 教育厅长名录 |
| --- | --- |
| 河南 | 覃寿堃(1917 年 9 月 7 日—1918 年 4 月 2 日);吴鼎昌(1918 年 4 月 2 日—1920 年 8 月 25 日);李步青(1920 年 8 月 25 日—1922 年 9 月 8 日);凌冰(1922 年 9 月 8 日—1923 年 2 月 24 日);王幼侨(1923 年 2 月 24 日—1924 年 12 月 23 日);余同甲(1924 年 12 月 23 日—1925 年 9 月 24 日);路孝植(1925 年 9 月 24 日,未就);张鸿烈(1925 年 9 月 26 日—1926 年 6 月 27 日);黄自芳(1926 年 6 月 27 日—1927 年 6 月 16 日);凌勉之(1927 年 6 月 16 日—1927 年 9 月 14 日);张鸿烈(1927 年 9 月 14 日—1927 年 12 月 23 日);江恒源(1928 年 1 月 17 日—1928 年 5 月 30 日);凌冰(1928 年 5 月 30 日—1928 年 8 月 22 日);邓萃英(1928 年 8 月 22 日—1929 年 2 月 27 日);张鸿烈(1929 年 2 月 27 日—1929 年 7 月 2 日);李敬斋(1929 年 7 月 12 日—1930 年 2 月 10 日);张鸿烈(1930 年 2 月 10 日—1930 年 9 月 12 日);李敬斋(1930 年 10 月 8 日—1932 年 1 月 26 日);齐真如(1932 年 1 月 26 日—1935 年 5 月 31 日);李敬斋(1935 年 5 月 31 日—1935 年 12 月 31 日);陈访先(1935 年 12 月 31 日—1936 年 6 月 25 日);鲁荡平(1936 年 6 月 25 日—1944 年 7 月 22 日);王公度(1944 年 7 月 22 日—1948 年 9 月 1 日);张侯生(1948 年 9 月 1 日—1949 年 5 月) |
| 山西 | 李步青(1917 年 9 月 7 日,未就);虞铭新(1917 年 9 月 21 日—1923 年 2 月 24 日);马骏(1923 年 2 月 24 日—1924 年 12 月 21 日);陈受中(1925 年 2 月 3 日—1931 年 1 月 31 日,1928 年 3 月 9 日国民政府任命);冯司直(1931 年 1 月 31 日—1931 年 10 月 3 日);苗培成(1931 年 10 月 3 日—1932 年 4 月 21 日);冀贡泉(1932 年 4 月 21 日—1938 年 2 月 22 日);王怀明(1938 年 2 月 22 日—1942 年 10 月 27 日);薄毓相(1942 年 10 月 27 日—1949 年 3 月);刘逢炎(1942 年 10 月 27 日—1949 年 3 月,代理) |
| 江苏 | 陈润霖(1917 年 9 月 7 日,未就);符鼎升(1917 年 11 月 13 日—1919 年 2 月 28 日);胡家祺(1919 年 2 月 28 日—1922 年 6 月 22 日);邓振瀛(1922 年 6 月 22 日—1922 年 7 月 15 日);蒋维乔(1922 年 7 月 15 日—1925 年 7 月,1925 年 2 月 7 日被免,因沈彭年未就而续任);沈彭年(到任,1925 年 7 月—1925 年 9 月 7 日);胡庶华(1925 年 9 月 7 日—1926 年 3 月 26 日);江恒源(1926 年 3 月 26 日—1927 年 4 月 26 日);张乃燕(1927 年 4 月 26 日—1927 年 6 月 27 日;第四中山大学区校长,1927 年 6 月 27 日—1929 年 8 月 16 日);陈和铣(1929 年 8 月 16 日—1931 年 12 月 15 日);程天放(1931 年 12 月 16 日,未就);周佛海(1931 年 12 月 26 日—1938 年 8 月 13 日,1932 年 1 月 6 日就职);马元放(1938 年 8 月 13 日—1939 年 10 月 9 日);金宗华(1939 年 10 月 9 日—1945 年 2 月;第四科科长,1945 年 2 月—1945 年 10 月 23 日);陈石珍(1945 年 10 月 23 日—1948 年 9 月 1 日);洪钧培(1948 年 9 月 1 日—1949 年 4 月) |

续　表

| 省份 | 教育厅长名录 |
| --- | --- |
| 安徽 | 卢殿虎(1917年9月7日—1918年5月17日);马邻翼(1918年5月17日,未就);胡家祺(1918年7月5日,未就);董嘉会(1918年7月16日—1920年9月9日);赵宪曾(1920年9月9日—1920年10月14日);张继煦(1920年10月14日—1921年10月26日);杨乃康(1921年10月26日—1922年10月30日);江𬀩(1922年10月30日—1923年11月10日);谢学霖(1923年11月10日—1924年2月28日);卢殿虎(1924年2月28日—1924年12月20日);柳汝砺(1925年1月—1925年4月);江𬀩(1925年4月—1925年7月30日);王家驹(1925年7月30日—1926年4月7日);洪逵(1926年4月7日—1926年12月);吕世芳(1926年12月—1927年3月);张仲琳(教育科长,1927年3月—1927年7月);何世桢(1927年7月18日,未就);雷啸岑(1927年11月11日—1928年2月);韩安(1928年3月8日—1928年12月26日);程天放(1928年12月26日—1931年4月23日);李仲公(1931年4月23日—1931年12月12日);于恩波(1931年6月8日—1931年12月12日);何其巩(1931年12月12日—1932年4月1日);叶元龙(1932年4月1日—1932年9月8日);朱廷祜(1932年9月8日—1933年5月26日);杨廉(1933年5月26日—1938年8月1日);叶元龙(1938年8月1日—1938年10月20日);方治(1938年10月20日—1940年12月4日);万昌言(1940年12月4日—1944年4月8日);汪少伦(1944年4月8日—1947年9月2日);翟桓(1947年9月2日—1948年12月8日);柯育甫(1948年12月8日—1949年5月) |
| 江西 | 伍崇学(1917年9月7日,未就);许寿裳(1917年9月21日—1921年1月18日);伍崇学(1921年1月18日—1921年10月16日);蒋维乔(1921年10月16日—1921年10月28日);李金藻(1921年10月28日—1922年9月8日);朱念祖(1922年9月8日—1923年4月9日);胡家凤(1923年4月9日—1924年8月29日);卢式楷(1924年8月29日—1924年12月23日);朱念祖(1925年2月6日—1926年11月);姓名不详(教育科长,1926年11月—1927年2月);程天放(1927年2月12日—1927年4月7日);萧炳章(1927年4月7日—1927年9月2日);陈礼江(1927年9月2日—1929年9月10日);蒋笈(1929年10月4日—1931年12月15日);陈剑翛(1931年12月15日—1932年9月2日,1932年1月5日到任);沈士远(1932年9月2日,未就);熊式辉(1932年9月2日—1933年2月1日,暂代);程时煃(1933年2月1日—1946年5月7日);邱椿(1946年5月7日—1946年6月18日);周邦道(1946年6月18日—1949年5月) |

| 省份 | 教育厅长名录 |
|---|---|
| 福建 | 蒋凤梧(1917 年 9 月 7 日,未就);姓名不详(教育科长,1917 年 9 月—1920 年 1 月,其间福建督军兼署省长李厚基实握省级教育行政权);王述曾(1920 年 1 月 27 日—1922 年 7 月);黄翼云(1922 年 11 月 23 日—1923 年 4 月 8 日);王孝缉 (1923 年 4 月 26 日—1926 年 12 月);黄展云(教育科长,1926 年 12 月—1927 年 5 月);黄琬(1927 年 5 月 2 日—1928 年 8 月 27 日);程时煃(1928 年 8 月 27 日—1930 年 1 月 6 日,被绑架);林寄南(代理,1930 年 6 月 5 日—1930 年 11 月 8 日);程时煃(复职,1930 年 12 月 30 日—1932 年 12 月 7 日);郑贞文(1932 年 12 月 7 日—1943 年 11 月 11 日);李藜洲(1943 年 11 月 11 日—1947 年 7 月 16 日);梁龙光(1947 年 7 月 16 日—1949 年 8 月) |
| 浙江 | 刘以钟(1917 年 9 月 7 日,未就);伍崇学(1917 年 9 月 21 日—1919 年 12 月 6 日);夏敬观(1919 年 12 月 6 日—1922 年 6 月 27 日);马叙伦(1922 年 6 月 27 日—1922 年 9 月 25 日);张宗祥(1922 年 9 月 25 日—1924 年 12 月 13 日);计宗型(1924 年 12 月 13 日—1927 年 3 月 1 日);朱兆萃(教育科长,1927 年 3 月 1 日—1927 年 5 月 6 日);蒋梦麟(1927 年 5 月 6 日—1927 年 6 月 27 日;第三中山大学区校长,1927 年 6 月 27 日—1929 年 7 月 1 日);陈布雷(1929 年 7 月 1 日—1930 年 12 月 15 日);张道藩(1930 年 12 月 15 日—1931 年 12 月 15 日);陈布雷(1931 年 12 月 15 日—1934 年 4 月 20 日);叶溯中(1934 年 4 月 20 日—1934 年 12 月 12 日,1934 年 5 月 1 日到任);许绍棣(1934 年 12 月 12 日—1946 年 7 月 2 日,1934 年 12 月 21 日到任);李超英(1946 年 7 月 2 日—1948 年 6 月 21 日);李季谷(1948 年 6 月 21 日—1949 年 5 月) |
| 湖北 | 熊崇煦(1917 年 9 月 7 日,未就);查双绥(教育科佥事,1916 年 11 月—1919 年 7 月);路孝植(1919 年 7 月 12 日—1921 年 12 月 2 日);汪声(1921 年 12 月 2 日—1921 年 12 月 13 日);郭肇明(1921 年 12 月 13 日—1922 年 1 月 11 日);钱葆青(1922 年 1 月 11 日—1922 年 5 月 15 日);宗彝(1922 年 5 月 15 日—1924 年 3 月 10 日);陈鸿书(1922 年 12 月 31 日,未就);陈鸿书(1924 年 3 月 10 日—1925 年 2 月 20 日);范鸿泰(1925 年 2 月 20 日—1926 年 9 月);李汉俊 (教育科长,1926 年 9 月—1927 年 4 月 10 日;教育厅长,1927 年 4 月 10 日—1927 年 12 月 17 日,被捕枪决);王世杰(1927 年 12 月 19 日—1928 年 2 月 1 日,未就);刘树杞(1928 年 2 月 1 日—1929 年 5 月 4 日);黄昌谷(1929 年 5 月 4 日—1930 年 2 月 10 日);黄建中(1930 年 2 月 10 日—1932 年 3 月 22 日,1930 年 3 月 31 日到任);王世杰(1932 年 3 月 22 日—1932 年 3 月 24 日,未就);黄建中(1932 年 3 月 24 日—1932 年 5 月 6 日);沈士远(1932 年 5 月 6 日—1932 年 9 月 8 日);夏元瑮(1932 年 9 月 8 日—1933 年 2 月 9 日);程天放 (1933 年 2 月 9 日—1933 年 6 月 20 日);程其保(1933 年 6 月 20 日—1937 年 1 月 8 日,1933 年 7 月 4 日到任);周天放(1937 年 1 月 8 日—1938 年 6 月 22 日,1937 年 1 月 16 日到任);陈剑脩(1938 年 6 月 22 日—1939 年 3 月 27 日);欧元怀(1939 年 3 月 27 日—1939 年 6 月 6 日);时子周(1939 年 6 月 6 日—1940 年 7 月 13 日,1939 年 7 月 1 日到任);张伯谨(1940 年 7 月 13 日—1944 年 11 月 16 日,1940 年 8 月 1 日到任);钱云阶(1944 年 11 月 16 日—1946 年 7 月 2 日);王文俊(1946 年 7 月 2 日—1949 年 2 月 21 日,1946 年 7 月 11 日到任);王介庵(1949 年 2 月 21 日—1949 年 5 月) |

续　表

| 省份 | 教育厅长名录 |
| --- | --- |
| 湖南 | 沈恩孚(1917年9月7日,未就);李金藻(1917年11月13日,未就);雷铸寰(教育科长,1917年11月—1917年12月);尹援一(教育科长,1918年1月—1918年10月);寇煜(教育科长,1918年10月—1919年11月);胡有敦(教育科长,1919年11月—1920年7月);方维夏(教育科长,1920年7月—1920年11月);曾毅(教育科长,1920年11月—1921年3月);李大梁(教育科长,1921年3月—1922年12月);李剑农(教育司长,1922年12月—1924年12月);颜方珪(教育司长,1924年12月—1926年3月);曹典球(教育司长,1926年3月—1926年8月);周鳌山(1926年8月3日—1927年2月21日);董维健(1927年2月21日—1927年4月13日);黄士衡(1927年4月13日—1928年5月28日);张定(1928年5月28日—1928年9月24日);张炯(1928年9月24日—1929年4月22日);黄士衡(1929年4月22日—1931年12月15日);曹典球(1931年12月15日—1932年8月5日,1832月1月1日到任);朱经农(1932年8月5日—1943年3月6日);王凤喈(1946年4月19日—1949年5月19日);李祖荫(1949年5月19日—1949年8月) |
| 四川 | 吴景鸿(1917年9月7日,未就);杜明燡(教育科长,1916年12月—1918年2月);廖泽宽(教育科长,1918年3月—1919年);冯元勋(教育科长,1919年—1922年7月);尹克任(教育科长,1922年8月—1924年12月);贺孝齐(1924年12月—1925年2月10日);沈宗元(1925年6月—1926年3月);万克明(1926年3月—1927年12月);向楚(1927年12月—1931年2月);任鸿隽(1929年3月,未就);张铮(1931年2月27日—1934年12月21日);杨全宇(1934年12月21日—1935年10月8日);李为伦(1935年10月8日—1936年4月11日);蒋志澄(1936年4月11日—1938年8月1日);杨廉(1938年8月1日—1939年3月3日,撤职);郭有守(1939年3月3日—1945年12月23日);刘明扬(1945年12月23日—1947年5月13日);任觉五(1947年5月13日—1949年12月22日) |
| 西康 | 韩孟钧(1938年12月17日—1943年4月13日);程其保(1943年4月13日—1945年7月10日);张先智(1945年7月10日—1945年11月16日);向理润(1945年11月16日—1949年1月31日);张坦如(1949年1月31日—1949年12月) |

| 省份 | 教育厅长名录 |
|---|---|
| 广东 | 符鼎升(1917年9月7日,未就);朱念慈(教育科长,1917年9月5日—1920年6月);何文铎(教育科长,1920年6月—1920年12月);陈独秀(教育委员会委员长,1920年12月15日—1921年8月3日);陈宗岳(教育委员会委员长,1921年11月2日—1923年1月15日);韦悫(教育委员会委员长,1923年1月15日—1923年7月15日);许崇清(1923年10月12日—1925年10月1日);马洪焕(1925年10月1日—1926年2月1日);许崇清(1926年2月1日—1928年5月19日);黄节(1928年6月18日—1929年6月8日);许崇清(1929年6月8日—1930年2月15日);金曾澄(1930年2月15日—1932年3月);谢瀛洲(1932年3月—1934年8月);黄麟书(1934年8月—1936年7月29日);许崇清(1936年7月29日—1940年1月6日);黄麟书(1940年1月6日—1945年8月);姚宝猷(1945年9月—1949年2月) |
| 广西 | 吴鼎新(1917年9月7日,未就);曾锡庆(教育科主任,1917年9月—1925年9月5日);甘浩泽(1925年9月5日—1927年2月,1926年6月1日国民政府任命);盘珠祁(1927年2月15日—1927年5月16日);雷沛鸿(1927年5月16日—1927年11月1日);苏民(1927年11月1日—1928年2月);黄华表(1928年2月—1929年5月16日);盘珠祁(1929年5月16日—1929年7月);曾如柏(1929年7月);雷沛鸿(1929年7月25日—1931年4月);黄钟(教育处长,1931年4月—1931年6月);李任仁(1931年7月1日—1933年9月);雷沛鸿(1933年9月—1936年5月);邱昌渭(1936年10月2日—1939年6月24日);雷沛鸿(1939年6月24日—1940年9月4日);苏希洵(1940年9月4日—1943年10月4日);黄朴心(1943年10月4日—1949年10月) |
| 云南 | 陈廷策(1917年9月7日,未就);钱用中(教育科长,1917年9月—1921年1月1日);李华(1921年1月1日—1921年8月);秦光玉(1921年9月—1922年8月1日);董泽(教育司长,1922年8月1日—1927年3月8日);龙云(1927年3月8日—1927年8月);张鸿冀(1927年8月—1927年12月);卢锡荣(1928年4月7日—1929年11月21日);龚自知(1929年12月16日—1945年11月20日);王政(1945年11月20日—1949年4月1日);姜寅清(代理,1949年4月1日—1949年10月) |

续　表

| 省份 | 教育厅长名录 |
| --- | --- |
| 贵州 | 席聘莘(1917 年 9 月 7 日,未就);桂百铸(教育科长,1917 年 9 月—1921 年);姓名不详(教育委员会委员长,1921 年);姓名不详(教育科长,1921 年—1923 年 9 月);谢隽彝(教育司长,1923 年 9 月—1925 年 1 月);姓名不详(政务厅第三科科长,1925 年 1 月—1927 年 3 月);周恭寿(1927 年 3 月 1 日—1929 年 10 月 2 日);叶纪元(1929 年 10 月 2 日—1930 年 4 月 21 日);陈廷刚(1930 年 4 月 21 日—1932 年 5 月 6 日);谭星阁(1932 年 5 月 6 日—1935 年 4 月 24 日);叶元龙(1935 年 4 月 24 日—1936 年 8 月 19 日);张志韩(1936 年 8 月 19 日—1940 年 4 月 12 日);欧元怀(1940 年 4 月 12 日—1945 年 1 月 16 日);傅启学(1945 年 1 月 16 日—1949 年 11 月) |
| 陕西 | 吴鼎昌(1917 年 9 月 7 日—1918 年 4 月 2 日);覃寿堃(1918 年 4 月 2 日—1921 年 10 月 6 日);沙明远(1921 年 10 月 6 日—1923 年 3 月);杨铭源(1923 年 3 月—1924 年 7 月 8 日);马凌甫(1924 年 7 月 8 日—1925 年);郗朝俊(1925 年—1926 年);黄统(1927 年 6 月 13 日—1930 年 11 月 25 日);李范一(1930 年 11 月 25 日—1931 年 12 月 15 日);李百龄(1931 年 12 月 15 日—1932 年 10 月 28 日);周学昌(1932 年 10 月 28 日—1937 年 2 月 26 日);周伯敏(1937 年 2 月 26 日—1939 年 1 月 21 日);王捷三(1939 年 1 月 21 日—1944 年 3 月);王友直(1944 年 3 月—1947 年 7 月 22 日);高文源(1947 年 7 月 22 日—1949 年 5 月) |
| 甘肃 | 马邻翼(1917 年 9 月 7 日—1918 年 5 月 17 日);卢殿虎(1918 年 5 月 17 日—1921 年 2 月 22 日);林锡光(1921 年 2 月 22 日—1922 年 12 月 31 日);李克明(1922 年 12 月 31 日,未就);赵元贞(1923 年 3 月—1924 年 7 月);李克明(1924 年 7 月—1925 年 12 月 13 日);沙明远(1925 年 12 月 13 日—1927 年 3 月);马鹤天(1927 年 8 月 4 日—1929 年 2 月 16 日);郑道儒(1929 年 2 月 16 日—1929 年 8 月 19 日);张爱松(1929 年 8 月 19 日—1930 年 4 月 1 日);赵元贞(1930 年 4 月 1 日—1930 年 11 月);郑道儒(1930 年 11 月—1931 年 8 月 10 日);水梓(1931 年 8 月 10 日,未就);马文车(代理,1931 年 8 月 29 日—1932 年 5 月);水梓(到任,1932 年 5 月—1936 年 1 月 29 日);田炯锦(1936 年 1 月 29 日—1937 年 12 月 17 日);葛武棨(1937 年 12 月 17 日—1938 年 9 月 20 日);郑通和(1938 年 9 月 20 日—1946 年 5 月 14 日);宋恪(1946 年 5 月 14 日—1949 年 8 月) |

| 省份 | 教育厅长名录 |
|---|---|
| 新疆 | 易抱一(1917 年 10 月 17 日—1922 年 3 月 25 日);刘文龙(1922 年 3 月 25 日—1933 年 9 月 27 日,1928 年 11 月 17 日国民政府任命);张馨(1933 年 9 月 27 日—1937 年 9 月,被捕);马绍武(1937 年 9 月,民政厅长代理,被捕);师世昌(1937 年 10 月—1938 年 1 月,建设厅长代理);孟一鸣(正厅长,1938 年 1 月—1940 年 1 月),杨逢春(副厅长,1938 年 1 月—1940 年 1 月),张宏舆(副厅长,1938 年 1 月—1940 年 1 月),马云文(副厅长,1938 年 1 月—1940 年 1 月);张宏舆(代理正厅长,1940 年 1 月—1940 年 5 月);姜作周(代理正厅长,1940 年 5 月—1941 年 12 月,被捕),马如龙(副厅长,1940 年 5 月—1941 年 12 月),陈述禹(副厅长,1940 年 5 月—1941 年 12 月);马如龙(代理正厅长,1941 年 12 月,被捕);李一欧(代理正厅长,1941 年 12 月—1942 年 1 月,被捕);程东白(正厅长,1942 年 1 月—1944 年 4 月,被捕),刘永祥(副厅长,1942 年 1 月—1946 年 7 月);黄如今(正厅长,1944 年 4 月—1944 年 8 月,被捕);刘永祥(代理正厅长,1944 年 8 月—1944 年 10 月);许运溪(正厅长,1944 年 10 月—1946 年 6 月 18 日);赛福鼎·阿滋作夫(正厅长,1946 年 6 月 18 日—1949 年 9 月),蔡宗贤(副厅长,1946 年 6 月 18 日—1947 年 8 月,离职),陈方伯(副厅长,1947 年 8 月—1949 年 9 月),刘永祥(副厅长,1947 年 7 月—1949 年 9 月) |
| 宁夏 | 李世军(1928 年 10 月 26 日,未就);邵遇芝(民政厅长代理,1929 年 1 月 1 日—1929 年 6 月 16 日);甄纪印(1929 年 6 月 16 日—1929 年 11 月 4 日);刘葆锷(1929 年 11 月 4 日—1933 年 1 月 31 日);葛武棨(1933 年 1 月 31 日—1935 年 1 月 15 日);童耀华(1935 年 1 月 15 日—1938 年 2 月 22 日);时子周(1938 年 2 月 22 日,未到);叶森(省政府秘书长代理,1938 年 2 月 22 日—1938 年 6 月 20 日);时子周(1938 年 6 月 20 日—1939 年 6 月 10 日);骆美奂(1939 年 6 月 10 日—1942 年 1 月 9 日);王星舟(1942 年 1 月 9 日—1945 年 9 月 11 日);杨德翘(1945 年 9 月 11 日—1946 年 7 月 16 日);杨作荣(代理,1946 年 8 月 8 日—1949 年 5 月 18 日);张济美(1949 年 5 月 18 日—1949 年 9 月) |
| 青海 | 杨希尧(1931 年 7 月 1 日—1938 年 3 月 8 日);马绍武(1938 年 3 月 8 日—1944 年 3 月 18 日);刘呈德(1944 年 3 月 18 日—1949 年 9 月) |
| 绥远 | 祁志厚(1928 年 10 月—1929 年 8 月);张钦(1929 年 9 月 10 日—1931 年 12 月 30 日);潘秀仁(1931 年 12 月 30 日—1934 年 2 月 9 日);傅作义(1933 年 8 月 31 日—1934 年 2 月 9 日);阎伟(1934 年 2 月 9 日—1940 年 10 月 22 日);潘秀仁(1940 年 10 月 22 日—1947 年 4 月);苏珽(1947 年 4 月—1949 年 9 月) |

续　表

| 省份 | 教育厅长名录 |
| --- | --- |
| 察哈尔 | 郭贵瑄(1928年5月26日—1931年1月14日);高惜冰(1931年1月14日—1933年8月29日);吕复(1933年8月29日—1934年2月20日);赵伯陶(1934年2月20日—1936年1月18日);柯昌泗(1936年1月18日—1939年2月21日);胡子恒(1939年2月21日—1948年12月24日) |
| 热河 | 张翼廷(1929年6月12日—1933年3月);刘廉克(1946年6月—1948年11月) |
| 台湾 | 范寿康(教育处处长,1946年3月19日—1947年4月29日);许恪士(正厅长,1947年4月29日—1949年5月11日),谢东闵(副厅长,1947年4月29日—1949年12月);陈雪屏(代理正厅长,1949年5月11日—1949年12月) |

注:本表所列人员中,除在括弧内标明特定身份外,其余均为教育厅长。

资料来源:①1912—1949年的《政府公报》《教育公报》《大学院公报》《国民政府公报》《教育部公报》,以及各省省级政府公报、省级教育行政刊物、省级政府档案、教育厅档案、省志等。

②教育部编审处编:《第一次中国教育年鉴》,上海:开明书店,1934年;丁致聘编:《中国近七十年来教育记事》,上海:商务印书馆,1935年;敷文社编:《最近官绅履历汇编》,台北:文海出版社,1969年;卞孝萱、唐文权编:《民国人物碑传集》,北京:团结出版社,1995年;中国社会科学院近代史研究所编:《中华民国史资料丛稿·民国人物传》(第一——十二卷),北京:中华书局,1978—2005年;陈旭麓、李华兴主编:《中华民国史辞典》,上海:上海人民出版社,1991年;徐友春主编:《民国人物大辞典》,石家庄:河北人民出版社,1991年。

# 索　引

C

蔡元培 67,266

陈立夫 151,164

陈独秀 241,603

陈布雷 81,139,251,601

程天放 138,249,490,599

程其保 144,274,601

程时煃 15,139,270,601


D

督学规程 175,305

大学区 62,81


F

范源廉 50,125,302

方治 373,600


G

公务员任用法 136,206

公务员考绩条例 221

桂百铸 545,604

龚自知 140,256,603

葛武棨 151,519,604

管办评一体 542,549


H

黄炎培 58,117,480,597

黄麟书 145,603

何思源 138,545,598

韩安 149,273,600

贺连城 552


J

教育司 24,36

教育科 36,48

教育厅 48,62,81,91

教育厅长 116,597

教育厅暂行条例 52,116,476

教育经费独立 235,265

教育经费委员会 270

教育专款委员会 233

教育经费管理处 240

教育经费稽核委员会 254

蒋维乔 125,203,599

蒋梦麟 72,149,266,601

冀贡泉 143,351,599

江隆基 552

L

卢殿虎 58,118,302,600

李汉俊 601

李石曾 16,72,597

李书华 72

李敬斋 138,599

雷沛鸿 140,603

鲁荡平 155

骆美奂 166,605

刘呈德 159,329,605

M

马叙伦 81,128,601

马绍武 164,605

O

欧元怀 601

R

任觉五 449,456,602

S

省级教育行政 23,533

省级教育财政 228,247,280

省级教育经费 228,249,287,291

省级教育视导 298,314,325

省视学规程 169,304,330

省市督学规程 177,306

省视学 40,169

省督学 72,175,183

沈彭年 125,201,599

时子周 164,605

宋恪 161,529,604

T

提举学校 24

提举学事司 24

提举学校官 24

儒学提举司 24

提学道 25

提学使司 24,28

童耀华 146,605

W

万昌言 375,600

汪少伦 284,379,600

王星舟 166,605

**X**

学政 25

学务处 25

学校司 26

学务公所 28

谢荫昌 120,597

许崇清 121,241,603

许绍棣 144,410,465,601


**Y**

袁世凯 26,36,44,435

阎锡山 54,130,335

俞庆棠 70,485

杨廉 147,167,371,600

杨德翘 166,605

杨作荣 166,605

杨希尧 146,605


**Z**

张之洞 25

张佐汉 43,597

张乃燕 70,77,266,599

张鸿烈 149,599

张馨 147,164

朱家骅 73,166,428

朱经农 144,602

郑贞文 15,144,271,601

郑道儒 140,516,597

周佛海 143,490,599

张伯谨 160,549,597

张翼廷 81,141,606

郑通和 164,519,604

张坦如 602

# 后　记

　　本书是全国教育科学规划国家社科基金教育学青年课题"民国时期省级教育行政与地方教育现代化研究(1912—1949)"(COA150138)的结项成果,结项等级为良好。本课题探讨的核心问题是民国时期省级教育行政部门是如何"行政"的。为此,我与课题组成员花了许多时间,先后赴北京、上海、南京、杭州、兰州、武汉、成都等地的档案馆和图书馆,查阅与收集一手史料。在查阅史料的过程中,我真切感受到实地收集省级档案对本课题研究的重要价值,也感受到本课题史料涉猎范围的宽泛,更感受到本课题工作量的繁重与艰巨。平心而论,这确实是一个充满挑战的大型课题。

　　对我而言,本书的写作过程是一次充满未知与好奇的"探险之旅"。如何从民国时期35省的散碎史料中建构一个合情合理的"秩序"? 如何在用尽用透一手史料基础上,充分展现动词层面的民国时期省级教育行政的多样复杂面貌? 这些就是我在这一"旅途"中始终观察并回应的关键问题。而且,于我而言,课题研究过程亦是一个"拍摄电影"的过程。这一过程中,我集"编剧""导演""装台""观众"等多重角色于一身,叙述与展演着风云变幻的时代背景下省级教育行政场域中错综复杂的人物活动与事件脉络,力求呈现鲜活的历史细节与生动的历史整体,目的是探求省级教育行政改革的理儿。经过多年的探索,当"电影杀青"之时,一幕幕历史人物创造的事件与活动再次浮现于脑海中,我不禁感慨置身于云谲波诡大变局中的民国时期省级教育行政部门及人员的坚守、不易与无奈。本书就是我亲历"探险之旅"后的收获,也是我亲历"拍摄电影"后的作品。可以说,其中凝聚着许多人的关心与厚爱。

由衷感谢我的博士导师田正平教授。能够进入先生门下学习,是我今生最大的荣幸。读博阶段,从论文选题到史料收集,从小论文写作的"试水"到博士学位论文的撰写与修改,每个环节无不倾注着先生的心血与汗水。在先生的悉心指导下,我逐渐懂得了学术研究的真谛。2013年,在博士学位论文写作与修改阶段,先生住院两次。尽管他病痛缠身,但无时不惦念着我的论文进展情况。甚至于在论文将要送外审的前夜,大病初愈的他依然坚持坐在病床前对论文做最后的审阅与修改。这一幕幕场景让我终生难忘。此外,感谢先生和师母李笑贤老师对我读博期间生活上的关心与照料。2015年参加工作至今,我与先生见面的机会变少了。但这些年来,无论我身在上海、北京、西安、首尔,还是由首尔返回西安,先生一直都在关心我的学术、工作与生活,督促我扎实做好学术研究,鼓励我多出优秀的学术成果。先生恩重如山,我将永铭心底!

由衷感谢我的博士后合作导师杜成宪教授。杜老师对本课题的开展曾提出了许多建设性的意见,比如提醒我始终要关注动词层面的省级教育行政,即省级教育行政部门是如何"行政"的。可以说,这些独到的见解让我豁然开朗,受益匪浅。与此同时,他还经常督促我抓紧研究课题并保质保量完成课题任务。感谢杜老师一直以来对我的宽容、关心与帮助!

由衷感谢我的硕士生导师彭泽平教授。彭老师是我的教育史启蒙老师。在他的引导下,我喜欢上了教育史这个研究领域。可以说,这种喜欢的感觉一直持续到了十余年后的今天。而且,我坚信这种感觉将会传续到更远的未来。同时,感谢彭老师对我生活和工作的关心与支持!

由衷感谢我的课题组成员。他们是刘来兵、邓锐、陈玉玲、樊婧、林克松、袁传明、刘秀峰、陈磊、刘冰。课题在研期间,他们主动承担起各自的任务,不辞辛劳地开展浩繁史料的收集、转录、编码、归类等工作,并积极为课题开展与写作提出许多好的点子。在这一过程中,我深刻体会到团队沟通与分工协作对大型课题研究的重要意义。

由衷感谢陕西师范大学教育学部的各位领导、前辈和同事。这些年来,他们对我的学术、工作与生活给予了很多帮助。正是在他们的帮助下,我才能在繁忙的教学工作之余,腾出时间与精力,一心扑在本课题的研究上。同时,他们也经常关心课题进展情况,给予我很多好的建议,督促我扎实完成国家课题的写作任务。

由衷感谢韩国首尔国立大学教育学院的 Woo Yong-je(禹龙济)教授和 Yeonjin Lee(李莲真)助教、韩国学中央研究院的 Sangmoo Lee(李相武)教授,以及浙江大学教育学院的陈胜副教授。感谢他们为我出国访学及访韩期间提供的所有帮助与悉心指导。正是在他们的鼎力相助下,我才能坐在风景如画的首尔大校园安心打磨书稿。

由衷感谢浙江大学出版社的吴伟伟编辑及其团队成员。她们对书稿认真负责的态度深深打动着我。正是在她们的辛勤付出与不懈努力下,本书才能如期出版。

由衷感谢我的妻子、儿子及家人的温情陪伴。当写作陷入一筹莫展时,他们总是在第一时间给予我莫大的鼓励;当写作陷入片刻困顿时,我便走出书房去逗逗儿子,身上的疲惫一下子便烟消云散;当我忙于查阅资料与课题写作,无法顾及家庭事务时,妻子和家人便承担起所有的家务活,让我安心地钻研与写作。

张　寅<br>2021 年 9 月拟于首尔冠岳山<br>2022 年 10 月订于西安长安